创始人法律手册

陈 洁　甄灵宇

著

解惑　避坑　排险　引路

助推创业腾飞的法律指南

东方出版中心

图书在版编目（CIP）数据

创始人法律手册 /陈洁，甄灵宇著. — 上海：东方出版中心，2021.11
ISBN 978-7-5473-1780-8

Ⅰ. ①创… Ⅱ. ①陈…②甄… Ⅲ. ①公司法-研究-中国 Ⅳ. ①D922.291.914

中国版本图书馆CIP数据核字（2021）第119917号

创始人法律手册

著　　者　陈　洁　甄灵宇
责任编辑　杨　帆
封面设计　钟　颖

出版发行　东方出版中心
地　　址　上海市仙霞路345号
邮政编码　200336
电　　话　021-62417400
印 刷 者　上海盛通时代印刷有限公司

开　　本　710mm×1000mm　1/16
印　　张　41
字　　数　666千字
版　　次　2021年11月第1版
印　　次　2021年11月第1次印刷
定　　价　138.00元

目　录

第一章　设立阶段问题

第一节　创业时应选择有限公司还是合伙企业形式?

激动人心的创业要开始了,第一步是什么?大家会想,当然是先去注册一家公司。其实除了公司之外,还有别的形式可以选择。

一、几种法律主体介绍

先给大家普及一些基本概念,什么叫自然人、什么叫法人、什么叫企业。

所谓自然人,就是指人。你我他,人们的人。那为什么要加个“自然”呢?一个原因是法律专家喜欢玩概念,另一个原因是,还有一种拟制的人,人造的人,就是“法人”。

所谓“法人”,就是指法律上拟制的人,本来是大家一起成立的一个组织,但是在法律上赋予他们独立的意志、独立的人格、独立的财产,独立行使权利、承担责任,是法律制造出来的“人”,所以叫法人。比如一家公司,就是一个法人,叫企业法人,一所学校或医院,也是法人,事业单位法人。法人的最大特点,就是独立承担责任,不连累出资人。法人这个虚拟的概念,可以说是推动人类文明进步的一个设计,是现代商业繁荣的基石,没有法人这位虚拟主体登场,就没有有限责任制度,就没有那么多人敢于放开手脚去创业,就没有那么多伟大和渺小的企业前赴后继地涌现,现代商业社会将不会像现在这样发达。

说个题外话,“我是法人”,这句话是不对的。你不可能是法人,法人必须是一个组织,大家经常把“法定代表人”说成法人,这是门外汉以讹传讹,懂法的人笑而不语造成的。

什么叫企业？就是指可以做生意、以营利为目的的一家单位。企业包括公司，也包括合伙企业、个人独资企业等。企业可能是法人，比如公司，也可能不是法人，比如合伙企业、个人独资企业。

再问一个问题，为什么做生意一定要成立一家公司或别的企业，而不可以以个人名义做生意呢？我想，这是因为国家要对商业活动进行监管和收税。因此，即使你一个人做生意，也要作为一个个体工商户，在工商部门进行登记，然后进行税务登记，要从民事主体变为商事主体。不进行登记，就不给你营业执照，你连开发票都困难。营业执照，就是你开展商业经营活动的“许可证”。

二、关于几种法律主体的比较

现在，咱们回头再说，创业经营，选择什么类型的法律主体好？

（一）个体工商户和个人独资企业

个体工商户和个人独资企业都是由一个人设立，只有一个投资人，并且投资人对其承担无限责任，如果个体工商户或个人独资企业资不抵债，投资人就要把家里的钱拿出来还债。

《中华人民共和国个人独资企业法》

第二条　本法所称个人独资企业，是指依照本法在中国境内设立，由一个自然人投资，财产为投资人个人所有，投资人以其个人财产对企业债务承担无限责任的经营实体。

第三十一条　个人独资企业财产不足以清偿债务的，投资人应当以其个人的其他财产予以清偿。

所以个体工商户或个人独资企业适合小规模低风险经营，比如小商铺、小饭店，这种不会亏很多钱的生意，能招几个员工就算是很有场面了。

这些属于轻量级选手，不提。不适合我们要讲的具有较大的想象空间、同时存在相当风险的创业。

（二）有限公司和合伙企业的特点

接下来，咱们看有限公司和合伙企业，两种形式该怎么选？

第一项，是否有限责任。

公司的最大特点，就是有限责任。也就是说，股东以出资为限对公司债务承担责任。

《中华人民共和国公司法》（2018 年修正）

第三条　公司是企业法人，有独立的法人财产，享有法人财产权。公司以其全部财产对公司的债务承担责任。

有限责任公司的股东以其认缴的出资额为限对公司承担责任。

股东的最大风险，就是投进去的钱亏完没了，公司资不抵债、公司这位“法人”无力还款时，不会连累到股东，公司可以破产，债务一笔勾销。当然，如果股东又兼了法定代表人、实际经营负责人，那就可能因为后两个身份被公司牵连，比如公司成为失信被执行人后被连累限制消费，公司进行违法经营而被罚款甚至拘留，但这个不是因为股东的身份而被牵连的。不过，这里法律规定的是，“股东以其认缴的出资额为限对公司承担责任”，注意是认缴不是实缴，所以，认缴不应太多。

我们再看合伙企业，合伙企业最大的特点是，它不是法人。因此，合伙企业没有独立的主体资格，不能独立承担责任。合伙企业资不抵债，需要有人——也就是普通合伙企业的所有合伙人，或有限合伙企业的普通合伙人——承担无限责任。

《中华人民共和国合伙企业法》(2006 年修订)

第二条　本法所称合伙企业，是指自然人、法人和其他组织依照本法在中国境内设立的普通合伙企业和有限合伙企业。

普通合伙企业由普通合伙人组成，合伙人对合伙企业债务承担无限连带责任。本法对普通合伙人承担责任的形式有特别规定的，从其规定。

有限合伙企业由普通合伙人和有限合伙人组成，普通合伙人对合伙企业债务承担无限连带责任，有限合伙人以其认缴的出资额为限对合伙企业债务承担责任。

这就是合伙企业在商业社会中不被待见的主要原因——无限责任。总是有合伙人——类似于公司的股东——需要对合伙企业的债务承担无限责任。也就是说，如果你要用合伙企业的形式来创业，你可能得把自己的身家搭上。

当然，有一种变通的形式，可以解决这个问题，就是设立一家有限合伙企业，然后再设立一家公司做这个合伙企业的普通合伙人，让这家公司对合伙企业债务承担无限责任。而这家公司背后的股东是有限责任的，公司成了无限责任的防洪堤。

问题是，大家有工夫成立一家合伙企业再成立一家公司解决合伙企业的问题，不如直接成立一家公司算了。何必那么麻烦呢？

第二项，税负高低。

那么合伙企业这个有巨大缺陷的主体形式，为什么还会存在呢？原因在于，它有税收优势。合伙企业没有独立法人资格，所以不用交企业所得税，合伙企业的净利润分给各合伙人后，个人合伙人直接交个人所得税，企业合伙人直接交企业所得税。

《中华人民共和国合伙企业法》(2006 年修订)

第六条　合伙企业的生产经营所得和其他所得，按照国家有关税收规定，由合伙人分别缴纳所得税。

合伙企业还有一个税收优势，叫先分后税。在超额累进税率下，先分后税会适用较低税率，税负也将变低。

《财政部　国家税务总局关于合伙企业合伙人所得税问题的通知》

（财税〔2008〕第 159 号）

二、合伙企业以每一个合伙人为纳税义务人。合伙企业合伙人是自然人的，缴纳个人所得税；合伙人是法人和其他组织的，缴纳企业所得税。

三、合伙企业生产经营所得和其他所得采取“先分后税”的原则。具体应纳税所得额的计算按照《财政部　国家税务总局关于个人独资企业和合伙企业投资者征收个人所得税的规定》(财税〔2000〕91 号)及《财政部　国家税务总局关于调整个体工商户个人独资企业和合伙企业个人所得税税前扣除标准有关问题的通知》(财税〔2008〕65 号)的有关规定执行。

咱们算一下，公司形式和合伙企业形式的税负差别。

公司模式下：

以股东分红取得收入的，所得税税收负担为25%（企业所得税）+75%×20%（个人所得税）=40%；如享受小微企业减免，税收负担达到25%（小微企业应纳所得税）×20%（小微企业所得税）+95%×20%（个人所得税）=24%。

《中华人民共和国个人所得税法》（2018年修正）

第三条　个人所得税的税率：

（三）利息、股息、红利所得，财产租赁所得，财产转让所得和偶然所得，适用比例税率，税率为百分之二十。

《关于实施小微企业普惠性税收减免政策的通知》

（财税〔2019〕13号）

一、对月销售额10万元以下（含本数）的增值税小规模纳税人，免征增值税。

二、对小型微利企业年应纳税所得额不超过100万元的部分，减按25%计入应纳税所得额，按20%的税率缴纳企业所得税；对年应纳税所得额超过100万元但不超过300万元的部分，减按50%计入应纳税所得额，按20%的税率缴纳企业所得税。

合伙企业模式下：

假设一年净利润100万元，合伙人10位。则：100÷10=10（万元/人）。

所得税为30 000×5%+60 000×10%+10 000×20%=9 500（元）；税收负担为9 500÷100 000=9.5%。

假设一年净利润1 000万元，合伙人10位。则：1 000÷10=100（万元/人）。

所得税为30 000×5%+60 000×10%+210 000×20%+200 000×30%+500 000×35%=284 500（元）；税收负担为284 500÷1 000 000=28.45%。

《中华人民共和国个人所得税法》（2018年修正）

第三条　个人所得税的税率：

（二）经营所得，适用百分之五至百分之三十五的超额累进税率（税率表附后）。

我们看到，如享受小微企业减免，公司模式下的所得税税负成本为 24%，也并不高，但是需要月销售额 10 万元以下，谁能把自己公司的规模控制得这么小呢？所以按照正常情况来算，公司模式下税负高昂，合伙企业优势较大。

另外，有人觉得，有限合伙的合伙企业十有八九都是用来做持股平台的，或者是专门从事投资的企业，是不是因为合伙企业的营业范围有什么限制呢？

不是的。试举一例，如图 1.1 所示：

图 1.1　有限合伙企业营业范围

你看,人家几乎把你能想到的生意都放进营业范围了。合伙企业并无营业范围上的限制。

(三) 选择有限公司或合伙企业的建议

所以,总结下来,如果经营业务风险不低,需要规避投资人的责任,则成立公司;如果经营业务风险很低,或者无风险,则用有限合伙形式。这也就是很多股权激励的持股平台用合伙企业的原因,持股平台不经营业务,所以根本无业务风险,尽情享受低税负优势。

如果不嫌麻烦,也可以将公司形式和合伙形式结合起来,用合伙企业经营业务,用公司作为普通合伙人控制无限责任。

另外,合伙企业还有一些特点需要注意:

(1) 设立合伙企业经营,将来无法以合伙企业的经营主体来实现首次公开募股(IPO)上市,上市必须是股份有限公司。

(2) 跟上面一个问题相关联,以合伙企业获得投资人股权融资也不太可能。

(3) 合伙企业的普通合伙人可以以很低的份额取得企业的绝对控制权。

(4) 合伙企业可以协议约定对合伙人的除名条件。

(5) 合伙人可以以劳务出资(公司不可以)。

大家想想,为什么合伙企业可以以劳务出资,而公司不可以呢?因为合伙企业没有法人资格,是无限责任的,所以对合伙人出资的真实性和价值不做要求。而公司有法人资格,是有限责任的,公司以股东出资为限对外承担责任,所以出资必须真实,公司的出资必须可估价、可转让。

《中华人民共和国合伙企业法》(2006年修订)

第十六条 合伙人可以用货币、实物、知识产权、土地使用权或者其他财产权利出资,也可以用劳务出资。

合伙人以实物、知识产权、土地使用权或者其他财产权利出资,需要评估作价的,可以由全体合伙人协商确定,也可以由全体合伙人委托法定评估机构评估。

合伙人以劳务出资的,其评估办法由全体合伙人协商确定,并在合伙协议中载明。

第二节 应选择一人公司还是普通的有限公司?

正题之前，咱们先聊个关于郎某与空姐的八卦。就是空姐一人注册了一家文化传播公司，郎某支付了 900 万元给该公司，约定购买铜制佛像，但最后没有交付。空姐抗辩这个公司实际是郎某的，自己根本没有插手过，钱收到后马上转给了郎的儿子做总经理的另一家公司，但是法院认为，依据合同的相对性，该公司仍然是合同履行及责任承担的相对方。最后判决该公司返还 900 万元给郎某。

重点是：空姐作为该公司的唯一股东，需要对公司债务承担连带责任，也就是说，空姐啥也没得到，还要负责返还这 900 万元！并且这样判决，在法律上，还没毛病!

所以，空姐的血泪史告诉我们，首先，跟郎某打交道，是个技术活儿，最好带上法律顾问；其次，开公司，最好不要开一个人的公司。

2005 年以前，成立公司必须两人以上，有专家曾猛烈抨击，认为不符合市场经济和时代需求。2005 年国家修订《公司法》的时候，增加了第三节“一人有限责任公司的特别规定”，允许一个股东成立公司。其中一条规定，一人公司的股东不能证明公司财产独立于股东自己的财产的，就要对公司债务承担连带责任。

《中华人民共和国公司法》(2018 年修正)

第六十三条　一人有限责任公司的股东不能证明公司财产独立于股东自己的财产的，应当对公司债务承担连带责任。

打过官司的人就知道，明摆着的一件事，你要证明它，可能就很难。比如说，你用证据来证明一下你妈是你妈，有的时候就很费劲。

要想证明股东财产和公司财产各自独立，还是挺难的。理论上，你要把公司成立以来所有的收入、支出凭证都找出来，说明钱都用在了公司业务上，才可以证明。有一笔说不清楚，就是漏洞。

况且你一个人成立的公司，谁会故意分得那么清楚。这么一来，公司的有限责任，立马变成无限责任。

你的公司，法律性质上几乎成了个体工商户。公司欠的钱，需要你拿家里的钱来还。

第三节 创始股东多少人合适?

创业时,应该找多少个合伙人(联合创始人)一起同行?

这不是一个法律问题,律师可以不管。但这确实是一个重要的问题,律师经常被要求提供建议。

作者在此结合服务了上百家创业公司的经验,分享自己的观察和总结,从侧面给大家提供一些思考建议。不过,提出这个问题,主要目的在于启发大家自行思考。

一、宁缺毋滥

(1)公司虽小,股份珍贵,未来希望,全系于此。创始人一定要相信自己的股份是值钱的,否则凭什么要求别人相信?既然值钱,就要给真正适合做合伙人的人。

(2)联合创始人应该在理念、思路上基本统一。但是人多则嘴杂,沟通成本会很高,效率会很低。只要有一两个股东跟你想法不一致,每次股东会都会让你筋疲力尽,备受挫折。

> 利可共而不可独,谋可寡而不可众。独利则败,众谋则泄。
>
> ——曾国藩

(3)给出去容易收回来难,万一发生股东争议无法调和,要么带着矛盾隐患负重前行,要么拆弹伤筋动骨。

(4)别以为多个股东多条路,三个和尚没水喝,股东超过5个的话,就会有人认为这件事情不是自家的事了。身为股东而不贡献价值,很容易让其他股东产生心理不平、打击士气。

(5)“三人同行,必有我师,五人同行,必有狗屎”,这句粗话,是一个创始人向我抱怨时说的。建议“先谈恋爱后结婚”,逐渐了解、慢慢磨合,共事过程中吸收加入,更为稳妥。

二、避免孤家寡人

(1) 没有支持系统,没有互补,单打独斗难成事。创业可比打天下,都是高难度的事情,历朝历代,哪个江山是一个人打下来的? 如果一个人也能成,说明你的江山不够大。

遇到一位挣扎4年的创业者,拥有公司100%的股份。有4位元老从第一天就跟着他干,但他就不肯给人家股份,只给工资。他的做法违反了创业的基本规律:你至少必须有一位联合创始人,跟你风雨同舟,安危与共。

我对联合创始人的偏执信念,是从我自己许多失败投资案例中总结出来的极其昂贵的创业财富,我认为是创业的天条之一。

——新东方、真格基金创始人徐小平

(2) 投资人不看好,会认为你拉不出团队、没号召力,或舍不得股份、没分享精神。

天使阶段投资必须满足三个条件,其中之一是:"团队搭建基本到位"。因为在天使阶段,很多商业模式并不十分清晰,而且即便清晰,能不能跑出来还没有把握。所以,最主要的事情是要有一个非常完整的团队。你要有能力召集你的团队。创业者基本上都是白手起家的,你的这个梦想能不能点燃自己周围的人,这是验证你能不能成功的第一步。

——新东方、真格基金创始人王强

三、只找顶梁柱

要拉重要岗位的关键先生,做顶梁柱用,各撑一角。一般情况下,一个创业公司开始起步时总要有人主内,有人主外,三条腿是必不可少的:市场开发、技术研发、运营管理。

四、建议 2～5 人

一般来说，初创时 2～5 人比较合理。

以上建议，因不是法律问题，仅供大家参考。

第四节　夫妻股东应注意的关键问题

咱们一起从法律层面聊聊夫妻股东那些事儿。

一、夫妻股东登记的股份比例等于夫妻财产份额吗？

答案是，一般不是的。

虽然没有国家层面的法律法规就此进行特别规定，但是一些地方法院的司法意见已经进行了明确说明，工商登记中注明的夫妻双方股权份额不构成夫妻间财产约定，不能成为分割夫妻财产的依据。

《北京市高级人民法院民一庭关于审理婚姻纠纷案件若干疑难问题的参考意见》

二十二、上述有限责任公司工商登记中注明的夫妻双方股权份额不构成夫妻间财产约定；但如设立公司时根据相关规定提交财产分割书面证明或协议的，构成财产约定。

《江苏省高级人民法院家事纠纷案件审理指南（婚姻家庭部分）》

42．夫妻双方设立夫妻公司时在工商部门登记的持股比例是否属于夫妻财产约定，离婚时能否据此分割股权？

基于夫妻关系的特殊性可能导致双方设立夫妻公司时在工商部门登记的持股比例具有很大的随意性，如果无其他证据佐证，该登记比例不属于夫妻财产约定，离婚时夫妻一方要求据此分割股权的，不予支持。

在什么情况下可以认为属于夫妻财产份额约定呢？除非在夫妻设立公司时，按照工商登记的相关规定，特别提交了财产分割的书面证明或者协议。

二、夫妻股东一方签字，是否可以转让夫妻共有的股权

答案是，一般不可以。

夫妻之间具有家事代理权，指一方对配偶就家庭日常事务具有法定的、自然的代理权。“家事代理权”是基于婚姻的缔结而产生的，是婚姻身份效力的一种体现，依法律的特别规定取得，非因法定情由不受限制。

我国婚姻法没有对家事代理权作出明确规定，但经济生活中的家事代理行为是客观存在的，并且有许多模糊地带，涉及夫或妻的财产所有权等权利与善意第三人权利的衡量。为了统一司法实践中此类纠纷的裁判标准，《最高人民法院关于适用〈中华人民共和国婚姻法〉若干问题的解释（一）》[简称《婚姻法》司法解释（一）]第十七条作了涉及家事代理权制度的规定。

《最高人民法院关于适用〈中华人民共和国婚姻法〉若干问题的解释（一）》

第十七条　婚姻法第十七条关于“夫或妻对夫妻共同所有的财产，有平等的处理权”的规定，应当理解为：

（一）夫或妻在处理夫妻共同财产上的权利是平等的。因日常生活需要而处理夫妻共同财产的，任何一方均有权决定。

（二）夫或妻非因日常生活需要对夫妻共同财产做重要处理决定，夫妻双方应当平等协商，取得一致意见。他人有理由相信其为夫妻双方共同意思表示的，另一方不得以不同意或不知道为由对抗善意第三人。

依据该规定，家事代理限于日常生活需要、衣食住行之类较小金额的民事行为。妻子擅自买来一台电视或卖掉家里一套家具，丈夫不可以主张买卖合同无效。但是涉及股份转让，并不属于“日常生活需要”，因此不属于家事代理权范围，应当取得配偶同意才可以。

但是，法律也要保护善意第三人，他人有理由相信其为夫妻双方共同意思表示的，另一方不得以不同意或不知道为由对抗。

在最高法院的公报案例中，丈夫在一系列股权转让文件中代妻子签名，将自

己及妻子价值数千万元的股份转让，后妻子起诉合同无效。法院认为，该案中种种证据可以说明，受让人有理由相信丈夫有代理权，其为善意第三人，为保护交易安全，认定合同有效。

相关案例参考

彭某静与梁某平、王某山、河北金海岸房地产开发有限公司股权转让侵权纠纷案

法院认定：即便梁某平无权代理彭某静在股权转让合同书、股东会议决议、公司章程修正案上签字转让股权，但王某山已举证证明自己为善意第三人，有足够的理由相信被告梁某平有代理权，而且王某山已向梁某平支付了4 944万元的股权转让款，有偿支付了对价，变更了金海岸公司的股东手续。最高人民法院《关于贯彻执行〈中华人民共和国民法通则〉若干问题意见》第八十九条规定："在共同共有关系存续期间，部分共有人擅自处分共有财产的，一般认定无效。但第三人善意、有偿取得该财产的，应当维护第三人的合法权益，对其他共有人的损失，由擅自处分共有财产的人赔偿。"也就是说，即便梁某平无权处分共同共有财产，从公平的角度出发，为保护交易安全，也应当保护王某山的合法权益。至于梁某平的行为由此给彭某静造成的损失，应另行要求梁某平赔偿。

以上内容，可以简单总结为如下两条：

（1）夫妻结婚登记后设立公司的，不管股权登记为一方、还是双方名下，也不管登记的比例如何，一般情况下，都视为共同财产。如果夫妻确认要按登记比例区分财产份额的，应当另外签署财产分割协议。

（2）登记为一方的股权，该方可以单独签字而转让、处分，另一方不得以夫妻共同财产为由要求确认无效。登记为一方的股份，一般情况下，另一方也无权代为处分。

夫妻股东涉及的其他问题，我们将在后文继续介绍。

第五节 创始公司股份比例如何设置?

创业公司都会碰到一个很基础性的问题,就是股份如何分配?

有些公司在这个问题上谈得很艰苦,几经破裂,因为这不仅是个利益分配的问题,有时也是一个座次排序的问题。

也有的公司在这个问题上轻松搞定,但是同时也带来了隐患。

该怎么分配股份,需要知道股份比例设置的目标。作者认为,设置目标是:公司能够稳定健康地经营;贡献和收获大体平衡,各股东干劲充足。

为了实现这个目标,股份分配比例建议如下所示。

一、一股独大比较好

(1) 以中国人的文化传统看,团队能成事,必须有老大。

> 创业者在多轮融资的过程中,特别是在治理结构的变化和调整中,应该特别注意以下三个问题:一是尽量不要有公司或创始人被迫回购的条款,二是尽量不要给予实际控制人之外的股东一票否决权,三是最好要"一股独大",即要有单一大股东,否则办不成事儿。
>
> ——中金公司(CICC)前董事总经理、望华资本创始人戚克栴

当初 Google 的股份比例是 50∶50,事实证明也没问题,作者也接触过一些对半股份但是经营不错的客户。但是可以说,成功案例比较稀少。对半股份,真的需要克服很多问题。需要有人占着一半股份,而甘愿做老二,需要有人操着老大的心,分着老二的钱。更多的案例是,这种股份状态坚持不下去,要么调整股份,要么分道扬镳,要么恶斗不止。

真功夫的股权太平均,结果发生龙虎斗。投资了真功夫的今日资本徐新曾评价:当时最大的隐患在于双方对等的股权比例,谁也没有对企业的绝对控制权,一旦发生争执很容易将企业拖垮。创业者最开始就应该把股权比例处理妥当,如果三个人一起创业,股权各占 1/3,那么在这个股权结构下,企业失败的概率是 95%。

（2）一股独大不会发生控制权争夺战，厉害的老二可能负气出走；损兵折将，但起码不会股东打架把公司搞垮。

（3）公司要有终极责任人。公司总有艰难的时候，必须有人责无旁贷地死扛下去才能存活。如果股份平均，由哪个人做终极责任人？

（4）投资人也不看好平均股权的公司。

> 平均分配股权的公司，我是不会投的。对我来说，我希望这个公司是民主集中制，他的CEO有明显大于其他合伙人的话语权，即使他不控股。公司有一个主要的负责人是很重要的。就我个人而言，我认为即使是很好的企业，很好的团队，如果公司的股权设计不合理，这个公司最后都会失败的。
>
> ——薛蛮子（本名薛必群）

二、大股东最好占2/3以上

（1）按照一般的创业公司成长路径，公司要预留出10%以上期权池给激励对象，10%左右给种子投资人，10%左右给天使投资人，10%左右给A轮投资人，假如创始人希望在A轮之后保持50%以上控股，我们来算下：

$$X \times 90\% \times 90\% \times 90\% \times 90\% > 50\%$$

$$X \times 65.61\% > 50\%$$

$$X > 76.21\%$$

即你一开始持股需要大于76.21%才能做到。这么一算你就知道手里的股份有多拮据。虽然出于种种原因，占股将近8成比较困难，但仍然强烈建议创始人一开始股份不低于2/3绝对控股线。

（2）如果大股东一开始就50%多点，之后随便做个股权激励、新增个股东、融个资，立马失去控股地位，其他股东一联合，你就成了小股东，被踢出公司也不是不可能。即使是乔布斯，也被踢出过，亏就亏在占股少。

三、预留激励和融资的股份

股权分配时，还需要预留下给未来重要岗位关键人才的激励股，一般在

图 1.2　苹果公司股份图

10%～30%，一些很依赖人力资本的产业，要留出更多激励股份，30%都不够。资本依赖型的产业也需要留出未来融资的股份。

预留的激励股份可以先挂在创始人名下。而融资时一般以增资方式进行，原股东同比例稀释，不需要特别撇出一部分股份挂谁名下。

四、其他小股单独、充分沟通

创始人占股一大半，别人都是很小的股，怎么分啊？

建议充分沟通，把分股的逻辑说清楚，解开心中疙瘩。找个律师以第三方身份从中沟通，效果一般会更好。

(1) 股份是有限的，而市场前景是无限的。蛋糕的大小比蛋糕的份额重要得多，小股东不必过于在乎个人比例大小。如果公司上市了，1%也能赚大钱，如果公司破产，100%都是0。

(2) 创业九死一生，初创公司的股份，是机会，更是风险。有人愿意搭进去更多资金，占大股、“挑大梁”冒大风险，而自己可以用较小代价跟着博未来，绝不是坏事。

另外，每个人的资金能力和风险偏好不同。有人愿意股份少点而薪资多点，有人愿意股份多点薪资少点，沟通清楚可适当调剂。

五、留下股份调整的通道

每个股东对公司的贡献、对公司的重要程度，会随着时间而变化，尤其不是一开始就能看清楚的，所以要留下股份调整的通道，提前说清，签好协议。

第六节 注册资本认缴未实缴，公司欠钱股东需要担责吗？注册资本该确定多少？

2013 年《公司法》修订后，最低注册资本的要求取消了，出资期限要求也取消了，0 元可以注册公司，出资额在 10 年、20 年，甚至几十年后再缴足都没关系。

数据显示，2013 年《公司法》修订后，当年公司的设立数量出现了井喷。很多人成立公司，一出手注册资本就来个 1 000 万元，甚至 1 个亿元，营业执照上面一堆 0，反正不花钱。

其实这里有个很大的“坑”。

依据《最高人民法院关于适用〈中华人民共和国公司法〉若干问题的规定（三）》[简称《公司法》司法解释（三）]：公司债权人可以请求没有履行出资义务或没有全部履行出资义务的股东，在没有出资的本息范围内，对公司债务承担补充赔偿责任。

《最高人民法院关于适用〈中华人民共和国公司法〉若干问题的规定（三）》

第十三条第二款　公司债权人请求未履行或者未全面履行出资义务的股东在未出资本息范围内对公司债务不能清偿的部分承担补充赔偿责任的，人民法院应予支持；未履行或者未全面履行出资义务的股东已经承担上述责任，其他债权人提出相同请求的，人民法院不予支持。

什么意思呢？假如你注册资本 1 000 万元，但实际出资只有 100 万元，缺口 900 万元，公司对外负债 1 500 万元，最后公司还不起了，那么股东要在出资不到位的 900 万元限额范围内对公司的债务承担清偿责任。也就是说，认缴制下大额的注册资本实际上就相当于将股东的有限责任，变相地变为（有限额的）无限责任。

这里其实还要分两种情况：

一是公司欠钱还不上时，认缴出资的期限已经到期了。

二是公司欠钱还不上时，认缴出资的期限还没有到期。

第一种情况下，毫无疑问，股东直接承担补充清偿责任。

有人会说，股东决议把出资期限延后呢？实践中确实有这样的案例，在相关判例中，法院认为，有理由相信此种行为并非出于公司经营的需要，而只是为了逃避股东的责任，所以债权人起诉后，股东变更公司章程、变更出资期限的行为是无效的，不能规避掉股东的还款责任。

第二种情况是，出资期限还没有到期。《最高人民法院关于适用〈中华人民共和国公司法〉若干问题的规定（二）》[简称《公司法》司法解释（二）]规定：公司解散时，股东尚未缴纳的出资均应作为清算财产，这个尚未缴纳包括已经到期未缴纳和尚未到期应缴纳的出资。

《最高人民法院关于适用〈中华人民共和国公司法〉若干问题的规定（二）》

第二十二条　公司解散时，股东尚未缴纳的出资均应作为清算财产。股东尚未缴纳的出资，包括到期应缴未缴的出资，以及依照公司法第二十六条和第八十条的规定分期缴纳尚未届满缴纳期限的出资。

公司财产不足以清偿债务时，债权人主张未缴出资股东，以及公司设立时的其他股东或者发起人在未缴出资范围内对公司债务承担连带清偿责任的，人民法院应依法予以支持。

就是说，公司在解散清算时，首先要把认缴但未实际出资的出资先缴到公司作为清算资产。然后又规定：公司财产不足以清偿债务的，债权人主张没有缴纳出资的股东，对公司债务承担连带清偿责任的，法院应当支持。

所以解散清算的时候，就全部算作到期。

有人又说，那我不解散公司行不行？我就一直放着。

《破产法》又规定：人民法院受理破产申请后，破产公司的出资人尚未履行出资义务的，管理人应当要求出资人缴纳所认缴的出资。还特别规定，“不受出资期限的限制”。

《中华人民共和国企业破产法》

第三十五条 人民法院受理破产申请后，债务人的出资人尚未完全履行出资义务的，管理人应当要求该出资人缴纳所认缴的出资，而不受出资期限的限制。

所以，公司欠了钱还不起，即使出资期限未到期，不解散公司，债权人也有权申请你的公司破产，一旦法院受理破产，所有的出资尽管没有到期，出资人也要提前出资完毕。

那不破产行不行？是不是必须申请破产才会提前到期呢？也不是。2019年，最高法院出台了被民间称为《九民会议纪要》（即《全国法院民商事审判工作会议纪要》）的司法解释，进一步明确规定，公司败诉后无财产可供执行，未申请破产但已具备破产原因，或债务产生后公司股东会决议延长股东出资期限的，认缴出资应当加速到期，股东不再享有期限利益。

《全国法院民商事审判工作会议纪要》

（法〔2019〕254号）

6.【股东出资应否加速到期】在注册资本认缴制下，股东依法享有期限利益。债权人以公司不能清偿到期债务为由，请求未届出资期限的股东在未出资范围内对公司不能清偿的债务承担补充赔偿责任的，人民法院不予支持。但是，下列情形除外：

(1) 公司作为被执行人的案件，人民法院穷尽执行措施无财产可供执行，已具备破产原因，但不申请破产的；

(2) 在公司债务产生后，公司股东(大)会决议或以其他方式延长股东出资期限的。

有人又说，那我把股份转给别人行不行？认缴出资太大了没缴上，眼看公司欠一堆债，还不上了，我赶紧把这个股份转给我们村的二大爷，反正他是个低保户、孤寡老人，也没钱。

公司法司法解释又规定：转让股份的情况下，如果你出资没有到位，那么债权人可以要求原股东和新股东承担连带责任。

《最高人民法院关于适用〈中华人民共和国公司法〉若干问题的规定（三）》

第十八条　有限责任公司的股东未履行或者未全面履行出资义务即转让股权，受让人对此知道或者应当知道，公司请求该股东履行出资义务、受让人对此承担连带责任的，人民法院应予支持；公司债权人依照本规定第十三条第二款向该股东提起诉讼，同时请求前述受让人对此承担连带责任的，人民法院应予支持。

受让人根据前款规定承担责任后，向该未履行或者未全面履行出资义务的股东追偿的，人民法院应予支持。但是，当事人另有约定的除外。

这些，就是注册资本虚高的代价。

所以，就注册资本金额及关联问题，给大家 4 个建议：

（1）量力而行，不要贪多，注册资金够用 3 年就行，用完了需要追加的，还可以增资，也可以溢价增资。

（2）如果公司已经成立，认缴出资金额太大，公司经营情况也不是特别好，可以及时去做减资，到工商局办理减少注册资本的变更登记。

（3）记住股东在认缴出资限额内的补充清偿责任，加强风控，不要让公司欠下巨债。

（4）当你出资没有到位，又要转让股份时，约定清楚出资责任谁承担，并且一定要转让给可靠的人，以免公司欠债将来需要自己担责，债权人不用管股东内部有什么协议，只要担任过股东，就可以追究。

相关案例参考

案例一

浙江华宇建筑设计有限公司与周某高股东损害公司债权人利益责任纠纷一案一审民事判决书

［（2015）杭西商初字第 2939 号］

本院认为：《中华人民共和国公司法》第二十六条第一款、第二十八条第一款分别规定"有限责任公司的注册资本为在公司登记机关登记的全体股东认缴的出资额""股东应当按期足额缴纳公司章程中规定的各自所认缴的出资额"。原告与星天公司的建设工程设计关系发生在2013年7月上旬,而当时星天公司章程约定的第二期出资于2015年7月14日前缴纳,这系星天公司股东对星天公司所作的认缴出资的承诺,也是对公司债权人作出的承诺,这种承诺对公司债权人会产生一定的预期作用,原告也正是基于星天公司股东就该出资缴纳时间的承诺而与星天公司签约,当公司不能履行合同义务时,该认缴的期限不能变更。星天公司股东在案涉(2014)杭滨民初字第146号民事判决作出后,通过修订章程延迟缴纳出资时间,且上述判决的执行因星天公司没有可供执行的财产而程序终结,星天公司股东延长认缴期限的行为违反了公司法第五条规定的"诚实守信原则",损害债权人利益,该认缴出资的期限因公司偿债能力的变化,应当视为到期。《最高人民法院关于适用〈中华人民共和国公司法〉若干问题的规定(三)》第十三条第二款规定"公司债权人请求未履行或者未全面履行出资义务的股东在未出资本息范围内对公司债务不能清偿的部分承担补充赔偿责任的,人民法院应予支持",据此,原告要求周某高、钱某明对星天公司就(2014)杭滨执民字第1043号执行案件不能清偿部分承担补充赔偿责任的诉请,由于该不能清偿部分在上述股东未出资本息范围内,于法有据,本院予以支持。

案例二

上海正贤装饰有限公司与戴某晨、顾某雷等一审民事判决书

[(2015)奉民二(商)初字第3632号]

法院认为,最后,关于被告戴某晨陈述的其第二期出资尚未到期的辩称,本院认为:其一,2013年12月底全国人民代表大会常务委员会修改了《中华人民共和国公司法》(以下简称"新公司法"),新公司法在出资缴纳时间上取消了法定限制,改由股东自由决定。新公司法确立的出资缴纳时间非常灵活,赋予了股东极大的选择空间,其主要目的是降低公司的准入门槛,激发市场主体创业创新活力,而并非为背信股东免除责任提供法律依据。本案中,原告提起本案诉讼的时间是2015年11月13日,而三被告形成股东会决议延长第二期出资款缴纳期限的时间是2016年6月20日,也即,三被告系在本案

诉讼中延长第二期出资的缴纳期限，而贤商汇公司于2014年底已经停止经营，加之，原告主要是针对三被告的第二期出资未到位提起的本案诉讼，因此，本院有充分理由认定，三被告延长第二期出资缴纳期限的目的即是为了对抗原告提起的本案诉讼，而并非为了贤商汇公司的经营。申言之，三被告为了避免败诉的风险，免除其本应承担的补充赔偿责任，利用新公司法修改的契机，恶意延长出资缴纳的期限，以期进一步侵害原告的合法权益，显然有违诚实信用原则，不应得到支持。从此角度而言，三被告恶意形成股东会决议延长第二期出资缴纳期限的行为，对原告应不具有法律约束力。其二，原告对贤商汇公司享有的债权形成于2014年10月之前，若三被告按期缴纳第二期出资款，则原告的债权完全可以得到清偿，现因三被告未按期缴纳第二期出资款，原告的债权未能得到清偿，也即，三被告未按期缴纳出资的行为已经侵害了原告的合法权益。现三被告欲通过延长第二期出资缴纳期限的手段，进一步侵害原告的合法权益，使其债权不能得到清偿，显然有违公平原则，故三被告恶意延长出资期限的行为不应得到法律支持。综上，本院对被告戴某晨的上述辩称不予采信。”

第七节 法律授权章程约定的27个事项及其应用价值

公司法历次修订的明显趋势，就是给予公司越来越大的自治权，比如从取消最低注册资本要求到实缴改认缴都是如此。本书检索并列示了《公司法》及司法解释明确规定的公司章程可以自由约定的事项，并就相应应用价值进行解释说明。建议公司好好运用，以制度资源增强公司竞争力。

1. 法定代表人人选

《中华人民共和国公司法》

第十三条　公司法定代表人依照公司章程的规定，由董事长、执行董事或者经理担任，并依法登记。

法定代表人只能由公司董事长、执行董事或经理担任，其他人担任法定代表人都是不合规的，如果公司计划新三板挂牌或 IPO，最好不要有这样的安排。

鉴于修改章程需要 2/3 以上股东表决同意，法定代表人姓名直接载入公司章程，一般有利于保持法定代表人对公司的控制（也有司法判例认为此种情况下就法定代表人选变更仍应以 1/2 简单多数决议通过，该问题存在法律理解上的不确定性）。

法定代表人应该由谁担任，要看公司选择集权还是分权模式。法定代表人由执行董事担任的模式最为集权，董事长担任其次，总经理担任则最为分权制衡。

2. 公司对外投资或担保的程序

《中华人民共和国公司法》

第十六条　公司向其他企业投资或者为他人提供担保，依照公司章程的规定，由董事会或者股东会、股东大会决议；公司章程对投资或者担保的总额及单项投资或者担保的数额有限额规定的，不得超过规定的限额。

公司对外投资参股或设立新公司，以及对外担保，是可能影响公司成败存亡的重大决策，公司章程可以规定由股东会决策，或董事会决策，也可以规定较为详细的投资或担保限额等细则，实际操作中违反规定并造成公司损失的，由作出违规决议的董事、股东或执行层对公司承担赔偿责任。

在股东尤其是大股东同时经营其他企业的情况下，公司为关联企业担保是经常发生的，小股东为了规避公司为关联企业担保带来的巨大风险，可以要求规定禁止担保或规定担保限额。

3. 分红比例和增资

《中华人民共和国公司法》

第三十四条　股东按照实缴的出资比例分取红利；公司新增资本时，股东有权优先按照实缴的出资比例认缴出资。但是，全体股东约定不按照出资比例分取红利或者不按照出资比例优先认缴出资的除外。

公司默认按照实缴出资（不是认缴出资）比例分红，默认按照实缴比例增资。公司章程也可以另行例外规定。这就为公司同股不同权的设置提供了法律依据。创始人可以在章程中规定有权优先增资,以便必要时增加对公司的控制权。

4. 股东会职权

《中华人民共和国公司法》

第三十七条　股东会行使下列职权:

(十一)公司章程规定的其他职权。

公司章程可以在公司法规定之外增加新的股东会职责,这涉及公司的权力分配,权力结构是股东会中心还是董事会中心。不过一般初创企业股东人数少,股权相对集中,董事会都是弱势机构,大权掌握在股东会手里。

5. 股东会定期会议召开频率和时间

《中华人民共和国公司法》

第三十九条　股东会会议分为定期会议和临时会议。

定期会议应当依照公司章程的规定按时召开。

股东会定期会议就是不管有事无事,公司必须定期召开的会议。一般公司每年召开一次定期会议。小股东或投资人为了保障自己的知情权,可以争取要求公司每半年或每季度召开定期会议,并写入公司章程。

6. 股东会召开前通知时间

《中华人民共和国公司法》

第四十一条　召开股东会会议,应当于会议召开十五日前通知全体股东;但是,公司章程另有规定或者全体股东另有约定的除外。

股东会召开前,需要提前15天通知所有股东,但是章程可以另行规定提前天数。这个问题看似是个小问题,但是在一些股东纠纷中,有没有按照规定提前通知,成为股东会决议是不是可撤销的争议焦点,应加以注意。另外,为了保证重大事项决策效率，建议公司章程里面将提前通知天数改为 5～10 天。

7. 表决权比例分配

《中华人民共和国公司法》

第四十二条　股东会会议由股东按照出资比例行使表决权；但是，公司章程另有规定的除外。

这是非常重要的一个规定，创始人为了保持对公司的控制权，可以将出资比例和表决权分离，在公司章程里规定创始人拥有较少出资比例时掌握较多表决权，达到类似 AB 股的效果。

8. 股东会议事方式和表决程序

《中华人民共和国公司法》

第四十三条　股东会的议事方式和表决程序，除本法有规定的外，由公司章程规定。

股东会议事规则一般包括定期会议召开时间、临时会议召开情形、召集人和召集程序（比如董事会不召集时小股东有无权利召集）、提案主体和提案条件、通知方式、主持人、表决方式、审计情形、会计师聘任方式，等等。正常稳定的公司，议事规则不会成为一个重要的问题，但是一旦发生争斗，议事规则就会成为各方斗争的武器或限制，好的议事规则有利于化解冲突、解决纠纷。

9. 董事会人数、董事长产生办法

《中华人民共和国公司法》

第四十四条　有限责任公司设董事会，其成员为三人至十三人；

董事会设董事长一人，可以设副董事长。董事长、副董事长的产生办法由公司章程规定。

尽管在法律上，董事长的特别权力也只是召集和主持董事会会议，但是这个主持的权力和身份意义还是有重大价值的。董事长如何产生，由董事选举还是大股东委派，都涉及公司的权力分配。董事人数，也涉及各方席位和控制权，也事关公司决策效率。

10. 董事任期

《中华人民共和国公司法》

第四十五条　董事任期由公司章程规定，但每届任期不得超过三年。董事任期届满，连选可以连任。

董事任期默认3年，公司也可规定任期改为1年或2年等，这也涉及公司权力分配和稳定。

11. 董事会职权

《中华人民共和国公司法》

第四十六条　董事会对股东会负责，行使下列职权：

（十一）公司章程规定的其他职权。

公司章程可以在公司法规定之外设置董事会的职权，在股东人数众多、表决权分散的情况下，公司实际权力可能掌握在董事会。国美公司黄陈斗争中，就是因为当初黄光裕为了高效决策和控制，将权力集中在董事会，结果在其身陷囹圄后，成为董事长的陈晓可以以小股东身份在董事会发起挑战，致使黄家权力险些旁落。

12. 董事会议事方式和表决程序

《中华人民共和国公司法》

第四十八条　董事会的议事方式和表决程序，除本法有规定的外，由公司章程规定。

董事会按照公司法规定，实行一人一票制，但是表决之前如何议事，多少人参与有效，表决僵局如何处理，董事长是否有一票否决权，都是很重要的事情，也是法律的空白，需要章程填补。

13. 经理职权

《中华人民共和国公司法》

第四十九条 有限责任公司可以设经理，由董事会决定聘任或者解聘。经理对董事会负责，行使下列职权：

公司章程对经理职权另有规定的，从其规定。

如前所述，此事也涉及公司权力分配。

14. 执行董事及职权

《中华人民共和国公司法》

第五十条 股东人数较少或者规模较小的有限责任公司，可以设一名执行董事，不设董事会。执行董事可以兼任公司经理。

执行董事的职权由公司章程规定。

公司设立董事会还是只设执行董事，也是值得考量的问题，执行董事权力集中，决策高效，董事会则有利于利用资源、激励高管、稳健决策。

15. 监事会人数、职工比例

《中华人民共和国公司法》

第五十一条 有限责任公司设监事会，其成员不得少于三人。股东人数较少或者规模较小的有限责任公司，可以设一至二名监事，不设监事会。

监事会应当包括股东代表和适当比例的公司职工代表，其中职工代表的比例不得低于三分之一，具体比例由公司章程规定。

监事会的职责是监督，如果设置监事会，应当包括职工，此处职工不包括高管，董事高管不能兼任监事，因为董事高管本身正是监督对象。

16. 监事会职权

《中华人民共和国公司法》

第五十三条 监事会、不设监事会的公司的监事行使下列职权：

（七）公司章程规定的其他职权。

中国公司的监事会权力式微，这可能跟中国文化中重维护核心轻权力制衡有关。但是监事毕竟有法律规定的职权和权力，可以就公司事务作为原告提起诉讼。所以在发生斗争时监事也是一枚不小的棋子。

17. 监事会议事方式和表决程序

《中华人民共和国公司法》

第五十五条　监事会的议事方式和表决程序，除本法有规定的外，由公司章程规定。

监事可以监督董事、高管和公司行为，在特别情境下，还是大有可为的。监事会如何议事如何表决，对公司治理多少也会有所影响。

18. 股份如何转让

《中华人民共和国公司法》

第七十一条　公司章程对股权转让另有规定的，从其规定。

公司就股东离职时的股份回购、员工股权激励的股份回购、限制联合创始人股权转让等，可以自行规定，法律依据就在这里。

19. 股份如何继承

《中华人民共和国公司法》

第七十五条　自然人股东死亡后，其合法继承人可以继承股东资格；但是，公司章程另有规定的除外。

如果没有特别规定，股权像房产等其他财产一样，可以继承。但是公司章程也可以特别规定限制继承，在某个股东去世后股份由其他股东收购，以免公司出现不熟悉的股东，影响稳定经营。

20. 董事、监事、高级管理人员的职责、义务、限制

《中华人民共和国公司法》

第一百四十七条　董事、监事、高级管理人员应当遵守法律、行政法规和公司章程，对公司负有忠实义务和勤勉义务。

第一百四十八条　董事、高级管理人员不得有下列行为：

（三）违反公司章程的规定，未经股东会、股东大会或者董事会同意，将公司资金借贷给他人或者以公司财产为他人提供担保；

（四）违反公司章程的规定或者未经股东会、股东大会同意，与本公司订立合同或者进行交易。

公司章程对股东、董事、监事、高管天然具有约束力，不像劳动关系中需要员工本人签署才有效。因此公司章程可以特别规定股东、董事、高管的竞业限制义务、禁止关联交易义务、保密义务、禁止兼职义务，等等，并可约定违反时的赔偿责任。

21. 财务会计报告送交期限

《中华人民共和国公司法》

第一百六十五条　有限责任公司应当依照公司章程规定的期限将财务会计报告送交各股东。

送交的频率和内容，事关股东知情权的行使，以及小股东能否有效维护自己的权益。

22. 决定聘用、解聘会计师事务所职权

《中华人民共和国公司法》

第一百六十九条　公司聘用、解聘承办公司审计业务的会计师事务所，依照公司章程的规定，由股东会、股东大会或者董事会决定。

对公司业务进行审计，是很多公司斗争中的常见戏码。那么，这些中介服务机构听谁的，维护谁的利益？是那个有权决定聘用和解聘他的人。

23. 公司解散事由

《中华人民共和国公司法》

第一百八十条　公司因下列原因解散：

（一）公司章程规定的营业期限届满或者公司章程规定的其他解散事由出现。

小股东受欺压是一个普遍存在的问题，如果小股东有权利破罐子破摔，在权利得不到保障，比如在无法了解公司经营状况、长期不召开股东会、长期不分红等情形下有权要求解散公司，则可以有效制约大股东。当然，权力的行使应当合理，在维持公司的继续经营和维护小股东权利之间，法院会合理把握其中的平衡。

24. 公司高管的范围

《中华人民共和国公司法》

第二百一十六条　本法下列用语的含义：

（一）高级管理人员，是指公司的经理、副经理、财务负责人，上市公司董事会秘书和公司章程规定的其他人员。

公司章程对高管有约束力，而公司章程又可以自由约定高管对公司的责任义务，因此，公司章程可以扩大法律规定的高管范围，让更多人纳入公司章程的规制范围，公司以《公司法》的规定追究违规高管的责任，要比以《劳动法》的规定追究高管责任容易得多。

25. 股东查阅或复制公司文件的权力

《最高人民法院关于适用〈中华人民共和国公司法〉若干问题的规定（四）》

第七条　股东依据公司法第三十三条、第九十七条或者公司章程的规定，起诉请求查阅或者复制公司特定文件材料的，人民法院应当依法予以受理。

公司章程可以对股东查阅公司文件的范围、内容作出特别规定，公司未按照规定提供查阅的，股东有权起诉。这也是维护股东知情权的好方法。

26. 股东出资瑕疵的处理

《最高人民法院关于适用〈中华人民共和国公司法〉若干问题的规定（三）》（2014年修正）

第十六条 股东未履行或者未全面履行出资义务或者抽逃出资，公司根据公司章程或者股东会决议对其利润分配请求权、新股优先认购权、剩余财产分配请求权等股东权利作出相应的合理限制，该股东请求认定该限制无效的，人民法院不予支持。

股东没有按照公司章程约定出资的，公司章程可以自行约定相应惩戒后果，限制其股东权利。这一条可以保障股东按期出资。

27. 决议效力要求

《最高人民法院关于适用〈中华人民共和国公司法〉若干问题的规定（四）》

第五条 股东会或者股东大会、董事会决议存在下列情形之一，当事人主张决议不成立的，人民法院应当予以支持：

（一）公司未召开会议的，但依据公司法第三十七条第二款或者公司章程规定可以不召开股东会或者股东大会而直接作出决定，并由全体股东在决定文件上签名、盖章的除外；

（三）出席会议的人数或者股东所持表决权不符合公司法或者公司章程规定的；

（四）会议的表决结果未达到公司法或者公司章程规定的通过比例的。

公司章程可以规定股东会、董事会决议在什么情况下不召开会议而直接作出决定，也可以规定形成有效决议需要的出席人数或出席表决数，也可以在法律规定要求之上规定公司通过决议需要的表决比例。违反公司章程就上述内容的特别规定的，股东或公司可以起诉主张股东会或董事会决议不成立。

第八节 公司章程应当增设哪些关键条款?

公司章程是一个公司的“基本法”“根本大法”,可以约束公司、股东、董事、监事、高管。

《中华人民共和国公司法》

第十一条　设立公司必须依法制定公司章程。公司章程对公司、股东、董事、监事、高级管理人员具有约束力。

但在实际操作中,大家很少把公司章程当回事,随便弄个模板,填上公司全称,末尾签名扔工商局存档了事。所以有时发现文中公司名称都是别家公司的。

下面我们来看看,如果公司章程里面约定了这些特别条款,会有什么好处?

一、法定代表人的规定影响控制权

《中华人民共和国公司法》

第十三条　公司法定代表人依照公司章程的规定,由董事长、执行董事或者经理担任,并依法登记。

因为经理是由公司董事会聘任和解聘的,所以如果公司章程规定董事长担任法定代表人,那么经理的权势就会很单薄,公司就会集权;如果公司章程规定经理担任法定代表人,经理分量加重,公司就倾向分权、制衡。

此外,创始人为了保持自己的控制权,可以选择将自己名字直接作为法定代表人写入章程,而变更法定代表人需要 2/3 以上表决权才可以做到,因为法律规定变更章程需要 2/3 以上表决权通过。如此一来,创始人作为法定代表人的身份就很难被动摇,增加了自身控制力(个别案例中对此点有争议)。

二、分红比例和增资条款影响利益分配和后续股比

《中华人民共和国公司法》

第三十四条　股东按照实缴的出资比例分取红利；公司新增资本时，股东有权优先按照实缴的出资比例认缴出资。但是，全体股东约定不按照出资比例分取红利或者不按照出资比例优先认缴出资的除外。

很多初创公司出资都是认缴的，但是融资时投资人都是实缴并且溢价的，因此，如果不对分红和增资比例进行特别约定，将依据法律按照实缴比例进行，投资人可能分得最多红利，可以进行最多的增资，成为大股，这绝对不是创始人愿意接受的。

关于增资的特别规定，如果赋予创始人增资的优先权，将使创始人可以视情况优先增资，增加股份比例，这个规定相当于把创始人的控制权放进了保险箱。当然具体条款设计上还有增资时估值等可操作性问题需要解决。

三、股东会、董事会职权规定影响权力安排

公司权力重心放在股东会还是董事会，决定公司以及股东的权力分配。阿里巴巴的湖畔合伙人制度，就是控制了董事的提名权，进而控制了董事会，进而控制了公司。国美电器的黄光裕、陈晓争斗，也是因为当初黄光裕为了更方便控制公司而赋予董事会极大权力，不想自己身陷囹圄后，担任了董事长的陈晓可以以小股身份左右公司，差点鸠占鹊巢、反客为主。

简单来讲，董事会是以董事票数（人数）来表决的，赋予董事会更多权力并且经过特别的董事会人选设计，可以实现公司控制权和股权的分离。越是股东人数众多、股权分散的公司，这种分离的趋势越明显。

四、表决权比例分配决定控制权

《中华人民共和国公司法》

第四十二条　股东会会议由股东按照出资比例行使表决权；但是，公司

章程另有规定的除外。

表决权可以不按出资比例行使。这是允许同股不同权的另一个重要方面。这个规定，为创始人控制公司留下一道门。

表决权让渡，使创始人与联合创始人、资本、人力资源的结合有了更为灵活的方式。在既不影响创始人的控制权，又不影响其他方的分红权的情况下，合作有了更大空间、更多弹性。尤其在创始人资金不足而又能力出众的情况下，其他人因出资而获得更多股份，但表决权让渡给创始人，是对各方都很有利的选择。

五、董事任命挖掘激励资源

《中华人民共和国公司法》

第四十四条　有限责任公司设董事会，其成员为三人至十三人；

董事会设董事长一人，可以设副董事长。董事长、副董事长的产生办法由公司章程规定。

很多初创公司因为太小了，一切从简，基本都是用执行董事代替了董事会。这个做法确实提高了决策效率，缩减了沟通成本。但是，担任董事，其实对公司高管也是一种身份认同和激励，因此，董事会是初创公司的激励资源，尤其在做股权激励时。在初期给予激励对象期权，还不能进行工商登记时，先行以董事身份登记进入工商资料系统，对激励对象是一种很大的鼓励和认可。在完成股权激励时，激励对象一般也只是一个持股平台合伙企业的合伙人，法律上来说还不是直接股东，不能参加股东会，此时成为董事，参加董事会会议，是对其身份和话语权的肯定和保护。所以，公司虽小，董事会可以保留。

董事会还是一个链接外部资源的载体和凭证，公司聘请行业专家作为顾问，可以登记为董事，不管参不参加董事会，都是公司可以宣传的亮点。

六、执行董事及职权规定填补法律空白

《中华人民共和国公司法》

第五十条　股东人数较少或者规模较小的有限责任公司，可以设一名

执行董事，不设董事会。执行董事可以兼任公司经理。

执行董事的职权由公司章程规定。

董事会的职权，有《公司法》的规定，因此，如果公司章程没有特别规定，直接适用《公司法》即可。但是执行董事的职权，完全由公司章程规定，法律并没有规定在章程未规定执行董事职权的情况下可以直接参照董事会的职权。

因此原则上来讲，如果公司章程没有规定执行董事职权，则执行董事行使任何权力都没有依据，其所作决定、所签文件都处于效力未定状态，比如决定聘任或者解聘总经理及其报酬事项，比如根据总经理的提名决定聘任或者解聘公司副总经理、财务负责人及其报酬事项，在公司发生股权斗争或劳动争议时，都会成为一方发难的把柄，并且法律上如何认定，还真存在不确定性。

七、股份转让规定决定股东退出大事

《中华人民共和国公司法》

第七十一条　有限责任公司的股东之间可以相互转让其全部或者部分股权。

股东向股东以外的人转让股权，应当经其他股东过半数同意。股东应就其股权转让事项书面通知其他股东征求同意，其他股东自接到书面通知之日起满三十日未答复的，视为同意转让。其他股东半数以上不同意转让的，不同意的股东应当购买该转让的股权；不购买的，视为同意转让。

经股东同意转让的股权，在同等条件下，其他股东有优先购买权。两个以上股东主张行使优先购买权的，协商确定各自的购买比例；协商不成的，按照转让时各自的出资比例行使优先购买权。

公司章程对股权转让另有规定的，从其规定。

股权转让是股东之间最重大的制度安排，这是涉及股东退出的大问题。如果没有特别规定，按照《公司法》，股东之间转让股份的，依协商合意为准；对外转让的，只要找到一个下家，就可以转让其股份，其他股东要么自己收购，要么同意转让。但是这个规定面对纷繁复杂的股东博弈，实在过于简单而且可操作性不强。

在以下几种情况发生时，股份如何处理，公司章程应当进行明确规定，才有利于公司的持续发展：

（1）股东因主观原因或客观原因离职。

（2）股东离婚、丧失劳动能力、死亡。

（3）股东主观过错损害公司利益。

（4）股东贡献与其实际占股差距悬殊。

（5）股东发生不和或斗争严重影响公司继续经营。

（6）进行股权激励或融资时优先购买权的放弃问题。

八、利用《公司法》规则约定董事、监事、高级管理人员职责、义务、限制

《中华人民共和国公司法》

第一百四十七条　董事、监事、高级管理人员应当遵守法律、行政法规和公司章程，对公司负有忠实义务和勤勉义务。

第一百四十八条　董事、高级管理人员不得有下列行为：

（一）挪用公司资金；

（二）将公司资金以其个人名义或者以其他个人名义开立账户存储；

（三）违反公司章程的规定，未经股东会、股东大会或者董事会同意，将公司资金借贷给他人或者以公司财产为他人提供担保；

（四）违反公司章程的规定或者未经股东会、股东大会同意，与本公司订立合同或者进行交易；

（五）未经股东会或者股东大会同意，利用职务便利为自己或者他人谋取属于公司的商业机会，自营或者为他人经营与所任职公司同类的业务；

（六）接受他人与公司交易的佣金归为己有；

（七）擅自披露公司秘密；

（八）违反对公司忠实义务的其他行为。

董事、高级管理人员违反前款规定所得的收入应当归公司所有。

公司章程针对董事、高管制定的要求，可以不同于或高于《劳动法》规定的普通劳动者义务。作为董事、高管，领取更多薪水，对公司更加重要，依据《公司法》和章程，承担高于普通劳动者的义务也是合理的。比如《劳动法》规定单位只有

支付竞业限制补偿金后，员工才负有竞业限制义务，但是董事、高管在职期间的竞业禁止义务则是法定的。

公司章程可以对董事、高管约定更多的义务，如果董事、高管有违反的，不是依据倾向保护劳动者的《劳动法》，而是依据倾向保护公司稳定发展的《公司法》对其追究责任，成功率显然更高。

九、扩大公司高管的范围

《中华人民共和国公司法》

第二百一十六条　本法下列用语的含义：

（一）高级管理人员，是指公司的经理、副经理、财务负责人，上市公司董事会秘书和公司章程规定的其他人员。

结合上一条规定，为了在《公司法》层面实现对更多高管的约束，除了法律规定的总经理、副总经理、财务负责人外，公司章程中还可以对哪些人属于高管作出定义，例如规定各部门负责人均属于公司高管。借助这样的约定，可以使这些人接受公司章程的约束，也可以适用《公司法》追究其责任。

十、有效处理出资瑕疵股东

《最高人民法院关于适用〈中华人民共和国公司法〉若干问题的规定（三）》（2020年修正）

第十六条　股东未履行或者未全面履行出资义务或者抽逃出资，公司根据公司章程或者股东会决议对其利润分配请求权、新股优先认购权、剩余财产分配请求权等股东权利作出相应的合理限制，该股东请求认定该限制无效的，人民法院不予支持。

公司章程可以对出资不到位的股东的权力进行限制，或规定对未出资的股东直接解除其股东资格，以便限制或清除那些占着股东位置却不履行股东义务的股东。

第九节 股东协议和公司章程是什么关系？ 以哪个为准？

大家都知道，公司章程是公司的“基本法”。大家也知道，公司的“基本法”不对具体事项作出规定。

所以，现在很多有点法律素养的创业者，在模板化的公司章程之外，都会签署一份股东协议，也有的表述为投资协议、设立协议、发起协议、合伙协议，总之就是股东与股东之间为设立公司而签署的关于出资、份额、公司治理、权力分配、分工、财务规则等内容的协议。

大家的疑问是，公司章程和股东协议，这两者是什么关系？是上下关系、附属关系、补充关系还是平行关系？两者发生冲突，以何为准？

一、股东协议与公司章程的关系

股东协议是股东之间达成的用来调整股东内部权利义务关系的文件，主要受《民法典》调整。根据合同相对性原理，股东协议仅在签署协议的股东之间有效，效力并不及于签字之外的第三人。

公司章程是公司股东为设立公司而必须制定的规范性文件，对于公司、股东、董事、监事、高管均具有约束力。[《中华人民共和国公司法》(2018 年修正)第十一条规定，设立公司必须依法制定公司章程。公司章程对公司、股东、董事、监事、高级管理人员具有约束力。]公司章程主要根据《公司法》来调整，在公司设立后，是属于公司的“宪章性”文件。根据商事外观主义的基本原理，公司章程具有一定程度的涉他性，经登记公示后对处理公司与债权人等关系都具有一定的调整效力。

依据法律规则及司法实践的认定，公司章程与股东协议之间并无前后承接关系，也无效力高下的从属关系，而是各自独立的平行关系。只要没有违反法律强制性规定等法定无效情形，股东协议都是有效的。

以下上海市第二中级人民法院判例中对两者关系的说明，写得较为清楚充分。

相关案例参考

上海市第二中级人民法院（2012）沪二中民四（商）终字第65号判决书

上海市第二中级人民法院认为：股东投资协议通常是指公司设立前，由全体投资人所共同参与订立的协议，其主要作用在于表明发起人设立公司的目的、确定公司的基本性质和结构，以及分配和协调发起人之间的权利义务关系，其协议本质应属于合同，依法受我国《合同法》一般规则的规范和调整。至于在公司设立过程中，由认缴注册资本的股东签署的公司章程，则具有公司自治规范的性质，依法属于我国《公司法》所规制的范围，并对签署股东、公司以及公司董事、监事等人员具有规范和约束的效力。因此，股东投资协议与公司章程系由投资人形成的两种在本质存在不同的协议安排，两者之间应为相互平行而非前后承接的法律关系。基此，股东投资协议的效力存续与否，同公司章程的制定不存在效力上的关联性，依法只受限于该协议本身的约定条款内容以及我国《合同法》的相关调整规范。事实上，在投资人订立的股东投资协议中，既有调整公司设立完成之前的事项，同时又有调整公司成立后股东之间、公司与股东之间的权利义务关系，以及公司治理结构的内容。且基于各种原因，其中的许多内容并未被纳入之后所订立的公司章程之中。况且，有时股东投资协议中确实存在某些不便载入公司章程的约定内容。此外，往往还由于工商行政管理部门要求按照其统一制定的样本格式起草公司章程的原因，造成许多股东间特别约定的协议内容无法被载入公司章程之中。在此情形下，股东投资协议实际承担了公司章程之外的规则性协议的功能。因此，在公司完成工商登记设立后，由全体投资人所共同参与订立的股东投资协议仍具有法律效力，其中涉及以公司成立后的股东之间、股东与公司之间的权利义务关系为调整对象的协议内容，只要未违反法律的强制性规定或与公司章程的规定相冲突，对各缔约投资股东依法具有规范和约束的效力。需要说明的是，在我国公司立法中体现有这种效力的认定精神，我国《公司法》第八十四条第二款规定："发起人不依照前款规定缴纳出资的，应当按照发起人协议承担违约责任。"上述规定表明，在公司成立后发起人协议的法律效力仍被确认。上述分析意见表明，公司成立后，股东投资协议在没有被修改、变更、解除以及与公司章程的内容相悖的情况下，其效力并不自然终止或被公司章程的效力取代，只是在具体个案的司法诉讼中，两者具有不同的证明和适用对象，不存在以两者中哪个为准的问题。

二、股东协议与公司章程冲突时如何适用？

股东协议约定与公司章程条款发生冲突时，以何为准？

其实依据前述说明，已经揭示了答案。

上海市第二中级人民法院在一判例中认为："公司章程作为对公司重要和基本问题作出明确规定的公众法律文件，对公司股东以外的债权人以及其他社会公众而言是其赖以了解公司的基本依据，但对股东之间来说，公司章程仅是股东之间的一种契约，股东可以通过其他合意且在不违反强制性规定的情况下进一步明确各自的权利义务，甚至否定公司章程的约定，故在股东之间应以股东的真实意思合意为准。"［(2013)沪二中民四(商)终字第733号］

概括来讲，冲突适用分成两个步骤。

1. 对外适用

公司章程因其登记公示而具有对外效力，可以同时约束未在章程上签字的其他股东、董事、监事、高管，甚至可以作为与债权人确定权利义务关系的依据，例如出资时间、认缴责任、担保程序的规定。

而股东协议并非工商登记文件，无对外公示程序，并不具有"对外"效力。在处理公司、股东与第三人之间事项时，甚至在处理与未在股东协议上签字的其他股东之间的事项时，股东协议不起作用，只能依据公司章程相关规定来加以判断。

2. 对内适用

如处理在股东协议上签字的股东之间的事项时，公司章程和股东协议并非上下关系、取代关系，而是平行关系。两者之间出现冲突时，"应以股东的真实意思合意为准"。

如何判断股东真实意思呢？

(1) 在后文本取代在前文本。

如果当事人之前签署的文件内容存在冲突矛盾，以最后签署的文本为准。可将最后的文本视为以协议方式一致变更了之前的约定。

（2）特别约定优先。

如果某件文本特别约定"存在冲突以本协议为准"的，则以此约定为准。为避免不必要之争议，建议股东间如通过协议作出与公司章程不一致内容时，在协议中注明："本协议书自股东各方签章之日起生效，不因目标公司章程的签署而被取代或变更；公司章程条款与本协议内容约定不一致的，以本协议为准，而无论签署时间先后。"

第十节 股东具有哪十大权利？

不管是大股东还是小股东，都应该了解股东的法定权利。小股东需要知道自己的投资带来了哪些权利内容及其边界，应该如何维护；大股东需要知道哪些权利有可能影响公司的经营，影响大股东的控制权。大家都需要知道如何在法律的框架内和谐共处。

第一项权利是分红权。

分红权里有两个要点，按《公司法》的规定，分红权按实缴出资比例确定而不是认缴出资，大家想一想就可以明白，实缴出资来确定分红肯定是更加公平合理。

那么第二个要点就是公司章程规定不按出资比例来分红的，也是有效的，当然这是针对的有限公司。我出了10%但是我要拿到30%分红，因为我掌握了技术核心，只要公司章程有规定，大家都签字认可，它就是有效的。

第二项权利是表决权。

《公司法》也规定，表决权按出资比例来行使，大家注意，这里没有明确区分是按认缴比例还是按实缴比例，所以为了消除这种风险，最好在公司章程以及跟激励对象签署的协议里面，就明确是按照实缴还是认缴比例来行使表决权。

公司章程也可以规定不按出资比例来分配表决权，按照《公司法》的规定，这样的规定也是有效的。我尽管出资10%，但是我就要拿到50%的表决权，只要公司章程有规定，大家都同意，也可以。当然这个一般也限于有限责任公司。

大股东为了掌握控制权，就规定激励对象可以取得股份、可以分红，但是你没有表决权，表决权归我所有，这是可以的。

第三项权利就是表决异议时候的回购请求权。

在这三种情况下，对股东会决议持反对意见，同时这个股东会决议又获得通过的情况下，那么这个反对意见的股东可以要求公司回购他的股份：

第一种情况是，公司连续5年盈利却连续5年不分红。公司都赚钱了却不分，所以我不玩了你们玩，我要退出。

第二种情况是，公司合并、分立、重大资产转让，我不同意，结果还是被转让，所以我要求公司回购。

第三种情况是，公司章程规定的营业期限届满，公司经营10年、20年，期满了我要分钱、我要分家，但是大家不同意，那你们继续经营我要退出。

所以他有回购的请求权，他可以去起诉要求法院判决公司购买他的股份。

除以上规定之外，股东没有权利要求退出公司。

第四项权利是解散公司请求权。

占股10%以上有表决权的股东可以提出解散公司，也可以向法院起诉解散公司，但是有以下条件：

第一种情况是，股东会长达2年以上不能召开会议。

第二种情况是，虽然可以召开，但是无法达成普通事项的1/2以上，或者是重大事项的2/3以上的表决。

第三种情况是，董事之间长期对立斗争，但是不能在股东会层面解决这个问题。

第四种情况是，其他原因造成公司经营严重困难但无法解决，并且继续经营下去会给股东利益造成重大损害的。

存在以上情形之一，股东就可以提出解散公司。

在公司要挂牌或者要上市的时候，如果有股东故意捣乱，这个权利就可能成为非常大的麻烦和障碍。

第五项权利就是违法表决的撤销权。

公司的股东会出台的股东会决议如果违法，那么任何一名股东都可以向法院起诉要求确认无效，如果股东会决议没有违法但是违反了公司章程，包括违反了公司章程的议事、表决程序，股东也可以起诉要求撤销股东会决议。

第六项权利就是损害赔偿请求权。

如果股东认为公司的董事、高管、总经理直接侵害了股东的利益，任何一名股东都可以起诉董事、高管要求赔偿。

第七项权利是代位诉讼权。

如果董事、高管没有侵害股东的利益但是侵害了公司的利益，比如说有挪用资金或者是从事竞争的业务或者是拿回扣之类的行为侵害了公司的利益，那么股东可以要求公司的监事提起诉讼，如果监事拒绝诉讼，股东可以自己的名义直接代位诉讼，那么这个诉讼的权利也可能对公司将来的上市挂牌造成重大影响。

第八项权利是知情权。

《公司法》规定股东有权查阅、复制公司的会计报表，有权利查阅但不能复制公司的会计账簿。但是否可以查阅公司的会计原始凭证，这个法律上是有争议的。

对于查阅会计账簿，如果公司认为会损害公司利益的，也可以拒绝提供。

但这个时候股东也可以起诉要求法院强制查阅，到底是不是损害公司的利益由法院来定夺。

第九项权利就是优先购买权。

因为有限公司的股东具有人合性和封闭性的特点，所以如果有人想出让股份给其他人，那么其他股东有权利优先购买。股东可能会排斥外人进入股东会。在增资的时候股东也有权利优先认缴，这个优先权在股权激励上可能会对公司的下一轮股权激励形成影响。已经成为股东的激励对象可能会阻止新的人或高层进入股东层面，所以一定要在股权激励里对优先购买权做一个限制，要激励对象放弃优先购买权。

第十项权利就是剩余财产分配权。

公司经营到期或者由于其他原因清算，如果有剩余资产可以分配给股东的，那么每位股东有权利按照出资比例来分享剩余的价值。

以上就是股东的十大权利。总结一下，包括分红、表决、表决异议时的回购请求、解散公司，然后就是违法决议撤销或无效的权利、损失求偿的权利、代位诉讼的权利、知情权、优先购买权，还有剩余财产分配权。建议股东设立公司时，都做一些了解，掌握股权的基本法律规定，用法律规则取代生活观念，消除误解，实现在法律规则下的和谐共处。

相关规定

分红权

《公司法》："第四条　公司股东依法享有资产收益、参与重大决策和选择管理者等权利。"

"第三十四条　股东按照实缴的出资比例分取红利；公司新增资本时，股东有权优先按照实缴的出资比例认缴出资。但是，全体股东约定不按照出资比例分取红利或者不按照出资比例优先认缴出资的除外。"

表决权

《公司法》："第四十二条　股东会会议由股东按照出资比例行使表决权；但是，公司章程另有规定的除外。"

表决异议回购请求权

《公司法》："第七十四条　有下列情形之一的，对股东会该项决议投反对票的股东可以请求公司按照合理的价格收购其股权：……（二）公司合并、分立、转让主要财产的；（三）公司章程规定的营业期限届满或者章程规定的其他解散事由出现，股东会会议通过决议修改章程使公司存续的。自股东会会议决议通过之日起六十日内，股东与公司不能达成股权收购协议的，股东可以自股东会会议决议通过之日起九十日内向人民法院提起诉讼。"

违法决议撤销权

《公司法》："第二十二条　公司股东会或者股东大会、董事会的决议内容违反法律、行政法规的无效。股东会或者股东大会、董事会的会议召集程序、表决方式违反法律、行政法规或者公司章程，或者决议内容违反公司章程的，股东可以自决议作出之日起六十日内，请求人民法院撤销。股东依照前款规定提起诉讼的，人民法院可以应公司的请求，要求股东提供相应担保。"

解散公司请求权

《公司法》:"第一百八十二条　公司经营管理发生严重困难,继续存续会使股东利益受到重大损失,通过其他途径不能解决的,持有公司全部股东表决权百分之十以上的股东,可以请求人民法院解散公司。"

《最高人民法院关于适用〈中华人民共和国公司法〉若干问题的规定(二)》:"第一条　单独或者合计持有公司全部股东表决权百分之十以上的股东,以下列事由之一提起解散公司诉讼,并符合公司法第一百八十二条规定的,人民法院应予受理:

(一)公司持续两年以上无法召开股东会或者股东大会,公司经营管理发生严重困难的;

(二)股东表决时无法达到法定或者公司章程规定的比例,持续两年以上不能做出有效的股东会或者股东大会决议,公司经营管理发生严重困难的;

(三)公司董事长期冲突,且无法通过股东会或者股东大会解决,公司经营管理发生严重困难的;

(四)经营管理发生其他严重困难,公司继续存续会使股东利益受到重大损失的情形。股东以知情权、利润分配请求权等权益受到损害,或者公司亏损、财产不足以偿还全部债务,以及公司被吊销企业法人营业执照未进行清算等为由,提起解散公司诉讼的,人民法院不予受理。"

损失求偿权

《公司法》:"第一百五十二条　董事、高级管理人员违反法律、行政法规或者公司章程的规定,损害股东利益的,股东可以向人民法院提起诉讼。"

代位诉讼权

《公司法》:"第一百四十九条　董事、监事、高级管理人员执行公司职务时违反法律、行政法规或者公司章程的规定,给公司造成损失的,应当承担赔偿责任。"

"第一百五十一条　董事、高级管理人员有本法第一百四十九条规定的情形的,有限责任公司的股东,可以书面请求监事向人民法院提起诉讼;监事有本法第一百四十九条规定的情形的,前述股东可以书面请求董事会或者不设董事会的有限责任公司的执行董事向人民法院提起诉讼。监事或者董事会、执行董事收到前款规定的股东书面请求后拒绝提起诉讼,或者自收到请求之日起三十日内未提起诉讼,或者情况紧急、不立即提起诉讼将会使公司利益受到难以弥补的损害的,前款规定的股东有权为了公司的利益以自己的名义直接向人民法院提起诉讼。”

知情权

《公司法》:“第三十三条 股东有权查阅、复制公司章程、股东会会议记录、董事会会议决议、监事会会议决议和财务会计报告。股东可以要求查阅公司会计账簿。股东要求查阅公司会计账簿的,应当向公司提出书面请求,说明目的。公司有合理根据认为股东查阅会计账簿有不正当目的,可能损害公司合法利益的,可以拒绝提供查阅,并应当自股东提出书面请求之日起十五日内书面答复股东并说明理由。公司拒绝提供查阅的,股东可以请求人民法院要求公司提供查阅。”

“第一百六十五条 有限责任公司应当依照公司章程规定的期限将财务会计报告送交各股东。”

股东会提议权

《公司法》:“第三十九条 股东会会议分为定期会议和临时会议。定期会议应当依照公司章程的规定按时召开。代表十分之一以上表决权的股东,三分之一以上的董事,监事会或者不设监事会的公司的监事提议召开临时会议的,应当召开临时会议。”

优先购买权

《公司法》:“第七十一条 有限责任公司的股东之间可以相互转让其全部或者部分股权。

股东向股东以外的人转让股权,应当经其他股东过半数同意。股东应就其股权转让事项书面通知其他股东征求同意,其他股东自接到书面通知之日起满三十日未答复的,视为同意转让。其他股东半数以上不同意转让的,不同意的股东应当购买该转让的股权;不购买的,视为同意转让。

经股东同意转让的股权,在同等条件下,其他股东有优先购买权。两个以上股东主张行使优先购买权的,协商确定各自的购买比例;协商不成的,按照转让时各自的出资比例行使优先购买权。

公司章程对股权转让另有规定的,从其规定。”

第十一节 小股东可在章程中规定什么条款以保护自身权益?

一、公司对外投资或担保的程序

《中华人民共和国公司法》

第十六条 公司向其他企业投资或者为他人提供担保,依照公司章程的规定,由董事会或者股东会、股东大会决议;公司章程对投资或者担保的总额及单项投资或者担保的数额有限额规定的,不得超过规定的限额。

有什么事情可以让一家公司经营得好好的突然破产?对外担保就是一件。欠债还钱,天经地义,可是别人欠的债却让自己还,还没处说理去,再好的公司也架不住这么折腾。

好多公司为他人担保而破产了,而这个“他人”往往是公司大股东、控制人或者他们的关联企业,所以小股东可以要求规章制度里的规定,不许公司对外担保,否则大股东和负责人承担赔偿责任。

二、股东会定期会议召开频率和时间

《中华人民共和国公司法》

第三十九条 股东会会议分为定期会议和临时会议。

定期会议应当依照公司章程的规定按时召开。

很多公司的小股东自从出完资之后,就没自己什么事儿了。公司经营如何、什么打算、什么时候分红一概不知,极端的情况下,连公司的门都进不去。

为了保证小股东的知情权,章程可以约定股东会定期会议召开时间和频率,并规定不能按时召开的责任。

三、股东会召开前通知时间

《中华人民共和国公司法》

第四十一条　召开股东会会议，应当于会议召开十五日前通知全体股东；但是，公司章程另有规定或者全体股东另有约定的除外。

为了制约公司实际控制人的任性，章程可以规定股东会召开前多久需要通知股东，以便股东提前进行准备，包括：提出提案；用什么方式通知；未通知的责任，例如表决无效。

四、财务会计报告送交期限

《中华人民共和国公司法》

第一百六十五条　有限责任公司应当依照公司章程规定的期限将财务会计报告送交各股东。

最高人民法院关于适用《中华人民共和国公司法》若干问题的规定（四）

第七条　股东依据公司法第三十三条、第九十七条或者公司章程的规定，起诉请求查阅或者复制公司特定文件材料的，人民法院应当依法予以受理。

章程可以规定公司及大股东负责定期将公司财务会计报告送交各股东，另外可以附加规定股东有权查阅公司的会计账簿及其原始凭证，以便实现对公司财务的实质性监督。

五、股份如何转让

《中华人民共和国公司法》

第七十一条　公司章程对股权转让另有规定的，从其规定。

中小股东可以要求在大股东违反公司章程时，例如违反关于召开股东会、对外担保、分红、公布财务会计报告等规定，中小股东有权要求大股东按照一定价格收购自己的股份，从而退出公司，如拒绝收购或价格无法达成一致的中小股东有权请求解散公司。

六、公司解散事由

《中华人民共和国公司法》

第一百八十条　公司因下列原因解散：

（一）公司章程规定的营业期限届满或者公司章程规定的其他解散事由出现。

公司在什么情况下应当解散，可以由公司章程自由约定。中小股东可以据此约定在以下情况下，公司应当解散，中小股东也有权起诉要求解散：

（1）股东知情权、表决权被严重剥夺，例如长期不召开股东会，股东会召开和决议经常严重违反章程规定，不提供财务会计报告，无法查阅会计账簿，公司提供虚假信息给股东等。

（2）分红权被剥夺，公司长期盈利而又违反章程规定拒绝分红。

（3）公司利益长期被大股东损害或转移，或中小股东利益被严重侵害的。

（4）章程规定公司经营期限为十年（或更短的时间），期满后公司股东没有全体一致通过续展期限的决议的。

七、决议效力要求

《最高人民法院关于适用〈中华人民共和国公司法〉若干问题的规定（四）》

第五条　股东会或者股东大会、董事会决议存在下列情形之一，当事人主张决议不成立的，人民法院应当予以支持：

（一）公司未召开会议的，但依据公司法第三十七条第二款或者公司章程规定可以不召开股东会或者股东大会而直接作出决定，并由全体股东在决定文件上签名、盖章的除外；

（三）出席会议的人数或者股东所持表决权不符合公司法或者公司章程

规定的；

（四）会议的表决结果未达到公司法或者公司章程规定的通过比例的。

公司章程可以规定，对于公司重大事项的表决，或事关中小股东利益的表决，必须通知全体股东，参加人数必须满足一定比例（如 2/3 以上），会议方可召开，同意人数必须达到一定比例（如 3/4 以上），表决方可通过。决议必须亲笔签名，禁止不表态视为同意之类的默认规则。

第十二节 股东不按期出资怎么办？

一个人最优秀的品质是什么？靠谱！因为不靠谱的人太多了，约个饭都能被放鸽子。

创业时摊上这种放鸽子的合伙人，算是倒了霉了。事情还没开始，已经失败了一半。一个朋友咨询我，公司也注册了，场地也租好了，员工也招聘了，该合伙人出的钱没影儿了。碰上这种痛心疾首的事情，该怎么办呢？

1. 最好事先协议约定不出资的责任

共同设立公司，除了大家要签署一份公司章程外，还有应签署一份设立协议，内容包括：公司业务，要干什么；出资，需要出多少钱、什么时候付款；股份，各人比例如何，是否预留期权；表决，谁说了算，是否需要控制权集中；分工、分红等等。

还有一个重要内容，即违约责任，万一之前约定的内容，一方没有做到怎么办。

这是很关键的内容，就出资问题，可以约定延迟付款的违约责任，比如加付利息，逾期达到多少天，股份收回、解除股东资格等。

2. 公司章程规定不出资的责任

公司章程和股东设立协议的区别是，设立协议仅对协议上签字的各方有效，而章程可以约束所有股东，包括未来的股东，而不管有没有在章程上面签字，因为章程的制定和修改满足 2/3 以上表决权通过即可生效。

章程中可规定对拒不出资的股东解除其股东资格，他人有权收购其股份，这样的规定有利于公司经营发展，司法实践中被支持的可能性很大。

3. 按照法律程序解除股东资格

《公司法》司法解释规定，股东未履行出资义务或抽逃全部出资，经催告后在合理期限内仍未缴纳的，公司股东会的其他股东可以决议解除该股东的股东资格。

按照该规定解除股东资格的前提是，股东没有履行任何出资义务或抽逃了全部出资，如果履行了部分出资义务，或抽逃了部分出资，则不能解除股东资格，只能限制其股东权利。

解除股东资格后，公司应当办理减资手续，或者由其他股东或股东之外的其他人缴纳出资。

相关案例参考

宋某与某贸易公司等公司决议效力确认纠纷案

［(2014)沪二中民四(商)终字第1261号］

案情简介：2012年，某实业公司股东会决议增资扩股，由某贸易公司出资9 900万元，增资后占公司99%股份。3天后，贸易公司转出全部出资，后经催告，一直未归还。2014年，共计持有实业公司1%股权的宋某、高某召开股东会，决议解除贸易公司股东资格。随后，宋某诉请确认2014年股东会决议有效。

法院认为：①本案证据能证明贸易公司抽逃其认缴的全部出资款，且经实业公司催告后在合理期限内仍不返还。依最高人民法院《关于适用〈公司法〉若干问题的规定(三)》第十七条有关股东除名规定，股东会对拒不出资股东予以除名的，该股东对该表决事项不具有表决权。本案对于贸易公司抽逃全部出资行为，实业公司已给予合理期限催告，并在召开股东会时通知贸易公司代表参加、给予其申辩权利。最后表决时贸易公司对其是否被解除股东资格不具有表决权。②实业公司另两名股东以100%表决权同意并通过了对贸易公司股东资格的决议，该决议有效。贸易公司股东资格被解除后，实业公司应及时办理法定减资程序或由其他股东或第三人缴纳相应出资。判决确认2014年股东会决议有效。

案例索引：《宋余祥诉上海万禹国际贸易有限公司等公司决议效力确认纠纷案——对未出资股东除名决议的表决权排除规则适用》(徐子良)，载《人民法院案例选》(201502/92：241)。

相关规定：

《最高人民法院关于适用〈中华人民共和国公司法〉若干问题的规定》（三）（2020年修正）

第十七条　有限责任公司的股东未履行出资义务或者抽逃全部出资，经公司催告缴纳或者返还，其在合理期间内仍未缴纳或者返还出资，公司以股东会决议解除该股东的股东资格，该股东请求确认该解除行为无效的，人民法院不予支持。

在前款规定的情形下，人民法院在判决时应当释明，公司应当及时办理法定减资程序或者由其他股东或者第三人缴纳相应的出资。在办理法定减资程序或者其他股东或者第三人缴纳相应的出资之前，公司债权人依照本规定第十三条或者第十四条请求相关当事人承担相应责任的，人民法院应予支持。

4. 按规定或约定将合伙人除名

以上《公司法》司法解释中关于未出资解除股东资格的规定，仅适用于公司股东，不过《合伙企业法》也有类似规定，而且尺度更宽松。

按照《合伙企业法》的规定，不仅不履行出资义务的合伙人可以除名（效果等同于解除股东资格），因故意或者重大过失给合伙企业造成损失、执行合伙事务时有不正当行为的都可以除名，而且合伙协议还可以自行约定其他除名事由。

这给了股东充分的自由制定合伙协议。

股东可以约定什么情况下踢出某个合伙人，只要大家都签字认可，只要对合伙企业经营有利，法院没必要站出来反对。

《中华人民共和国合伙企业法》(2006年修订)

第四十九条　合伙人有下列情形之一的，经其他合伙人一致同意，可以决议将其除名：

（一）未履行出资义务；

（二）因故意或者重大过失给合伙企业造成损失；

（三）执行合伙事务时有不正当行为；

（四）发生合伙协议约定的事由。

对合伙人的除名决议应当书面通知被除名人。被除名人接到除名通知之日，除名生效，被除名人退伙。

被除名人对除名决议有异议的，可以自接到除名通知之日起三十日内，向人民法院起诉。

所以，那些照搬模板签署合伙协议的人，真应该先打八十大板，放着这么有用的规定不用，等合伙人闹起了矛盾、打得不可开交了才病急乱投医，就这点远见咱还是回家快乐地种红薯吧。

第十三节　法院如何认定股东是否出资到位？

股东没有履行完毕出资义务的，需要承担相应的法律后果：

（1）如果违反出资义务的股东对公司债务有补充赔偿责任。

（2）公司的董事、高管等协助抽逃出资的，应与抽逃出资的股东承担连带责任。

（3）瑕疵股权受让人在知道或应当知道股权存在瑕疵的情况下依然受让该股权的，公司及债权人可一并主张该受让人承担连带责任。

相关责任如图 1.3 所示：

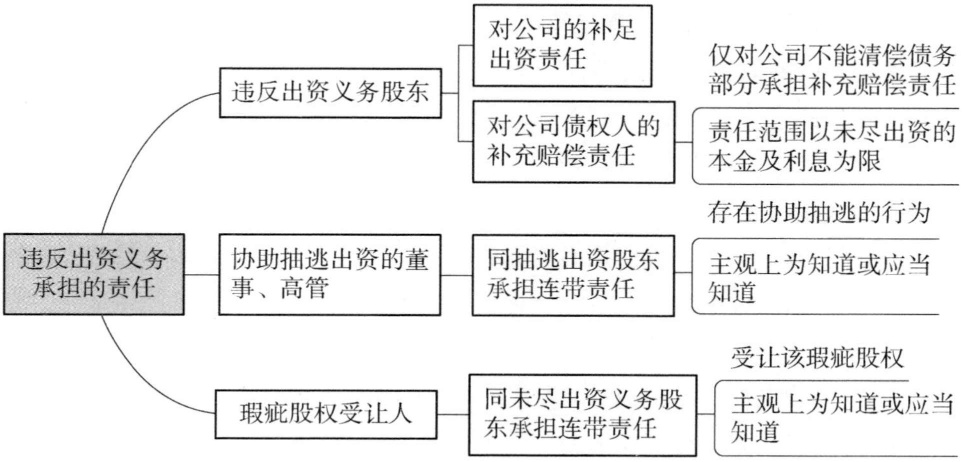

图 1.3　违反出资义务承担的责任

股东出资纠纷案件中，违反出资义务的股东往往主张其已补足出资，法院如何认定股东是否已经补足出资呢？

以下上海市第一中级人民法院发布的《股东出资纠纷案件的审理思路和裁判要点》中阐释了具体裁判方法，摘要如下：

股东补足出资的主张具体可分为债务抵销型、债务代偿型、股东注资型三种类型，对其有效性应做如下审查。

1. 债务抵销型补足出资的认定

债务抵销型补足出资是指违反出资义务的股东主张公司对其负有债务，并以此债务与自己对公司所负补足出资责任相互抵销，进而主张其已完成补足出资。

法院在审查公司对股东所负债务真实的基础上，应认可股东补足出资的有效性。股东对公司的出资义务本质上是股东对公司的所负债务。因此，当股东以其对公司所享有的债权来补足对公司的出资时，本质上属于股东行使抵销权。法院应依照行使抵销权的要件对该补足出资行为的有效性进行审查：审查公司对股东所负债务是否真实、两项债务清偿期限是否均已届满、是否存在难以抵销的障碍。

需注意的是，此处讨论的仅为公司同股东之间内部关系的情形，公司外部债权人对股东主张抵销及债权清偿顺序提出异议的情形实践中存在较大争议。最高法院于 2015 年 3 月发布的典型案例认为公司资产应当首先用于清偿非股东债权，剩余部分才能用于清偿股东借款，这种做法具有借鉴意义。

2. 债务代偿型补足出资的认定

债务代偿型补足出资是指违反出资义务的股东主张本人或通过第三人已代为清偿公司对外债务，以此主张其已补足出资。

该类型补足出资实质上是第三人代偿债务，是否发生补足出资的效力应取决于公司对该代偿行为是否认可。若公司认可，则该代偿行为对公司发生效力，可以视为股东已完成补足出资；若公司不认可，则股东不得以此代偿行为主张补足出资，对该代偿行为应由股东另案主张。与此同时，法院还应审查该代偿债务是否真实存在，公司与股东是否存在虚构债务来抵偿股东出资义务的情形。

3. 股东注资型补足出资的认定

股东注资型补足出资是指违反出资义务的股东在公司经营过程中与公司存在资金往来，其主张向公司注入的一笔或多笔资金为补足出资。

对于此种主张是否可以认定为有效的补足出资，核心在于查明注资款项是否实际注入公司并由公司使用。法院可审查公司是否经过决议流程对该注资形成股东会或董事会决议，是否在财务账册中记为“实收资本”；可要求该股东提供合同、划款凭证等，就其向公司注资的原因、基础关系等予以证明；可审查该款项的用途和走向以查明是否由公司使用。

第十四节 代持是否有效，有什么风险？

公司股东因为各种各样的原因不方便或不愿意直接登记为股东，采用代持的方式进行。现就代持相关问题要点总结如下：

（1）股权代持协议是有效的，除非存在欺诈、胁迫、恶意串通，损害国家、集体或者第三人利益等导致合同无效的特别情形。

（2）显名股东违反代持协议的，隐名股东可以起诉要求行使股东权利。

（3）隐名股东可以起诉请求公司变更股东、记名于公司章程、办理工商变更登记，但需要经过其他股东半数以上同意。

《最高人民法院关于适用〈中华人民共和国公司法〉若干问题的规定（三）》（2020年修正）

第二十四条 有限责任公司的实际出资人与名义出资人订立合同，约定由实际出资人出资并享有投资权益，以名义出资人为名义股东，实际出资人与名义股东对该合同效力发生争议的，如无法律规定的无效情形，人民法院应当认定该合同有效。

前款规定的实际出资人与名义股东因投资权益的归属发生争议，实际出资人以其实际履行了出资义务为由向名义股东主张权利的，人民法院应予支持。名义股东以公司股东名册记载、公司登记机关登记为由否认实际出资人权利的，人民法院不予支持。

实际出资人未经公司其他股东半数以上同意，请求公司变更股东、签发出资证明书、记载于股东名册、记载于公司章程并办理公司登记机关登记的，人民法院不予支持。

(4)外资企业隐名股东起诉请求公司变更股东、办理工商变更登记,则需要其他股东认可实际投资者的身份且征得外商投资企业审批机关同意。

那么,具体来说,代持方式存在什么问题和风险呢?

股份代持就相当于将自己的房子登记在别人名下,风险是相通的,包括如下内容。

1. 代持协议在隐名股东和显名股东之间有效,不能对抗第三人

股权代持协议尽管在隐名股东和显名股东之间有效,但只能约束显名股东和隐名股东双方,没有对外效力。也就是说,如果显名股东擅自出售股权给其他人,则出售行为有效,其他人可以合法成为股东。所以,假设公司前景良好,显名股东可能故意转让股份给自己人,隐名股东将无法追回。虽然此时隐名股东可以追究显名股东的赔偿责任,但证明损失是非常困难的,且只能以目前实际损失为准。

2. 显名股东可能擅自行使股东权利

显名股东可能以其股东身份,违背隐名股东的意志擅自行使股东权利,例如变更章程、更换法人代表,也可能作股权质押、为他人担保,等等,都可能损害公司及隐名股东权利。

3. 隐名股东正名存在风险

隐名股东起诉请求确认真实股东身份、变更工商登记的,需要证明实际出资,并需要其他股东一半以上同意,否则无法确认实际股东身份,也就是说,可能永远无法成为真正的股东。

《最高人民法院关于适用〈中华人民共和国公司法〉若干问题的规定(三)》(2020年修正)

第二十五条　名义股东将登记于其名下的股权转让、质押或者以其他方式处分,实际出资人以其对于股权享有实际权利为由,请求认定处分股权行为无效的,人民法院可以参照民法典第三百一十一条的规定处理。

名义股东处分股权造成实际出资人损失,实际出资人请求名义股东承担赔偿责任的,人民法院应予支持。

《中华人民共和国民法典》

第三百一十一条　无处分权人将不动产或者动产转让给受让人的,所有权人有权追回;除法律另有规定外,符合下列情形的,受让人取得该不动产或者动产的所有权:

（一）受让人受让该不动产或者动产时是善意的；

（二）以合理的价格转让；

（三）转让的不动产或者动产依照法律规定应当登记的已经登记，不需要登记的已经交付给受让人。

受让人依照前款规定取得不动产或者动产的所有权的，原所有权人有权向无处分权人请求赔偿损失。

相关案例参考

潘某与张某等股东资格确认纠纷案

［（2014）粤高法民四终字第48号］

裁判要旨：

外商投资企业隐名股东请求确认其股东身份，诉讼期间未获得外商投资公司企业审批机关同意的，法院只能确认其实际出资人身份。

案情简介：2011年，香港居民潘某与他人成立实业公司，并以张某名义出资700万元。2012年，名义持有实业公司70%股权的张某召开股东会，并决议以其名下股权为第三人提供质押担保，同时免除潘某法定代表人职务。2013年，潘某起诉张某、实业公司，要求确认其股东资格，并办理股权变更登记。

法院认为：①依最高人民法院《关于适用〈涉外民事关系法律适用法〉若干问题的解释（一）》第二条“涉外民事关系法律适用法实施以前发生的涉外民事关系，人民法院应当根据该涉外民事关系发生时的有关法律规定确定应当适用的法律；当时法律没有规定的，可以参照涉外民事关系法律适用法的规定确定”规定，本案合资法律事实发生在《涉外民事关系法律适用法》施行前，故可参照适用该法相关规定。本案案由为确认股东资格纠纷，参照《涉外民事关系法律适用法》第十四条第一款“法人及其分支机构的民事权利能力、民事行为能力、组织机构、股东权利义务等事项，适用登记地法律”规定，本案应适用实业公司登记地法律，即中国内地法律进行审查。②潘某提供了转账凭证、实业公司确认收到潘某出资款收据及其他股东证明，以证明其先后出资700万元。在张某无法提交书面股权转让协议、潘某确认收到股权转让款收据等可证明双方存在股权转让情况下，结合潘某与张某之间还存在其他债权债务关系，对张某主张的股权转让关系不予确认。③依《公司法》关于有限责任公司相关规定，取得有限责任公司股东资格的前提是以货币、实物、知识产权等财产出资，故潘某提出确认股东资格诉请，包含对其出资事实的确认。最高人民法院《关于审理外商投资企业纠纷案件若干问题的规定（一）》第十四条规定："当事人之间约定一方实际投资，另一方作为外商投资企业名义股东，实际投资者请求确认其在外商投资企业中的股东身份或者请求变更外商投资企业股东的，人民法院不予支持。同时具备以下条件的除外：（一）实际投资者已经实际投资；（二）名义股东以外的其他股东认可实际投资者的身份；（三）人民法院或当事人在诉讼期间就将实际投资者变更为股东征得了外商投资企业审批机关的同意。"潘某系中国香港地区居民，其出资成为实业公司股东，依《外商投资企业法》相关规定应到审批机关办理审批手续。因实业公司诉讼期间一直未获审批机关同意，故判决确认潘某系以700万元出资，占有实业公司70％出资的实际出资人。

案例索引：《潘世强诉张华、南雄韶赣汽车城有限公司股东资格确认纠纷案——论选择法律适用规范阶段的识别对象》（焦小丁），载《人民法院案例选》（201502/92：226）。

4．成为公司将来挂牌或上市的障碍

如果公司计划走向资本市场的，则使用代持必须要慎重。因为无论新三板挂牌或发行股票上市，条件都包括股权清晰，无权属争议或潜在纠纷风险。

《首次公开发行股票并上市管理办法》（2020年修正）

第十三条　发行人的股权清晰，控股股东和受控股股东、实际控制人支配的股东持有的发行人股份不存在重大权属纠纷。

《全国中小企业股份转让系统股票挂牌条件适用基本标准指引》

股权明晰，是指公司的股权结构清晰，权属分明，真实确定，合法合规，股东特别是控股股东、实际控制人及其关联股东或实际支配的股东持有公司的股份不存在权属争议或潜在纠纷。

而代持导致股权不稳定，容易发生纠纷。因此必须在挂牌上市前清理（如果能够一直瞒着中介机构和监管机构，也可能闯关成功，但是风险实在很大）。但是，涉及巨大利益考验的时候，清理代持、股权更正谈何容易，需要代持双方及其他股东都完美配合才可以做到。

第十五节　上市公司股权代持协议是否有效？司法上将如何处理？

前面讲过，股权代持是法律允许的，代持协议是有效的。

《最高人民法院关于适用〈中华人民共和国公司法〉若干问题的规定（三）》（2020年修正）

第二十四条　有限责任公司的实际出资人与名义出资人订立合同，约定由实际出资人出资并享有投资权益，以名义出资人为名义股东，实际出资人与名义股东对该合同效力发生争议的，如无法律规定的无效情形，人民法院应当认定该合同有效。

大家也知道，公司在IPO过程中必须如实披露股份权属情况，禁止发行人的股权存在隐名代持。如有代持情形应当更正，否则无法上市。

但是既然是隐名，就是不向外人道也，当事人不说，别人可能无从知晓，监管机构也不得而知。因此，无法排除股份存在代持情形，而公司也顺利上市的可能性。格尔软件就是一个例子。

那么，这类公司上了市，代持协议有效吗？司法上将如何处理？

以下上海高院公布的参考性案例告诉大家，上市公司的股份代持协议是无效的。

无效的后果是，隐名股东无权合法取得股份，股份应当处理，隐名股东的出资款返还，增值的部分，70%由隐名股东获得，30%由显名股东获得。

在另一个最高法院的判例里，对上市公司股份代持问题，最高法院持同样观点，也认为代持协议无效，同样也支持隐名股东的财产利益。

这些案例告诉我们，所谓代持协议有效，必须特别声明，指的是通常情况下，并不是所有的代持都是有效的。公务员、军人等特殊身份人员签署的代持协议就是无效的。上市公司的股份代持也是无效的，无效的后果是，显名股东可以分得三成的增值好处。如果代持争议爆发在公司申请上市阶段，则可能导致上市泡汤。

相关案例参考

案例一

杉浦立身诉龚某股权转让纠纷案

［(2018)沪74民初585号］

裁判要点：

1. 判断法律法规以外的其他规则是否构成证券市场公共秩序性规则时，应从规则保护证券市场利益的社会整体性、规则制订发布的主体、程序以及公众知晓度和认同度等方面进行综合考量认定。

2. 上市公司在证券发行过程中如实披露股份权属情况，禁止发行人的股权存在隐名代持，属于证券市场的公共秩序性规则。行为人违反该公共秩序性规则，签订隐名代持证券发行人股权协议的，应认定为无效。

3. 股权代持协议被认定为无效，投资收益不宜适用恢复原状的，应根据公平原则，在充分考虑对投资收益的贡献程度以及对投资风险的承受程度等情形下进行合理分配；当事人主张以标的股票变现所得返还投资款并分配收益的，符合意思自治原则，可予支持。

案情简介：

杉浦立身系日本国公民，龚某系中国公民。2005年双方签订《股份认购与托管协议》，约定杉浦立身以人民币(以下币种同)4.36元/股的价格向龚某购买上海格尔软件股份有限公司股份88万股，并委托龚某管理；龚某根据杉浦立身的指示处分股份，对外则以自己名义行使股东权利，将收益及时全部交付给杉浦立身。2017年格尔软件公司在上海证券交易所首次公开发行股票并上市，在股票发行上市过程中，龚某作为股东曾多次出具系争股份清晰、未有代持的承诺。2018年格尔软件公司向全体股东按每10股派发现金红利4元，用资本公积按每10股转增4股的比例转增股本。之后，龚某名下的格尔软件股份数量增加至123.2万股。之后双方对《股份认购与托管协议》的效力和股份收益分配发生纠纷诉至法院，杉浦立身请求判令龚某交付格尔软件股份的收益(包括配股、送股所取得的所有股票收益)或者按照格尔软件股份市值返还投资款，赔偿2017年红利损失以及因维权而发生的律师费150 000元、保全担保服务费30 000元。

上海金融法院判令：

一、龚某内向杉浦立身支付2017年现金红利352 000元(扣除应缴纳税费)的70%；

二、杉浦立身可在判决生效后十日内与龚某协商，对龚某名下123.2万股格尔软件公司股票进行出售，若协商不成，杉浦立身可申请对上述股票进行拍卖、变卖，上述股票出售、拍卖、变卖所得款项中优先支付杉浦立身投资款3 836 800元，若所得款项金额超过投资款金额，超过部分的70%归杉浦立身所有，剩余部分归龚某所有。

裁判观点：

法院生效裁判认为，我国《民法总则》第一百五十三条第二款规定："违背公序良俗的民事法律行为无效。"公序良俗的概念具有较大弹性，在具体案件中应审慎适用，人民法院应避免过度克减民事主体的意思自治。公序良俗包括公共秩序和善良风俗。证券领域的公共秩序性规定应先根据该领域的法律法规予以判断，在上位法律无明确规定的情况下，判断某一规则是否构成公共秩序性规定时，应从实体正义和程序正当两个层面进行考量：

第一，就实体正义而言，我国《证券法》是我国证券市场的基本法，其第一条规定的立法目的是规范证券发行和交易行为，保护投资者的合法权益，维护社会经济秩序和社会公共利益，促进社会主义市场经济的发展。因此，证券市场的公共秩序应是体现《证券法》立法宗旨，属于证券市场基本交易规范，关涉证券市场根本性、整体性利益和广大投资者合法权益，一旦违反将损害证券市场基本交易安全的基础性秩序。一方面，股票发行上市是证券市场的基本环节，经此环节，公司的股权结构发生重大变化，股东范围扩至公开市场上潜在的广大投资者，证券市场严格的监管标准也对公司治理能力提出更高要求，因此发行人的股权结构清晰就显得十分重要。如果发行人的股权不清晰，不仅会影响公司治理的持续稳定，还会影响公司落实信息披露、内幕交易和关联交易审查、高管人员任职回避等证券市场的基本监管要求，容易引发权属纠纷。为此，中国证券监督管理委员会(以下简称证监会)于2006年5月17日颁布的《首次公开发行股票并上市管理办法》第十三条规定："发行人的股权清晰，控股股东和受控股股东、实际控制人支配的股东持有的发行人股份不存在重大权属纠纷。"另一方面，上市公司披露的信息是影响股票价格的基本因素。要求上市公司在股票发行上市的过程中保证信息的真实、准确、完整，是维护证券市场有效运行的基本准则，也是广大投资者合法利益的基本保障。发行人的股权结构是影响公司经营状况的重要因素，属于发行人应当披露的重要信息。对此，《证券法》第六十三条规定："发行人、上市公司依法披露的信息，必须真实、准确、完整，不得有虚假记载、误导性陈述或者重大遗漏。"第六十八条第三款规定："上市公司董事、监事、高级管理人员应当保证上市公司所披露的信息真实、准确、完整。"综合上述两方面的分析可以看出，发行人必须股权清晰，股份不存在重大权属纠纷，且上市需遵守如实披露的义务，披露的信息必须真实、准确、完整。申言之，即发行人应当如实披露股份权属情况，禁止发行人的股份存在隐名代持情形。法院认为，上述规则属于证券市场基本交易规范，关系到以信息披露为基础的证券市场整体法治秩序和广大投资者合法权益，从实体正义层面认定符合证券市场公共秩序的构成要件。

第二，就程序正当而言，《证券法》第十二条规定："设立股份有限公司公开发行股票，应当符合《中华人民共和国公司法》规定的条件和经国务院批准的国务院证券监督管理机构规定的其他条件。"《证券法》本身并未对股份公司公开发行股票的具体条件作出规定，而是明确授权证监会对此加以规范。证券市场具有创新发展快、专业性强等特点，欲实现《证券法》规范目的，离不开专业监管机构的依法监管。因此，《证券法》第七条规定："国务院证券监督管理机构依法对全国证券市场实行集中统一监督管理。"证监会作为由《证券法》规定，经国务院批准，对证券行业进行监督管理的专门机构，在制定股票发行上市规则方面具有专业性和权威性。法院认为，《证券法》授权证监会对股票发行上市的条件作出具体规定，实质是将立法所确立之原则内容交由证监会予以具体明确，以此形成能够及时回应证券市场规范需求的《证券法》规则体系。证监会在制定《首次公开发行股票并上市管理办法》的过程中向社会公开征求意见，制定后也向社会公众予以公布，符合规则制定的正当程序要求，而且上述办法中关于发行人股权清晰不得有重大权属纠纷的规定契合《证券法》的基本原则，不与其他法律、行政法规相冲突，已经成为证券监管的基本规范和业内共识。发行人信息披露义务由《证券法》明文规定，经严格的立法程序制定。因此，发行人应当如实披露股份权属情况，禁止发行人的股份存在隐名代持情形，从程序层面亦符合证券市场公共秩序的构成要件。

结合上述两点分析，法院认为，发行人应当如实披露股份权属情况，禁止发行人的股份存在隐名代持情形，属于证券市场中应当遵守、不得违反的公共秩序。本案中，格尔软件公司上市前，龚某代杉浦立身持有股份，以自身名义参与公司上市发行，隐瞒了实际投资人的真实身份；在格尔软件公司对外披露事项中，龚某名列其前十大流通股股东。杉浦立身和龚某双方的行为构成了发行人股份隐名代持，违反了证券市场的公共秩序，损害了证券市场的公共利益，故依据《民法总则》第八条、第一百四十三条、第一百五十三条第二款和我国《合同法》第五十二条第四项的规定，应认定为无效。

关于系争股份和相关投资收益归属问题。

股权代持协议被认定无效后，根据《合同法》第五十八条的规定："合同无效或者被撤销后，因该合同取得的财产，应当予以返还；不能返还或者没有必要返还的，应当折价补偿。有过错的一方应当赔偿对方因此所受到的损失，双方都有过错的，应当各自承担相应的责任。"无效合同财产利益的处理旨在恢复原状和平衡利益，亦即优先恢复到合同订立前的财产状态，不能恢复原状的则应当按照公平原则在当事人之间进行合理分配。按照上述原则，本案中，首先，系争格尔软件股份应归龚某所有，龚某作为格尔软件公司股东围绕公司上市及其运营所实施的一系列行为有效；其次，本案中不存在投资亏损使得股份价值相当的投资款贬损而适用过错赔偿的情形，故杉浦立身向龚某支付的投资款 3 836 800 元应予返还；再次，系争格尔软件股份的收益，包括因分红以及上市而发生的大幅增值，并非合同订立前的原有利益，而是合同履行之后新增的利益，显然不属于恢复原状之适用情形。如何分配应由双方当事人协商确定，协商不成的应当适用公平原则合理分配：即根据对投资收益的贡献程度以及对投资风险的承受程度等情形，即"谁投资、谁收益"与"收益与风险相一致"进行合理分配。首先，从双方之间支付资金，订立协议和股份过户的时间顺序来看，龚某并无出资以最终获得股份所有权的投资意图。反之，杉浦立身的投资意图则显著体现于系争《股份认购与托管协议》中，即通过支付投资款以换取系争股份的长期回报。因此，投资系争股份的资金最初来自杉浦立身，亦是杉浦立身实际承担了长期以来股份投资的机会成本与资金成本。其次，虽然系争《股份认购与托管协议》无效，但无效之原因系违反公序良俗而非意思表示瑕疵，因此该协议中关于收益与风险承担的内容仍体现了双方的真实意思。根据约定，龚某须根据杉浦立身的指示处分系争股份，并向其及时全部交付收益。庭审过程中，双方亦确认龚某在代持期间未收取报酬。可见在双方的交易安排中，龚某仅为名义持有人，实际作出投资决策和承担投资后果的系杉浦立身本人，若发生格尔软件公司上市失败或经营亏损情形，最终可能遭受投资损失的亦是杉浦立身。根据上述两方面的考虑，法院认为应由杉浦立身获得系争股份投资收益的大部分。同时，龚某在整个投资过程中起到了提供投资信息、交付往期分红，配合公司上市等作用，为投资增值作出了一定贡献，可以适当分得投资收益的小部分。综合上述情况，杉浦立身应当获得投资收益的70%，龚某应当获得投资收益的30%。案件审理中，龚某表示无力筹措资金，申请将系争格尔软件股份进行拍卖、变卖，就所得款项减除成本后在双方当事人之间进行分配。杉浦立身对此予以同意。法院认为，此为双方当事人就系争股份处置方式及由此确定可分配之股份收益范围达成一致意见，属于依法处分自身权利的行为，不违反法律法规的禁止性规定，可予支持。

案例二

杨某国与林某坤委托投资协议纠纷案民事裁定书

［(2017)最高法民申2454号］

裁判观点：

诉争协议即为上市公司股权代持协议，对于其效力的认定则应当根据上市公司监管相关法律法规以及《中华人民共和国合同法》等规定综合予以判定。

首先，中国证券监督管理委员会于2006年5月17日颁布的《首次公开发行股票并上市管理办法》第十三条规定："发行人的股权清晰，控股股东和受控股股东、实际控制人支配的股东持有的发行人股份不存在重大权属纠纷。"《中华人民共和国证券法》第十二条规定："设立股份有限公司公开发行股票，应当符合《中华人民共和国公司法》规定的条件和经国务院批准的国务院证券监督管理机构规定的其他条件。"第六十三条规定："发行人、上市公司依法披露的信息，必须真实、准确、完整，不得有虚假记载、误导性陈述或者重大遗漏。”中国证券监督管理委员会于2007年1月30日颁布的《上市公司信息披露管理办法》第三条规定：“发行人、上市公司的董事、监事、高级管理人员应当忠实、勤勉地履行职责，保证披露信息的真实、准确、完整、及时、公平。”根据上述规定等可以看出，公司上市发行人必须股权清晰，且股份不存在重大权属纠纷，并公司上市需遵守如实披露的义务，披露的信息必须真实、准确、完整，这是证券行业监管的基本要求，也是证券行业的基本共识。由此可见，上市公司发行人必须真实，并不允许发行过程中隐匿真实股东，否则公司股票不得上市发行，通俗而言，即上市公司股权不得隐名代持。本案之中，在亚玛顿公司上市前，林某坤代杨某国持有股份，以林某坤名义参与公司上市发行，实际隐瞒了真实股东或投资人身份，违反了发行人如实披露义务，为上述规定明令禁止。

其次，中国证券监督管理委员会根据《中华人民共和国证券法》授权对证券行业进行监督管理，是为保护广大非特定投资者的合法权益。要求拟上市公司股权必须清晰，约束上市公司不得隐名代持股权，系对上市公司监管的基本要求，否则如上市公司真实股东都不清晰的话，其他对于上市公司系列信息披露要求、关联交易审查、高管人员任职回避等等监管举措必然落空，必然损害到广大非特定投资者的合法权益，从而损害到资本市场基本交易秩序与基本交易安全，损害到金融安全与社会稳定，进而损害到社会公共利益。据此，根据《中华人民共和国合同法》第五十二条规定，“有下列情形之一的，合同无效：（一）一方以欺诈、胁迫的手段订立合同，损害国家利益；（二）恶意串通，损害国家、集体或者第三人利益；（三）以合法形式掩盖非法目的；（四）损害社会公共利益；（五）违反法律、行政法规的强制性规定”。本案杨某国与林某坤签订的《委托投资协议书》与《协议书》，违反公司上市系列监管规定，而这些规定有些属于法律明确应于遵循之规定，有些虽属于部门规章性质，但因经法律授权且与法律并不冲突，并属于证券行业监管基本要求与业内共识，并对广大非特定投资人利益构成重要保障，对社会公共利益亦为必要保障所在，故依据《中华人民共和国合同法》第五十二条第四项等规定，本案上述诉争协议应认定为无效。

第十六节 做公司法定代表人，有什么风险和责任？

有多大权力，就有多少责任。

如果你担任了公司法定代表人，并且还因此蹲了班房，相信你的体会会更深。不是吓唬大家，请压压惊往下看。

一、刑事责任

《刑法》里面的罪行林林总总，简单了看，分为两类：个人犯罪和单位犯罪。

单位也会犯罪吗？当然！

《刑法》里面的生产销售伪劣商品罪、走私罪、破坏金融管理秩序罪、危害税收征管罪、侵犯知识产权罪、扰乱市场秩序罪等基本都是单位犯罪。所有单位犯罪的罪刑里，法条规定有判处几年有期徒刑、拘役、管制的，都是给单位直接负责的主管人员制定的。因为单位作为一个组织，不可能去坐牢，只能处以罚金。

《中华人民共和国刑法》（2020年修正）

第三十条 【单位负刑事责任的范围】公司、企业、事业单位、机关、团体实施的危害社会的行为，法律规定为单位犯罪的，应当负刑事责任。

第三十一条 【单位犯罪的处罚原则】单位犯罪的，对单位判处罚金，并对其直接负责的主管人员和其他直接责任人员判处刑罚。本法分则和其他法律另有规定的，依照规定。

这里所谓的直接负责的主管人员，十有七八就是法定代表人。如无反证，法定代表人将直接被视为公司的主要负责人，或者说，法定代表人职务是认定公司主要负责人的重要因素。

举个具体的例子，一家公司非法排污，构成犯罪了，法律规定“处三年以下有期徒刑或者拘役，并处或者单处罚金”，这里的“三年以下有期徒刑或者拘役”，将判给单位负责人承担，罚金判给单位承担。

《中华人民共和国刑法》（2020年修正）

第三百三十八条　【污染环境罪】违反国家规定，排放、倾倒或者处置有放射性的废物、含传染病病原体的废物、有毒物质或者其他有害物质，严重污染环境的，处三年以下有期徒刑或者拘役，并处或者单处罚金；情节严重的，处三年以上七年以下有期徒刑，并处罚金。

第三百四十六条　【单位犯破坏环境资源罪的处罚规定】单位犯本节第三百三十八条至第三百四十五条规定之罪的，对单位判处罚金，并对其直接负责的主管人员和其他直接责任人员，依照本节各该条的规定处罚。

《最高人民法院　最高人民检察院　公安部　司法部　生态环境部关于办理环境污染刑事案件有关问题座谈会纪要》（2019年2月20日）

单位犯罪中的“直接负责的主管人员”，一般是指对单位犯罪起决定、批准、组织、策划、指挥、授意、纵容等作用的主管人员，包括单位实际控制人、主要负责人或者授权的分管负责人、高级管理人员等；“其他直接责任人员”，一般是指在直接负责的主管人员的指挥、授意下积极参与实施单位犯罪或者对具体实施单位犯罪起较大作用的人员。

再如，中签率更高的逃税罪、虚开发票罪，法律规定“处三年以下有期徒刑或者拘役，并处罚金”，这里的有期徒刑或者拘役，也将判给单位负责人享受，罚金由单位承担。

这类例子，不胜枚举。

《中华人民共和国刑法》（2020年修正）

第二百零一条　【逃税罪】纳税人采取欺骗、隐瞒手段进行虚假纳税申报或者不申报，逃避缴纳税款数额较大并且占应纳税额百分之十以上的，处三年以下有期徒刑或者拘役，并处罚金；数额巨大并且占应纳税额百分之三十以上的，处三年以上七年以下有期徒刑，并处罚金。

第二百一十一条　【单位犯危害税收征管罪的处罚规定】单位犯本节第二百零一条、第二百零三条、第二百零四条、第二百零七条、第二百零八条、第二百零九条规定之罪的，对单位判处罚金，并对其直接负责的主管人员和其他直接责任人员，依照各该条的规定处罚。

第二百零五条 【虚开增值税专用发票、用于骗取出口退税、抵扣税款发票罪】虚开增值税专用发票或者虚开用于骗取出口退税、抵扣税款的其他发票的，处三年以下有期徒刑或者拘役，并处二万元以上二十万元以下罚金；虚开的税款数额较大或者有其他严重情节的，处三年以上十年以下有期徒刑，并处五万元以上五十万元以下罚金；虚开的税款数额巨大或者有其他特别严重情节的，处十年以上有期徒刑或者无期徒刑，并处五万元以上五十万元以下罚金或者没收财产。

单位犯本条规定之罪的，对单位判处罚金，并对其直接负责的主管人员和其他直接责任人员，处三年以下有期徒刑或者拘役；虚开的税款数额较大或者有其他严重情节的，处三年以上十年以下有期徒刑；虚开的税款数额巨大或者有其他特别严重情节的，处十年以上有期徒刑或者无期徒刑。

二、行政处罚责任

这里先普及两个法律概念，犯罪和违法。

通俗来讲，犯罪是很严重的违法，而这里说的违法可以算作一般违法，是指虽然违法但还没严重到受刑法处罚的违法。上面讲单位犯罪的，负责人可能要承担个人责任，要坐牢。那么普通违法，单位负责人（正常情况下就是法定代表人）也可能要承担个人责任，很多法条都有规定。以下试举几例，以飨法人代表们。轻则罚款，重则拘留。

《中华人民共和国公司法》（2018年修正）

第二百零二条 公司在依法向有关主管部门提供的财务会计报告等材料上作虚假记载或者隐瞒重要事实的，由有关主管部门对直接负责的主管人员和其他直接责任人员处以三万元以上三十万元以下的罚款。

第二百零四条 公司在进行清算时，隐匿财产，对资产负债表或者财产清单作虚假记载或者在未清偿债务前分配公司财产的，由公司登记机关责令改正，对公司处以隐匿财产或者未清偿债务前分配公司财产金额百分之五以上百分之十以下的罚款；对直接负责的主管人员和其他直接责任人员处以一万元以上十万元以下的罚款。

《中华人民共和国产品质量法》(2018年修正)

第五十七条　产品质量检验机构、认证机构伪造检验结果或者出具虚假证明的，责令改正，对单位处五万元以上十万元以下的罚款，对直接负责的主管人员和其他直接责任人员处一万元以上五万元以下的罚款；有违法所得的，并处没收违法所得；情节严重的，取消其检验资格、认证资格；构成犯罪的，依法追究刑事责任。

《中华人民共和国网络安全法》

第六十一条　网络运营者违反本法第二十四条第一款规定，未要求用户提供真实身份信息，或者对不提供真实身份信息的用户提供相关服务的，由有关主管部门责令改正；拒不改正或者情节严重的，处五万元以上五十万元以下罚款，并可以由有关主管部门责令暂停相关业务、停业整顿、关闭网站、吊销相关业务许可证或者吊销营业执照，对直接负责的主管人员和其他直接责任人员处一万元以上十万元以下罚款。

《中华人民共和国土壤污染防治法》

第八十七条　违反本法规定，向农用地排放重金属或者其他有毒有害物质含量超标的污水、污泥，以及可能造成土壤污染的清淤底泥、尾矿、矿渣等的，由地方人民政府生态环境主管部门责令改正，处十万元以上五十万元以下的罚款；情节严重的，处五十万元以上二百万元以下的罚款，并可以将案件移送公安机关，对直接负责的主管人员和其他直接责任人员处五日以上十五日以下的拘留；有违法所得的，没收违法所得。

三、单位失信被牵连

近来有个法律名词，曝光率很高，叫失信被执行人。单位打输了官司不还钱或还不上钱，会被列入失信被执行人名单。之后，法定代表人也会受牵连。

突然间，坐高铁、乘飞机、住宾馆都有麻烦了。

《最高人民法院关于限制被执行人高消费及有关消费的若干规定》
（2015年修正）

第三条　被执行人为自然人的，被采取限制消费措施后，不得有以下高消费及非生活和工作必需的消费行为：

（一）乘坐交通工具时，选择飞机、列车软卧、轮船二等以上舱位；

（二）在星级以上宾馆、酒店、夜总会、高尔夫球场等场所进行高消费；

（三）购买不动产或者新建、扩建、高档装修房屋；

（四）租赁高档写字楼、宾馆、公寓等场所办公；

（五）购买非经营必需车辆；

（六）旅游、度假；

（七）子女就读高收费私立学校；

（八）支付高额保费购买保险理财产品；

（九）乘坐G字头动车组列车全部座位、其他动车组列车一等以上座位等其他非生活和工作必需的消费行为。

被执行人为单位的，被采取限制消费措施后，被执行人及其法定代表人、主要负责人、影响债务履行的直接责任人员、实际控制人不得实施前款规定的行为。因私消费以个人财产实施前款规定行为的，可以向执行法院提出申请。执行法院审查属实的，应予准许。

法定代表人受牵连的情况远远不限于以上情形，现在各个部门都如火如荼地出台失信联合惩戒措施，动辄二十几家单位联署，如图1.4所示。

关于印发《对失信被执行人实施联合惩戒的合作备忘录》的通知

中英对照　English

发文机关： 国家互联网信息办公室，国家发展和改革委员会，最高人民法院，中国人民银行，中共中央组织部，中共中央宣传部，中央机构编制委员会办公室，最高人民检察院，教育部，工业和信息化部，公安部，国家安全部，民政部，司法部，财政部，人力资源和社会保障部，国土资源部(已撤销)，环境保护部(已撤销)，住房和城乡建设部，交通运输部，农业部(已撤销)，商务部，文化部(已撤销)，国务院国有资产监督管理委员会，海关总署，国家税务总局，国家工商行政管理总局(已撤销)，国家质量监督检验检疫总局(已撤销)，国家安全生产监督管理总局(已撤销)，国家林业局(已撤销)，国家知识产权局，国家旅游局(已撤销)，国务院法制办公室(已撤销)，中国银行业监督管理委员会(已撤销)，中国证券监督管理委员会，中国保险监督管理委员会(已撤销)，国家公务员局，国家外汇管理局，中华全国工商业联合会，中国铁路总公司，中央精神文明建设指导委员会，国家卫生和计划生育委员会(已撤销)，国家食品药品监督管理总局(已撤销)，中国共产主义青年团

发布日期： 2016.01.20

图1.4　对失信被执行人实施联合惩戒的联署

惩戒措施基本都要把法定代表人拉上。所谓擒贼先擒王。

在社保领域的失信惩戒中，要在融资授信时查询失信单位的法定代表人，限制乘坐飞机、列车软卧，重点监管，等等；在知识产权、税收征管方面的违法失信惩戒中，都把单位的法定代表人作为联合惩戒对象。

《关于对社会保险领域严重失信企业及其有关人员实施联合惩戒的合作备忘录》

（十四）将失信企业及其有关人员的失信信息纳入金融信用信息基础数据库，为金融机构融资授信提供重要参考。

（二十）在融资授信时查询拟授信对象及其法定代表人、实际控制人、董事、监事、高级管理人员是否为失信责任主体，对拟授信对象为失信责任主体的从严审核。

（二十一）限制严重失信行为有关责任人乘坐飞机、列车软卧、轮船二等以上仓位、G字头动车组列车全部座位、其他动车组一等以上座位等非生活和工作必须的消费行为。

（三十）将失信企业和以失信责任主体为法定代表人、实际控制人、董事、监事、高级管理人员的单位，作为重点监管对象，加大日常监管力度，提高随机抽查的比例和频次，并可依据相关法律法规对其采取行政监管措施。

《关于对失信被执行人实施限制不动产交易惩戒措施的通知》

（发改财金〔2018〕370号）

一、限制失信被执行人及失信被执行人的法定代表人、主要负责人、实际控制人、影响债务履行的直接责任人员参与房屋司法拍卖。

二、限制以上主体取得政府供应土地。

《关于对知识产权（专利）领域严重失信主体开展联合惩戒的合作备忘录》

（发改财金〔2018〕1702号）

知识产权（专利）领域严重失信行为的主体实施者为法人的，联合惩戒对象为该法人及其法定代表人、主要负责人、直接责任人员和实际控制人。

《关于对重大税收违法案件当事人实施联合惩戒措施的合作备忘录》
（2016年版）

当事人为自然人的，惩戒的对象为当事人本人；当事人为企业的，惩戒的对象为企业及其法定代表人、负有直接责任的财务负责人。

第十七节 创业公司法定代表人应该让谁做？

前文提到，公司法定代表人有很大权力，也有很大责任和风险。法定代表人个人签字几乎可以等同于公司盖章，但其也会对公司违法、犯罪行为承担个人责任，也会因公司失信而被牵连。

那么，到底应该由谁来做法定代表人呢？

《公司法》规定，法定代表人应由董事长、执行董事或者经理担任（《公司法》里讲的经理，一般在实务中是指总经理）。

《中华人民共和国公司法》（2018年修正）

第十三条　公司法定代表人依照公司章程的规定，由董事长、执行董事或者经理担任，并依法登记。公司法定代表人变更，应当办理变更登记。

所以，实践中很多公司请一个外人——在公司没有任何职务，可能是股东的妈妈、姐夫、丈母娘、同学——担任法定代表人，其实是不合规的。

那么，我们是在董事长、执行董事或者经理之中选择法定代表人呢，还是就要违规找个“隔壁老王”做法定代表人呢？

这个其实涉及很深刻的公司治理问题。事实上，2004年版及之前的《公司法》，规定法定代表人只能由董事长担任。

《中华人民共和国公司法》（2004年修正）

第四十五条　董事会设董事长一人，可以设副董事长一至二人。董事长、副董事长的产生办法由公司章程规定。

董事长为公司的法定代表人。

后来《公司法》修订时才允许总经理担任法定代表人。

这种调整，背后的理念是，首先，权力交给市场，要给予公司更多的意思自治，关于谁做法定代表人，让公司有更多的选择权；其次，董事长或执行董事在权力层次上高于总经理[《中华人民共和国公司法》(2018 年修正)第四十六条规定，董事会对股东会负责，行使下列职权：(九)决定聘任或者解聘公司经理及其报酬事项，并根据经理的提名决定聘任或者解聘公司副经理、财务负责人及其报酬事项]，如果由董事长兼任法定代表人，则会形成高度集权，如果由总经理兼任法定代表人，则有利于分权制衡。是集权还是分权，取决于各个公司的发展阶段、股东结构等实际状况。主意你们自己拿，法律就不掺和了。

除了法律的规定外，我们还要考虑其他方面的影响。

(1) 法定代表人是登记在营业执照上的人，相当于写在了公司的脑门上。所以，如果一个创业者自带光环，具有个人品牌价值，则登记为法定代表人可以为公司吸粉，增加可信度。

(2) 记载在营业执照上，天然有利于法定代表人在公司内树立权威，塑造公司一把手的形象。如果公司需要一个核心人物，而目前这个核心人物还缺乏威信，可以将其登记为法定代表人，做个有力的加持。

(3) 银行开票需要法定代表人印鉴章，公司工商变更登记需要法定代表人签字，都是公司内发生权力争斗时，法定代表人的有力武器。

(4) 法定代表人签字基本等同于公章，公司违法犯罪时作为负责人的法定代表人需要承担个人责任，所以法定代表人应该由公司的终极负责人担任。

综上，对于蹒跚行走的初创公司，作者还是建议法定代表人由公司的创始人、大股东、一把手担任，有利于控制权的集中稳定，避免争斗动荡；有利于决策和执行的效率；也有利于实现责权利统一、促进公司的合规经营，如此公司才能行稳致远。

相反，如果不是大股东创始人担任法定代表人，则可能存在以下风险：

(1) 法定代表人擅签合同、法律文件，公司承担其法律后果。

(2) 法定代表人不配合公司办理工商变更等登记，影响公司运营。

(3) 引发控制权争端。

找“隔壁老王”做马甲的，可能说明你一开始就动机不纯，就像这两年想走在《刑法》边缘搞快钱的一些违法 P2P，同时还带来一些你不一定能控制得了的风险。

第十八节 董事会到底有什么用？ 初创公司应当选择董事会还是执行董事？

咱们先问一个一般人不会问，但一旦问了，也不好回答的问题：董事会这个机构，到底是干什么的，有什么用？

大家知道，公司的股东会是权力机构，负责决策，把握方向，以总经理为首的管理层是执行机构，负责落地，使劲推，这车就能动起来了。那还要董事会干什么？带着这个疑问，我们翻开了《公司法》，看看法律规定的董事会的职责是什么？为什么需要董事会？（如下加粗斜字部分是股东会的职权，可作对比）

《中华人民共和国公司法》（2018 年修正）

第四十六条　董事会对股东会负责，行使下列职权：

（一）召集股东会会议，并向股东会报告工作；

（三）审议批准董事会的报告；

（二）执行股东会的决议；

（三）决定公司的经营计划和投资方案；

（一）决定公司的经营方针和投资计划；

（四）制订公司的年度财务预算方案、决算方案；

（五）审议批准公司的年度财务预算方案、决算方案；

（五）制订公司的利润分配方案和弥补亏损方案；

（六）审议批准公司的利润分配方案和弥补亏损方案；

（六）制订公司增加或者减少注册资本以及发行公司债券的方案；

（七）对公司增加或者减少注册资本作出决议；

（八）对发行公司债券作出决议；

（七）制订公司合并、分立、解散或者变更公司形式的方案；

（九）对公司合并、分立、解散、清算或者变更公司形式作出决议；

（八）决定公司内部管理机构的设置；

（九）决定聘任或者解聘公司经理及其报酬事项，并根据经理的提名决定聘任或者解聘公司副经理、财务负责人及其报酬事项；

（二）选举和更换非由职工代表担任的董事、监事，决定有关董事、监事的报酬事项；

（十）制定公司的基本管理制度；

（十一）公司章程规定的其他职权。

（四）审议批准监事会或者监事的报告；

（十）修改公司章程；

（十一）公司章程规定的其他职权。

通过以上董事会职权列示，我们可以看到，董事会的职责设置，有一个假设前提，就是股东不参与公司经营，所以才需要董事会任免总经理及其他高管、出具工作报告、就公司具体的经营问题做出方案。股东会只对报告、方案进行审议决定，就像全国人大只能审议国务院的报告，无法自行制定报告一样。

但问题是这样的工作报告、经营方案，以总经理为中心的管理层就可以制定，为什么一定要交给董事会做呢？我想，主要是为了防止总经理等内部管理人员从上到下控制公司。如果把公司的经营决策从宏观到微观分为方针、计划、方案、细则，管理层只负责微观的方案和细则，方针、计划交给股东会和董事会。

另外，董事会的决策机制，是一人一票，少数服从多数。

《中华人民共和国公司法》（2018年修正）

第四十八条　董事会的议事方式和表决程序，除本法有规定的外，由公司章程规定。

董事会应当对所议事项的决定作成会议记录，出席会议的董事应当在会议记录上签名。

董事会决议的表决，实行一人一票。

综合以上内容，我们可以依据其产生、职责、规则等因素判断，董事会存在的作用，总体来说主要包括如下内容：

（1）由股东选举委派，代表股东利益（职工代表担任的董事除外），分权、制衡并监督管理层。

（2）参与经营管理，掌握经营状况，有能力作出具体的经营方案，选择最佳经理人选。

(3) 是公司股东和管理层两个群体缓冲、交叉、融合、沟通的桥梁。

(4) 使公司可以在股东群体、管理层甚至公司外部，挑选可靠的精英人才，利用其才干服务公司。

(5) 一人一票制，也可以制衡大股东独裁独断。

现在我们看第二个问题，《公司法》规定，公司可以设立董事会，也可以不设董事会，仅设一名执行董事。

《中华人民共和国公司法》(2018 年修正)

第五十条　股东人数较少或者规模较小的有限责任公司，可以设一名执行董事，不设董事会。执行董事可以兼任公司经理。

执行董事的职权由公司章程规定。

那么对于初创公司来说，是选择一名执行董事好呢，还是设立董事会好呢？

董事会的设置，以作者理解，有三个假设前提，公司可能符合其中之一：

一是股东不参与经营管理(其实从法律角度看，股东只是公司的出资人，享有决策权、分红权，并不当然享有经营权，股东如参与经营，也只是股东和管理人两个身份的重叠)，例如股东是公司等机构组织而不是个人，无法以本股东身份直接参与经营。

二是股东人数众多且股份分散，股东会无法有效形成高质量的决策，需要经股东选举形成一个常设机构，代表股东利益进行决策。

三是股权所有人和“才智所有人”分离，掌握股份的人并不是杰出或精明的人，需要选择精英人才组成董事会，代行决策，代为引导监督管理层。

大家可以看到，这三种情形，在公众公司或创始人已经离去的公司中较为普遍，对于初创公司来说，基本上一个都不符合。所以，从公司治理角度讲，初创公司没有必要设立董事会，设立执行董事就好了。初创公司，效率优先，不太需要分权制衡。

但是，这仅仅是从公司治理角度而言。从管理和激励角度来看，设立董事会还是有必要的：

《公司法》规定，董事、高级管理人员，对公司负有忠实义务和勤勉义务，比如不得从事跟公司竞业的义务。违反忠实义务时，所得的收入应当归公司所有。违反勤勉义务，也需要赔偿损失。

《中华人民共和国公司法》(2018年修正)

第一百四十七条　董事、监事、高级管理人员应当遵守法律、行政法规和公司章程，对公司负有忠实义务和勤勉义务。

第一百四十八条　董事、高级管理人员不得有下列行为：

（五）未经股东会或者股东大会同意，利用职务便利为自己或者他人谋取属于公司的商业机会，自营或者为他人经营与所任职公司同类的业务；

董事、高级管理人员违反前款规定所得的收入应当归公司所有。

第一百四十九条　董事、监事、高级管理人员执行公司职务时违反法律、行政法规或者公司章程的规定，给公司造成损失的，应当承担赔偿责任。

所以，如果某名公司骨干人员，是一个很重要的人才，出现竞业等行为的话，会对公司造成巨大威胁，可以将其选入董事会，接受《公司法》对于董事人员的规制约束，这比《劳动合同法》里对员工的约束严厉得多，有效得多。在作者掌握的董事竞业案例里，法院判决全额赔偿公司损失的案例也很多。

另外，选入董事会，也是对骨干人员的有效激励措施，可以成为进一步授予股权的预热阶段。让骨干人员有了公司职员和董事会成员的双重归属感，有了更强的身份认同和责任感，使其站在一名董事的角度审视公司的经营业务，对股东决策提供有益的建议参考，对个人对公司岂不两全其美。

所以，到底成立董事会，还是只设执行董事，对初创公司而言，需要在决策效率和激励约束作用两者中进行平衡，具体选择要看公司的实际情况和需求而定。

第二章 股份变更和转让

第一节 股份比例如何动态调整?

大家看历史剧中经常有个桥段,江山打下来了,开国皇帝大宴群臣,论功行赏,封官晋爵,这个是公那个是侯。

创业分股份,比这个论功行赏难。难在江山还没有开始打,谁有多少功劳不清楚,但是先得把股份分了。该怎么分呢?

以设立时的出资金额确定股份比例并固化,合理吗?

好像不合理。

把一个公司做起来,起主要作用的绝对不是钱,否则创业公司根本没活路,创业本身也无意义。大家仔细想想就明白了。

设立时预估每人贡献来分配股份并固化,合理吗?

也不合理。

设立时根本无法预料每个人此后的实际贡献大小,首先未来贡献本身是不可预知的,其次有偶然性,再次人的能力曲线是不同的,有的平稳、有的波动,有的陡增、有的下坠。

那怎么办呢?鉴于未来的不确定性,似乎只有动态调整股份才是合理的。

该怎么动态调整呢?

把一个公司从无到有做起来,产生盈利和价值,创造出比原股东投入资金大十倍、百倍甚至千万倍的估值,过程中股东投入了什么呢?

可想而知,起码包含了资金、技术、经营、劳动等。而经营则可能综合了战略、创意、领导力、执行力、人脉等。假如这些要素都可以作价,公平理想的股份比例就是在任一个时间点，各股东累计投入的要素价值之比等同于股份比例。

这才是合理的股份分配，才是论功行赏。

然而，显然这是做不到的。

股东投入的要素，有些可以估值，有些无法估值，比如企业家精神，值多少钱？无法估量。所以，股份比例永远无法达到绝对的理想和公平，只能尽量接近，避免明显的不合理。股份比例分配的最高目的不是公平，而是公司持续稳定地经营和最大程度地激发股东动力。

也就是说，只要大家能够接受现状并且心里觉得公平，就是最好的股权分配。

> 新东方企业发展史上最有价值的一课，是我的朋友关敬如博士在2000年说的话："股份是一种心态。"当时我们正进行股份制改造，如何分配股份，成为决定企业命运的大事。这句充满不确定性的话，对我如同闪电，使我意识到：股份没有绝对价值。绝对价值是分配过程中的公平、合理、平衡，导致大家齐心协力才有价值。
>
> ——徐小平

追求动态的绝对公平是不现实的，频繁调整股份会让人产生不合理的预期，结果不符合预期时，又会造成心理落差，打击士气。另外，频繁调整股份难免产生动荡。

下面介绍几个股份比例动态调整的机制，供大家参考使用。

一、计算可计算的投入

（1）股东投入的资金、资产（包括设备、场地、专利等）是可以清楚计算的，投入的劳动是可以相对估价的。这两部分的总和，应当作为计算股份的基础依据。

（2）股东投入劳动的市场价和实际领薪的差额，应视为股东的出资，股东投入劳动又要分为全职、半职、业余兼职，分别计算。各股东可以提供上家单位的工资凭证、相同资历的市场薪酬标准、选择创业时将放弃的其他收入的凭证，总之就是创业的机会成本，然后选择全职、半职、业余兼职，由各股东协商确定每个人的"薪酬出资"，并签署书面确认，作为1年后、2年后计算股份的基础。

(3) 股东在职责之外以其人脉资源为公司引进的投资、客户、资质许可，都可以参考市场价计算佣金，视为出资，并且最好事先签署计算标准文件。

二、以程序性、规则性公平动态分配股份

把一个公司做起来需要股东投入的创意、洞察、战略、领导力、执行力、人脉等，是无法估价的。没有人能评价一个单纯的创意，在没有落地执行之前值多少钱，只能以程序性公正进行适当分配。

比如，公司设立早期，如果联合创始人势均力敌，不太容易分出高下大小，可以在有限期限，如一年内将大股空置，然后期满后根据大家的观察感受，协商确定大股归属，协商不成的，可以竞价购买，价高者得。愿意出更多钱的那一位，一般就是对公司和自己更有信心、更有决心的，由他做大股东、领头羊较为合理。当然这个方法适用于同学、同事等形成的存在互信基础的团队。

又如，公司可以拿出一定比例的股份——例如 30%股份——作为期权池，在未来，比如 5 年内对创始股东进行再分配，以鼓励贡献突出的股东。再分配的方式，可以是标志性事件，如攻克技术难关，拿下举足轻重的大客户；也可以结合董事会、股东会甚至员工的评价，其中董事会按照人数一人一票计算，员工按照职位级别设置权重，股东会按照股份比例计算，最后按照各自权重计算最终得分，确定分配结果。

再比如，约定在特别情形下的股份收回或回购，如严重失职、故意损害公司利益时股份无偿收回，如在一定期限内离职时的股份回购，就是俗称的成熟期。创业是个艰难的过程，对联合创始人也要有一定程度的绑定，中途打退堂鼓，理论上相当于违约，要有适当惩罚机制。

每个公司都有不同的出身背景，千人千面，具体如何动态调整，以上只是提供一些参考模式，最终需要根据公司自身特点合理设计。

第二节 如何调整明显不合理的股权比例？

年轻时不懂爱情，会犯很多错误，有的刻骨铭心。估计大部分人创业的经历没有恋爱经历丰富，也会犯很多错误。平均股权就是一个很多创业公司会踩

的坑。

如果股份比例的分配明显不合理,已经严重影响公司的继续经营发展了,那么如何调整呢?

一、僧人分粥规则

有一个僧人分粥的故事,怎样才能让分粥的僧人把粥分匀呢?办法就是让所有其他人先领粥,最后一碗留给分粥的人。因为如果粥分不匀,分粥的人会最吃亏。

僧人分粥的启发是,如果大家对股份比例的不合理现状已经有了共识,可以让一方起草变更股权的协议,另一方有权选择做甲方或乙方,这样可以让起草协议的人把协议写到最公平。

这个办法一般适用两个股东的情况,可以把比较平均的股权拉开差距,也可以让其中一人离开公司。

三个或以上的股东也可以适用这个办法,一方起草调整协议,其他两方选择协议中的甲乙丙,如果其他两方都抢甲方,就以把甲方的待遇调低的方式竞价,直到一方放弃为止。

二、竞价购买条款

为了产生一个大股东,可以把每个股东的股份同比例拿出来,或者约定进行增资,然后竞价购买,价高者得,确保产生一位控股大股东。

三、第三方专家出具方案

由律师等第三方专家就公司的股权情况进行诊断,分别背对背访谈沟通,然后出具方案,同样背对背调整完善,达成一致后签署协议。

这个办法的前提是,要有一位大家都能信任的专业第三方,能完全站在中立的、公司利益的立场提出专业的解决方案。背对背的沟通方式有利于排除情绪干扰、充分了解说明、保留缓冲余地。

四、事先签署退出条款

为了使丧失信任的股东能够合理退出，股东之间可以事先签署协议，约定任一股东有权选择在出现特定情形时，或在付出较高代价的前提下退出公司，或收购其他股东股份。

有这么一个保底通道在，也可以无形中给股东一些警示和压力，让股东们在处理日常分歧时，能够有更多包容和弹性。

第三节 如何清退不合适的股东？

你发现自己多年的铁哥们其实就是个猪队友？

你找的合伙人能力特别强，可就是跟你合不来？

你发现战壕里的兄弟老挖公司墙角？

……

夫妻也有过不下去的时候，股东之间的“婚”，该怎么离？

一、事先约定退出条件

首先你要知道，从法律角度看，股东要“离婚”，可比夫妻离婚难。股东要离婚，相关法律依据只有两条，用起来比登天难。一条是三类事项持反对意见，一条是公司搞不下去了。

其中第二条规定的是起诉解散公司，其实不是股东退出，而是散伙清算。

《中华人民共和国公司法》

第七十四条　有下列情形之一的，对股东会该项决议投反对票的股东可以请求公司按照合理的价格收购其股权：

（一）公司连续五年不向股东分配利润，而公司该五年连续盈利，并且符合本法规定的分配利润条件的；

（二）公司合并、分立、转让主要财产的；

（三）公司章程规定的营业期限届满或者章程规定的其他解散事由出现，股东会会议通过决议修改章程使公司存续的。

自股东会会议决议通过之日起六十日内，股东与公司不能达成股权收购协议的，股东可以自股东会会议决议通过之日起九十日内向人民法院提起诉讼。

第一百八十二条　公司经营管理发生严重困难，继续存续会使股东利益受到重大损失，通过其他途径不能解决的，持有公司全部股东表决权百分之十以上的股东，可以请求人民法院解散公司。

因此，股东“结婚”前在股东协议或公司章程中事先约定退出条件，可以预防股东“撕逼”伤及公司。建议约定的退出条件包括：

（1）在一定期限内离职。

（2）无法胜任合伙人分工岗位（其实是否胜任是一个主观判断，不太容易达成一致，可以以程序性公正解决，比如所有股东董事高管进行匿名评价）。

（3）营私舞弊，如飞单、收回扣等损害公司利益行为。

（4）私自从事与公司相竞争的业务或关联业务。

（5）与其他股东持续不能形成一致意见。

（6）所有其他股东一致要求“踢出”（大股东不适用），等等。

这样的约定如果目的和效果是有利于公司的持续稳定经营，则在司法实践上一般是认可的，如果能在程序上和表述上进行精美的设计雕琢，成功率更高。

相关案例参考

蒋某与某机械公司股东资格确认纠纷案

［（2014）资民终字第335号］

2001年，泵厂改制为有限责任公司，蒋某以安置费和现金入股成为股东，股份比例为0.13%。2013年2月，蒋某申请辞职。同年4月，机械公司通过股东大会修改章程，规定“强制离职股东转让股权”“按股权证证载股额全额收回”。随后，公司通知蒋某取消其股东身份。蒋某据此诉请确认其股东身份，并要求支付其2013年度红利。

法院认为：①有限责任公司股东具有资合性与人合性并存的法律特征，

故《公司法》赋予公司章程对股东身份转变的部分自主权，以保证公司发展与运转。机械公司通过股东大会修改章程，明确股东从离岗或被解聘之日起，其股东身份通过一定方式解除的基本精神是合法有效的，故机械公司有权解除蒋某股东身份。②股东身份表现在股权变动，而依公司章程规定，因违反法律、法规，违反公司规章制度等而被解聘的股东、自动离职股东，由公司收回股权。如公司收回股权，就存在股本金减少问题。股本金减少须通过股东大会讨论并经工商登记，并按相关程序进行公示，以保证公司存在的合法性和公司债权人权益。本案公司并未履行以上义务，故蒋某股东身份仍存在。

案例索引：四川资阳中院(2014)资民终字第335号"蒋某与某机械公司股东资格确认纠纷案"，载《人民法院案例选》(201501/91：197)。

二、决议解除股东资格

《公司法》司法解释为解除股东资格留下一条小门缝，但一般不太能适用。就是股东认缴出资后一分钱不肯出，其他股东可以形成股东会决议解除该股东的股东资格。还有一种情形就是股东出资不到位，其他出资到位的股东可以决议限制其股东权利，减少其股份份额。

这一条如果用来"踢出"某股东，还是有想象空间的，这里就不细说了。

《最高人民法院关于适用〈中华人民共和国公司法〉若干问题的规定（三）》（2020年修正）

第十七条　有限责任公司的股东未履行出资义务或者抽逃全部出资，经公司催告缴纳或者返还，其在合理期间内仍未缴纳或者返还出资，公司以股东会决议解除该股东的股东资格，该股东请求确认该解除行为无效的，人民法院不予支持。

第十六条　股东未履行或者未全面履行出资义务或者抽逃出资，公司根据公司章程或者股东会决议对其利润分配请求权、新股优先认购权、剩余财产分配请求权等股东权利作出相应的合理限制，该股东请求认定该限制无效的，人民法院不予支持。

三、设法转移至合伙平台

如果前面的条件都不具备，可以设法将不合适的股东移至作为持股平台的合伙企业，做一个有限合伙人（LP），将其表决权转移给普通合伙人（GP），减少对公司的负面影响。

至于如何“设法”，就只能看情况了，比如给予现金补偿、给予套现机会、增加分红份额，等等。

一旦移至合伙企业，之后在特别情况下除名该股东就有了机会。

《中华人民共和国合伙企业法》

第四十九条　合伙人有下列情形之一的，经其他合伙人一致同意，可以决议将其除名：

（一）未履行出资义务；

（二）因故意或者重大过失给合伙企业造成损失；

（三）执行合伙事务时有不正当行为；

（四）发生合伙协议约定的事由。

对合伙人的除名决议应当书面通知被除名人。被除名人接到除名通知之日，除名生效，被除名人退伙。

四、设置优先增资权

创始人如事先在股东协议或公司章程中安排了自己的优先增资权，那就会比较主动。万一有不合适的股东又拒绝退出公司的，可以作出增资的决议并优先增资，就像不停往股权池注水一样无限稀释对方股份。让对方股份小到无法对公司形成负面影响，此时，对方也可能会主动寻求退出了。

《中华人民共和国公司法》

第三十四条　股东按照实缴的出资比例分取红利；公司新增资本时，股东有权优先按照实缴的出资比例认缴出资。但是，全体股东约定不按照出资比例分取红利或者不按照出资比例优先认缴出资的除外。

当然，优先增资的约定也不可滥用，如果以非常不合理的低价，在没有充分必要性的情况下增资，稀释其他股东股份，很明显是损害其他股东利益的，这样的增资在发生纠纷时，可能不会得到法院的支持。我们在部分案例中确实看到了这样否定增资效力的判决。

相关案例参考

扎克伯格驱逐联合创始人：稀释后者股权

凤凰科技讯　北京时间2012年5月16日消息，据科技博客Gizmo报道，在脸书(Facebook)即将上市之际，其创始人兼首席执行官马克·扎克伯格(Mark Zuckerberg)早年与其律师商讨如何驱逐另一联合创始人爱德华多·萨维林(Eduardo Saverin)的邮件被曝光。

在邮件中，扎克伯格与律师还讨论了将萨维林唐突地驱逐出Facebook的后果和影响。

扎克伯格在发给其律师的一封私密邮件中说："告诉他我们将新增多少股份可能没有问题，但是向他透露谁将获得这些新股可能不大好。因为他或许将立刻采取对抗性活动。但是，我想我们或许有办法让他能够理解我们的行动。你能不能想到一个方法，将萨维林的股份稀释到10%，但又不会让他明显感到痛苦?"

当年仅仅20岁的扎克伯格很清楚他到底在做什么：通过发行大量新股以稀释萨维林在Facebook的股份，从而将萨维林在Facebook的地位转化为一个微不足道的角色，进而消除其对Facebook的部分控制。

有评论称，扎克伯格与律师密谋驱逐萨维林一事，是美国科技史上最为臭名昭著的政变之一。但很难说，应该同情扎克伯格还是萨维林，因为这件事中没有受害者，最终他们都成了亿万富豪。

作为Facebook联合创始人、扎克伯格的哈佛同学，萨维林从2005年开始就离开了Facebook。原因是，扎克伯格当时稀释了他的股份，并随后将他驱逐出公司。

萨维林被驱逐出Facebook，是2010年热门电影《社交网络》的核心情节之一。2004年，萨维林和扎克伯格一起创办了Facebook。萨维林当时拥有该网站1/3的股份，扎克伯格拥有2/3。

2005 年，比扎克伯格长两岁的萨维林确实采取了扎克伯格所担心的“对抗性行动”，他对 Facebook 提起了诉讼。但 Facebook 对此展开了反诉。最终双方和解，萨维林持有 Facebook 的股份被缩减至 4%左右。

Facebook 于 2012 年 5 月 18 日上市，公司市值预估 1 000 亿美元。据此估算，萨维林的股份价值约 40 亿美元。

第四节 变更法定代表人不及时办理工商登记，有什么后果吗？

咱们首先了解一个问题，变更法定代表人的时间节点，以股东会决议为准，还是以工商变更登记为准？

这个问题，简单来说，叫内外有别。

公司股东会作出决议更换法定代表人，就使新法定代表人在公司内部产生效力，办理工商变更登记则是使新法定代表人对外产生效力。

所谓对内效力，就是法定代表人经股东会决议变更后，即使尚未登记变更，原法定代表人在公司内部也不再享有法定代表人的权利，不再履行其义务，不再承担其责任。对外效力就是对与公司产生交易等民事行为的第三人产生效力。

法律为什么规定法定代表人变更必须办理工商登记呢？就是为了产生公示效果，产生对外效力，维护商业交易安全。

由于公司法定代表人的行为被视为公司的行为，法定代表人的签字可以等同于公司盖章，往严重点说，这是个要命的事情，直接影响到商业交易安全和当事人的重大利益。因而法律规定公司法定代表人必须登记，从而变更也必须进行变更登记，由国家将公司登记信息公之于众，政府以其公信力保证登记信息的真实性、合法性。

法定代表人经过登记或变更登记，第三人即可信赖该登记信息而放心地与之谈判、签约、交易，相信法定代表人的意思表示和行为就是公司的意思表示和行为，公司也可凭借登记事项对抗第三人，从而有效地维护交易安全。

如果变更未经登记，则公司不得以法定代表人已实际变更为由对抗善意第三人。第三人如果基于对登记的信赖而与原法定代表人发生民事法律行为，仍对公司产生效力，公司还得认账。

综合来说，公司的法定代表人已经股东会决议变更而未进行工商变更登记，后果是：

(1) 承担后果。如果工商登记的原法定代表人以公司的名义对外从事民事活动，所产生的不利后果将由公司承担。公司不能以已经产生新的法定代表人为由对抗第三人。

(2) 接受处罚。由于变更不登记可能扰乱市场交易秩序，危及市场交易安全和第三人的利益，公司将受到登记机关的处罚。如果出现这种情况，处罚措施是"应当申请办理法定代表人变更登记而未办理的，由企业登记机关责令限期办理；逾期未办理的，处 1 万元以上 10 万元以下的罚款；情节严重的，撤销企业登记，吊销企业法人营业执照"。

《企业法人法定代表人登记管理规定》

第十二条　应当申请办理法定代表人变更登记而未办理的，由企业登记机关责令限期办理；逾期未办理的，处 1 万元以上 10 万元以下的罚款；情节严重的，撤销企业登记，吊销企业法人营业执照。

第五节　离婚时公司股份怎么办？

随着经济的发展，人们的财富增加了，离婚率也越来越高了。

照理说，有那么多财富，各种各样的财产，分起来很麻烦，离婚率应该下降才是，然而并不！

有了钱更任性。

公司股份就是一样比较难分的财产，难分也得分，怎么分呢？以下我们讨论一下在股份属于夫妻共同财产的情况下，怎么分割的问题。

第一类：不涉及其他股东的股份。

也就是公司股东就两口子，两个人名字都登记上去了，或者登记为一个人，没有夫妻之外的其他人做股东，这种稍微简单一点。

第一个问题：

丈夫登记占股 80%，妻子登记占股 20%，离婚时会判决按照这个比例分吗？

一般不会。

除非这个比例是婚前登记好的，视为各自婚前个人财产，或者夫妻之间有特别约定，否则都属于共同财产。推而广之，其中一方登记了100%（也就是一人公司），只要用共同财产投资设立，就属于夫妻共同财产，要进行分割。分割时原则上都是各半分割。

各地司法意见就此都表达了相同态度。

《江苏省高级人民法院家事纠纷案件审理指南（婚姻家庭部分）》

42. 夫妻双方设立夫妻公司时在工商部门登记的持股比例是否属于夫妻财产约定，离婚时能否据此分割股权？

基于夫妻关系的特殊性可能导致双方设立夫妻公司时在工商部门登记的持股比例具有很大的随意性，如果无其他证据佐证，该登记比例不属于夫妻财产约定，离婚时夫妻一方要求据此分割股权的，不予支持。

《北京市高级人民法院民一庭关于审理婚姻纠纷案件若干疑难问题的参考意见》

二十二、上述有限责任公司工商登记中注明的夫妻双方股权份额不构成夫妻间财产约定；但如设立公司时根据相关规定提交财产分割书面证明或协议的，构成财产约定。

第二个问题：

双方都想要股份怎么办？

不管是登记为两人的公司，还是一人公司，双方都想要股份的，可以判决分割股份，一般的原则就是各半分割。如果一方明确表示不愿意跟对方共同经营的，法院也可能判决只由一方取得股份，另一方获得补偿，哪一方取得股份呢？可能考察以往实际由谁经营的情况，也可能采取竞价的方式，价高者得。

《北京市高级人民法院民一庭关于审理婚姻纠纷案件若干疑难问题的参考意见》

二十二、离婚诉讼中有限责任公司股东为夫妻二人，双方就股权分割无法协商一致时，双方均主张股权的，可按比例分割股权；双方均要求补偿款的，释明当事人可另行对公司进行拍卖、变卖或解散清算并分割价款；夫妻一方主张股权，另一方主张补偿款的，可在确定股权价值基础上由获得股权一方给付另一方补偿款。

离婚诉讼中有限责任公司股东为夫妻二人及其他股东时，参照上两款规定进行处理。

二十三、离婚诉讼中夫妻中一人为独资公司股东，双方就股权分割无法协商一致时，双方均主张股权且愿意和对方共同经营的，可按比例分割股权；双方均主张股权但不愿意和对方共同经营的，可在考虑有利公司经营基础上由一方取得公司股权、给予另一方相应经济补偿，或通过竞价方式处理；一方主张公司股权，另一方不主张公司股权的，在确定公司价值基础上，由取得公司股权一方给予另一方相应经济补偿；双方均不愿意取得公司股权的，释明当事人可另行对公司进行拍卖、变卖或解散清算并分割价款。

上述股权分割中，需要办理变更登记手续的应根据相关规定进行办理。

第三个问题：

一方想要股份而另一方不想要怎么办？

一方想要股份另一方不想要，那正好，要股份的拿股份，不想要股份的拿补偿，问题是公司股份怎么定价。可以协商作价，也可以进行评估。

第四个问题：

双方都不想要股份怎么办？

那么法官一般不会在离婚案件中处理公司股份问题，会告知各方自己处理，或拍卖、变卖，或解散清算。然后再分割，分割产生纠纷，也可另行起诉。

第二类：涉及其他股东的股份。

实践中更多的情况是，公司不光是两口子的，还有其他股东。这里涉及其他股东的利益，涉及股份人合性问题（人合性的意思就是大家选股东时要看你是谁，不是有钱就选你做股东，也就是股份具有身份属性）。

涉及其他股东什么利益呢？就是其他股东对新增股东有一定的选择权，不是阿猫阿狗谁想跟我合作我都必须接受。

怎么保障这种选择权呢？一是表决是否同意接受新股东，二是优先购买。

《中华人民共和国公司法》

第七十一条 有限责任公司的股东之间可以相互转让其全部或者部分股权。

股东向股东以外的人转让股权，应当经其他股东过半数同意。股东应就其股权转让事项书面通知其他股东征求同意，其他股东自接到书面通知之日起满三十日未答复的，视为同意转让。其他股东半数以上不同意转让的，不同意的股东应当购买该转让的股权；不购买的，视为同意转让。

经股东同意转让的股权，在同等条件下，其他股东有优先购买权。两个以上股东主张行使优先购买权的，协商确定各自的购买比例；协商不成的，按照转让时各自的出资比例行使优先购买权。

所以其实这里又要分为两种情况：

第一种情况是股份登记有夫妻二人，也有其他股东，这种情况要简单一点，因为没有涉及新增股东的问题，夫妻二人本来就是公司股东，无非是股权在二人之间进行转移而已，其他股东无权干涉。所以这种情况的分割方法可参照上面叙述的公司只登记了夫妻二人的情况。

第二种情况是股份登记了夫妻一人，也登记了其他股东。这种情况复杂一点，要照顾其他股东利益。在离婚分割时，视同为股份向股东之外的其他人转让，适用同样的法律规则，即需要其他股东过半数同意，并且其他股东具有优先购买权。

《最高人民法院关于适用〈中华人民共和国婚姻法〉若干问题的解释（二）》

第十六条 人民法院审理离婚案件，涉及分割夫妻共同财产中以一方名义在有限责任公司的出资额，另一方不是该公司股东的，按以下情形分别处理：

（一）夫妻双方协商一致将出资额部分或者全部转让给该股东的配偶，过半数股东同意（作者注：此处按照《公司法》新规定，改为其他股东过半数）、其他股东明确表示放弃优先购买权的，该股东的配偶可以成为该公司股东；

（二）夫妻双方就出资额转让份额和转让价格等事项协商一致后，过半数股东不同意转让，但愿意以同等价格购买该出资额的，人民法院可以对转让出资所得财产进行分割。过半数股东不同意转让，也不愿意以同等价格购买该出资额的，视为其同意转让，该股东的配偶可以成为该公司股东。

用于证明前款规定的过半数股东同意的证据，可以是股东会决议，也可以是当事人通过其他合法途径取得的股东的书面声明材料。

这里需要强调一下，上面的优先购买权是同等价格下的优先购买权，所以这是个很头疼的事情，其他股东要主张优先购买权，还得确定夫妻分割股份时，对股份的作价是多少。如果各方都同意作价，那没有问题，如果对作价不能达成一致，就主要看承办法官的处理思路了。下文附上江苏高院的司法意见，就公司股权价值评估规定了相应办法，可以看出，估值是否准确，是无法保证的，能把事情处理了就不错了。

如果其他股东行使了优先购买权，取得了股份，那么登记股东的配偶就无法取得股份了，只能要求分割其他股东购买时支付的股权转让款。

如果其他股东同意接受新股东，或虽然不同意但也不购买的，视为同意转让，则股东的配偶成为新股东，有权按照判决书要求进行股权变更登记。

以下关于股权分割和估值的司法意见，供大家参考。

《江苏省高级人民法院家事纠纷案件审理指南（婚姻家庭部分）》

41. 离婚时对于婚姻关系存续期间以夫妻共同财产出资获得的登记在夫妻一方名下的有限责任公司（不包括夫妻公司、一人有限责任公司）的股权应当如何处理？股权价值应当如何确定？

基于有限责任公司的资合性和人合性特点，离婚时对于婚姻关系存续期间以夫妻共同财产出资获得的登记在夫妻一方名下的有限责任公司（不包括夫妻公司、一人有限责任公司）的股权的处理，既要从有利于解决夫妻纠纷的原则出发，又要最大限度地做好与其他利害关系人的利益协调，不能侵害其他股东的同意权和优先购买权等权利。

如果夫妻双方就股权分割协商一致，可以依照《婚姻法解释二》第十六条的规定处理。因《婚姻法解释二》第十六条中“过半数股东同意”与新《中华人民共和国公司法》第七十一条第二款中“其他股东过半数同意”相冲突，因此，应适用《中华人民共和国公司法》第七十一条第二款中“其他股东过半数同意”的规定。

如果夫妻双方就股权分割无法协商一致，可以按以下情形分别处理：

(1) 夫妻双方均主张股权且愿意和对方共同经营的，其他股东过半数同意且明确表示放弃优先购买权的，可以按比例分割股权。夫妻双方均主张股权但不愿与对方共同经营的，可以通过竞价方式确定由谁最终取得股权。如果股东的配偶取得股权，应当经其他股东过半数同意且明确表示放弃优先购买权。取得股权的一方，应当给予另一方相应的经济补偿。

(2) 股东一方或者股东的配偶放弃股权主张补偿款的，应当在确定股权价值的基础上，由取得股权的一方给予另一方相应的经济补偿。如果股东的配偶取得股权，应当经其他股东过半数同意且明确表示放弃优先购买权。

(3) 夫妻双方均不愿意取得股权的，可以依照《中华人民共和国公司法》的相关规定将股权转让给其他股东或者股东之外的第三人，并对转让价款依法分割。向股东以外的第三人转让股权的，应当经其他股东过半数同意且明确表示放弃优先购买权。如果无人受让股权的，夫妻双方可以按比例分割股权。

前述(1)—(3)情形中，如果其他股东过半数不同意转让，也不愿意以同等价格购买股权的，视为同意转让。

股权价值评估时，可以责令当事人以及股权所在的公司提供评估所需的财务会计报表等资料。因公司管理混乱、会计账册不全以及公司经营者拒不提供财务信息等原因导致股权价值无法评估的，可以向税务、工商部门调取备案的资产负债表、损益表、净资产表以及该公司公布的年度报表等财务资料交予评估机构评估股权价值。如果无法调取上述财务资料，可以参照当地同行业中经营规模和水平近似的公司的营业收入或者利润核定股权价值。当事人对依职权确定的股权价值提出异议的，应当提供能证实其主张的财务资料。

第六节 公司股份分割时，如何区分夫妻共同财产及个人财产？

上文提到离婚时如何分割夫妻共有公司股份的问题，下面我们聊聊哪些属于个人财产，不需要分割。

为彻底讲清这个问题，咱们先来兜个大圈子，讲一下离婚纠纷中涉及的三类财产，包括夫妻共同财产、家庭财产、个人财产。

第一，夫妻共同财产。

夫妻共同财产是指夫妻在婚姻关系存续期间一方或双方所得的收入和财产，但个人特有的财产或双方约定分别所有的财产除外。夫妻共同财产一般包括下列范围：

（1）劳动所得的报酬：劳动报酬的形式多种多样，包括工资、奖金、津贴等，以劳动报酬购置的财产，亦属此例。

（2）从事生产、经营活动所得的收益：指夫妻双方或一方在婚后从事生产、经营所得的劳动收入和资本性收入，如承包经营、购买股票和债券、投资公司和企业所得红利、兴办公司和企业所得收益等。

（3）知识产权的收益：指婚姻关系存续期间，实际取得或者已经明确可以取得的知识产权的财产性收益。

（4）继承或赠与所得的财产，但遗嘱或赠与合同中明确指定仅归夫或妻一方所有的财产除外。

（5）其他应当归夫妻共同所有的财产包括：①一方以个人财产投资取得的收益；②男女双方实际取得或者应当取得的住房补贴、住房公积金；③男女双方实际取得或者应当取得的养老保险金、破产安置补偿费。

（6）有争议财产的认定：对个人财产还是夫妻共同财产难以确定的，主张权利的一方有责任举证。当事人举不出有力证据，人民法院又无法查实的，按夫妻共同财产处理。

第二，家庭财产。

家庭财产是指家庭成员的共同财产和各自所有的财产的总和。包括：(1)夫妻一方的个人财产；(2)夫妻共同财产；(3)子女财产；(4)其他家庭成员的财产；(5)全体家庭成员共有的财产。家庭财产涵盖了夫妻共同财产。分割时应当首先从家庭财产中分出属于夫妻共同所有的部分后对其进行分割。对其他家庭成员的财产,不能作为夫妻共同财产予以分割。未成年子女的财产属于其本人所有,由离婚后与子女共同生活的父母一方代为管理。

第三,个人财产。

夫妻个人财产,是指夫妻婚后在实行共同财产制时,依法律规定或双方约定,夫妻各自保留的一定范围的个人所有的财产。其范围包括:

(1) 一方的婚前财产,该财产不因婚姻关系的延续而转化为夫妻共同财产。

(2) 一方因身体受到伤害获得的医疗费、残疾人生活补助费等。

(3) 遗嘱或赠与合同中确定只归夫或妻一方的财产。

(4) 夫妻一方专用的生活用品,但婚后购置的贵重饰品,摩托车、小汽车等生活资料,仍应视为夫妻共同财产。

(5) 其他应当归一方所有的财产,如一方获得的奖章、奖品,军人的伤亡保险金、伤残补助金、医药生活补助等。

当然,夫妻双方也可以书面形式约定婚姻关系存续期间所得的财产以及婚前财产归各自所有、共同所有或部分各自所有、部分共同所有,此为约定先于法定原则。如果没有约定或约定不明的,仍适用法定财产制的规定。

以上内容,大部分摘自一篇司法意见——《上海市高级人民法院婚姻家庭纠纷办案要件指南(三)》。

圈子兜完了,咱们回头看一下,公司股份,哪些属于夫妻共同财产,哪些属于个人财产?

其实答案基本明了了。

第一,作为共有财产的股权。

主要有三类:

(1) 婚后用夫妻共同财产出资或购买的股权,不管登记了哪一方的名字,或者登记双方名字时,各自登记的占股比例多少,都属于共同财产(不分份额)。

(2) 婚后因继承或赠与而获得的股权。夫妻一方获得的赠与,如果没有特别写明是全部赠与一方,该方所获股权仍为夫妻共同财产。所以如果想达到全部赠与给一方的效果,就要在赠与合同中特别明确约定,如排除该股权属于另一方所有,等等。

(3) 夫妻双方约定一方名下婚前取得的股权为共同共有。

第二,作为个人财产的股权。

(1) 夫妻一方婚前即投资取得的股权。

（2）赠与或遗嘱合同中确定只归夫或妻所有的股权（这里需要特别强调，父母将股份继承或赠与一方，如果需排除其配偶，应当明确“该股份仅赠与丈夫/妻子×××一人”，达到排除配偶所有的效果，如果只写明“股权赠与给×××”，基本会被认定为夫妻共同所有）。

（3）夫妻一方用婚前个人财产在婚后出资或购买的股权（必须能够说明购买资金来源于婚前个人财产）。

（4）夫妻约定属个人所有的股权。

值得特别说明的是，即使股权本身是个人财产时，股权在婚后产生的分红收益，仍然属于夫妻共同财产。

规定如下，供参考：

《最高人民法院关于适用〈中华人民共和国婚姻法〉若干问题的解释（三）》

第五条　夫妻一方个人财产在婚后产生的收益，除孳息和自然增值外，应认定为夫妻共同财产。

《最高人民法院关于适用〈中华人民共和国婚姻法〉若干问题的解释（二）》

第十一条　婚姻关系存续期间，下列财产属于婚姻法第十七条规定的“其他应当归共同所有的财产”：

（一）一方以个人财产投资取得的收益。

第七节　公司章程规定“离职即退股”有效吗？

按照博弈理论，公司所有权（股权）分配是公司中各相关方力量博弈的结果。随着知识经济的发展，劳动力逐渐上升为人力资源，进而成为人力资本，在价值链上越爬越高。相应地，人力占股成为显而易见的趋势。

人力占股后，离职时怎么退股也成为现实中的大问题。

占股人员离职，可以比拟资本撤资，退股也是应该的。那么，如果公司章程规定“股东离职即退股”，这样的规定有效吗？这要分情况来看。

以下是支持章程规定离职即退股的案例，其中还有具体理由的详细说明，可供参考。

相关案例参考

案例一

严某敏与南京市建筑设计研究院有限责任公司股权转让纠纷案

［(2014)宁商终字第756号］

二审民事判决书中认为："公司章程作为南京建筑设计院自治规范，对其表决通过的股东，均应受公司章程的约束。南京建筑设计院与离职股东达成股权转让合意，回购股权由公司持股会代持，并不违反法律规定，本院依法予以确认。"

案例二

姜某兰诉烟台某锁业集团有限公司确认董事会决议无效纠纷案

［(2013)芝商重字第8号］

一审民事判决书中认为：法律赋予公司通过章程调整股东持有、转让股权的条件、价格及限制的权利，公司章程对股权转让价格已作出规定的，对股权转让时的价格就应依照规定。被告章程中关于股东因退休等原因离开公司时，应将股权转让给其他股东，受让股东由公司董事会确定等约定，是代表被告2/3以上表决权的股东达成一致而形成的对全体股东具有普遍约束力的条款，而非恶意侵犯股东财产权，强制原告退股的针对性条款。

山东省烟台市中级人民法院在二审民事判决书中进一步认定：有限责任公司的公司章程中关于股东离开公司时必须将股权转让给其他股东的规定的效力合法有效。理由：一、从公司章程的性质看。公司章程是规定公司组织及行为的基本规则的重要文件，订立公司章程是股东的共同行为，除公司法规定的公司章程必要的记载事项外，股东在公司章程中约定股东离开公司时以股权转让的方式退股，属于公司意思自治的范畴，不违反法律的规定。二、从有限责任公司的性质看。有限责任公司的性质兼具资合性与人合性，它的建立是以股东间相互信任为基础，具有较强的人合性特征，这就使得股东间的相互信任和股东的稳定对公司至关重要，股东的加入与退出均是建立在公司全体股东相互信任的基础上的，以股权转让的方式退出，正是公司人合性的体现。三、从股东个人角度来。在公司章程中约定股东离开公司时必须退股，实为附条件的民事法律行为，由于该退股行为系采取股东事先约定主动转让股权的方式，因此，该条件并不违反法律法规的强制性规定，合法有效。

但是，当公司通过合法程序修改章程增加此类内容时，实践中不少法院则是判决修改内容仅对同意的股东有效，而对反对、弃权或者未参与投票的股东则不发生法律效力。案例如下：

相关案例参考

南京市规划设计研究院有限责任公司与彭琛公司盈余分配纠纷案

［（2013）宁商终字第 1337 号］

二审判决书中认为："股权具有财产性和身份性的双重属性，虽然股权中部分权能的行使会受限于公司的意思，但对于具有财产属性的自益权仍应遵循私有财产不受侵犯的民法基本原则，非经股东本人同意或法定的强制执行程序，不得以股东大会决议的方式予以强制处分。在规划公司未与彭琛就股权转让协商一致的情况下，规划公司无权强制转让股东依法享有的股权。""股权自由转让是《公司法》赋予股东的法定权利，股权的管理，特别是对于股权的处分，并非公司自治的范畴，除非股东自己作出同意转让的意思表示。虽然规划公司的股东均应受公司章程和《股权管理办法》中'股随岗变'规定的约束，但股东对其所有的股权仍享有议价权和股权转让方式的决定权。642 号判决已明确认定了对《股权管理办法》确定强制股权转让的价格仅对投赞成票的股东有约束力，即投赞成票的股东，如 19 号案中的朱光远因认可《股权管理办法》中对于股权转让价格和股权交付方式的规定，实质上与规划公司之间已经就股权转让事宜达成了意思表示一致。对于投不同意票、弃权票的股东，《股权管理办法》中的股权转让价格条款和股权转让的方式对其不生法律效力，因此应当认定双方就股权转让价格和股权转让方式并未达成意思表示一致。"

结合法律和相关判例，可以形成结论如下：

离职即退股的公司章程规定，对在章程上签字确认的股东肯定是有约束力的。但是，对于没有在章程上签字确认的股东，或者表决时反对、弃权的股东，则很可能被认定不具有约束力。

如此认定的理由，简单来说，依照两个规则：第一，意思自治。各方之间自愿就股权作出的协议或章程安排，如不违反法律的强制性规定，即为有效，不得反悔；第二，产权保护。股权是股东的财产权，只有产权人有权利进行处分，公司章程虽然 2/3 以上表决权即可修改，但是这个修改如果侵犯了少数股东的财产权，处分了其私有财产，未得到其个人事先或事后认可，这种非产权人的处分是无效的。

因此，作者在此建议，关于离职即退股的章程，应当取得全体股东的签字确认。最好在公司设立之初，就由章程进行约定。后续加入的股东，应当在章程上补充签字，或者签署特别协议进行明确。

另外还有个问题必须厘清，就是退股其实分成两种，股份转让给其他股东及股份由公司回购。作者建议，退股千万不要约定成由公司回购，因为公司回购实际上属于注册资本减资，应当办理通知、公告债权人等特别程序，债权人可以要求公司提前清偿债务或提供担保，且完成前原股东仍然持有股份。不然，程序复杂不说，主要问题是可能导致退股无效。

相关规定：

《中华人民共和国公司法》

第七十一条　有限责任公司的股东之间可以相互转让其全部或者部分股权。

股东向股东以外的人转让股权，应当经其他股东过半数同意。股东应就其股权转让事项书面通知其他股东征求同意，其他股东自接到书面通知之日起满三十日未答复的，视为同意转让。其他股东半数以上不同意转让的，不同意的股东应当购买该转让的股权；不购买的，视为同意转让。

公司章程对股权转让另有规定的，从其规定。

第一百七十七条　公司需要减少注册资本时，必须编制资产负债表及财产清单。

公司应当自作出减少注册资本决议之日起十日内通知债权人，并于三十日内在报纸上公告。债权人自接到通知书之日起三十日内,未接到通知书的自公告之日起四十五日内,有权要求公司清偿债务或者提供相应的担保。

相关案例参考

蒋某与某机械公司股东资格确认纠纷案

[(2014)资民终字第335号]

裁判要旨:违反法律、法规,违反公司规章制度等而被解聘的股东、自动离职股东,由公司收回股权。如公司收回股权,就存在股本金减少问题。股本金减少须通过股东大会讨论并经工商登记,并按相关程序进行公示。

介绍:2001年,泵厂改制为有限责任公司,蒋某以安置费和现金入股成为股东,股份比例为0.13%。2013年2月,蒋某申请辞职。同年4月,机械公司通过股东大会修改章程,规定"强制离职股东转让股权""按股权证证载股额全额收回"。随后,公司通知蒋某取消其股东身份。蒋某据此诉请确认其股东身份,并要求支付其2013年度红利。

法院认为:①有限责任公司股东具有资合性与人合性并存的法律特征,故《公司法》赋予公司章程对股东身份转变的部分自主权,以保证公司发展与运转。机械公司通过股东大会修改章程,明确股东从离岗或被解聘之日起,其股东身份通过一定方式解除的基本精神是合法有效的,故机械公司有权解除蒋某股东身份。②股东身份表现在股权变动,而依公司章程规定,因违反法律、法规,违反公司规章制度等而被解聘的股东、自动离职股东,由公司收回股权。如公司收回股权,就存在股本金减少问题。股本金减少须通过股东大会讨论并经工商登记,并按相关程序进行公示,以保证公司存在的合法性和公司债权人权益。本案公司并未履行以上义务,故蒋某股东身份仍存在。

案例索引:《蒋小莉诉四川杰特机器有限公司股东资格确认纠纷案——公司章程"强制离职股东转让股权"的效力》(吴懋良),载《人民法院案例选》(201501/91:197)。

第八节 离职后退出的股权,公司可否回购? 价格如何确定?

离职员工的股权退出,实践中一般有两种约定方式:公司回购和其他股东受让。其他股东或大股东受让,一般不存在什么问题。其性质就是股东之间转让股权，不存在其他股东优先购买权的问题，不需要通知或征求其他股东意见。

值得探讨的是，公司能否回购自己股东的股权？该如何操作？

《公司法》规定公司（该规定特指股份公司）不得收购本公司股份，但允许公司在减少资本、与其他公司合并、将股份奖励给职工以及异议股东行使股份回购请求权等几种例外情形下回购股份。由此可知，我国立法对股份有限公司的股份回购采取的是"原则禁止、例外允许"的模式。

《中华人民共和国公司法》

第一百四十二条　公司不得收购本公司股份。但是，有下列情形之一的除外：

（一）减少公司注册资本；

（二）与持有本公司股份的其他公司合并；

（三）将股份用于员工持股计划或者股权激励；

（四）股东因对股东大会作出的公司合并、分立决议持异议，要求公司收购其股份；

（五）将股份用于转换上市公司发行的可转换为股票的公司债券；

（六）上市公司为维护公司价值及股东权益所必需。

法律之所以对公司收购股东股份持谨慎态度，是因为公司的资产由股东出资并积累而形成，公司收购股东股份，其实是股东出资的反向操作，其过程大致等同于抽回出资，会造成公司注册资本的减少，性质等于减资。

对于有限公司的股权回购，《公司法》仅规定了股东在反对股东会重大决议情形下的回购请求权，但其他情形的股份回购，未作规定。

《中华人民共和国公司法》

第七十四条　有下列情形之一的，对股东会该项决议投反对票的股东可以请求公司按照合理的价格收购其股权：

（一）公司连续五年不向股东分配利润，而公司该五年连续盈利，并且符合本法规定的分配利润条件的；

（二）公司合并、分立、转让主要财产的；

（三）公司章程规定的营业期限届满或者章程规定的其他解散事由出

现，股东会会议通过决议修改章程使公司存续的。

在相关法院案例中，法院支持了公司回购股东股份的要求。最高法院也在判例中明确支持股东以公司回购股权的形式退出公司。

相关案例参考

叶某文诉沛县某房地产开发有限公司股权转让纠纷案

［(2008)苏民二终字第0048号］

二审民事判决书中认为：该公司与叶某文签订的股权转让协议合法有效，叶某文据此要求该公司继续履行股权转让协议、支付剩余股权转让款的诉讼请求成立，应当予以支持。而且考虑到有限责任公司的人合性，叶某文与该公司签订股权转让协议履行之后，有利于该公司的正常经营发展。该公司应当且有条件及时安排其他股东受让叶某文转让的股份或者履行减资手续，以保护公司债权人的利益。

最高人民法院(2009)民申字第453号民事裁定书对此案进一步认为："《公司法》规定股东不得抽逃出资，但《公司法》并不禁止股东在公司成立之后以合法方式退出公司，包括以公司回购股权的形式退出公司。《公司法》第七十五条规定的股东回购请求权是法定的股东回购请求权，根据该条规定的情形，股东可以请求公司按照合理价格收购其股权，股东与公司不能达成协议的，股东可在法定期限内向人民法院提起诉讼。除该条规定的情形股东可行使法定的回购请求权外，《公司法》上仍有股东与公司于其他情形通过协议而由公司回购股东股权的余地。我院《关于适用〈中华人民共和国公司法〉若干问题的规定(二)》第五条规定，人民法院审理解散公司诉讼案件，当事人协商同意由公司或者股东收购股份，或者以减资等方式使公司存续，且不违反法律、行政法规强制性规定的，人民法院应予支持。"

在股东之间就公司的经营发生分歧，或者股东因其自身原因不能正常行使股东权利时，股东与公司达成协议由公司回购股东的股权，既符合有限责任公司封闭性和人合性特点，又可打破公司僵局、避免公司解散的最坏结局，使得公司、股东、公司债权人的利益得到平等保护。

依据以上法院的权威判例，可以形成结论，就是有限公司回购股东股份，是合法可行的。

接下来还有一个问题要注意，就是公司收购股东股份后，还不算完，前面说了，这个行为等同于减资，所以公司收购股份后，或者尽早将股份转让给其他股东，或者履行减资程序。

《最高人民法院关于适用〈中华人民共和国公司法〉若干问题的规定（二）》（2020年修正）

第五条　人民法院审理解散公司诉讼案件，应当注重调解。当事人协商同意由公司或者股东收购股份，或者以减资等方式使公司存续，且不违反法律、行政法规强制性规定的，人民法院应予支持。当事人不能协商一致使公司存续的，人民法院应当及时判决。

经人民法院调解公司收购原告股份的，公司应当自调解书生效之日起六个月内将股份转让或者注销。股份转让或者注销之前，原告不得以公司收购其股份为由对抗公司债权人。

关于公司购买的价格问题，一般遵循“有约定从约定，无约定从法定”的原则处理。即如未明确约定转让价格或计价方式，则先由双方协商确定，协商不成的，法院可通过最近的会计报告合理确定估价，或通过审计评估方式确定股权价值。

《山东省高级人民法院关于审理公司纠纷案件若干问题的意见(试行)》

53. 公司章程规定股东因退休、解聘、调动等原因离开公司时应将股权转让给其他股东，但未规定具体受让人，且当事人无法协商一致的，股东会确定的股东有权受让该股权。公司章程对股权转让价格未作规定，且当事人不能协商一致时，一方请求以评估方式确定股权转让价格的，人民法院应予支持。

第九节　转让股权的正确做法是什么？

假设你有一套房子，你想卖，也找到了下家。正当你乐呵呵地签约数钱时，邻居跑过来说，你卖房得经过我同意，你得优先卖给我，否则不许卖。

你一定会放下手里的钱，上去一顿老拳！

可是如果你要卖股份，你的邻居——公司的其他股东——真的可以这样要求。

《公司法》规定，股东向股东以外的其他人转让股份，应当经其他股东过半数同意。但不同意转让的，应当购买，不可以又不买又不让卖。同意转让的，同等条件下具有优先购买权。

《中华人民共和国公司法》(2018年修正)

第七十一条　有限责任公司的股东之间可以相互转让其全部或者部分股权。

股东向股东以外的人转让股权，应当经其他股东过半数同意。股东应就其股权转让事项书面通知其他股东征求同意，其他股东自接到书面通知之日起满三十日未答复的，视为同意转让。其他股东半数以上不同意转让的，不同意的股东应当购买该转让的股权；不购买的，视为同意转让。

经股东同意转让的股权，在同等条件下，其他股东有优先购买权。两个以上股东主张行使优先购买权的，协商确定各自的购买比例；协商不成的，按照转让时各自的出资比例行使优先购买权。

公司章程对股权转让另有规定的，从其规定。

法律为什么要这样规定呢？

很简单，合伙开公司就像搭伙过日子，大家对对方是有承诺的，就是要同舟共济、不离不弃。不能说你找到了下家说离就离。当初是看你这个人靠谱才跟你合伙，现在你突然要替换一个人跟我共事，那是不是还要看我适应不适应啊。

好了，咱们正经点，用法律语言来解释一下。

法律之所以设置这样的限制，是因为有限责任公司所具有的“人合性”。所谓人合性，就是指有限责任公司除了注重投资者之间的资金联合外，还特别强调投资者之间的信赖关系。也就是说，作为有限责任公司设立或运营基础的，不纯粹是一种金钱关系，而且包含着人情人际关系。“人合性体现了股东与股东、股东与公司关系的依附性和相互信赖。”《公司法》对这种依附性和相互信赖关系维护，不仅仅体现在对股东优先购买权的制度设计上，还体现在允许公司章程另行规定股东资格继承办法等方面。

比如《公司法》第七十五条规定:“自然人死亡后,其合法继承人可以继承股东资格;但是,公司另有章程的除外。”这种规定同样是考虑到有限责任公司具有人合性,股东之间的合作基于相互间的信任。而自然人股东死亡后,其继承人毕竟已不是原股东本人,股权实质上发生了转让。在此情况下,其他股东对原股东的信任并不能自然转变为对继承人的信任,不一定愿意与继承人合作,可能导致股东之间的纠纷,甚至形成公司僵局。为此,从实际出发,应当允许公司章程规定在不剥夺继承人获得与股权价值相适应的财产对价的权利的前提下,禁止股份直接继承。

这个继承问题有点跑题,但是可以有效说明问题。

那么在法律的这些限制下面,股份转让应该注意什么问题呢?

(1) 转让时要通知其他股东,且以书面形式。

准备转让时,要将转让决定书面告知其他股东,要求 30 天内(天数不能少,法律规定的)回复是否同意转让的意见。

(2) 与他人签约时,要约定优先权条款,避免承担违约责任。

不管其他股东回复的是什么意见,通知发出后,即可以跟下家商谈、签署转让合同,但最好设置一个优先购买权条款,“其他股东要求同等条件下优先购买的,本合同解除,互不承担违约责任”,以免其他股东优先购买时,需要依据合同对下家承担违约、赔偿责任。

(3) 与他人签约后,要将合同条件书面通知其他股东,给予选择权。

不管其他股东回复的意见是同意转让还是不同意,都要把跟下家签约确定的条件,包括股份数量、价款、付款时间等,书面告知其他股东,要求不同意转让的股东按价购买,或要求同意转让的股东确认是否行使优先购买权。

《最高人民法院关于适用〈中华人民共和国公司法〉若干问题的规定(四)》

第十八条　人民法院在判断是否符合公司法第七十一条第三款及本规定所称的“同等条件”时,应当考虑转让股权的数量、价格、支付方式及期限等因素。

《公司法》第七十一条规定:“其他股东半数以上不同意转让的,不同意的股东应当购买该转让的股权;不购买的,视为同意转让。”可是,不同意转让的股东应当以什么价格购买呢？大家对购买价格没谈妥，那应当视为购买还是不购买呢？很难认定。所以只能找个第三方买家的价格为参照，如此一来，实质上又变成了同意转让情形下的同等条件优先购买权，那么法条区分同意转让或不同意转让又有何意义呢？

所以实践操作中，我们也不管其他股东同意不同意转让，一律书面告知下家交易条件，不同意的，你按这个价格来买，不买的视为同意；原本就同意的，就看一下是不是要按照这个价格优先买。

（4）要将通知、协议、付款凭证保留，以免被追究责任。

为了避免其他股东事后算账，作者建议，要把对其他股东的两次通知、跟下家签署的合同、付款凭证都保留好，以证明已经通知其他股东、已经公平保护了其他股东的优先购买权。否则，可能被其他股东主张行使优先购买权，同时还得向买家承担赔偿责任。

《最高人民法院关于适用〈中华人民共和国公司法〉若干问题的规定（四）》

第二十一条　有限责任公司的股东向股东以外的人转让股权，未就其股权转让事项征求其他股东意见，或者以欺诈、恶意串通等手段，损害其他股东优先购买权，其他股东主张按照同等条件购买该转让股权的，人民法院应当予以支持，但其他股东自知道或者应当知道行使优先购买权的同等条件之日起三十日内没有主张，或者自股权变更登记之日起超过一年的除外。

前款规定的其他股东仅提出确认股权转让合同及股权变动效力等请求，未同时主张按照同等条件购买转让股权的，人民法院不予支持，但其他股东非因自身原因导致无法行使优先购买权，请求损害赔偿的除外。

股东以外的股权受让人，因股东行使优先购买权而不能实现合同目的的，可以依法请求转让股东承担相应民事责任。

不过呢，如果其他股东比较配合，也有更加简单高效的处理办法，就是做个股东会决议，其他股东直接签字确认同意转让，承诺放弃优先购买权。或者其他股东分别签署放弃优先购买权声明，也是一样的效果。

第十节　股权转让中怎么控制风险预防纠纷？

墨菲定律说，凡是一件事情可能会出问题，那就一定会出问题。

然后，股权转让交易就是一桩可能会出问题的交易。

上海市第二中级人民法院的法官对此深有感触，后来发表了一篇白皮书就股权转让给予建议(相关内容附后)，吐露心得，“苦口婆心”告诫大家怎么避免纠纷。作者在此摘其要供大家参考。

怎么避免股权转让中的纠纷呢，这要从以下几个方面下功夫。

一、卖方：把交易事项说清楚，写下来

(1) 卖方应当向买方把公司的情况、把股份的情况说清楚，尤其是影响到交易和价格的重大信息，否则可能被认定隐瞒重要事实，构成欺诈或重大误解，导致合同被撤销。

(2) 卖方应当在出让时告知其他股东，保障其他股东的优先购买权。其实这是个程序性规定，其他股东要么自己买，要么允许他人买，总之拦不住。

以上两方面告知，要用书面形式写下来，形成沟通记录，以备诉讼。

二、买方：把情况弄清楚，做好尽职调查

很多交易纠纷，是因为买方当初不了解状况，作出了错误决定。

(1) 买方可以通过看年报、章程、审计材料、会议纪要等途径，全面了解公司情况。

(2) 寻求律师事务所等相关专业机构的辅助，完善前期股权价值评估。

(3) 在股权转让协议中以签署附件形式列明公司资产、负债等基本情况，并约定作为卖方承诺事项，如有违反承诺的，买方有权解除合同，避免后期争议。

三、合理设置股权转让条款

(1) 处理好股权转让前后标的公司的债权债务关系。

(2) 约定好后期共同合作事项、公司治理等内容，明确各方权利义务。

(3) 约定好公司证照、财务账册等资料的移交,明确移交时间。

(4) 约定好付款、登记时间,以及很重要的一点——违约责任。

(5) 明确股权回购条件及时间,合理设置担保条款。

四、好好学习法律知识,实在不行请专家

了解法律知识很重要,有不懂的可以向专家请教。

五、说话算数,做事靠谱

略。

附:

《2014—2018股权转让纠纷案件审判白皮书》

四、规范股权转让行为的建议

(一) 转让方应注重交易信息沟通披露

法律和审判实践对持有更多交易信息的转让方课以较为严格的信息披露义务。转让方的信息披露义务包括以下两个层面:一是向交易对方披露可能影响股权交易成立与否、价格高低的各种因素,积极保持与受让方的信息交流,尽量采取书面形式以保证争议时协商交流过程的再现;二是向标的公司其他股东披露对外股权转让事宜,书面征询转让意见以及是否行使优先购买权。

(二) 受让方应完善股权交易前期尽职调查

股权转让纠纷案件反映出,交易关系中受让方整体上处于相对的信息弱势地位,大部分案件根源于交易前期信息的不对称。为避免交易后期矛盾的凸显,股权受让方应当完善股权交易前期的尽职调查工作。1. 通过阅看标的公司年报、章程,要求转让方提供标的公司审计材料等途径,全面了解标的公司经营情况、对外投资情况、股权架构、资产与负债、收购与被收购事宜、标的股权出资等影响股权交易的因素,核实转让方陈述的真实性。2. 寻求律师事务所、会计师事务所、产权评估机构等相关专业机构的辅助,完善前期股权价值评估。3. 在股权转让协议中列明标的公司资产、负债等基本情况,避免后期争议。

（三）以股权转让目的为出发点，合理设置股权转让条款

明确股权转让的目的，侧重不同股权转让目的下股权转让条款的合理设置。1.在经营权转让为目的的场合，注意明确资产转让部分与股权转让部分的差异，可以将二者作分别约定，以明晰义务履行的标准，同时，处理好股权转让前后标的公司债权债务关系；部分经营权转让的，应注重后期共同合作事项的约定，明确各方权利义务。2.在因股东矛盾退出场合，选取规范的退出形式，避免与公司减资程序混淆，即时履行公司证照、财务账册等资料的移交，无法即时履行的，明确移交时间，并与股权转让款的支付相挂钩。另，建议在协议中明确自一方退出标的公司后，双方再无其他争议。3.在以资本引入为目的的场合，注重借款、出资与股权转让的概念区分，明确股权回购条件及时间，合理设置担保条款。

（四）加强法律法规学习，完善内部治理规范

加强法律法规学习，树立法人人格独立的基本理念，严格遵循《公司法》对公司运作的程式化要求，熟悉股权转让涉及的公司、物权、合同、担保等领域的法律规范，了解既有规范对特定类型企业、特定行业企业股权转让的限定和要求，股权转让前后标的企业性质的转变等，防范股权转让因违反法律规定而存有效力瑕疵和履行障碍。同时，标的企业应完善内部治理，健全企业规章制度，规范公司决议程序，形成良好的企业氛围，防止企业内部治理矛盾延伸至股权交易领域。

（五）提高诚信意识，防范信用风险

在引发股权交易的风险中，信用风险占据近四成。其中，有很大一部分案件纯粹因一方未按约履行协议项下的义务而产生。因此，交易各方应秉持诚实理性的理念，提升自主履约意识，保持交易沟通畅通化，营造良好的股权交易市场氛围，优化营商环境。

第十一节 股权转让有哪些常见法律风险？

以下内容摘录自上海市第二中级人民法院《2014—2018股权转让纠纷案件审判白皮书》，是从司法实务角度整理出的股权转让中常见法律风险和纠纷，有很大的借鉴价值。

一、股权转让协议方面的风险

1. 形式不规范

(1) 未订立书面股权转让协议。

交易双方达成股权转让合意是股权转让法律关系成立的基础。一般而言，股权交易较为重大，且内容复杂，故有必要订立书面股权转让协议，以更为清晰地展现交易双方的意思表示，减少纠纷。实践中，存在以下两类不规范的协议形式：一类是口头协议，另一类是未单独订立股权转让协议，仅在股东会决议中包含了股权转让内容。股权转让纠纷案件反映，交易双方发生争议时，一方当事人往往会利用前述不规范的协议形式，否认双方间已达成股权转让合意或主张股东会决议包含的股权转让内容不可诉。在口头协议情形下，法院通常综合双方间磋商过程、实际履行情况等予以判定，主张已达成合意的一方存在举证不能的风险；在股东会决议中包含股权转让内容的情形下，法院倾向于认为，股东会决议与股权转让协议存在主体及内容差异，前者系标的公司股东间就公司治理达成的合意，后者系股权交易双方就股权转让事宜达成的合意，股东会决议原则上不可诉，仅在决议形成的权利义务属于合同法调整范畴的例外情形下，才部分可诉。由此，混淆股东会决议与商事平等主体间的股权转让协议，会给股权转让的实现造成不必要的障碍。

(2) 股权转让协议签署瑕疵。

多起案件反映，股权转让协议因一方或双方未签字而被认定未成立。另外，委托他人代办股权工商变更登记、代为签署股权转让协议的情况在实践中较为普遍，且通常缺少规范的委托授权手续。交易一方在后期不愿意履行股权转让协议时，常利用前述签署上的瑕疵，以冒名签署为由，主张协议并非其真实意思表示。在没有事实辅证存在有效代为签署行为的情形下，法院原则上认定股权转让协议因未真实签署而无效。

(3) 就同一股权转让签订数份内容相异的协议。

一类是交易双方在缔约或履行过程中形成数份书面协议，但未明确数份协议间是否构成变更、替代，因而产生以何者为准的争议；另一类是交易双方出于避税目的，形成一份专门用于工商登记备案的股权转让协议，集中表现为股权转让款价格低于实际履行的价格。此类出于避税目的形成的协议，本身因具有避法属性或是构成双方虚伪意思表示而存在效力瑕疵，且在履行过程中，受让方常依据工商登记备案的协议，主张少支付股权转让款。此类案件中，法院多以探寻交易双方真实意思为出发点，结合磋商过程、协议缔结时点的股权估值、实际履行情况等作综合认定。

2. 内容不规范

（1）股权转让协议约定不明。

一类是未作约定。遗漏股权转让款数额、支付方式与时间、变更登记办理时间、违约责任等股权转让协议主要条款，易引发履行标准，甚至是股权转让合意达成与否的争议。另一类是约定表述不明。交易双方虽就某一事项作出约定，但表述歧义或是意思不明确。在一起案件中，双方当事人在同一股权转让协议中就多个标的公司的股权转让予以打包转让，但未明确各个标的公司股权的具体对价。后因其中一个标的公司股权转让发生纠纷，双方就违约金的计算基数为整体股权转让款，抑或为争标的公司对应的股权转让款而产生争议。

（2）混淆转让主体，将标的公司列为股权转让方。

实践中，有限责任公司与股东人格区分不明显的现象较多，这在一人有限责任公司领域表现得尤为明显。这种不当的公司治理理念反映在股权转让中，便表现为股东意志与公司意志的等同，将股权转让方列为标的公司。《中华人民共和国公司法》第一百四十二条严格限定公司收购本公司股份的情形、程序、转让及注销时间。由此，在股权转让法律关系中，除标的公司员工股权激励计划、处置回购的本公司股份等特殊情形外，股权转让义务的主体为标的公司股东，而非标的公司本身。在公司股东转让股权场合，不当地将股权转让方列为标的公司，容易产生转让主体及协议有效性争议。此类案件中，法院原则上认为，标的公司本身并不享有自己的股权，以标的公司名义与受让人签订的股权转让协议违反《公司法》规定，应属无效。另有判决依照股权转让款收取方为标的公司股东、股权转让协商过程等实际履行情况认定法律关系的主体为标的公司股东。

二、标的股权方面的风险

1. 标的股权为夫妻共同财产时，转让方婚姻状态对股权转让的影响

依照《中华人民共和国婚姻法》及司法解释的规定，夫妻关系存续期间以夫妻共同财产出资取得的股权，即便登记在一方名下，亦属夫妻共同财产。未经

配偶同意，转让属于夫妻共同财产但登记在一方名下的股权，极易因未登记一方配偶对标的股权提出权利主张，而引发诉讼。若股权转让发生于转让方离婚期间，此类风险尤为明显。法院原则上认定股权转让不因未经配偶同意而无效，即将未登记一方配偶就共有股权的权利限定于财产利益。[依照最高人民法院关于适用《中华人民共和国婚姻法》若干问题的解释(二)第十六条规定，未登记一方配偶需要经其他股东过半数同意，才可以成为该公司股东]。但是，转让方未经配偶同意转让共有股权，仍然成为影响股权转让顺利完成的潜在消极因素。如离婚诉讼期间，夫妻一方低价或是零对价向他人转让共有股权，股权转让可能因构成恶意转移财产而无效。故受让方宜将标的股权共有状况及转让方婚姻状态纳入考量，必要时，可事先征询未登记配偶一方的意见并取得书面同意。

2. 标的股权已设立质押等权利负担

《中华人民共和国物权法》第二百二十六条对已设立质权的股权转让作出限定，“基金份额、股权出质后，不得转让，但经出质人与质权人协商同意的除外。出质人转让基金份额、股权所得的价款，应当向质权人提前清偿债务或者提存”。转让方未经质权人同意转让已设立质权的股权，容易引发质权人以股权转让侵害其质权为由主张股权转让无效的诉讼。法院倾向于认为，《物权法》第二百二十六条旨在禁止出质人处分已出质的股权，并未禁止出质人先行将质押的股权以合同形式转让，故股权质押原则上不影响股权转让协议的效力。但需要注意的是，标的股权上的权利负担仍会实质上阻碍股权转让协议的履行，质押登记未经撤销，股权变更登记存在障碍，同时，股权转让款支付涉及提存或提前清偿债务，也容易引发相应的风险。

3. 转让方出资瑕疵

此风险点源于受让方对标的股权前期审查不足，后于履行过程中发现标的股权存在未履行出资、抽逃出资等瑕疵，遂以此为由要求解除、撤销协议或是减少股权转让款。受让方受让出资瑕疵的标的股权，具体的风险表现包括：(1)无权要求转让股东补足出资。股东出资与股权转让分属不同的法律关系，股东出资义务的履约对象为股权所对应的标的公司，受让方以自身名义要求转让方补足出资存在障碍，而且还存在被公司债权人另案诉讼承担补足出资连带责任的风险。(2)出资瑕疵原则上不能作为减少支付股权转让款的正当理由。股东是否履行对标的公司的出资义务，并不影响其与他人之间所订立的股权转让协议的效力，受让方仍应按协议约定履行付款义务。(3)自力救济可能构成违约。实践中，受让方发现转让方出资瑕疵，往往以扣留部分股权转让款的方式进行补救，但此类行为通常被判决认定构成迟延履行，反而应承担违约责任。

三、股东优先购买权方面的风险

1. 未履行书面通知义务

依照《公司法》第七十一条规定，有限责任公司股东向股东以外的人转让股权，应就股权转让事项书面通知其他股东，并征得其他股东过半数同意。经股东同意转让的股权，在同等条件下，其他股东有优先购买权。在一起案件中，标的公司股东在股权转让前未向其他股东发送书面通知，征询其他股东意见，判决认定股权转让因损害其他股东优先购买权而无效。(此处无效的为股权转让的处分行为，而非股权转让协议。转让方与受让方之间的股权转让协议并不因侵害优先购买权而无效，但即便协议有效，仍因优先购买权的存在而履行不能，无法实现股权转让的目的)。

2. 书面通知义务标准分歧

转让方股东向其他股东发送的书面通知应包含拟受让人的有关情况，拟转让股权的数量、价格及履行方式等主要转让条件。实践中，由于股权转让形式的多样性以及股权转让协议内容的复合性，何为恰当的通知义务标准仍存在分歧，进而影响股权交易进程及履行可能性。有一起案件反映，股权交易双方签订的《公司清算及股权转让协议》除约定了股权转让外，还约定了利润分配结算、债权抵销等内容，且双方就协议项下整体内容约定了捆绑式作价。转让方就股权转让事项书面通知了其他股东后，其他股东以通知未明确股权转让款价格为由，主张优先购买权条件未成就(通知义务未恰当履行)，要求对协议对价进行分割，明确股权转让对应的价格并依照该价格行使优先购买权。判决认为，股东转让股权的交易条件不仅限于对价的数额，也应包括清偿特定主体债务、一并转让未分配利润等特殊条件。

3. 其他股东收到通知后，对股权转让行为提出正当异议且在处理过程中的，股东优先购买权仍然存在

有一起案件反映，转让方股东书面告知其他股东股权转让事宜，其他股东回函表示，转让方存在抽逃出资行为，故不同意股权转让，标的公司就此提起

另案诉讼。判决认为，标的公司其他股东并未放弃异议消除后的优先购买权，在转让方抽逃出资一案尚未处理完毕前，受让方诉请履行股权转让协议，不予支持。

四、隐名持股方面的风险

1. 隐名股东直接以自己名义转让股权

隐名持股本身不影响股权转让协议的效力，但是，隐名股东直接转让股权往往成为受让方主张股权转让协议无效的事由，引发争议。而且，名义股东与隐名股东间于代持股协议项下产生的争议，可能会延伸于股权转让领域，导致股权转让关系复杂化，主要表现为名义股东否认存在代持股关系，不配合办理股权变更登记。另外，隐名股东直接以自己名义转让股权还存在下述履行风险：隐名股东显名系股权转让协议得以实质性履行的前置条件，而隐名股东显名依法需经其他股东过半数同意。有一起案件反映，股权转让协议约定，转让方需在 3 个月内办理显名手续。后转让方未按约显名，且标的股权被名义股东转让给第三人，法院遂判令解除股权转让协议。故在隐名股东直接转让股权场合，可考虑将名义股东作为一方当事人列入协议中，以降低此类风险。

2. 名义股东转让代持股权

一类是名义股东未经授权，擅自转让代持股权，实际权利人对标的股权提出权利主张，受让方若不符合善意取得的条件，依法不能取得股权。另一类是转让方转让的标的股权部分为自有，部分系代案外人持有，因转让方与案外人间代持股协议瑕疵，如份额约定不明、口头代持协议等，产生股权转让主体及股权转让款分配之争，客观上阻碍股权转让协议的履行。

3. 以股权转让形式实现隐名持股

股权转让协议约定，受让方受让股权后不办理工商变更登记，由转让方代受让方持有标的公司股权。此类股权转让除却了通常意义上作为股权转让方主合同义务的变更登记事项，相应地，将股权代持协议项下的实际股权利益分配、股权归属等内容作为转让方的合同义务，容易引发股权转让合意是否达成，转让方一股二卖等法律风险。

4. 以股权代持方式担保股权转让实现

股权转让与股权代持基于交易目的差异，可互为手段与目的的关系，易产生法律关系性质的争议。有一起案件反映，甲将标的股权转让给乙，且办理了变更登记，但乙未支付股权转让款。同时，双方签订股权代持协议，约定由乙代甲持有标的股权，以确保在乙无力支付股权转让款时，甲仍得以依据股权代持协议对标的股权主张权利。后甲诉请乙支付股权转让款，乙以双方间系代持股关系而非股权转让关系为由，抗辩无须支付转让款。

五、审批与限制方面的风险

1. 标的企业性质与股权转让

法律对特定类型企业行为能力的限制投射于投资领域，表现为对国有产权转让、外资企业股权转让设定有审批、备案、信息披露、交易场所限制等特殊要求，直接影响到股权转让协议的效力与履行。例如，国有产权转让需要经国资监管机构审核、进行产权评估，且原则上在产权市场公开进行；外商投资企业股权转让应履行报批义务，未经批准，协议不生效等。

2. 特定经营范围与股权转让

特定行业存在准入与转让的限制，如典当行转让股权，应当经省级商务主管部门批准，未经批准无权申请变更登记。忽略此类规范的限制，有时会导致股权转让行为无效，有时会造成履行障碍，最终影响股权转让的实现。由此，公司经营范围也应引起股权交易双方的注意。

第十二节　股权转让中常见的法律失误有哪些？

以下内容摘自上海市第二中级人民法院《2014—2018 股权转让纠纷案件审判白皮书》。

从 2014—2018 年股权转让纠纷案件看，不同原因引起的股权转让在交易模式以及风险触发点上存有差异，故以下就居于股权转让原因前三位的，基于纯粹财产转移、股东矛盾退出、资本引入而产生的股权转让侧重风险点予以分析。

一、纯粹财产移转产生的股权转让风险点

1. 转让方未尽告知义务

交易双方对标的股权相关信息的了解系确定是否进行股权交易以及股权价格的基础。转让方负有积极披露标的公司资产负债、经营情况、隐形诉讼、对外债务等基本信息的义务。多起案件反映，转让方隐瞒、虚假陈述、未及时告知前述基本信息，构成协议解除的正当性事由。另外，标的公司股权架构变动、对外投资、收购及被收购计划等非常态化信息，也应当引起转让方的注意，未及时告知可能会影响股权转让的实现。有一起案件反映，在标的股权转让期间，标的公司其他股东同时对外转让股权导致标的公司股权结构发生变化，法院认定此种变化对原有股东结构的影响显著而重大，转让方未及时告知受让方其他股东对外转让股权的事实，导致受让方背离了签订合同时对标的公司股权结构的认知和预期，判决支持受让方解除股权转让协议的诉请。

2. 资产转让与股权转让混同

资产转让与股权转让存在以下差异：(1)主体不同。资产转让的主体为公司，股权转让的主体为公司股东。(2)法律效果不同。资产转让为财产权利的移转，而股权转让为标的公司资产负债的整体继受。实践中，存在资产转让与股权转让概念混淆的现象。一类是交易双方旨在转让商铺、字号等资产，但签订了股权转让协议，产生法律关系性质争议。另一类是交易双方旨在转让股权，在股权转让协议中同时约定了设备、不动产租赁、字号等资产移转等内容。实际上，股权转让并不涉及资产所有权转移内容，标的公司资产所有权归属于标的公司，受让方受让标的公司股权后，自然享有相应的权益。股权转让协议应约定的应当是资产交接事宜，而非转让事宜。

3. 合作经营事项履行障碍

在部分股权转让的情况下，转让方与受让方后续合作经营事宜成为股权转让的重要内容，容易引发以下两类风险：(1)合作事项约定不明。合作经营事项，包括受让方进入标的公司后参与管理的领域、对董监高人员的指派权限及席位数量、标的公司后续发展方向等，交易双方若仅在股权交易前期达成口头约定或框架性意见，易引发争议。有一起案件反映，转让方为引入受让方成为教育机构的教师，将教育机构的部分股权转让给该教师。双方达成口头意向，即教师受让

股权后应在该机构任职并参与管理。后受让方未到该机构任职，转让方遂以此为由请求解除股权转让协议。(2)合作事项未征询公司其他股东意见。在标的公司存在除交易双方外的其他股东时，双方就后续合作的承诺涉及标的公司及其他股东的意愿，未考量其他股东意愿，容易引起争议。有一起案件反映，转让方承诺协助受让方办理变更董事会成员，让受让方的相关人员作为董事参与公司经营，并变更公司章程。后因标的公司其他股东不予配合，相关承诺落空，由此产生违约责任。故交易双方宜在交易前期与标的公司其他股东进行沟通，征询其他股东对合作经营计划的意见，达成合作协议，避免后期履行障碍。

二、股东矛盾退出产生的股权转让风险点

1. 退出形式不规范

股东间基于矛盾而一方退出，仍应当签订股权转让协议，明确股权对价、办理登记等股权转让必要事项。实践中，存在以下几种不规范退股形式：(1)产生矛盾的双方股东签订欠条，约定向退出方支付一笔款项，但未明确该笔款项性质是借款抑或股权转让款，股权转让关系是否成立存疑。(2)产生矛盾的双方股东签订退资协议，或是混淆转让方主体，由标的公司与退出股东签订退资协议，约定退出股东收回投资。此类约定在表述上更接近于标的公司减资，但标的公司通常又没有履行法定的减资程序，产生行为性质的争议。(3)双方签订零对价股权转让协议，同时另行订立合同约定将转让方对标的公司的投资款转化为债权。此种模式下，股权转让法律关系中的主要义务——支付对价、变更登记，被分置于两份协议中，而且将价款支付方由受让股权一方变更为标的公司，构成抽逃出资。

2. 退出事项约定不明

一方股东退出场合，因双方间前期矛盾，退出方对公司相关材料、证照的移交，法定代表人的变更等事项成为协议履行的难点。在双方未明确约定材料移交时间的情形下，退出方拖延移交材料，受让方通常以此为由要求终止股权转让法律关系，甚至引发公司证照返还等新的诉讼。

3. 退股后标的公司性质变化未予以重视，导致协议的履行可能违反法律，进而在效力上产生疑问

在一起案件中，两个标的公司均只有转让方、受让方两名自然人股东，双方

产生矛盾，达成协议，其中一方同时退出两个标的公司。该协议的履行结果将违背《公司法》第五十八条“一个自然人只能投资设立一个一人有限责任公司”的规定。后转让方以此为由，请求不履行股权转让协议。

三、资本引入产生的股权转让风险点

1. 入股形式不清

入股标的公司存在两种形式，一是受让股权，二是认缴增资。两者存在以下差异：(1)主体不同。受让股权属于交易双方意思自治范畴，发生在股权交易双方之间，受让方负有将股权转让款支付给转让方的义务，而认缴增资属公司自决范畴，发生在出资方与标的公司之间，出资方负有向公司缴纳出资的义务。(2)程序不同。受让股权仅需交易双方达成合意，而认缴公司增资需经股东会决议通过增资方案，履行法定增资程序。(3)法律责任不同。受让股权形式下，受让方未支付转让款，转让方有权依据股权转让协议向其主张违约责任；认缴增资形式下，未按约履行出资义务，需承担出资不实的法律责任。实践中，存在入股形式混淆的现象。一方面，标的公司股东与受让方签订协议，约定内容为股权转让，具有以受让股权形式入股的特征，另一方面，协议措辞为出资协议，受让方负有将款项支付给标的公司的义务，又具有认缴增资的特征。而通常情况下，标的公司又未形成增资决议，由此产生以何种形式入股以及是否有效入股的争议。

2. 股权转让未考量增资引起的股权稀释

以资本引入为目的的股权转让，有时与增资相结合，即股权收购方承诺以其自身或关联公司对标的公司进行增资。此时，应当将增资协议的单独履行以及增资后对原股权转让协议约定的股权稀释纳入考量。有一起案件反映，股权交易双方约定以受让方向标的公司增资为条件，零对价转让转让方所持有的标的公司10%股权。在股权转让过程中(尚未办理变更登记)，受让方履行了协议项下的对标的公司进行增资的义务，导致转让方所持标的公司股份稀释为2.43%。后受让方诉请转让方办理10%股权的变更登记手续，转让方以其未持有10%股权为由，要求解除股权转让协议。法院判决，依照股权稀释后转让方实际持有的股权份额办理变更登记。

3. 股权回购设置有待完善

股权回购作为资本投入方降低风险的方式，常在股权转让协议中予以约定。交易双方多将标的公司将来一定期间内是否达到约定的收益、是否成功上市等设置为股权回购条件。诉请履行回购义务占据以引资为目的的股权转让纠纷案件很大比例，纠纷主要围绕以下几点：

(1) 回购条款是本约抑或预约。在双方未就回购内容明确时，一方抗辩仅构成回购预约，引发回购合意达成与否的争议。

(2) 法律关系性质是借款抑或股权转让。股权回购加固定收益条款，很大程度上排除了股权转让的投资风险属性，产生借款还是股权转让的争议。

(3) 股权回购条件成就与否以及如何履行。如协议约定的回购义务主体为两名自然人，但并未明确两名义务主体各自应承担的回购比例，由此产生回购范围及价款的争议。

4. 公司为股东就股权转让行为提供担保未经股东会决议

公司对内提供担保受《公司法》及公司章程的约束。《公司法》第十六条规定，“公司章程对投资或者担保的总额及单项投资或者担保的数额由限额规定的，不得超过规定的限额。公司为公司股东或实际控制人提供担保的，必须经股东会或者股东大会决议。前款规定的股东或者受前款规定的实际控制人支配的股东，不得参加前款规定的事项的表决”。故在股权转让担保设置中，双方均负有义务审查公司担保的程序以及内容的限制。数起案件反映，标的公司为标的股权转让提供担保，但未经股东会决议，故该担保行为因双方过错而无效。

第十三节 股东缴足出资的义务，转让股权后能否免除？

咱们设想一个情景，你是一家公司股东，认缴出资 100 万元，实际缴纳 10 万元，剩余 90 万元章程规定 10 年后缴足。然后你中途退出公司，股份转让给了别人。那么，10 年到期时，公司或其他股东有没有权利要求你继续缴纳剩余的 90 万元？

你肯定一听就炸了，我 10 年前就退出了，现在公司跟我有什么关系，凭什么还找我？

但是，法律的规定不是这样。

《公司法》第二十八条明确规定，股东应当按期足额缴纳公司章程中规定的各自所认缴的出资额，并且该出资义务不适用诉讼时效的规定。股东未足额出资，之后转让所持有股权的，其出资不实的责任并不随股权转让而免除，应向公司继续补足出资。

《最高人民法院关于适用〈中华人民共和国公司法〉若干问题的规定（三）》

第十八条　有限责任公司的股东未履行或者未全面履行出资义务即转让股权，受让人对此知道或者应当知道，公司请求该股东履行出资义务、受让人对此承担连带责任的，人民法院应予支持；公司债权人依照本规定第十三条第二款向该股东提起诉讼，同时请求前述受让人对此承担连带责任的，人民法院应予支持。

受让人根据前款规定承担责任后，向该未履行或者未全面履行出资义务的股东追偿的，人民法院应予支持。但是，当事人另有约定的除外。

这个规定给我们的启示就是，不要想当然，以为退出公司、股权转让后就跟自己没有关系了。也不要不把认缴当回事，认缴也是出资义务，只是不用当下出资而已。

为了规避若干年后还被公司、股东、甚至公司的债权人追溯责任的风险，建议如下：

（1）注册资本不必太多，够用就行，以后不够用了，增资即可，总比注册资本虚高，背上不必要的债务好，也比事后减资简单得多。

（2）如果因为不了解法律规定，设立时注册资本已经登记得过多了，在公司股权简单、账务简单的时候，建议考虑履行减资手续。

（3）股权转让时，双方应当约定清楚出让方出资是否缴足，未缴足的，后续出资义务由谁承担。按照法律规定，即使双方清楚约定了承担方，但是公司、其他股东、公司债权人仍然可以要求出让方和受让方同时承担连带责任。约定清楚的好处是，双方之间确认了最终的责任承担方。如果双方没有约定，那么按照法律最终由谁承担呢？是出让方。就是说，受让方向公司、股东或债权人承担责任后，有权向出让方追偿。

相关案例参考

甲公司系有限责任公司，原注册资本为人民币2500万元（以下币种同），股东原由上海金桥（集团）有限公司（认缴出资额为125万元，占注册资本的5%）、马某清（认缴出资额为2250万元，占注册资本的90%）、陈某某（认缴出资额为125万元，占注册资本的5%）组成。甲公司章程载明，股东负有缴纳所认缴的出资、在公司登记后不得抽回出资等义务。

2005年6月25日，甲公司形成股东会决议，决定将公司的注册资金由原来的2500万元增加至6250万元，由马某清追加出资3375万元，陈某某追加出资375万元。上海兴中会计师事务所有限公司出具的验资报告载明，截至2005年8月10日，马某清、陈某某已将各自认缴的出资额以货币资金3375万元、375万元缴入甲公司开立于中国农业银行上海市松江支行（以下简称农行松江支行）的验资资金专户存储。作为验资报告附件的两份进账单载明，马某清以票据号码为“09210329”、金额为3375万元的本票出资，陈某某以票据号码为“09210330”、金额为375万元的本票出资。此后，甲公司的注册资本变更为6250万元，其中，陈某某出资500万元，占注册资本的8%。

农行松江支行的记账凭证显示，2005年8月10日，上海虹洋实业有限公司（以下简称虹洋公司）分两次向甲公司的验资账户转账划款3375万元、375万元。当日，甲公司自其验资账户向虹洋公司划款3000万元。2005年8月11日，甲公司自其验资账户向虹洋公司划款750万元。本案审理期间，上述银行向本院出具书面证明称，编号为09210329、09210330的两张本票未解入甲公司验资账户。现陈某某已将其所持甲公司股权转让给案外人。

甲公司向法院提起诉讼，请求法院判令陈某某支付未缴纳的出资款375万元。

原审法院认为：股东应当足额缴纳公司章程规定的各自所认缴的出资额。作为股东，在甲公司增资过程中，陈某某应依法履行其增资义务。尽管在该次增资过程中，验资报告所附的两份银行进账单载明，陈某某以票据号码为“09210330”、金额为375万元的本票出资，但甲公司验资账户的开户银行已向原审法院证实，上述本票并未解入甲公司验资账户。依据记账凭证，甲公司的验资账户于2005年8月10日增加的3750万元验资款来源于案外人虹洋公司的划款，上述验资款已于当日及次日返还给虹洋公司，该款项中即包含陈某某认缴出资的375万元。迄今为止,无证据表明,陈某某已于此后向甲公司补足出资375万元,因此可以认定,在甲公司增资过程中,陈某某并未实际出资。鉴于股东的出资义务系法律所规定的股东基本义务,陈某某的行为违反了公司章程的约定和《公司法》的规定,故其应向甲公司履行相关的出资义务。此后,陈某某虽已对外转让了股权,但其出资不实的责任不应随着股权的转让而免除。现陈某某并无证据证明其已将出资义务转移,其应依据章程约定和法律规定向甲公司补足出资。综上,甲公司要求陈某某补足出资375万元的诉讼请求,依法应予支持。

二审法院认为:我国《公司法》第二十八条明确规定,股东应当按期足额缴纳公司章程中规定的各自所认缴的出资额;股东以货币出资的,应当将货币出资足额存入有限责任公司在银行开设的账户;股东不按照前款规定缴纳出资的,除应当向公司足额缴纳外,还应当向已按期足额缴纳出资的股东承担违约责任。上诉人陈某某作为被上诉人甲公司的股东之一,在公司增资3 750万元的过程中,理应依法履行其缴纳增资款375万元的出资义务。原审审理过程中,上诉人陈某某以票据号码为"09210330"、金额为375万元的银行本票进账单证明其已履行了相应的增资出资义务,但甲公司验资账户的开户银行已向原审法院证实,上述本票并未解入甲公司验资账户,3 750万元增资验资款实际来源于案外人虹洋公司的划款,而上述验资款又已于划款当日及次日由甲公司返还给了虹洋公司,该款项中包含了陈某某应当认缴出资的375万元。上诉人陈某某又于二审审理过程中称,其系于增资当时已将系争款项交给原公司法定代表人马某清,但未能提供相应的付款凭据,由于马某清已经去世,陈某某称其已付款的事实缺乏证据证明,本院难以认定。同样没有证据证明陈某某于此后向甲公司补足出资375万元,原审法院据此认定,在甲公司增资过程中,上诉人陈某某未实际出资,并无不当。鉴于股东的出资义务系法律所规定的股东基本义务,陈某某的行为违反了公司章程的约定和《公司法》的规定,故其应向甲公司履行相关的出资义务,该项义务不适用诉讼时效的规定。上诉人陈某某虽已对外转让了其全部股权,但其出资不实的责任不应随着股权的转让而免除。上诉人陈某某应当依法向被上诉人甲公司补足出资。

案例索引:上海市浦东新区人民法院(2010)浦民二(商)初字第922号民事判决书(一审),上海市第一中级人民法院(2010)沪一中民四(商)终字第2036号民事判决书(二审)。

第十四节 股权转让如何缴税？ 税务机关如何核定价格？

个人转让股权，以股权转让收入减除股权原值和合理费用后的余额为应纳税所得额，按“财产转让所得”缴纳个人所得税。简言之，就是增值额×20%。合理费用是指股权转让时按照规定支付的有关税费。

这里的股权转让收入，一般情况下就是股权转让合同约定的转让款总额。

那么，是不是可以签署阴阳合同，将实际转让价款故意写低，以逃避所得税呢？

一般不可以。合同约定的转让价款只是税务局确定转让收入的参考。税务机关认为股权转让价格明显偏低，有逃税嫌疑的，可以按照其他方式确定转让价格。

哪些情况会被税务机关认为股权转让价格明显偏低，会按照自行判断的价格计税？

（1）申报的股权转让收入低于股权对应的净资产额的。

其中，被投资企业拥有土地使用权、房屋、房地产企业未销售房产、知识产权、探矿权、采矿权、股权等资产的，申报的股权转让收入低于股权对应的净资产公允价值份额的。这里要注意了，接受投资的企业，如果公司资产负债表上土地使用权、房屋、房地产企业未销售房产、知识产权、探矿权、采矿权、股权等资产占企业总资产比例超过20%的，主管税务机关可参照纳税人提供的具有法定资质的中介机构出具的资产评估报告核定股权转让收入。也就是说，企业需要提供评估报告，而不是交易双方自己签一个协议作价就可以的。

（2）申报的股权转让收入低于初始投资成本或低于取得该股权所支付的价款及相关税费的。

低于公司初始实收资本了，这是那些没有利润、只有实收资本的企业经常采用的做法。税务机关一般会很关注这种低价转让的行为。

（3）申报的股权转让收入低于相同或类似条件下同一企业同一股东或其他股东股权转让收入的。

同一个企业转让股权，如果老股东转让按平价，而增资进入企业的股份却按溢价，这相当于是给了税务机关一个明明白白的市场价格，所以这样做肯定是会被税务机关要求按照增资的价格补税的。

（4）申报的股权转让收入低于相同或类似条件下同类行业的企业股权转让收入的。

其实这一点是比较难以判断的，很多时候无法操作。因为即便是同行业的企业，不同地区、不同规模、产品类型不同，股权的价格差异会极大。同样是做家电的，大公司和其他的小公司的股权价格可能一样吗？当然不可能。

（5）不具合理性的无偿让渡股权或股份。

税务机关认为股权转让价格明显偏低，会如何判定计税价格？

税务机关有两种比较明确的调整计税价格的方式，需要按照顺序来选择使用。

第一种：净资产核定法。

股权转让收入按照每股净资产或股权对应的净资产份额核定。接受投资的企业的土地使用权、房屋、房地产企业未销售房产、知识产权、探矿权、采矿权、股权等资产占企业总资产比例超过20%的，主管税务机关可参照纳税人提供的具有法定资质的中介机构出具的资产评估报告核定股权转让收入。由此可见，企业的资产负债表的资产结构会直接影响企业交易成本。如果土地使用权等资产不大于企业总资产的20%，则企业可以直接按照合同约定的价格，只要不低于公司净资产对应的股份比例，一般税务机关就会认可。但是，如果公司总资产中土地使用权等资产的比例超过了20%，则企业需要聘请资产评估公司对企业资产进行评估，一般来说，这种资产结构的企业的评估价会高于企业净资产的价值。6个月内再次发生股权转让且被投资企业净资产未发生重大变化的，主管税务机关可参照上一次股权转让时被投资企业的资产评估报告核定此次股权转让收入。简而言之，评估报告有效期为6个月。前提是企业净资产没有重大变化。

第二种：类比法。

主要包括以下两种形式：(1)参照相同或类似条件下同一企业同一股东或其他股东股权转让收入核定。(2)参照相同或类似条件下同类行业企业股权转让收入核定。从以上寥寥数句话可见，税务机关对这种方法也并不看好，因此在实务中采用第一种的方式比较常见。

第三种：其他合理方法。

主管税务机关采用以上方法核定股权转让收入存在困难的，可以采取其他合理方法核定。目前并没有看到税务机关还能采取其他什么比较合理的方式来核定股权价格。

《股权转让所得个人所得税管理办法（试行）》

（国家税务总局公告2014年第67号）

第四条　个人转让股权，以股权转让收入减除股权原值和合理费用后的余额为应纳税所得额，按“财产转让所得”缴纳个人所得税。

合理费用是指股权转让时按照规定支付的有关税费。

第十一条　符合下列情形之一的，主管税务机关可以核定股权转让收入：

（一）申报的股权转让收入明显偏低且无正当理由的；

（二）未按照规定期限办理纳税申报，经税务机关责令限期申报，逾期仍不申报的；

（三）转让方无法提供或拒不提供股权转让收入的有关资料；

（四）其他应核定股权转让收入的情形。

第十二条　符合下列情形之一，视为股权转让收入明显偏低：

（一）申报的股权转让收入低于股权对应的净资产份额的。其中，被投资企业拥有土地使用权、房屋、房地产企业未销售房产、知识产权、探矿权、采矿权、股权等资产的，申报的股权转让收入低于股权对应的净资产公允价值份额的；

（二）申报的股权转让收入低于初始投资成本或低于取得该股权所支付的价款及相关税费的；

（三）申报的股权转让收入低于相同或类似条件下同一企业同一股东或其他股东股权转让收入的；

（四）申报的股权转让收入低于相同或类似条件下同类行业的企业股权转让收入的；

（五）不具合理性的无偿让渡股权或股份；

（六）主管税务机关认定的其他情形。

第十五节 公司减资如何办理？ 未通知债权人应当承担什么责任？

认缴制下，很多人注册了注册资本远远超过实际需求的公司，然后发现掉坑里了，因为股东可能需要在认缴未实缴的范围内对公司债权人承担补充清偿责任。

然后赶紧办减资。结果又掉坑里了。

咱们岔开话题，先说说减资的程序。

一、减资程序

1. 董事会出具方案

首先，董事会（如果没有董事会，就由执行董事）出具减资方案，提请股东会形成决议。

《中华人民共和国公司法》（2018年修正）

第四十六条　董事会对股东会负责，行使下列职权：

（六）制订公司增加或者减少注册资本以及发行公司债券的方案。

2. 股东会通过减资决议

股东会应当审议董事会减资方案，并通过减资的股东会决议，且需要2/3以上表决权通过。

《中华人民共和国公司法》（2018年修正）

第四十三条　股东会会议作出修改公司章程、增加或者减少注册资本的决议，以及公司合并、分立、解散或者变更公司形式的决议，必须经代表三分之二以上表决权的股东通过。

3. 编制资产负债表及财产清单

《中华人民共和国公司法》(2018年修正)

第一百七十七条　公司需要减少注册资本时,必须编制资产负债表及财产清单。

4. 通知债权人,并在报纸上公告

作出减资决议后,公司必须在10日内分别通知已知的债权人,并在30日内在报纸上公告减资决议。债权人收到后有权要求公司立即清偿债务,或者提供担保。由此可知,减资的代价也很大,难度很高。公司债权人较多或债务数额较高,操作减资还是很困难的。

《中华人民共和国公司法》(2018年修正)

第一百七十七条　公司应当自作出减少注册资本决议之日起十日内通知债权人,并于三十日内在报纸上公告。债权人自接到通知书之日起三十日内,未接到通知书的自公告之日起四十五日内,有权要求公司清偿债务或者提供相应的担保。

5. 办理工商变更登记

《中华人民共和国公司法》(2018年修正)

第一百七十九条　公司增加或者减少注册资本,应当依法向公司登记机关办理变更登记。

二、减资程序瑕疵的责任

如果公司减资没有单独通知债权人,致使债权人丧失了要求清偿债务或要求提供担保的机会,公司、股东需要承担什么责任吗?

法律没有规定。司法解释也没有规定。但是,最高法院的公报案例填补了空白。

按照最高法院公报案例(具有普遍的指导价值),减资行为上存在瑕疵,未单独通知债权人，致使减资前形成的公司债权在减资之后清偿不能的，公司股东应在公司减资数额范围内对公司不能清偿部分承担补充赔偿责任。

值得说明的是，在以上案例中，减资退出的股东承担了补充赔偿责任，而未减资未退出的股东也承担了补充赔偿责任。

相关案例参考

上海德力西集团有限公司诉江苏博恩世通高科有限公司、冯某、上海博恩世通光电股份有限公司买卖合同纠纷案

案例简介：

(1) 2011 年 3 月 29 日，德力西公司与江苏博恩公司签订《电气电工产品买卖合同》，合同约定，江苏博恩公司向德力西公司购买 20 台高压开关柜、一台交流屏、一套直流屏等电气设备，合同总金额为 111 万元。合同签订生效后，德力西公司按合同约定交付了上述全部设备。江苏博恩公司向德力西公司支付货款 333 000 元，尚欠 777 000 元未付。

(2) 2012 年 8 月 10 日，江苏博恩公司股东上海博恩公司、冯某、陈某燕召开股东会，一致通过公司减少注册资本 19 000 万元(其中认缴额 2 700 万元，实缴额 16 300 万元)的决议，其中股东冯某减少 19 000 万元(认缴额 2 700 万元，实缴额 16 300 万元)。此次减少注册资本后，公司累计注册资本由减资前的 2 亿元人民币减为 1 000 万元人民币，其中上海博恩公司出资 700 万元，陈某燕出资 300 万元，冯某不再具备股东资格。

(3) 2012 年 8 月 13 日江苏博恩公司在《江苏经济报》上发布了减资公告，并于 2012 年 8 月 31 日出具了验资报告。之后江苏博恩公司办理了工商变更登记，但江苏博恩公司在减资前未向德力西公司清偿前述债务。

(4) 江苏博恩公司未就公司减资事宜通知德力西公司。

二审法院认为：

公司减资本质上属于公司内部行为，理应由公司股东根据公司的经营状况通过内部决议自主决定，以促进资本的有效利用，但应根据《公司法》第一百七十七条第二项规定，直接通知和公告通知债权人，以避免因公司减资产生损及债权人债权的结果。江苏博恩公司与德力西公司的债权债务在江苏

博恩公司减资之前已经形成。德力西公司在订立的合同中已经留下联系地址及电话信息，且就现有证据不存在江苏博恩公司无法联系德力西公司的情形，故应推定德力西公司系江苏博恩公司能够有效联系的已知债权人。虽然江苏博恩公司在《江苏经济报》上发布了减资公告，但并未就减资事项直接通知德力西公司，故该通知方式不符合减资的法定程序，也使得德力西公司丧失了在江苏博恩公司减资前要求其清偿债务或提供担保的权利。

根据现行《公司法》之规定，股东负有按照公司章程切实履行全面出资的义务，同时负有维持公司注册资本充实的责任。尽管《公司法》规定公司减资时的通知义务人是公司，但公司是否减资系股东会决议的结果，是否减资以及如何进行减资完全取决于股东的意志，股东对公司减资的法定程序及后果亦属明知，同时，公司办理减资手续需要股东配合，对于公司通知义务的履行，股东亦应当尽到合理注意义务。作为江苏博恩公司的股东，上海博恩公司和冯某应当明知江苏博恩公司在减资前对德力西公司负有债务，但是在此情况下，上海博恩公司和冯某仍然通过股东会决议同意冯某的减资请求，并且未直接通知德力西公司，既损害江苏博恩公司的清偿能力，又侵害了德力西公司的债权，应当对江苏博恩公司的债务承担相应的法律责任。

公司未对已知债权人进行减资通知时，该情形与股东违法抽逃出资的实质以及对债权人利益受损的影响，在本质上并无不同。因此，尽管我国法律未具体规定公司不履行减资法定程序导致债权人利益受损时股东的责任，但可比照《公司法》相关原则和规定来加以认定。由于江苏博恩公司减资行为上存在瑕疵，致使减资前形成的公司债权在减资之后清偿不能的，上海博恩公司和冯某作为江苏博恩公司股东应在公司减资数额范围内对江苏博恩公司债务不能清偿部分承担补充赔偿责任。

案例索引：摘自《最高人民法院公报》2017 年第 11 期。

除了以上对债权人可能承担的责任，减资未通知或公告债权人的，还可能被工商部门处以罚款，并在全国企业信用信息平台公示。

《中华人民共和国公司法》(2018 年修正)

第二百零四条　公司在合并、分立、减少注册资本或者进行清算时，不依照本法规定通知或者公告债权人的，由公司登记机关责令改正，对公司处以一万元以上十万元以下的罚款。

三、减资程序建议

以上判例的教训很深刻，主要是对股东的教训，尤其对于减资操作中自身且未减资且未退出的股东。

对公司而言，无论如何，债务总是债务，总要还的。减资程序违规并未额外增加公司的赔偿责任。但对于股东，尤其是减资中自己股份并未变动的股东，由此而担上了对公司债务的补充赔偿责任，实在是额外的沉重负担。为避免相应后果，建议如下：

（1）公司减资应当自作出减资决议之日起10日内通知债权人，并于30日内在报纸上公告。上述通知程序和公告程序是两个不同的步骤，公司减资时对已知或应知的债权人应履行直接通知义务，不能在未先行通知的情况下直接以登报公告形式替代通知义务，只公告未通知属于不当减资行为。尤其公司的股东，应当督促或亲自办理该通知事项。

（2）公司减资应通知的债权人，不仅仅包括债权数额已经确定的债权人，同时也应包括双方对于具体债权数额有争议但根据当时相关证据能够判断必然会享有债权的债权人。也就是说，减资公司股东为了避免对减资公司的债务承担补充赔偿责任，应尽量保证减资公司扩大通知债权人的范围。如果债权存有争议，但是经司法判决确认债权成立，而公司并未通知，则仍属违规减资。

第三章　公司治理问题

第一节　公司治理的10个注意事项

以下内容由作者整理自江苏高院报告，为方便创业者们阅读，做了一些归纳、解释和删节，从司法实践出发、以法官视角、裁判者的态度理解相关问题，有很强的指导价值。

1. 股东出资不实承担连带责任

企业注册资本的真实与充足不仅有利于保护您的客户利益，更与企业及股东的切身利益密切相关。企业注册资本虚假或者在经营过程中被抽逃，将使企业股东丧失有限责任制度的保护而可能被卷入债权人提起的诉讼中。

2. 股权转让后出资不实被牵连

您在出让或受让公司股份时，如果股份认缴未实缴，则公司债权人将来有机会主张出让人和受让人在股份未实缴的范围内对公司债务承担补充清偿责任，尽管您在对外承担责任后可以根据股权转让协议的约定向您的上家或下家追讨，但这无疑将增加您的风险。

3. 设立公司须真实签名

设立公司时的登记手续较为繁杂，请您务必亲自签署公司章程等法律文件，否则一旦发生纷争，他人代签名行为会给您造成极大麻烦，甚至可能对公司股权归属造成不测因素。

4. 隐名股东风险大

隐名投资虽然不被法律完全禁止，但蕴藏较大法律风险，法律对隐名投资人的股东资格认定标准要求非常严格，且隐名股东资格不能对抗第三人，代持人可以处分股权。建议您尽量避免选择以隐名方式与他人共同设立公司。

5. 收购股权须登记

如果您向他人收购公司股权，收购合同生效后请务必尽快办理企业工商登记变更手续，否则您将面临无法真正获得股权的风险。未办理变更登记也不能对抗第三人，股权可能被再次出让他人。

6. 公司章程慎重签

公司章程是公司最重要的法律文件之一，对公司、股东、董事、监事、高级管理人员具有约束力，一旦发生争议，将成为法院判断各方权利义务关系的主要依据。建议您在参与制定公司章程时务必仔细衡量，慎重签署，不建议使用格式文本。

7. 勤勉义务要遵守

公司的控股股东、董事、监事、高级管理人员对公司负有忠实义务和勤勉义务。请您务必遵守《公司法》及其他法律法规中的规定。违反这些规定将可能要承担损害赔偿责任。

8. 中小股东须尊重

经济环境变化形势下，更加需要全体股东同舟共济，齐心协力。中小股东与控股股东同样是企业的投资者，请您善待中小股东，尊重他们的参与权、表决权，保障他们的知情权，保护他们的利润分配权等各种股东权。很多公司因为大股东不尊重中小股东造成股东内讧无法正常经营。公司内部争议容易导致公司治理出现僵局，不仅可能将公司以及股东卷入诉讼，消耗公司的人力、物力，在极端情况下可能导致公司解散。

9. 按照规定程序解决分歧

公司的投资者之间产生分歧十分正常，建议您遵循公司章程规定的程序解决争议。召开股东会前，请您务必按照公司章程规定的期限、方式与内容通知股东，如果您没有妥当地履行通知义务，所形成的股东会、董事会决议可能将被法院撤销。建议您更多地以磋商的方法化解公司内部分歧。

10. 结束经营要清算

企业投资设立的有限责任公司可能因种种因素需要结束营业。请您务必注意按期履行投资者的清算义务。怠于履行清算义务导致公司财产贬值、流失、毁损或者公司账册、重要文件等灭失的，股东将面临直接承担公司全部债务的风险。

第二节　创始股东如何保持控制权？

一个创业企业要发展，需要不断注入资本、资源、人才……代价是什么？代价可能是拿出公司的股份。因此，一个企业的成长史，经常是创始人股权不断被稀释的历史。

这个稀释的过程，可能使创始人丧失控制权。创始人被赶出公司的经典案例，有苹果公司的乔布斯，有雷士照明的吴长江。

创始人被赶走或大权旁落，对创始人而言是个悲剧，对公司来说也基本不是好事。一个公司的基因就是创始人的个性，更换基因还能茁壮成长的，非常罕见。

控制权的更换，往往意味着公司动荡，人才的流失，对公司的持续经营产生不利影响。因此，保护创始人的控制权，不只是在保护创始人的个人利益，也是在维护公司的稳定发展。IPO 规则也要求上市前公司控制人不能发生变更。

《首次公开发行股票并上市管理办法》（2020 年修正）

第十二条　发行人最近 3 年内主营业务和董事、高级管理人员没有发生重大变化，实际控制人没有发生变更。

创始人怎么保持自己的控制权呢？

一、珍惜股份，融资不贪多

徐小平讲过一个故事，毛大庆创业时，见了徐小平，毛大庆说希望融资 6 000 万元，作为天使投资人，平时都是几十、几百万元投放的徐小平心里一凉，觉得没戏了。接着毛大庆说要让出 60%股份，徐小平立即转凉为喜，说：一开始我觉得我配不上你，现在我觉得我可以拯救你。我出 600 万元，拿你 10%，半年后再融资，一定合算得多。结果半年后公司用 10%融资 2 亿元。

作者看过太多案例，创始人为了一开始多拿钱，让出了多半股份，从一开始就失去了控制权，为公司发展带上枷锁。不经世的创始人，碰上了不专业的投资人，前景堪忧。

正确的做法是，融资不要贪多，一般够用一年左右就行(如果对公司发展实在没信心，那么可能现在就不该融资。投资人的钱很烫手，各种回购对赌条款都是约束，公司如果垮了，所有融资的钱都可能成为个人债务。除非跑路成功，否则你不大可能占到便宜的)，一年之后再融资，正常情况下，公司估值会增加，获得同样的资金，你付出的股份代价可以小很多。

二、亲友投资人和激励股权放入合伙企业

国外有个说法，公司初设立，一般有三种投资人，家人(family)、朋友(friend)、傻子(foolish)，简称 3F。我想这是个玩笑话，之所以说是傻子，因为公司“死亡率”很高。但是一旦不死回报也高。

既然是 3F，就不会太计较，把他们的股份放进作为持股平台的合伙企业，然后创始人在合伙企业做普通合伙人，可以以非常小的份额掌握所有合伙人的投票权，增加控制力。

同样，公司对高管做的股权激励，也可以放进合伙企业，给股但不给表决权。至于此时如何增加激励对象的投入感与话语权，下回分解。

三、同股不同权

在中国，同股不同权可以吗?

可以！同股不同权，见于《公司法》的直接规定，国务院出台规定的优先股，就是同股不同权的性质。

《中华人民共和国公司法》

第四十二条　股东会会议由股东按照出资比例行使表决权；但是，公司章程另有规定的除外。

第三十四条　股东按照实缴的出资比例分取红利；公司新增资本时，股东有权优先按照实缴的出资比例认缴出资。但是，全体股东约定不按照出资比例分取红利或者不按照出资比例优先认缴出资的除外。

《国务院关于开展优先股试点的指导意见》

优先股是指依照公司法，在一般规定的普通种类股份之外，另行规定的其他种类股份，其股份持有人优先于普通股股东分配公司利润和剩余财产，但参与公司决策管理等权利受到限制。

以下最高人民法院《人民法院案例选》案例判决认为：出资与表决权可适度分离，股东表决权如何行使可归于公司自治权。

相关案例参考

朱某等与某运输公司等公司决议纠纷案

［(2014)南市民二终字第339号］

2004年，朱某等与实业公司签订运输公司章程，约定实业公司占60%股权系身份股，放弃表决权，"公司登记事项以公司登记机关核定的为准"。3天后工商备案登记的公司章程约定"按出资比例行使表决权"。2012年，朱某等股东诉请确认此前运输公司股东会就更换董事事项所作决议无效，理由：实业公司无表决权，其他投赞成票股东所持股份不超过4%，实业公司在2010年股东会时即放弃过表决权。

法院认为：①依《公司法》第四十二条"股东会会议由股东按照出资比例行使表决权；但是，公司章程另有规定的除外"规定，出资与表决权可适度分离，股东表决权如何行使可归于公司自治权。本案中，运输公司在工商备案的章程与未备案章程关于股东表决权规定不一致，当事人均签名盖章，而备案章程签订时间在后，且未备案章程亦规定"公司登记事项以公司登记机关核定的为准"，故备案章程为运输公司各股东最终合意结果，系当事人真实意思表示，应属有效。②股东表决权系股东最基本权利，亦系股东权利实现与保护重要手段和工具，非依法律规定，不容公司章程或股东会决议限制或剥夺。但经股东同意，股东可依自己意愿放弃行使，法律对此并无禁止。而股东在某次股东会放弃行使表决权，并不代表股东在每次股东会都放弃。未经股东同意，股东依法享有表决权不能以股东在某次股东会中放弃行使即推定该股东在公司每次股东会中均放弃行使。本案中，实业公司在2010年股东大会中，对所持运输公司股份放弃行使表决权，此属实业公司自由行使其权利表现，朱某等未能提供运输公司各股东关于备案章程不代表股东真实意思表示的书面约定，亦未能提供实业公司在运输公司每次股东会中均同意放弃行使表决权的股东会决议，故应认定未经实业公司同意，实业公司在运输公司中固有的股东表决权不可限制或剥夺。③运输公司2012年股东会决议时对更换董事事项作出的普通决议，实业公司等投赞成票股东所持股份，已能代表二分之一以上表决权股东通过，故朱某等诉请要求撤销该股东会决议，依法不予支持，判决驳回朱某等诉请。

实务要点：内部章程与备案章程对股东表决权是否放弃有不同表述，股东未就签订在后的备案章程不代表股东真实意思表示举证的，股东表决权不视为放弃。股东在某次股东会放弃行使表决权，并不代表股东在每次股东会都放弃。

案例索引：《朱树美等六股东诉南宁市红木棉运输有限责任公司、第三人南宁市东宇运输有限公司等公司决议撤销纠纷案——同一公司两份章程如何确定股东表决权》（王坚），载《人民法院案例选》（201502）。

更具有参考和指导价值的《最高人民法院公报》案例认为，“有限责任公司的全体股东内部也可以约定不按实际出资比例持有股权，这样的约定并不影响公司资本对公司债权担保等对外基本功能实现……应属有效”。

相关案例参考

深圳市启迪信息技术有限公司与郑州国华投资有限公司、开封市豫信企业管理咨询有限公司、珠海科美教育投资有限公司股权确认纠纷案

［（2011）民提字第6号］

裁判摘要：

在公司注册资本符合法定要求的情况下，各股东的实际出资数额和持有股权比例应属于公司股东意思自治的范畴。股东持有股权的比例一般与其实际出资比例一致，但有限责任公司的全体股东内部也可以约定不按实际出资比例持有股权，这样的约定并不影响公司资本对公司债权担保等对外基本

功能实现。如该约定是各方当事人的真实意思表示，且未损害他人的利益，不违反法律和行政法规的规定，应属有效，股东按照约定持有的股权应当受到法律的保护。

案例索引：摘自《最高人民法院公报》2012 年第 1 期。

因此，约定出资方或小股东、激励对象就出资享有正常的分红权，但不享有表决权或较少的表决权，法律上是有效的。

在创始人较为主动的情况下，可以争取出资与表决权错配。

保护创始人的控制权，在各国都是一个现实需求，很多在美国上市的公司都采取了 AB 股制度，中国虽然没有 AB 股的法律规则，但是前述规定可以达到相似效果。

AB 股简介

AB 股即双层股权架构，公司可以发行拥有不同投票权的普通股，一般称 A 类、B 类，即 AB 股。

A 类 1 股有 1 票投票权，B 类 1 股有 N 票投票权，对外部投资者发行 A 类，对创始人或管理层发行 B 类。

对于上市公司，AB 股设置取决于上市主体设立地的公司法和上市地的证券法及上市规则。

以京东为例，上市主体设立在开曼，上市地美国，交易所纳斯纳克。则其 AB 股受制于开曼群岛公司法、美国证券法及纳斯纳克上市规则管辖。

开曼公司法允许发行不同投票权普通股。

美国证券法 19C－4 号规则准许不同投票权交易上市。

纳斯达克交易所允许设有不同投票权架构的公司上市，只是不容许发行人于上市后实施会削弱或限制现有股东权益的不同投票权架构。

京东的双层股权架构，即 AB 股，刘强东手里的 1 股相当于 20 倍的投票权利，刘强东用 20.7％的股权控制了京东 83.7％的投票权。在央视《对话》节目中刘强东曾称："如果不能控制这家企业（京东），我宁愿把它卖掉。"他的目的完美地达到了。

不止京东，在美国交易所上市的很多中国企业都是双层股权架构：

（1）百度李彦宏，1股10票的投票权，15.9%股权却有53.5%投票权。

（2）奇虎360，未私有化前，1股5票的投票权，全体董事及行政人员（包括两名共同创办人）共持40.4%股权，及64.9%投票权。

（3）新浪微博，1股3票的投票权，新浪公司持有59.8%股权；及81.7%投票权。

（4）盛大游戏，1股10票的投票权，盛大网络持有70.8%股权；及96.0%投票权。

美国公司也很多采用AB股：

（1）Facebook AB股，分别1∶10投票权，2016年推C类失败。

（2）Alphabet Inc.（原Google）ABC股，分别1∶10∶0投票权。

京东的AB股具体规则如下：

（1）普通股分为A类（Class A common stock）和B类（Class B common stock）两类，刘强东持B类，每1股拥有20票投票权；其他投资人持A类，每1股拥有1票投票权。

（2）A类上市交易，B类不上市交易。

（3）A类在任何时候均不可以转换为B类；B类可随时自由转换为A类。

（4）B类转让给非联属人士（联署即直系或其控制的实体）时，则自动转换成为A类。

（5）当刘强东不再担任京东董事兼CEO或其他特定情况时，其持所有B类将自动立即转换为等量的A类。

以上信息摘自Chinashintay。

四、以期权激励

创始人对公司高管进行股权激励时，建议使用期权进行激励，期权就是一定期限后符合条件的激励对象可以行权获得实际股权，期权激励给予创始人一个缓冲期和考察期，激励对象不符合要求时，股权仍然保留在创始人手里。

五、签署一致行动协议

创始人与管理团队可以签署一致行动人协议，约定就股东会上表决时采取一致行动，以创始人表决意见为准，以便巩固创始人和管理团队对公司的控制权。

一致行动协议在法律上一般是被认可的，如果有人违反了一致行动协议，其表决可以视为无效，以一致行动协议约定的表决结果为准。

为了保护管理团队的积极性和话语权，可以约定在股东会表决之前，一致行动人内部进行协商表决，最终形成一致结论。

第三节　一致行动协议的效力如何？

什么是一致行动协议呢？就是一把筷子为了增强实力，决定捆绑到一起，劲往一处使，力往一处用，放弃单独行动，免得轻松被折断。这里的筷子，指的就是股东。一致行动协议，就是股东之间约定一致行动，按照同一个意见表决，以扩大对公司的控制权的协议。

这个是容易理解的。大家想了解的是以下几个问题。

一、一致行动协议合法吗？

合法！一致行动协议是个摆得上台面的东西。一致行动协议并不违反法律的规定，并且其既有现实的需求，又有积极的意义。有利于实现股东对公司稳定的控制，进而实现公司的稳定运营。

《上市公司收购管理办法》明确规定了一致行动的定义，并且规定了披露要求和条件。

《上市公司收购管理办法》（2020年修订）

第八十三条　本办法所称一致行动，是指投资者通过协议、其他安排，与其他投资者共同扩大其所能够支配的一个上市公司股份表决权数量的行为或者事实……一致行动人应当合并计算其所持有的股份。投资者计算其所持有的股份,应当包括登记在其名下的股份,也包括登记在其一致行动人名下的股份。

第十三条　通过证券交易所的证券交易,投资者及其一致行动人拥有权益的股份达到一个上市公司已发行股份的5%时,应当在该事实发生之日起3日内编制权益变动报告书,向中国证监会、证券交易所提交书面报告,通知该上市公司,并予公告;在上述期限内,不得再行买卖该上市公司的股票。

二、一致行动协议有强制力吗

一致行动协议签署后,有强制效力吗?一方违反协议擅自表决的,如何认定表决结果?

其实根据前一结论就可以推导,既然协议是合法的,就是有效的,是有约束力的,否则所谓的合法有效就成了一句空话。法律对一份合同的否定性评价,无非就是认定无效,不具有约束力而已。

因此,协议签署后,一方违反协议约定擅自表决的,一般情况下,会被认定该表决无效,以协议的约定确定表决结果。这也是作者检索相关案例看到的普遍结果。

相关案例参考

张某庆、周某康公司决议撤销纠纷案

[(2017)赣民申第367号]

裁判要旨:

签订一致行动协议的股东在行使投票、提案或提名权时违反自身作出的承诺的,股东(大)会可以根据协议将违约投票直接按照一致行动协议的规定进行计票。

基本案情:

2009年12月29日,以华电公司及其第一大股东、法定代表人胡某为甲方,以张某庆为乙方,双方签订《股份认购协议》与《期权授予协议》,约定:华电公司向张某庆定向增发股权,在华电公司股份上市交易前,张某庆承诺其所持华电公司股份的投票与胡某保持一致。上述协议约定的事项,在董事会上商议后形成董事会决议。两份协议经双方签字后生效。

华电公司董事会于2015年8月20日召集并主持2015年度第四次股东大会，就华电公司进行增资扩股的议案等事项进行了投票表决。张某庆与周某康投反对票，华电公司法定代表人胡某投同意票。但股东大会根据胡某与张某庆签订《期权授予协议》的约定，将张某庆所投反对票统计为同意票，形成华电股东会决议，通过了对公司进行增资扩股的议案。

后来，张某庆、周某康认为股东大会不能强行改变张某庆的投票，起诉至江西省新余市渝水区人民法院，要求撤销华电公司股东大会作出的股东会决议。一审法院判决驳回张某庆、周某康的诉讼请求。张某庆、周某康不服上诉至江西省新余市中级人民法院，二审法院驳回上诉，维持原判。张某庆、周某康向江西省高级人民法院申请再审。

据悉，华电公司召开股东大会时，股份尚未上市交易。

裁判结果：

驳回张某庆、周某康的再审申请。

裁判理由：

《期权授予协议》第二条第二款约定"在华电公司股份上市交易前，张某庆承诺所持之华电公司股份的投票与胡某保持一致"。这使张某庆的表决权附上了协议双方约定的条件，此类在理论上被称为表决权拘束协议或"一致行动人协议"，其是股东之间或者股东与其他第三人之间约定表决权行使的契约。

华电公司与张某庆签订的《股份认购协议》和《期权授予协议》是当事人真实意思表示，不违反法律法规禁止性规定，经董事会决议通过，未损害华电公司及其他股东合法权益，内容合法有效，且当事人已经实际履行了协议，张某庆应当受协议条款约束。

股东大会上，华电公司根据两份协议，将张某庆所投票计为与胡某一致的同意票，形成华电股东会决议，华电公司的行为符合两份协议的约定。在《期权授予协议》未被撤销或解除时，合同双方当事人均应严格履行各自的合同义务。故本次股东大会形成股东会决议的程序符合被告《公司章程》和《中华人民共和国公司法》的规定，不具有可撤销情形。

因此，张某庆主张即使两份协议有效，也只能追究张某庆违约责任，不能强行将其反对票统计为赞成票的申请再审理由不能成立，张某庆、周某康要求撤销股东会决议的请求没有事实法律依据。

但是，值得提示的是，并不是每个案例中，一致行动协议都被赋予强制效力。以下案例中，法院认可一致行动协议的效力，但有效的结果是违反协议一方可以承担违约责任，但不同意见者的个人意愿仍然要尊重。

相关案例参考

(2018)浙0106民初3961号案中，二原告诉请要求被告履行一致行动协议。法院认为，一致行动协议应建立在全体协议签署主体协商一致的基础上，在协商达不成一致意见，应当允许协议签署人表达个人意愿，更允许当事人退出协议的约束。如果退出的一方因其退出给另一方造成损失，可赔偿对方损失，但不适用强制履行，从而改变股东会决议的结果。

因此，一致行动协议中异见者的表决意见如何计票，司法实践中还是存在争议的。

三、一致行动协议可以解除吗

一致行动协议签署后，可以解除吗？是不是代表一方永远放弃了自己的自由意志、放弃了自己的表决权？

理论上来说，协议能反映当事人的真实意愿，又不违法，则协议的约定都属有效，司法没有进行干预的理由和必要。

所以，关于一致行动协议是不是可以解除，要看合同是否有关于解除的约定。作者建议约定在某些违背了签约初衷、情况发生变化的条件下可以解除合同，比如一方股份转让时，一方违反一致行动协议的程序规定的，一方利用一致行动协议损害他方利益时，等等，或者起码约定合同期限，放弃独立表决可以，但是确定期限，期满运行良好，符合各方利益，继续签署，否则期满废止。

如果合同没有约定任何解除条件，协议还能解除吗？法律上可以，但是需要符合法定条件。

《中华人民共和国民法典》

第五百六十三条　有下列情形之一的，当事人可以解除合同：

（一）因不可抗力致使不能实现合同目的；

（二）在履行期限届满之前，当事人一方明确表示或者以自己的行为表明不履行主要债务；

（三）当事人一方迟延履行主要债务，经催告后在合理期限内仍未履行；

（四）当事人一方迟延履行债务或者有其他违约行为致使不能实现合同目的；

（五）法律规定的其他情形。

我们可以看到，希望以法律规定来解除合同，条件还是比较苛刻的，并且，解除的一方还需要举证证明满足这些条件之一。结论是，这条路很难走。

当然，司法必须应对千变万化的社会现实，用法条囊括所有问题，显然不太现实，因此，司法实践中，对法律的理解也有很大弹性。如下案例，就是突破法条判决合同解除的例子。该案例中，原告的解除请求得到了支持，代价是付出了50万元违约金。

相关案例参考

管某金与陈某活、李某华合同纠纷案

[（2016）粤0605民初14824号]

裁判要旨：

若《一致行动协议》签订后，客观情况发生了当事人在订立合同时无法预见的、非不可抗力造成的重大变化，一致行动人不再具备履行协议的资格和能力，已不能实现合同目的，要求解除合同的，可以予以支持。

基本案情：

原告管某金为德华公司的控股股东，被告陈某活为摩德娜国际公司的控股股东，被告李某华为浩华公司的控股股东。在摩德娜公司筹备上市的背景下，三方于2011年8月2日签署了《一致行动协议》，约定各方就摩德娜公司重大事项的决策上保持一致行动。

2013年，摩德娜公司主动终止了上市进程，并于2014年申请在全国中小企业股份转让系统挂牌（新三板）。

2016年4月30日，被告通过摩德娜公司第二届董事会第十三次会议，免掉了原告管某金在摩德娜公司总经理职务。

原告管某金认为,《一致行动协议》签订的基础是协议各方享有对摩德娜公司重大事项的决策权,享有对摩德娜公司的实际控制权利。现被告已事实上剥夺了原告对摩德娜公司的控制权利,导致原告除了从公开渠道披露的信息外,已无从获取摩德娜公司的经营管理信息。原告履行该协议的基础不复存在、合同目的已无法实现。原告向法院起诉,请求解除《一致行动协议》。

被告陈某活、李某华答辩及反诉称,《一致行动协议》继续合法有效,原告作为该协议一方,应当继续遵守协议;原告一再违反《一致行动协议》,根据该协议第七条约定,应当向摩德娜公司支付50万元违约金。为此,两被告特依法提起反诉。

裁判概要:

法院依法受理并决定将本诉与反诉合并审理。

法院认为,原、被告之间的《一致行动协议》是三方的真实意思表示,未违反法律、行政法规的强制性规定,应为合法有效,当事人应当按照合同约定履行义务。

关于原告主张解除《一致行动协议》而两被告要求继续履行的问题。根据《中华人民共和国民法通则》第四条的规定,民事活动应当遵循自愿、公平、等价有偿、诚实信用的原则。诚实信用原则要求民事主体在民事活动中维持双方的利益平衡以及当事人利益与社会利益的平衡。

就本案而言,原告首先是基于其是德华公司的控股股东,代表德华公司在摩德娜公司的利益,才有签订并履行《一致行动协议》的基础,一致行动不能与德华公司的利益相悖。现德华公司明确表示不同意由原告代表其行使在摩德娜公司的股东权利,且原告亦已不再担任德华公司的法定代表人。再者,原告已于2016年5月7日与摩德娜公司解除劳动关系,即原告已不再参与摩德娜公司决策和经营管理权等。在目前情况下,原告已不具备履行讼争协议的资格和能力。符合《中华人民共和国合同法》第一百一十条有关"当事人一方不履行非金钱债务或者履行非金钱债务不符合约定的,对方可以要求履行,但有下列情形之一的除外:(一)法律上或者事实上不能履行"的规定。

然后,关于一致行动人的概念,所谓一致行动人的表述主要调整范围包括公司IPO阶段以及上市之后的收购、增持、减持等过程中。原、被告签订《一致行动协议》的目的是为了筹备上市,为了让监管机构认可,是为解决实际控制人的问题而配套存在的。现摩德娜公司已终止上市转为在新三板挂牌，被告没有证据证明摩德娜公司准备转板或者已具备上市条件，因此，讼争《一致行动协议》已失去存在基础。

综上，讼争《一致行动协议》签订后，客观情况发生了当事人在订立合同时无法预见的、非不可抗力造成的重大变化，已不能实现合同目的，原告要求解除合同，理由正当。

最后，根据《中华人民共和国合同法》第九十七条"合同解除后……已经履行的，根据履行情况和合同性质，当事人……有权要求赔偿损失"之规定，因合同解除是由原告提出且主要过错在于原告，故两被告作为守约方要求原告按合同约定支付 50 万元违约金，没有违反法律规定，本院予以支持。

第四节　公司股东会决议应注意什么程序问题？

"健康"的公司都是一样的，"不健康"的公司各有各的病。股东斗争就是经常出现的病症。斗争的第一个战场，就是股东会，斗争蔓延到法庭，就会出现股东会决议的效力诉讼。

按照《公司法》规定，就股东会决议，当事人可以起诉请求法院判决确认无效、确认撤销、确认决议不成立，有些法院也接受诉请确认决议有效。

（1）决议内容违法的，可以诉请确认无效。

（2）决议程序违法的，或者决议内容违反公司章程的，可以诉请撤销（撤销申请需要在决议作出后 60 天内提出，过期失权）。

（3）决议程序或内容不符合有效要件要求的，可以诉请决议不成立。

《中华人民共和国公司法》（2018 年修正）

第二十二条　公司股东会或者股东大会、董事会的决议内容违反法律、行政法规的无效。

股东会或者股东大会、董事会的会议召集程序、表决方式违反法律、行政法规或者公司章程，或者决议内容违反公司章程的，股东可以自决议作出之日起六十日内，请求人民法院撤销。

公司根据股东会或者股东大会、董事会决议已办理变更登记的，人民法院宣告该决议无效或者撤销该决议后，公司应当向公司登记机关申请撤销变更登记。

《最高人民法院关于适用〈中华人民共和国公司法〉若干问题的规定（四）》

第五条　股东会或者股东大会、董事会决议存在下列情形之一，当事人主张决议不成立的，人民法院应当予以支持：

（一）公司未召开会议的，但依据公司法第三十七条第二款或者公司章程规定可以不召开股东会或者股东大会而直接作出决定，并由全体股东在决定文件上签名、盖章的除外；

（二）会议未对决议事项进行表决的；

（三）出席会议的人数或者股东所持表决权不符合公司法或者公司章程规定的；

（四）会议的表决结果未达到公司法或者公司章程规定的通过比例的；

（五）导致决议不成立的其他情形。

下面内容，摘录自上海市第二中级人民法院《2013—2017 年公司决议案件审判白皮书》，聚焦于股东会决议程序违法的撤销问题，法院列举了股东会决议程序瑕疵可能被撤销的几类情形，实践中应注意避免。

1. 召集程序中存在的瑕疵

（1）股东未经前置程序非法自行召集股东会会议。根据《公司法》规定，不设董事会的有限责任公司，股东会会议的召集和主持主体依次是执行董事、监事和代表 1/10 以上表决权的股东。对于代表 1/10 以上表决权的股东来说，只有在执行董事不能履行或者不履行召集股东会会议职责且监事不召集和主持的前提下，才能自行召集和主持股东会会议。有一件案件反映，公司股东在执行董事及监事未明确不行使股东会会议召集权的情况下，就直接自行通知其他股东召开股东会会议，违反《公司法》对股东会会议召集程序的要求。

（2）在公司董事长已经召集股东会会议的情况下，股东仍非法自行召集股东会会议。根据《公司法》规定，在公司董事会已经召集股东会会议的情况下，股东就无权自行召集股东会会议。有一件案件反映，大股东向董事长发函提议召集和主持临时股东会会议。董事长嗣后向所有股东发出召开临时股东会会议的通知。但大股东拒收董事长发出的股东会会议通知,并自行召集临时股东会会议且作出决议。判决认定,董事长已经履行会议召集义务,大股东自行召集主持系争临时股东会会议的程序不合法,所形成的决议予以撤销。

(3) 未按法律规定由董事会开会决议召集股东会会议。《公司法》规定,设立董事会的有限责任公司,股东会会议由董事会召集,董事长主持。一件案件反映,股东会会议通知载明的召集人是董事长,并未通过董事会会议决议进行召集。判决认为,董事会、股东会是由不同主体构成、行使不同职权、代表不同意志的法人机关,公司未经董事会决议,且未通过董事会召集股东会会议,于法相悖,系争股东会决议被撤销。

2. 通知程序中存在的瑕疵

(1) 寄送的信封上未明确标注“会议通知”。一件案件反映,公司各股东之间已经诉讼多年,其中包括确认股东会决议效力及撤销公司决议的诉讼。在系争股东会会议通知过程中,公司发出的股东会会议通知 EMS 信封上仅标注“文件”字样,并未标注是股东会会议通知或者是何种文件,对方股东抗辩称收到的文件并非股东会会议通知而是关于其他事项的文件。判决认定,公司及执行董事应当明知各股东之间互不信任、难以召开股东会会议的状况,而公司寄给股东的 EMS 信封上仅标注“文件”字样,并未标注是股东会会议通知,现有证据难以证明信封内为股东会开会通知。故判决认定公司股东会会议召集程序违反法律规定,予以撤销。

(2) 未通知判决确认的公司股东。《公司法》规定,召开股东会会议,应通知全体股东。有一件案件反映,已有生效判决确认自然人股东与其配偶因离婚而平均分配其原持有的公司股权,判决之后公司未将该自然人股东的配偶登记为公司股东,嗣后公司召开股东会会议也未通知该自然人股东的配偶。判决认定,公司及自然人股东对于自然人股东配偶的股东身份是明知的,公司以此否定、剥夺自然人股东配偶的股东权利,无事实及法律依据,决议被撤销。

(3) 未能通知自然人股东死亡后的继承人。《公司法》规定,自然人股东死亡后,其合法继承人可以继承股东资格。故公司召开股东会会议时,应通知该自然人股东的全部继承人参会。有一件案件反映,公司召开股东会会议未通知其他已知或应知法定继承人,判决认定会议召集程序违反法律规定。

3. 召开程序中存在的瑕疵

(1) 未实际召开会议。有多起案件反映,系争股东会会议并未实际召开。一件案件的情况是，大股东控制公司，压迫小股东，形式上的股东会决议由大股东一手制作并伪造小股东签字形成。另一件案件的情况是，全体股东对股东会决议事项都同意，但因股东与董事身份重合，故形成的公司决议在形式上是董事会决议而非股东会决议。因不符合工商部门要求的股东会决议材料，故大股东伪造一份与董事会决议内容一致的股东会决议。上述两个公司决议均被判决撤销。

（2）非以现场形式召开会议。《公司法》规定，股东以书面形式一致表示同意的，可以不召开股东会会议，直接作出决定，并由全体股东在决定文件上签名、盖章。有一件案件反映，公司认为股东会会议以电话会议形式召开，但并没有按照《公司法》规定由全体股东亲自签名、盖章，而是由经办人员代股东签字，但却不能提供股东授权。法院以无证据证明公司的主张为由，判决公司会议程序存在瑕疵。

第五节 什么样的股东会决议会被法院判决无效？如何应对？

按照《公司法》规定，股东会决议违反法律或行政法规的，无效。当事人可以起诉请求法院判决确认决议无效。

《中华人民共和国公司法》（2018 年修正）

第二十二条　公司股东会或者股东大会、董事会的决议内容违反法律、行政法规的无效。

以下内容摘录自上海市第二中级人民法院《2013—2017 年公司决议案件审判白皮书》，法院列举了股东会决议被确认无效的几个案例，大家可以看一下，引以为戒。白皮书最后还对企业确保决议合法有效、控制股东争端提出了司法建议，可以参考。

一、什么情况下股东会决议会被判无效

1. 决议将公司资产作为受让股东应支付给转让股东的股权转让款

《公司法》规定,公司是企业法人,有独立的法人财产,享有法人财产权。故任何人不可无理由占有公司财产。有一件案件反映,公司决议将公司资产作为受让股东应支付给转让股东的股权转让款。判决认为,股权转让价款的支付主体应当是受让股东,而非公司。若以公司资产作为股东对外支付股权转让款的资金,则既损害了公司财产权,又损害了股东合法权益。系争股东会决议属于滥用股东权利之行为,当属无效。

2. 决议将公司资产在不涉及经营投资和获取对价情况下确认给大股东

一件案件反映,在公司股权整体转让给大股东的关联企业的背景下,公司股东会作出决议认定公司重大资产不归属公司,而是归属公司大股东,故不作为公司资产评估范围,并在此基础上确定股权转让价格。判决认为,股东会决议内容是将公司名下的财产在不涉及经营、投资活动和获取相应对价的情况下,从其经营性资产中予以剔除,不能认定属于《公司法》第三十七条第一项规定的决定公司经营方针和投资计划的职权范围,系争决议内容因违反了股东会职权范围的法律规定而无效。

3. 决议对股东的股权作出不当限制

《公司法》司法解释(三)第十六条规定,股东未履行或者未全面履行出资义务或者抽逃出资,公司根据公司章程或者股东会决议对其利润分配请求权、新股优先认购权、剩余财产分配请求权等股东权利作出相应的合理限制,该股东请求认定该限制无效的,人民法院不予支持。由此,公司可以对股东权利作出合理限制,但必须符合上述规定。有一件案件反映,股东会决议修改公司章程,将个别股东定性为职工股东,并对职工股东参与重大决策、股东知情权、转让股权以及股权转让价格作出限制。判决认定,公司修改公司章程,已经实质排除或限制了股东的知情权、处分权等我国法律赋予股东的股权基本权能,违反了法律规定,其效力应当予以否定。

4. 决议修改公司章程作出不当剥夺股东资格的规定

《公司法》司法解释(三)第十七条规定,有限责任公司的股东未履行出资义务或者抽逃全部出资,经公司催告缴纳或者返还,其在合理期间内仍未缴纳或者

返还出资，公司以股东会决议解除该股东的股东资格，该股东请求确认该解除行为无效的，人民法院不予支持。由此可知，公司股东会会议可以作出决议解除股东的股东资格，但仅限于股东未履行出资或者抽逃全部出资情形。有一件案件反映，股东会决议修改公司章程，规定股东会在下列情况下可以决定解除股东的股东资格：(1)股东严重破坏公司正常经营活动；(2)非经代表2/3以上表决权的股东同意，自营或为他人经营与公司同类或相竞争的业务，为自己或者他人谋取属于公司的商业机会；(3)侵害公司商业秘密；(4)诋毁公司商业信誉；(5)其他侵害公司利益的情形(包括但不限于挪用或侵吞公司资金，私藏、转移或隐匿公司重要文件及资料等)。判决认定，关于解除股东资格及对该股东股权的处理，违反了民事活动自愿、公平、等价有偿原则，该条款无效。需要说明的是，该案中的公司章程并非公司原始章程，并未取得全体股东一致同意。若是公司的原始章程，或者之后修改的但取得全体股东一致同意的公司章程，则可以作出剥夺股东资格的约定。

5. 决议选举的职工监事不具有职工身份

一件案件反映，股东会决议通过的职工监事不具有公司职工身份。判决认为，《公司法》第五十一条规定了监事会应包括公司职工代表，说明职工代表资格是成为职工代表监事的前提。而职工代表须与公司存在劳动关系。职工代表监事应通过职工代表大会、职工大会等形式，从职工代表中民主选举产生。《公司法》第五十一条亦规定职工代表的比例不得低于1/3，系《公司法》上效力性强制性规定。该案中职工监事人选并非职工代表，不具备职工代表资格，更不具备担任公司职工代表监事的资格，另外两名监事系股东代表，职工代表比例为零，违反前款规定，故认定股东会决议无效。

6. 决议要求股东补缴出资的方式与法律规定冲突

《公司法》第二十八条规定，股东应当按期足额缴纳公司章程中规定的各自所认缴的出资额。一件案件反映，公司股东会决议规定，公司股东相应补缴的出资额，应当以公司所有者权益数额为依据，即按照公司所有者权益总额换算成每股金额，按照每股金额与实缴股本金的差额补缴。判决认定，系争股东会决议内容明显与公司法所规定的股东出资责任相违背，依法应为无效。

二、对规范公司决议的相关建议

除公司决议类纠纷案件反映出公司决议存在的瑕疵外，上海市第二中级人民法院审结的各类涉公司纠纷案件还反映出公司决议的另一项重大瑕疵，即公司在应通过决议形式决定公司重大事项时，却未作出公司决议。相对而言，这一瑕疵的严重性超过上文分析的各类瑕疵。上海市第二中级人民法院各类涉公司纠纷案件还反映，公司决议瑕疵往往会引发公司与股东、股东与股东之间的各类纠纷，衍生的案件数量多且为连环诉讼，争议多年不绝。为减少公司决议瑕疵，规范公司治理，降低企业内耗，特提出如下建议：

（1）加强法律学习。公司、股东、董监高应加强对《公司法》的学习，严格执行公司决议的程式性要求，在法律规定的权限范围内作出公司决议。

（2）规范公司治理结构。公司应按照《公司法》规定预先规范公司治理结构，减少冒名持股、隐名持股、股东出资不实、股东抽逃出资等情形。

（3）重视公司章程的制定和适用。公司章程是公司治理的宪章，公司应重视公司章程的作用，避免将公司章程作为公司设立形式要件而束之高阁，股东之间关于公司治理的约定应尽量写进公司章程，并在公司运作中严格遵照适用。

（4）聘请律师事务所、公证机关等法律专业服务机构对公司决议过程进行指导。有些案件反映，公司股东矛盾爆发后，公司会议召集人为避免股东事后对股东会会议提出程序性质疑，会事先委托律师事务所全程参与会议过程进行指导，或委托公证机关对股东会会议通知程序和召开程序进行全程公证。案件结果显示，有律师事务所指导的公司决议质量较高；法院一般也会认可公证效力，认定公司会议程序合法，公证效果良好。

第六节　违反公司法或公司章程的股东决议一定无效吗？

很多公司，尤其初创公司的运行治理，具有鲜明的草莽特征，“野蛮生长”，不太讲道理，所谓革命不是请客吃饭，讲不了那么多规矩。

这个作者也能理解，按照法律要求尽善尽美去做，法律上是合规了，可是黄花菜也凉了。举个例子，法律规定，公司召开股东会会议，需要提前 15 天通知。

也就是说，假如有件事情要表决，起码要等半个月以后。

《中华人民共和国公司法》（2018年修正）

第四十一条　召开股东会会议，应当于会议召开十五日前通知全体股东；但是，公司章程另有规定或者全体股东另有约定的除外。

所谓官僚，其实很多就是照章办事。但是这个很要命啊。

那么，像这些违反了《公司法》规定或违反章程规定的做法，发生纠纷时，一定会被司法否定吗？

下面内容，摘录自上海市第二中级人民法院《2013—2017年公司决议案件审判白皮书》，法院列举了一些轻微瑕疵，但是法院仍然支持其效力的相关情形①。

一、公司决议程序问题

1. 会议通知未满足提前15日的轻微瑕疵仍有效

《公司法》规定，召开股东会会议应当于会议召开15日前通知全体股东。关于股东会会议通知未满足提前15日的轻微瑕疵是否有效的问题，一件案件的判决认定，股东自知晓会议召开至会议实际召开之日，确实未满15日，但股东实际出席股东会会议，行使了股东表决权且在决议上签字。股东会会议召开程序存在轻微的程序瑕疵，不影响股东权利的实际行使。若以此为由撤销股东会决议，则有悖公司治理的经济、效率原则以及股东行使权利应遵循的诚信原则，法院不予支持。

2. 公司章程中关于“情况紧急”时董事会有权召开临时会议规定的解释权归属公司

一件案件反映，公司章程规定，情况紧急需要尽快召开董事会临时会议的，可以随时通过口头或者电话等方式发出会议通知。公司以邮件形式通知董事召开临时董事会会议，并作出修改公司章程、增加独立董事等决议。判决认定，“情

① 《公司法》对公司决议的程序和内容已经作出了详细具体规定，但实践中仍有一些情形存在争议，需要法院判决予以确认。本部分选取了公司决议程序和决议内容存在问题，但法院仍然判决确认决议有效的案例，以供公司决议时参考。

况紧急”并非一般生活意义上所理解的诸如生命安全、财产安全等紧急状况，而是公司基于自身市场经营以及商业管理状况进行的商业判断，属于公司自治的范畴，修改公司章程是否属于“情况紧急”应由公司作出判断为宜，法院应当予以尊重。董事会在公司从事商业运营过程中具有举足轻重的地位，如无法对相关事项形成有效决议，将会导致董事会陷入僵局。在公司章程规定董事会的权限范围内，董事会作出决议解决争议问题，并无不妥。

3. 股东会会议通知未事先通知股东审议事项仍有效

多件案件反映，股东以股东会会议通知未事先通知股东审议事项为由，对股东会决议提出质疑。判决确认，《公司法》及公司章程均未规定召集股东会会议应当事先通知股东审议的事项，公司股东可在会议上讨论任何有关公司的事项并作出决议，故会议通知可不予事先通知股东审议事项。另有一件案件反映，公司章程中规定会议通知必须明确会议议题，判决就以会议通知未事先通知审议事项为由撤销该会议决议。

4. 股东会会议作出除名决议时排除拟被除名股东投票权的仍有效

《公司法》司法解释（三）第十七条规定，公司股东会有权决议解除股东的股东资格，但未规定拟被除名股东是否有表决权。一件案件的判决确认，股东除名权是公司为消除不履行义务的股东对公司和其他股东产生的不利影响而享有的一种法定权能，不以征求被除名股东的意思为前提和基础。因被除名股东可能操纵表决权的情形，故该股东不得行使表决权，其他股东一致同意解除股东资格的，即以100%表决权通过，股东会决议有效。

5. 股东会决议变更法定代表人无须作为公司章程再次表决，不须2/3多数通过

法定代表人作为公司章程的“必要记载事项”，其变更可能涉及公司章程的修改。一件案件反映，公司章程规定：“公司法定代表人：自然人姓名”“董事会设董事长一人，董事长由股东会选举产生，董事长为公司法定代表人”。争议焦点是公司选举新的法定代表人是否是修改公司章程，是否需要2/3多数通过。判决认为，公司章程记载可以分为实质记载事项与形式记载事项。足以影响公司运营的事项应属实质记载事项，其变更属于章程修改行为；而公司的名称、住所、法定代表人、股东等事项属于章程中的形式记载事项，其变更满足一般要件即可，由此引发公司章程记载事项的变更，无须作为章程修改再次表决。故股东会决议过半数通过即有效。

二、公司决议内容问题

1. 股东会决议内容与股东协议中关于分配董事席位的约定冲突仍有效

在实践中，股东之间往往签订股东协议对公司治理结构作出有别于公司章程的约定。一件案件反映，股东之间曾就分配董事席位作出过与公司章程有别的约定。后因公司股东会会议按照公司章程规定决议任免公司董事，股东对股东会决议提出质疑。判决确认，股东大会作为公司最高权力机构，有权对董事任免事项进行决议。股东之间关于分配董事席位的约定，不能对抗股东大会决议，股东大会决议有效。另有判决确认，若股东之间关于投票权的约定被写入公司章程中，则股东协议在公司决议过程中应予以遵守。

2. 股东会决议效力不受董事会决议被撤销的影响

公司决定股东会权限内的事项时，一般会先通过董事会决议，然后再交由股东会决议。若公司董事会决议被撤销或被宣告无效的，则公司股东会决议是否被撤销或被宣告无效？一件案件的判决确认，公司股东会决议事项属于股东会的权限，股东会决议并不因董事会决议被撤销而无效。

3. 董事会在公司章程尚未修改的情况下决议增加新董事人选，因之后股东会决议通过公司章程修正案而有效

例如，在一个案件中，公司董事会先后作出 2 份决议，第一份决议通过修改公司章程的议案，增加公司董事人数。公司在尚未召开股东大会审议通过上述议案的情况下，即召开第二次董事会会议增选董事。法院判决认定，公司第二份董事会决议内容为增加、任免董事，属于董事会会议的审议范围。尽管第二次董事会召开时公司章程并未进行修改，但两次董事会会议均明确，所涉议案均需要提交股东大会审议通过。嗣后，股东大会作为公司最高权力机构，已经认可了修改公司章程及增免董事的议案。故出于尊重公司自治的考虑，认可第二份董事会决议有效。

4. 股东补缴出资后公司仍可决议对该股东分配公司剩余财产的权利作出限制

《公司法》司法解释(三)第十六条规定，股东会决议可以对未全面履行出资义务股东的剩余财产分配请求权作出合理限制。一件案件反映，股东补缴出资几日后公司就解散清算，股东会决议该股东仍按之前实际出资比例分配公司剩

余财产。判决认为，股东在认缴出资后合理期限内及时补足出资与在公司已预备清算阶段再行补缴的性质差异及后果不言而喻。股东虽然已按要求补足了出资，但因其补缴的出资并未实际应用于公司运作以及为公司产生利润，其仍无权获得以认缴出资比例分配公司剩余财产的权利。故公司股东会决议有效。

三、法院司法导向

从上述案件中可归纳法院审理中存在如下司法导向：

（1）法院严格遵守法律规定。具体指法院会特别重视公司决议的程式性要求，特别重视公司决议内容限于公司事项，对公司决议侵犯股东个人权利的会坚决予以制止。公司决议有瑕疵的，法院一般会严格遵守法律规定予以撤销或确认无效。

（2）法院尊重公司自治。具体指重视公司内部治理规则，即公司章程或股东会、董事会议事规则对公司会议召开程序或决议权限的特别规定，法院一般会予以尊重。[①]

第七节 股东斗争产生公司僵局怎么办？如何避免？

什么叫公司僵局呢？

“公司僵局”就是董事或股东之间争权夺利但是谁也斗不倒谁，就像一顿互殴后拳脚绞在一起无法动弹的僵持状态。

如果你不适应这个比较动感的定义，我们也可以翻看法律词典。

“公司僵局”（corporate deadlock）是指公司由于股东、董事之间矛盾激化而处于僵持状况，导致股东会、董事会等公司机关不能作出有效决策，从而使公司陷入无法正常运转的状况。

公司僵局一般是由于公司两派股东拥有的股份相等或两派董事的人数相同或者少数派股东保留有某种方式的否决权，致使双方都无法有效地控制公司，因而公司的正常运行长时期陷入停滞和瘫痪。

① 以上摘录自上海市第二中级人民法院《2013—2017年公司决议案件审判白皮书》。

咱们拿现实中一个标准的公司僵局案例来说明。

相关案例参考

林某诉常熟市凯莱实业有限公司、戴某公司解散纠纷案

[(2010)苏商终字第0043号]

常熟凯莱公司成立于2002年1月,林某与戴某系该公司股东,各占50%的股份,戴某任公司法定代表人及执行董事,林某任公司总经理兼公司监事。凯莱公司章程明确规定:股东会的决议须经代表1/2以上表决权的股东通过,但对公司增加或减少注册资本、合并、解散、变更公司形式、修改公司章程作出决议时,必须经代表2/3以上表决权的股东通过。

2006年起,林某与戴某两人之间的矛盾逐渐显现。同年5月9日,林某提议并通知召开股东会,由于戴某认为林某没有召集会议的权利,会议未能召开。同年6月6日到10月17日,林某数次委托律师向凯莱公司和戴某发函称,因股东权益受到严重侵害,林某作为享有公司股东会1/2表决权的股东,已按公司章程规定的程序表决并通过了解散凯莱公司的决议,要求戴某提供凯莱公司的财务账册等资料,对凯莱公司进行清算。

同年6月17日、9月7日、10月13日,戴某回函称,林某作出的股东会决议没有合法依据,不同意解散公司,并要求林某交出公司财务资料。同年11月15日、25日,林某再次向凯莱公司和戴某发函,要求凯莱公司和戴某提供公司财务账册等供其查阅、分配公司收入、解散公司。

后来,斗争惊动了江苏常熟服装城管理委员会,管委会于2009年12月15日、16日两次组织双方进行调解,均未成功。

凯莱公司虽然经营尚属正常,但从2006年6月1日至今,凯莱公司从未召开过股东会。

案例索引:最高人民法院指导案例第8号。

以上就是一个公司僵局的典型案例。说它典型,是因为它完美地提供了公司僵局的良好条件——50∶50股权比例。

该案件中这种"函来件往"的股东斗争实属文明,虽然股东会无法有效表决,但公司经营仍在进行中。我们看到更多的公司僵局,双方斗得昏天黑地,或抢或

殴，直接动手，头破血流。你抢了公章，我夺走账册，你收了证照，我拿你U盾。有的单兵作战，有的组团互殴，甚至雇凶打砸抢，有次作者被一场大型股东械斗堵在厕所，分分钟感觉需要重新做人。

发生这种公司僵局，该怎么办呢？咱们先看看以上常熟案例的进展。

相关案例参考

无奈之下，林某向江苏省苏州市中级人民法院提起诉讼，诉称：凯莱公司经营管理发生严重困难，陷入公司僵局且无法通过其他方法解决，请求解散凯莱公司。凯莱公司及戴某则辩称：凯莱公司运营状态良好，不符合公司解散的条件，戴某与林某的矛盾有其他解决途径，不应通过司法程序强制解散公司。

苏州中院于2009年12月判决驳回林某的诉讼请求。林某不服，向江苏省高级人民法院提起上诉。高院最后判决解散了公司。

发生公司僵局怎么办？作者在此不讨论协商和解或暴力摆平的方案，只讲法律途径。咱们看看法律规定。

《中华人民共和国公司法》

第一百八十二条　公司经营管理发生严重困难，继续存续会使股东利益受到重大损失，通过其他途径不能解决的，持有公司全部股东表决权百分之十以上的股东，可以请求人民法院解散公司。

《公司法》给陷入不幸斗争的股东指了条出路——解散公司。但是条件也比较苛刻，一是公司经营发生严重困难，二是继续存续损害股东利益，三是其他途径不能解决。

老实说，从社会整体利益的角度讲，法律宁可让一方股东受欺压，也不愿让一家可以经营下去的公司轻易解散，影响GDP。

那么为什么上面常熟的案子“公司经营尚属正常”，法院仍然判决解散了公司呢？咱们看看判决理由。

相关案例参考

江苏高院经审理认为：根据《最高人民法院关于适用〈中华人民共和国公司法〉若干问题的规定(二)》第一条的规定，判断公司的经营管理是否出现严重困难，应当从公司的股东会、董事会或执行董事及监事会或监事的运行现状进行综合分析。"公司经营管理发生严重困难"的侧重点在于公司管理方面存有严重内部障碍，如股东会机制失灵、无法就公司的经营管理进行决策等，不应片面理解为公司资金缺乏、严重亏损等经营性困难。本案中，凯莱公司仅有戴某与林某两名股东，两人各占50%的股份，凯莱公司章程规定"股东会的决议须经代表二分之一以上表决权的股东通过"，且各方当事人一致认可该"二分之一以上"不包括本数。因此，只要两名股东的意见存有分歧、互不配合，就无法形成有效表决，显然影响公司的运营。凯莱公司已持续4年未召开股东会，无法形成有效股东会决议，也就无法通过股东会决议的方式管理公司，股东会机制已经失灵。执行董事戴某作为互有矛盾的两名股东之一，其管理公司的行为，已无法贯彻股东会的决议。由于凯莱公司的内部机制已无法正常运行、无法对公司的经营作出决策，即使尚未处于亏损状况，也不能改变该公司的经营管理已发生严重困难的事实。由于凯莱公司的内部运营机制早已失灵，林某的股东权、监事权长期处于无法行使的状态，其投资凯莱公司的目的无法实现，利益受到重大损失，且凯莱公司的僵局通过其他途径长期无法解决。本案已通过其他途径试图化解，服装城管委会也曾组织双方当事人调解，但双方仍不能达成一致意见。两审法院也基于慎用司法手段强制解散公司的考虑，积极进行调解，但均未成功。因此解散公司条件均已满足。

所以法律规定的解散公司条件之一——公司经营发生严重困难，并不是指资金缺乏、严重亏损等经营性困难，而是指公司治理失灵，即董事会、股东会无法形成有效决议。最高法院司法解释说得更为具体明白。

《最高人民法院关于适用〈中华人民共和国公司法〉若干问题的规定（二）》
（2020年修正）

第一条　单独或者合计持有公司全部股东表决权百分之十以上的股

东，以下列事由之一提起解散公司诉讼，并符合公司法第一百八十二条规定的，人民法院应予受理：

（一）公司持续两年以上无法召开股东会或者股东大会，公司经营管理发生严重困难的；

（二）股东表决时无法达到法定或者公司章程规定的比例，持续两年以上不能作出有效的股东会或者股东大会决议，公司经营管理发生严重困难的；

（三）公司董事长期冲突，且无法通过股东会或者股东大会解决，公司经营管理发生严重困难的；

（四）经营管理发生其他严重困难，公司继续存续会使股东利益受到重大损失的情形。

虽然公司僵局可以起诉解散公司，摆脱痛苦，但毕竟是没办法的办法。如何一开始就避免僵局发生呢？相信这才是读者更感兴趣的话题。

作者建议如下。

1. 合理设置股权结构

坚决避免50∶50的持股结构，也尽量避免“1＝2＋3”（大股东股份比例等于二股东、三股东股份之和）的股权结构，都是容易形成僵局的陷阱股份。即使50.1％，也是一个超过半数的股份比例，普通事项可以形成有效的股东会决议了。小股东不爽是不爽，但也只能不爽。

2. 合理设计公司章程

（1）双方的董事人数相等时可以确定一方或董事长的一票决定权。

（2）规定利害股东、董事表决回避制度。股东或董事与讨论的决议事项有特别利害关系、可能导致有害于公司利益的情形发生时（如关联交易，为股东、董事提供担保等），该股东或董事及其代理人不得行使表决权，股东也不得代理其他股东行使表决权，以免损害公司和其他股东利益。

（3）规定类别表决制度。即交付股东会表决的特定事项必须经特定的类别股东同意才能通过。

（4）规定董事会成员与股东会成员不得完全重合，在董事会出现表决僵局时将该事项提交股东会表决。

（5）保障小股东的知情权和会议召集权，给与充分的程序性的权利保障。

（6）在章程中设置出现公司僵局时，股东的退出条款。当公司股东或董事之间发生分歧或纠纷时，由一方股东以合理的价格（协商或中介机构评估）收购相对方股东股权或股份，从而让弱势一方股东退出公司，以此达到预防僵局的目的。

（7）避免出现容易造成公司僵持、无法形成有效决议的小股东的一票否决权。

第八节 公司发生内斗，法定代表人和公章谁说了算？

公司本来是一个独立的市场主体，作为一个整体参与市场交易和竞争。

可是突然有一天，窝里反了，发生了内讧，可能是股东之间、可能是董事之间、可能是高管之间，也可能是相互之间，发生了争斗，争夺公司的控制权，或者争夺某个特别的利益。

这也正常，比较符合人性。

争斗有一种情形，反映在诉讼中，就是“人章争夺”（法定代表人 vs 公章控制人）。比如，同一个案子里，有法定代表人签字委托的代理人，有公章盖章委托的代理人，哪个为准？再比如，法定代表人代表公司签字起诉某人返还公章，而法院收到盖了公章的申请书要撤回这个起诉。

这个时候，谁能代表公司，谁说了算？

针对上述情况，上海市高级人民法院民二庭给出了司法意见，其中要点如下：

（1）不论公章是否经工商备案，在发生“人章冲突”的情况下，均应以“人”——法定代表人作为诉讼代表人。若仅持有公章，而无证明持章人有公司授权持章、代表公司意志的证据的，则持章人无权代表公司行使诉讼权利。

（2）但在涉及他人的外部纠纷中，即使确定法定代表人为公司诉讼意志代表，也不能影响公章对外签约、履约使用时的证据效力认定。就是说，其他人——交易相对方——可以不管公司内斗的事，公章盖上去了，就是有效的。

《上海市高级人民法院民二庭关于公司法纠纷案件法律适用疑难问题的研讨综述（二）——有限责任公司意志代表权认定问题》

（一）关于“人章争夺”（法定代表人 vs 公章控制人）情况下公司诉讼代表权的认定原则

“人章争夺”情形是指法定代表人和公章控制人非同一人，两者争夺公司诉讼代表权，应如何处理的问题。

一种观点认为：根据《民事诉讼法》第四十九条第二款“法人由其法定代表人进行诉讼”的规定，在公章控制人与法定代表人发生公司代表权冲突的情况下，应以“人”为准。公章控制人仅持有公章，而未得到法定代表人授权的，无权代表公司起诉或应诉。

另一种观点认为：法院对当事人诉讼行为的认定必须保持前后一致，若持公章以公司名义起诉，涉及撤诉等诉讼权利行使时，也要凭同一枚公章才能认定为代表公司，而不能认可法定代表人签字。同样，若法定代表人签字起诉，也必须由该法定代表人签字撤诉，而不能凭公章撤诉。

研讨会倾向意见认为，不论公章是否经工商备案，在发生“人章冲突”的情况下，均应以“人”——法定代表人作为诉讼代表人。若仅持有公章，而无证明持章人有公司授权持章代表公司意志的证据的，则持章人无权代表公司行使诉讼权利。理由主要是：1. 公章在我国是公司对外作出意思表示的重要外在表现形式，但法律并没有直接规定公章本身能够直接代表公司意志，持有公章是一种客观状态，某人持有公章的事实，只是反映该人可能有权代表公司意志的一种表象，至于其是否依授权真正能够代表公司意志，仍需要进行审查；2. 根据公司法原理以及《民事诉讼法》第四十九条第二款规定，法定代表人作为最基础的公司意志代表机关，是法人当然的诉讼意志代表主体。法定代表人以公司名义作出的诉讼行为，在无否定性证据情况下，一般即应视为公司的诉讼行为；3. 在公司内部意志统一情况下，法定代表人和公章即使分离，对外表示公司意志也是合一的。人章冲突情况则意味着公司内部意志发生了分离，在此情况下，若公司对究竟法定代表人还是持章人代表公司意志作出过明确有效授权的证据的，应是公司意思自治的范畴，按公司意思认定。也就是说，如果持章人能提供公司明确所持公章才能代表公司意志的有效授权证据，足以否定法定代表人为公司诉讼意志代表的，方可认定持章人为诉讼代表人；否则，法定代表人为公司诉讼代表人。

需要注意的是，在外部纠纷中，即使确定法定代表人为公司诉讼意志代表，但在实体审理时不影响公章对外签约、履约使用时的证据效力认定。即对外部债权人构成表见代理的，不影响债权成立的认定。

如，在某贸易公司诉祁某、某置业公司（法定代表人为祁某）股权转让纠纷一案中，贸易公司诉请要求祁某支付股权转让款600余万元、置业公司承担连带责任。审理中，置业公司出现两名委托代理人，祁某兄长祁某某和律师罗某分别持不同的授权依据代表公司应诉，且所提交的答辩意见完全相反。祁某某的授权依据是由置业公司法定代表人祁某签名的委托书，罗某的授权依据是加盖置业公司公章的委托书。前者认为，法定代表人祁某曾将公章交给案外人秦某，委托其管理公司，后撤销了委托，但秦某拒不交还公章，公司已通过公告方式废止公章，故法定代表人应代表公司意志；后者则认为，法定代表人祁某已涉嫌犯罪被刑事羁押，故其签署的委托书效力不能确认，公章才能够代表公司意志。该案即为“人章冲突”问题，因公章仅反映公司的授权，本身并不能当然代表公司意志，而法定代表人作为公司机关，是公司意志的当然代表人，故持章人罗某在没有公司有效授权证明的情况下，经法定代表人授权的祁某某有权代表公司起诉或应诉。

第九节 公司发生内斗，工商登记的法定代表人和股东会选任的法定代表人谁说了算？

前文提到，公司发生内斗，其中一种情形，就是“人章争夺”(法定代表人 vs 公章控制人)。还有一种情形，就是“人人争夺”，指工商登记的法定代表人和股东会决议选任的法定代表人发生冲突，法律上，谁可以代表公司诉讼？应以谁为准？

针对这种情况，上海市高级人民法院民二庭给出了司法意见，可以视为具有最大共识的意见，其中要点如下：

(1) 在发生“人人冲突”的情况下，在公司内部纠纷中，应以股东会决议为准，法定代表人的变更属于公司意志的变更，股东会决议新产生的法定代表人是公司诉讼意志代表人。

(2) 但在对外纠纷中，工商登记的法定代表人对外代表公司意志所进行的民事法律行为，不影响作为证据效力的认定。就是要保护善意第三人，保护交易安全。

《上海市高级人民法院民二庭关于公司法纠纷案件法律适用疑难问题的研讨综述（二）——有限责任公司意志代表权认定问题》

(二) 关于“人人争夺”(工商登记的法定代表人 vs 股东会选任的法定代表人)情况下公司诉讼代表权的认定原则

法定代表人一般由股东会选任产生后再办理工商登记手续。"人人争夺"的情形是指发生原法定代表人不认可股东会决议且未配合办理移交手续等原因,而未能及时办理工商变更,以致工商登记与股东会选任的不同法定代表人同时存在,并产生公司代表权争议。

一种观点认为:根据国家工商局《企业法人法定代表人登记管理规定》第三条"企业法人的法定代表人经企业登记机关核准登记,取得法定代表人资格"的规定,新选任的法定代表人在未办理工商变更登记之前,尚未取得法定代表人资格,故仍应以工商登记的法定代表人作为公司意志代表人。

另一种观点认为:法定代表人的变更属于公司内部法律关系变化,应遵循公司内部自治原则。股东会是公司的权力机构,由其选任的法定代表人应是公司意志代表人,工商登记未变更,不影响公司新选任法定代表人的资格和职权。

研讨会倾向意见认为,在发生"人人冲突"的情况下,应以股东会决议为准,法定代表人的变更属于公司意志的变更,股东会决议新产生的法定代表人是公司诉讼意志代表人。理由主要是:1. 公司法定代表人变更属于公司内部人事关系的变化,应遵从公司内部自治原则,只要公司内部形成了有效的变更决议,就应在公司内部产生法律效力,新选任的法定代表人可以代表公司的意志;2. 公司作为商事主体,要受到商事登记制度的规范,但对法定代表人变更事项进行登记,目的是向社会公示公司代表权的基本状态,属于宣示性登记而非设权性登记,因此股东会决议变更法定代表人的,即使工商登记未变更,不影响公司内部变更新法定代表人意志的确定。

但是,在外部纠纷中,工商登记的法定代表人对外代表公司意志所进行的民事法律行为,不影响作为证据效力的认定。

如,在某设备公司诉康某返还原物(公章)纠纷一案中,工商登记的法定代表人陈某用签名方式以设备公司名义起诉,要求康某返还公司公章。康某提供相关证据并辩称,公司已经召开股东会,罢免了陈某的法定代表人职务,选任康某为新法定代表人,因陈某不予配合而未能办理工商变更手续,故陈某无权代表公司起诉。该案即是"人人冲突"问题,公司有效的股东会决议已经变更法定代表人为康某,即使工商登记未变更,也不影响公司内部法定代表人变更的效力,故原来的法定代表人陈某不能代表设备公司起诉主张返还公司公章。

第十节 公司发生内斗，出现了不同公章，应以哪个为准？

前文提到，公司发生内斗，表现在争夺诉讼代表权上，包括“人章争夺”（法定代表人 vs 公章控制人）、“人人争夺”（工商登记的法定代表人 vs 股东会决议选任的法定代表人），还有一种情形，就是“章章争夺”，诉讼中出现了不同的公章，均声称有效，如何处理？应以哪个为准？

针对这种情况，上海市高级人民法院民二庭给出了司法意见，也是审判中具有较大共识的意见，其中要点如下：

（1）“章章争夺”情形下的公章是否能够代表公司，认定的关键是审查公章的授权有效性问题，即要看持有人是否取得有效授权。授权主要来自公司的股东会决议（因为公司股东会是公司最高权力机关），工商备案也是认定授权有效性的依据之一。且股东会决议效力大于工商备案。可以推翻工商备案。

（2）在涉及外部纠纷中，为保护善意第三人，工商备案的公章具有证据效力，即第三人可以不管公司内部斗争情况，相信备案公章代表公司意志。

《上海市高级人民法院民二庭关于公司法纠纷案件法律适用疑难问题的研讨综述（二）——有限责任公司意志代表权认定问题》

（三）关于“章章争夺”（公章控制人 vs 公章控制人）情况下公司诉讼代表权的认定原则

通常情况下，公司仅使用一枚公章，且须在工商部门备案，但有些公司实际上使用两枚或两枚以上公章。“章章争夺”表现为不同利益股东或高管分别持不同的公章争夺公司诉讼代表权的现象。审理中出现“章章冲突”的情形主要有以下两种情况：一是工商备案的公章与未备案的公章冲突；二是两枚或两枚以上均未在工商备案的公章冲突。

一种观点认为：公司出现两枚以上公章，应以工商备案的公章为准；如果两枚以上公章均无备案，则以公司股东会或者董事会决议为认定依据。

另一种观点认为：公章本身不能代表公司意志，其背后必然存在“人”的因素，因此还是需要从持有公章的“人”方面考察，依照相关规定确定公司意志代表人。

研讨会倾向意见认为，“章章争夺”情形下的公章是否能够代表公司，认定的关键是审查公章的授权有效性问题。具体可把握以下原则：一是工商备案公章与未备案公章冲突情况下，在无新的有效决议作出相反证明时，备案公章视为公司授权；二是未经工商备案的公章冲突情况下，需有公司有效授权证据作为认定依据。理由主要是：1.公司作为商事主体，要受到商事登记管理制度的规范，故工商备案的公章与未备案的公章冲突时，前者具有公示效力，当然认定代表公司意志。2."章章争夺"毕竟是公司内部冲突的一种体现，需考虑公司意思自治。因此，公司内部产生新的有效决议，明确何枚公章具备授权效力的，以公司有效决议认可的公章作为认定依据。

当然，在涉及外部纠纷中，对外使用的公章证据效力，要注意结合善意第三人和表见代理来审查认定。

此外，"章章冲突"情形下公司诉讼代表权的认定，不能局限于对公章的审查。基于前述观点，应注意根据个案实际，充分考虑控制不同公章背后的"人"的因素，从该"人"与公司的关系方面，依照法律及公司章程等规定，准确认定公司诉讼代表人。

如，某网络公司诉某信息公司及第三人某酒业公司股权确认纠纷一案中，网络公司诉请要求确认信息公司名下持有的酒业公司13%股权归其所有。审理中，出现3人(有律师，也有公司员工)分别持加盖信息公司不同公章的委托书，均要求作为信息公司委托代理人参与庭审的情形。经查，该公司若干股东自行刻制了多枚公章，分别代表不同股东的利益。该案即为"章章冲突"问题，法院除将该3枚公章与工商备案的比对以外，还通过审判管理系统查询信息公司的其他案件线索，调取该公司在其他诉讼中的用章情况后，才确定能代表公司诉讼的公章。

第十一节 公司股东会可以对违规股东罚款吗？

罚款作为一种处罚措施，存在于管理与被管理的关系中，比如行政机关对商业组织，公司对雇员。平等主体之间不存在罚款，只有承担违约责任或赔偿损失的问题。

那么公司可以对股东罚款吗？应该不行。因为股东与公司不存在管理与被管理的关系，公司与股东是平等的独立主体。不是公司管理股东，而是股东通过股东会治理公司。

但是，依据下述《最高人民法院公报》案例（注：公报案例对各级法院具有很强的指引作用），公司可以通过股东会决议，对股东进行罚款。

相关案例参考

南京某财务顾问有限公司诉祝某股东会决议罚款纠纷案

裁判摘要：

公司章程关于股东会对股东处以罚款的规定，系公司全体股东所预设的对违反公司章程股东的一种制裁措施，符合公司的整体利益，体现了有限公司的人合性特征，不违反《公司法》的禁止性规定，应合法有效。但公司章程在赋予股东会对股东处以罚款职权时，应明确规定罚款的标准、幅度，股东会在没有明确标准、幅度的情况下处罚股东，属法定依据不足，相应决议无效。

法院认为：

一、有限公司的股东会无权对股东处以罚款，除非公司章程另有约定。

《中华人民共和国公司法》（以下简称《公司法》）第三十七条规定，有限责任公司股东会由全体股东组成，股东会是公司的权力机构，依照本法行使职权。第三十八条规定，股东会行使下列职权：（一）决定公司的经营方针和投资计划；（二）选举和更换非由职工代表担任的董事、监事，决定有关董事、监事的报酬事项……（十）修改公司章程；（十一）公司章程规定的其他职权。由上可见，有限公司的股东会作为权力机构，其依法对公司事项所作出决议或决定是代表公司的行为，对公司具有法律约束力。股东履行出资义务后，其与公司之间是平等的民事主体，相互之间具有独立的人格，不存在管理与被管理的关系，公司的股东会原则上无权对股东施以任何处罚。这从《公司法》第三十八条第（一）至第（十）项所规定的股东会职权中并不包含对股东处以罚款的内容中亦能得到体现。因此，在公司章程未作另行约定的情况下，有限公司的股东会并无对股东处以罚款的法定职权，如股东会据此对股东作出处以罚款的决议，则属超越法定职权，决议无效。

《公司法》第十一条规定，设立公司必须依法制定公司章程。公司章程对公司、股东、董事、监事、高级管理人员具有约束力。第二十条规定，公司股东应当遵守法律、行政法规和公司章程，依法行使股东权利。由此可见，公司章程是公司自治的载体，既赋予股东权利，亦使股东承担义务，是股东在公司的行为准则，股东必须遵守公司章程的规定。本案中，原告《公司章程》第三十六条虽主要是关于取消股东身份的规定，但该条第二款明确记载有“股东会决议罚款”，根据章程本身所使用的文义进行解释，能够得出在出现该条第一款所列八种情形下，该公司的股东会可以对当事股东进行罚款。鉴于上述约定是该公司的全体股东所预设的对违反公司章程股东的一种制裁措施，符合公司的整体利益，体现了有限公司的人合性特征，不违反公司法的禁止性规定，被告祝某亦在章程上签字予以认可，故包括祝某在内的所有股东都应当遵守。据此，该公司的股东会依照《公司法》第三十八条第（十一）项之规定，享有对违反公司章程的股东处以罚款的职权。

二、有限公司的公司章程在赋予股东会对股东处以罚款职权的同时，应明确规定罚款的标准和幅度，股东会在没有明确标准和幅度的情况下处罚股东，属法定依据不足，相应决议无效。

被告祝某在原告和瑞派尔公司委托记账合同关系停止后，仍作为瑞派尔公司的经办人向税务部门申请取消一般纳税人资格业务，该行为属于《同业禁止规定》第一条及《公司章程》第三十六条第一款第（六）项的约定范畴，应认定祝某违反了公司章程，该公司股东会可以对祝某处以罚款。《公司章程》第三十六条第二款所规定“罚款”是一种纯惩罚性的制裁措施，虽与行政法等公法意义上的罚款不能完全等同，但在罚款的预见性及防止权力滥用上具有可比性。而根据我国《行政处罚法》的规定，对违法行为给予行政处罚的规定必须公布；未经公布的，不得作为行政处罚的依据，否则该行政处罚无效。本案中，该公司在修订公司章程时，虽规定了股东在出现第三十六条第一款的八种情形时，股东会有权对股东处以罚款，但却未在《公司章程》中明确记载罚款的标准及幅度，使得祝某对违反公司章程行为的后果无法作出事先预料，况且，该公司实行“股东身份必须首先是员工身份”的原则，而《员工手册》的《奖惩条例》第七条所规定的五种处罚种类中，最高的罚款数额仅为2 000 元，而该公司股东会对祝某处以 5 万元的罚款已明显超出了祝某的可预见范围。故该公司临时股东会所作出对祝某罚款的决议明显属法定依据不足，应认定为无效。

案例索引：摘自《最高人民法院公报》2012 年第 10 期。

以上最高法院公报案例，道理讲得条分缕析，很有说服力。以此，关于罚款的问题，我们可以得出结论：

（1）公司或股东会无权对违规的股东进行罚款，除非公司章程（或全体股东签署的决议）另有约定。

（2）公司章程关于股东会可以对违规股东处以罚款的规定，符合公司的整体利益，合法有效。

（3）公司不是股东的上级机构，无权直接对股东罚款，对违规股东进行罚款的，应当形成股东会决议。

（4）公司章程规定股东会对股东处以罚款时，应明确罚款的情形、标准、幅度，否则相应罚款决议无效。

这个案例具有很强的实践指导意义和使用价值。我们完全可以将其作为公司治理的规则资源充分利用。如何利用呢？

（1）公司章程是公司内部的"宪法"，可以约束股东、董事、高管，可以进行很多个性化约定，除非违反《公司法》的禁止性规定，一般均为有效。公司应妥善制定并利用公司章程，解决公司治理难题，而不应简单套用模板（有些工商部门要求使用格式模板的，一般只是"懒政"之下窗口工作人员的无理要求，"据法"力争即可）。

（2）如果工商部门坚决不肯接受公司个性化的公司章程，也可以由所有股东包括后加入股东签署个性化的公司章程附件。工商备案并不是公司章程生效的法定要件，全体股东签署足以达到对股东生效产生约束的效果，章程附件由董事、高管签署后，对其产生的约束力也毋庸置疑。

（3）公司章程应当对股东、董事、高管就禁止竞业行为、保密行为、禁止未经批准的关联交易行为、禁止任何形式的损害公司利益的行为进行规定，并规定违反时的罚款、损失赔偿责任。

第十二节 股东损害公司利益，可以解除其股东资格吗？

依据《公司法》规定，股东的义务仅为出资义务，只要出资到位，公司违法经营、资不抵债等事项，都不需要股东承担责任。

这个可能与大家普遍的理解相悖，那么公司违法乱纪应当由谁来承担责任呢？

由公司的实际负责人承担，只不过这个实际负责人也经常是公司股东而已。但是，他是因为实际负责人的身份——而不是因为股东身份——承担责任的。

那公司资不抵债、破产了，谁承担责任呢？由出资没有到位的股东承担补充责任。就是说，股东并没有对公司的忠诚义务或勤勉义务。股东可以自己另外成立公司，从事竞业的业务，“挖公司墙角”。股东也没有义务为公司勤勤恳恳地干活儿。《公司法》规定的忠诚义务、勤勉义务，并未涵盖股东。

《中华人民共和国公司法》（2018 年修正）

第一百四十七条　董事、监事、高级管理人员应当遵守法律、行政法规和公司章程，对公司负有忠实义务和勤勉义务。

第一百四十八条　董事、高级管理人员不得有下列行为：

（一）挪用公司资金；

（二）将公司资金以其个人名义或者以其他个人名义开立账户存储；

（三）违反公司章程的规定，未经股东会、股东大会或者董事会同意，将公司资金借贷给他人或者以公司财产为他人提供担保；

（四）违反公司章程的规定或者未经股东会、股东大会同意，与本公司订立合同或者进行交易；

（五）未经股东会或者股东大会同意，利用职务便利为自己或者他人谋取属于公司的商业机会，自营或者为他人经营与所任职公司同类的业务；

（六）接受他人与公司交易的佣金归为己有；

（七）擅自披露公司秘密；

（八）违反对公司忠实义务的其他行为。

董事、高级管理人员违反前款规定所得的收入应当归公司所有。

《公司法》只是规定，股东不得滥用股东权利损害公司利益。行使权利要有边界。即使滥用股东权利造成公司损失的，也只是赔偿责任的问题。

《中华人民共和国公司法》(2018 年修正)

第二十条　公司股东应当遵守法律、行政法规和公司章程，依法行使股东权利，不得滥用股东权利损害公司或者其他股东的利益；不得滥用公司法人独立地位和股东有限责任损害公司债权人的利益。

公司股东滥用股东权利给公司或者其他股东造成损失的，应当依法承担赔偿责任。

《公司法》并未规定，对损害了公司利益的股东，可以剥夺其股权。股权是合法财产权，不得非法、任意侵犯。《公司法》规范关于股东可以被踢出局的规定，只有一条，就是没有出资(指的是一分钱都没出)或抽逃了全部出资。

《最高人民法院关于适用〈中华人民共和国公司法〉若干问题的规定(三)》(2020 年修正)

第十七条　有限责任公司的股东未履行出资义务或者抽逃全部出资，经公司催告缴纳或者返还，其在合理期间内仍未缴纳或者返还出资，公司以股东会决议解除该股东的股东资格，该股东请求确认该解除行为无效的，人民法院不予支持。

讲到这里，正在创业路上辛苦攀爬的创业者停下了步伐，扭头疑惑地问：创业这么艰难，大家齐心协力都不一定成功，如果有人吃里扒外都不能踢出局，这业还怎么创？这法律在保护谁？

别担心。有办法。股东没有勤勉尽职义务，但有遵守公司章程义务。

《中华人民共和国公司法》(2018 年修正)

第十一条　设立公司必须依法制定公司章程。公司章程对公司、股东、董事、监事、高级管理人员具有约束力。

所以，办法就是一开始设立公司时，就在公司章程中规定好，股东发生哪些损害公司利益的行为时，股东会有权决议解除其股东资格，并且务必要求全体股东签字确认。另外，最好规定在解除其股东资格时，就其出资给与一定补偿。直接没收过于严苛，显得有失公平，法院支持你的难度就增加了，咱们最好别让法官为难。

下面是上海市第二中级人民法院发布的审判白皮书，对于公司章程中关于股东损害公司利益将解除股东资格的规定，法院认为章程并非公司原始章程，并未取得全体股东一致同意，规定违反自愿公平、等价有偿原则，无效。但是，"若是公司的原始章程，或者之后修改的但取得全体股东一致同意的公司章程，则可以作出剥夺股东资格的约定"。

《2013—2017年公司决议案件审判白皮书》

公司法司法解释三第十七条规定，有限责任公司的股东未履行出资义务或者抽逃全部出资，经公司催告缴纳或者返还，其在合理期间内仍未缴纳或者返还出资，公司以股东会决议解除该股东的股东资格，该股东请求确认该解除行为无效的，人民法院不予支持。由此可知，公司股东会会议可以作出决议解除股东的股东资格，但仅限于股东未履行出资或者抽逃全部出资情形。有一件案件反映，股东会决议修改公司章程，规定股东会在下列情况下可以决定解除股东的股东资格：(1)股东严重破坏公司正常经营活动；(2)非经代表三分之二以上表决权的股东同意，自营或为他人经营与公司同类或相竞争的业务，为自己或者他人谋取属于公司的商业机会；(3)侵害公司商业秘密；(4)诋毁公司商业信誉；(5)其他侵害公司利益的情形(包括但不限于挪用或侵吞公司资金，私藏、转移或隐匿公司重要文件及资料等)。判决认定，关于解除股东资格及对该股东股权的处理，违反了民事活动自愿、公平、等价有偿原则，该条款无效。需要说明的是，该案中的公司章程并非公司原始章程，并未取得全体股东一致同意。若是公司的原始章程，或者之后修改的但取得全体股东一致同意的公司章程，则可以作出剥夺股东资格的约定。

在其他的司法判例中，法院认为，公司章程规定股东离职时将强制收回股权，也是有效的。

因此，章程的规定如果公平合理，不违反法律的强制性规定，一般会被认定有效。章程的用处,有待大力开发。

第十三节 什么情况下,股东的有限责任变无限?——关于公司人格否认

世上本没有公司,是人类在头脑里首先创设了它,然后把它带到了现实世界。一旦出世,它就极大地改变了人类的经济生活。

公司制度的要点是有限责任,这是公司繁荣的基石。有限责任指"股东以其出资额为限对公司承担责任",就是最多把投资亏进去,不会连累自己的身家财产。公司跟每个个人一样,也是一个独立的个体,公司欠债还不上,不能追究股东,公司可以破产,然后债务就一笔勾销。

有限责任控制了投资创业的风险,激发了投资创业的热情。

但是,有限责任是有边界的。在有些情况下,"有限责任"的规则被滥用了,有限责任就会变成无限责任。这就是"公司人格否认",即司法不再认可公司是个独立个体,股东应当"连坐",对公司债务承担连带责任。

《中华人民共和国公司法》(2018 年修正)

第二十条　公司股东应当遵守法律、行政法规和公司章程,依法行使股东权利,不得滥用股东权利损害公司或者其他股东的利益;不得滥用公司法人独立地位和股东有限责任损害公司债权人的利益。

公司股东滥用公司法人独立地位和股东有限责任,逃避债务,严重损害公司债权人利益的,应当对公司债务承担连带责任。

《公司法》虽然规定了公司法人人格否认,但是因为规定过于原则笼统,没有可落地操作的具体规定,司法实践中否认公司人格的判例较少,法院还是不太敢于随意"揭开公司的面纱",认定有限责任变无限的。

但是,往后可能不同了。

2019 年 11 月 8 日,最高人民法院印发了《全国法院民商事审判工作会议纪要》,就公司人格否认进行了较为详细的规定。虽然这是个会议纪要,但是,最高法院的印发宣传,可以想见对各地法院审判的指导和规范作用。

这个规定讲了啥呢？哪些情况下，会被“否认公司人格”，股东要承担无限责任？作者给大家简要说明。

一、人格混同

包括如下情形：

（1）股东无偿使用公司资金或者财产，不作财务记载的。

（2）股东用公司的资金偿还股东的债务，或者将公司的资金供关联公司无偿使用，不作财务记载的。

（3）公司账簿与股东账簿不分，致使公司财产与股东财产无法区分的。

（4）股东自身收益与公司盈利不加区分，致使双方利益不清的。

（5）公司的财产记载于股东名下，由股东占有、使用的。

（6）人格混同的其他情形。

法院在审理案件时，会将以下情形视为人格混同的佐证：公司业务和股东业务混同；公司员工与股东员工混同，特别是财务人员混同；公司住所与股东住所混同。

相关案例参考

亚之羽航空服务（北京）有限公司等与宽甸金远房地产开发有限公司居间合同纠纷案

最高法院认为，违背股东与公司分离原则是公司法人人格否定的重要情形，在违背股东与公司分离原则下存在人格混同和财产混同两种情况。本案中，金远公司与亚之羽公司签订合同后，应亚之羽公司的要求将前期费用500万元打入了公司股东刘某宇个人账户，刘某宇收到款项后并未将全部款项转入公司账户，在刘某宇个人账户的款项，刘某宇主张亦用于公司支出，可见刘某宇作为股东的资产与公司资产难分你我，互为所用，公司财产与股东财产难以分辨，属于财产混同，公司已经丧失了独立性，原判决从保护债权人利益的角度出发，认定刘某宇滥用公司法人独立地位，并判决其承担连带责任，适用法律并无不当。

案例索引：案号：（2016）最高法民申2096号；合议庭法官：高珂、李明义、张志弘。

二、过度支配与控制

公司控制股东对公司过度支配与控制，操纵公司的决策过程，使公司完全丧失独立性，沦为控制股东的工具或躯壳，严重损害公司债权人利益，则会否认公司人格，由滥用控制权的股东对公司债务承担连带责任。实践中常见的情形包括：

（1）母子公司之间或者子公司之间进行利益输送的。

（2）母子公司或者子公司之间进行交易，收益归一方，损失却由另一方承担的。

（3）先从原公司抽走资金，然后再成立经营目的相同或者类似的公司，逃避原公司债务的。

（4）先解散公司，再以原公司场所、设备、人员及相同或者相似的经营目的另设公司，逃避原公司债务的。

（5）过度支配与控制的其他情形。

控制股东或实际控制人控制多个子公司或者关联公司，滥用控制权使多个子公司或者关联公司财产边界不清、财务混同，利益相互输送，丧失人格独立性，沦为控制股东逃避债务、非法经营，甚至违法犯罪工具的，可以综合案件事实，否认子公司或者关联公司法人人格，判令承担连带责任。

相关案例参考

案例一

七台河宝泰隆圣迈煤化工有限责任公司与营口市大洋石化有限公司等买卖合同纠纷案

最高法院认为，公司独立财产是独立承担责任的基础，审查公司之间人格混同的重要标准是审查是否存在人员混同、经营混同及财产混同，其中核心是财产混同。如两公司之间财产混同，无法区分，失去独立人格，则构成人格混同，对外债务应当承担连带责任。反之，如两公司之间财产相互独立，不存在混同，则对外不应承担连带责任。本案中，宝泰隆公司在原审中所提供证据仅证明了涉案《工业品买卖合同》签订时大洋公司与华威公司股东及管理人员存在交叉，但并未提供初步证据证明两公司之间存在财产混同，宝泰隆公司应当承担举证不能的法律后果。另外，无论是华威公司和大洋公司的工商档案，还是《营口华威石化有限公司"10.11"生产安全事故调查报告》《询问笔录》《营口市大洋石化有限公司股权转让协议》等，仅证明华威公司与大洋公司在涉案《工业品买卖合同》签订时存在股东交叉，但不能证明华威公司与大洋公司之间人格混同。宝泰隆公司要求华威公司对大洋公司所欠货款承担连带责任，证据不足，不予支持。

案例索引：案号：(2016)最高法民申 2011 号；合议庭法官：张能宝、张志弘、李明义。

案例二

江西嘉维板业有限公司等与江西盈森实业有限公司买卖合同纠纷案

最高法院认为，关联企业是指为达到一定的经济目的，如追求更大的规模效益而形成的控制关系或者统一安排关系，而通过特定的手段所形成的企业之间的联合。嘉汉公司与嘉维公司的股东均为嘉汉板业（中国）投资有限公司，同为嘉汉板业（中国）投资有限公司的子公司，两公司存在关联关系，系关联企业。嘉汉公司和嘉维公司的董事长、经理等公司高管一致，工作人员也存在相互交叉任职的情形，两公司均不设股东会和董事会，股东、执行董事、监事等公司组织机构亦完全一致。嘉汉公司与嘉维公司的办公地址和营业场所重合，且嘉汉公司的办公场所系嘉维公司无偿提供，其租赁物业的租金和物业管理费等相关费用均由嘉维公司支付。嘉汉公司与嘉维公司的经营范围基本重合，且均涉及林木开发利用。上述事实表明，嘉维公司、嘉汉公司表面上是彼此独立的公司法人，但在组织机构、公司间财产及业务上均有着不同程度的重合，两公司之间已实际成为人格混同的关联企业，符合适用法人人格否认制度的条件。

案例索引：案号：(2014)民申字第 419 号。

三、资本显著不足

资本显著不足指的是，公司设立后在经营过程中，股东实际投入公司的资本数额与公司经营所隐含的风险相比明显不匹配。股东利用较少资本从事力所不及的经营，表明其没有从事公司经营的诚意，实质是恶意利用公司独立人格和股东有限责任把投资风险转嫁给债权人。

但是最高法院同时强调，由于资本显著不足的判断标准有很大的模糊性，特别是要与公司采取“以小博大”的正常经营方式相区分，因此在适用时要十分谨慎，应当与其他因素结合起来综合判断。

以上三种情形下，股东可能被判对公司债务承担连带责任。

这个规定出台后，从股东来讲，为避免承担连带责任，应当注意：

（1）股东和公司，账要尽量算清楚。如果股东和公司之间有借款等资金往来，起码要挂账，也不要明火执仗地利益输送。平时应当严格区分个人财产和公司财产，杜绝用个人财产为公司业务付款，也不得用公司资金支付个人费用，否则视为财产混同，公司债务将由个人承担。

（2）关联企业之间业务往来要公允。要杜绝你的负债我来还、我的货款你去收、我的资金给你用之类情形，要把它们视为两个已经分家的兄弟，亲兄弟，明算账。即使两者之间有借款、业务合作等关联交易，也要当作普通的业务伙伴一样，签合同，开发票，进行正常的往来结算。单纯关联交易并不会形成“财产混同”，不会导致承担连带责任。

（3）注册资本要合理。公司的注册资本不要明显不合理的过低，比如用5万元注册资本的公司去经营钢材贸易，显然是滥用公司的有限责任规则。

从债权人的角度讲，如发现公司有以上情形的，可以在确认对公司的债权后，设法搜集股东公司混同等证据，起诉要求股东对债务承担连带责任。

附：

《全国法院民商事审判工作会议纪要》

（四）关于公司人格否认

公司人格独立和股东有限责任是公司法的基本原则。否认公司独立人格，由滥用公司法人独立地位和股东有限责任的股东对公司债务承担连带责任，是股东有限责任的例外情形，旨在矫正有限责任制度在特定法律事实发生时对债权人保护的失衡现象。在审判实践中，要准确把握《公司法》第二十条第三款规定的精神。一是只有在股东实施了滥用公司法人独立地位及股东有限责任的行为，且该行为严重损害了公司债权人利益的情况下，才能适用。损害债权人利益，主要是指股东滥用权利使公司财产不足以清偿公司债权人的债权。二是只有实施了滥用法人独立地位和股东有限责任行为的股东才对公司债务承担连带清偿责任，而其他股东不应承担此责任。三是公司人格否认不是全面、彻底、永久地否定公司的法人资格，而只是在具体案件中依据特定的法律事实、法律关系，突破股东对公司债务不承担责任的一般规则，例外地判令其承担连带责任。人民法院在个案中否认公司人格的判决的既判力仅仅约束该诉讼的各方当事人，不当然适用于涉及该公司的其他诉讼，不影响公司独立法人资格的存续。如果其他债权人提起公司人格否认诉讼，已生效判决认定的事实可以作为证据使用。四是《公司法》第二十条第三款规定的滥用行为，实践中常见的情形有人格混同、过度支配与控制、资本显著不足等。在审理案件时，需要根据查明的案件事实进行综合判断，既审慎适用，又当用则用。实践中存在标准把握不严而滥用这一例外制度的现象，同时也存在因法律规定较为原则、抽象，适用难度大，而不善于适用、不敢于适用的现象，均应当引起高度重视。

10.【人格混同】认定公司人格与股东人格是否存在混同，最根本的判断标准是公司是否具有独立意思和独立财产，最主要的表现是公司的财产与股东的财产是否混同且无法区分。在认定是否构成人格混同时，应当综合考虑以下因素：

(1) 股东无偿使用公司资金或者财产，不作财务记载的；

(2) 股东用公司的资金偿还股东的债务，或者将公司的资金供关联公司无偿使用，不作财务记载的；

(3) 公司账簿与股东账簿不分，致使公司财产与股东财产无法区分的；

(4) 股东自身收益与公司盈利不加区分，致使双方利益不清的；

(5) 公司的财产记载于股东名下，由股东占有、使用的；

(6) 人格混同的其他情形。

在出现人格混同的情况下，往往同时出现以下混同：公司业务和股东业务混同；公司员工与股东员工混同，特别是财务人员混同；公司住所与股东住所混同。人民法院在审理案件时，关键要审查是否构成人格混同，而不要求同时具备其他方面的混同，其他方面的混同往往只是人格混同的补强。

11.【过度支配与控制】公司控制股东对公司过度支配与控制，操纵公司的决策过程，使公司完全丧失独立性，沦为控制股东的工具或躯壳，严重损害公司债权人利益，应当否认公司人格，由滥用控制权的股东对公司债务承担连带责任。实践中常见的情形包括：

(1) 母子公司之间或者子公司之间进行利益输送的；

(2) 母子公司或者子公司之间进行交易，收益归一方，损失却由另一方承担的；

(3) 先从原公司抽走资金，然后再成立经营目的相同或者类似的公司，逃避原公司债务的；

(4) 先解散公司，再以原公司场所、设备、人员及相同或者相似的经营目的另设公司，逃避原公司债务的；

(5) 过度支配与控制的其他情形。

控制股东或实际控制人控制多个子公司或者关联公司，滥用控制权使多个子公司或者关联公司财产边界不清、财务混同，利益相互输送，丧失人格独立性，沦为控制股东逃避债务、非法经营，甚至违法犯罪工具的，可以综合案件事实，否认子公司或者关联公司法人人格，判令承担连带责任。

12.【资本显著不足】资本显著不足指的是，公司设立后在经营过程中，股东实际投入公司的资本数额与公司经营所隐含的风险相比明显不匹配。股东利用较少资本从事力所不及的经营，表明其没有从事公司经营的诚意，实质是恶意利用公司独立人格和股东有限责任把投资风险转嫁给债权人。由于资本显著不足的判断标准有很大的模糊性，特别是要与公司采取“以小博大”的正常经营方式相区分，因此在适用时要十分谨慎，应当与其他因素结合起来综合判断。

13.【诉讼地位】人民法院在审理公司人格否认纠纷案件时，应当根据不同情形确定当事人的诉讼地位：

(1) 债权人对债务人公司享有的债权已经由生效裁判确认，其另行提起公司人格否认诉讼，请求股东对公司债务承担连带责任的，列股东为被告，公司为第三人；

(2) 债权人对债务人公司享有的债权提起诉讼的同时，一并提起公司人格否认诉讼，请求股东对公司债务承担连带责任的，列公司和股东为共同被告；

(3) 债权人对债务人公司享有的债权尚未经生效裁判确认，直接提起公司人格否认诉讼，请求公司股东对公司债务承担连带责任的，人民法院应当向债权人释明，告知其追加公司为共同被告。债权人拒绝追加的，人民法院应当裁定驳回起诉。

第十四节　公司盈利而不分红，小股东可以起诉强制分红吗？

执业中经常碰到一些怨愤而又无奈的小股东，控诉大股东恃强欺压的种种情状。而且这往往发生在公司经营良好的情况下。

苦容易共，甘不好同。

有位朋友，自从公司开始赚钱，就被赶出了公司，从此门都不让进，股东会也不开，生意做得很好，就是不分红。他来问我，这个能打官司吗？能起诉要求分红吗？

这个问题如果在2017年9月1日之前，律师也会很无奈地告诉他，只有他在证明公司连续5年盈利同时却连续5年不向股东分红，他才有机会起诉要求公司回购他的股份。解释完这条规定后，一起陪他唉声叹气。

《中华人民共和国公司法》（2018年修正）

第七十四条　有下列情形之一的，对股东会该项决议投反对票的股东可以请求公司按照合理的价格收购其股权：

（一）公司连续五年不向股东分配利润，而公司该五年连续盈利，并且符合本法规定的分配利润条件的；

自股东会会议决议通过之日起六十日内，股东与公司不能达成股权收购协议的，股东可以自股东会会议决议通过之日起九十日内向人民法院提起诉讼。

但是现在，情况发生了变化！

2017年9月1日，有一部司法解释出台，驱散了小股东心底的阴霾。

《最高人民法院关于适用〈中华人民共和国公司法〉若干问题的规定（四）》

（法释〔2020〕18号）

第十四条　股东提交载明具体分配方案的股东会或者股东大会的有效决议，请求公司分配利润，公司拒绝分配利润且其关于无法执行决议的抗辩理由不成立的，人民法院应当判决公司按照决议载明的具体分配方案向股东分配利润。

第十五条　股东未提交载明具体分配方案的股东会或者股东大会决议，请求公司分配利润的，人民法院应当驳回其诉讼请求，但违反法律规定滥用股东权利导致公司不分配利润，给其他股东造成损失的除外。

这个司法解释的规定说了啥呢？

股东有分红决议而不分红的，可以起诉强制分红；没有分红决议，但是大股东滥用股权，在公司盈利的情况下不分红，损害小股东利益的，也可要求法院强制分红。

就是说，在公司存在可分配利润、满足进行盈余分配的条件下，大股东滥用多数表决权不通过股东会分红决议，并存在变相分取利润、隐瞒或转移公司利润，损害其他股东的实体利益的情形的，法院可以在没有股东会决议的前提下，强制公司分红。

比如下面这个案例：

相关案例参考

太一热力公司股东为太乙工贸公司和居立门业公司，分别持股60%与40%，法定代表人李某军，也是大股东的实际控制人。

2009年10月，庆阳市西峰区人民政府与太一热力公司签订《整体资产收购合同》，支付太一热力公司7 000万元，收购了其全部资产。太一热力公司转让全部资产后，停止了业务经营。

后公司法定代表人李某军未经居立门业公司同意，没有合理事由将5 600万款项转入兴盛建安公司（兴盛建安公司的控股股东也为李某军）账户，转移公司利润。居立门业公司提议召开股东会进行分红，但李某军控制的太一工贸公司不同意，未能通过进行分红的股东会决议。

此后，居立门业公司向甘肃高院提起诉讼，要求法院判决公司进行分红。一审中，经司法审计，太一热力公司扣除争议款项后的可分配利润为40 783 591.8元。后甘肃高院一审判决，太一热力公司需要进行分红。太一热力向最高法院提起上诉。最高法院二审怎么判定的呢？

法院裁判要点是：

一般而言，即使股东会或股东大会未形成盈余分配的决议，对希望分配利润股东的利益不会发生根本损害，因此，原则上这种冲突的解决属于公司自治范畴，是否进行公司盈余分配及分配多少，应当由股东会作出公司盈余分配的具体方案。但是，当部分股东变相分配利润、隐瞒或转移公司利润时，则会损害其他股东的实体利益，已非公司自治所能解决，此时若司法不加以适度干预则不能制止权利滥用，亦有违司法正义。虽目前有股权回购、公司解散、代位诉讼等法定救济路径，但不同的救济路径对股东的权利保护有实质区别，故需要司法解释对股东的盈余分配请求权进一步予以明确。

本案中，第一，太一热力公司的全部资产被整体收购后没有其他经营活动，且太一热力公司有巨额的可分配利润，具备公司进行盈余分配的前提条件；第二，李某军作为实际大股东，未经公司小股东居立门业公司同意，无合理事由将5 600万余元公司资产转让款转入兴盛建安公司账户，转移公司利润，给居立门业公司造成损失，属于太一工贸公司滥用股东权利，符合《最高人民法院关于适用〈中华人民共和国公司法〉若干问题的规定（四）》第十五条规定应进行强制盈余分配的实质要件。第三，前述司法解释规定的股东盈余分配的救济权利，并未规定需要以采取股权回购、公司解散、代位诉讼等其他救济措施为前置程序，居立门业公司对不同的救济路径有自由选择的权利。

最后判决，太一热力公司按股权比例40%向居立门业公司分红16 313 436.72元。

案例索引：最高人民法院，庆阳市太一热力有限公司、李某军公司盈余分配纠纷二审民事判决书[(2016)最高法民终528号]。

因此，以后小股东在特定条件下可以请求法院判决强制分红，但需要证明以下两点：

（1）证明公司存在盈利，满足分配利润的前提条件。

（2）证明大股东存在滥用表决权恶意不分红，同时存在变相分配利润、隐瞒或转移公司利润的情形，致使小股东的权益受到实质损害。

不需要再满足“连续5年盈利同时连续5年不分红”这种苛刻的条件了。

小股东可在诉讼中申请法院对公司存在的可分配利润进行审计，以确定自己可以取得的具体分红数额。

第十五节 中小股东如何保障自己的知情权，清晰掌握公司经营状况？

在公司治理上，股份大则强，小则弱，选择做小股东，就把自己放在了弱势的位置上，需要一开始就要做好准备，保护自己。如果公司经营明明很好，大股东却说年年亏损，拒不分红，该怎么确保掌握公司真实状况呢？

先要明白《公司法》关于股东知情权说了啥。

《中华人民共和国公司法》（2018年修正）

第三十三条　股东有权查阅、复制公司章程、股东会会议记录、董事会会议决议、监事会会议决议和财务会计报告。

股东可以要求查阅公司会计账簿。股东要求查阅公司会计账簿的，应当向公司提出书面请求，说明目的。公司有合理根据认为股东查阅会计账簿有不正当目的，可能损害公司合法利益的，可以拒绝提供查阅，并应当自股东提出书面请求之日起十五日内书面答复股东并说明理由。公司拒绝提供查阅的，股东可以请求人民法院要求公司提供查阅。

按照《公司法》，股东有权查阅、复制董事会、监事会、股东会会议记录，财务会计报告；有权查阅公司会计账簿。从法条行文的差异可以看出，会计账簿只可查阅不可以复制，且公司在特别情况下，还可以拒绝。

此外，股东可以真正了解核实一家公司经营状况的手段——查看会计原始凭证或审计，都没有提及。那么实践中，发生纠纷了，股东起诉要求查看公司会计凭证，会被支持吗？

有的法院支持，有的法院不支持。本节末尾我们分别摘录了支持和否定的部分案例，供感兴趣的读者了解。

最高人民法院在《最高人民法院关于适用〈中华人民共和国公司法〉若干问题的规定（四）》[简称《公司法》司法解释（四）]征求意见稿中提到这个问题，还是倾向于支持的。

《最高人民法院关于适用〈中华人民共和国公司法〉若干问题的规定（四）》
（征求意见稿）

第十六条 （查阅原始凭证）有限责任公司的股东起诉请求查阅公司会计账簿及与会计账簿记载内容有关的记账凭证或者原始凭证等材料的，应当依法受理。

公司提供证据证明股东查阅记账凭证或者原始凭证等有不正当目的，可能损害公司合法利益的，应当驳回诉讼请求。

但是后来公布的生效的最终稿中，又把态度埋藏了起来，回到了过去的模糊状态。

《最高人民法院关于适用〈中华人民共和国公司法〉若干问题的规定（四）》

第七条 股东依据公司法第三十三条、第九十七条或者公司章程的规定，起诉请求查阅或者复制公司特定文件材料的，人民法院应当依法予以受理。

公司有证据证明前款规定的原告在起诉时不具有公司股东资格的，人民法院应当驳回起诉，但原告有初步证据证明在持股期间其合法权益受到损害，请求依法查阅或者复制其持股期间的公司特定文件材料的除外。

我的理解，不是最高法院没担当没决断，只是实践情况太复杂，不宜全国上下一刀切。

但是，有一点，给了我们重大提示，“依据……或者公司章程的规定，起诉请求查阅或者复制公司特定文件材料”，也就是说，如果你公司章程有规定，可以查询公司会计凭证等材料，那我法院支持你没问题。

这告诉我们中小股东什么呢？——赶紧把查看、复制原始凭证的规定写入公司章程吧。

其实在这个司法解释出台之前，最高法院就以案例的形式给我们中小股东支了招：

《人民法院案例选》（最高法院应用法学研究所主办，具有较大参考价值）2015年曾公布一个案例，这个案例判决认为，如公司章程规定股东可以查阅《公司法》规定之外的公司自身资料、子公司资料，以及对公司进行审计等，原则上是有效的。

相关案例参考

Crown Canopy Holdings Srl 诉上海和丰中林林业股份有限公司股东知情权纠纷案

法院生效裁判认为：关于 Crown Canopy Holdings Srl（简称“科朗公司”）主张查阅和丰公司子公司的财务报表以及和丰公司及其分公司、子公司的会计账簿问题。由已查明的和丰《公司章程》第一百四十四条及第一百四十六条的规定可见，章程载明和丰公司应向股东提交子公司财务报表、股东享有检查公司及其子公司的会计账簿、记录和管理账目的权利。前述章程的规定确实超过《公司法》列举的股东知情权内容，考虑到和丰公司虽为股份有限公司，但股东仅有 5 名，只要股东合理地行使知情权，一般不会对公司的经营造成重大影响，故前述公司章程的相关规定不致无效。何况科朗公司系因和丰公司在申请上市过程中经审计发现财务问题后而主张行使知情权，理由正当，科朗公司请求查阅和丰公司子公司的会计报表并查阅和丰公司及其分公司、子公司的会计账簿，应获支持。

关于会计凭证，因章程中已规定股东有权检查会计账簿、记录和管理账目，而会计凭证系佐证会计账簿记录是否正确的重要凭证，结合和丰公司章程赋予了股东对于特定财务问题自行委托审计的权利的事实，而审计中必然需要审查会计凭证，故法院认为科朗公司请求查阅会计凭证的诉讼请求亦应予以支持。

关于科朗公司所提审计问题。《公司法》虽未明确股东可通过审计方式行使知情权，但本案中该方式已通过记载于和丰公司章程的形式予以确定，且审计亦系股东了解公司经营状况的方式之一，该规定对于公司及股东均具有约束力，故科朗公司请求判令和丰公司配合其审计，可予支持。

案例索引：选自《人民法院案例选》2015 年第 1 期。

考察以上司法解释的规定和实践判例，在此隆重推出我们的建议：

因《公司法》规定的知情权范围较窄，是否可以查看会计凭证语焉不详，裁判不一，无法有效保障自己的知情权。中小股东（或投资人）应当自己动手，参股出资时要求在公司章程中规定如下事项：

（1）股东有权查阅公司会计账簿及与会计账簿记载内容有关的记账凭证或者原始凭证等材料。

（2）股东有权查阅公司全资子公司的会计账簿及与会计账簿记载内容有关的记账凭证或者原始凭证等材料。

（3）股东有权就公司经营情况等问题委托审计。

（4）以上权利的保障方法、程序规定和相关人责任。

关于法院是否支持股东查阅公司会计凭证的案例汇集见以下内容。

相关案例参考

支持论

案例一

北京北空空调器有限公司等股东知情权纠纷案

法院观点：

原始凭证、记账凭证是会计账簿的记录和登记依据，会计账簿的真实性和完整性只有通过原始凭证、记账凭证才能反映出来，若不允许股东查阅公司的原始凭证、会计凭证，则股东很难真正了解公司的实际情况，股东知情权难以落到实处，因此对会计账簿行使股东知情权应当及于原始凭证和记账凭证。一审法院未支持史某生、花某强、李某关于要求查阅会计凭证的请求不当，本院予以纠正。

案例索引：北京市第一中级人民法院（2018）京01民终6647号民事判决书。

案例二

乐视影业（北京）有限公司等股东知情权纠纷案

法院观点：

账簿查阅权是股东知情权的重要内容，股东对公司经营状况的知悉，最重要的内容之一就是通过查阅公司账簿了解公司财务状况。《公司法》并未限制股东查阅会计凭证、原始凭证，《会计法》第十五条第一款规定："会计账簿登记，必须以经过审核的会计凭证为依据，并符合有关法律、行政法规和国家统一的会计制度的规定。"会计账簿系根据原始凭证制作，会计凭证是会计账簿的基础，股东只有通过查阅原始凭证与会计账簿相比对，才能客观真实了解公司状况。根据会计准则，契约等有关资料也是编制记账凭证的依据，应当作为原始凭证的附件入账备查。因此，会计账簿查阅权的行使范围包括会计账簿(含总账、明细账、日记账和其他辅助性账簿)和会计凭证(含记账凭证、相关原始凭证及作为原始凭证附件入账备查的有关资料)。乐视影业公司关于会计凭证并非查阅范围的上诉理由,本院不予采信。

案例索引:北京市第三中级人民法院(2018)京 03 民终 1465 号民事判决书。

案例三

上海国信新能源有限公司等股东知情权纠纷案

法院观点:

关于被上诉人是否有权查阅系争会计凭证及其他会计资料一节,我国《公司法》第三十三条虽未将会计凭证及其他会计资料列为股东知情权的范畴,但会计凭证是会计账簿形成的基础,会计凭证及其他会计资料亦是判断会计账簿真实性、完整性的依据。判断股东知情权的适用范围时,应结合法律规定及对应的立法目的来综合予以认定,即股东知情权系股东依法享有对公司经营、管理、决策等重要情况或信息真实了解和掌握的权利,被上诉人要求查阅的会计凭证及其他会计资料符合其了解公司经营状况的目的。股东有权查阅会计凭证及其他会计资料,本质上属于我国《公司法》实现充分保障股东知情权的应有之义,故一审法院支持被上诉人的一审诉请,于法不悖,本院予以认可。

案例索引:上海第二中级人民法院(2018)沪 02 民终 4247 号民事判决书。

案例四

福建东奥房地产开发有限公司等股东知情权纠纷案

法院观点:

虽然《公司法》规定股东有权查阅会计账簿,没有明确规定股东可以查阅会计凭证,但会计凭证是编制会计账簿的基础,仅靠会计账簿还不能详尽地反映公司经营信息和财务信息,何况实践中不乏会计账簿与会计凭证不符或会计账簿造假的现象,因此,当股东查阅会计账簿有疑问时,应当允许其延伸查阅作为记账凭证的原始凭证,从而全面真实地了解公司经营管理状况。同时,股东内部查阅公司会计凭证,泄露公司商业秘密的可能性不大,反而能够更好地监督公司合法合规经营。股东之间开诚布公,相互信赖,也更有利于有限责任公司人合性的维持，保障公司持续健康发展。故一审判决东奥公司提供会计凭证供黄某荣查阅并无不当，本院予以维持。

案例索引：龙岩市中级人民法院(2018)闽08民终1607号民事判决书。

否定论

案例一

北京安通博瑞铁路器材有限公司等股东知情权纠纷案

法院观点：

根据《中华人民共和国会计法》第十四条第一款、第五款，第十五条第一款的规定，会计凭证包括原始凭证和记账凭证。记账凭证应当根据经过审核的原始凭证及有关资料编制。会计账簿登记，必须以经过审核的会计凭证为依据，按照不同的会计科目登记造册而形成。因此，会计账簿与会计凭证之间既密切联系，又相对独立，两者显然不是同一概念。《公司法》第三十三条规定的有限责任公司股东的查阅范围并不包括会计凭证，因此李某博关于查阅安通博瑞公司的会计凭证的请求，与《公司法》第三十三条的规定不符。而且，本案现有证据也未证明安通博瑞公司的章程赋予了股东查阅公司会计凭证的权利，因此，一审法院判决李某博查阅安通博瑞公司会计凭证，没有法律依据和章程依据，本院予以纠正。

案例索引：北京市第二中级人民法院(2018)京02民终532号民事判决书。

案例二

东莞市路尚实业有限公司等股东知情权纠纷案

法院观点：

股东行使股东知情权查阅企业会计资料的范围，应当遵守法律规定以及公司章程的特别约定。依照《中华人民共和国公司法》第三十三条的规定，包括原始凭证和记账凭证等在内的会计凭证不属于股东知情权的查阅对象。被告的公司章程中关于股东权利的规定，也没有赋予股东查阅企业会计凭证的权利。故对原告诉请查阅会计凭证(包括原始凭证、记账凭证以及原始凭证附件入账备查的有关资料)，本院不予支持。

案例索引：东莞市第二人民法院(2017)粤1972民初13892号民事判决书。

第十六节 公司章程限制股东知情权的规定有效吗？

几年以前，公司设立时的公司章程几乎都是套用模板，有些马虎的家伙不小心连姓名都写成了别人的。《公司法》修订后，出现了很多“章程另有规定的除外”的条款，允许更多意思自治。现在，越来越多的创始人知道了公司章程的重要性，律师也有了一项新业务，起草审核公司章程。

然后呢，公司章程五花八门的条款开始越来越多。

比如，有的公司股东众多，出于保密或者省事的目的，规定股东无权要求查看公司决议、会计账簿等，或者规定股东未实缴出资时不得查看，或者规定很多其他限制条件。然后所有股东签了字。

这样的规定有效吗？我们介绍一个案例。

相关案例参考

2005年8月，太古公司成立，股东胡某艳持股25%，同时担任公司监事。经过一系列的增资、减资，至2012年10月，股东胡某艳持股减少至7.75%。之后，胡某艳又被免去监事职务。

2016年4月，股东胡某艳向太古公司邮寄《请求书》，要求查阅公司的章程、股东会记录、会计报告、会计账簿、会计凭证等文件资料。太古公司一直未予回复，2018年，胡某艳提起了股东知情权之诉。

一审法院宁波市北仑区法院支持了股东胡某艳的诉讼请求，判决太古公司提供会计账簿和会计凭证供胡某艳查阅，并提供公司章程、股东会会议记录及财务会计报告供胡某艳查阅、复制；上述材料由胡某艳在太古公司经营地点正常营业时间内查阅。

太古公司对一审判决不服，认为太古公司的章程规定：“股东除对公司章程、股东会会议记录、董事会会议决议、监事会会议决议和财务会计报告可查阅复制外，其他方面资料为了公司的利益和商业机密不受损害，需在公司指定的财务室当场查阅，不得以任何方式摄制、拍照、复制、记录和摘录。”一审判决的查阅方式与公司章程约定的方式不符。故提起上诉。

二审法院宁波中院判决认为：

知情权是股东的固有权利，虽然商法属于私法、尊重当事人的意思自治，但为了防止大股东通过决议的方式侵犯小股东合法权益，《公司法》司法解释（四）第九条规定“公司章程、股东之间的协议等实质性剥夺股东依据公司法第三十三条、第九十七条规定查阅或者复制公司文件材料的权利，公司以此为由拒绝股东查阅或者复制的，人民法院不予支持”，将股东知情权明确为不得通过约定予以排除或变更的法定权利。

本案中太古公司对查阅公司账簿地点的限制，以及“不得以任何方式摄制、拍照、复制、记录和摘录”的规定，已经与《公司法》第三十三条第二款中“股东可以要求查阅公司会计账簿”所赋予股东的查阅账簿的权利相悖，实质意义上限制了股东的知情权。

二审法院最终认为该约定无效，驳回上诉。

案例索引：宁波市中级人民法院审判的胡某艳、股东知情权纠纷二审民事判决书[（2018）浙02民终4596号]。

以上判决中有一句点睛之语，就是“股东知情权为不得通过约定予以排除或变更的法定权利”，《公司法》规定的知情权，不许打一丁点的折扣。

《中华人民共和国公司法》

第三十三条　股东有权查阅、复制公司章程、股东会会议记录、董事会会议决议、监事会会议决议和财务会计报告。股东可以要求查阅公司会计账簿。股东要求查阅公司会计账簿的，应当向公司提出书面请求，说明目的。公司有合理根据认为股东查阅会计账簿有不正当目的，可能损害公司合法利益的，可以拒绝提供查阅，并应当自股东提出书面请求之日起十五日内书面答复股东并说明理由。公司拒绝提供查阅的，股东可以请求人民法院要求公司提供查阅。

最高法院司法解释进一步作了明确规定，公司章程或者股东之间的协议，剥夺公司法规定的股东知情权的，无效（“法院不予支持”是最高法院司法解释的常见用语，是避嫌法官造法的委婉说法，实际效果就是无效）。

《最高人民法院关于适用〈中华人民共和国公司法〉若干问题的规定(四)》

第九条　公司章程、股东之间的协议等实质性剥夺股东依据公司法第三十三条、第九十七条规定查阅或者复制公司文件材料的权利，公司以此为由拒绝股东查阅或者复制的，人民法院不予支持。

所以说，公司章程在法律规定基础上，扩大、增加股东知情权的规定，是有效的，法院是支持的。但限缩了法律规定的权利范围，则是无效的。想动这个脑筋，可以休矣。

以下另附公司章程限制股东知情权，被法院否定的案例二则，供大家参考。

相关案例参考

案例一

成都市中级人民法院审判的成都靖泰科技有限公司、张某贵股东知情权纠纷二审民事判决书[(2018)川 01 民终 16162 号]认为，靖泰公司章程对股东对外提供自身技术并未作出限制性规定，亦未显示张某贵系技术出资。依据该章程载明内容，张某贵系以现金认缴出资，对于张某贵有无实际出资，并不影响其作为股东行使知情权。靖泰公司二审提交了股东会决议，决议限制了张某贵行使股东知情权。依据《最高人民法院关于适用〈中华人民共和国公司法〉若干问题的规定(四)》第九条："公司章程、股东之间的协议等实质性剥夺股东依据公司法第三十三条、第九十七条规定查阅或者复制公司文件材料的权利，公司以此为由拒绝股东查阅或者复制的，人民法院不予支持"的规定，靖泰公司主张该股东会决议已限制了张某贵行使知情权，靖泰公司可以拒绝张某贵查阅或复制公司文件资料的理由不能成立，本院不予支持。本案中，张某贵作为靖泰公司股东，有权依法行使股东知情权，一审法院对此认定并无不当。

案例二

广州市中级人民法院审判的杨某、汪某辉股东知情权纠纷二审民事判决书[(2018)粤 01 民终 1777 号]认为，"关于公司章程能否限制查阅范围问题。股东知情权属股东法定权利，具有固有权属性。《公司法》第三十三条关于有限责任公司股东享有知情权的规定属强制性规范。根据《公司法》司法解释（四）第九条‘公司章程、股东之间的协议等实质性剥夺股东依据公司法第三十三条、第九十七条规定查阅或者复制公司文件材料的权利，公司以此为由拒绝股东查阅或者复制的，人民法院不予支持’之规定，公司章程、股东间协议等不得对法定知情权进行实质限制。本案中，林邦公司上诉称，根据其公司章程第九条第一款第四项‘股东有查阅股东会议记录和财务会计报告、监督公司经营的权利’之约定，股东查阅权仅限于财务会计报告，不包括会计账簿和会计凭证。本院认为，从该条约定看，公司章程列举的查阅事项中虽然不包括会计账簿和会计凭证，但亦未明确否定股东对会计账簿和会计凭证的查阅权。而且，即便公司章程排除股东的上述权利，也因与《公司法》第三十三条规定相悖而无效，故林邦公司该项上诉理由亦缺乏法律依据，本院不予支持。”

第十七节　股东会决议增资或提前实缴，投反对票的小股东是否必须服从？

公司设立后，发展势头很好，但是烧钱也很猛，股东投入的钱眼看花完了，融资又没跟上，怎么办呢？原股东咬牙继续出资吧。

继续出资，包括已经实缴到位后，继续增资；以及认缴未实缴的部分，提前实缴到位。

下面分别说明。

一、增资问题

公司增资需要代表 2/3 以上表决权的股东同意，增资决议即可通过、生效。

《中华人民共和国公司法》（2018 年修正）

第四十三条　股东会会议作出修改公司章程、增加或者减少注册资本的决议，以及公司合并、分立、解散或者变更公司形式的决议，必须经代表三分之二以上表决权的股东通过。

那么,在决议时投反对票的股东,在决议通过后,是否必须随同按比例增资呢?也就是说,大股东是不是可以强迫小股东一起增资呢?

这个问题,法律及司法解释都没有答案。

以下内容,摘自江必新等法官的《最高人民法院指导性案例裁判规则理解与适用·公司卷》,可以作为指导实践的有效参考。书中的观点是,“对于在公司股东会上投票反对增资扩股的股东而言,则不宜认定增资是其义务。……不能因其先前出资成为公司股东,就要求其今后无限度地对公司负有继续增资的义务。”也就是说,小股东可以拒绝增资再投入。

> 我国《公司法》中直接规定公司增资的条款比较少,主要见于《公司法》第三十四条规定的公司新增资本时,股东有权优先按照实缴的出资比例认缴出资。其他有关公司决议以及程序性的规定,均不足以解决有关公司增资方面产生的纠纷。因此,针对公司增资产生的纠纷,有必要进行法理以及司法实务层面的探讨。一、公司增资扩股是股东权利还是义务?根据《公司法》第四十三条规定,公司增加或者减少注册资本,应当由公司股东会形成决议为之。该股东会决议必须经代表三分之二以上表决权的股东通过。从股东参加股东会会议以及行使表决权的角度看,有关公司增资的事项应属公司股东的权利范畴,也就是公司股东依照公司法或者公司章程规定就公司是否增资以及如何增资等事项行使表决权,该表决权属于公司股东的共益权,即该项权利的行使是为了公司的发展壮大或者经营管理,而不是直接关涉股东自身的利益。另外,《公司法》第三十四条规定的股东优先认缴权也应当属于股东在公司增资时候的权利范围。但是从另一个角度看,根据公司资本多数决原则,在公司股东会形成增资决议以后,公司股东认缴出资的行为属于权利还是义务就相对复杂了。作者认为,在公司股东会讨论增资提案时,对于投票赞成公司增资的股东,在决议通过以后其相对于公司或者其他股东、公司债权人而言,应理解为负有增资的义务。因为公司决议正是基于其意思表示而形成,在公司决议与其意思表示一致的情况下,从外部关系看,可以理解为该股东与公司达成了一个新的协议,股东负有向公司增资的义务,同时享有因增资而扩大持股比例带来的股东权益。当公司资本

被注册、股东认缴的出资额和出资方式被依法登记后，股东就应承担被登记了的出资义务，这一约定义务也就转换为法定义务。如果股东未按照决议履行出资义务，则构成了对公司以及其他股东、公司债权人增资义务的违反。另外，根据《公司法》司法解释（三）第十三条第四款规定，在公司增资时候，如果股东未履行或者未全面履行出资义务，而董事、高级管理人员又未尽到《公司法》第一百四十七条第一款规定的忠实、勤勉义务的，公司、其他股东以及公司的债权人可以请求董事、高级管理人员承担相应责任，董事、高级管理人员承担责任后，可以向未履行或者未全面履行出资义务的股东追偿。而对于在公司股东会上投票反对增资扩股的股东而言，则不宜认定增资是其义务。因为股东会最后决议与其投票表决的意思表示相反，如果在这种情况下还认定增资为其义务的话，就违反了公司股东的有限责任原则。也就是说公司股东以其出资额为限对公司承担责任，不能因其先前出资成为公司股东就要求其今后无限度地对公司负有继续增资的义务。①

二、提前实缴问题

那么，对于认缴未实缴并且未到出资期限的部分，因为公司资金紧张，2/3 以上股东表决决定将认缴部分出资期限提前，表决时投票反对的股东，如何处理呢？是否必须随同提前出资？

这个问题，法律、法规、司法解释、权威著作都找不到答案了。

所以呢，如果打官司，是有不确定性的。

作者的判断是，决议提前实缴后，反对的股东，也必须随同提前出资。理由如下：

（1）《公司法》优先保护的价值，是公司的持续稳定经营，以便增进经济发展、社会繁荣，而不是个别股东的权益，如果必须取舍，应当取其前者。

（2）提前出资的决议如果程序上合规，无违法事项，符合表决通过比例要求，就是合法有效的，有效的决议应当被遵守。

（3）资本多数决规则，即普通事项 1/2 以上，特别事项 2/3 以上表决权通过

① 摘自江必新，何东宁，等著：《最高人民法院指导性案例裁判规则理解与适用·公司卷（第三版·上册）》，中国法制出版社 2018 年版。

即可生效，已经隐含了对少数派自由意志的牺牲。

（4）如果表决中持不同意见者不需要执行决议，则 1/2 或 2/3 以上同意即通过的规则就没有了意义，想做的做，不想做的不做即可，与比例无关。

（5）如果反对提前出资就不需要提前，则对同意提前出资的股东不公平，将使股东惮于表达同意意见，难以形成决议，加速公司资金干涸枯死。

（6）认缴部分本是股东义务，认缴提前到期，没有突破对股东有限责任的保护，也没有实质侵害股东权利，是股东应对公司经营状况而作出的合理决策，符合全体股东利益，应当遵守。

综上，一个公正理性的法官，面对这样的争议，正常情况下，应当支持提前出资决议的普遍效力，要求全体股东服从。

但是，以上毕竟是一家之言。为了解决这种不确定性风险，建议在设立公司的协议以及公司章程中直接规定：因公司经营需要，2/3 表决权股东通过决议确定认缴提前出资的，全体股东必须服从，按照决议要求期限出资。

第十八节 如何规避董事、高管及其他职员从事与公司竞争的业务？

想必我们每个人上学时都被一道数学题折磨过：有一个进水管，一个出水管，然后同时打开，问什么时候流满，或什么时候放光。

我就纳闷了，怎么会同时打开呢？你到底是要洗澡还是要洗池子啊？

现在我们知道了，这种情况其实很常见，公司就经常有个管子常年往外流水，比如公司员工自己开个公司跟公司抢订单。

员工成立个公司，从事跟公司同样的业务，或者上下游等相关业务，一定是每家公司都比较忌讳的事情。一是员工不能全心全意为公司服务，二是存在利益冲突，难保员工不会利用公司资源服务于私利，甚至直接转移公司利益损害公司。

那么，怎么预防和规避呢？

一、公司章程中对忠诚义务进行扩大规定并列举

公司法中规定了对董事、高管的忠实义务，其中包括竞业禁止义务。

《中华人民共和国公司法》(2018年修正)

第一百四十七条　董事、监事、高级管理人员应当遵守法律、行政法规和公司章程,对公司负有忠实义务和勤勉义务。

董事、监事、高级管理人员不得利用职权收受贿赂或者其他非法收入,不得侵占公司的财产。

第一百四十八条　董事、高级管理人员不得有下列行为:

(一)挪用公司资金;

(二)将公司资金以其个人名义或者以其他个人名义开立账户存储;

(三)违反公司章程的规定,未经股东会、股东大会或者董事会同意,将公司资金借贷给他人或者以公司财产为他人提供担保;

(四)违反公司章程的规定或者未经股东会、股东大会同意,与本公司订立合同或者进行交易;

(五)未经股东会或者股东大会同意,利用职务便利为自己或者他人谋取属于公司的商业机会,自营或者为他人经营与所任职公司同类的业务;

(六)接受他人与公司交易的佣金归为己有;

(七)擅自披露公司秘密;

(八)违反对公司忠实义务的其他行为。

董事、高级管理人员违反前款规定所得的收入应当归公司所有。

其中,涉及竞业禁止的条款表述为“未经股东会或者股东大会同意,利用职务便利为自己或者他人谋取属于公司的商业机会,自营或者为他人经营与所任职公司同类的业务”。所谓为自己或者他人谋取属于公司的商业机会,就是俗称的“飞单”,自营或者为他人经营与所任职公司同类的业务,就是“竞业”。我们可以看到,这个规定比较笼统和狭窄,要想发挥威力,还需要添加装备。

比如说,什么属于同类业务?汽车玻璃和房屋门窗玻璃是不是同类业务?OTC药物和非OTC药物是不是属于同类业务?家庭净水和企业净水是不是同类业务?需要详细规定,说明哪些属于同类业务,逐一列举,排除竞争。

比如说,经营上下游业务等相关业务,做公司的客户或供应商,利用关联交易转移利润,这也是会损害公司利益的行为,但是法律没禁止,所以需要公司章程扩充规定。

二、公司章程中对高管进行定义列举

《公司法》规定的以上忠诚法律义务限于董事、高管，不包括普通员工，而高管的定义是公司的总经理(《公司法》规定的经理都是指总经理)、副总经理、财务负责人，上市公司董事会秘书和公司章程规定的其他人员。

《中华人民共和国公司法》(2018年修正)

第二百一十六条　本法下列用语的含义：

(一) 高级管理人员，是指公司的经理、副经理、财务负责人，上市公司董事会秘书和公司章程规定的其他人员。

依据这个定义，一个公司没有几个是高管，连总监、办公室主任可能都不算，而很多公司设置的CTO、COO、CIO，是不是属于高管，也不确定。以(2017)沪01民终14968号民事判决书举例，法院直接以“总监”“副总监”不属于《公司法》或用人单位章程列明的高级管理人员为由，驳回了用人单位的全部诉讼请求。

所幸，《公司法》规定，高管可以包括“公司章程规定的其他人员”。这个规定，可是个相当有用的授权，不用就浪费了。这下，公司可以清楚定义或列举哪些岗位属于高管了，比如，凡是部门正职及副职负责人以上，都可以定义为高管。然后把他们纳入法律规定的忠诚义务范围内，承担法定竞业禁止义务。

三、公司章程对违反竞业义务所得收入的计算方式进行明确

《公司法》规定董事、高管违反竞业等义务的，后果是“所得的收入应当归公司所有”。这里没有惩罚性后果，只是所得收入归公司，最多白干。而且所得的计算在实践中是很难处理的，比如高管参股了一家竞争公司，数年没分红，怎么算所得，是不是视为没有所得？这个在司法实践中争议也重重。

在司法实践中，即便法院认定了董事和高管违规收入的情况，仍有可能根据相关因素对用人单位可行使归入权(即要求所得收入归公司所有)的范围和金额进行酌定调整。比如，在(2013)一中民初字第13957号民事判决书中，北京法院虽认定劳动者在竞业禁止时间范围内所获收入为1 799 877.22元，但按照竞争公

司与用人单位实际经营业务的重合范围对用人单位最终可行使归入权的收入范畴酌定为20万元。

所以，公司章程应当对“所得收入”的计算方法进行定义，例如，即使没有分红，以股份比例计算的公司估值也可以视为所得；个人全部收入应当归公司所有，不论是否为直接损害公司利益所得；造成本公司损失也可以视为对方所得，等等。

四、与董事、高管及其他员工另行签署在职竞业协议并约定违约金

《公司法》规定董事、高管违反竞业等义务的后果是“所得的收入应当归公司所有”，但是所得收入金额是一个很难证明的事情，单位不得不吃哑巴亏。如果能直接约定违反竞业义务的违约金，只要证明存在竞业行为，就应当支付违约金，威慑力立马大大增加。但是，与作为员工的董事或高管约定在职期间违反竞业的违约金，目前没有明确的法律依据。并且《劳动合同法》规定，只有在两种情况下，可以约定劳动者的违约金，一是违反服务期约定，二是违反离职后竞业限制义务。

《中华人民共和国劳动合同法》（2012年修正）

第二十二条　用人单位为劳动者提供专项培训费用，对其进行专业技术培训的，可以与该劳动者订立协议，约定服务期。

劳动者违反服务期约定的，应当按照约定向用人单位支付违约金。

第二十三条　用人单位与劳动者可以在劳动合同中约定保守用人单位的商业秘密和与知识产权相关的保密事项。对负有保密义务的劳动者，用人单位可以在劳动合同或者保密协议中与劳动者约定竞业限制条款，并约定在解除或者终止劳动合同后，在竞业限制期限内按月给予劳动者经济补偿。劳动者违反竞业限制约定的，应当按照约定向用人单位支付违约金。

第二十五条　除本法第二十二条和第二十三条规定的情形外，用人单位不得与劳动者约定由劳动者承担违约金。

但是，不论劳动者是董事、高管还是普通员工，劳动者对用人单位都负有忠实义务，用人单位对劳动力具有独占或优先使用权，由于员工在职期间可以更为轻易且持续地接触到用人单位的保密信息或商业情报，所以如果其违反忠实义

务从事影响或危害本职工作或用人单位利益的行为，特别是竞业行为，其造成的损害和恶劣程度是明显大于离职后对竞业限制义务的违反的。

好在法官在各个判例中起到了平衡作用。金杜律师所的姜俊禄律师团队对员工在职竞业义务进行了研究，结论是，用人单位可以要求董事、高管及普通员工在职期间承担竞业限制义务并在违反时支付违约金。

摘要如下：

“我们首先检索到了12个北京地区的相关案例，在这些案例中，法院认为，在双方意思表示真实的前提下，约定在职期间的竞业限制义务，内容不违反法律行政法规的强制性规定，因而是有效的。如果普通员工在职期间违反竞业限制义务，应按照约定向用人单位支付违约金[参见段某涛与北京易观网络信息咨询有限公司劳动争议二审民事判决书(2015)三中民终字第07031号]。

在此基础上，北京市第一中级人民法院和第三中级人民法院较为强调竞业限制协议的约定，即只要用人单位与员工在竞业限制协议中约定了在职期间员工负有竞业限制义务，那么对其约定的违反就应按照协议承担责任[刘某河等劳动争议二审民事判决书(2016)京01民终965号、翟某方与北京中天美澳国际教育咨询有限公司劳动争议二审民事判决书(2015)三中民终字第07907号]。而北京市海淀区和朝阳区法院则进一步论述，普通员工在职期间从用人单位领取劳动报酬，与董事、高级管理人员类似，依法对用人单位同样负有忠实义务，包括不得与用人单位竞业。因此，普通员工违反在职期间竞业限制义务的，应承担责任[学大教育科技(北京)有限公司诉陆某竞业禁止纠纷案(2008)海民初字第22776号、布劳提干矿山设备(北京)有限公司与申某勇劳动争议一审民事判决书(2014)朝民初字第02481号]。

我们将视野进一步扩大到广东和上海。在我们检索到的9个广东省案例和11个上海市案例中，除两个上海的案例外，法院均持有与北京类似的观点，即认可用人单位与普通员工约定在职期间的竞业限制义务。同样，在论及该等义务及责任时，也反复强调了协议约定和忠实义务的内容[参见王某与广州曼大德宇教育科技发展有限公司劳动合同纠纷申诉、申请民事裁定书(2015)粤高法民申字第1835号、钟某繁与上海优弈讯网络技术有限公司劳动合同纠纷二审民事判决书(2014)沪二中民三(民)终字第359号]。

由此看来，关于在职期间竞业限制义务不仅限于《公司法》规定的董事、高级管理人员等范围，通过协议约定，用人单位也可以要求普通员工在职期间承担竞业限制义务并在违反时支付违约金。”

因此，不管最后的判决结论如何，我们都强烈建议，与董事、高管及普通员工约定在职期间的竞业义务并约定违约金，同时约定赔偿损失，并以两者中较高者为准（万一违约金约定不被司法支持，可以适用赔偿损失条款）。

五、尽早进行股权激励

在职期间设立公司从事经营的人，抛开道德感不说，往往是事业心企图心强、起码赚钱欲望比较强烈的人。从某个角度来说，这些人正是股权激励的合适对象，不如让他成为公司股东，一起创业。

对于一个品行中等的人来说，私设公司从事竞争业务或者上下游业务，可能在道德情感上没有什么克服不了的障碍，也没有多少负罪感。但是假如自己已经是股东、合伙人了，还偷公司的油吃，就实在不地道了，这个不是在挖资本家的墙角，而是在挖兄弟们的墙角。如果不是品行实在不端、入职目的就是要来占公司便宜的，正常人还是狠不下心、做不出来的。

因此，为了防止董事、高管等重要人物私自从事竞争业务，可以尽早计划和操作股权激励。

六、入职时要求详列家庭成员

员工在职期间设立竞业公司的，尤其在存心要侵犯公司利益的情况下，基本不会用自己名义注册公司，而用近亲属或同学等亲近人员的名义。

为了提前准备，方便日后顺藤摸瓜去查证、举证，可以在员工入职时要求详列近亲属姓名和紧急联系人，在员工还没有想法、没有防备的时候，提前布局，做好准备工作，增加员工私设公司的难度和风险。

七、定期签署文件、进行培训，重申竞业义务和后果

建议在每年度签署目标责任状或重签劳动合同时，都同时签署一系列关于保密、竞业等事项的承诺书或协议，一再重申和强调其责任义务及违反后果。同时可以请外聘律师就违反保密、竞业义务的刑事责任、违约金、赔偿责任进行案

例介绍说明,强化心理约束。

相关案例参考

鑫波食品(上海)有限公司诉宋某涛损害公司利益责任纠纷案

裁判要点:

(1) 公司董事、高级管理人员在任职期间,另行设立其他公司与其任职公司经营同类业务,属于公司法第一百四十八条第(五)项规定的董事、高管的竞业禁止行为,违反了董事、高管对公司的忠实义务。董事、高管因此获得的收入应当根据公司法第一百四十八条第二款的规定归还其任职的公司。

(2) 虽然董事、高管另设公司从事同业经营的公司收入属于该另设公司所有,但可以根据董事、高管在该另设公司的持股比例并结合其他证据,酌定董事、高管在其另设公司同业经营中所获得的个人收益,并判令董事、高管将该收益归还其所任职的公司。

基本案情:

2011 年 4 月 2 日,鑫波公司设立,注册资本为 55 万美元,系由两名波兰籍居民在中国境内投资设立的外商投资企业。根据公司章程规定,鑫波公司的经营范围为:生产、加工肉制品(香肠、火腿),销售本公司自产产品并提供售后服务(涉及行政许可,凭许可证经营)。公司章程另规定,公司高级职员不得参与其他经济组织对本公司的商业竞争行为。公司设立后,即聘请宋某涛担任公司的总经理,负责公司的经营管理。2013 年 10 月 23 日,鑫波公司委托律师向宋某涛发函,免除宋某涛的总经理职务,并终止所有有关公司事务的授权。

2012 年 6 月 7 日,申根公司经上海市工商行政管理局宝山分局核准设立,注册资本为人民币 50 万元,股东为三人,即樊某波(认缴出资 10 万元,持股 20%)、宋某根(认缴出资 25 万元,持股 50%)、宋某涛(认缴出资 15 万元,持股 30%),并由樊某波担任法定代表人。申根公司经营范围包括预包装食品(不含熟食卤味、冷冻冷藏)、货物进出口业务、电子商务(不得从事增值电信、金融业务)、日用百货销售(企业经营涉及行政许可的,凭许可证件经营)等。审理中,宋某涛拒绝提供申根公司的资产负债表及其销售香肠类制品的统计数据，导致法院无从核实申根公司的具体经营项目、销售盈亏状况以及职员工资收入等情况。

该案诉讼中，鑫波公司根据网页截图记载统计，截至当前，申根公司在1号店网店中销售“百万富翁”品牌的香肠制品，该香肠制品的生产商即为鑫波公司，销售额约为人民币264 813元。宋某涛认为该截图时间不明、真实性无法确认，不予认可。

裁判结果：

上海市嘉定区人民法院于2015年2月15日作出(2014)嘉民二(商)初字第2450号民事判决：驳回鑫波公司的全部诉讼请求。

宣判后，鑫波公司提起上诉。上海市第二中级人民法院经审理于2016年1月12日作出(2015)沪二中民四(商)终字第793号民事判决：(1)撤销上海市嘉定区人民法院(2014)嘉民二(商)初字第2450号民事判决；(2)宋某涛应于本判决生效之日起十日内赔偿鑫波食品(上海)有限公司人民币80 000元。

裁判理由：

法院生效裁判认为：根据我国公司法的规定，董事、监事、高级管理人员应当遵守法律、行政法规和公司章程，对公司负有忠实义务和勤勉义务。如若利用职务便利为自己或者他人谋取属于公司的商业机会，自营或者为他人经营与所任职公司同类业务的，违规所得的收入归公司所有。给公司造成损失的，应当承担赔偿责任。

本案诉辩双方的争议焦点为：(1)宋某涛作为鑫波公司原高管是否因违反我国公司法及公司章程中有关高管忠实、勤勉义务的规定而获利或给公司造成损失，从而应当承担相应的赔偿责任；(2)鑫波公司主张的赔偿金额是否具有相应依据。

对于争议焦点(1)，宋某涛受聘担任鑫波公司总经理，全权负责加工、销售香肠肉制品等公司业务。然而其在任职期间，另行与其父亲宋某根及案外人樊某波共同设立了申根公司。申根公司的经营范围包括销售香肠、火腿等肉制品，且实际在1号店网店中大量销售了鑫波公司生产的香肠类制品，存在获利。另须说明的是，宋某涛与其父亲宋某根合计持有申根公司80%的股权，故宋某涛称其并不参与申根公司的经营决策，亦从未获利，有悖常理。申根公司另一股东樊某波同时是漫趣公司的法定代表人，漫趣公司曾经在宋某涛担任鑫波公司总经理期间受托为鑫波公司代为申请香肠品牌的商标注册申请，但漫趣公司最终将该品牌据为己有，宋某涛亦未对此提出异议或采取相应措施。基于此，结合一般商事规律、普通大众认知及公序良俗，可以推定宋某涛利用职务便利为自己及申根公司谋取了本属于鑫波公司的商业机会，并为申根公司经营了与鑫波公司同类的业务，违反了我国公司法中高管的忠实、勤勉义务，损害了鑫波公司的利益，并使自身获利。故宋某涛因此获得的利益应当归鑫波公司所有。

对于争议焦点(2)，虽然鑫波公司对其主张的宋某涛在申根公司取得20万元收入缺乏明确的证据印证，但并不意味着宋某涛即可免除责任。首先，在宋某涛本人拒绝提供其在申根公司的收入证明的情况下，鑫波公司的确无法通过合理途径进行取证。诉讼中，经法院要求，宋某涛仍拒绝提供申根公司的资产负债表及其销售香肠类制品的统计数据，导致法院无从核实申根公司的具体经营项目、销售盈亏状况以及职员工资收入等情况。其次，宋某涛亦未提供证据证实申根公司于网店中销售的香肠类制品系通过正常的商业途径从鑫波公司处取得，并有权进行转售。而鑫波公司在诉讼中已提供了证明申根公司26万余元的网店销售记录的网页截图；宋某涛仅以截图未经公证、真实性无法确认、时间不明等为由粗略质证，而未提供其自行统计的销售记录、销售成本、盈利数据等加以反证，对此宋某涛应承担不利后果。最后，虽然申根公司销售肉制品的收入归申根公司所有，但宋某涛对申根公司具有30%的股权，申根公司销售盈利的增加亦使得宋某涛对申根公司的股权价值增值，宋某涛因此获得了实际收益。

基于上述分析，上海市第二中级人民法院结合查明的事实及现有证据，并参考香肠类制品的一般盈利和成本情况以及宋某涛在申根公司30%的持股比例，认为应当酌情改判宋某涛赔偿鑫波公司80000元。

案例索引：上海法院网，上海市嘉定区人民法院(2014)嘉民二(商)初字第2450号判决书、上海市第二中级人民法院(2015)沪二中民四(商)终字第793号判决书。

第十九节 董事、高管违反勤勉义务，造成公司损失能否要求赔偿？

按照劳动法规规定，员工工作过失造成单位损失的，单位有权要求赔偿。赔偿额每月工资中扣除，但是扣除不得超过当月工资的20%。

《工资支付暂行规定》

（劳部发〔1994〕489号）

第十六条 因劳动者本人原因给用人单位造成经济损失的，用人单位可按照劳动合同的约定要求其赔偿经济损失。经济损失的赔偿，可从劳动者本人的工资中扣除。但每月扣除的部分不得超过劳动者当月工资的20%。若扣除后的剩余工资部分低于当地月最低工资标准，则按最低工资标准支付。

但是如果造成单位损失的是董事、高管，比如总经理，怎么办？

员工造成的损失，可能是操作工损坏了设备，售货员丢了货物，司机违章被罚款，损失金额一般有限。总经理则不一样，一笔合同因失误而违约，要赔偿几十万元，一个决策错误，几百万元可能就没了。如果也是这样月月扣工资20%，猴年马月也赔不完。

总经理不同于普通员工，对公司的影响是决定性的，甚至致命的。这个扣法显然不合理，不科学。

别担心，《公司法》另有办法。

《公司法》规定，董事、高级管理人员，对公司负有忠实义务和勤勉义务。所谓忠实义务，就是应当忠诚于公司，不得为了个人利益损害公司利益。所谓勤勉义务，就是应当审慎注意，尽职尽责地为公司利益工作。违反忠实义务时，所得的收入应当归公司所有。违反勤勉义务时，法律没有直接规定，但是规定，董事、高管执行公司职务时违反法律、行政法规或者公司章程的规定，给公司造成损失的，应当承担赔偿责任。

《中华人民共和国公司法》（2018年修正）

第一百四十七条 董事、监事、高级管理人员应当遵守法律、行政法规和公司章程,对公司负有忠实义务和勤勉义务。

第一百四十八条　董事、高级管理人员不得有下列行为:

(一)挪用公司资金;

(二)将公司资金以其个人名义或者以其他个人名义开立账户存储;

(三)违反公司章程的规定,未经股东会、股东大会或者董事会同意,将公司资金借贷给他人或者以公司财产为他人提供担保;

(四)违反公司章程的规定或者未经股东会、股东大会同意,与本公司订立合同或者进行交易;

(五)未经股东会或者股东大会同意,利用职务便利为自己或者他人谋取属于公司的商业机会,自营或者为他人经营与所任职公司同类的业务;

(六)接受他人与公司交易的佣金归为己有;

(七)擅自披露公司秘密;

(八)违反对公司忠实义务的其他行为。

董事、高级管理人员违反前款规定所得的收入应当归公司所有。

第一百四十九条　董事、监事、高级管理人员执行公司职务时违反法律、行政法规或者公司章程的规定,给公司造成损失的,应当承担赔偿责任。

而这个“执行公司职务时违反法律、行政法规或者公司章程的规定,给公司造成损失的,应当承担赔偿责任”的条款,在司法实践中,一直被用来作为违反勤勉义务时承担赔偿责任的依据。

一旦被认定构成董事、高管的身份,且存在违反勤勉义务的,就需要承担赔偿责任。没有什么工资20%的限制。

以作者所见案例,赔偿额都是全额,一次性。

在认定是否构成违反勤勉义务时,有一个很有代表性的判例认为,董事、监事、高级管理人员的勤勉义务,是指董事、监事和高级管理人员行使职权、作出决策时,必须以公司利益为标准,不得有疏忽大意或者重大过失,以适当的方式并尽合理的谨慎和注意,履行自己的职责。判断董事、高级管理人员是否履行了勤勉义务,应该从三个方面加以辨别:(1)须以善意为之;(2)在处理公司事务时负有在类似的情形、处于类似地位的具有一般性谨慎的人在处理自己事务时的注意;(3)有理由相信是为了公司的最大利益的方式履行其职责。

综上,为了有效督促公司董事、高管恪尽职守,对待公司的事情“视如己出”,

作者建议如下：

（1）公司应当设立董事会而不是执行董事，将公司的重要管理岗位人员都选入董事会，一则许以身份，起到激励作用，二则纳入《公司法》规定范畴，一旦因工作失误造成公司损失，可以绕开《劳动合同法》的倾斜保护，直接以《公司法》规则起诉。其实这样做也没有太多麻烦和不良后果：人员离职时，更换董事并不需要该董事签名，股东会决议即可。而且不是一离职就必须更换，不在职也可以担任董事，董事不出席也可形成决议；另外，一般来说，创始公司的控制权掌握在股东会，也不用担心董事过多影响公司控制权或决策效率。

（2）公司章程将高管人员进行自行定义，扩大公司法定义的高管范围。

（3）公司章程对董事、高管的勤勉义务进行细化规定，并对违反勤勉义务的认定、赔偿的认定和计算方式进行规定。以弥补法律对勤勉义务的赔偿责任没有直接规定、法院需要勉强适用规定的漏洞。

（4）外部律师定期对董事、监事、高管进行案例教学，宣导培训，强化心理约束。

相关案例参考

案例一

上海雅昌艺术印刷有限公司与戴某损害公司利益责任纠纷一审

［(2019)沪0114民初928号］

一审法院认为，公司法第一百四十七条第一款规定了董事、监事、高级管理人员对公司负有忠实义务和勤勉义务，第一百四十八条明确列举了董事、高级管理人员违反公司忠实义务的各种行为，但尚未对上述人员违反勤勉义务的行为作具体规定。立法设定勤勉义务在于督促公司高管在从事公司经营管理活动时应当恪尽职守，尽职地为公司利益工作。因此，公司高管的行为出于善意，为了公司的根本利益而非个人利益，且尽到了审慎注意义务，即可免于承担法律上的责任。

上海雅昌艺术印刷有限公司与戴某损害公司利益责任纠纷二审

［(2019)沪02民终11313号］

法院认为，本案的争议焦点为：戴某是否尽到了高级管理人员的勤勉义务。公司法第一百四十七条第一款规定，董事、监事、高级管理人员应当遵守法律、行政法规和公司章程，对公司负有忠实义务和勤勉义务。法院认为，该条规范项下的勤勉义务是指，董事、监事、高级管理人员在作出经营决策前，应当尽到一个理性主体在相似处境下应尽的谨慎注意义务，诚实且有正当的理由相信决策符合公司最佳利益。本案中，涉案仓库出租前空置已久且多为漏雨屋顶，处于产生费用而非盈利的状态。戴某所述，其系基于涉案仓库出租能够为雅昌艺术公司减少安保成本、增加租金收益的考量而作出对外出租的决策，有其合理性。在戴某作出出租决策后，涉案仓库出租的具体事项交由雅昌艺术公司的工作人员经办，出租合同经雅昌集团公司法务部门审核后签订。在发现承租方实施违法行为后，戴某指派雅昌艺术公司工作人员采取发送整改通知书、解除合同通知书等措施予以补救。前述事实，能够认定戴某在就涉案仓库事项出租决策、履行、承租方违约后的补救方面，尽到了合理的注意义务。

案例二

上海老酷客餐饮有限公司诉刘某娜损害公司利益责任纠纷案

［(2019)沪01民终7582号］

一审法院审理后认为，我国公司法第一百四十九条规定，董事、监事、高级管理人员执行公司职务时违反法律、行政法规或者公司章程的规定，给公司造成损失的，应当承担赔偿责任。刘某智在担任老酷客公司的股东及法定代表人期间，擅自对涉案承租房屋进行改造与装修，该行为不但违反了其与××公司签订的租赁合同中关于不得改变房屋使用性质、不得在营业执照范围外经营、改变房屋结构须事先征得××公司及相关部门书面同意等的约定，也严重影响了房屋质量，改造后的房屋本身消防未经验收，电路混乱，且系争房屋被分隔成百余间空间狭小的房间，入住人员杂乱，房屋安全隐患巨大。刘某智的上述行为，直接导致老酷客公司与××公司之间的房屋租赁合同被××公司解除，老酷客公司向××公司支付305 168元，该款项为老酷客公司的实际损失，因此该损失应由刘某智进行赔偿。根据2018年9月19日刘某智在接受普陀分局曹阳新村派出所讯问时所作的陈述，该确认书上加盖的“老酷客餐饮有限公司”字样印章系刘某智加盖，并未得到老酷客公司现任股东或法定代表人的授权、确认，不能代表老酷客公司的真实意思表示，故对刘某智的该项辩称，一审法院不予采纳，刘某智应赔偿老酷客公司实际损失305 168元。

案例三

李某某与甲公司高级管理人员损害公司利益赔偿纠纷上诉案

［（2009）沪一中民三（商）终字第969号］

法院认为，基于甲公司请求权的基础，是否支持甲公司的诉讼请求，需要在三个方面加以判断：其一，李某某是否是公司法意义上的公司高级管理人员；其二，李某某是否违反了勤勉义务；其三，甲公司是否由于李某某的行为造成了损失。

关于李某某在甲公司身份的认定，根据现有的证据以及李某某在原审第一次庭审中的陈述，可以确认在公司原法定代表人罗某患病期间，李某某依据公司的决定全面负责甲公司的工作，即使涉案《任命书》中没有"担任总经理"等字样，但李某某行使公司总经理职务是不争的事实。李某某作为甲公司高级管理人员的身份毋庸置疑，且其又全面负责与案外人日华公司的UV手机外壳涂装线项目。至于李某某又以其身为甲公司的监事，根据公司《章程》的约定不得担任高级管理人员，故其不是公司高级管理人员的抗辩理由。原审法院认为，我国法律对公司董事、高级管理人员不得兼任监事也有相同的规定，主要原因为：有限责任公司的监事会成员或者监事，其主要职责是监督公司董事、经理等经营决策机构和业务执行机构的人员的活动，纠正他们的违法行为和损害公司利益的行为。因此，这两类职责不得交叉，担任这两类职责的人员不得兼职，否则无法形成监督制约的机制。如果出现相互兼职的情况，其后果仅为：该高级管理人员作为监事的任职应当无效，所作出的监督结果的报告也为无效。因此，李某某在本案中担任甲公司高级管理人员的情况只是影响其监事职权的效力，与本案争议焦点无涉。

关于李某某在本案中是否有违反勤勉义务的行为。董事、监事、高级管理人员的勤勉义务，是指董事、监事和高级管理人员行使职权、作出决策时，必须以公司利益为标准，不得有疏忽大意或者重大过失，以适当的方式并尽合理的谨慎和注意，履行自己的职责。判断董事等高级管理人员是否履行了勤勉义务，应该从三个方面加以辨别：（1）须以善意为之；（2）在处理公司事务时负有在类似的情形、处于类似地位的具有一般性谨慎的人在处理自己事务时的注意;(3)有理由相信是为了公司的最大利益的方式履行其职责。李某某在全面负责甲公司经营期间,作为UV手机外壳涂装线项目甲公司一方的具体经办人,仅以口头协议的方式与相对方日华公司发生交易行为,在其离职时亦无法向甲公司提供经交易对象确认的文件资料。按照经营的一般常识,采用口头协议交易的方式,一旦与交易对象产生纷争时,无法明确各自的权利义务关系。故对于不能即时完成交易的民事行为,交易双方一般均采取签订书面协议或由交易相对方对相关内容作出确认。因而李某某应有理由相信采用口头协议方式的经营判断是与公司的最佳利益不相符合,然而其无视该经营风险的存在,没有以善意(诚实)的方式,按照其合理地相信是符合公司最佳利益的方式履行职务;并且,以一种可以合理地期待一个普通谨慎的人,在同样的地位上,类似的状况下能够尽到的注意,履行一个高级职员的职责。因此,李某某明显违反了勤勉义务。

关于甲公司是否由于李某某的行为遭受了损失,须从两个方面予以判定:(1)公司有无损失;(2)李某某违反勤勉义务的行为与公司受到损失之间是否存在因果关系。李某某在离任时已确认关于日华公司的UV手机外壳涂装线项目的应收款项数额还有110万元。因该项目自始至终均由李某某负责,在其离职后,由于缺乏与日华公司发生交易的相应凭证,导致甲公司无法对该110万元应收之款项向日华公司提出主张。对于这一节事实,甲公司已经提供了相应的证据予以佐证,李某某没有相反的证据加以反驳。因此可以认定该损失已经造成,李某某违反勤勉义务的行为与甲公司受到损失之间存在因果关系。尽管李某某抗辩交易双方曾产生质量纷争,应收款有可能没有110万元的数额,甲公司相应的损失亦没有110万元。但这只是李某某为在本案中减少自己应承担责任的托辞。李某某在办理离职交接时已经对该数额予以了确认,并且在原审第一次庭审中自认不付款的原因是对方的偿债能力问题。故李某某的相关抗辩意见,原审法院未予采信。

第四章　股权激励

第一节　你能从本章内容中得到什么？

开讲之前，咱们先聊聊人生。

我想请各位正在创业或即将创业的朋友们闭目想一想，我们要忍受那么多委屈、艰辛、孤独、压力，为的是什么？我们创业的梦想是什么？

有个人说：我的创业梦想就是“一群志同道合的朋友，一起快乐地成就一番伟大的事业”。

这个人是曾经连续创办携程、如家、汉庭的传奇创业家季琦。这段话摘录自他写的一本书——《创始人手记》，推荐大家阅读。

还有个人，把自己的创业梦想说得更具体，他说：拉上三五个意气相投的朋友，开上一家挥洒汗水打拼江山的公司，做一门有益社会的生意，最后把公司推上市，彻底实现财富自由！他是谁呢？目前谁也不是，就是我的一位创业的朋友，可能走向传奇，也可能默默此生，但是他希望有绽放的生命！

我想，这些就是我们很多创业者的梦想吧，这就是现代商业社会的功成名就。实现如此梦想，可谓不枉此生。

讲到此处，作者也是忍不住心潮澎湃，心驰神往。

这时候又有个人说，一心想摘到月亮的人，却被脚下的稻草绊了个马趴。看来光有梦想不够，还得脚下看路。

创业这玩意儿，怎么才能弄成功呢？首先面临的问题就是合伙人，要不要，怎么要？我们来向那些已经实现梦想的公司取取经。

新东方创始人俞敏洪、徐小平和王强，三人也是北大同窗好友，2006 年 9 月美国纽约证券交易所成功上市，他们的故事还被拍成了电影《中国合伙人》，其中很多话题热议至今，引起广泛共鸣。

但是关于合伙人的问题，新东方的创始人却看法迥异，让人很是惊讶。

2018年8月，已经创立洪泰资本的俞敏洪在亚布力企业家论坛上说："合伙人之间也不互相信任，我看到很多创业公司因为合伙人打架散伙的比比皆是。我现在投资有一个感觉，最好不要投几个人合伙的，一个创始人的反而容易成功。有三个合伙人以上，搞不清哪天就打架了，而且中国合伙人之间打架好像是必然现象，不是偶然现象。"这个演讲视频我曾特意收看过，其实论坛现场老俞还飙了一句粗话，说对这样的公司"老子就不投了"。

离开新东方后又创办了真格基金并且再次大放异彩，生命绽放到爆炸的徐小平是怎么看的呢？

2014年9月他在微博中说，"遇到一位挣扎4年的创业者，拥有公司100%的股份。有4位元老从第一天就跟着他干，但他就不肯给人家股份，只给工资。他的做法违反了创业基本规律：你至少必须有一位联合创始人，跟你风雨同舟，安危与共。马云有十八罗汉，新东方有三驾马车，'二人同心，其利断金'，也能赢金"。在另外一条微博里，他说"我说的那位百分之百占股的创始人，当时我跟她大讲联合创始人的重要性，她反过来跟我辩论说可以不需要联合创始人。我被她说得无语，只好认输，道不同不相为谋，所以选择不跟她合作。我对联合创始人的偏执信念，是从我自己许多失败投资案例中总结出来的极其昂贵的创业财富，我认为是创业的天条之一"。这是微博原话，一字未动。

大家看到没有，俞敏洪不要投有合伙人的创始人，而徐小平不要投没合伙人的创始人。

那我们创业者该怎么办？有乐观的家伙说，貌似怎么办都可以啊，不是吗？

对不起，这位朋友，你跑偏了。

我们要聊的问题是，合伙人，到底要不要？联合创始人要不要？股权激励要不要？在前面两位大佬看来，这可都是关系生死存亡的大事情啊！

作者也认为这是要命的事情。

要命的事情，怎么能没弄清楚就蒙头上呢？

我认为，以他们两位的资历，那么高的事业成就，一定都看到了事情的真相。但他们说的是矛盾的，怎么办？

我认为，矛盾是可以统一的（矛盾就是用来统一的）。把矛盾统一起来很难，难就对了，因为创业本来就很难，创业就是完成比难更难的事！梦想本来就很难实现，连马云都在前面加个“万一”。

难就难在，找合伙人可以说是必需的，这是徐小平的经验，找合伙人也是致命的，这是俞敏洪的经验。大家说创业九“死”一生，很多人“死”在这里。有调查显示，起码一半以上的股权激励是失败的。

接下来我们就一起学习探讨，通过全面谨慎的分析研究，吸收企业家及创投大佬的智慧，总结成败案例的经验教训，争取搞清楚其中奥妙。

我们这个课程所讲的，就是怎么把矛盾统一起来，怎么把毒液喝下去，化解掉毒性，变成营养丰富的玉液琼浆；怎么火中取栗，怎么在悬崖边安全地跳舞；怎么把美妙诱人的创业梦想，化为具体而正确的行动。

我们在这个课程里，就是想讲清楚，合伙人该不该要，怎么要？股权激励到底是什么？目标是什么？底层逻辑是什么？在一般人普遍理解到的观念和表象下面，还有什么？人们对它存在哪些误区和偏见？是什么保证了它的成功，又是什么导致了它的失败？哪些人、哪些公司不适合做激励？而哪些公司不得不做激励？过程中需要把握哪些要点？要避免哪些坑？怎么成倍地放大激励的效果？对一个具体的公司来说，到底该怎么一步一步地操作？

好，所有这些疑问，我们一一探讨，一一解开。我们下节见。

第二节　股权激励是创业标配吗？

我朋友老黄辛辛苦苦从一家国企的底层成为总经理，然后，他放飞了自我，离职了。因为——用他的话说——他活得有点不耐烦了，他要创业。

然后他开始调研市场、制定战略、注册公司，同时在思考一个问题，是找合伙人容易创业失败呢，还是不找合伙人容易创业失败。他还来跟我很严肃地讨论。

那么，创业到底是不是必须找合伙人，必须做股权激励？该怎么看待这个问题？

我们可以从几个方面来考察：

那些创业成功的公司，他们有没有合伙人，有没有做股权激励？

从统计角度看，创业公司做股权激励的情况如何？

知名投资人对合伙人这个问题，都是怎么看的？

好，我们开始。对于成功的公司，其实没有特别明确的标准，我们就先看“BATJ”。

百度2005年6月成功登陆纳斯达克，百度创始人兼CEO李彦宏持股占比22.9%，身价超过9亿美元。招股书披露，百度的股权有5.5%为普通员工所持。其中，还不包括公司高管的股权，或已经行权的员工持股。

阿里巴巴集团在美国IPO时，公司股票的发行价为68美元，开盘价为92.7美元，根据招股书，阿里已经以股票期权和其他股权奖励的形式，向现任和前任员工总计发放了公司26.7%的股份。按照每股68美元计算，该部分股份的市值超过450亿美元。据悉，阿里总共约有一万多人拥有股权，平均每人将获得约182万美元的股权激励。阿里巴巴IPO后，董事长马云持股占比为7.8%。

腾讯公司2004年6月挂牌港交所时发行价仅3.7港元。腾讯CEO马化腾持有14.43%的股权。上市以后，2007年12月，腾讯又宣布进行意在挽留和吸引人才的股权激励计划。在有效期10年内，集团授出股份总数不超过已发行股本的2%，奖励个人授出的股份最高不超过该发行股本的1%。

2013年，上述股权激励计划进行了扩容，最高限额由占已发行股本的2%提升至3%。据悉，包括项目经理、总监在内超过千名基层干部被纳入新的奖励范围内。

上市后，腾讯还有过几次股权激励，包括2008年董事会决议向184位员工授出101.605万股新股作为奖励，2009年宣布针对1 250位员工的818.118万股股票奖励，约占发行股本的0.453%。当时腾讯的员工为5 000人左右，股权激励的员工占了近1/4。

再看京东，2011年底，刘强东曾表示，京东发给员工的股权超过他个人70%。2014年5月，京东在纳斯达克挂牌上市，上市前，刘强东持股比例增至18.8%，成为京东第一大股东。刘强东的股权增加来自奖励，京东董事会基于其对过去10年的贡献，给了他一笔价值超过6亿美元的股权，占总股份4%。京东对创始人做了个股权激励。

上市前的2013年底，京东将此前5个版本的股权激励方案合并，规定最多可以授出4.68亿股。截至上市，已经授出1.07亿股。

以上可见，BATJ，无一例外，都做了大份额的股权激励，成就了众多高管员工。我们再看看BATJ外的其他公司：

小微金服：(除马云外)员工持股小微金服比例32.7%，马云持股小微金服将不超过 7.8%。

奇虎 360：2011 年奇虎 IPO 时，员工持股 22.3%，周鸿祎持股 21.5%。360 创立时有 40%的股份为员工持股，上市前稀释到 20%多。

猎豹移动：2014 年猎豹公司 IPO 时，团队和员工持股约 11.6%，创始人傅盛持股比例约为 7.5%。

迅雷：2010 年底，邹胜龙表示员工持股 15%，邹胜龙在 2014 年迅雷公司 IPO 时持股比例为 9.5%。

优酷：2010 年优酷公司上市时，500 多名优酷员工全员持股，古永锵持股 41%。

去哪儿：2013 年 IPO 时，除了高管及董事股外的管理层与员工持有公司股权约 2.3%，庄辰超持股 7.23%。

当然，以上数据有一些是公司上市时的数据，不清楚这些员工持股是什么时候取得的。但是有两点值得注意，根据以上数据，一是一些公司持续进行股权激励，比如腾讯和京东；二是员工持股比例很高甚至超过创始人，不大可能是上市前突击发放的。

而且从逻辑上讲，一个上市或接近上市的公司的号召力和薪酬支付能力比初创公司大得多，如果上市公司都在做股权激励，你一个初创公司却不做，拿什么吸引优秀人才呢？

那反过来看，有没有成功的创业公司，没有合伙人，创始人自始至终是独苗的呢？大家可以想想看，我的印象中没有。我们正在做一个独角兽公司股权方面的统计，敬请关注。

看完个案，我们再看看大数据的情况：

2015 年《财富》杂志报道，世界 500 强企业中有 85%的企业使用了股权激励。

在美国，公司给员工的期权池的平均大小是 8%；在硅谷，互联网公司期权发放比例的平均占比是 15%～20%。

中概股教育公司的员工持股计划（ESOP）发放占比平均是 10%。其中，新东方发放占比为 16.51%；正保教育占比为 7.82%；学而思对外披露的是 3.6%。

我们再来看看知名投资人和公司创始人的看法：

腾讯五虎将之一 COO 曾李青，2007 年 5 月离开腾讯，成立自己的投资公司——德迅投资，他提出了“9种公司不能投”，其中包括“股份安排不合理的公司”，他说：“有很多项目在创业初期股东安排就不合适，利益不均衡，没有空间容纳其他更好的人才。当我们投资的时候，他的股东结构已经是这样了，我们很痛苦，想让他再发点期权也就是一点点，很难吸收到很好的人才。”注意，这里面讲到了股权激励。

丰厚资本创始合伙人吴智勇认为，“一定要有联合创始人，一定要有团队。那种依靠感、有问题互相商量的感觉让人踏实”。他还说，最好的情况是CEO占股60%或50%，其余三四个联合创始人以20%、15%、10%等类似比例分配股权，这样项目会相对比较安全。

真格基金的王强认为，天使阶段投资必须满足三个条件，其中之一是：“团队搭建基本到位”。他说，“因为在天使阶段，很多商业模式并不十分清晰，而且即便清晰，能不能跑出来还没有把握。所以，最主要的事情是要有一个非常完整的团队。你要有能力召集你的团队。创业者基本上都是白手起家的，你的这个梦想能不能点燃自己周围的人，这是验证你能不能成功的第一步”。

今日资本徐新在回答传统企业如何具有互联网基因时，以良品铺子为例，给了三点建议。第一，单独成立互联网部门，不要求穿西装。凡是穿西装的互联网企业都死了。第二，让80后做该事业部的负责人。第三，股权激励。

互联网教育公司尚德机构创始人欧蓬在一次发布会上宣布，将拿出个人30%的股份，推行员工持股计划（ESOP），借此打造出国内教育领域最大的期权池，让员工受益。欧蓬在发布会现场表示：“于我而言，只有一个人实现财务自由是可耻的。”

作者接触的投资人，对没有合伙人的创业者，大致的看法是：(1)可能没有分享精神；(2)可能没有人格魅力，因此没有追随者；(3)没有形成稳定的事业团队，还没多大投资价值。总之负面大于正面。

我们最后看一个反面的例子吧，万达电子商务公司总经理龚义涛离职万达时曾接受《中国房地产报》的采访：“如果纯粹做地产公司，确实需要大团队作战。然而在互联网行业，十几个牛人做的公司最后卖到上亿美元是很正常的事情。但是，这需要好的激励机制，如果不能共享公司的成长，那么，公司一百倍的升值与你有何关系？所以，每个很牛的互联网公司都会有自己的期权制度。比如谷歌的人为什么很难挖，背后都是有很强大的期权支撑的。”

以上这些案例、数据、投资创业大佬的意见，我认为可以让我们形成一个初步判断，一个人发财的创业时代已经过去了，有 3 个趋势带来了股权分享的创业时代。分别是：创业大众化，你单位的年轻人动不动就要自己去创业，这是当初 70、80 后员工没怎么想过的事；人力资本化，人才成为创业越来越重要的资源；服务线上化，也可以叫赢家通吃化，一家公司可以服务全中国，一个行业甚至只能一家独大，你没办法割据一方，占住自己的地盘赚钱，必须积聚优势人才资源，迅速覆盖。

可以说，现在，股权激励就是创业标配。

最后，我跟老黄形成的共识是：创业时，合伙人不是必须有，但是必须找。可以还没找到，但是不能还没开始。

第三节 一句话理解股权激励

有个心理学现象叫“孕妇效应”，是说怀孕的人会发现满大街都是孕妇。

作者 10 年前怀上了“股权激励”这个“娃”，然后每天接触到“股权激励”这个词不下 8 次，散布在飞机杂志、微信、图书、网页、各类公众号、沙龙、咖啡厅聊天对话，甚至诈骗电话中。在创业圈，股权激励就像水一样不可或缺，就像空气一样包围着我们。

作为一个“怀娃”10 年的人，我简直是又喜又忧。喜的是庆幸它被人熟知，忧的是担心它被人玩坏。但是老实说，大部分信息要么千篇一律，要么匪夷所思。

那么，到底什么是“股权激励”？

让我们先找一个来自权威的定义，然后一边批判，一边认识股权激励。

中国证监会 2016 年 7 月发布的《上市公司股权激励管理办法》规定，该办法所称股权激励是指上市公司以本公司股票为标的，对其董事、高级管理人员及其他员工进行的长期性激励。

首先我们认为，这个定义是针对上市公司的，其次我们认为，上市公司做股权激励效果是很差的。

（1）“以本公司股票”。对非上市公司而言不一定是“本公司”股票，可以——并且往往——是一个作为持股平台的合伙企业的合伙份额，这个合伙企业是本公司股东。

（2）以本公司“股票为标的”。标的是什么意思？标的就是交易对象，买卖一台电脑，电脑就是标的。为什么不是以股票为标的？首先，有限公司没有股票，只有股份，但这不是关键，关键是，很多非上市公司的股权激励模式中，股份并没有转移，例如虚拟股份、年薪虚股制等，股份一共有哪些权利？它包括股份登记公示权、表决权、分红权、增值权、剩余分配权、转让权、抵押权、继承权等，在很多股权激励方案里，只转移了部分权利，所以，转移的标的是股份的部分权利，而不是股份整体。举个例子，房子给你居住使用收租，但房子还是我的。所以，应该表述为“以本公司股份为工具”。

这个定义也基本说明了股权激励的特点：(1)以股份为中心；(2)以董事、高管为对象；(3)长期性激励。

而在我看来，股权激励就是公司老板愿意把一部分股份权益让给员工的，希望员工拼命工作！

股权激励，万变不离其宗的核心，就 6 个字，“股份权益转移”。大家注意，不一定是股权转移，而是或者转移了分红权、表决权、增值权、转让权，或者完整的股权，等等。总之，“股份权益转移”，离开了这 6 个字，就不算是股权激励。

我认为，“股份权益转移”，就是股权激励前后发生的最根本、最物理性的变化，是研究一切股权激励现象的本源和起点。

那么转移的目标是什么？激励？绑定？约束？降低薪酬成本？我认为最靠谱同时也最难的有两条：(1)站在股东的角度思考、行事；(2)打工者升级成为创业者，激发员工的生命动力，实现超频。如果简化成一句话，就是，用有限的股份资源取得最大化的激励效果。

什么是一个好的股权激励呢？就是，风险(代价)最小化，效果最大化。

我们再从几个维度来理解一下股权激励的实质：

(1) 股权激励是精神激励？还是物质激励？

我们看到很多专著、文章把股权激励归到物质激励里，认为股权激励就是产权革命，就是包产到户。首先肯定有物质激励，没有利益分享就不能谈激励，但如果只有物质激励，就把股权激励做小了、做狭隘了、做低端了、做亏了。股权激励要实现员工从打工者心态到创业者心态的升级，要激发员工的生命动力和潜能，就要引爆员工“心灵深处的自我革命”，不在精神激励层面做文章，就是只见冰山、不见水下，只见书本、不识文化。晋商在授予身股时“设坛拜将”，分红时有“胜似宗教的庄严仪式”，体现出“博大的文化内涵”，让人产生“虔诚的信奉和顶礼膜拜的追求”，都是精神层面的感染和激励。绝不要把股权激励做成了“咣当扔过去几个铜板”，而是双手捧上认同、欣赏、归属感、自我价值实现的途径。这才是操作股权激励的正确姿势。

(2) 股权激励跟支付工资有什么区别？

股权跟工资比起来有啥缺点呢？工资是即时的，股权是远期的；工资是直接的，股权是间接的；工资是灵活的，股权是固化的。这些都是股权的缺点，也是股权激励的优点。因为是远期的，所以只能长远打算；因为是间接的，所以只能通盘考虑；因为是固化的，所以产生绑定效果。

(3) 股权激励是分蛋糕的游戏？还是做蛋糕的游戏？

股份是个比例，一想到比例，大家脑海里就浮现出一张饼图。所以一说到股权激励，大家就想到这张饼被切去了一块。那种直观的感受，就像切生日蛋糕，一块一块切出去，自己剩的越来越少了。何况公司股份是有限的，只有 100 份，每份 1%。再有能耐也多不出来。

这个直观的画面存在一个陷阱：蛋糕是固定的，比例是有限的，但实际上，如果公司是一块蛋糕，那么这块蛋糕的大小是不固定的，甚至可以无穷大。马云占股阿里巴巴 7.8%，不妨碍他成为中国首富。

我们记住一个简单的算术题：$(1-1/5)\times(1+1/4)=1$。

也就是 $0.8\times1.25=1$。

也就是，如果你分出去 20%股份，但是公司的营业或利润比股权激励前增长了 1.25 倍，你就没亏。如果每年都能多增长 1.25 倍，那你就赚大了。而且，理论上，股权激励如果确实产生效果，那么也是有叠加效应的，绝不是 1.25 倍的问题，这个后面再说。

第四节　如何深刻理解背后原因？

我之前讲课，有学员就说，甄老师，你能不能直接告诉我们，一步两步三步怎么做。没办法，这是我们经常犯的一个错误，就是我不想知道那么多，你直接扔个标准答案给我。我说先别急，知其所以然更重要，咱们先练内功。

现在许多专家讲股权激励，一上来就十模式，七定法，我觉得那些都是形式，是腿脚功夫，其实根本没有固定不变的模式，也不需要什么定法。学习股权激励，需要理解它的精髓，而不是皮毛和形式。掌握了精髓，就可以无招胜有招。

下面我们介绍几个管理学的理论，帮助大家认识股权激励的内在逻辑和作用。然后大家就可以自创模式。

这些理论，即使在理解公司管理的其他问题上，也是极其有用的工具。

1. 委托代理理论

我们先来问个问题，做股权激励，该不该让激励对象办理工商变更成为真正的股东？很多专家说，不可以。只能以代持方式，或只能放在合伙平台。进去容易退出难，做了股东麻烦很多。这种说法对吗？我们放一放，先介绍这个理论。

1976 年，迈克尔 · 詹森（Michael Jensen）和威廉 · H. 麦克林（William H. Meckling）发表《企业理论：管理行为、代理成本及其所有结构》，正式提出了委托代理理论。

这是个企业管理上非常著名的理论。它首先提出一个问题，公司管理为什么需要授权？不授权可不可以？结论是，一个人的公司可以，人数一多，就一定产生授权，为什么？这有两个原因：

（1）管理跨度（Span of Management），这是个管理学上的名词，指管理人员有效地监督、管理的直接下属的人数，是有限的，当超过这个限度时，管理效率就会下降，超过了就要增加层次，这就形成了管理结构。心理学上，人的大脑能够同时处理的独立因素是有限的，一般是 6 个因素或数字（心理学上有个"注意力跨度"概念，人的头脑只能够同时处理数量有限的独立因素，大多数情况下，这个限制是 6 个因素或数字）。

在军队中，一般 6～10 人一个班，3 个班一个排，3 个排一个连，3 个连一个营，为什么这样设置？背后的道理是相通的。

（2）决策信息。决策依赖于信息的获取，信息传递需要成本和时间。据统计，即使已建立 ERP 系统的中国企业，最高层最多可获取 30%的信息。信息获取和决策权力的不对称，唯一的解决办法即为分权。任正非讲，"应该让听得见炮声的人来决策"，就是这个道理。

公司发展的过程，就是规模扩大、信息增加的过程，自己一个人管不过来了，就得授权，让别人管。一授权，就出现了新的问题——代理成本问题。

所谓代理成本，就是"我的事情让你管，而你管的时候考虑的是自己的利益最大化，而不是我的利益最大化"。比如职业经理人的短期行为、保守决策、高额公务支出、工作浪费、营私舞弊。代理成本包括监督成本（Monitoring Cost）、约束成本(Bonding Cost)和剩余损失(Residual Cost)。

怎么办呢？就是把我的股份给你一部分，让经理人也做股东，坐在一条板凳上。屁股决定脑袋，坐一起，利益趋向一致了，想法和做法也趋向一致了。

这个理论告诉我们，做股权激励，实现激励对象的身份转变很重要。只有他把自己当股东了，才能控制代理成本，实现最大效果。

回到刚才的问题，做股权激励最怕什么？你不把他当股东，然后他自己也没觉得自己是股东，没坐到一条板凳上，你是东家，剥削阶层，我是长工，被剥削对象，激励效果怎么实现呢？当然了，是不是立即登记成股东，确实要综合考虑，但是，起码要让激励对象有机会，有路径。不要大门紧锁，甚至门儿都没有。

2. 人力资本理论

再问个问题，公司设立时，按照各自出资金额划定股份比例行不行？有个朋友要创业，可巧舅舅是个煤老板，有钱，觉得这个朋友是小辈里面最有本事的，很看好，听说他创业，硬要给钱，不要得翻脸。舅舅要出资90%，占股90%。很纠结，来问我，这钱能要吗？

等等，我们先看人力资本理论。

这个理论是20世纪60年代由美国经济学家舒尔茨和贝克尔创立的，开辟了关于人类生产能力的崭新思路。

先讲啥是人力资本，是指附着在自然人身上的关于知识、技能、资历和熟练程度、健康等的总和，代表着人的能力和素质。这个理论有两个要点：

(1) 科技革命革新了就业结构和劳动力结构，在当代工人队伍“白领化”过程中，人力资本越来越重要并逐步起决定性作用，因而人力资本应与物质资本一同分享剩余价值，而剩余价值的背后就是公司所有权。我想这个趋势大家都能看明白，李开复说现在顶级的AI人才的薪酬是9位数，上亿元，人才绝对是最重要的资本。

(2) 人力资本是财产的一种特殊形式，人力资本的所有者属于个人，并且是弹性的、变动的、无形的，非激励难以调动，越激励效用越大。

基于这一理论，员工持股、股权激励成为必要的人力资源管理方式。

其实这个理论，我们老祖宗早知道。清朝时，我们国家就有了很厉害的金融业，而且还出现了一批很厉害的金领，他们的收入是县太爷的上千倍，这群人和他们的财东(类似于现在说的创始人)开创了中国的华尔街——山西平遥古城，创造了盛极一时的票号生意，融通全国金银往来，生意甚至做到国外，成为商业史上的传奇。这些金领个个都有身股。晋商的身股制，就是人力资本理论的中国实践。比这个理论早了一两百年。

回头看刚才的问题，我问这个朋友，这个事情要搞成，是你的努力更重要还是你舅舅的钱更重要？他说我的努力更重要。我又问，将来你把公司做好了，每年赚1 000万元，你舅舅拿走900万元，你能接受不？他说那会很心痛。我说那你跟舅舅说，我要用人力资本占股！

第五节 如何深刻理解激励机制？

接着上节内容，咱们继续扬起思想的风帆，驶向股权激励的海洋。

下面我们介绍第三个理论——利益相关者博弈理论。

1. 利益相关者博弈理论

咱们先想一个不靠谱的问题：

为什么我们没机会做苹果公司的股东？

这个理论很可能就是从类似这样一个问题出发开始推演的。

该理论认为，企业可以看成是由不同要素提供者组成的一个系统，他们是企业的利害相关者（股东、债权人、雇员、消费者、供应商等）。所有生产要素提供主体都有可能争夺和分享企业所有权，比如能提供资源的政府官员在企业隐名占干股，企业所有权应当是一个发散的体系。但是，现实中企业所有权并未呈现发散状态——原因一，有些利益相关者的生产要素所有权边界及其对企业利润的贡献度根本难以界定，形成模糊地带；原因二，企业本身是一个不断发展的利益博弈场所，不同的时代，利益各方的博弈力量不同，所有权分布也就不同。

历史上看，工业经济时代，企业的利益主体构成是出资人、债权人和管理人员、雇员，他们投入企业的资本分别是财务资本、债权资本、知识资本和体力劳动。其地位是不一致的，占统治地位的资本是财务和债权资本，劳动和知识资本处于从属地位。由于契约各方实力悬殊，博弈的结果必然是财务和债权资本至上、资本雇佣劳动，结果是财务和债权资本所有者成为企业的所有者。知识经济时代，知识资本作为核心生产要素和价值决定因素，是分配的主要依据。财务资本、债权资本和知识资本的相对地位发生变化，财务资本和债权资本的地位相对下降，人力资本（知识资本）的地位相对上升。知识资本逐渐成为企业制胜的关键，原有均衡被打破。博弈的结果，知识资本所有者再也不能容忍财务和债权资本所有者的“至上”权利，参与到企业的控制权与剩余索取权的争夺中来，而财务和债权资本所有者进行了理性的让渡。因此，股权激励的出现，本质是企业的利益相关者为维护各自利益进行充分博弈后的结果。在博弈中，已经或逐渐占据强势地位的生产要素的所有者，是股权激励的理所当然的对象。

这个理论简单来讲，就是，时代在进步，工作的知识含量越来越高，人力资本议价能力越来越强，你不给他股份，头也不回就走了。

这个理论跟人力资本理论其实有异曲同工之妙。我们不多讲了。

2. 期望理论

一个朋友做到外企中国区总经理，然后不干了，拉了几个人去创业，他心里的目标是上市，但是这个目标目前显得有点大，怕说出来大家会觉得他不靠谱，画大饼忽悠人。就来跟我聊，要不要把上市这个目标在公司公开倡导呢？同样，先放一放，我们先看理论。

弗鲁姆提出了期望理论，用数学方式告诉我们，人们之所以能够从事某项工作并达成组织目标，是因为这个组织目标会帮助你达成自己的目标，满足自己某方面的需要。激励力的大小，取决于目标的预期价值乘以达成目标的概率。用公式可以表示为：

$$M=V\times E$$

其中：M——激励强度，是推动人们采取某一行动的内驱力，是调动一个人的积极性，激发人的潜力的强度；V——目标效价，是目标对人的效果和价值，也就是这个人对某一成果的重视与渴望程度；E——成功概率（$0\leqslant E\leqslant 1$）。

为了理解这个理论，我坚持把 M 理解成兴奋度，V 理解成药物剂量，E 理解成浓度。

算了，咱们还是举个例子，像个正常人一样来理解吧。你愿意花多少钱买彩票，要看中奖金额和中奖概率大小。最高能中 100 万元，你可能愿意花 2 块钱；最高能中 1 000 万元，你就愿意花 10 块钱。但是中 1 000 万元的概率是亿分之一，你可能又没兴趣了。因为 E 值——概率太低了，接近于 0。

骗子最懂这个道理了，他引诱你的，都是你最渴望的东西，你知道可能有假，但你会想，万一是真的呢，梦想不就瞬间实现了吗？V 值太高了，然后奋不顾身地跳进了圈套。

那我们来对比一下有股权激励和没股权激励的激励强度的差别。

假设目前你是公司的副总经理，目标都是把公司做好，甚至能上市。按照 M=V×E 这个公式，在没有股权激励的情况下，公司上市对你而言，目标效价是什么？你成为一家上市公司的副总经理，年薪从 50 万元涨到 200 万元，概率不详。

而有股权激励时，你还是副总经理，但是你拥有公司 1%股份，公司上市了，你的目标效价又是什么？按照现在上市公司平均市值 100 多亿元，你成了亿万富翁，而且，你是一家上市公司的股东，算得上联合创始人，是不是有点功成名就、不负此生的感觉？比起刚才的 200 万元年薪的经理人，哪个更刺激？好，V 值显著提升了。

再说概率，你想象一下现在你有了股份，干劲有没有更足一点，并且你觉得其他被激励的高管也是这么想的，那么公司上市成功的概率有没有更高一点？并且，我们不要忘了，这个概率，除了公司上市的概率外，关键还有实现你个人目标的概率，公司上市的概率是百分百，但上市前你被炒掉了，你的概率变成 0，那相对来讲，你占了股，关系更稳定一点，实现你个人目标的概率又增加一点。所以，公司概率和你个人概率都提升了，而且这是个乘法关系，成倍的。

假如作者是一个公司的高管，我会认为激励后目标效价是原来的 5 倍以上，成功概率是原来的 2 倍以上，激励强度是原来的 10 倍以上。各位可以想象一下如果自己是局中人，你认为是多少倍？

有人反问，就这样闭眼瞎想，这不科学啊？其实就是这么不科学，有多大的激励强度，还就是这么想出来、感觉出来的，心理感受无法测量。这里面还有个自我实现的预言。

当然不是每个公司都能上市，但是道理是一样的，你没有上市，没有值 100 亿元，但你做得很好，也可以值 50 亿元，甚至做一个给多少钱都不卖的公司，就不上市，就要做百年老店，留给子孙后代。但如果没有股份，怎么留啊？

所以，给到股权激励，目标效价和成功概率都提升了，激励强度也就翻倍了。

回到开头的问题，要不要把上市目标公开呢？我的建议是，非常建议，除非有无法克服的客观障碍，这个就是目标效价，决定了激励强度。

顺便分享一句话作为本节结束，经营之神稻盛和夫在《活法》里说，“一般来讲，凡是在人们头脑中出现了要把某件事情做成的念头，基本上都属于通过一定的努力可以实现的范围。简言之，每个人的头脑里都隐藏着实现愿望的潜力”，他还经常用另一个说法，“这个世界的法则就是心想事成”。

第六节 动力是如何产生的

为什么要做股权激励呢？就是希望把股权和“鸡血”打包送给员工，让员工能够努力干活。

怎么才能有“打鸡血”的效果呢？研究如何激励人，就不得不深刻研究人的动力来源。

人的基本动力是什么？不可否认，是利益。包产到户效果好，就是因为能让农民干了活后有利可图。所谓无利不起早，天下熙熙皆为利来，天下攘攘皆为利往。经济学的基本假设就是“理性人”，就是每个人都是利己的，从事经济活动的目的就是“个人利益最大化”。

股权激励也是以人性中的“趋利”为出发点，通过股份分享，实现个人利益与公司利益最大程度地趋同。使激励对象在汲汲营营实现个人利益最大化的同时，附带实现了公司利益最大化。但是，仅仅以“趋利”来理解股权激励，我认为是小学水平。人性显然要复杂得多，如果人世间发生的一切背后都是“趋利”二字，那这个世界是不是太灰暗太悲哀了？那怎么解释身边发生了那么多的奉献、牺牲、见义勇为、慈善捐赠？怎么解释父爱母爱的无私伟大？

所以，除了趋利以外，人性一定有更为复杂的动力来源。那到底是什么呢？

这个就需要求助心理学了。然后我们找来几本相关的心理学书一看，发现简直就是个武侠江湖，门派林立，互相之间斗得不可开交。不同流派的心理学家对人的动力有非常不一样的解释。

一、精神分析学派

精神分析学派又有三个当家人，各持已见。

（一）西格蒙德·弗洛伊德

弗洛伊德的精神分析学的别称即为心理动力学，侧重研究的是潜意识或力比多（Libido）的作用，并强调童年家庭的影响。弗洛伊德认为人行为的动力是生本能、死本能。

（1）生本能：包括生存本能和性本能，代表爱和创造的力量。

（2）死本能：死的本能是一种破坏力，指向个人内部时表现为自责、自杀、自虐等行为；指向外部就会产生憎恨、攻击、侵犯和施虐等行为。

（二）卡尔·荣格

荣格认为人格动力来自心理能量。他沿用弗洛伊德的力比多的称呼，但这个力比多不局限于生理方面的性的欲力，代表着一般生命的能量。

（三）阿尔弗雷德·阿德勒

阿德勒认为，人类是社会性动物，因此受到社会驱力的支配，而非生物本能。在阿德勒看来，人一出生，就开始了无止境的追求卓越（Striving for Superiority），对卓越的追求是人生的基本动力，其他一切动机都包含其中。人格动力源于自卑和补偿。

他的早期理论认为：人格动力来自器官缺陷与补偿。补偿的途径是集中力量发展不足的器官或发展其他机能来补偿有缺陷的机能。后期理论认为：人格动力来自自卑感。阿德勒认为每个人一生下来就有不同程度的自卑感，这种普遍的自卑感就成为人格动力。

二、认知流派

乔治·A. 凯利（George A. Kelly）

凯利用CPC循环描述人如何从认知向行动转化的过程。他认为当个体遇到新的情境的时候，其产生的行为具有详查（Consider）——预判（Preemption）——控制（Control）三个周期，即CPC循环。人们会在自己的生活中减少不确定性，逐渐形成人格，并获得良好的适应。

三、人本主义流派

（一）亚伯拉罕·马斯洛

马斯洛认为人格的动力是需要。他以人类基本需要的理解为基础建立的需要的层次理论。需要的层次包括生理的需要、安全的需要、爱和归属的需要、尊重的需要、自我实现的需要。

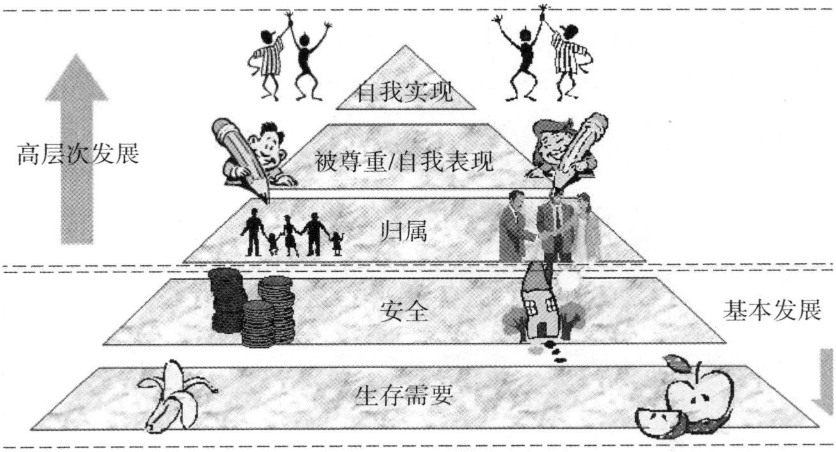

图 4.1　马斯洛的需要层次理论

我个人理解，这个不断递升的需要层次，可以简单概括为动物性需求、人性需求、神性需求。趋利行为基本发生在生存需要和安全需要的级别。

（二）卡尔·兰塞姆·罗杰斯

罗杰斯认为，每个人都有朝着健康、积极的方向发展、成长、变化的潜能，这种潜能引导着所有人的行为。罗杰斯的人格动力理论有两个重要的理论假设：人的行为是由每个人的自我实现倾向引导的；所有人都需要积极看待，或者需要正向关怀。

四、其他观点

比如哈佛商学院的特里萨·阿马布勒（Teresa Amabile）认为：外部奖励和惩罚（胡萝卜与大棒并用）对机械型推算型工作很适用，但是对探索型工作可能具有破坏性。要解决新问题或者创造新事物，在很大程度上需要依靠内在的驱动力。“内在动机有助于创意，而控制性的外在动机则对创意有害。”丹尼尔·平克写过一本《驱动力：在奖励与惩罚已全然失效的当下，如何焕发人的热情》，详细论述了这个问题。建议一读。

我们看到，这个观点甚至走到了所谓人性趋利本性的反面。

我们就介绍这么多吧。老老实实地讲，关于人的行为动力原理以及和股权激励的深刻关系，我也没有太弄明白，还在学习理解、探索琢磨中。我认为，只有深刻理解人类行为的动力源泉和机制，才能作出更完美的股权激励。以上各理论的介绍，算是给大家作个铺垫，帮助大家继续深入研究。

我目前的心得是，虽然心理学大师们各抒己见，但是还是有一些共同的东西隐约可见，那就是，每个人都有不断成长、变得强大、变得卓越、变得完美、变得更有价值的内在需求。这个内在需求就是人的动力来源，或来源之一。总之，人并不只是受胡萝卜和大棒等物质性损益所驱策的低级趣味动物。做股权激励，要理解人性，也要理解人的神性，不能把人看简单了，看扁了，要把人这个物种，看得更复杂一点，更精神一点，更高尚一点。相对于管理学中的 X 理论假设，做股权激励应当更多应用 Y 理论假设，即相信工作是人的本性需求、人能够实行自我指挥与自我控制、大多数人都具有解决组织问题的丰富想象力和创造力。

这是我的理解，供大家参考。

第七节　股权激励的底层逻辑

判断一个公司能不能成功，有没有一个简单粗暴的判断标准呢？我认为有的，是什么呢？就是它能不能最大程度地激发团队的工作热情和潜能，能不能让一个九分的人才发挥十二分的才干。这个效果起码能让一个成功的公司更加成功吧？

怎么才能激发一个人呢？我们先一起来考察一个问题：创业者的工作热情普遍高于打工者，这个大家没异议吧？那么，为什么呢？

第一个原因，是不是人群特质确实不同呢？慧聪董事局主席郭凡生认为，“企业家是教育不出来的，企业家拥有的特质大多是天生的，后天培养几乎不可能”。拉卡拉创始人孙陶然也认为，创业需要特质，99%的人不适合创业。有个作家评价清朝的几任皇帝，说他们天生具有“不可遏制的进取心”。所以，创业者天生具有自燃特质，创业者是不安于现状，希望通过更多努力，获得更好结果的那些人。

讲到这里，结论似乎很悲观，那就是一个人能不能创业成功，好像一出生就已经决定了。起码那些没有创业特质的人，一出生就决定了创业很难成功。既然如此，那做股权激励还有用吗？对的人怎么都对，不对的人怎么做都不对。没有创业特质的人，能被激活、能被点燃吗？

这是关系到股权激励甚至创业的大事，我们必须花点工夫好好讨论一下。

中国快递行业的三通一达的老板，都来自桐庐县钟山乡，中通、圆通、申通的老板是发小，圆通和申通的老板还是同学，而韵达老板是申通老板的第一任丈夫的弟弟。

这说明什么？说明如果创业需要特质，那么很多人具有这种特质，像三通一达这样市值几百亿元的上市公司的创始人，一个乡里起码能出四五个。而且他们之间的这种人际联系，说明创业成功其实有很多后天的因素和偶然性。

因此，关于创业特质这件事，我认为要正视它的存在，但不要迷信什么决定论。这个世界不是非黑即白，更多是灰色，处于黑白的中间地带，没有绝对适合或不适合的创业者，只有相对适合的创业者。郭凡生也承认，没有改革开放，就不会有那么多企业家。这说明没什么天生决定的结果，都是个人选择、环境和制度等的综合作用。

那些灰色的人，也可以成为创业者，起码是一个“联合创始人”，或者叫“跟随创业者”，也是可以被点燃的，不同在于一个是自燃型，自动冒火，一个是点燃型，跟着冒火。当然激励之前，要尽量选择那些灰度中偏白、偏创业特质的人。

我认为第二个原因，是回报不同。创业成功，创业者可期待的回报是身家地位几何级的跃升，从一棵小幼苗变成参天大树，从社会的中下层挺进中上层，所谓重赏之下必有勇夫，奖励够高，动力就够足。而打工者可期待的成功是有限的，回报也就是雇主变大、职位提升、工资增长，而工资增长一般在同一个数量级内。陶渊明讲“不为五斗米折腰”，我很认同，确实太少了，你给八斗还可以考虑。

第三个原因，是风险不同。创业失败，创业者的风险可能是血本无归、倾家荡产，甚至还要债务缠身，即使是激励对象，也起码是一笔不小的资金打了水漂，回了家也不好向老婆交代。而打工者的风险是暂时丢了工作，需要另谋他处。拉卡拉的孙陶然说，创业者为什么能力会强？因为没办法，被逼到了悬崖边，退一步就粉身碎骨。只能翅膀变硬，迎风飞翔。所谓形势“逼”人强。有一句玩笑话说，不逼自己一把，都不知道自己有多优秀。其实就是这样。

那么，一个公司想要最大程度地激发员工的工作热情和动力，怎么办呢？就要想办法识别那些具有创业特质的人，把他们从打工者转变成创业者。

怎么转变呢？就是让他拥有创业者的回报，承担创业者的风险。也就是出资入股。把他拉上创业这条船，一起激流勇进。连奖带逼，活现一个优秀的自己。徐小平讲，创业者，就是带着股份的打工者。

怎么识别呢？其实员工是不是愿意选择出资入股就是一个识别过程。当然还需要一些其他方法，我们后面探讨。

第八节 股权激励的效果源自哪里？

有一个牛人，2005 年南开大学毕业，加入酷讯。一开始只是一个普通工程师，但第二年，他就在公司管理四五十人的团队，负责所有后端技术。他说，第一份工作就成长很快，不是因为他技术最好，更不是他有经验。主要原因有两个：

第一个原因是，工作不分你我。

他做完自己的工作后，对于大部分同事的问题，只要他能帮助解决，他都去做。新人入职时，只要他有时间，他都给别人讲解一遍。通过讲解，他自己也得到成长。

第二个原因是，做事不设边界。

当时他负责技术，但遇到产品上有问题，也会积极地参与讨论，想产品的方案。很多人说，这个不是我该做的事情。但是，做更多事情，让他得到很大的锻炼。他说：延迟满足感，会让你愿意主动做更多，得到更多的锻炼，而不是去斤斤计较“这是不是我该做的事情”。

这位牛人是谁呢？就是开发了今日头条、孵化了抖音的字节跳动公司创始人张一鸣。

工作不分你我，做事不设边界，这可能是很多成大事的人的共同特点吧，拥有这样的职场理念，能让一个人的成长速度比旁人快几倍，很快担当大任也不足为奇。

创业者们大概也都在绞尽脑汁地琢磨，怎么能成功把这样的理念武装到自己公司的每个员工。可是这道理大家都知道啊，每个人都想升职，但为什么做不到这两点呢？拉卡拉的董事长孙陶然说过一句话，再小的创业者也是创业者，再大的打工者也是打工者。这是对创业者的赞美。

我想孙陶然这句赞美背后的事实是，每个创业者，从创业那天起，都先天自带这样的理念：这是角色给你的。别人可以你是你，我是我，对创业者来说，你是我，我也是我。皮球就是你的，你要是踢给别人，球就不见了。那些忍饥挨饿磨洋工的人，包产一到户就干得呼呼带风。

所以这不是洗脑能解决的问题，需要角色转换。

股权激励的实质，就是股份权益转移，打工者转变成为创业者。身份转换完成后，心态必然变化。

那么，激励对象心态上都发生了什么变化呢？

我们先来看看这两种身份的特点。

打工者与公司是雇佣合同关系，是松散的；工作回报特点是一手交钱一手交货（提供劳动），是即时结算的；回报有保障、也有天花板，是有限的；公司的未来与自己的未来是弱相关，工作的短期目标是取得老板赏识，增加薪资；长期目标是提高个人的职场竞争力。

创业者与公司是所有权关系，是稳定的；工作回报特点是算总账分利润，是远期的；回报没保障，但想象空间巨大，是无限制的；公司的未来与自己的未来是强相关，工作的短期目标是解决问题提高竞争力，长期目标是公司最大限度地发展直至并购、上市。

当然，实际股权激励中，形成的是这两种关系的结合，打工者身份叠加了创业者身份，只是比重不同。

我们详细分析下，激励对象心态上到底产生了什么变化？

首先，成为股东后，这个公司是我的，我有份。当我没日没夜地干活的时候，我不会自问：这是图啥、对自己有什么好处、在为谁卖命，然后对自己的努力深深的怀疑。我在为自己卖命！作为一个律师，我可以负责任地告诉你，为自己卖命的感觉，很爽！告诉大家，自己干活，那种激励效果是很强大的。

这个，我们叫它自驱思维，或者主人翁思维。

成为股东后，我有耐心放长线，钓大鱼。作为股东，与公司不是短期交易，而是分享未来。我可以用三五年时间吃糠咽菜打基础，如果能打下天下，谁在乎现在小米加步枪呢？如果只是打工者，公司打下天下时我在哪里都不知道，与我何干？还是眼下多赚银子要紧。

这是第二个思维，我们叫它长线思维。

当下的付出不必马上有回报，不用太在乎工资与贡献是否匹配，不算细账算总账。我不是要到菜场去买鱼，论斤称两，而是要出海打鱼。作为一个股东，最大的回报是公司做起来，有价值，甚至能上市。股份是我放在海里的网，公司做好了，都能赚回来。

这是第三个，总账思维。

公司的每一个方面每一个问题我都会关注，跟我有关系。谁拿了回扣，飞了单，占了公司的便宜，就是占了我的便宜。作为股东，我不会看着不管。我不只是采购部、技术部、财务部的负责人，我是对整个公司负责的人，我会从公司全局考虑问题，而不只是本部门。

公司的发展规划战略我也要考虑，不是大老板一个人的事。"角色力"是一个很有见地的词语，指因担任一个角色而获得的能力。不在股东的位置上，就很难有公司全局的视野和心量。这是一个职业经理人很难突破的格局限制。成为股东，才真正能够设身处地地以股东的视角深入考虑公司的战略规划，形成创见。

这是第四个，全局思维。

公司未来与我个人未来已绑定。作为股东，我不是上了一辆公交车，哪一站都可以下，而是上了一条船，出了海，前路多少惊涛骇浪也得一起扛。弃船逃生风险大。大家只能精诚团结，同生死共命运，再无犹豫、二心，一损俱损一荣俱荣。战场上为什么出现逃兵要当场击毙，因为只有大家抱团死冲，每个人的生存机会才大，人人都想着开溜，人人都得送命。

这是第五个，同舟协作思维。

作为股东，我会踏踏实实埋头解决公司的实际问题、想实招、办实事。而不用花费心思各种表现、修饰，用看上去很美的东西，表现自己的素质、能干，博取老板的信任，实现升职加薪。职场里有句话，比能力更重要的是表现能力的能力，讲的就是这个问题。我们律师在接待客户时，经常会看到这种在老板面前卖弄能耐但不解决实际问题的经理人。

这是第六个，实干思维。

我干活的出发点是为公司能提升竞争力，实现稳定盈利，我的目标和梦想，跟公司实现了绑定。而不是完成个人业绩，拿到更多薪酬或增加个人职业资历。

这是第七个，公司利益思维。

拥有股权还带来一个效果，就是回报不可限量。股权是一个份额，一个比例，实际结果还要看它乘的基数，所以结果可能是0，也可能是巨额财富，没有保本保收益一说，所以无限的可能性可以激发无限的潜力、创造力。

最后，第八个，无限思维。

刚才讲的八个思维，自驱（主人翁）思维、长线思维、总账思维、全局思维、同舟协作思维、实干思维、公司利益思维、无限思维，大家看看，其实不就是一个有格局、有能量的职场人所具有的思维特质吗？对张一鸣这样的人来说，可能天生就具备这样的思维，不分环境，因为他相信可以创造环境。但对一般人来讲，还需要有点外部条件。

如果一个股权激励能够达到员工思维方式的这些转变，那么在激励的一瞬间已经实现了员工境界的飞跃，实现了能力的升级。一念之间，职工秒变老板。大家不要不信，很多人体验过突然之间男生变成父亲的震动，随之而来的就是责任感突然爆棚。

假如原来的团队5个人，每人的能力水平标记为1，团队整体能力水平也是1，如果股权激励使每个人的能力提升1.5倍，则团队整体能力提升多少呢？$1.5\times1.5\times1.5\times1.5\times1.5=7.59375$，团队能力提升7倍多。①

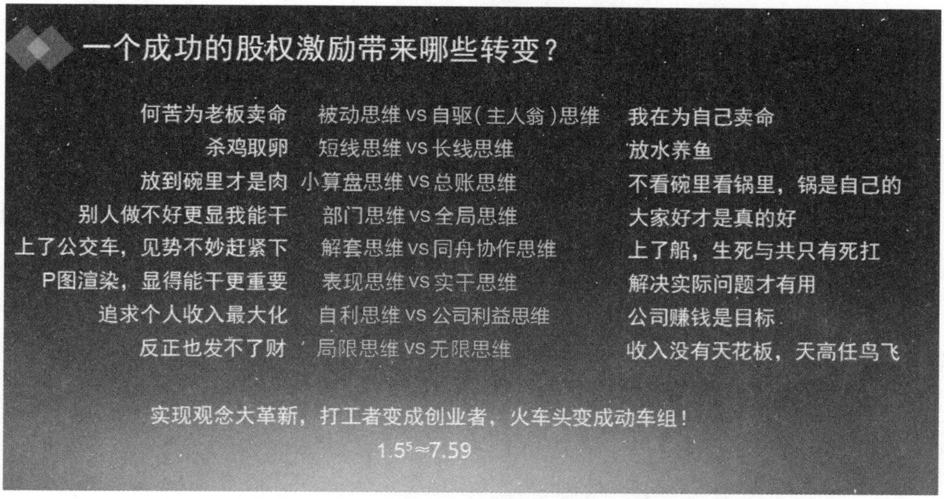

图4.2　成功的股权激励带来哪些转变

① 这里讲个小插曲，我们仔细想一下，就可以知道这里讲的数学关系总体上应该是乘法关系而不是加法关系。举个简单例子，有人负责销售，有人负责质量、研发，假设销售能力不变，而质量提升一倍，则销售量应当推算为增加一倍，质量不变，但是销售能力下降一半，销售量应当推算为下降一半。当然实际关系要更复杂一点。

这是多么强大的加持啊，简直是罗伯特·布鲁斯·班纳变身成了绿巨人浩克，这就是股权激励的力量。

第九节 为什么有的股权激励注定会失败？

有个段子说，一个公司做得好好的，自从老板上了高级管理人员工商管理硕士（EMBA）后，终于把公司搞垮了。股权激励做不好，也有类似效果。

我有个客户，2005 年左右就计划要上市，后来很久没联系。前段时间有一个纠纷案子找我代理，我再去公司的时候，发现公司人少了，前台没了，那些热血澎湃的标语撤了，员工生日照和光荣榜也不见了，明显感觉这家公司不如从前了。跟老板一聊，果然有点落魄，私下里说，能有人买就想把公司卖了算了，哪怕自己返聘继续做 CEO 也行。后来跟一个在公司工作了 20 来年的老员工一打听，才知道三四年前做了个股权激励，公司最厉害的 3 个人拿了股份，分别负责市场研发生产，那一年公司风风火火气象一新，大家都挺有干劲的。可是到了年终，老板说没赚到钱，不给分红，3 个人觉得不可能啊，业务挺不错的，要求查账，这时老板犯了一个致命的错误，拒绝了。3 个人一气之下，全体离职，还带走了一批精兵强将。公司从此一蹶不振。

这个老员工，其实前不久也离职了，只是因为这个案子的事情，他比较清楚，回来继续帮老板交代打理一下。

看了公司的现状，我挺感慨的。我认识这位老板的时候，刚来上海，他是我曾经深深羡慕过的成功人士之一。股权激励做不好，真是大伤元气啊。

从现象层面看，股权激励就是把股权转移给团队成员。股权激励的开始到股权激励的完成，发生的“物理变化”就是股权发生了转移。这是股权激励万变不离其宗的东西。

股权激励的核心目标是要激发人的潜能动力，实现升级超频。如果股份给出去了，激发效果没有，原来挺萎靡，现在很颓废，甚至还发生了原来没有的纠纷争斗，那就不用看别的，股权激励肯定失败了。

那么，股权激励为什么会失败？员工为什么不被激发？

其实我们设想自己是一名高管，也可以想象到哪些情况下我们不会被激发。以我们的实践经验总结下来，有以下几方面原因：

第一，个人方面：

股权激励要点燃一个人，那你得找到一根蜡烛，而不是一块石头，也不是一块水淋淋的木头，找对人很重要。碰到以下这些人，等着受伤流泪吧。

情形1，我是一名“佛系”青年，虽然学历高人聪明，但我对事业和个人发展没追求，也不想发大财。内心没有强烈欲望。

情形2，我要28岁前买房成家，眼下现金和高薪才是我要的，5年后才能摘果子的事情我干不了，我倒是想干，丈母娘她不让。

情形3，公司或行业不符合我的职业生涯规划。这家单位就是个跳板，我的目标是打进金融业或世界500强。

情形4，做小股东无法满足我，我怎么可能甘做一名追随者？No！我天生适合做司令，我的小目标就是先赚到一个亿。

以上这些，我们总结一下，分别是：情形1，个人特质；情形2，经济状况；情形3，职业规划；情形4，认知问题。

第二，老板（创始人）方面：

情形5，老板不是我欣赏的人，价值观不合，不是一路的，共事本来不愉快，一辈子合伙？算了吧。

情形6，老板能力格局有限，公司发展有天花板，目标要上市？拉倒吧。

情形7，老板固执独断，完全不听别人意见，我的才能没法施展。股权激励？利益捆绑？我看只是我的手脚被牢牢“捆绑”，动弹不得。

情形8，老板不诚信，一纸协议能约束了他？将来肯定要滑头不兑现，兑现了也不分红。

情形9，老板不公道，将来做小股东连公司财务状况都搞不清、权益没保障。

以上这些，我们总结一下，分别是：(1)价值观不合；(2)能力天花板；(3)没发挥空间；(4)品行或认知问题。

第三，团队方面：

情形10，团队整体能力不强，前景黯淡，我的能力被拖后腿。

情形11，团队有我鄙视或讨厌的人，不想跟他共事，有他没我。

第四，行业方面：

情形12，传统行业/夕阳行业/低端行业，混口饭吃可以，想混上市？没门。

第五，时机方面：

情形13，行业、公司、老板、团队还没看清楚，不想就这么奉献终生，不想绑定自己的职业生涯。

第六，条件方面：

情形14，永远得不到股权，就是个变相的年终奖。

情形15，股份太小，看不上。

情形16，条件太苛刻，被剥削了，或者无法自主，随时可能被剥夺。

情形17，分得不公平，激励对象心理有疙瘩，情绪、士气低落。

出现这些问题时，股权激励很难奏效，激励对象很难被点燃被激发。那怎么解决呢？

我们看到，这些问题中，主要分为五类：

第一类，客观障碍，比如个性问题、行业问题，是无法扭转的，包括前述情形1、3、12。

第二类，认知问题，比如对自己、老板、团队的看法，或者老板对股权激励的看法，包括前述情形1、3、4、5、6、7、8、9、10。

第三类，时机问题，比如当下经济压力大，对老板、公司了解不足的问题，需要时间来解决，包括前述情形2、13。

第四类，条件问题，比如股份大小、分配、价格等，包括前述情形14、15、16、17。

第五类，人际冲突问题，价值观冲突、互相鄙视，无法共事。比如情形5、11。

那这些问题如何解决呢？

首先是了解识别，要搞清楚状况，深刻地了解掌握存在着什么问题，包括对行业、公司、老板的识别和对激励对象的识别。识别方法包括问卷、访谈、座谈、测评。

其次是选择，相对于怎么做，更重要的决定是做与不做。对于存在客观障碍或时机不成熟目前无法解决的问题，要果断地或对个别激励对象或全体激励对象放弃或暂停激励；要接受那些犹豫观望者，屏蔽计划中途退出者，淘汰格格不入者，杜绝老鼠屎。

再次是沟通辅导，对于激励对象的认知问题，要进行引导纠偏，在彻底消除误解、偏见、疑惑，建立内心确信后，实施激励。沟通辅导、认知升级，也是股权激励中异常重要的部分。尤瓦尔·赫拉利在著名的《人类简史》中说，我们人类的祖先智人之所以能够最终胜出，成为地球之王，就是因为智人会讲故事，能够构建“集体想象”，能够掰扯出大量虚构的事物，比如荣誉、国家、信仰之类，从而高效地号召起强大有力的团队。同样，做股权激励，能否有效说服，升级认知，构建出足以让大家信仰的“集体想象”，事关成败。

最后是调整完善方案，回应激励对象的担心，解决激励对象的阶段性问题，采纳激励对象的合理意见，让激励对象对股份的兑现和权益有信心，有把握，有稳定的预期。

总结一下，要做到“看、选、谈、调”四步走，不做股权激励的滑铁卢。

第十节　怎样确保股权激励能成功？

股权激励的主要目的是吸引人才、绑定人才，更是激发人才。

一个能激发人的公司，就是一个好公司，一个容易成功的公司，一个脱离了低级趣味、有益于人民的公司。而一个成功的股权激励，能成就很多个非凡的人生。

好了，咱们收一收。高管被激发，需要什么条件呢？在什么情况下他会玩命干呢？

经验总结下来，有5条。

激励对象本身具有一定创业特质，企图心强，目标远大，潜力丰富，愿意付出。

首先单位要进行观察、访谈、测评，掌握激励对象的个性特点。其次营造宽松的氛围，不要形成强迫参与的压力。让那些不太具有创业特质、不太感兴趣的人能够轻松自由地选择放弃，免得不合适的人成为激励对象。宽松环境下才能够实现自然筛选。强扭的瓜不甜，有限而宝贵的股份硬塞给不想要的人，起不到多大作用不说还搞得别人心里不爽，这又是何苦来哉？肉包子打狗，不领情还乱叫。

所以，第一个，有特质。

符合本人职业规划，公司不是激励对象的跳板、垫脚石。公司未来可以和激励对象的未来重合，激励对象的长期目标在公司有条件实现。如果员工计划一年之后考公务员、出国，再好的激励也激发不动他。别费那劲。

这个同样需要进行测评、访谈、识别，同样要实行宽松选择。同时对中途离职设置一定惩罚机制，使“跳板运动员们”知难而退。

这是第二个，叫作合规划。

公司前景可期待。激励对象对行业、公司、老大、团队较满意，激励对象觉得自己的努力在公司层面能够看到成果。

激励对象与公司是个双向选择，我们只能在现有条件下找到相对较优秀的，无法找到最优秀的，最优秀的我们配不上，人家对公司没信心，也不能产生太好的激励效果。从这个角度说，捕捉潜力股是非常重要的，目前条件一般，但是后劲很足，是最佳选择。不管对公司还是对激励对象，成长性都是最重要的指标，公司也要让激励对象看到公司、老板、团队的成长性，起码看到有成长的欲望。

第三个，有前景。

先问个问题，很多老板说，股权激励不宜书面化，口头约定比较好，万一有问题能收回去，这个说法对吗？

我认为，如果员工对未来股份能不能拿到手都没有信心，你怎么激发他？你要女朋友给你生孩子，却不给她结婚证，她怎么放心给你生啊？有人说，我们关系好，互相很信任，那么你觉得员工会信任你，因此不跟他签合同，以便未来有余地，这是在滥用和损害这份信任，而不是维护和加强这份信任。员工如果信任你，你为什么不肯信任员工？这些疑问会一直在激励对象心里打转、打鼓，时不时刺激下他的信心和积极性。这跟生孩子还不一样，怀上了总得生，不能生一半保留一半，激励对象出十分力还是八分，可就全在他的心态了。

这里再举个例子，很多客户请律师，对全款预付很担心，怕律师收完钱了不好好干，经常要求干完了再付全款，或者先付一半，干完再付一半。那么实际情况如何呢？告诉大家，我的经验是，全款预付干劲更足，如果你预付一半，我是在担心另一半能不能收到的心态下干活的，而且能不能收到经常取决于你的人品，而不是我的工作成果。律师职业生涯总能碰上几个这样要赖的客户，总有一朝被蛇咬的阴影。

股权激励不签合同，会产生几乎一模一样的效果。所以公司做激励，一定要拿出十分的诚意和决心，决不要用口头承诺或模糊约定给自己留操作空间。要让激励对象有稳定的预期，知道自己做了什么会被收回，做了什么可以确保拿到。其实一个完善的书面协议足够给公司留下充足的操作空间，只是都放在了台面上，约定好明确的路径。什么情况你想收回，什么时候你想撤销，完全可以合理约定。如果这样你还不满足，只能说明自己没诚意，说明做股权激励的时机还不成熟，老板自己先回家修炼。

股权激励对所有骨干开放，不画大饼，白纸黑字，人人清楚，行之有效。最怕政策不清楚，何时授予不清楚，如何兑现不清楚。

所以，要做到未来权益有保障、能放心。努力的成果不会被拿走，可以合理稳定地预期。这是第四，有保障。

股份的分配较公平，个人的贡献跟自己提取的份额大致匹配。

其实这里有个严重的问题，就是个人贡献的评价。心理学上有个词叫“自我服务偏见”，又称自利性偏差，人们常常从好的方面来看待自己，取得成绩时，常常容易归因于自己，而做了错事之后，怨天尤人，把它归因于外在因素。功劳归于自己，错误推给他人。考试考得好了就是自己教得出色，考得不好就是学生猪脑子。

为了解决这个问题，需要进行一些客观的测评和互评。让激励对象更真实准确地看待自己。

公平其实是个主观感觉，为了达到激励对象的主观满足感，在分配股份时，可以在拟定价格下由个人自行提议其分股比例，个人提议较低的，其余部分可以放弃，个人提议较高的，可以在激励对象之间竞价争取，价高者得。这样最后股份比例的分配，多少掺杂了个人决定的因素，更容易心理平衡。

此外，还应该定期根据普遍接受的贡献大小，调整分配比例，保持持股比例的动态公平合理。

这是第五，较公平。

有特质、合规划、有前景、有保障、较公平，有了这 5 条，股权激励效果可期，星星之火料可燎原。

第十一节　哪些公司不适合做股权激励？　哪些适合？

有个段子这样说，本人就是不结婚，凭本事单身 30 年，浑身满满的 4 个自信。

实际情况是不适合结婚。

公司也是这样，有些公司是不适合做股权激励的，单身才是一辈子的归属。

有些公司做股权激励肯定实现不了预期效果，或者可操作性很差，或者负面作用太严重，总之代价远远大于回报，就是不适合做股权激励。这样的公司，趁早别折腾，安安静静地赚钱就好了。

具体来说，哪些公司这么悲催呢？

1. 夕阳行业的公司

员工愿意为了一个点的股份去卖命，就是指望这一个点也能发财。前提是公司能日益壮大。股权激励是用公司未来激励员工的，如果所在行业没落，市场整体萎缩，没有前景，没有未来，做一天和尚撞一天钟，领一天工资，仅此而已，怎么可能起到激励作用呢？前两天看到一个新闻，日本最后一家 BP 机呼叫公司倒闭，因为客户太少了。倒闭是必然的，能撑这么久已经很牛了。

当然了，所谓夕阳行业仅仅是个认知，夕阳行业也可以加互联网，加人工智能，如果确实有转型机会，夕阳行业也可以夕阳不落，西山再起。那要另当别论。话说腾讯公司最开始也是倒腾 BP 机信息生意的。人家见势不妙转身快。

2. 发展前景受限的公司

小众市场，小微市场，市场空间有限，没有成长性的公司；不符合国家产业政策，融资上市无望，不可能做大做强的公司；政策依赖性强，但政策不明朗、前景高度不确定的公司。这些都是前景黯淡或不明朗的公司，员工是不敢把自己的职业生涯赌进去的，低调点赚点小钱就好了。

3. 财务混乱的公司

公司财务不独立，公司财产和老板个人财产没分清，老板买车公司出钱，客户回款直接进老板娘账户。这样的公司在整理规范之前，最好不要做股权激励。公司盈利不盈利都搞不清，一本糊涂账，年终怎么算分红啊。不做没关系，不欠我工资就行，公司钱怎么花我都没意见，一旦做了，公司每分钱怎么花的我都想问问，有的公司不说清楚，有的公司说不清楚，激励对象怀疑公司报表虚假，会有各种矛盾、各种不满，最后不但合伙人没得做，连劳动关系都维持不下去，只能一拍两散各生欢喜。一个股权激励做下来，高管作鸟兽散。我一个客户单位就是这样，绝对的失败案例。所以说，做股权激励，对老板的观念认知也是个考验。

4. 劳资对立的公司

劳资对立、劳动纠纷频发，说明什么？说明老板和员工缺乏互信、公司用工合规性较差，说明老板的规范意识、契约意识、法律意识不强。这些都是股权激励的大忌。劳动关系下是按月结清的，即时性很强，而股权激励的特点就是长期性，是未来兑付变现的，如果没有契约精神法律意识，现在付出后如何保障未来长远的利益？员工对老板没有信任，如何相信将来的权益有保障，怎么能被激发？

5. 长期没有成长的老公司

公司成立已经十年八年了，在行业增长的同时公司业绩却没有成长，只能说明公司老板能力有限、后期成长性差。而老板是一个团队能力的天花板。股权激励再多，老板也是大股东，公司还是他说了算，老板有问题，没地方去治，这样的公司股权激励效果有限。除非老板某方面能力很强，但也有巨大短板，而激励对象可以完美地补上短板。

6. 重资产公司

重资产公司，比如制造企业，厂房设备值几个亿，即使按照净资产入股，1%的股份就是几百万元，员工根本掏不起，送股或折价，公司代价又很大不合算。结果能入股的只是有钱的员工，而不是有能力的员工。不能激励能人，股权激励还有什么意义？有人说，那我就送股行不行？当然人才需求旺盛也可以勉强做，但我们不建议送股，激励效果会打折扣。

7. 纯贸易公司

有些公司的业务模式非常简单，就是买来卖掉赚取差价。除了采购和销售，其他部分都是弱部门，部门之间不需要太多协作，管理简单，也谈不上技术创新、业务创新，连公司也仅仅是个开票收款的平台而已，用销售提成是最直接有效的激励方式，股权激励需要达到的长期思维、全局思维、协作思维都用不上，把付出回报的短链变成长链，增加了难度和风险，实在没必要。

8. 资源依赖型公司

有些公司竞争靠的是资源、渠道、垄断，反正都是公司经营管理之外的东西，公司成与不成，就看是不是能拿到批文、牌照、许可，等等，而不是创新、管理、效率。这类公司股权适合给资源方，不用凑股权激励的热闹。

哪些公司最适合做股权激励？

哪些公司是班主任眼里的好苗子，各路专家哭着喊着想要辅导你，把自己手里能出个北大清华高才生的希望寄托在你身上呢？下面这些公司，都是做股权激励的好苗子。

1. Know-how 型公司

有一些公司，公司的核心竞争力、积累的价值就储存在公司少数几个人的头脑里。商业秘密、经营诀窍、技术配方是公司最有价值的资产。一个人离职，相当于带走了公司的大部分重要资产，然而却看不见摸不着说不清，无法追究责任，离开后可以直接成为一个有力的竞争对手（当然竞业限制也是一种手段，但是约束力相当有限,针对普通员工尚可,针对不用缴纳社保到处游击的创业者,就有点力不从心,一是成本较高,需要支付竞业限制补偿金,二是违约金额受限,竞业限制是个《劳动法》范畴的规定,不可能支持多高的违约责任,三是违约举证困难)。

如果只是雇佣关系,按照《劳动合同法》,任何员工提前一个月通知就可以无条件离职,即使协议进行特别的限制也无效。为了保护公司的资产,只能把人留住,而依靠《劳动法》根本不管用,只能依靠《公司法》。把劳动关系变为股权关系,用股份留人,用前景留人,用特别约定留人。

2. 创新、创意驱动型公司

股份和工资都是激励,股份激励的特点是,它以间接、远期和无上限的回报方式启动了员工的内驱力,激发了员工的创造性能力。而工资激励适合那些机械规范、操作性可量化的工作类型。心理学的研究表明,金钱的外在激励甚至会损害一个人完成创造性工作时的满足感和内驱力,从而降低一个人的创造力,抑制那些依靠内在驱动的创意发挥。比如以直接的金钱报酬奖励那些原本对画画感兴趣的孩子,结果会发现这些孩子的兴趣降低了,当停止支付报酬时,孩子们甚至放下画笔不想再画了。还有一个类似的故事,说有个智慧的老头嫌窗外踢球的孩子们太吵,就故意为踢球奖励他们钞票,当孩子们习惯每次踢完球都可以领到钱时,他们原来踢球的动机就被破坏了,动机慢慢变成了赚钱,然后有一次孩子们踢完球要求付钱时,老头说手里没钱了,以后再也付不出报酬,愤怒的孩子们从此拒绝到这里来踢球。

3. 严重依赖人才的公司

有的行业,公司的核心竞争力不是资产、品牌、模式、系统,而是人才。得人才者得天下,凡是能吸引人才的手段,一个不落都得用上。既然人才是最重要的资本,就得跟人才分享公司产权,这是博弈理论告诉我们的。别人都在做股权激励拉拢人,你却不做,凭什么跟你干呢?

4. 轻资本公司

轻资本公司,也就是设立公司开展业务资本要求不高、竞争门槛不高的公司,与轻资产有所区别。轻资产不一定是轻资本,滴滴出行是轻资产,但却是重资本,是烧了不知道多少的钞票烧出来的。轻资本公司不做股权激励,你会发现你公司的能人翅膀一硬就自立门户了,应了一句话,铁打的营盘流水的兵。做股权激励,把能人绑定,一起做大做强,实现各方多赢。

第十二节 哪些人不适合做股权激励?

前面我们讲到,股权激励有几个坑,其中之一是绑定了不良股东,那么都有哪些不良股东呢?首先我们要知道,好股东都是一样的,而不良股东就像渣男一样,各有各的渣。但总是有一些比较突出、比较共性的渣,我们这里尝试做个总结。以便大家提高警惕。

所谓不良股东,包括不能起到激励效果,以及会产生严重后果的股东。我们今天主要讲后面一类。

我们先简单说说不良股东的危害。股权激励具有一定的绑定效果,大家说解除一个员工很难,但相比解除一个股东,那还是容易很多。员工是契约关系,股东是产权关系,在没有特别约定退出规则的情况下,单方清退一个股东几乎是不可能的。比离婚难得多,离婚还有法律规定的前提条件,并且还列举了几个情形,你可以想办法往上套,满足条件就可以被判离,而清退股东,法律基本没有规定什么清退条件(除了未出资或抽逃全部出资且拒不补缴)。你可以想象一下你嫁给一个渣男,天天受气,但是法律规定你俩这辈子都得在一起,你是不是绝望得想跳楼。

所以,作者在此严肃提醒:做股权激励得比找对象还要慎重。为了避免这种绝望上演,务必仔细挑选。哪些人不应成为激励对象呢?

1. 价值观不合、性格观念异常、损害团队氛围的人

拉卡拉创始人孙陶然在《创业 36 条军规》中说:“股东必须志同道合,大家对于公司要做的事情,以及做事情应该遵循的方法和道德底线认知一致,一个想做百年老店的人和一个小富即安的人,一个想走正道经营的人和一个想捞偏门的人是无法合作的,更别谈合股了。”志同不同,道合不合,在日常小事上也会积累巨大的正面或负面能量,这就像夫妻关系,价值观不一致,就像地底深处的板块碰撞,必然会引发各种大小的地震一样。

作为股东,大家要长期共事,团队气氛融洽热烈也是很重要的事,能够让艰难的创业过程变得愉悦,化解过程中不可避免地出现的冲突摩擦。性格观念异常的人,能让一次又一次的会议变成一次又一次的解释说明和不快的争执,让会议结束后的每个人都垂头丧气心身疲惫,精力都消耗在内耗中,怎么去面对市场

上的敌人呢。这种负能量的积累能压垮最强壮的骆驼。

2. 没有规则意识、契约精神的人

股权激励，就是一张远期支票，就是用未来的利益凝聚现在的人心，就是用现在的预期瓜分未来的蛋糕。中间一定会发生当初没有意料的事，一定不会完全按照当初的设想发展演变。利益总会失衡，总会有人吃亏。这时怎么办？

中间可能还必须主动作出一些调整和决定，涉及利益的你消我长。这时怎么办？

面对大家共同的事情和捆绑的利益，每个人都有自己的见解和方法，但只能按照一个意见来，有人需要放弃自己的想法拥护别人的决定，而这个别人的决定可能是正确的，也可能被证明是错误的，这时怎么办？

唯有契约精神、规则意识，才能保证友谊的小船不会翻，才能克服这一路的颠簸，顺利走下去。

我们再次引用孙陶然的话，他说，"股东必须都是诚信的人，是认可和尊重游戏规则的人，否则在漫长的企业发展过程中，面对各种波折坎坷必然会出现内部问题"。富迪企业集团有限公司中国区 CEO 史光起说：我们往往看中合伙人的能力或资金，却忽视了这个人的品行，这几乎就是引狼入室。如果重要合伙人是自私、狭隘、心术不正的人，他往往具有摧毁一个公司的负面力量。建议合作前多从一些侧面的小事观察一个合伙人的品行，比如在利益面前的反应，处理对手时的方式，对待不如自己的人的态度等。往往能从一些小的事情上看清一个人的品行。

3. 事业心不重、成就感不强的人

一个成功的股权激励需要激发激励对象的内驱力，实现努力的超频，能力的升级。因此要挑选那些有创业特质，能够被激发、被点燃的人，愿意付出更多努力，承担更多风险，收获更多回报的人。

而事业心不强、无法被点燃的人，就像把 98 号汽油加到一台生锈的发动机里，纯属浪费。我有很多创业者朋友，就像拖着个油瓶在创业，合伙人小富即安，有车有房就开始享受生活，衣着开始考究，生活逐渐精致，品位不断提升，喜欢上了高尔夫、摄影、海钓等高含金量的活动，工作、生活开始划界，8 小时内外泾渭分明。当自己三更半夜忙到焦头烂额的时候，看到合伙人晒出了戴着墨镜穿着沙滩服揽着鲜嫩美女的旅游照时，那叫一个云淡风轻，感觉完全不是一个世界的人。

换成是你，你也一定会想，凭什么？

第十三节　对全员、合作伙伴进行激励合适吗？

关于激励时是不是要进行全员激励，圈子里的专家们吵得很凶，至今没有统一定论，各持己见。

主张全员激励的专家认为：既然是激励，既然有效果，为什么不把大家都激励一下，哪份岗位不需要激励啊？

这样公平啊，雨露均沾嘛。

与其选择给张三不给李四闹矛盾，不如大家都来点，多省事。

所谓赛马不相马，谁适合被激励你真的能事先看清楚吗？不合适了再收回来也不迟。

但大多数人认为不应该全员激励，我也是个谨慎的多数派。主要理由有几点：

首先，创业需要特质，适合做股东或间接股东的，肯定不是所有人。

今日头条创始人张一鸣曾说过一句话，“延迟满足感程度不在一个量级的人，是没法进行有效沟通的”。

什么是延迟满足感？20 世纪 60 年代，美国有个著名的“斯坦福棉花糖实验”，实验中，小孩子可以马上获得一份奖励，比如 1 个棉花糖，或者等待一段时间，得到 2 个棉花糖。实验发现，能为偏爱的奖励坚持忍耐更长时间的孩子，通常具有更好的人生表现，如更好的 SAT 成绩、教育成就、身体质量指数等。

延迟满足，就是指为了更有价值的长远结果，而放弃即时满足，以及在等待中展示的自我控制能力。这是一个人从小就会展现的稳定特质。

股权应该给具有创业特质、延迟满足感程度高、能够被点燃的人，但是显然不是公司里的每个人都是这样的人，火上浇油火更旺，但是浇到水里就是另一番景象了。尤其对于基层员工，即时获得的薪资报酬给他更多满足感，每月多加 200 元，效果可比给股份强得多。

其次，股份本来是珍贵的。不管它是不是真的珍贵，你都必须这样想，否则你股权激励的逻辑就会出现裂缝，对吧？而全员持股成了阳光普照奖，降低了股权的珍贵感、稀缺感，还摊薄了关键员工的股份，降低了关键员工的激励效果。

好钢用在刀刃上，用在刀背上就是浪费。根据二八定律，关键员工的作用总和是其他所有员工的4倍，也就是说每个关键员工的作用是每个普通员工的16倍，这个大家可以慢慢算。也就是说，同样一份股份，给关键员工的作用是普通员工的16倍。那为什么还要给普通员工呢？与其给10个人，不如把其余9个的股份给到1个人，让他管着这9个人。

再次，股东具有绑定效果，即使大股东愿意跟公司每个人绑定，也不是人人都愿意跟其他人绑定，而且全员持股还很可能绑定了本来应该尽快清退的人。

最后，全员持股会产生大锅饭效果，让每个人的努力跟其回报的相关性大大降低，通过股份，我可以合法地抽取每个人努力和贡献的一部分。

总之，股份具有长期和绑定的特征，股份适合公司的关键高层，"关键少数"，而中层、基层更适合绩效奖金和薪资。

公司经销商、客户、供应商等合作伙伴是否适合成为股权激励对象？

很多公司希望用股权的方式把上下游捆绑起来，甚至在做员工股权激励时，留了一部分给合作方。对公司重要的合作方分享股权，这个事情可行吗？我的答案是，完全可行，但是绝对不能用股权激励的逻辑。把合作伙伴当作股权激励对象，最后你会一定会哭晕在厕所。为什么呢？

任何公司必须靠提供有价值的产品或服务来创收，实现盈利。这是一个组织资源的过程，需要的最基本资源包括资金和人才。资金解决场地、原料、设备、劳动等问题，而人才解决战略、技术、生产、运营、市场等问题。

除了创始人以外，公司需要的所有资源都可以在市场上以货币购买，向银行借款就是以利息来购买资金占用，招聘员工就是以工资来购买劳动服务，找代理商就是用差价来购买市场。也就是说，所有资源的使用都可以以商事合作的方式实现。

当然，资源也可以用股份来交换，或者用合作叠加股份的方式进行交换。

股权激励，就是劳动关系叠加了股权关系的人力资源交换。

那什么资源用股份来交换，什么资源用合作关系来购买呢？

股份是公司的所有权份额，股东是公司盈利的分享者、公司经营的掌握者。所以，只有长期稳定的、市场上稀缺不好买的、买来质量难验收的、属于稀缺资源能提升公司核心竞争力的，才用股份换，或用合作加股份方式换。

临时或低频的、容易买的、买来质量可验收的、不会提升公司核心竞争力的，就用买，就用合作关系。

创始人是公司的设立者、掌握者，是当然的股东，创始企业很难得到贷款，因此出资也应取得股份，创始团队和高管人才一般也是公司经营最重要最基本的资源，而且服务质量不好验收，所以一般也用股份或合作叠加股份来交换。

除此之外，公司需要的某一种资源够不够拿股份，就看是不是长期稳定的、市场上稀缺不好买的、买来质量难验收的、属于稀缺资源能提升公司核心竞争力的。

如果一个合作伙伴属于可以长期高频合作的稀缺资源，以股权方式绑定可形成公司竞争力，就可以持股。比如腾讯的合作对创业公司来讲一定是稀缺资源，强大的平台可以导流，而且还提供无价的资信背书，所以腾讯想持股，求之而不得。

同样道理，经销商、客户、供应商想持股，就看这样的合作资源是不是临时的、低频的、买来容易的（并不稀缺）、买来质量可靠的（合作关系可以良好运行）、不会提升公司核心竞争力的。只要有其中一种情形，就不适合做股东。

我们前面讲的博弈理论，其实就是这个道理。

当然，如果合作伙伴完全以投资人的估值入股，那么他本质上是一个投资人，只需考虑股权融资的逻辑即可。不用多考虑合作的问题，投资人同时又是合作伙伴，增进合作，锦上添花而已。

股权激励的最大效果是把高管打工者变为创业者，实现努力和能力的升级。而合作伙伴不可能有这个效果，合作伙伴的股东已经是创业者。股权激励的对象，只有把公司做好，才能实现职业梦想，实现财富自由和个人价值。而合作伙伴完全不然，不管你怎么激励，合作伙伴都会把精力放在自己的公司，自己做好上市发家，通过你的公司是舍近求远。

因此，以股权激励的逻辑和估值给合作伙伴股份，三个字：不建议。

第十四节　如何放大激励效果？

商业上有一种现象，叫过度包装。过度包装一定是一种愚蠢的做法吗？涉事商家可不这么想。如果包装没有用，就不会发生买椟还珠这样的典故。其实很多东西好不好，不用上半年，或者切开了看看，还真不知道。但是，包装，可是第一眼就看得到的。而且人们往往靠表面的东西判断内容，所谓人靠衣装马靠鞍。

股权激励比起这些有包装的实物，更加看不见摸不着，股权激励的效果，来自对象的主观判断和心理感受。这让我们想起尤瓦尔·赫拉利在《人类简史》中说的人类“共同想象”的力量，也让我想起马云说的“相信相信的力量”。

而我们，要让激励对象“相信相信相信的力量”，做股权激励，除了要有个货真价实的内容以外，还得营销，还得包装，还得有故事，这个做得不好，好酒也没人待见。

在股权激励的基本条件不变的情况下，如何放大股权激励的效果呢？

股权激励是物质激励，是跟员工共享利润，共享未来；更是精神激励，它代表了公司对员工的认可，代表了员工从此在职场身份的转变，让员工从一名劳动者变成企业的所有者。为了放大效果，要在这两方面都做足文章。

具体来说，有以下几个方面：

股权激励完成前后，一定要采取有效的措施清楚明白地传达激励规则，利用宣讲会、答疑会、邮件说明等各种方式，让激励对象清楚行权条件、考核指标、回购条件，知道公司鼓励的是什么，反对的是什么，出发点和目标是什么，自己该朝什么方向努力。

我们发现很多激励对象会闭着眼睛签字，签完拉倒，风过无痕，我们不能让这件事就这么过去了。要把规则条件烙印在他的脑子里。

这是第一，明晰规则。

股权激励实施后，要定期将公司业绩、财务报表等公司整体情况向激励对象公布，并提供答疑，接受查询核实。即使特别敏感的信息，也起码给激励对象传阅，然后原件收回。要让激励对象实实在在看到公司的诚意，增强其作为股东获得权益的信心。

这是第二，增强信心。

股权激励实施后，除非公司确实亏损，否则都应拿出一定金额给大家分红，金额可以少，但一定要有，要用很庄重威严的方式，把分红看成一份神圣的报答，要用像祭祀一样的仪式发放。要让大家有第一次领分红的体验，感受到作为股东的权利。

这是第三，分配利益。

要通过各种方式强化激励对象的身份转换，让对象感到作为一名股东的荣誉、责任和担当。例如，在授予股权或期权，以及分红时，进行庄严隆重的典礼仪式并留念；定期召开股东会，召开前书面通知（建议用烫金请柬）并征求提案，会上要有主持人，要有记录，要有媒体（自媒体）在场；每次行权后办理工商变更登记，不要嫌烦，越烦印象越深。

这是第四，强化身份。

按照虚拟股份、期权持有人、合伙人、董事、股东、永久股东的阶梯进行身份递升。签署了激励协议的就属于虚拟股东或期权持有人，具有一定资格，然后通过一定期限的考核，成为合伙人，登记成为合伙人后，有权选任董事，参加董事会会议，之后满足年限等要求后从合伙企业转移出来晋升为真正的股东，股东满足年限要求后，成为永久股东，公司不得收回股份，可转让可继承，享有跟大股东一模一样的待遇。让激励对象享受到爬山的感觉，每一层都有不同的风景。人们喜欢爬山，不也是享受那种越来越高、视野越来越好的感觉吗？

这是第五，阶梯递进。

以上股权激励的5个包装盒，谁不用谁吃亏。

第十五节　股权激励要避免哪些坑？

大家都期待做一个完美的股权激励，能够帮助公司一飞冲天，但也有些人就在这种期待中扑通一声掉进了坑里。

什么算一个完美的股权激励呢？就是同时实现了效果最大化和风险（代价）最小化，什么是一个还不错的股权激励呢？就是既实现了一定的激励效果，同时又很好地控制了风险和不良后果。我们这篇就研究一下，股权激励都有哪些不良后果，哪些坑，应该如何避免掉进去。

我们说的坑是指与激励效果无关的其他问题，即在激励效果很好或很差的情况下都有可能发生的不良后果。

一、激发纠纷

股权激励前，员工跟公司存在劳动关系，我们可以把劳动关系理解成一个即时结清的买卖交易，员工提供一个月劳动后，公司付清一个月工资，如果发生纠纷，也是关于工资、加班费、社保、解除等问题，是个《劳动法》上的问题、是个钱能解决的问题。

一旦做了股权激励，除非虚拟股份以外，员工与公司发生了股权上的连接，产生了公司法上的关系，公司与激励对象之间可能就行权、购买价格、登记、变更、回购、分红、股份转让等方面发生争议，这些争议是民法及公司法的问题。从法律上来说，股权是什么，是一个人的产权、财产，可以说神圣不可侵犯，不一定是钱能解决的。

因此，股权激励将公司与员工的关系复杂程度成倍放大，洗碗工玩起了抛飞盘杂技，如果耍不好，一地碎玻璃。如果没有一个完善的流程和协议，来消除误解、铲除歧义、明确权利义务，就很容易发生纷争，股权激励有没有激发干劲不知道，倒是激发出了难缠的官司。

这个问题怎么解决呢？说来话长，太复杂了。得把《民法典》《公司法》《诉讼法》讲完才能讲清楚。如果简单来说呢，就两个：讲清楚，签明白。讲清楚就是以规范适当的流程，准确传达、消除误解、消除不合理的期待。签明白就是协议完整全面，不留空白；严谨精确，不留歧义；合法有效，不留漏洞；严格执行，不留瑕疵。

估计有些人已经听得有点脑壳疼，有没有简单管用的建议呢？有，就是找个靠谱的专家来辅导，当然，最好是律师出身，打过很多官司，知道什么地方容易起纠纷，要多加小心，也知道怎么约定能帮你把官司打赢，要措辞精当。

二、挂牌上市障碍

很多股权激励以代持方式进行，你看工商登记层面，纹丝不动；也有的股权激励期限很长，十年磨一剑，一年一次，十年行完。做到一半，公司要操作上市了，结果股权激励成了严重障碍，为啥呢？我们看规定：

《首次公开发行股票并上市管理办法》（2018年修正）

第十三条　发行人的股权清晰，控股股东和受控股股东、实际控制人支配的股东持有的发行人股份不存在重大权属纠纷。

《创业板首次公开发行股票注册管理办法（试行）》

第十二条　发行人业务完整，具有直接面向市场独立持续经营的能力：

（一）资产完整，业务及人员、财务、机构独立，与控股股东、实际控制人及其控制的其他企业间不存在对发行人构成重大不利影响的同业竞争，不存在严重影响独立性或者显失公平的关联交易；

（二）主营业务、控制权和管理团队稳定，最近两年内主营业务和董事、高级管理人员均没有发生重大不利变化；控股股东和受控股股东、实际控制人支配的股东所持发行人的股份权属清晰，最近两年实际控制人没有发生变更，不存在导致控制权可能变更的重大权属纠纷。

《全国中小企业股份转让系统业务规则（试行）》（2013年修订）

2.1　股份有限公司申请股票在全国股份转让系统挂牌，不受股东所有制性质的限制，不限于高新技术企业，应当符合下列条件：

（四）股权明晰，股票发行和转让行为合法合规。

股份代持是什么？就是张三的股份登记在李四名下，这就是股权不明晰可能发生纠纷的问题，需要清理。还没完成的股权激励，也使股份处于一种不确定状态，接下来的股份能不能拿到，要看未来考核情况。这也影响挂牌上市，需要解决。

这些问题如何处理呢？不能投鼠忌器，一概抛弃代持，更不能因噎废食，不要考核和行权，最好在协议中约定涉及挂牌上市时，公司有权依据需要办理代持更正，或者解除未完成的行权。使股份处于确定状态。

三、僵尸股东和陌生股东

股份很珍贵，尤其在做股权激励及股权融资时，每家公司都恨不得自己有200%的股份才够开销。我们也确实看到过有的公司前前后后做了几次股权激励，和老股东份额加起来一算，已经超过100%了，一块钱花出了两块的效果，就是不知道那些多出来的股份该怎么弥补。

也有的公司把股份转成股数，公司股份设置成1 000万股，每一个百分点就是10万股，直观感觉确实好多了。不过这只是个数字游戏和表述方式而已，就像有些国家的钞票上面一堆0,简直数不胜数,但是面对商品时购买力就很虚弱,谁也不会因此把自己当富翁。

开空头支票和股份膨胀灌水,都不能真正解决问题。钱不够花,就得省着用。所以,股权激励的股份,每一个百分点都要起到应有的作用,都要起到激励效果。但是碰上僵尸股东,人都另谋高就了,甚至下落不明(这也是我们经常看到的情况),你怎么起到激励效果呢?

哪些情况会出现僵尸股东?一是人员离职,股份没有收回来,甚至根本没有关于收回的约定。二是股份转让,激励对象把股份明里暗里卖掉了。按照《公司法》,股东之间转让股份,别人是拦不住的,股东转让股份给股东之外的他人,其他股东也只能要么同意要么自己收购。除非章程和协议另作约定。三是工作不胜任降职,降职后已经不是高管了,但是还保有股份。四是丧失劳动能力或退休、死亡,但是仍然带走股份。

这些情况下出现僵尸股东,相应股份的激励效果就丧失了。而且这样的股东对公司经营管理以及挂牌上市还可能带来一定麻烦。所以要在协议里提前约定予以解决,或者约定回购,或者禁止转让。

还有陌生股东,就是谁都不认识他,更不在公司干活,但是法律上是实实在在的股东,有权利坐下来参加股东会,可以名正言顺地发表意见、投票表决。一般在股东离婚、股份被拍卖、死亡继承、股份转让他人的情况下,会出现陌生股东。这对公司来讲也是个哭笑不得和麻烦不断的事情,股份没有激励作用外,还得接受这么一个不知道是谁的人参加股东会,就像家庭聚会上来了个陌生人进了你的帐篷里,你还不能赶他走,还得向他报告家庭状况。

解决陌生股东的问题,也需要协议事先约定,包括禁止转让、附条件收回、附条件失效等。

四、绑定不良股东

作者曾受邀参加很多创业公司的股东会或董事会,深感有个定律经常性地显灵,什么定律呢?“三人行必有我师,五人行必有狗屎。”这是个很粗俗的笑话,但也恰当地表达了当事人身在其中的那种愤懑无奈。

对于员工,如果公司无法忍受了,在付出一定代价的前提下,还是可以解除关系的,而对于一个已经拿到股份的激励对象,那已经是人家的财产,不能随意剥夺，公司无法忍受了，除非激励协议有非常完善的约定，并且发生纠纷能有一个出色的律师代理，同时碰上一名合格的法官，可以合法解除股东资格，否则就像湿手粘上了面粉，麻烦不断，又摆脱不掉。而且一旦发生斗争，小股东在某种方面讲是有优势的，他的优势就是可以破罐子破摔，不惜同归于尽，因为他的损失小，大股东损失大，因此他可以趁势要挟。曾经有个案子，公司要上市，这么美妙的事情，但是小股东拒绝签字，公司就不能上市，最后大股东拿出很大一笔钱安抚小股东才摆平。

这个问题怎么解决呢？建议如下：

第一，不管激励对象有多牛，行情多好多抢手，建议都要设置一个观察期，直接登记股东，就是把未来交给了概率，只能指望吉人自有天相。

第二，股份激励分步进行，比如先以虚拟股份，然后股份期权，经过充分的观察考核，确保相互了解很深了，再给实股，办理股权登记，而且是先合伙份额，经过更进一步考核和了解，再登记为股东。

第三，还有约定特别情况下的回购权利。

五、大股东丧失控制权

书到用时方恨少，股权也一样。一个公司发展过程中，要用股权换资金、换资源、换人才，实在是捉襟见肘，而且有些公司发展路漫漫，融资融到E轮了，还没见盈利呢。身经百战，依然处于青春期。创始人股份不断稀释是正常现象。有些公司上市时创始人稀释到几个点，比如马云，7.8%。能保留十几二十个点的算是节俭小能手了。

在这个过程中，如果创始人没有保住公司控制权，就有点大事不妙了。像徐小平所说的，“创业，本来就是为了做自己命运的主宰，却把控制权拱手送人，不make sense（讲得通）。即使你不得不融资，也必须像京东刘强东那样，股份让多少都可以，但一定要保留投票权”。

怎么在稀释股份的时候保留自身投票权呢？有几个办法，一曰代持，二曰担任持股平台合伙企业普通合伙人（GP），三曰一致行动人协议，四曰表决权与分红权分离。

六、融资、新激励障碍

一旦成为股东，激励对象就享受《公司法》规定的股东权利，包括优先购买权，优先增资权。

《中华人民共和国公司法》（2018年修正）

第三十四条　股东按照实缴的出资比例分取红利；公司新增资本时，股东有权优先按照实缴的出资比例认缴出资。但是，全体股东约定不按照出资比例分取红利或者不按照出资比例优先认缴出资的除外。

第七十一条　有限责任公司的股东之间可以相互转让其全部或者部分股权。

股东向股东以外的人转让股权，应当经其他股东过半数同意。股东应就其股权转让事项书面通知其他股东征求同意，其他股东自接到书面通知之日起满三十日未答复的，视为同意转让。其他股东半数以上不同意转让的，不同意的股东应当购买该转让的股权；不购买的，视为同意转让。

经股东同意转让的股权，在同等条件下，其他股东有优先购买权。两个以上股东主张行使优先购买权的，协商确定各自的购买比例；协商不成的，按照转让时各自的出资比例行使优先购买权。

公司章程对股权转让另有规定的，从其规定。

所以，公司在以增资或老股东转让股份的方式进行新一轮的股权激励或后续融资时，成为股东的激励对象具有优先购买权和优先增资权，如果侵犯了他的这个优先权，相应合同可能被认定无效或撤销。

大家想想看，激励对象对新一轮的激励对象是个排斥的态度，还是欢迎态度？难说，很多人理解这个新人是来取代我的，所以他可能会利用他的优先权阻击新的激励。你不是要给激励对象股份吗？你得按照法律优先给我。

所以，为了防止股权激励对象取得股权后妨碍后续股权激励或融资，应当约定激励对象放弃优先权，或将激励对象的股份设置在作为持股平台的合伙企业中。

第十六节 律师在股权激励中的作用有哪些?

创业公司要做股权激励了,他面临几个选择:(1)自己做;(2)找咨询公司做;(3)找律师做。我们认为,第一个是馊主意,第二个是好主意,当然了,第三个更好一点。

股权激励,为什么不能自己动手?简单来说,这就像出了故障自己修车,生了病自己吃药,甚至自己开刀动手术,打官司自己上法庭一样。那些自作聪明又一知半解的人经常犯这样的错误,然后把自己坑死。

我想,所有打开这本书的人,都认为股权激励是一个有点复杂的事情,需要学习。问题是,自己学了是不是够开刀呢?

我的一些朋友经常跟我要股权激励协议模板,我就会觉得很为难,首先我根本没有模板,每个公司的情况不一样,1 000 个哈姆雷特就有 1 000 个模板,但这不好解释。不给他吧伤感情,随便给他一个现成的吧又怕害了他,怕他张冠李戴弄巧成拙。

举个例子,有个竞争对手公司过来的人,手里带着一大把客户,现在要加盟你公司,张口就要股份,并且要立即登记在工商局,给还是不给呢?模板里没这个情况。假设这个人还跟原公司签了竞业限制协议,约定了 500 万元违约金,这个情况怎么办?假设这个人没跟原公司签竞业限制协议,但是签了保密协议,约定所有客户名单都属于商业秘密,这个又怎么办?假设这个人是外籍中国人,又怎么办?这个人刚结婚买房,最近 5 年都不会有钱买股份,这个怎么办?这个人 5 年之后可能要移民,又要怎么办?所有这些,模板里都不会有。

股权激励不是学校考试,在大纲范围内出题,把课本学好了,总能答个八九不离十。股权激励会面临很多实际状况,没什么大纲限制,每个案例都生动鲜活。而且一个小细节出了问题,结果可能功亏一篑。甚至留下解决不了的后遗症。

为什么需要一位律师来做?律师到底有什么作用?我的感受是,律师在这个过程中通过扮演两个角色来起作用。

一、专家角色

1. 完善规则,保障激励效果

股权激励是一个涉及管理、法律、人性的系统工程。是一个公司各利益相关方的博弈,在实施过程中会产生各种意想到和意想不到的变化,这个变化会带来什么影响,各方会怎么调整自己的行为,这个调整又会带来什么后果,没有经验的人是很难想象全面的。举个例子,规定 10 年之内离职都要收回股份,或者 5 年之内离职收回股份,或者永远不收回,或者无论多少年后离职都会收回股份,这些都分别会产生什么效果?收回时按照什么价格,原价,还是净资产价,还是最近融资估值,还是取低者,还是 0 对价,这些分别都会产生什么效果?激励对象对公司重视的某条款强烈抵触,该不该调整,怎么调整?这都需要深入思考研究,还需要经验积累。

2. 完善制度,控制不良后果

股权激励什么情况下会影响挂牌上市?什么情况下会影响下一轮融资,下一轮激励?如何避免影响大股东控制权?如何避免激励对象取得股权后转让他人?如何避免激励对象取得股权后抱团对抗大股东?这些问题,需要的不光是经验,还有法律规则。

3. 完善文本,规避纠纷

举个例子,对一个买卖交易来说,交易的相关条件内容肯定是当事人更清楚,为什么还需要律师起草协议或审查合同?因为所有的交易都可能发生纠纷,发生纠纷后最终需要利用法律规则来解决。所以需要律师将交易条件转化为规范严谨的法律语言,使交易符合法律规则,使自己能事先利用法律规则取得主动。

4. 完善流程,体现庄重

大家对一份重要的合同,往往想着去办个公证。其实公证对合同的效力无任何影响,有效的合同签字就有效,无效的合同公证了也无效。但是大家还是想做个公证,为什么?体现庄重!煞有介事地跑一趟公证处,取得一份盖着钢印的公证书,大家都会觉得,这是件很重要的事,不能等闲视之。请律师操作股权激励,也有这个效果,家常小事谁找律师啊?股权激励,哪个公司希望员工签完就忘啊?签完就忘的,就凭这点,已经失败了。前面讲到的仪式感,也是同样的目的。

二、中立角色

1. 充分沟通，有效掌握需求

律师是第三方，虽说是公司请的，但终究不是老板本人，所以在与激励对象进行访谈时，还是可以以第三者的身份更深入地掌握需求和想法的。举个例子，员工觉得股份贵了，不值这个价，大部分人当着老板的面，不好意思直说，而是会说自己没钱买。但其实这是两个问题，需要不同的解决办法。我们有个案例，总经理对股权激励方案百般反对，后来作者才私底下弄清楚，他觉得给他的份额太少，但是自己进公司不久，还没有底气多要，所以以反对方案来拖延时间。没有第三方，这个问题可能就搞不明白了。

2. 深入说明，清晰传达方案

在我们早期做过的案例中，发生很多次这样的事，一年后做效果回访时，发现很多人当初把具体条件理解错了。或者理解得对自己太有利，或者很不利。也有一些案例中，公司本来做了很大的让利，但是员工却不能深切理解。这些问题，作为专业的第三方，更有条件和能力准确表述，清晰有效地传达。

3. 居中立场，平衡双方利益

股权激励不是一锤子买卖，不是一手交钱一手交货的交易，如果把股权激励看作交易，也是一个购买人的能力、精力、心血、才智的交易，唯有最大程度的满意才有最大程度的效果。但一方最大的满意可能就是对方最大的委屈，所以最好的股权激励一定是找到了双方利益最适合的平衡点。出于自利和屁股决定脑袋的人类本性，单方作出的激励方案很难达到这个最佳平衡点，需要中立第三方。

至于选择律师和选择咨询公司的问题，起码有三个理由，使得律师更加适合你：

(1) 股权激励是一个关于股权的交易，本质上是个法律问题，涉及《劳动法》《公司法》《民法典》等方方面面的法律知识，哪里不懂，都会出法律漏洞，甚至签出无效合同。

(2) 股权激励不是独立的，要跟股权融资、并购、挂牌、上市衔接，不能产生冲突障碍，这就需要更为广泛的法律知识和经验。

(3) 股权激励可能——而且经常——发生法律纠纷，需要控制法律风险。股权激励的成果，最终都会形成一份份的法律文件，没打过官司的人不会深切理解如何避免纠纷，发生纠纷如何避免败诉。而这些，都需要事先预料、做好应对。

以上这些，若非律师，谁能胜任！

但咨询公司也有专长，就是在管理制度的衔接上、绩效考核设计方面更擅长，不过呢，对于一个成长型甚至初创中的公司，其实过分复杂的绩效考核反倒是累赘，有一个段子说，执行一个激励考核，需要 6 个人力资源职员才能完成，但是公司一共才 5 个人。所以呢，就是太复杂、太完善了，最后失败了。

第十七节 激励方案包括什么内容?

股权激励到底是什么？如果用一句话概括，就是股份权利转移，没有股份权利转移的股权激励是伪股权激励，是假股权激励，是蹭概念，忽悠人。

但是请注意，我说的是，股份权利，而不是股权。

听到这里，大家可能一脸蒙圈了，股权不就是股份权利的简称吗？这不是一回事吗？告诉大家，还真不是一回事。

首先问大家，股权是什么意思呢？估计没学过法律的人，对这个词啊，都了解得清清楚楚，但是仔细一想变成了一团迷雾。我们很多习以为常的概念都架不住仔细琢磨。现在再加上个股份权利，大家脑子就有点乱，一团迷雾变成了两团迷雾。

我们学习股权激励，不能揣着糊涂装明白。咱们今天扒一扒。

啥意思呢？

股权是一种所有权，就像房产权一样，任何一项所有权都包括占有、使用、收益、处分四项权能。每一项权能里面又包含了不同权利，股权作为所有权，也包括若干种股份权利，所以，股权一词，是包含了股份的各种权利的总称。

四项权能落实在股权上，大致包括如下一些权利，我们以房产为例说明：

(1) 我有一套房子，首先我可以占有它，我可以到交易中心办理房产证，来标明我的权属。这是权能里面的占有，我们把它平移到股权，那就是我对股份有确认权、公示权，你得用某种形式在你我之间或向不特定公众确认这些股份是我的，比如股东资格证、代持协议，或者直接在工商局登记，实现我对这些股份的占有。

(2) 我有一套房子，我可以自己住，也可以出租，这是权能里面的使用权。相应地，对于股权，我可以行使表决权、知情权、提议权，这是使用，开股东会你得通知我，会上我有权利投票，即使股份太少投了也不管用，但是没让我投票我就可以起诉请求股东会决议撤销或无效。股东会上我有权提出议案。我有权了解公司经营状况财务账本，不给看我也可以起诉要求看。

（3）我有一套房子，我可以收租金，这是权能里面的收益权，股份中的分红权、清算分配权，也是收益权，公司赚了钱，你可以分红，也可以不分红，由股东会决定，但是如果决定分红了，我一定有份。另外，不分红时，就会留存公司作为所有者权益，那这个我也有份，将来公司清算我有权分配剩余财产。很多股权激励方案对有盈利但未分红转为净资产部分的滚存利润归属未约定，这是一个重大遗漏。

（4）我有一套房子，我可以抵押房子去贷款，可以送人，也可以出售，或者立遗嘱留给孩子，这是处分权。相应地，我对股份也有抵押权、赠与权、转让权、继承权，这是处分。出于有限公司的人合性，股份转让不像其他财产转让那么自由，其他股东有优先购买权，但是处分的权利是必须的。

上述名词有一些并不是特定法律概念或跟法律概念本义有所差别，只是为了方便大家理解。我们在下文中也会延用这些名词表述。

既然股权激励的核心是股份权利转移，那么股权激励方案的基本内容是什么呢？就是转移哪些以及怎么转移。其实我们可以把股权激励比作一个货物买卖的交易，包括卖方、买方、标的、条件。这四方面，囊括了股权激励方案的一切，囊括了什么七定法、九模式，那些都不用看，只要看这四方面，卖方、买方、标的、条件。

（1）卖方：股份来源，股份哪儿来的。大股东出，还是原股东按比例出，还是公司增资出。

（2）买方：激励对象。哪些人，包括现有的和未来的，标准怎么定。

（3）标的：包括股份权利义务、股份形态、分红、数量。转移的是前述各项权利里的哪一项或哪几项？要不要登记？有没有表决权？有没有分红权？能不能转让继承？是实股还是期权？是股份还是合伙份额？每年分红怎么分？转移多少？

（4）条件：价格、交易时间、取得条件、收回条件、购股款来源、调整、违约。也就是包括价格怎么定？什么情况下能行权？什么情况将被收回？购股款是自己出？还是公司借？还是每月工资扣？还是年终奖扣？什么时候考核？什么时候行权？什么时候收回？中间有变化怎么调整？有违约怎么处理？等等。

为了方便理解记忆，我们把这个对股权激励内容的概括，叫“股权激励四板块”。

第十八节 股权激励也有“元素周期表”

股权激励本质上是股份部分或全部权利的转移，所以类似于货物买卖。主要内容包括买方、卖方、标的、条件四个板块，共 18 个具体项目，我们把这些列表说明，形成一个四板块表，如表 4.1 所示。

股权激励的常见模式包括股票期权、限制性股票、股票增值权、虚拟股票、年薪虚股制等，所有的股权激励模式都统一在了这个四板块表里，可以用这个四板块表清晰说明和标注。你可以把这个四板块表理解成一张“元素周期表”。

表 4.1 股权激励四板块表

序号	板块	内容	选择
一	卖方	1 股份来源	a 大股东；b 按比例；c 期权池；d 增资
二	买方	2 选择标准	a 岗位；b 工龄；c 绩效；d 薪资；e 自愿
		3 确定名单	a 高管；b 负责人；c 骨干；d 全员
三	标的	4 股份权利	a 登记；b 表决；c 分红；d 增值；e 分配；f 转让；g 继承；h 全部
		5 股份义务	a 原股东实缴；b 激励对象实缴；c 特别义务
		6 股份形态	a 股票；b 公司股份；c 合伙份额
		7 确认方式	a 登记；b 代持；c 协议约定；d 其他
		8 分红方法	a 股东会决议；b 协议约定
		9 各人数量	a 岗位；b 工龄；c 绩效；d 薪资；e 自愿
四	条件	10 取得条件	a 考核取得；b 直接取得；c 定时取得
		11 取得价格	a 净资产；b 市盈率；c 注册资本；d 其他；e 无偿
		12 收回条件	a 过错；b 离职；c 降职；d 离婚；e 丧劳；f 届期收回；g 不收回；h 期满不收回
		13 收回价格	a 净资产；b 市盈率；c 注册资本；d 其他；e 无偿
		14 取得时间	a 即时；b 届期；c 匀速；d 加速
		15 转让时间	a 附条件；b 届期；c 匀速
		16 购款解决	a 自筹；b 借款；c 薪资扣；d 分红扣
		17 调整	a 数量调整；b 条件调整；c 价格调整；d 解除
		18 违约	a 付款；b 转让；c 收回；d 调整；e 承诺；d 登记

我们用表格里的序号和字母来代表某种模式下的具体内容。比如，一定期间届满可以购买的，我们就标示为14b（14取得时间中的b届期），符合条件才能购买的，我们就标示为10a（10取得条件中的a考核取得）。我们用这个表来标注几种典型的激励模式。

1. 股票期权

股票期权是一种期待权，是允许激励对象在未来条件符合时购买本公司一定数量的股票的权利。

公司授予激励对象的是股票期权（14b），事先设定了激励对象可以购买（11d）本公司股票的条件（通常称为行权条件）（10a），行权条件一般就包括三个方面：一是公司方面的，如公司要达到的预定的业绩；二是等待期方面的，授予期权后需要等待的时间（等待期一般为2～3年）（14b）；三是激励对象自身方面的，如通过考核并没有违法违规事件等，只有行权条件成就时激励对象才有权购买本公司股票（行权），把期权变为实在的股权（4h）。

行权条件成熟后，激励对象有选择行权或不行权的自由。激励对象获得的收益体现在授予股票期权时确定的行权价和行权之后股票市场价之间的差额。

2. 限制性股票

公司预先设定了公司要达到的业绩目标，当业绩目标达到（10a）后则公司将一定数量的本公司股票无偿赠与（11e）或低价售与（11d）激励对象（实践中的方式各有不同，也有不预先设业绩目标的模式）。

授予的股票不能任意抛售，而是受到一定的限制。

一是禁售期的限制：在禁售期内激励对象获授的股票不能抛售。禁售期根据激励对象的不同设定不同的期限。如对公司董事、经理的限制规定的禁售期限长于一般激励对象（15b）。

二是解锁条件和解锁期的限制：当达到既定业绩目标后激励对象的股票可以解锁（15a），即可以上市交易。解锁一般是分期进行的，可以是匀速也可以是变速。

3. 股票增值权

股票增值权就是公司授予激励对象享有在设定期限内（15b）股价上涨收益的权利（4d），承担股价下降的风险。

公司授予激励对象一定数量的股票增值权，每份股票增值权与每股股份对应。

公司在授予股票增值权时设定一个股票基准价(11d),如果执行日股票价格高于基准价,则两者的价差就是公司奖励给激励对象的收益,激励对象获得的收益总和为股票执行价与股票基准价的价差乘以获授的股票增值券数量。奖励一般从未分配利润中支出。如果执行日股票价格低于基准价,则要受到惩罚,如将股票执行价与股票基准价的价差的1/2从激励对象的工资中分期扣除。

4. 虚拟股票

虚拟股票和分红权类似,公司授予激励对象的是一种股票的收益权(4c),而非真实的股票。激励对象没有所有权、表决权,不能出售股票,离开公司自动失效(12b、13e)。

5. 年薪虚股制

是将企业高级人才年薪中奖金的一部分以现金的形式支付,而将其余部分(16c)转化为虚拟股份(4c、4d),规定一定的持有期限,到期后(12f)依公司业绩(13d)一次或分批以现金形式兑现。

在该种激励机制下,企业高级管理人员从利润中获得的当期奖金滞后兑现,最终兑现的数量与今后几年经营业绩的好坏直接相关,并且被成倍地放大。高级管理人员可以因经营业绩的高速增长而在将来获得巨额奖金,也可以因经营业绩的下降而赔光当时的奖金,甚至更多。

所以我们看到,各个股权激励模式,不过是四个板块里的几个项目中对若干选项进行了固定的选择形成的组合而已,比如,我们可以把一个股票期权,简单标注为一个4h、10a、11d、14b的股权激励,而限制性股票,不过是一个10a、11d、11e、15a、15b的股权激励。

在四个板块的18个项目里,每个项目里的选项你都可以进行选择,一个经常被选择的组合,则形成一个较为固定的套餐,成为一种股权激励的模式。

其实,在18个项目里,每个项目不同的选择都可以形成不同的方案,所以,最终形成的方案的形态是很多的,也可以说所谓股权激励的模式,其实是弹性的、模糊的、多种多样的。

当然,我们这个表也是可以不断完善的,18个项目也可以再细化为19、20个项目,但是道理是一样的,万变不离四板块。

后面我们会把四板块里面的18个项目,以及里面的每一个选项,都简要介绍一下,看看有哪些门道、哪些要点。

第十九节　激励股权从哪里来最合理？

四大板块的第一板块，卖方，讲的是股份来源的问题，激励股份哪里来。来源有四个渠道，一是创始人、大股东个人出，二是原股东按比例出，三是用期权池，四是公司增资。

下面我们分别讲讲各个渠道的特点：

第一种，创始人、一般也就是大股东出让股份，是比较常见的股份来源。但是我们并不建议采取这种方式，有几个原因：

一是创始人的股份要厉行节约，公司发展的过程就是创始人股份不断被稀释的过程，创始人一不小心就会失去控制权，而创始人失去控制权的公司就像舵手丢了方向盘的轮船，里外都觉得不安全。创始人个人出让股份会把股份消耗得很快。

二是以股权转让方式进行股权激励，原则上购股款要支付给出让人，创始人收吧，这会让激励对象感觉是老股东卖股变现，激励对象的钱进了创始人兜里，感觉不舒服，不收吧，激励对象的购股款就要进入公司，但又不属于出资，这个账很难做，留下了财务不规范的隐患。

三是涉及老股东股份增值缴税的问题，顺便说一句，税法规定，税务局认为股权转让的约定价格不公允的，可以采取审计等方式来自行确定交易价格并计算增值额然后计算税金，也就是说，不管转让合同约定的价格是多少，税务局认为股份增值了，就要缴税。

综合以上原因，不建议创始人、大股东独自拿出股份做激励。

第二种，原股东按比例出，这个比第一种好一点，但是也有购股款支付和税务的问题，也不推荐。

第三种，事先设立期权池。这是我们推荐的方式，好处有几个：

一是不会稀释大股东股份。

二是提前搭好了台子，有利于吸引人才，栽下梧桐树，引得凤凰来。

三是可以事先设立合伙企业作为期权池，激励股份与公司做了隔离，将来激励股份有纠纷不会影响公司经营。

四是期权池可以认缴股份但暂不出资，由激励对象取得股份时实缴完成，激励对象心理上更容易接受，而且财务上法律上也非常规范。

五是期权池一般先由大股东代持，或者成立合伙企业代持，同时一般大股东担任普通合伙人（GP），都有利于大股东保持对公司的控制权。

第四种，就是增资。增资的好处是原股东同比例稀释股份，较少争议，也没有单独稀释大股东股份，缺点是大股东仍然是最大的稀释对象，并且增资只能使激励对象直接成为公司股东，没有弹性和回旋空间。

因此，最推荐的方式就是事先设立期权池。

第二十节 哪些岗位或人才适合做股权激励，哪些不适合？

下面我们讲讲第二板块，买方，也就是激励对象。

哪些岗位或人才适合做股权激励呢？其实这个问题就是在问哪些岗位或人才适合给股权，哪些岗位或人才适合给工资？这个要看两者的比较，股权是内驱的，只有默默把事情做好，才有实际收益，工资是外驱的，定好的工资总得给到；股权是长远的，工资是即时的。

那么什么岗位或人才适合股权激励呢？

第一是战略决策类岗位。一个战略或决策好不好，实施以后产生效果前都不好判断。一个看上去完美无缺的战略也可能带来一地鸡毛。非经长期检验，战略无法考核评估。而且战略一旦错误，影响是重大甚至致命的。事前不好判断，事后又能要命，那怎么保障战略的可靠呢？就是让制定战略的人参与股权，以自己未来的切身利益做质押。就像一些投资机构让项目负责人个人跟投项目一样，如果项目失败，你自己也玩完儿。有些人会说，公司战略决策属于老板的事情，不用给激励对象吧？其实不然，很多岗位都有战略决策的问题，比如怎么打品牌、怎么开拓市场、产品怎么选型，都是一个个的决策，就像投资公司要不要投一个项目，不可能每一个都是老板拍板决定。另外，激励对象搭上了自己的前途，也可以给老板本人决策设置一个平衡器，防止武断任性。

总之，这一类岗位，需要负责人打起精神、睁大眼睛、竖起寒毛、张开敏锐的嗅觉，甚至利用妙不可言的直觉，才能把握好，做到极致。所谓运用之妙，存乎一心。只能交给他股权，然后完全信任他自己的能耐和努力了。

第二是设计创意类岗位。设计创意类岗位，需要挖空心思，绞尽脑汁，呕心沥血，如果不是把公司的事当成自己的事一样做，很难达到这种把自己往干里榨的程度，这种深层次的脑力劳动，需要一个人的内在驱动力，外在激励无法引发甚至还会损害创意发挥。另外他们的努力从外部无法测量，同样一件事，用心与不用心的结果千差万别，但又很难简单评价。

第三是构成公司核心竞争力的岗位。公司的核心竞争力是研发还是市场或资源、关系？总之事关公司命脉的，必须进行股权激励，以股权绑定，我们要尽量避免一个员工离职后，公司的核心竞争力也被带走了。这是把脑袋安到了别人的肩膀上。

第四是重要但是难以考评的岗位。比如人力资源中的招聘，做得好不好，最多从招聘及时性或离职率等数据反应，还不一定准确，但其实所招聘人才的普遍素质对一个公司的长远发展有很基础而且重大的影响。

第五是稀缺人才、成长性好的人才，是公司希望绑定的人才，也是股权激励的合适对象。

那么什么岗位不适合股权激励呢？其实上述特征的反面就是，具体来说，有以下一些：

首先是中基层岗位，一则他们的努力对公司的影响有限，二则他们一般更看重现金报酬，股权激励效果不明显。

其次是定量考核方便的岗位，比如销售岗位，有更为直接方便的考核方式，就是按照销售提成，比如制造岗位，按照数量、质量、效率，以直接的数据进行考核，按其个人或部分业绩发放奖金，减短了努力与激励的链条长度，减少了努力与回报的外溢问题，激励效果更明显，不良后果也更少。

第二十一节 股权激励的股权，应当包括哪些权？

下面我们来讲第三板块，股权激励的标的，也就是给什么。

这里有个问题，股权激励是不是就是股权转让？应当说，从结果上来看，大致可以说是的，但从过程上来看，又绝对不是。股权转让等同于直接结婚过日子，股权激励则包含了丰富多彩的前奏，包含选择、表白、恋爱、考验、订婚等，还可能分手。

股权激励转让的不能说是股权，而是股份权利，股权是整体，而股份权利是可分割的部分。出于控制风险和控制节奏的目的，股权激励不建议一下子就把整体股权转让给激励对象。那相当于直接结婚,直接生娃,既不美妙,也不诱人,又很草率。

那么应该转让哪些,怎么控制节奏,才能发挥最大效果呢?

首先,股份权利的第一部分,就是占有权,就是用什么方式标示我对股份的占有?常见的有口头承诺、股权证、代持协议,还有直接在工商局进行登记。选哪一种好呢?

关于口头承诺。口头承诺的特点是啥呢?很难强制执行。所以是个君子协定,一方反悔,对方也没辙。很多老板喜欢用口头承诺的方式操作股权激励,我的建议是——不要轻易这么做。

为什么呢?如果你还没想好,没下定决心做,就说都不要说,万一将来出现反复,不是打击人吗?如果你下定决心要做了,就正儿八经地、严肃而隆重地做,为什么要搞得轻描淡写,让大家不当回事呢?这不是故意给激励效果打折扣吗?

如果你既要做,又不愿意背额外的责任和后果,那也不应采用口头承诺的方式,而是应当找个好专家的问题,签订一个专业而严谨的股权激励协议。

如果你只是想用一根根本没准备分给大家的胡萝卜吸引员工,那就不聊了,不属于我们讨论的范畴。这不是股权激励,这是忽悠,在你准备每隔几年就换一茬人的情况下适用。

关于股权证。我们看到有些公司做股权激励,给员工发了个股权证,某某某取得某某公司百分之几股份,特此证明,公司盖个章,或者法人代表签个字。这个有效吗?无效。

因为股权是股东的权利,是股东的财产,只有股东才有权利转给员工。公司把股份转给员工,就像一座房子决定把自己卖给下家。做股权激励只给员工发个股权证,这种公司要么是法盲,要么是居心不良。不过如果发生纠纷,这张股权证也不是废纸一张,法院可能还是会判决公司赔偿员工的。你用不属于你的财产交换了我的劳动付出,那就要用属于你的财产来抵偿。总之,公司盖章的股权证只是一种员工获得股权的间接证据,在未得到股东认可的情况下是不能得到股权的。这种做法对公司来说,法律上有效力问题,实践中容易产生纠纷。也不建议。不过对于那些分期行权的激励,已经行权得到一部分,这部分是确定给予激励对象的,但是年年办工商变更又有点烦,也可以考虑先发个股权证,让激励对象安心。

关于代持协议。代持协议的第一个问题是:有效吗,法律上认可吗?答案是：有效，认可。

《最高人民法院关于适用〈中华人民共和国公司法〉若干问题的规定（三）》（2020 年修正）

第二十四条　有限责任公司的实际出资人与名义出资人订立合同，约定由实际出资人出资并享有投资权益，以名义出资人为名义股东，实际出资人与名义股东对该合同效力发生争议的，如无法律规定的无效情形，人民法院应当认定该合同有效。

前款规定的实际出资人与名义股东因投资权益的归属发生争议，实际出资人以其实际履行了出资义务为由向名义股东主张权利的，人民法院应予支持。名义股东以公司股东名册记载、公司登记机关登记为由否认实际出资人权利的，人民法院不予支持。

在期权的股权激励中，约定在全部股权行权完毕后统一办理公司登记，此前以代持方式授予，也是一种简单易行的办法，而且对激励对象较有保障。只是需要就代持效力等问题与激励对象沟通清楚，以免激励对象心里没底，信心不足，影响激励效果。

最后一种占有形式是登记，一旦办理了工商登记，就像房产办理了过户一样，法律认可其对外公示效力，除非经合法有效的方式重新转让，否则是不能剥夺其股权的。这是最刚性、对激励对象最有保障的占有方式。相当于办了结婚证，落袋为安了。

股份权利的第二部分，是表决权。

表决权要不要给激励对象？我们的建议是，在不影响大股东控制权的前提下，可以给；在可能影响大股东控制权的情况下，不应该给。可以在前期大股东绝对控股时给予激励对象表决权，后期大股东丧失绝对控股时收回表决权。这个内容可以在协议里约定好。

为什么在不影响大股东控制权的前提下，建议给激励对象表决权呢？因为在我们经办的大部分股权激励中，发现激励对象很在乎在公司的话语权，激励对象没有指望能左右公司，但希望有权在股东会上发出自己的声音，有权投出自己的赞成票或反对票，希望有渠道能贡献自己的思考，有机会让大家验证自己的判断。回应和满足激励对象的这种期待，就是充分发掘股权激励中的精神激励，强化激励对象主人翁的身份定位。

股份权利的第三部分，是分红权。

在任何一种股权激励模式中，分红权都是不能剥夺的。没有分红权的股权激励对于员工就像羽绒服没有绒，就像钓鱼竿没有杆，没有任何意义。继续讨论这个问题也没有意义。

真正需要讨论的问题是，怎么分？这个问题不约定清楚，还是相当于羽绒服里没有绒。有利润而不分红，打死也不分，到死也不分，跟没有没区别。

很多公司不在这个问题上约定清楚，自以为弹性十足，其实会引起很多不满和失望。

法律上，分红怎么分，由股东半数以上表决权决定。但如果完全按照这个规定来，激励对象其实没有任何话语权，怎么分还是完全老板定。为了平衡大股东和激励对象的利益，建议的做法是，约定一个分红的上下限，比如每年利润的20%～50%用来分红，在公司飞快发展、资金需求强烈的阶段，分红较少，平稳发展、资金不太紧张的阶段，分红较多，具体比例大股东确定。半数以上股东且大股东同意，可以突破上下限。

另外建议，只要有盈利，不管资金需求多大，多少给员工分点儿。让员工年底能拿到一个红包，上面写着“分红”两字儿。让员工能感受到股东的身份，尝到分红的滋味，嗅到希望的气息，看到未来坐享其成的影子，要用一种特别庄重和仪式感的形式发放，甚至可以开一个股东分红的典礼仪式，千万不要附在工资里悄没声息地发完了事，看着工资条上那一串数字，可能还没有当月工资或年终奖高，员工要么没啥感觉，要么就是心头泛起一阵阵的失落。

股份权利的第四部分，是增值权和剩余财产分配权。

增值权就是有盈利但未分配的滚存利润，如何归属的问题。理论上，滚存利润跟分红一样性质，分与不分都属于各股东，但在一些虚拟股份的股权激励模式下，激励对象并未真正取得股东资格，所以有必要约定滚存利润的归属。在因离职即可能丧失股东资格的模式中，也有必要约定滚存利润将如何分配。如果按照净资产回购，则相当于将滚存利润一次性分配给了股东，但是按照原价回购时，则相当于把属于股东的滚存利润没收了。这个问题不约定，就是协议的“bug”（缺陷），就可能发生纠纷。

剩余财产分配权，就是公司解散清算时，公司清偿税款、工资、债务后，还剩余的财产，由股东按比例分配。其性质跟滚存利润是一致的，因为剩余财产本来就是公司资产去掉负债的部分，也就是公司的净资产（所有者权益），是原始出资加上利润减去亏损的余额，所以这一块的约定应当与滚存利润相同。

股份权利的第五部分，是处分权，包括转让权、赠与权，以及质押权。这就涉及激励对象是否有权利自由处分自己的股权。

原则上来讲，鉴于有限公司股东的人合性，以及股权激励的目的之一——绑定，激励股份禁止进行任何处分操作，以免股份易人，激励落空。但是，如果永久禁止转让，激励对象借股份而发家的目的也将落空，反过来公司的激励目的也必将落空。在大部分的激励中，我们发现员工对退出途径很关心。

因此，建议在一定期间，比如 8 年、10 年内，禁止转让，之后可以转让。而且，到期前上市完成，自动取消限制。让激励对象看得到希望，而不是把路封死。

股份权利的第六部分，是继承权。

我们必须看到，中国人为了家族后代甘愿吃苦耐劳的民族秉性，这是很多人毕生努力的动力，也是中国经济腾飞的原因之一。建议在服务年满一定期限后，股份解放，可以自由处分，也可以继承。其实依据《公司法》规定，归属于个人的股份本来就可以自然继承，我们建议还是要特意书面强调，以便拨动激励对象那根隐秘的心弦。

以上就是关于激励标的的介绍，要转让哪些权利，怎么控制节奏。

第二十二节　激励股份外挂合适吗?

公司做股权激励，激励对象最终获得股份的持股形态有几种，一是直接登记为公司股东，二是成立一家持股平台公司，三是成立一家持股平台合伙企业。

哪一种好呢?

直接登记为公司股东，有好有坏。好处是：股权激励就是希望员工完成身份转换，把自己当股东。员工直接登记成为股东，打开工商局网站，可以直接查到自己名字，摆在那里。那你不是股东谁是呢? 股份小是小，但是股东身份是货真价实的，得到了有关部门确认。

坏处也有，起码三个：

首先，成为股东，就享受公司法赋予的股东权利，知情权、表决权，等等。如果你还没有做好准备完全接受这些，就会措手不及。

其次，股东加入容易退出难，激励对象还是具有一定的流动性的，万一流出时有点纠纷、不快（一般流出时都有点纠纷、不快），员工不肯配合办理退出的工商变更登记，就很麻烦。举个例子，有些银行贷款需要所有股东签字，他都到新单位上班了，你让他跑银行帮你签个字，可行吗？再举个例子，公司马上要上市，节骨眼上这个人走掉了，公司要求其退出股份，他不肯，发生纠纷打了官司，这上市就要被耽搁了。

《创业板首次公开发行股票注册管理办法（试行）》

第十二条　发行人业务完整，具有直接面向市场独立持续经营的能力：

（二）主营业务、控制权和管理团队稳定，最近二年内主营业务和董事、高级管理人员均没有发生重大不利变化；控股股东和受控股股东、实际控制人支配的股东所持发行人的股份权属清晰，最近二年实际控制人没有发生变更，不存在导致控制权可能变更的重大权属纠纷。

最后，如果激励对象有十几个，甚至更多，每次开会都要事先书面通知股东，会上有的人不得要领又吵吵闹闹，股东会可以开得鸡飞狗跳。而且每次新股东加入、激励对象离职都要全体办理一次登记，想想就脑壳疼。

成立一家持股平台公司，也不太建议。为啥呢？原因我们下面说。

最推荐的是成立一家持股平台合伙企业。有几个好处：

第一，公司大股东做这家合伙企业普通合伙人（GP），这样不管你的合伙份额多么少，你都可以掌控合伙企业，将合伙企业对公司的表决权掌握在自己手里，也就是将其他合伙人（激励对象）的表决权份额掌握在自己手里，股份分出去了，但表决权还在自己手里。如果是持股平台公司，除非你在平台公司占大股，否则无法取得控制权。

第二，《合伙企业法》有除名规定，可以约定规则，将那些不肯配合退股的合伙人除名，而《公司法》则无除名规定。

《中华人民共和国合伙企业法》(2006 年修订)

第四十九条　合伙人有下列情形之一的，经其他合伙人一致同意，可以决议将其除名：

（一）未履行出资义务；

（二）因故意或者重大过失给合伙企业造成损失；

（三）执行合伙事务时有不正当行为；

（四）发生合伙协议约定的事由。

对合伙人的除名决议应当书面通知被除名人。被除名人接到除名通知之日，除名生效，被除名人退伙。

被除名人对除名决议有异议的，可以自接到除名通知之日起三十日内，向人民法院起诉。

第三，合伙企业虽是企业，但并无法人主体资格，这一点上类似于个体工商户，合伙企业层面不缴所得税，而是由合伙人直接缴所得税。持股平台一般涉及两种交易形式，一是公司盈利分红分到持股平台，持股平台再分到平台的合伙人或股东，二是持股平台转让股份。在第一种情况下，作为持股平台的合伙企业和公司目前都不需要交所得税，但是第二种情况，合伙企业不需要交所得税，但公司却需要缴纳所得税。

《中华人民共和国合伙企业法》(2006年修订)

第六条　合伙企业的生产经营所得和其他所得，按照国家有关税收规定，由合伙人分别缴纳所得税。

当然，对于那些久经考验，绝对值得信任的激励对象，也可以经过一定时间后从合伙企业合伙人转成为公司股东，进一步肯定身份，给与褒奖，这对其他人来说，也是个看得见的荣誉和晋升之路，天花板也可以顶破。

第二十三节　切出多少股份最合理？

股权激励关于分配数量，第一个问题是，一共给多少？公司应该拿出多少比例做激励，这是个可以拍脑袋的事情，也是个可能拍出大问题的事情。

这个问题，首先我们从创始人大股东角度考虑一下，激励股权的分配，不应动摇大股东的控制权，所以大股东应当在目前比例及未来融资出让股份需求的条件下，设定激励股份比例范围。如果大股东目前持股丰厚，将来融资需求也不大，那么可以用作激励的股份就比较宽裕，如果大股东本身股份单薄，那么做股权激励就要更吝啬一点，精打细算才好。

接下来我们要从激励对象角度来思考一下：假如我是一个副总经理，在公司高管里排名前五，这家公司给我激励股权，给多少我会比较满意，觉得值得为它拼搏了呢？其实份额多少是其次，以我们的经验，关键是预估的正常分红（包括应分未分，作为滚存利润的）能拿到正常工资的一半以上，就能相对满意，再少的话就觉得激励作用不大了。这个预估的分红，是在去掉一个最高分，公司上市了，和去掉一个最低分，除公司倒闭了之外的公司经营稳定后的利润预估，就是概率最大的那个经营状态。如果我将来退休了，每年分红能抵得上我现在的正常工资，就会非常满意，如果能有工资的一半，也算相对满意。

我们做的问卷调查，能够印证这个是大部分人的普遍心理。

我们来大致测算下。假如公司万里挑一，上市成功了，按照目前平时市值100多亿元以上，1%我就是亿万富翁，0.5%就是5 000万元，0.1%也是1 000万元，所以0.1%以上就会有一定激励作用。

相关案例参考

深交所上市公司达2000家：平均市值110亿

随着深交所上市公司数量达到2 000家，深市股票市值已增至22.7万亿元（平均市值约110亿元），股票市场年度日均成交额增加至2 500亿元左右。截至2017年7月12日，深市主板上市公司476家，中小板上市公司868家，创业板上市公司656家。深交所上市公司在新兴产业、中小企业和民营企业群体中的代表性不断增强，逐渐成为推动国民经济增长和社会进步的生力军和重要力量。

案例索引：2017年07月13日《证券时报》。

当然了，绝大部分公司没有那么幸运，上不了市。上市标准要每年几千万元净利润，假设我们就是上不了市，但是也还可以持续经营，每年几千万元以下净利润。假如我们现在的市场薪资是50万元每年，公司每年净利润是5 000万元，每年分红达到工资一半，我需要拿到0.5%，假如公司净利润是1 000万元，我需要拿到2.5%。

假设公司要激励8位高管，按照以上没凭没据的测算结果，大概要拿出4%～20%的股份来。

当然了，我们以上纯属假设，问题是激励对象面对一个股权激励，心里掂量轻重时，也一样全部假设，没一个判断标准是靠谱的。但是以上这些推算和想法，就是一个激励对象的真实历程。

我们只能以一个公司盈利和个人收入水平的众数标准去大致把握激励对象的心态。

具体到一家公司做股权激励时，也可以以这个方式预判员工期待：首先公司未来十年内盈利预估如何，其次现在激励对象市场薪资水平如何？基本上正常分红占到正常薪资一半以上，对一个激励对象是能起到激励作用的。

除了以上盈利预测和市场薪资的比较，还需要考虑以下指标：

第一，股权价格和激励对象资金能力，要让激励对象能付得起，但又稍微有点压力，是一个不轻不重的负担，负担太重心理压力大，影响对股权激励的感观，太轻又会不当回事。

第二，市场行情。同行业给高管股权激励的普遍水平也要参考，不能因为显著低于竞争对手，让激励对象心生不快，人心思动。

以下一些行情可供参考：

（1）经纬中国创始管理合伙人邵亦波说：公司初创时，一个副总可能要2%到5%的期权；A轮融资之后，副总变成1%到2%；B轮融资后，副总变成0.5%到1%；C轮或者接近IPO的时候，副总就是0.2%到0.5%。公司除了创始人之外的核心高管（CTO、CFO等）一般是高层副级人物的2到3倍，总监级别的一般是副总的1/3到1/2，依此类推。这种实践一方面在企业不同时期制定不同的分配额度，同时，在高管内部，将不同层级高管之间的分配差异，可以通过系数进行设定。

（2）《上市公司股权激励管理办法（2018年修正）》规定：

“第十四条　上市公司可以同时实行多期股权激励计划。同时实行多期股权激励计划的，各期激励计划设立的公司业绩指标应当保持可比性，后期激励计划的公司业绩指标低于前期激励计划的，上市公司应当充分说明其原因与合理性。

上市公司全部在有效期内的股权激励计划所涉及的标的股票总数累计不得超过公司股本总额的10%。非经股东大会特别决议批准，任何一名激励对象通过全部在有效期内的股权激励计划获授的本公司股票，累计不得超过公司股本总额的1%。”

(3)《天津滨海高新技术产业开发区科技型企业股权激励先行先试工作暂行办法》规定：

“股权激励资金的股份期权占公司股份的比例不超过20%。”

(4) 1999年7月26日，北京市体改委、市委组织部、北京市经委、财政局、国有资产管理局、劳动社会保障局、审计局、工商局8部门联合发布《关于对国有企业经营者实施期股激励试点的指导意见》规定，经营者群体持股的比例一般为公司总股本的5%～20%。其中，董事长和经理持股比例应占经营者群体持股总额的10%以上。

(5) 百度2005年6月登陆纳斯达克，招股书披露，百度的股权有5.5%为普通员工所持。不包括公司高管的股权。

(6) 在美国，公司给员工的期权池的平均大小是8%；在硅谷，互联网公司期权发放比例的平均占比是15%～20%。

(7) 根据普华永道的最新调查，从中国民营企业的情况看，期权池的设计在两个区间分布多一些：一个是5%及以下，另一个是大于10%，这两个数字中间的选择要稍微少一些。

第二十四节 每个人分多少怎么定?

每个人该分多少，绝对是个让人挠头的事情。除了涉及实际利益，员工还会把这个比例分配看成排座次的政治问题。男儿有泪不轻弹，只是未到排座时。所以有点敏感，需要适时打个脱敏针。而且这个分配的比例还很难保密，因为将来还要登记，你不可能在工商局登记时填写个“×%”。我们一般建议让员工出钱买股份，这个掏钱的事实多少降低了一点对分配比例的敏感度和关注度。

好，现在是我们该直面这个让人挠头的事情的时候了。其实呢，我也没办法给出具体数据，只能提供几个思考维度。

第一，前文讲过，预期正常分红达到正常薪资的一半以上，是一个测算参考点(这里说的正常薪资，指市场薪资，因参与创业而降低的薪资标准不算)。所以个人的正常市场薪资和其所应取得的激励份额肯定有个内在的正相关关系。每个人的比例和各人比例之间的梯度，可以参考个人薪资水平。按照刚才讲的这个标准测算，假设一个高管市场薪酬50万元每年，公司经营稳定后的预期净利润1 000万元，要拿到2.5%以上才足够有激励效果。

但是还必须考虑两个问题：(1)相对来讲，越是靠近基层的员工，日常开销对薪资的依赖越大，也就越拿不出钱来购买股份，越对薪酬敏感，对股份的未来收益更漠视；(2)越是靠近基层的员工，其工作越机械，越容易被以业绩等量化方式进行短期考核，越靠近高层，其工作的创造性、战略性越强，越不容易被量化和短期考核。因此，相比于工资的差距，股份差距应该拉得更大一点。

第二，每个人的具体比例如何确定，最基本的依据是各人对公司发展的重要性和稀缺性，但这是个完全主观的判断，只有公司和老板才相对更清楚一点，所以只要厘清思考维度，这个决定只有老板自己权衡了。

第三，岗位层级之间，要拉开多大的差距？前面经纬中国创始管理合伙人邵亦波的思路可以参考下，就是上一级职务是下一级的2～3倍。

第四，在测算方式上，每个人的具体比例，可以由公司直接确定，也可以根据几个指标及其权重计算得出，指标包括岗位(代表重要性)、工龄(代表忠诚度)、业绩考核分数(代表胜任度)，但是实际股权激励操作中，往往是先有结果再反推和调整计算公式，使公式符合预定的结果而已。此时公式无非是增加结果的客观性，让激励对象感觉没什么厚此薄彼的问题。

最后，我们建议收集激励对象个人意愿，作为确定分配比例的参考。在已经设定价格的前提下，那些愿意取得更多股份的人，可以合理判断是对公司更有信心、更愿意绑定、更有创业特质的人，所以最后决定前也可以开放一个自报程序，公司的分配计划可以参考个人意愿进行适当调整。如果发现公司计划分配给某人的比例比他自己预想接受的还高，那么那个高出来的部分，员工会看成一个惊喜吗？不一定，很可能会看成一个负担。我觉得两个煎饼就吃饱了，现在却分到四个，多出来的两个煎饼，可能吃到我直反胃。何不把它给到更饥饿的人呢？

第二十五节 激励股份直接给好还是考核后给？

激励股份立即授予激励对象好呢，还是经过一定时间考核达标以后授予好呢？

立即授予的话，对象付款后立即成为股东，心理不需要再嘀咕老板是不是真会给，尘埃落定，剩下就是甩开膀子干了。能不能发财，看自己表现。激励效果简单直接。

但我们仍然建议考核授予，理由如下：

第一，股东关系有如夫妻关系，股东对公司的影响就像配偶对生活的影响。很多势头不错的公司最后销声匿迹，就是股东斗争导致的。加入容易退出难，这么重要的事情，还是先谈恋爱甚至试个婚比较稳妥。

以股东关系合作和以劳动关系合作是完全不同的，难度系数增加了一个数量级。难在哪里呢？员工的付出回报是即时兑现的，但股东的付出回报可能遥遥无期；员工可以一言不合一拍两散，把工资给我结清就成，股东相攻相克最后也难舍难分。因为不太好分，这公司值多少钱谁说得清啊，何况还不止钱的事，这简直不是一家公司，这是多少年的心血结晶啊，就像真功夫的蔡达标说的，这家公司是我的命。拿走公司就是要了他的命，最后还好，蔡被判 14 年监禁，没有要命，但是争夺只是暂时告一段落，谁知道刑满释放又有什么大戏呢？员工是命令执行式的，听你的就是了，把公司搞死了我不会陪你抱头哭，我拍拍屁股就走人了，股东是各负其责的，按照你的意见能把公司搞死，那肯定不能听你的，除非你先把我搞死。所以股东斗争一定程度上讲是个创业陷阱和宿命，是人性的无奈。总之，一个再坏的员工都不太会把公司折腾死，但一个不合适的股东有可能。而万一这个坏员工成了一个不会干事情只会搞事情的坏股东，而他早就已经实实在在成了股东，公司的噩梦就开始了。

第二，把一根胡萝卜直接给员工，员工可能高兴一阵子，被激励一阵子，但是慢慢就适应了，习惯了，谁会为已经到手的东西兴奋个不停呢？相反，如果胡萝卜在眼前，但是努力才能拿得到，起码没拿到前我会努力去拿吧？拿到了以后我会兴奋吧？而且经过努力拿到的，是不是兴奋的时间更长一点，更珍惜一点呢？何况我们还可以把这根胡萝卜切成好多片，够激励个十年八年的。

第三，上面我们说的前提是员工在乎这根胡萝卜，所以会努力，拿到会兴奋。员工也可能根本不在乎，如果不需要考核就给，他也就要了，要了也不珍惜，没起到任何激励效果，还浪费了股份，相反，如果经过考核才给，那么他不在乎的问题在这个考核过程就会反映出来，可能就通不过考核，最后也拿不到，激励效果仍然是没有，但起码没有浪费股份。

当然，在具体的激励案例中，还是要个别分析。比如，眼下有一名技术骨干，是个技术奇才，入选千人计划，市场上很难找，如果成为股东，直接就是公司的名片和竞争力，那当然可以毫不犹豫地马上绑定，股东的负面作用可以以完善的协议安排来努力控制。风险收益明显不对等，啥话也不用说，赶紧写到股东名册上。好东西就得下手快！

第二十六节　考核指标该怎么定？

除了直接授予股份以外，其他股权激励中激励对象都要满足考核要求才能实际取得股份，那么以什么标准考核呢？怎么考核才能既准确，又可行呢？

首先我们提供一个规定供大家参考：

《上市公司股权激励管理办法》（2018年修正）

第十一条　绩效考核指标应当包括公司业绩指标和激励对象个人绩效指标。相关指标应当客观公开、清晰透明，符合公司的实际情况，有利于促进公司竞争力的提升。

上市公司可以公司历史业绩或同行业可比公司相关指标作为公司业绩指标对照依据，公司选取的业绩指标可以包括净资产收益率、每股收益、每股分红等能够反映股东回报和公司价值创造的综合性指标，以及净利润增长率、主营业务收入增长率等能够反映公司盈利能力和市场价值的成长性指标。以同行业可比公司相关指标作为对照依据的，选取的对照公司不少于3家。

激励对象个人绩效指标由上市公司自行确定。

创业公司的考核指标应当如何设置？一般也从两方面，公司方面和个人方面设定考核指标。

公司方面，常见的指标包括净利润增长率、主营业务收入增长率，或者直接约定每年净利润和营业额目标总额。但是有些创业公司是策略性亏损，比如京东公司，估值不断增加到天价，同时亏损也很惊人。当年滴滴、快的烧钱大战，如果看净利润能把投资人愁死，但是很快烧出了一个市场霸主。这样的策略，按照净利润来考核，激励对象肯定不干。对于不容易产生净利润的初创公司，也可以以融资估值及融资额度作为考核指标。不管净利润和营业额多少，能融到钱，就说明市场的认可，说明公司有价值，有进步。还有一些平台公司，可以按照注册用户、日活量作为指标。得用户者得天下，很多投资案例也是按照用户数来估值的。

个人方面，则根据公司具体岗位情况和以往考核标准设定考核指标。可以由激励对象先行提出个人的考核指标，然后与公司进行充分沟通调整。在这个沟通过程中，还能进一步厘清思路，明确策略和目标。

此外，公司股东具有人合性（相对于资合性，即不是出资就可以入股，还要其他股东的接受），股权激励的考核，除了胜任能力外，还是一个关于激励对象适不适合做股东的考核，要考察对象的价值观契合度，与其他股东相处的融洽程度。因此，我们建议引入一个互评机制，大家匿名互评，得到全部或大部分现有股东和激励对象认可的，说明与其他人的共事没有问题。大家愿意与你一起做股东。大部分对象不认可你的，对不起，尽管你是业务标兵、技术能手，但是大家还是不想跟你做朋友，说明你会破坏团队气氛。要知道，你是个技术能手，大家把你留下来对大家本来也是有利的，但是仍然不信任你，说明问题真的很大。这个互评的机制设置还有助于公司团队协作精神的建立，可以让高管间沟通更和谐更融洽。

另外，初创公司不太容易有数据方面的量化指标，尤其是针对一些创意性和战略性的岗位的，所以对于有些岗位，大股东或股东们的主观评价也是少不了的。

关于公司和个人两方面的考核，有两种做法，一种是两方面都满足才能行权，也就是说，如果公司指标不达标，全体激励对象当期股权作废，另一种是各管各的，公司指标占一定比例，个人指标占一定比例，公司指标不达标，但是个人表现很突出的，个人比例部分仍然可以行权。这两种方式都可以选择，要看公司和激励对象的具体情况。

创业公司的走势很难预估，什么都有可能发生。我碰到过一个极端情况，正式签好了股权协议，结果半个月后就散伙了。所以设置一年或两年后的考核指标，其实是一件有点不靠谱的事情，公司发展可能一日千里，也可能举步维艰，而且不完全是团队努力或不努力的问题。所以在考核指标指定后，大家可以约定随着情况变化，在大家都同意的前提下修正指标，或者干脆先签署激励协议，考核指标等半年以后协商确定。

第二十七节　激励股份该卖还是该送？

有专家讲，股权激励，股份本来就少，价格又不能很高，能卖得了几个钱？既然公司不稀罕那几个钱，与其卖还不如送了。给员工感觉不是更好？

但是我们一般主张卖给激励对象，什么原因呢？

第一点，双向激励。我们想，如果我们是送给激励对象，激励对象没有花钱，将来他只有可能收益，不可能有损失，他不可能把自己投的钱亏进去，这样的话激励效果就只有胡萝卜的效果，没有大棒的效果，把一个双向的激励变成了单向激励，这个激励效果就会打折扣。

这里特别讲下损失厌恶的概念。心理学家认为，我们人类都是天生的损失厌恶型，什么意思呢？就是等量的收益带给我们的快乐，远远不如等量的损失带给我们的痛苦更长更强烈。比如说我今天捡到了 500 块钱，我可能会高兴一阵子，但是如果我丢掉了 500 块钱，我可能要难受很长时间。人类大抵如此。什么原因呢？心理学家认为，在我们人类历史生存条件下，损失带给我们的麻烦非常大。举个例子说，我原来有 5 只羊，后来我又意外获得了 5 只羊，但是另外的这 5 只羊给我的意义并没有那么大，它只是让我吃得更饱了、吃得更撑了，但是如果我丢了 5 只羊，那问题就大了，我没东西吃了，我接下来要忍饥挨饿，可能要因此送命。损失对我们的影响非常之大，因此规避损失给我们的动力可能要远远大于攫取利益的动力。所以如果说我们把股份送给员工，就把规避损失的动力的作用取消了，这个对我们激励效果来讲是一个非常大的损失。

大家说白送的东西不珍惜，其实也是这个道理，没有付出，也就没有损失。

第二点，筛选作用。我们来设身处地想一想，假如我们是激励对象，我们在什么情况下愿意出钱买股份？基本上来讲，我们对公司有信心、对老板有信心，我们对事业有决心，大家想一想，这些人才是能够和我们同甘共苦、同舟共济的人，这样的人才是我们应该绑定到我们的船上一起扬帆远航的人，如果他不愿意投钱，可能说明，起码现在还不是一个对他激励的合适时机。所以这里面有一个筛选的作用。

第三点，身份转换。我们想我们做激励最主要的目的是什么？是希望我们员工有主人翁的意识，希望他实现自驱动，希望他有一个股东的定位。什么情况下员工会觉得自己是实实在在的股东，100%真实的股东呢？就是他出了钱投资，出了钱他就会想，你大股东不也就是因为投了资成为股东的吗？现在我也投资了，所以现在我是如假包换的股东，和你一样！尽管你是大的股东，我是小的股东，但是我是100%真实的股东。这样的话，他就跟我们坐在了同一条板凳上，我们股权激励的目的更容易实现，更容易让他做到身份的转换，从一个员工到股东的转换。

拉卡拉创始人孙陶然在《创业36条军规》中说："股东必须是自己出资的，屁股决定脑袋，没有出资的股东和实际出资的股东考虑的问题以及出发点是不一样的，对企业的归属感也是不一样的。"

富迪企业集团有限公司中国区CEO史光起说："很多合伙人只出人力，不出钱，虽然这样可以获得有能力的人加入，但是却存在很多风险，比如，没有投资，对投资人的钱就不懂得珍惜，这和花自己钱的感受截然不同，做事的思维方式也就不同。遇到困难时，也更容易放弃。所以，即使投资很少，也必须投钱，且人力股不能大于资金股。"

当然也有人说，我特别想成为激励对象，但是现在就是没钱怎么办？这也是有很多的方案可以解决的，我们可以把我们的激励方案改成分期分批的，把一个萝卜切成一片一片慢慢给他，慢慢地让他解决资金的问题。也可以把他的奖金或提成扣下一部分来慢慢付。也可以直接借款给他，同时也可以算利息，将来如果你做得特别好，业绩翻番，表现非常好，对公司的贡献非常大，这个借款可以免除，不用偿还了。那么这个是不是又增加一层激励效果，比一开始白送是不是高明了很多？

所以我们主张激励股份最好由员工来买，如果没有钱可以借，不要现在就白送。

当然实践中也有很多复杂的情况可能需要考虑例外情况。

第二十八节 股权激励怎么定价？

股权激励定价前，我们先要明白股权作价让员工出钱的目的是什么？

一般来讲，首要的目的是希望激励对象实现身份转换，从打工者转变为创业者，实现思维方式的大突破。而不是指望激励对象出资解决公司资金问题，更不是创始股东提前变现。试想，假如分配给激励对象的股份比例是10%，你到底能从激励对象手里拿来多少钱？而且一般还是分期行权。

所以，股权激励定价收费的作用是要确认激励对象的决心，真正产生股东应有的共负盈亏、共担风险的效果。

在明白这个目的的前提下，股权激励作价就是一件简单的事情了，需要考虑的就几点：

(1) 价格评估方法让激励对象充分理解，充分体现公平合理。

(2) 价格具有明显优惠，体现对人才的珍惜，激励对象能欣然接受。

(3) 费用负担能让激励对象感受到适度压力，能让其产生损失厌恶，但不至于出现严重压力和负面情绪。

这里分享两位创业大咖的认识给大家：

徐小平："新东方企业发展史上最有价值的一课，是我的朋友关敬如博士2000年说：'股份是一种心态'。当时我们正进行股份制改造，如何分配股份，成为决定企业命运的大事。这句充满不确定性的话，对我如同闪电，使我意识到：股份没有绝对价值。绝对价值是分配过程中的公平、合理、平衡，导致大家齐心协力才有价值。"

拉卡拉创始人孙陶然《创业36条军规》："公司估值更像是一个心理概念，尤其是对于上市公司而言，一场地震、一篇报道，甚至大洋彼岸某个人物的一句话，都可以让一家公司一夜之间市值蒸发几十亿！公司估值和公司本身的价值并不是一回事，也不是公司可以变现的价值。如果你想把所有股票按照目前的价格卖出，是不可能的。"

所以，不要探求公司股份的真实价值是多少，神仙也算不出。任何煞有介事的复杂公式都是唬人的。一个初创公司的真正价值是它的未来，请问未来如何计算？未来藏在人的头脑中，显现在点点滴滴的实际行动中，还取决于无法预料的环境机遇和运气。一个大学生刚毕业，请问你怎么计算他未来10年能赚多少钱？何况一个创业公司未来收益的不确定性比一个人大了不知多少倍。个人有最低工资标准和社会平均工资可以参照，而创业公司可能在纽交所上市，也可能就地倒毙。

所以怎样衡量一个激励股权的定价比较准确？答案是：大家心里都认可了就是准确的。

所以股权激励的定价，过程比结果更重要，一定要充分解释说明和互动，达到广泛的内心平衡。

建议的定价方法是，按照常见的几个估值方法分别计算公司估值，然后加权折中并打折确定。具体如何加权和打折，就要看激励对象的资金能力，实际结果对激励对象的支付压力和创始股东的心态了。

下面介绍股权激励定价的几个常见参考指标。

一、注册资本

按注册资本定价，相当于员工与创始人按同样价格获得股权。当然这里还要考虑两点：(1)大家实际出资时间的差异，如果创始人出资进度早于激励对象，那这种算法肯定是一种让利，如果创始人出资进度晚于激励对象，激励对象就会嘀咕，公司实际价值不值注册资本的金额，虽然照道理你大股东终究也会出资完毕，但现在你在拿我们的钱冒险；(2)创始人获得了公司的控制权，这种控制权会带来控制利益，即控制权溢价，比如大股东掌握着公司的真实财务状况，有权决定分红、业务伙伴、交易价格，等等，所以，带有控制权的股份每股价值其实是高于没有控制权的每股价值的。

公司成立越早期，积累越少，越适合以注册资本来估值，这个方法计算结果的权重应该越高。

二、净资产价值

理论上，净资产值就是股东出资加上滚存利润的金额。对于重资产的企业，按净资产价值定价是比较市场化、比较公平合理的定价方式。

市场上有很多公司上市前采用净资产价值定价激励股权，比如：明星电缆上市前的股权激励就按净资产价值定价，且不附加任何条件；周黑鸭 2012 年 6 月实施的股权激励，由投资人按净资产价格向员工持股平台转让股权，远低于融资估值。

如果公司存在较重要的无形资产和无形价值，比如品牌、声誉、客户渠道、独特模式，等等，净资产没体现品牌价值等无形资产价值，而按净资产价格做股权激励，对员工而言是较大幅度让利。

六个核桃 2010 年准备上市前的股权激励，价格略高于上一年的净资产价格。华为的后期股权激励，也采用净资产价格。

对于重资产企业而言，采用净资产价格定价，相当于按现在的市场价格进行等价交换，可不附加条件。

三、融资估值

已经成交的融资估值是现成的市场价格，可以作为重要的参考。

但投资人按融资估值加入时，通常要求随售权、连带并购权、优先清算权、反稀释权、重大事项一票否决权等特殊权力；有的投资人还要求，如果公司不能限期上市，创始人要按投资额＋年化收益率 8%～10%的价格回购股份，将股权投资变为保本加收益的理财产品。

所以，如果按融资估值做股权激励，员工除了按投资人的价格购买股权，却无任何投资人的特殊权力，这种股权激励对于员工而言是无法接受的，所以融资估值在股权激励中只是一个能清楚看得见的参考而已。

在上市前采用远低于融资估值价格进行股权激励的公司包括：

绝味食品，2011 年股权激励的价格为 2 元/股，融资价格为 13 元/股，激励价格约为融资价格的 1/6。

周黑鸭，2012 年 12 月的股权激励估值为 3.88 亿元，而在此半年前的融资估值已达 17 亿元，激励价格约为融资价格的 1/4。

宁德时代，2015 年 12 月股权激励的估值为 10 亿元，半年后的 2016 年 7 月融资估值为 230 亿元，激励价格约为融资价格的 1/23。快满一年时的 2016 年 11 月，融资估值为 810 亿元。

四、市盈率

市盈率的计算，可以用两个公式来表示。一个是用每股的股价除以年度每股收益，一个是用总市值除以年度企业净利润。

市盈率的计算逻辑就是，以目前企业的赚钱能力（每年净利润），要多少年才可以赚回购买企业股票需要花费的资金。如果 5 倍市盈率就是 5 年，年回报率 20%，10 倍市盈率就是 10 年，年回报率 10%。

市盈率包括静态市盈率，其实就是用目前的总市值，除以去年企业全年的净利润算出来的市盈率。动态市盈率，则是用目前的市值，除以今年企业全年预期的净利润算出来的市盈率。

其中动态市盈率预期的是今年的净利润，是用目前季度的企业净利润，进行年化后算出来的。

市盈率的计算公式是用目前净利润的数额来计算的，忽略了未来企业业绩增长性或波动性，另外公司净利润是激励对象拿不准的。公司到底赚了多少钱，可能只有老板心里最清楚。以下为一些市盈率的市场数据，供大家参考。

《全国中小企业股份转让系统 2017 年市场统计快报》官方统计：新三板 2017 年底市盈率高达 30.18 倍，比 2016 年末的 28.71 倍还要高。

民间统计：在剔除异常值（市盈率小于 0 或大于 80 倍）后，得出的 2017 新三板整体市盈率是 23.97 倍，协议转让 24.18 倍略高于做市板块的 23.24 倍。在对分层进行区分后，创新层做市板块的估值居然是最低的，只有 21.7 倍。

从 2015 年 9 月的 2 600 点一路跌至目前不到 1 100 点，新三板市场做市指数接连在一年半的时间里创下新低。根据全国股转系统数据，截至 2016 年 10 月，共有 9 500 家企业挂牌新三板，市值约 3.5 万亿元；截至目前，新三板市场动态市盈率已经降至 25 倍。[①]

表 4.2　市场动态市盈率

更新时间	沪市平均	深市平均	创业板平均
	动态市盈率	动态市盈率	动态市盈率
2018/11/16 0：00	11.12	19.8	37.17

2018－11－16
深市主板　平均市盈率　15.44
中小企业板　平均市盈率　25.22
创业板　平均市盈率　35.64
来源：http://www.szse.cn/，http://www.cnindex.com.cn/syl.html 市盈率查询网站。

表 4.3　沪深股票市盈历史数据

日　期	上交所 A 股市盈率	深交所 A 股市盈率
2018 年 10 月	13.00	20.37

① 来源：2016 年 11 月 15 日，澎湃新闻网。

续 表

日 期	上交所 A 股市盈率	深交所 A 股市盈率
2018 年 09 月	14.08	22.54
2018 年 08 月	13.59	22.71
2018 年 07 月	14.30	24.66
2018 年 06 月	14.07	25.13
2017 年 12 月	18.15	36.21
2016 年 12 月	15.91	41.21

数据来源：上海证券交易所。

第二十九节 什么情况下激励股份应收回？

股份收回，是个又伤感情又伤神，但是不得不做的事情。就像结婚之后发现遇人不淑，找了错的人，怎么办呢？离吧。毕竟，坚持一个错误不是更大的错误吗？

但是这实在是个技术活，搞得不好，自损一千。俞敏洪曾经讲过一个收回股份的事情，一次访谈中他说，“如果要排除中间某一个人的时候，你就要知道其他的百分之七八十的人都是支持你的时候才行。不能其他的百分之七八十的人都各自有想法，你把其中一个整掉，这样的话，那些人马上就失去安全感。一失去安全感不管他们有多少矛盾，马上就联合起来跟你对抗。新东方分股份，其中一个家伙犯了很多毛病，后来我一生气说股份不给你了，你犯了这么多错误，新东方脸都被你丢尽了，我把你的股份收回来。当天晚上所有的股东都来找我了，说他有问题你生气我们理解，但你给我们的股份是神圣不可侵犯的权利。”

所以必须事先约定好收回条件，让大家事先心里有数。

激励股权应当在什么条件下被收回？应该考虑三个方面的问题：

第一，股权激励是为了实现对高管的激励，如果可以明确判断这种激励效果没有了，就应该考虑收回。

第二，这种收回决不能是任意收回，要在员工可以预见甚至控制的范围内，员工以自己的努力可以基本决定股份能够保留或被收回。否则员工的股份没有保障，激励效果也很难保障。

第三，员工保留的股份相应利益与其付出大致相当，付出和回报大致平衡。

我们一般建议的回购情形有如下几种：

（1）与职务有关的故意过错，势必损害公司利益，在此情况下，股权予以没收，0 价回购，包括：

① 激励对象涉及任何与职务有关的刑事犯罪的。

② 履行职务时有飞单、拿回扣等故意损害公司利益行为的。

③ 因严重违纪、弄虚作假等故意过错行为被公司合法解雇的。

④ 违反保密或竞业禁止约定的。

（2）不配合办理股权方面的相关手续的：

取得股权后违反协议约定不配合公司办理股权登记等相关手续的。

（3）辞职、辞退和降职：

① 主动从公司离职的（包括劳动合同到期终止而激励对象不愿续签的）。

② 退休后拒绝继续为公司服务的。

③ 激励对象因以不能胜任工作的原因被合法解除或终止劳动关系的。

④ 激励对象因考核不合格、不能胜任工作被降低职务的。

（4）因意外情况无法正常持有股份的：

激励对象离婚且未与配偶达成对方放弃激励股权之书面协议的。

（5）因意外情况无法任职的：

因疾病、死亡、丧失劳动能力等意外情况客观上无法继续任职的。

以上第（1）类，激励对象存在严重的主观过错，不论持有时间长短，均收回股份，且无偿收回。

第（2）类中，激励对象也存在主观过错，影响公司的后续股权融资、股权激励等安排，不论持有时间长短，均收回股份，可以原价及净资产值中低者收回。

第（3）类中，不能继续任职及持有股份，与员工的努力程度或主观决定有关，应该说员工本可以避免但是放任结果的发生，存在一定的过失，所以也需要一定的惩罚性，可以按照原价及净资产值中低者收回，但激励对象取得每期股份后服务满 10 年的不再回购。

第（4）及（5）类中，从工作的角度讲，员工没有任何过错，回购价格可以略高一点，可以按照原价及净资产值中高者收回，且激励对象取得每期股份后服务满 7 年的不再回购。

第三十节　激励对象取得股权后能否转让?

激励对象取得的股权,可否允许转让?

有人说,当然是不行的。公司为了激励员工,实现绑定效果,以优惠的价格把股份授予员工,回头员工转让套现走人了,绑定效果不就落空了吗?而且可能还引来一个不三不四的股东,开个股东会都不能消停。再说了,如果允许员工转让股份,员工就把部分精力放在找下家上了,找个有钱下家就可以套现走人,绑定目的不就落空了吗?投资人也不用投钱进公司了,直接从激励对象手里买股份,还能便宜很多,公司还怎么凭股份换来融资去发展壮大啊?

这些道理讲得很对。我也完全赞同。

只是,在实践操作中,员工对转让股份变现这件事还是非常看重的,大部分的激励对象都会有一个巨大的问号挂在脑门,我怎么变现?我的退出渠道是什么?

我们面对的大多数激励对象,在开创事业的美丽年华,日子都过得苦巴巴的。你让我天天勒着裤腰带过日子,自己苦不说还连累老婆孩子苦,苦一阵子不够还得苦好一阵子,甚至看不到个头,真的,大部分人都扛不住这种生活的压力,就像大部分人都扛不住丈母娘的要求一样。如果能在公司做出点样子来的时候,就可以套现一部分,品尝下创业的成果,感受下财富的滋味,给精神加个油,可能干起来更起劲吧。

所以一概禁止转让,就等着公司上市发财,就像那个著名的典故一样,"吾得斗升之水然活耳",你却要"激西江之水而迎子",还不如早早地"索我于枯鱼之肆"呢,我不要成为未来的亿万富翁,我就要现在买得起房子养得起孩子。

所以,如果我们的激励对象资金非常紧张,可以考虑一个提前部分变现的方案,就是规定激励对象在公司引入投资的情况下,由激励对象将个人份额中的一小部分转让给投资人,提前变现。而且这个变现的比例应当非常低,以免影响投资人入股,甚至造成激励对象拿到一笔钱生活相对宽裕后,突然小富即安,享受起生活来了。这种人也确实有,特别容易满足,虽然才华横溢,但是只要能换个稍微舒服点的椅子,就只想去晒太阳。

当然,这是在投资人同意如此操作的前提下。并不是每个投资人都能接受原股东提前变现,哪怕是很小部分的变现,投资人希望自己出的钱,每一分都花在公司业务上，你们拿我的钱提前享受生活，这是在创业吗？

所以碰上这种比较死板的投资人，怎么解决生活问题呢？那就多发点奖金吧，一样也是给大家喘口气，给大家看到阶段性成果。

所以转让股份这件事，原则上不应该，但是实际困难也不能睁眼不看。可以约定在投资人接受的情况下，少量变现。

另外，是不是除了以上情形，就只有等着上市这条路了？也不是。我们认为，员工的阶段性付出应该承认。虽然没有上市，但是员工为公司付出了10年，员工离职时都可以带走股份，为什么不允许在职的员工转让股份呢？应该在服务满一定期限后，放开限制。反正股东有优先购买权，也不用特别担心股份旁落，尤其是激励股份一般都在合伙企业里，不会增加公司的直接股东，给员工一个退出的出口。如果非要上市才能变现，员工创业路途走到一半，感觉遥遥无期，就绝望了。

老实说，有几家公司能真正走到上市啊？万里挑一！做事要理性一点，现实一点。让员工觉得结局尽管没有那么华丽，但是付出总归有回报，总归能变现，才更有激励效果。

第三十一节 购股款怎么解决比较好？ 什么时候付？

首先股份白送绝对不建议，除非是虚拟股份。如果不是有特别的原因，还是要让员工出钱买，哪怕价格很优惠，哪怕卖了白菜价，也要出钱。

好，接下来的问题就是，钱怎么来？

是完全自筹好？还是公司借款好？借款是薪资扣，还是分红扣？

我的建议是，如果员工有能力自筹，尽量员工自筹，公司一借款，这事情就拖下来了，我们看到很多股权激励最后员工的出资都没到位，但是股份已经给他了，公司有谁能拉下脸来向员工讨账？要求限期支付，否则收回？一定要考虑个执行难度！

而且一旦开这个口子，员工有能力自筹的也会跟公司借款，因为员工会打一个小算盘，反正自己没掏钱，一旦公司没起色，我拍拍屁股就走人了，股份也不要，钱也不给，直接抵冲了，你去哪里追诉我啊？确实很难！

所以员工实际没有出资，就没有损失厌恶，就没有负向激励，效果大打折扣。

如果员工自筹确实有困难，也可以向公司借，但是要说清楚在每月工资里扣，每月扣多少，而且以书面形式约定。没有书面约定，最后发生纠纷变成了克扣工资。审劳动纠纷的法官手里只有一把锤子，就是《劳动法》。你跟他讲这里有股权激励，他叫你去另案处理。

工资扣还是分红扣？建议工资扣，为什么呢？三点理由：第一，分红扣的话，没有分红就没法扣，在公司赚到钱分红之前，员工并没有付出什么，负向激励基本没有，前面讲的损失厌恶效应没起作用；第二，一旦公司长期不盈利，这个购股款的事情又不知要拖到猴年马月了；第三，将来分红里扣，员工实际上就没有收到一笔款叫作分红，很多公司给激励对象分红都是用现金，而不是转账，这就像用现钞消费和信用卡消费的区别一样，没有那一堆堆人民币摆在眼前，没有那种仪式感和强烈的心理感受，心里不太会产生什么波动，涟漪都没有。

还有付款时间的问题，建议员工股款付清之后再进行股份转移，付清前没拿到股份，不存在股份收回的问题，一旦股份转移了，因为钱没付清就要收回，这事儿突然就好像较了真，会伤了感情。我们看到很多公司给了员工股份很多年了，股款却都没有收上来。一旦有一个员工拖欠，其他员工都会有样学样跟着拖欠，最后大家脸皮越来越厚。比如有个员工张三，老婆下岗又刚生了小孩，家里确实困难，你不好意思盯着他要吧，好了，既然张三的款没给，你又怎么好意思盯着李四要呢？大家天天给你干着活呢，老板又不好意思发飙，说再不付款告你去。怎么办呢？一直拖着，只能有苦不堪言。

第三十二节　授予的股份怎么调整？

有一句话说，这个世界唯一不变的事情就是一切都在变。商业环境更加如此。

而股权激励，可以说是迎“变”而上，以不变应万变，以不变的激励协议应万变的商业情境。尤其在期权激励中，行权期间短则三年五年，长则十年八年。写个激励协议，简直需要写科幻小说的想象力。

股权激励协议签署后，除了因为激励对象损害公司利益、离职死亡等需要收回其股份外，还有哪些其他的情况变化，需要对授予的股份和条件作出调整呢？

我们举例说明，假如一家公司作了股份期权的股权激励，约定给予总经理

10%的期权，分成5期行权完毕，5年期内，会发生如下一些变数，股权激励也要作相应一些调整，并且，这些调整必须事先在协议里面约定清楚，事到临头再单方面要求调整，那就是激励协议的莫大失败。

（1）增资。

比如得到了融资，投资人以增资方式进入公司，公司释放10%股份出来给了投资人，那么，总经理的10%怎么办？包括已经行权完毕的假设4%和未行权完毕的6%怎么办？按道理，应该同比例稀释，不管是行权完毕还是未行权的，都要统统打上九折。但另外一种理解是什么呢？总经理已经拿到的4%，跟原股东一起稀释没问题，但是未来的6%，在取得时并没有新的增资啊，为什么也要打折呢？况且当初谈的10%，没这个数总经理当初还不来这里干呢。总经理心里不高兴，甚至要去打官司，打官司公司一定赢吗？不见得，法官可能不考虑商业逻辑，就要求严格履行合同，这样机械理解合同条款的法官有的是，合同约定不周全，就是这个风险。

还有一种情况，是大股东增资，并且是没有溢价的增资，激励对象可能认为你就是要故意稀释我的股份，他更加有理由要求按照原来的10%取得股份。

所以必须约定清楚，防止各种心里不痛快，甚至发生纠纷。还有减资时也有一样的问题，同样需要约定。

（2）外部环境巨大变化。

随着国家政策调整或经济金融危机等大环境的变化，业绩指标可能很容易完成，比如我们约定了每年30%的增长率达标就可以行权，可是行业平均增长率是100%，30%属于垫底的，又如《劳动合同法》出台后的劳务派遣行业和服务外包行业，狂飙突进了好几年；或者行业寒冬来临，同行基本都死掉了，能活下来就是很大的成功，比如金融监管下的互联网金融。这个怎么办呢？那就要事先约定好，在外部环境发生显而易见的重大变化，严重影响公司业绩预期的，一方有权提出要求对相关指标进行变更，具体变更方式参考行业整体变化情况和数据进行相应调整，由各方协商确定。这里我们强调一下，有些变更是无法精确约定如何调整的，这时只能对启动调整的条件和调整原则进行约定，为将来埋下伏笔，留下接口，使双方都有充分预期。

（3）并购或上市。

股权激励完成前，公面临并购甚至上市。交易方对股权架构或高管人员有自己的要求，公司并不符合，需要调整，比如有的份额要减少，有的要增加，有的甚至要更换、离职。公司面临上市时，上市规则更是要求股权必须清晰明确，不能存在不确定的变动因素。此时为了符合并购或上市要求，就需要对原来的股权激励进行调整，甚至解除，或对还未行权的部分解除。必须在合同里对此情况进行约定，公司在付出一定代价、妥善安排好激励对象利益的情况下，有权调整或解除激励协议，免得激励成了公司腾飞的绊脚石，或者被激励对象狠狠地敲上一竹杠。

（4）表现异常优秀。

在激励对象表现异常优异时，比如说，某个激励对象远远超出了预期，在激励期限内，从总监一直提拔到了总经理，成了公司绝对的顶梁柱，或者就是因为自身的努力，业绩超出预期目标的 2 倍以上，或者取得了重大的技术突破，解决了全行业的难题，那么除了原来总监的激励股份转成总经理的激励股份外，以及原来可行权的股份全部行权外，还要有特别的奖励，以匹配其特别的贡献，例如，增加奖励的股份比例、续延奖励的行权次数、给与特别的行权价格折扣，或者将公司借款予以免除。调整的目的总体来讲就是为了保持贡献和奖励的平衡，让员工在签署协议时就会有一种感觉：股权激励，上不封顶。只有做不到，没有拿不到。

除了以上变化，还有什么情况，影响股权激励履行呢？比如公司转行（腾讯就转过行）、合并（两个公司合成一个）、分立（一个公司分成两个），都需要约定。

第三十三节　对激励对象要约定什么义务？

股权激励要授予激励对象很多权利，以激励大家撒丫子快跑，让千里马任意驰骋，但是不能忘了还得带上缰绳。别眼瞅着他带着股份跑没影了、跑偏了却没办法。

权利和义务形影不离，有权利必然负有义务。首先是激励股份的实缴义务。

激励股份有三种来源，增资、转让和期权池。增资不用说，除非特别约定，肯定由激励对象出资，付到公司账户。但在原股东转让的情况下，有一个很大的问题经常被忽略，就是原股东出资认缴未实缴时，转让部分股份的实缴义务由谁承担。

有个朋友就犯过这个错误，公司注册资本100万元，个人占股80%，实际出资50万元，后来把其中的12%转让给了高管。约定转让价格为0元，都挺乐意。然后大家埋头猛干，公司做得风生水起，投资人盯上了，要投资，打钱之前提出，原股东的认缴要补齐注册资金。朋友就跟高管说，大家赶紧打钱吧，投资人就等我们出资到位了。激励对象一脸懵圈，打什么钱啊？当时不是说好免费赠送嘛？朋友也急了，我出过的50万元不跟大伙要了，这叫免费赠送，当时的股份，100万元总不止啊，难不成你拿了这么大好处，出资还得我给补啊？高管也不高兴了，当初谈好的条件，你要是不说免费送，我还要考虑在不在这儿干呢，毕竟工资这么低。大家各种理由、各种不愉快。

其实不管是股份免费赠送还是出资购买，都存在实缴义务归属的问题，归属给谁都各有道理，没法推定判断。所以认缴未实缴的出资，包括公司股份或合伙企业合伙份额，都要约定清楚实缴义务谁来承担。

假如就是没有约定谁负责实缴，法律上该如何认定呢？按照以下规定，应当认定为原股东，即出让人负责实缴：

《最高人民法院关于适用〈中华人民共和国公司法〉若干问题的规定（三）》（2020年修正）

第十八条　有限责任公司的股东未履行或者未全面履行出资义务即转让股权，受让人对此知道或者应当知道，公司请求该股东履行出资义务、受让人对此承担连带责任的，人民法院应予支持；公司债权人依照本规定第十三条第二款向该股东提起诉讼，同时请求前述受让人对此承担连带责任的，人民法院应予支持。

受让人根据前款规定承担责任后，向该未履行或者未全面履行出资义务的股东追偿的，人民法院应予支持。但是，当事人另有约定的除外。

但如果股份作价0元转让，司法上也可能从利益平衡的角度，综合股份实际价值、受让人薪资水平与市场行情的差额等因素认定该由受让人实缴，这个属于自由裁量范畴，就看法官怎么理解了。

至于第三种来源，期权池，其实法律性质上也属于转让，只不过是原来挂在谁的名下而已，所以存在的问题跟以上转让是一样的，也需要在合同中约定清楚。

另外，在约定由激励对象实缴，且随同原股东一起分期实缴出资时，还必须约定激励对象同意按照多数股东的表决意见确定的出资时间缴足出资，否则未缴足的部分出资股份将相应收回。

股权激励对象签署激励协议时，还必须约定一些特别的义务，以免成为股东后，以股东的身份滥用权利或拒绝履行股东义务，给公司带来各种麻烦。

1. 配合签署文件办理工商变更的义务

成为公司股东或成为合伙企业合伙人后，很多工商变更事项需要股东或合伙人签字，比如有投资人加入、新激励对象加入、激励对象离职收回股份，为准备挂牌上市而将有限公司变更为股份公司，这些变化都需要股东或合伙人签字，激励对象必须履行配合义务，签署相关文件，否则公司有权要求支付违约金，直至解除激励协议，要求激励对象退出股份或合伙份额。

2. 放弃优先权

激励对象成为股东后，就受到《公司法》的保护，享有股东的权利。在股权转让、增资时，激励对象有优先受让权，优先增资权，如果激励对象未在签署激励协议时放弃这些权利，新股东加入、新激励对象加入时，就需要激励对象书面放弃优先权，否则新股东加入可能被认定侵犯优先权而无效或需要赔偿。万一他届时拒绝签署，麻烦就开始了。

3. 及时付款义务

激励协议应当约定，激励对象成为股东前，必须先行支付购股款，而不是成为股东后再付款。请注意这里的付款义务跟前面讲的实缴义务是不一样的。举个例子，公司注册资本 100 万元，实际出资 60 万元，激励对象从大股东手里拿到 10%股份，约定转让价格 10 万元，这 10 万元理论上讲应该给原股东，这个就是我们这里讲的付款义务。还有个问题，这 10%股份还带着 4 万元未缴足的出资，这个应该谁来出？这是实缴义务。

有些人可能会说，这个当然原股东出了，100 万元的注册资本，我拿 10%，出 10 万元，不是已经出够了吗？其实不能这么简单理解，假如做股权激励时，这 10%股份已经值 20 万元、100 万元了呢？

4. 保密和竞业禁止义务

激励对象成为股东后，享有股东的权利，有权了解公司的财务状况，查阅会计账簿，也会参与一些公司决策层面的重要会议。激励对象在行权的等待过程中，也会享受到作为员工不会有的一些待遇，掌握更多公司的核心机密信息和重要资源。因此，激励对象在签署激励协议时，应当同时签署竞业协议和保密协议，违反协议的，将被解除激励协议，收回股权，并且承担高额违约金或者赔偿损失。否则激励对象利用股东身份，掌握公司核心机密，然后里应外合，或者外面成立个竞争对手，公司很容易被干趴下。我就看到很多公司，正在被公司的现高管或前高管猛挖墙脚，有挖人的、有偷技术的、有掏客户的，就像一头大象被一群猎狗围攻分食。

5. 随同出售义务

公司的经营过程中可能整体转让给他人，比如竞争对手，购买方可能希望原管理团队保留，也可能希望所有股东撤出，假如是后者，激励对象必须同意在原股东出售全部股份的情况下，激励对象按照同样价格也全部出售股份。否则激励对象成为钉子户，征收计划就得搁浅。

6. 配合回购义务

如果激励对象发生职务犯罪、离职等情形，按照协议约定应当退出股份，接受回购。这时如果激励对象已经登记成为股东或合伙人，就要办理股份转让的工商变更手续。激励对象需要事先在激励协议里明确在相关事由发生后几日内配合签署相关文件并办理工商变更登记手续，否则应当按日承担违约金。违约金在工资结算中或回购款中直接扣除。为了督促激励对象尽早办理，违约金必须约定是按日计算支付。要让激励对象每天都感受到违约金增加的压力。

第三十四节 有什么关键程序容易被忽略？

股权激励从老板有了一个念头，到最后高管开心地拿到股份，中间应有的合理程序是什么呢？

从大的方面来说，股权激励的流程包括出方案、签合同、做考核、办登记，这些就不用说了，大家都知道。这里想说的是，为了保证激励效果，还有哪些极其重要而又被经常忽略的流程。

1. 可行性评估

目前公司做股权激励的普遍程序是这样的，老板上了几次股权激励的课，发现它确实是个好东西，决定做股权激励了，然后请来顾问，签了合同付了费，顾问就开始出方案，然后落地执行。这个流程有问题吗？有很大的问题，存在一个巨大的陷阱，是什么呢？

大家做一件事时，往往会忘记最重要的一个决策程序，就是做与不做的决策。对于一个股权激励，大家往往集中精力去思考，该怎么去做。其实首先应该考虑的是，该不该做，何时做。所以前面的流程，有个重要的漏洞，就是不应该直接跟顾问签署做方案的合同，而应该签署一个评估的合同，或者合同分成两部分，评估和实施。顾问应该提交的第一个工作成果是，公司适不适合做股权激励。这个评估费用不应该过低，过低容易导致利益冲突，顾问为了收到下一步的更多费用，故意歪曲评估结论。评估费用应该能让顾问客观地出具评估报告，给出一个客观的该不该做的结论。评估费用建议应为总费用的30%～40%。

评估的内容，重点包括公司财务经营情况、行业情况的调查、原股东访谈和拟激励对象访谈，了解员工和老板的互信程度，对彼此的评价，员工的职业生涯规划，公司对人才的倚重程度，目前人才与公司发展的匹配程度，公司的行业状况，等等，在这个调查评估过程中，顾问可以充分判断公司目前是不是具备股权激励的条件，是不是该激励眼前的这些人。

2. 目标厘清

尽管股权激励的目标大同小异，但是具体到某个公司，目标还是有所侧重的，有的是为了在较低薪酬条件下吸引高水平人才，有的是为了绑定现有人才，有的是为了激发工作热情，有的甚至为了奖励退位老功臣。目标访谈的目的，首先是要了解清楚公司侧重的目的，其次是厘清和纠正理解偏差，比如奖励退位老功臣，以股权激励的方式合适吗？不合适，就需要纠偏。

3. 市场调查

股权激励还有一个经常被忽略的程序，就是市场调查。市场调查做什么？针对这个行业，同行做股权激励的情况如何？比例、条件如何？行业的平均薪资如何？行业平均业务数据如何？这是做股权激励应当了解的内容，涉及股权激励的分配方式、考核条件的设定。

4. 员工访谈

顾问在做股权激励方案时，应当多与老板访谈讨论，还是多与员工访谈讨论？目前大家似乎都倾向与跟老板讨论，毕竟老板是决策方，买单方，要多了解老板的意思，才能做出老板满意的好方案。其实呢，股权激励的根本目的是充分调动员工积极性，激励员工的工作热情，不跟员工讨论沟通，怎么知道怎样调动员工？怎么知道哪些员工可以调动，哪些员工根本调不动？调不动员工，好方案从何而出？就像你要出个市场方案，就要走近客户，不然怎么知道市场情况呢？

所以老板的想法要了解，但不是重点，重点是激励对象。

5. 方案的说明讨论

大家有没有发现，驾驶教练经常责骂学员，按说学员是顾客啊，是上帝啊。还有一个现象，就是家长辅导孩子作业时的愤怒，有好多关于这件事的段子，比如珍惜生命，远离熊孩子和作业本。这些现象里面有个认知偏见。教练作为一个驾驶专家，无法理解学员在方向盘前的愚笨，家长作为受过中国式教育的成人，无法理解孩子不按规定动作思考。股权激励顾问经常也犯类似的错误，顾问经常觉得很多问题是常识，是说明一个问题时不言自明的前提，但是激励对象对这个前提一无所知，而顾问对激励对象的一无所知也是一无所知。接着发生的悲剧就是激励对象越来越懵逼，而顾问对激励对象的懵逼一脸懵逼。

所以，顾问作为一个专家，绝不能犯一个专家常犯的错误，就是司机的错误，一定要以比辅导家里孩子的耐心更大的耐心辅导激励对象，把任何一个概念细节讲清楚。否则激励对象完成后的效果是什么呢？激励对象回家跟老婆说，今天公司搞了一个股权激励，还签了协议，还得交笔钱。老婆问那有什么好处呢？激励对象说我也没搞清楚。反正挺复杂的样子。

6. 签约仪式

好的股权激励是什么？就是做完股权激励，员工有一种开始创业的感觉，员工有一种做合伙人的责任感，下班后接着琢磨公司的事。

这个效果怎么来？就是在员工心里，事情已经起变化。这个变化，必须有一个转折点，是个标志性的事件。像成人典礼完成，一个人就觉得自己长大了。

股权激励，也要创造这样的标志性事件，这个标志性事件，莫过于签约——员工把个人名字签在协议书上，然后收起一份放进自己兜里。这一落笔，应有千钧重，应有媒体（也就是人事行政人员）记录，应有“咔嚓”一下的闪光灯和拍照声，最好员工家属还在场见证，应有鲜花横幅，应有一个握手和加油仪式，应有一个主持人的典礼，应有一份装裱精致的文件簿，应有一顿别开生面的晚宴。

这样，当这一切结束，激励对象带着醉烂回家，躺在床上前，拿出鲜红的协议书又看了一遍，嘴里嘟哝了两个字——股东。

这样，才算达到了效果。

第五章　股权融资

股权融资是所有创业者都十分关心的话题，在这一章里，让我们一起聊聊股权融资。

15 年前，如果提起“股权融资”这个词，可能大多数人会一脸疑惑。现如今，如果谁要是在茶余饭后唠嗑局上提到“股权融资”时不能掰扯两句，很可能会被无数道鄙视的目光钉在耻辱柱上。如果是创业者们的聚会，见面时互相点头问候一句“融了吗？几轮了？”可以说是标准的开场白了。

民营企业的蓬勃兴起、资本市场的繁荣发展、各类相关法律制度体系的配套完善，都促成了股权融资在现时经济活动中的重要地位。

对于创业者而言，股权融资的重要性是不言而喻的，大多数创业者可能在脑海中酝酿创业计划时，就已经在考虑股权融资的问题了。一旦创业的小船开始起航，资本的东风自然是要吹起，如果利用得当，则能扬帆远航，如果利用不当，那这一路免不了跌跌撞撞，创业的小船说翻就翻也是有可能的。所以，创业者一定需要对股权融资有更深刻和全面的了解。

第一节　股权融资的七步标准动作

股权融资并没有严格意义上的法定概念，一般而言是指企业的股东让出部分企业所有权，以增资扩股等方式引进新股东的融资方式。

股权融资按目标公司的不同类型，可以分为非公众公司股权融资和公众公司股权融资（包括上市公司、非上市公众公司即新三板公司），按融资渠道的不同类型,可以分为私募融资和公开市场发行融资。其中:公开市场发行就是通过股票市场向公众投资者发行融资标的企业的股票来募集资金,包括我们常说的企业的首次公开发行并上市、上市企业的公开增发和配股都是利用公开市场进行股权融资的具体形式,根据法律规定,公开市场发行只适用于上市公司和一部分非上市公众公司(新三板精选层公司),并且需要履行严格的发行审核程序。私募融资是指融资标的企业自行寻找特定的投资人,吸引其通过增资入股企业的融资方式。

由于本书主要面向初创企业的读者,因此我们主要把目光聚焦在非公众公司的私募股权融资。

资本市场有自己的游戏规则。一般而言,私募股权融资会涉及的流程包括:目标公司推介、初步尽职调查、投资框架条款(Term Sheet)签订、尽职调查、投资决策、投资文件签署、交割等环节。

1. 目标公司的推介

公司准备启动股权融资,首先需要的是一份内容精彩的商业计划书(或称融资计划书)。商业计划书是公司向潜在投资者推介并展示其投资价值的重要信息工具,其内容通常涵盖公司基本情况介绍、业务介绍、团队、主要财务数据、盈利预测、融资计划等。商业计划书可以说是拟融资企业"相亲照",目的是迅速高效地吸引投资人的眼球。一位专业投资人,可能每周都需要浏览大量的融资计划书,所以一份逻辑清晰、内容丰满、形式简洁的商业计划书是叩开投资人心扉的有效工具,可以帮助公司赢得更多与投资机构接触交流的机会。

2. 初步尽职调查

经过拟融资公司的推介,如果投资机构表达了投资兴趣,那么创业者本轮的融资计划可以进入第二阶段——初步尽职调查了。

与全面尽职调查不同,初步尽职调查的核心目标是对拟融资企业进行总体的价值判断,在这一阶段,投资机构主要从商业角度对目标公司进行初步价值判断,主要关注公司的商业模式、产品和业务现状、发展及盈利预期、公司所在行业的情况和风险、主要竞争对手情况、管理团队等。这些信息是投资机构对公司进行估值的核心基础。

需要注意的是,由于投资机构对公司的初步尽职调查过程中可能涉及公司的商业秘密,公司应当在初步尽职调查开始前与投资机构签订保密协议,要求投资机构及相关第三方服务和中介机构对尽职调查过程中接触到的商业秘密承担严格的保密义务。

3. 投资框架条款签订

投资框架条款(也就是 Term Sheet),是投资机构与融资标的企业或其核心股东(主要是创始股东或实际控制人)就拟议的投资交易所达成的原则性约定,换言之,投资框架条款所列明的内容为意向性的,所以当你看到坐在谈判桌前的投资人从包里取出的那份文件名称叫《投资意向书》或者《关键条款清单》之类,也不用对此产生疑惑,总之万变不离其宗,这些文件体现的也都是框架条款的内容。

投资框架条款通常在投资机构对目标公司进行初步尽职调查和估值判断后签订。条款清单通常会明确股权融资(PE)机构对标的企业的估值、投资方案、各方的主要权利义务、投资后的公司治理、投资交易实施的前提条件,也会包括保密、排他期等常规性条款。投资框架协议签订后,投资机构即会开展对标的企业的全面尽职调查。

需要提醒的是,投资框架条款是各方对投资交易方案、各方核心权利义务的原则性约定,一般而言除了保密条款、效力条款、法律适用(司法管辖权)等少数特定条款外,与投资交易相关的条款是不具有法律约束力的。

既然如此,那是否可以说,因为投资框架条款不具有法律约束力,所以大可不必细究投资框架条款内容,反正后续还有机会在正式投资协议中和投资机构进行谈判?

此言差矣。因为各方后续在谈判投资协议的过程中,还是会围绕投资框架条款的原则进行商洽,在投资框架条款约定的基础上进一步细化最终形成投资协议,因此,投资框架协议虽然不具有法律约束力,但是其仍然是确定最终"投资协议"主要条款的重要依据,因此在签订投资框架条款时也不能掉以轻心。

另外,部分投资机构可能会在投资框架条款中制定排他性条款,拟融资企业应当对此予以足够的重视。排他性条款是指禁止拟融资企业在一定期限内与投资者进行谈判的同时和其他投资方接触的条款。排他性条款在投资框架条款中都是签署即生效的,这也就意味着,如果拟融资企业违反排他性条款的约定,即会构成违约。对于投资者而言,常常希望通过设置排他性条款增加投资者完成交易的确定性,以及增加合作的效率。但对于拟融资企业而言,排他期可能增加了额外的机会成本,使企业无法通过竞争性谈判取得最佳的交易条件,并且,在同一轮投资中,引入多个投资机构也是股权融资实务中常见的做法。如果投资框架条款中约定了排他期，但拟融资企业与投资机构却因种种原因未能最终达成投资交易，企业却仍需要守着这一纸排他期的约定，很有可能会打乱企业的融资节奏，甚至错失发展的黄金契机。因此，从拟融资企业的角度而言，应当在投资关键条款中尽可能压缩排他期的期限，甚或将排他条款排除。

在排他期的案例中，著名的投资机构红杉资本就曾以“违反排他协议约定”为由，与区块链数字资产交易平台币安(Binance)对簿公堂：

相关案例参考

这起诉讼源于2017年8月，当时币安的创始人赵长鹏和红杉资本开始就币安的投资条款进行谈判。红杉当时对币安的估值为约8 000万美元。如果双方达成交易，红杉资本将获得币安近11%的股份。

谈判一直持续了好几个月，但始终没有谈妥。与此同时，数字货币价格一路飙涨。至2017年12月中旬，赵长鹏团队告诉红杉资本，币安的现有股东认为红杉的提议报价低估了该交易所的价值，双方谈判宣告破裂。而IDG资本也在此时找到了赵长鹏，表示愿意向币安注入两轮资金，对其估值分别高达4亿美元和10亿美元，这个估值远高于此前红杉对币安的估值8 000万美元。

这恰恰是引发红杉资本起诉币安的缘由。因为赵长鹏与IDG的谈判涉嫌违反了红杉资本和币安公司代表在2017年9月1日签署的《A轮优先股出售条款》(“Sale of Series A Preferred Stock/BitDJ Limited/Summary of Terms”，以下简称《条款概要》)中约定的排他条款。根据《条款概要》的约定，该轮投资的排他期自协议生效日期起计六个月，即2018年3月1日止。在排他期到期日之前，双方将进行排他性合作，就A轮融资进行谈判并签署交易文件。而赵长鹏团队在12月14日接触了IDG资本，并谈到了融资协议，虽然IDG最后并没有投资币安，但根据协议，红杉资本认为币安违反了排他性约定。币安则辩称他们跟IDG沟通的是B轮投资，前提条件是币安已经完成了A轮融资。

红杉资本起诉时，向香港地区高等法院成功申请了一项禁止条令，禁止币安与其他的投资者进行投资谈判。虽然香港地区高等法院最终在判决中驳回了红杉的诉请，但是这一案件无疑给币安的后续融资带来了负面影响，导致其难以在适当时机以合宜的估值进行后续融资。

4. 尽职调查

尽职调查是股权融资过程中非常重要的一个环节。在尽职调查阶段，投资机构会对目标公司进行非常详尽而深入的调查与了解，尽职调查的主要内容包括业务、财务与法律三部分，也就是从这三个方面去详细论证投资目标公司的机会和风险。一般而言，这一阶段的全面尽职调查中，投资机构会聘请外部中介机构参与法律和财务的尽职调查。业务方面的尽职调查则主要由投资机构相应的投资从业人员主导完成。

法律尽职调查主要由外部律师参与，尽调范围会包括四个方面，一是查验目标公司的基本情况，包括主体资格、股东及股权沿革、董监高情况及公司治理、业务资质许可、主要资产、知识产权等。二是审查目标公司的各类重要法律文件，包括公司章程、股东协议、三会[股东(大)会、董事会、监事会]文件、公司治理规则、各类重大合同等法律文件，判断这些重要法律文件是否存在重大法律风险、是否会对本轮投资产生重大影响。三是核查公司有无重大法律诉讼，或者有无负债、重大处罚、潜在的诉讼或处罚事项。四是核查公司关联方、关联交易和同业竞争的情况。

财务尽职调查一般也由投资机构聘请外部会计师参与，财务尽调的主要目标是核实目标公司财务的真实性、可靠性、规范性，通过财务分析判断目标公司的经营情况，以及验证公司的盈利预测的可实现性。

业务尽职调查一般由投资机构的投资人员负责，调查内容主要包括市场、管理团队、产品和技术、客户、竞争、盈利预测等方面内容。除了核查验证公司相关资料外，尽调人员也会通过访谈公司的主要人员、走访公司供应商、客户、主要合作伙伴或通过第三方服务机构提供背景调查的服务等方式进行多方位多角度的调研。

总之，在这一阶段，拟融资企业需要配合投资机构进行详尽的尽职调查，企业应当提前做好充分的准备。

5. 投资决策

尽职调查完成后，投资机构会汇总并形成完整的尽职调查报告、投资建议书和其他相关的文件资料，提交投资机构的投资决策委员会进行投资决策。投资决策委员会委员由具备丰富投资管理经验与能力的专业人士担任，有时也会聘请外部专家顾问任职。投资决策会议是决定投资机构是否进行投资的关键环节，投决会的委员们可以说是手握着投资项目的“生杀大权”。诚然，不同的投资机构会有不同的投决会决策流程，但是最终会通过委员会集体表决的方式对投资项目进行决策。是放烟花还是空忙一场，这可以说是关键一役了。

6. 投资文件签署

这里的“投资文件”，包括了与投资相关的协议，与投资交易完成后各股东权利义务相关的股东间协议，以及其他与交易相关的配套法律文件。投资项目通过投资机构的投资决策委员会决策后，投资交易的各方开始对投资协议条款进行谈判，直至最终签署投资协议以及其他投资文件。

投资协议是在投资框架条款约定原则的基础上，对投资交易中各方权利义务的详尽约定，协议内容包括投资交易方案、交割的前提条件、投资后的公司治理安排、目标公司及创始股东的承诺和保证、投资者的特别权利、违约责任以及其他一般条款。关于投资协议约定的条款中需要关注的事项将在下一节中详细探讨。

需要指出的是，大多数情形下投资机构都是以增资扩股的方式对目标公司进行投资，所投资金将用于目标公司的经营用途，这也与本章探讨的主题“股权融资”的实质相符。但也有部分目标公司因为特殊原因，会以转让存量股权的方式引入投资者。无论以何种方式进行融资，除了投资交易方案外的其他重要投资条款可以共同借鉴。

7. 交割

所谓交割，对于投资机构而言，是指由投资机构按投资协议约定的金额和时间把投资款项支付至被投资企业（在转让存量股的交易方案下支付至股权转让方）；对于目标公司而言，是指将新增发行的股权登记至投资者名下（在转让存量股的交易方案下为转让方将股权过户登记至投资者名下）、按照投资协议约定变更公司章程和股东名册并根据相关法律法规的要求进行股权的工商变更登记。

投资协议签署并生效后，交易各方即开始着手准备投资交割。一般而言，投资协议中会约定交割的前提条件，当交割的前提条件满足后，各方即应实施投资交割。所以可想而知，“交割的前提条件”或“先决条件”（“Condition Precedent”或“CP”）对于交易的实施有至关重要的影响，投资协议签署和生效，对拟融资企业而言也并不意味着可以想当然的高枕无忧，还需要一鼓作气越过“CP”这座山丘，才能最终和提着真金白银的金主们汇合。所以无论是对于投资机构还是对于目标公司而言，前提条件的设置都是非常重要的。关于前提条件设置时需要关注的问题，我们在后文还会提及。

第二节　股权融资协议八个核心条款及示例

1．业绩对赌条款

业绩对赌条款是以被投资企业未来的经营业绩为对赌的标的，以现有股东（尤其是创始股东）和私募股权投资者之间相互转让一部分股权或退回一部分投资款作为赌注，以激励企业管理层努力工作为目标并且动态评估企业价值的条款。

业绩对赌条款示例：

鉴于本次交易是以20　年度净利润　万元及包含投资人投资金额完全摊薄后　倍市盈率为作价依据，且公司和原股东承诺公司20　年度税前利润（或净利润）不低于　万元。

如果标的公司20　年度经审计的净利润低于　元，则视为未完成经营目标，应以20　年度经审计的实际净利润为基础，按照　倍市盈率重新调整本次交易的投资估值，调整后标的公司所有股东所持有的股份比例保持不变，公司应以现金的方式退还各投资方相应多付的投资款。

此时，标的公司估值（设为A）＝实际完成净利润×　倍市盈率。标的公司需将投资方多支付的投资款[具体为“　万元—A×（投资时的所致的股权比例）”]退还投资方。公司退还的投资款由投资方按照各自持股比例进行分配。[投资人可以选择：现金补偿（退款）或股权调整]

原股东承诺对本协议上述约定的对投资方的现金补偿义务承担连带清偿责任。如果受到法律的限制或者其他任何原因，标的公司未能或者无法履行上述义务，原股东有义务向投资方退还上述应退还的投资款。

2．一票否决权条款

为了保护作为小股东的私募股权投资者的利益，增强小股东的话语权，防止大股东滥用股东权利，私募股权投资者往往在融资协议中规定在特定事项中有一票否决的权利。

一票否决权条款示例：

在标的公司首次公开发行股票并上市前，以下主要事项应当按照修订后的公司章程所规定的决策机制由公司董事会或者股东大会审议通过，如系董事会决议事项，则必须经标的公司董事会至少一名投资方董事的投票赞成方可形成决议；如系股东大会决议事项，则需要经出席股东会议的股东或股东代表所持表决权2/3以上，并且同时需要甲方的股东代表同意，方可形成决议：

公司合并、分立、被收购、解散、清算或者变更公司形式；

公司业务范围、本质和/或业务活动的重大改变；

并购和处置(包括购买及处置)超过×万元的主要资产；

商标、专利、专有技术等知识产权的购买、出售、租赁及其他处置；

公司向银行单笔贷款超过×万元或者累计超过×万元的额外债务等；

……

3. 反稀释条款

该条款的本质是如果被投资企业在本次融资后再次融资的，再次融资的公司估值不得低于本次投资估值。实践中，反稀释条款有两种形式：棘轮条款和加权平均反稀释条款，这两种形式的最大区别是前者不考虑新发行股份的数量，而只关注发行价格，而后者将数量和价格一并予以考虑。

反稀释条款示例：

各方同意，本协议签署后，标的公司以任何方式引进新投资者的，应确保新投资者的投资价格不得低于本协议投资方的投资价格。

如新投资者根据某种协议或者安排导致其最终投资价格或者成本低于本协议投资方的投资价格或者成本，则标的公司应将其间的差价返还投资方，或由原股东无偿转让所持标的公司的部分股份给投资方，直至本协议投资方的投资价格与新投资者投资的价格相同。投资方有权以书面通知的形式要求标的公司或者原股东履行上述义务。

4. 回购权(回赎权)条款

如果被投资企业发生以下情形,如在约定的期限内没有上市,或者经营出现重大问题时,那被投资企业或企业原始股东有义务按事先约定的价格回购私募股权投资者所持有的全部或者被投资企业的股权,从而实现私募股权投资者退出被投资企业的目的。

回购私募股权投资者的股权主体:被投资企业和企业原始股东。但如果被投资企业回购,需要履行复杂冗长的减资程序,如果约定的回购价格过高,也可能影响减资回购的可行性。

回购权条款示例:

> 当出现以下情况时,投资方有权要求标的公司或原股东回购投资方所持有的全部公司股份:
>
> 不论任何主观或者客观原因,标的公司不能在××××年×月×日前实现首次公开发行股票并上市,该等原因包括但不限于标的公司经营业绩方面不具备上市条件,或由于公司历史沿革方面的不规范未能实现上市目标,或由于参与公司经营的原股东存在重大过错、经营失误等原因造成公司无法上市等。

5. 共同出售权条款

如果企业原始股东想要出售股份时,作为小股东的私募股权投资者有权与这些股东一起出售股份。

共同出售权条款示例:

> 原股东经投资方书面同意向公司股东以外的第三方转让其股份时,投资方有权按第三方给出的相同条款和条件,根据原股东及投资方当时的持股比例共同出售股份。投资方选择按相同条款和条件与原股东按持股比例共同出售股份给同一受让方的,原股东应保证收购方优先购买投资方的股份。

6. 强卖权条款

如果被投资企业发生未能在约定的期限内上市等情形,那么私募股权投资者有权强制性要求公司的原有股东(主要是创始人股东和管理层股东)与自己一起向第三方转让股份,原有股东应按照私募股权投资者与第三方达成的转让价格和交易条件出售股份。

强卖权条款示例:

自投资方的完成本轮投资之日起,如(1)有购买方愿意购买公司全部或绝大部分股权,(2)公司整体出售的价格不低于人民币×元,且(3)经全体投资股东中持2/3以上股份的股东同意整体出售的,包括创始股东在内的其他股东届时应当以同等价格和条件共同出售其持有的全部或部分股权。

7. 优先购买权条款

当被投资企业原始股东对外转让股权时,私募股权投资者有权在相同条件下优先购买原始股东对外转让的股权的权利。

优先购买权条款示例:

原股东经投资方书面同意向公司股东以外的第三方转让其股权时,投资方有权按第三方给出的相同条款和条件购买原股东拟出售的股权。

8. 陈述与保证条款

该条款是被投资企业、企业原股东以及私募股权投资者对于事实情况的陈述和对于特定事项的保证,是今后承担法律责任的依据和基础。

陈述与保证条款示例:

原股东和标的公司在此特别向投资方声明、保证和承诺如下:

1. 信息披露

基于本次交易之目的,向投资方提供的全部书面文件资料和通过口头、电子等其他非书面方式提供的信息均是真实、准确、完整和有效的,没有重大遗漏或误导性陈述,其所提供的书面文件的复印件均与原件一致、副本均与正本一致。鉴于该等信息是投资方对标的公司进行投资决策所依赖的重要材料,如果出现任何虚假、隐瞒和不实,将承担一切赔偿责任。

2. 合法设立、有效存续并依法运作

标的公司有效存续,并通过历年工商年检手续,不存在任何可能导致其终止、停业、解散、清算、合并、分立或丧失法人资格的情形或法律程序。标的公司不存在违反其章程条款以及营业执照规定的情形。原股东并承诺，标的公司将进一步依法建立健全法人治理结构，完善和规范公司股东大会、董事会、监事会的运作。

第三节 股权融资协议中的一般条款

如果公司第一次进行融资，很可能在看到投资文件的第一眼就犯晕，这动辄几十页的一摞文件拿在手里就让人略感厚重，看在眼里更是让人找不着北。而且，很多投资协议（也即股权融资协议，下同）的原始文本是“舶来品”，其条文内容有很多是借鉴了境外投融资交易惯用的文本转换而来，无疑更是增加了阅读理解的难度。曾经碰到好些企业创始人跟我吐槽说，这投资协议每个字拆开都能认识，组合在一起就不知所云了。当然每当这个时候，我都会不失时机地用一种坚定而自信的口吻回答说，这正是体现我们律师价值的时刻！但是，话说回来，投资协议的条款对企业的创始人的权利义务以及企业的未来发展关系重大，作为企业的创始人或核心人员，还是应该对投资协议的主要内容有所把握。

为了方便理解，我将协议条款分为两大类，一部分为一般条款，一般条款在绝大多数协议中都会包含，只是条款约定的具体内容根据每个交易而有所差异，另一部分为投资机构通常会要求的特别条款，其目的是对投资机构的股东权益进行特别保护，特别条款会根据投融资双方的谈判情况纳入或者部分纳入投资协议。当然这个分类逻辑并不严谨，只是为了便于阅读和理解。

下面我们仔细研究和探讨投资协议中的一般条款。

1. 交易架构条款——掌握融资交易框架的基础法则

投资协议首先应对投资交易结构进行约定。交易结构即投融资双方达成交易的方式、投资交易的价格、交割安排等内容。

投资方式包括由投资者以认购目标公司新增注册资本的方式进行投资或受让目标公司原股东以持有的目标公司存量股权的方式进行投资，此外在部分交易中也会存在向目标公司先予提供借款，再适时转为目标公司股权的方式（即“债转股”）。常见的投资交易方式即为以上一种或者几种相结合的方式进行。

实务中，投资机构向目标公司增资的方式最为常见，此种方式下投资机构直接将资金支付至目标公司,供目标公司经营所用,也是最直接能达到"股权融资"目的的方式。

在有些投资交易中,因为目标公司的经营在短期内存在较大不确定性,或者投资机构很难在短期内准确判断目标公司投资价值,而目标公司在短期内对资金的需求较为紧迫,因此,为了降低投资风险,投融资双方可能会选择"债转股"的方式进行投资。即先由投资机构向目标公司提供一笔借款,在特定条件满足的情况下,投资机构可以选择将这笔借款按照特定的估值转为目标公司的股权,或者继续保留债权,在债权到期后由目标公司向投资方还本付息。

存量股权转让的方式是比较少使用的交易方式,因为投资资金不会直接流入目标公司支持公司经营,而是会支付至转让方股东,使其将公司股权"变现",所以一般只有在前轮投资人需要退出,或者需要原股东以所得股权转让价款解决一些与公司经营相关的问题时才会使用此种交易方式。

投资交易价格是与公司估值直接相关的。如何对公司进行估值,这是一门单独的学问,并非法律问题。总体而言,公司估值会与其所在行业、所处的发展阶段、经营成果以及未来的经营预期等因素相关,当然也离不开投融资双方谈判的结果。双方对目标公司估值达成一致后,就能确定投资机构取得目标公司股权的对价。

需要提醒的是,在以增资方式进行投资的交易方式下,公司估值有"投资前估值"和"投资后估值"的区分。"投资前估值",顾名思义是不包含本次投资金额的估值,"投资后估值"是包含本次投资金额的估值,两者略有不同,举个例子:

如果目标公司"投资后估值"20 000 万元,本次投资 2 000 万元,则本次交易完成后投资机构持有的公司股权为:

$$2\,000 \div 20\,000 = 10\%$$

如果目标"投资前估值"20 000 万元,本次投资 2 000 万元,则本次交易完成后投资机构持有的公司股权为:

$$2\,000 \div (20\,000 + 2\,000) = 9.09\%$$

据此,公司估值确定后,本次投资交易的股权价格、数量、占比均可相应确定。

2. "先决条件"可以省略吗

交割的前提条件指在投资协议签署生效后,投资交割前需要达成的条件。

换言之，交割的前提条件如果没有达成，投资交易是无法交割的。交割的前提条件主要分为如下几类：

第一类为程序性条件，即实施交易所必须履行的程序，如目标公司和投资机构需要履行的内部决策程序、相关政府部门的审批、目标公司原股东对本次投资交易放弃优先权的声明等。

第二类为需要目标公司落实的事项或需要实施某项特定的行为，主要是投资机构在尽调过程中发现的问题，需要目标公司在取得投资前予以规范的。比如，投资机构在尽调过程中发现目标公司存在风险较大的对外担保事项，则要求在前提条件中约定解除该项对外担保事项。

还有一类为比较宽泛的陈述保证型条款，如承诺目标公司的经营合法合规，或者要求在交割前外部经营环境没有发生重大变化，因此，如果在交割前目标公司发生不可预测的经营风险，投资机构便有主动权拒绝进行交易交割。

所以，交割条件的设置对于交易双方的重要性是不言而喻的。对于拟融资公司而言，交割的前提条件自然是尽可能简单、清晰，易于实现为佳，对于投资机构而言，出于控制风险的考虑，则倾向于设置将交割前提条件设定得更加全面。

此外，交割前提条件的达成需要时间去完成。如果期限过长，很可能交易的基础会发生较大变化，投融资双方的商业目的也就无法实现。为避免发生此种情况，交易各方通常会设定一个最晚期限，如果交割的前提条件在最晚期限届至时仍未达成的，则本次投资交易可以终止。

3. 隐蔽的雷区——陈述与保证条款

陈述与保证条款是投资协议各方对于本次交易相关事项的声明。如果陈述保证事项日后被证明与事实不符，则作出陈述保证的一方需要承担相应的法律后果，而相对方则能寻求法律救济。

投资交易中，交易各方会包括投资机构、目标公司以及其股东，因此交易的每一当事方都会涉及与交易事项相关的声明。但投资机构所作的声明通常都是比较简单和常规性的，这里我们主要探讨一下与目标公司相关的陈述和保证事项。

由于投资机构对目标公司的尽职调查无法穷尽每一事实，也无法对目标公司向其披露的所有事项尤其是影响公司估值的事项进行完全的核查验证，所以目标公司的陈述与保证条款可以作为具有“兜底性质”的条款对投资方在尽职调查过程中无法完全查明的事实起到背书作用，从而更加完善地保护投资机构的利益。目标公司的陈述和保证条款一般由目标公司的主要股东和目标公司共同作出。

与目标公司相关的陈述和保证条款会涵盖目标公司经营相关的各个方面，既然是“兜底性质”，对投资机构而言一定是需要全方位无死角的保障措施，所以洋洋洒洒几十条的目标公司陈述和保证在投资协议中是司空见惯的。这些条款可以包括：与目标公司主体合法性相关的内容，如目标公司主体资格、股权结构等；与目标公司经营合法性相关的内容，如目标公司拥有的资产、知识产权的合法和完整性，劳动用工的合法性、重大合同签署的合法性和可执行性等；以及与目标公司的经营成果相关的内容，包括财务报表的真实性、会计记录的完整性等。总之是事无巨细，不一而足。

这些陈述和保证条款内容复杂，但对于目标公司而言绝对不能掉以轻心，因为一旦发生违反陈述和保证事项，需要保证人向投资人承担赔偿责任。由于陈述和保证条款的表述一般都较为宽泛，而公司的经营又是非常复杂且细致的过程，所以一不留神踩雷触发了陈述和保证条款也并非是无稽之谈。

那对于陈述和保证条款，拟融资企业和原股东应当如何避免踩雷呢？作者提供以下几条思路供参考：

首先，仔细阅读陈述和保证条款，对于不符合条款的事项向投资者进行披露，并约定已经披露的事项不属于赔偿范围；其次，引入重要性标准并予以量化，陈述和保证条款只有在重大方面和实质性方面与事实不符，且导致重大不利影响，承诺人才承担法律责任，而对非重要事项披露不实不承担责任；再次，可以与投资者约定赔偿上限，将可能发生的赔偿锁定在一定金额范围之内；最后，可以对陈述和保证事项设定一定的“时效”，一旦“时效”经过，则赔偿义务即解除。

总之，对目标公司而言，应要求陈述和保证的范围尽量简要和明确。同时，有效通过以上措施尽可能保护目标公司或其股东减少陈述和保证条款所触发的赔偿责任。

第四节 股权融资协议中的特别条款

1. 对赌，到底该不该接受

对赌条款是投资协议中最为“网红”的条款，为人熟知也最受关注。对赌条款是投资方与融资方在达成投资协议时，对于未来不确定的事项进行的一种约定，由目标公司主要股东（一般为实际控制人或创始股东）向投资方承诺，在未来发生特定事项时对约定的投资价格进行调整或者提前退出，“特定事项”包括目标公司的经营指标（如净利润、主营业务收入等）低于预计，或不能按时实现上市，或出现其他影响估值的情形（如重大违约、失信行为等）。对赌条款包括估值调整机制（Valuation Adjustment Mechanism）和回购条款。

估值调整机制，是指当目标公司未能实现对赌条款规定的经营业绩目标时，目标公司及/或其控股股东、实际控制人或创始股东（即补偿义务人）需要根据对赌条款的规定对投资者入股时的高估值进行补偿。补偿的方式分为：

现金补偿。当目标公司未能实现对赌条款规定的业绩目标时，补偿义务人以现金方式向投资者进行补偿。

现金补偿金额＝（1－实际经营业绩÷承诺经营业绩）×投资方的实际投资金额

股权补偿。当目标公司未能实现对赌条款规定的业绩目标时，补偿义务人以低价或无偿的股权转让对价将一部分目标公司股权转让给投资者，或者投资者通过低价认购目标公司增资的方式取得目标公司的股权。

补偿的股权数＝调整前股权数量×（承诺经营业绩÷实际经营业绩－1）

举个例子：

相关案例参考

假设目标公司预测当年实现利润为5 000万元，投资机构投资时各方协商按市盈率（P/E）10倍进行估值，即目标公司投资后估值为50 000万元，本次投资金额为5 000万元，则本次投资完成后投资者持有目标公司10%股权。

投资完成后，目标公司当年实际实现的利润为4 000万元。假定10倍P/E不变，则目标公司整体估值为40 000万元，投资者持有目标公司10%的股权，价值应为4 000万元。

按照估值调整的标准计算，即按实际经营业绩对目标公司重新估值（假定P/E倍数值不变），将多投资部分补偿给投资者。

如果以现金方式补偿，则：

现金补偿金额＝（1－实际经营业绩÷承诺经营业绩）×投资方的实际投资金额
＝(1－4 000÷5 000)×5 000＝1 000(万元)

如果以股权方式补偿，则：

补偿的股权数＝调整前股权数量×(承诺经营业绩÷实际经营业绩－1)
＝10%×(5 000÷4 000－1)×100%＝2.5%

通过上述例子可以得出结论，估值调整机制的基本逻辑为，以预测的经营业绩作为目标公司估值的基础，在估值定价方式不变的情况下(如以 P/E 倍数作为定价方式)，则当目标公司实际实现的经营业绩低于预测的经营业绩，目标公司的整体估值相应进行调整，据此，投资者可以按照调整后估值相应调整其持有的目标公司股权数量，或者按调整后的估值调整支付的股权对价(即返还多支付的股权对价)。

回购条款，是指投资者被赋予一项股权回购请求权(Redemption Option)，如果在未来触发回购事项时可以要求目标公司及/或其控股股东、实际控制人或创始股东(即回购义务人)受让投资者持有的目标公司股权以实现退出的目的。回购触发事项一般包括：目标公司的经营业绩严重低于预期、目标公司的经营发生重大不利变化、无法在约定时间内实现上市或证券化的目标、目标公司或创始股东出现重大违约行为、出现失信行为而严重影响投资者的股东权益价值等。

对赌条款是投资者对其投资权益进行保护的重要工具，但自从 2012 年“对赌”第一案以来，对赌条款的效力在理论和实务中均存在不少争议，直至 2019 年 11 月 8 日最高人民法院发布《全国法院民商事审判工作会议纪要》，对对赌条款涉及的疑难争议问题，提出了指导性的解释意见。

我们就从对赌第一案开始，说说对赌条款争议的前世今生。

相关案例参考

这场案件源于 2007 年，彼时甘肃众星锌业有限公司(后更名为甘肃世恒有色资源再利用有限公司，以下简称甘肃世恒)作为甲方、海富投资有限公司(下称“海富投资”)作为乙方、香港迪亚公司(系甘肃世恒的控股股东)作为丙方、陆某(系甘肃世恒的实际控制人)作为丁方,共同签订一份《甘肃众星锌业有限公司增资协议书》(以下简称《增资协议书》),其中约定:

甘肃世恒注册资本为384万美元,香港迪亚占投资的100%,各方同意海富投资以现金2 000万元人民币对甘肃世恒进行增资,占增资后总注册资本的3.85%,香港迪亚占96.15%。依据《增资协议书》的约定,如甘肃世恒2008年实现的净利润低于3 000万元人民币,海富投资有权要求甘肃世恒或香港迪亚予以补偿。补偿金额=(1-2 008年实际净利润)÷3 000×本次投资金额。如果至2010年10月20日,由于甘肃世恒的原因造成公司无法完成上市,则海富投资有权在任一时刻要求香港迪亚回购届时海富投资持有的甘肃世恒全部股权。若自2008年1月1日起,甘肃世恒的净资产年化收益率超过10%,则回购金额为海富投资所持江苏世恒股权对应的所有者权益账面价值;若自2008年1月1日起,甘肃世恒的净资产年化收益率低于10%,则回购金额为:(海富投资的原始投资金额-补偿金额)×(1+10%×投资天数÷360)。

根据资料显示,甘肃世恒2008年实现的净利润远低于其承诺的净利润。根据"对赌条款"的约定,海富投资应取得补偿款1 998万元。因协商不成,海富投资将甘肃世恒告上了法庭。

兰州市中级人民法院(下称"兰州中院")和甘肃省高级人民法院(下称"甘肃高院")分别在2010年12月和2011年9月对此案作出了一审判决和二审判决。两次判决均认定对赌协议条款无效,甘肃高院认为海富投资有权要求甘肃世恒及香港迪亚以一定方式予以补偿的约定,则违反了投资领域风险共担的原则,使得海富投资作为投资者不论世恒公司经营业绩如何,均能取得约定收益而不承担任何风险,系"明为联营,实为借贷"的无效约定,据此海富投资的2 000万元中,已计入世恒公司注册资本的115万元外,其余1 885万元资金性质为贷款,判决甘肃世恒返还这部分资金和利息。

二审判决作出后,甘肃世恒对甘肃高院的判决不服,向最高法院提出再审申请。2012年11月初,最高法院对上述对赌协议案作出了判决。最高法院认为,根据《增资协议书》的约定,海富投资可以取得相对固定的收益,该收益脱离了甘肃世恒的经营业绩,损害了公司利益和公司债权人利益,因此一审法院、二审法院根据《中华人民共和国公司法》第二十条和《中华人民共和国中外合资经营企业法》第八条的规定认定《增资协议书》中的这部分条款无效是正确的。但是，在《增资协议书》中，香港迪亚对于海富投资的补偿承诺并不损害甘肃世恒及公司债权人的利益，不违反法律法规的禁止性规定，是当事人的真实意思表示，是有效的，据此，判决迪亚公司向海富投资支付协议补偿款 19 982 095 元。简而言之，最高法院认为目标公司和投资者之间的对赌约定因损害公司和债权人的利益，应属无效，而目标公司和股东之间的对赌约定符合当事人意思自治的原则，应确认有效。

《中华人民共和国公司法》(2005 年修订)

第二十条　公司股东应当遵守法律、行政法规和公司章程，依法行使股东权利，不得滥用股东权利损害公司或者其他股东的利益；不得滥用公司法人独立地位和股东有限责任损害公司债权人的利益。

《中华人民共和国中外合资经营企业法》

第八条　合营企业获得的毛利润，按中华人民共和国税法规定缴纳合营企业所得税后，扣除合营企业章程规定的储备基金、职工奖励及福利基金、企业发展基金，净利润根据合营各方注册资本的比例进行分配。

最高法院对海富投资甘肃世恒案的再审判决表明了其在对赌条款问题上的立场，具有很强的指导意义，即回购对赌条款的约定在目标公司与投资者之间的，因会损害目标公司和债权人的利益而认定无效；此外，在不损害第三人利益的前提下，回购对赌条款的效力应当更多地在维护交易安全，维护公众利益的前提下最大限度尊重当事人的意思自治。

那为什么股东与投资者之间的对赌约定依法受到保护，而目标公司和投资者之间的对赌约定会被认定无效呢？因为如果回购义务人是公司，从《公司法》的角度看，无论是目标公司对投资者进行现金补偿还是履行股权回购义务，都意味着目标公司无对价地向某一股东支付资产，这就意味着公司不能维持相对于资本总额的资产，违背“资本维持原则”，损害其他股东以及债权人利益。

在对赌第一案之后，很多与对赌相关的诉讼案件在审理中，基本遵循了这一审判思路，如鞍山海虹工程机械有限公司等与经纬纺织机械股份有限公司股权转让纠纷[(2015)三中民终字第00923号]、杭州科发创业投资合伙企业(有限合伙)与于任远合同纠纷一案[(2018)浙0102民初6986号]。

虽然最高法院的法槌落下了,但关于"对赌条款"效力的话题一直在持续。学界对对赌条款的效力问题依然有很多的思考和探讨。支持方认为,依据"合同自由原则",任何契约只要不存在欺诈性行为或违反社会公共利益,都有被尊重并实施的权利,其效力不能轻易被否定。而反对者则认为:"对赌条款"的订立双方给付并不对等,无论目标公司是否盈利,投资者都将获得收益,这部分收益来自目标公司或原股东的补偿,有违公司股东"投资风险共担"原则。

随着社会经济的不断发展,《公司法》也经历了数次变更,公司的资本制度也从原先的实缴制逐步演变为认缴制。司法实践中对于"对赌条款"的看法也逐渐发生了变化。2019年江苏高院对江苏华工创业投资有限公司(以下简称"化工投资")与扬州锻压机床股份有限公司(以下简称"扬州锻压")及其股东的对赌纠纷做出的判决便体现了这一变化。

相关案例参考

2011年7月6日,原告化工投资与扬州锻压及其他股东共同签订了《增资扩股协议》及补充协议,约定化工投资以现金2 200万元人民币对扬州锻压增资,其中200万元作为注册资本,2 000万元列为公司资本公积金。同时约定,若扬州锻压在2014年12月31日前未能在境内资本市场上市,化工投资有权要求扬州锻压回购所持有的公司全部股份。后因扬州锻压上市计划未能如约实施,化工投资遂起诉要求扬州锻压履行回购义务。这一案件经历了一审、二审,直至江苏高院于2019年4月3日作出2019苏民再(62)号判决书,认为:我国《公司法》并不禁止有限责任公司回购本公司股份,有限责任公司回购本公司股份不当然违反我国《公司法》的强制性规定。有限责任公司在履行法定程序后回购本公司股份,不会损害公司股东及债权人利益,亦不会构成对公司资本维持原则的违反。案涉对赌协议中关于股份回购的条款内容,是当事人特别设立的保护投资人利益的条款,属于缔约过程中当事人对投资合作商业风险的安排,系各方当事人的真实意思表示。华工投资、扬锻集团公司及扬锻集团公司全体股东关于华工投资上述投资收益的约定,不违反国家法律、行政法规的禁止性规定,不存在《中华人民共和国合同法》第五十二条规定的合同无效的情形，亦不属于合同法所规定的格式合同或者格式条款，不存在显失公平的问题。据此，判定对赌协议效力应为有效。

2019年底，随着《九民会议纪要》的出台，关于对赌条款的效力问题有了更为清晰的解释：

《全国法院民商事审判工作会议纪要》

（一）关于“对赌协议”的效力及履行

人民法院在审理“对赌协议”纠纷案件时，不仅应当适用合同法的相关规定，还应当适用公司法的相关规定；既要坚持鼓励投资方对实体企业特别是科技创新企业投资原则，从而在一定程度上缓解企业融资难问题，又要贯彻资本维持原则和保护债权人合法权益原则，依法平衡投资方、公司债权人、公司之间的利益。对于投资方与目标公司的股东或者实际控制人订立的“对赌协议”，如无其他无效事由，认定有效并支持实际履行，实践中并无争议。但投资方与目标公司订立的“对赌协议”是否有效以及能否实际履行，存在争议。对此，应当把握如下处理规则：

5.【与目标公司“对赌”】投资方与目标公司订立的“对赌协议”在不存在法定无效事由的情况下，目标公司仅以存在股权回购或者金钱补偿约定为由，主张“对赌协议”无效的，人民法院不予支持，但投资方主张实际履行的，人民法院应当审查是否符合公司法关于“股东不得抽逃出资”及股份回购的强制性规定，判决是否支持其诉讼请求。

投资方请求目标公司回购股权的，人民法院应当依据《公司法》第35条关于“股东不得抽逃出资”或者第142条关于股份回购的强制性规定进行审查。经审查，目标公司未完成减资程序的，人民法院应当驳回其诉讼请求。

投资方请求目标公司承担金钱补偿义务的，人民法院应当依据《公司法》第35条关于“股东不得抽逃出资”和第166条关于利润分配的强制性规定进行审查。经审查，目标公司没有利润或者虽有利润但不足以补偿投资方的，人民法院应当驳回或者部分支持其诉讼请求。今后目标公司有利润时，投资方还可以依据该事实另行提起诉讼。

总结一下,《九民会议纪要》指出,只要不存在法律规定的无效情形,无论是对赌约定是公司与投资者之间还是股东与投资者之间,原则上都应当认定为对赌条款有效。在确定了对赌条款"有效性"的判断标准后,投资者与公司之间的对赌是否可以履行,则进一步留待从"可履行性"角度进行分析,具体可以从以下几个方面考虑:

(1) 如对赌条款约定由目标公司回购投资者股权的,需要根据《公司法》的规定先履行减资程序,以保护债权人的利益。

(2) 如对赌条款约定由目标公司向投资者支付现金补偿的,应当从公司可分配利润中进行支付,不得造成公司资本的变相减少或抽回,同时,因这一支付行为相当于同股不同权的利润分配,公司实施这一行为应当符合《公司法》和公司章程的规定,且应履行必要的决策程序。

(3) 公司的"资本公积"不得用于支付现金补偿。

(4) 目标公司仍可通过向投资者定向增资的方式履行对赌义务。

"对赌条款"随着《九民会议纪要》的出台,在司法实践中的认定有了较为清晰的论断。从创业者的角度而言,在对赌协议上签字画押那一刻要尤为审慎,过去还能给自己喂一贴安慰剂,万一触发对赌条款也许还能以"无效"为由据理一搏,现在则需从实际履行的角度予以考量。

说完了对赌协议在司法实践中的来龙去脉后,那么在企业 IPO 过程中,对赌协议又应当如何进行把握呢?

首先,无论是主板、创业板还是科创板的发行上市条件,都对发行人的"股权清晰"作出了明确的规定:

《首次公开发行股票并上市管理办法》(2020 年修正)

第十三条 发行人的股权清晰,控股股东和受控股股东、实际控制人支配的股东持有的发行人股份不存在重大权属纠纷。

《创业板首次公开发行股票注册管理办法(试行)》

第十三条 控股股东和受控股股东、实际控制人支配的股东所持发行人的股份权属清晰,最近 2 年实际控制人没有发生变更,不存在导致控制权可能变更的重大权属纠纷。

《科创板首次公开发行股票注册管理办法（试行）》

第十二条　控股股东和受控股股东、实际控制人支配的股东所持发行人的股份权属清晰。

从上述条款可知，无论发行人选择在哪个板块上市，发行条件中对于发行人的“股权清晰”都有一定的要求，其中科创板和创业板的要求基本一致，主板对于“股权清晰”的要求则略有差异，科创板和创业板主要针对控股股东、实际控制人所持发行人股权清晰提出要求，相比主板略为“宽松”。而对赌协议的存在，无疑对发行人的“股权清晰”产生了负面影响。因此，在以往的IPO审核过程中，对于融资过程中曾与投资机构签署过“对赌协议”的发行人，一律会在提交上市申请前与投资机构商议解除“对赌协议”，以确保符合“股权清晰”的发行条件。

然而，这样不分青红皂白的操作对于发行人、投资机构而言确实有不尽合理之处，一方面，投资机构在发行人提交IPO申请前被强行要求解除“对赌协议”，一旦发行人上市未成功，投资机构又无法依据对赌协议保障其退出的权益，对于投资机构而言不甚公平；另一方面，投资机构持有发行人的股权一般而言只是很少比例的股东权益，而因为这少量的权益存在不确定性而影响发行人的发行上市，未免也过于严苛。因此，在对待“对赌协议”的问题上，目前的发行审核要求也出现了一些变化，这在科创板、创业板对于“股权清晰”的发行条件表述的变化上也可见一斑。

2019年3月，中国证监会和上海证券交易所分别针对主板、创业板和科创板发行审核过程中涉及的“对赌协议”问题的把握，做了更为清晰的解释，使“对赌协议”问题的处理更为合理化：

《首发业务若干问题解答（一）》

投资机构在投资发行人时约定对赌协议等类似安排的，原则上要求发行人在申报前清理，但同时满足以下要求的可以不清理：一是发行人不作为对赌协议当事人；二是对赌协议不存在可能导致公司控制权变化的约定；三是对赌协议不与市值挂钩；四是对赌协议不存在严重影响发行人持续经营能力或者其他严重影响投资者权益的情形。

《上海证券交易所科创板股票发行上市审核问答（二）》

第十条 PE、VC等机构在投资时约定估值调整机制（一般称为对赌协议）情形的，原则上要求发行人在申报前清理对赌协议，但同时满足以下要求的对赌协议可以不清理：一是发行人不作为对赌协议当事人；二是对赌协议不存在可能导致公司控制权变化的约定；三是对赌协议不与市值挂钩；四是对赌协议不存在严重影响发行人持续经营能力或者其他严重影响投资者权益的情形。

《深圳证券交易所创业板股票首次公开发行上市审核问答》中亦有类似规定。

由此而知，目前A股上市的各个板块对于"对赌协议"问题的把握基本一致，不再是"一竿子打死"的思路，而是从实际情况出发具体分析，在不影响公司控制权、不影响公司经营和其他投资者权益的情况下，投资者与发行人的控股股东、实际控制人或其他创始股东之间约定的"对赌协议"是可以予以保留的，这也体现了A股审核理念的变化。

相关案例参考

2020年7月登陆深交所创业板的四会富仕是第一家带着"对赌协议"上市的创业板企业。根据公开披露的资料显示，四会富仕曾与投资人签署对赌协议，约定："如果公司未能在2021年12月31日前实现在上海或深圳证券交易所主板、中小板、创业板IPO，或以投资人同意的估值被上市公司收购、被其他公司整体现金收购，则控股股东及3名实际控制人有按约定回购的义务。回购价为初始投资本金加每年9%的回报。"该对赌协议在四会富仕上市时仍未解除。对此，四会富仕认为，该赌协议仅为股东间的对赌安排，四会富仕电子将不作为对赌协议的当事人。即使履行对赌协议的有关内容，因公司实控人3人合计的持股数较大，不会导致公司控股权变化，且对赌协议中的回购价格计价也不与市值挂钩，不存在影响其持续经营能力或者其他严重影响投资者权益的情形。这一解释也获得了审核机构的认可，体现了监管层对对赌协议的态度趋向宽容。

2. 那些滚滚向前的车轮——反稀释条款

投资机构对公司进行投资后，为防止公司后续融资时稀释投资方的持股比例或股权价值减损，一般会在投资协议中约定反稀释条款（也称反摊薄条款）。反稀释条款是投资机构为了在公司后续降价融资时保护自身权益的一种常用工具。首先，我们来解释一下什么是“稀释”。我们在股权领域说的稀释，存在两种稀释情形：比例稀释和价值稀释。

（1）股权比例稀释。

股权比例稀释，是指投资者所持有的目标公司权益比例的降低，比如公司在后续融资时通过增资方式引入新的投资者从而导致前轮投资者持股比例下降。假设，目标公司注册资本500万元（计为500万股），A轮融资时，投资机构阿尔法向目标公司投资400万元，认购股份125万股，价格为3.2元/股，公司整体估值（投资后）为2 000万元，投资后阿尔法持有公司20%的股权；此后，B轮融资时，目标公司引入投资人贝塔投资400万元，认购股份125万股，价格为3.2元/股，公司整体估值（投资后）为2 400万元。B轮融资完成后，阿尔法持有公司16.67%的股权，持股比例因被稀释而减少。

（2）股权价值稀释。

股权价值稀释，顾名思义是股东所持公司的股权价值发生了减损，这会直接导致投资人经济利益的减少。

沿用上文的例子，虽然B轮融资完成后，阿尔法在目标公司持股比例被稀释了，但是阿尔法所持目标公司的股权价值为：2 400×16.67%=400（万元）。由此可见，阿尔法所持目标公司的股权价值没有发生变化。

但是，如果在B轮融资中，投资人贝塔以按2元/股的价格向目标公司投资了400万元，认购股份200万股，B轮投资的公司整体估值（投资后）为：（500+125+200）×2=1 650（万元）。B轮融资后，阿尔法持有目标公司的股权由20%稀释至15.15%，股权价值为：1 650×15.15%=250（万元）。由此可见，阿尔法持有的目标公司股权同时遭受了比例稀释和价值稀释。

如果目标公司在B轮以转让存量股权的方式引入投资者贝塔，贝塔以2元/股的价格受让创始股东持有的公司200万股股份，则B轮投资中公司的整体估值为：（500+125）×2=1 250（万元）。阿尔法持有的目标公司股权比例仍为20%，但是由于公司的整体估值降低，阿尔法持有的目标公司股权价值为：1 250×20%=250（万元）。此时，虽然阿尔法持有的目标公司股权比例没有被稀释，但是股权价值缩水。

公司的经营发展过程中，可能进行多次融资，而公司的经营也会存在起起伏伏，无法保证公司在每次融资时的估值都高于前一轮。投资人出于保障投资利益的考虑，往往需要在投资协议中设置反稀释条款。投资机构是如何通过协议安排实现反稀释目的的呢？

1）优先认购/受让权

优先认购/受让权条款，是指在目标公司后续融资增发新股或者进行存量股份转让时，同等条件下，投资者享有按比例优先购买或受让的权利，以此来确保投资者的持股比例不会因为后续融资发行新股或股权转让而降低。

优先权条款我们在后文中还将提及详述。

2）棘轮条款

"棘轮条款"这个名字有点唬人，其实是投资交易中的一个常用术语，是指被投资公司以任何方式引进新投资者时，应确保新投资者的投资价格不得低于前轮投资的价格。如果目标公司以更低的价格引进新的投资者，则前轮投资者有权要求创始股东、实际控制人（"反稀释补偿义务人"）无偿向其转让部分公司股权，或要求反稀释补偿义务人向前轮投资者支付现金，即以股权补偿或现金补偿的方式，以使前轮投资方的投资价格降低至新低价格。为什么叫"棘轮"呢？因为棘轮是只能朝一个方向转动的齿轮，反向则会制动。设置了"棘轮条款"的投资协议，意味着公司的估值的车轮只能滚滚向前而没有回头路可走了。

棘轮条款制约的是股权价值的减损，因此在反稀释条款中具有更加重要的作用，对投资人而言，防止股权贬值要比单纯防止股权比例的稀释更为重要。对于被投资企业而言，仅仅了解"棘轮条款"的概念是不够的，还需要对其有更进一步的理解，"棘轮条款"可以分为"完全棘轮"和"加权平均棘轮"。

第一，完全棘轮条款。

完全棘轮条款，是指如果目标公司在新一轮融资中的价格低于前轮融资价格，则投资者在上一轮投入的资金或认购的股份全部按新一轮融资的低价格重新计算。如果设定投入的资金总额不变，则按照新一轮低价折算的股份数相应增加，投资者应当取得更多的股份；如果设定购买的股份数不变，则按新一轮低价折算的投资总金额相应减少，投资者应当取得部分返还的资金。

完全棘轮条款是对投资人最有利的方式，使得公司经营不利的风险在很大程度上完全由创始团队来承担。举例而言，如果A轮融资时阿尔法公司对目标公司投资400万元，按每股3.2元的价格认购目标公司股份125万股；由于公司发展不如预期，在B轮融资时，每股价格跌至每股2元，则根据完全棘轮条款的规定，阿尔法在A轮融资时取得的目标公司每股价格也模拟调整为2元/股，则阿尔法公司投入的400万元可以取得目标公司的股份调整为200万股，而不再是原来的125万股。计算公式如下：

原投资人获得反稀释补偿的股份数＝原投资人投资总额÷新一轮投资的每股价格－原投资人持有的公司股份数

如果阿尔法公司取得的股份数125股不变，则按照新一轮投资的低价2元/股计算，阿尔法公司需要支付的投资款总额为250万元，其应当自反稀释补偿义务人处取得的现金补偿为：

原投资人获得反稀释补偿的现金金额＝原投资人投资总额－原投资人持有的公司股份数×新一轮投资的每股价格。

第二，加权平均棘轮条款。

让我们设想一下这种情况：如果下一轮投资者入股时，价格虽然低于前一轮融资价格，但是新投资人只是认购了极少数量的股份，换言之虽然价格降低了，但是对原股东股权比例的稀释影响是非常小的，在这种情况下，如果前轮投资人的投资完全按照新一轮投资价格重新计算，对于反稀释补偿义务人而言也不尽合理。所以，就有了"加权平均棘轮"的出现。所谓加权，顾名思义就是在考虑反稀释补偿的时候，考虑了"权重"的问题，也就是增加了新一轮投资人认购的资金对被投资企业股本摊薄程度的权重。与完全棘轮条款不同，加权平均条款将新增股份数量作为反稀释时一个重要的考虑因素，既考虑新增股权的价格，也考虑新增股权的数量，而并非简单按照新一轮投资价格作为反稀释补偿的标准。

在加权平均棘轮条款的情况下，上轮投资人获得反稀释补偿后的每股价格＝上一轮投资的每股价格×（新一轮融资前公司的总股数＋未发生降价融资时新一轮融资总额应当取得的股权数量）÷（新一轮融资前公司的总股数＋发生降价融资时新一轮融资总额实际取得的股权数量）。

还是以上文例子为例，目标公司原股份总数为500万股，如果A轮融资时阿尔法公司对目标公司投资400万元，按每股3.2元的价格认购目标公司股份125万股；在B轮融资时，每股价格跌至每股2元，投资总额为400万元，在加权平均条款的模式下，阿尔法的投资价格应当调整为：3.2×（500＋125＋125）÷（500＋125＋200）＝2.91（元/股）。据此，在投资总额400万元不变的情况下，阿尔法取得的股份数应调整为：400÷2.91＝137.5（万股），应取得股份补偿12.5万股。

在阿尔法取得股份数不变的情况下，其投资总额应当调整为：125×2.91＝364（万元），应取得现金补偿金额约为36万元。

此外，由于部分目标公司在经营过程中会发行股票期权（如用于员工股权激励的股票期权），因此，按照是否考虑期权的行权导致的股本数量变化，加权平均棘轮条款还可分为广义加权平均和狭义加权平均。广义加权平均的情况下，新一轮融资前公司的总股数包含新一轮融资前所有已发行和将发行的股份；狭义加权平均的情况下，新一轮融资前公司的总股数的范围将在广义的基础上有所减少，仅包含已发行的股份数，不包括其他可转换证券。因此，交易各方在就反稀释条款进行谈判时，还应当予以充分明确反稀释条款的具体定义，以免发生歧义。

总而言之，加权平均棘轮条款既考虑后续低价融资中，对投资者所持股份价值的保护，也考虑了新一轮融资对目标公司所有股本的摊薄的冲击程度，避免了过度增加反摊薄补偿义务人的补偿义务，可以说是对交易双方较为公平的一种补偿方式。

补偿方式如下：

如果棘轮条款被触发，则会涉及补偿义务人对投资机构的补偿。与对赌补偿类似，反稀释条款下的补偿也分为股份补偿和现金补偿。由于按照《公司法》的规定，有限公司的增资价格如果低于1元/注册资本会导致资本不实，股份公司的股份发行价格不允许低于票面价格，因此由目标公司向投资机构低价发行股权或股份的方式进行补偿不具有可操作性。所以实践中，反稀释的补偿义务人一般为目标公司的创始股东、控股股东或实际控制人。

股份补偿，即补偿义务人无偿或以法律允许的最低价格将按照反稀释条款计算得出的应补偿股份数转让给投资机构。

现金补偿，即补偿义务人将按照反稀释条款计算得出的应补偿现金金额直接支付给投资机构。

除了考虑使用何种模式的反稀释条款外，拟融资企业还可以从以下几个方面对反稀释条款的适用加以限制，以尽可能争取更优的融资条件：

（1）约定反稀释条款适用的期限，如限定在后续的第一次融资时或者本轮投资后的特定期限内投资者可行使反稀释条款的权利。

（2）约定触发反稀释补偿的估值，即只有在目标公司后续融资的价格低于特定估值时，才触发反稀释条款的适用。

(3) 约定原投资者必须参与后续融资时才能触发反稀释条款的适用。

(4) 约定目标公司在达到一定的经营成果或资产规模后,反稀释条款自动解除。

此外,目标公司在进行协议谈判时还应考虑将如下事项排除在反稀释条款适用情形之外:

(1) 公司实施的员工的股权激励计划。

(2) 公司在上市前进行的股权重组,如原股东将部分股权转让给其近亲属或关联方。

(3) 基于公司兼并、合并、收购或其他类似事项而发行的用于代替现金支付的股权/股份。

(4) 通过明股实债方式进行融资而导致公司估值变化。

(5) 因对赌失败补偿投资人或投资人行使反稀释权而认购新增注册资本或发行股份等。

(6) 无论如何,反稀释条款在公司上市时应当予以终止。

此外,虽然每一轮融资时创业团队都希望尽可能地提高企业估值,以最大可能地减少创业团队的股权稀释,但是从理性的角度讲,因为反稀释条款的存在,高估值也是一把双刃剑。一方面,高估值可以让创始团队在同样稀释手中股权比例的条件下,取得尽可能多的融资金额,另一方面,也会对企业形成"估值壁垒"的危害,如果前轮投资的估值过高,在反稀释条款的约束下,会导致企业在后续融资过程之中很难突破这个估值,进而对企业持续融资构成障碍。

了解了反稀释条款的基本逻辑后,拟融资企业便可以在投资谈判中对反稀释条款的设定进行充分权衡。投资协议的谈判是个攻守交互的过程,各方都会站在各自的立场上争取最优的条件,最终达成怎样的条款,往往是双方的强弱势地位、谈判能力决定的。但无论如何,作为创业企业,首先要了解条款本身的优劣势,如此才能对自己手中的筹码了然于胸。

3. "优先权"发生冲突怎么办

投资协议中涉及的投资机构的优先权包括三类,分别是与股权相关的优先认购权和优先受让权;与股东分红权相关的优先分红权;与剩余财产分配相关的优先清算权。

1) 优先认购权、优先受让权

优先认购权、优先受让权在前文关于"反稀释"的部分已经提及,是指在目标公司后续增资或增发新股，或者进行存量股份转让时，同等条件下，投资者享有按比例优先购买或受让的权利。

针对有限公司股东的优先认购权和优先受让权，同样可以在《公司法》中找到法律依据，换言之，有限公司股东的优先认购权和优先受让权是法定的、受《公司法》保护的：

《中华人民共和国公司法》（2018年修正）

第三十四条　股东按照实缴的出资比例分取红利；公司新增资本时，股东有权优先按照实缴的出资比例认缴出资。但是，全体股东约定不按照出资比例分取红利或者不按照出资比例优先认缴出资的除外。

第七十一条　有限责任公司的股东之间可以相互转让其全部或者部分股权。股东向股东以外的人转让股权，应当经其他股东过半数同意。股东应就其股权转让事项书面通知其他股东征求同意，其他股东自接到书面通知之日起满三十日未答复的，视为同意转让。其他股东半数以上不同意转让的，不同意的股东应当购买该转让的股权；不购买的，视为同意转让。经股东同意转让的股权，在同等条件下，其他股东有优先购买权。两个以上股东主张行使优先购买权的，协商确定各自的购买比例；协商不成的，按照转让时各自的出资比例行使优先购买权。公司章程对股权转让另有规定的，从其规定。

如果目标公司的组织形式是股份公司，那么对于股份公司的股东优先认购权和股份优先受让权需要同时在投资协议和公司章程中予以明确，因为在《公司法》的规定中，股份公司的股东并没有法定的优先认购权和股份优先受让权。

那么，如果公司股东违反《公司法》的规定或违反投资协议的约定向股东以外的第三方转让股权，损害了投资者的优先购买权，应当如何认定其转让行为的法律效力？是否当然认为这样的股权转让行为无效呢？答案是否定的。让我们先来看一下规定：

《最高人民法院关于适用〈中华人民共和国公司法〉若干问题的规定（四）》

第二十一条　有限责任公司的股东向股东以外的人转让股权，未就其股权转让事项征求其他股东意见，或者以欺诈、恶意串通等手段，损害其他股东优先购买权，其他股东主张按照同等条件购买该转让股权的，人民法院应当予以支持，但其他股东自知道或者应当知道行使优先购买权的同等条件之日起三十日内没有主张，或者自股权变更登记之日起超过一年的除外。

前款规定的其他股东仅提出确认股权转让合同及股权变动效力等请求，未同时主张按照同等条件购买转让股权的，人民法院不予支持，但其他股东非因自身原因导致无法行使优先购买权，请求损害赔偿的除外。

股东以外的股权受让人，因股东行使优先购买权而不能实现合同目的的，可以依法请求转让股东承担相应民事责任。

概括一下：(1)如果投资者享有优先受让权，但是目标公司的股东在转让公司股权时，损害了投资者的优先权，投资者可以主张行使优先权，但是有行使权利的期限；(2)不能只主张违反程序的股权转让无效而不同时主张行使优先购买权，通俗地说，"自己不买又不让人卖"是不行的；(3)非因本人原因导致投资者无法行使优先购买权，可以要求损害赔偿；(4)因投资者行使了优先购买权而导致买受人无法受让既定股权的，可以要求转让方股东承担违约责任。

但是，当股东优先权和第三方股权转让的合同效力发生冲突的时候，并不意味着第三方股权转让合同的效力要"让位于"股东优先权。转让方股东和第三方签订的股权转让合同也是受到法律保护的，并不当然因为损害了投资者的"优先权"而产生效力瑕疵。

《全国法院民商事审判工作会议纪要》

9.【侵犯优先购买权的股权转让合同的效力】审判实践中，部分人民法院对公司法司法解释(四)第 21 条规定的理解存在偏差，往往以保护其他股东的优先购买权为由认定股权转让合同无效。准确理解该条规定，既要注意保护其他股东的优先购买权，也要注意保护股东以外的股权受让人的合法权益，正确认定有限责任公司的股东与股东以外的股权受让人订立的股权转让合同的效力。一方面，其他股东依法享有优先购买权，在其主张按照股权转让合同约定的同等条件购买股权的情况下，应当支持其诉讼请求，除非出现该条第 1 款规定的情形。另一方面，为保护股东以外的股权受让人的合法权益，股权转让合同如无其他影响合同效力的事由，应当认定有效。其他股东行使优先购买权的，虽然股东以外的股权受让人关于继续履行股权转让合同的请求不能得到支持，但不影响其依约请求转让股东承担相应的违约责任。

根据《九民会议纪要》的主旨，如果转让方股东和第三方恶意串通损害投资者的优先受让权，则转让方股东与该第三方签订的股权转让合同归于无效。除此之外，即使转让方股东没有履行法定或者约定的程序与第三方订立股权转让合同而损害了投资者的优先权，该股权转让合同仍然有效。这一论断可能听起来让投资者有些忧伤。不过，转让方股东也没必要窃喜，虽然其和第三方股东订立的转让合同有效，但是如果投资者在法定或协议约定的期间主张了优先受让权，则与第三方之间的股权转让行为仍然会被撤销，同时转让方股东还应当依据转让合同向第三方承担相应的违约责任。

关于股东的优先认购权，鉴于在目前的《公司法》和公司登记管理制度的框架下，要越过股东优先权进行增资或发行股份一般不具有可操作性，所以在这里就不对优先认购权做过多的探讨。

2）优先分红权

优先分红权，是指投资者优先于其他股东取得公司的股利分配，可以按固定股息率或者浮动股息率优先取得分红，公司在完全支付约定的股息之前，不得向其他股东分配利润。根据不同的约定，投资者按照约定的股息率分配股息后，还可以和其他股东一起参加剩余利润分配，或者不再参与剩余利润的分配。

优先分红权原是源自"优先股股东"的权利。2013年《国务院关于开展优先股试点的指导意见》出台之前，"优先股"在我国的《公司法》层面是没有法律依据的。所以我国股权投资领域中的"优先分红权"也是从境外股权投资的实践中"移植"而来。"优先分红权"的初衷是为了保证投资者可以优先通过股息或者固定收益的形式收回投资获得红利回报。但是，对于非上市企业的股权投资而言，投资人显然不会希望通过收取固定股息获得投资回报，通过资本支持企业的经营发展、取得股权增值收益才是投资机构取得投资收益的主要手段。因此，在非上市公司股权投资中设定的优先分红权，更多的目的不是为了取得优先固定分红，而是为了减少或限制公司在发展阶段过多分红，使企业有更多的流动资金用于公司的经营发展，使投资者从公司的整体价值成长中获得投资收益。

前文已经提到，在2013年之前我国《公司法》中是没有设定"优先股"的内容，即使在《国务院关于开展优先股试点的指导意见》及其后的《优先股试点管理办法》（中国证券监督管理委员会令第97号）出台后，优先股的发行也仅限于上市公司和非上市公众公司(即"新三板"挂牌公司)。对于非公众公司的股东分红权问题,《公司法》在三十四条、一百六十六条分别进行了规定:

《中华人民共和国公司法》(2018年修正)

第三十四条 股东按照实缴的出资比例分取红利;公司新增资本时,股东有权优先按照实缴的出资比例认缴出资。但是,全体股东约定不按照出资比例分取红利或者不按照出资比例优先认缴出资的除外。

第一百六十六条 股份有限公司按照股东持有的股份比例分配(公司弥补亏损和提取公积金后所余税后利润),但股份有限公司章程规定不按持股比例分配的除外。

根据《公司法》的规定,有限公司和股份公司均可以在章程中规定不按股东出资比例或持股比例分红。但是,不按持股比例分红显然与设定不同的分红权顺位还是存在差异的,对于部分股东是否可以优先于其他股东取得分红,《公司法》并没有明确的规定。对此,作者认为还是需要区分公司的组织形式来进行判断。对于有限公司而言,因其兼具人合性和资合性的特点,《公司法》赋予了其股东更多的意思自治的权利。有限公司的股东对公司盈利分配作出特别约定,甚至设定不同的分红权顺位,只要是全体股东真实意思表示,未损害他人的利益,不违反法律和行政法规的规定,即为有效约定。另外,与股份公司股东间特别分红比例不同,有限公司股东对于分红权的特别约定,既可以在章程中约定,也可以在股东协议中约定。

关于有限公司股东特别分红权约定的效力问题,可以参考借鉴最高法院在深圳市启迪信息技术有限公司与郑州国华投资有限公司、开封市豫信企业管理咨询有限公司、珠海科美教育投资有限公司股权确认纠纷案[(2011)民提字第6号]的判决书中的审判意见。

相关案例参考

2006年10月26日,郑州国华投资有限公司(以下简称"国华公司")与深圳市启迪信息技术有限公司(以下简称"启迪公司")、豫信企业管理咨询有限公司(以下简称"豫信公司")签订协议,约定共同出资设立公司:(1)国华公司以现金出资人民币300万元，占公司注册资本30%；豫信公司以现金出资人民币150万元，占公司注册资本15%；启迪公司以现金出资人民币550万元，占公司注册资本55%。(2)公司注册资金1000万元和投资6000万元全部由国华公司负责筹集投入。(3)在上述乙方(即国华公司)7000万元资金没有收回完毕之前，公司交纳所得税并依法提取公积金、公益金后的利润，三方股东按照约定分配，启迪公司享有分配公司利润的16%，国华公司享有80%，豫信公司享有4%；在国华公司7000万元资金收回完毕后，公司交纳所得税并依法提取公积金、公益金后的利润，三方股东按照三方出资比例予以分配，即国华公司享有分配公司利润的55%，启迪公司享有30%，豫信公司享有15%。

最高法院在判决书中认为："根据上述内容，启迪公司、国华公司、豫信公司约定对科美投资公司的全部注册资本由国华公司投入，而各股东分别占有被投资公司约定份额的股权，对公司盈利分配也做出特别约定。这是各方对各自掌握的经营资源、投入成本及预期收入进行综合判断的结果，是各方当事人的真实意思表示，并未损害他人的利益，不违反法律和行政法规的规定，属有效约定，当事人应按照约定履行。"

由此可见，有限责任公司的股东之间对于利润分配事宜作出的特别约定，属于股东意思自治的范畴，在没有法定无效的情况下，是可以受到法律保护的。

对股份公司而言，《公司法》在第一百二十六条明确规定了股份发行应当遵循公平、公正的原则，同种类的每一股份应当具有同等权利。根据《国务院关于开展优先股试点的指导意见》，非公众公司并非合法的可发行优先股的主体，这意味着作为"优先股股东"最重要权利内容的"优先分红权"在非公众公司中是无法实现的。因此没有发行优先股的股份公司设定部分股东的"优先分红权"要获得支持的话也存在较大的法律风险。

3) 优先清算权

优先清算权，是指被投资企业如果发生清算事项，投资者可以优先于其他股东分配取得剩余财产的权利。其实质是投资人在清算时先于其他股东收回所投入资金。通常情况下，投资人会约定在清算事项触发时，在分配剩余财产时，投资者先于其他股东收回其投资成本(或加上一定比例的固定回报)；在投资者收回投资成本后公司仍有剩余财产的，根据不同的交易安排可以约定投资者有权再次与其他股东一同参与剩余财产的分配；此外，还可以约定投资者取得剩余分配财产的上限。

优先清算权的触发系基于清算事项的发生，在投资协议中，清算事项可分为“一般清算事项”与“视为清算事项”。一般清算事项在概念上比较易于理解，即企业因经营严重困难等原因而进行的解散、清算、破产。而视为清算事项，是投资机构为了保证其投资利益而对清算作出的扩大化解释，并非事实上的公司主体资格的消灭，主要包括因重大股权或资产变动导致公司控制权变更的情形，包括公司并购、整体重组、出售主要资产等情况。因为公司如发生控制权变化、实质性的整体出售，也就意味着投资者原本的投资目的无法实现或者即将发生重大变更。但无论如何，清算事项的触发会对目标公司和创始股东产生根本性的影响，因此，在约定优先清算条款时，需要对“视为清算事项”引起足够的重视，避免对“清算事项”定义范围的任意扩大。

优先清算权条款的设置是为保证投资者在企业经营不善的情况下尽可能收回投资，同时，在“视为清算事项”发生时能确保投资者获得必要的收益。但与“优先分红权”一样，“优先清算权”最初也是从境外股权投资的实践中“东渡”而来。并且在《公司法》中，并没有有限公司或股份公司，在股东剩余财产分配时可以“灵活操作”的规定：

《中华人民共和国公司法》（2018年修正）

第一百八十六条　公司财产在分别支付清算费用、职工的工资、社会保险费用和法定补偿金，缴纳所欠税款，清偿公司债务后的剩余财产，有限责任公司按照股东的出资比例分配，股份有限公司按照股东持有的股份比例分配。

可见，《公司法》明确地规定了在公司发生清算时，剩余财产分配须按照股东的持股比例进行。因此，股东优先清算权在法律依据上现在很难立足。当然，此处的“清算”指向的是事实清算事项，未包括所谓的“视为清算事项”。在“视为清算事项”发生时，由于不必然会发生公司的事实清算，所以在实务层面应另当别论。此外，由于“优先清算权”在国内法律层面的效力风险，投资机构一般会要求公司的创始股东或实际控制人对其取得的清算收益承担“兜底”的担保责任，这无疑会大大增加创始股东、实际控制人的法律风险，也超越了其作为公司股东的有限责任，创始股东、实际控制人应审慎对应。

4. “隐形杀手”之共同出售权和强制出售权

1）共同出售权

共同出售权又称“随售权”（Tag—Along Rights），是指如目标公司的创始股东/控股股东拟将其全部或部分股权转让给任何第三方，则投资方有权在同等条件下，优先于创始股东或控股股东将其持有的相应数量的股权售出给拟购买待售股权的第三方。

共同出售权条款的设置是为将目标公司的创始人或控股股东“绑定”在目标公司，防止其先予投资人退出或套现，创始人只有拿出破釜沉舟的态度，才能够竭尽全力地领导企业发展壮大；另外，在目标公司发展比较顺利的情况下，如有第三方拟通过受让创始人或控股股东股权的方式对目标公司投资的，投资人可以绑定控股股东的控制权溢价，先予获得退出机会，实现投资收益。

2）强制出售权

强制出售权又称“拖售权”（Drag－Along Right），是指如果在约定的期限内，目标公司的经营业绩无法达到预期或不能实现上市等目标，投资方有权强制目标公司的创始股东或控股股东按照投资方与第三方达成的转让价格和条件，和投资方共同向第三方转让股份。

强制出售权是投资者实现退出的一条途径，尤其是在企业无法在约定的期限内实现 IPO 或证券化的情况下，投资者需要通过并购的方式实现退出。由于投资者手中只握有目标公司的少数股东权益，若第三方希望通过收购的方式谋求目标公司的控股权，而控股股东又不愿出售控制权，此时投资者可能因此丧失退出的机会。为尽可能拓宽自身退出的渠道，获得更好的出售溢价，在发生此种情况时投资者就可利用“强制出售权”，要求创始股东或控股股东共同向第三方出售目标公司的股权，以实现投资退出。

相关案例参考

2015 年 8 月 24 日，上市公司北京华联商厦股份有限公司（以下简称“华联股份”）的子公司 Beijing Hualian Mall(Singapore) Commercial Management Pte. Ltd.（以下简称“新加坡商业公司”），以增资形式成为拉扎斯控股（Rajax

Holding，以下简称“Rajax”)的股东，投资金额为9000万美元。交易完成后，新加坡商业公司持有Rajax股权比例为4.83%。Rajax的主要运营品牌为“饿了么”。基于2017年8月公司签署的相关协议中关于强制拖售权的安排，若Rajax未来发生并购、重组、资产买卖、股权买卖、控制权变更等重大清算事件时，在阿里巴巴、Rajax多数优先股股东以及多数普通股股东书面同意的情况下，其他未书面同意的股东必须接受并执行交易安排，并且Rajax任何董事可以代表未书面同意的股东签署交易文件。基于强制拖售权的安排，2017年9月，华联股份收到Rajax通知，阿里巴巴、Rajax多数普通股以及优先股股东已书面同意将其所持有的Rajax股权转让给阿里巴巴旗下全资控股子公司Ali Panini Investment Holding Limited，已达到拖售权的条件。由于华联股份未向Rajax发出书面同意意见，Rajax董事已代表公司签署全部交易文件。公司将必须接受本次交易安排，将所持有的全部股份转让给Ali Panini Investment Holding Limited，交易对价为1.847亿美元。

上述案例中，虽然华联股份并非目标公司Rajax的大股东，但也基于协议的安排受制于强制出售权条款，在强势股东阿里巴巴的主导下，最终将Rajax股权转让给阿里巴巴的子公司。股权转让的文件，系由Rajax董事代为签署。对此，深圳证券交易所认为华联股份未及时披露所持的Rajax股权可能触发强制拖售权的情形并提示风险，于2018年5月14日向华联股份出具了监管关注函。

可见，强制出售权是投资者握在手中的“杀手锏”。企业在发展顺境的时候，创始股东和投资者的目标自然是趋同的，而一旦遇到波折，各自打起小算盘也是必然。在创始股东和投资者机构对企业未来发展方向意见相左的时候，投资者祭出的这一法宝可能会给创始股东致命一击。此外，还需要注意的是，在同时存在强制出售权和优先清算权的情况下，强制出售还可能同时触发某个或某些投资者的优先清算权，该等投资者会优先于创始股东取得投资回报，甚至导致创始股东“净身出户”。

因此，目标公司和创始股东在这一条款上应尤为谨慎，有如下策略可供考虑：

其一，对强制出售权触发的条件进行限制，包括：约定只有在投资交易完成后特定期间(如3～5年)后才可以开始行使；约定只有在第三方出价超过特定金额时方可行使；限制受让方范围，如限制将控制权出售给竞争对手或强制出售权人的关联方。

其二，对触发强制出售权的程序进行限制，如约定需要经过全体投资人所持股权比例的 2/3 以上同意，或者需要经过董事会 2/3 以上董事通过方可行使。

其三，授予创始股东一项权利，在投资者行使强制出售权而创始股东不同意的，该创始股东有权以同样的条件受让投资者持有的股权。

最后，也是最彻底的方式，就是将强制出售权条款拒之门外。

总之，细细数来，强制出售权条款的背后还有很多血的教训，要知道很多时候资本的馈赠，早已在暗中标好了价格，所以审慎对待才是上策。

5. 股权限售条款应当注意什么

限制转让条款，系指在目标公司融资后的特定期限内，未经投资者同意，创始股东、实际控制人不得转让其持有的目标公司的股权。这里的限制转让，包括直接股权，也包括间接的权益。

在股权投资中，目标公司的创始团队和实际控制人是投资机构做投资决策的重要因素之一，尤其是在早期项目的投资中，"投资就投人"更是被投资机构奉为金科玉律。公司创始团队和实际控制人是影响着目标公司发展的根本要素。因此，投资机构会要求创始团队、实际控制人与目标公司之间有深度捆绑，限制创始团队和实际控制人股权转让，是实现这一目的的重要手段，防止创始团队或实际控制人先予退出目标公司或者实现股权变现。此外，控制权的稳定对目标公司发展和未来进行 IPO 都是至关重要的，因此限制实际控制人转让股权也可以避免公司控制权发生改变。

当然，如果对限制转让条款全盘接受，对创始团队和实际控制人而言未免过于严苛，而且，公司在发展过程中也避免不了会在特定情况下需要创始团队、实际控制人对外转让部分股权，所以在设置限制转让条款时，可以做如下考虑：

(1) 创始人可约定，在不改变公司控制权的前提下，创始股东可以少量转让目标公司股权。

(2) 创始人向其关联方、为实施股权激励之目的向员工或者持股平台转让部分公司股权可以排除在外。

6. "一票否决"的致命一击

还记得 ofo 小黄车吗？有多少人曾经骑着它在街头巷尾四处逛荡，如今可能只有在教科书的反面案例中见到。看着起高楼，看着宴宾客，看着楼塌了，着实让人唏嘘不已。很多人不禁会问，小黄车为何“黄”得这么突然这么彻底？2018年10月，一篇名为《谁杀死了ofo》的文章在网上流传，马化腾则随即在朋友圈感慨，直指“Veto Right”（一票否决权）才是真正的幕后凶手。如果马化腾所言属实，那“一票否决权”的威力可见一斑。

一票否决权是指投资机构在目标公司的股东会上或投资机构向目标公司委派的董事在目标公司的董事会上就重要事项的决策拥有的否决权。因投资者在投资后往往只拥有目标公司的股东权益，不委派或者只委派少数董事，如果按照一般的公司决策规则，投资者可以说是“人微言轻”，没有实质的话语权。出于保护自己的投资利益，投资机构会要求在涉及公司重大事项的决策时，设置保护性条款，即重大事项的决策必须经投资者及/或其委派的董事同意，通过反向的决定权掌握其在公司重大利益的事项上的控制力。

适用一票否决权的重大事项通常都是与股东利益相关或者与公司重大经营相关的事项，如公司的股本结构变动、公司的分红派息、董事会变更、员工股权激励、重大关联交易、对外担保事项、购置或处置公司重要资产等。为了不影响公司一般经营决策的效率，一票否决权不会适用于公司的日常经营事项。

关于一票否决权的效力问题，与前文分析的“优先权”有类似之处。《公司法》针对有限公司的股东会表决程序和董事会表决程序都赋予股东意思自治的权利，但是需要在公司章程中明确规定。

《中华人民共和国公司法》（2018年修正）

第四十三条　股东会的议事方式和表决程序，除本法有规定的外，由公司章程规定。股东会会议作出修改公司章程、增加或者减少注册资本的决议，以及公司合并、分立、解散或者变更公司形式的决议，必须经代表三分之二以上表决权的股东通过。

第四十八条　董事会的议事方式和表决程序，除本法有规定的外，由公司章程规定。董事会应当对所议事项的决定作成会议记录，出席会议的董事应当在会议记录上签名。董事会决议的表决，实行一人一票。

而针对股份公司，《公司法》并没有规定股东可以在公司章程中自由约定股东大会和董事会的议事方式和表决程序。这意味着股份公司的股东按照每一个股份所享有的表决权必须是平等的，也就是通常意义下的“同股同权”；董事会的每一位董事也同样享有相同的表决权。所以，如果目标公司由有限公司变更为股份公司的，章程中的一票否决条款可能面临无法继续适用的风险。

《中华人民共和国公司法》(2018年修正)

第一百零三条 （股东表决权） 股东出席股东大会会议，所持每一股份有一表决权。但是，公司持有的本公司股份没有表决权。股东大会作出决议，必须经出席会议的股东所持表决权过半数通过。但是，股东大会作出修改公司章程、增加或者减少注册资本的决议，以及公司合并、分立、解散或者变更公司形式的决议，必须经出席会议的股东所持表决权的三分之二以上通过。

第一百一十一条 （董事会会议的议事规则） 董事会会议应有过半数的董事出席方可举行。董事会作出决议，必须经全体董事的过半数通过。董事会决议的表决，实行一人一票。

公司治理上的一票否决权虽然保护了投资者的权益，但是当公司股东利益发生冲突的时候，也容易发生公司的决策机制失灵，让公司陷入僵局。尤其是当公司经过多轮融资，股东结构复杂，发展遇到困难的时候，股东各自上演“宫心计”往往比电视剧更精彩。本文提及的小黄车案例便是如此。公司在发展过程中为了获得资本的支持，先后引入了多家知名投资机构(或者说ofo在发展初期曾经是资本追逐的对象)。2018年底，从公开渠道可以查阅到的ofo的运营主体的董事有9名，股东15名，可以想见，其主要的投资人手中都会握有一票否决权。在决定公司生死攸关的大事时，投资者、创始人都会从各自的立场考虑和决策，很容易让公司陷入僵局的泥沼。

如果公司长期难以作出有效的决策，不仅会对公司的发展造成重大影响，还可能导致公司解散。根据《公司法司法解释(二)》的规定，公司持续两年无法作出有效的股东会决议，且公司经营管理发生严重困难的，相关股东可以提起公司解散之诉。因此，虽然一票否决权条款看似平常、合理，但在细节上仍需要加以斟酌，如：

(1) 对一票否决权适用的范围进行严格限制，只有在涉及投资者根本利益的事项上才能适用一票否决权。

(2) 约定因“一票否决权”导致的决策僵局的解决机制，如限制一票否决权的适用次数、在公司陷入僵局时授予创始股东股权回购权等。

(3) 设立滥用"一票否决权"的赔偿制度。"一票否决权"被滥用导致其他股东以及公司的合法权益遭受损害,由滥用权利的股东承担一定的赔偿责任,同时对"一票否决权"的滥用情形加以明确。

7. 投资世界的"最惠国"

"最优惠条款",为了便于理解也经常被称为"最惠国条款",当然此"最惠国"并非指国际经济贸易中的术语,而是用来形容投资者要求享有的最优交易条件,以保证投资者在投资交易时或者在未来持股过程中均处于最优势的地位。最优惠条款的核心内容为,如果目标公司现有或未来的其他投资人享受比当前轮投资人更优惠的投资条件或股东权利("更优惠条件"),该轮投资人应自动享有该等更优惠条件。最优惠条款可以是针对公司现有股东的,也可以针对未来的任何股东。

向前追溯的最优惠条款,是与公司现有股东的权利相关的,即如果目标公司给现有股东提供了比投资人更优惠的投资权利,则投资人有权自动取得该等优惠权利。在大多数投资交易中,目标公司、现有股东及本轮投资者通常会共同签署交易文件,或者签订新的股东协议约定各股东之间的权利义务,因此向前追溯的最优惠条款更多的是防止现有股东及目标公司之间存在本轮股东入股时尚不知晓的"抽屉协议"。如若所有的股东权利义务都已"在桌面上",则向前追溯的最优惠条款是比较易于接受的。

适用未来的最优惠条款则更为严厉,意味着目标公司如果在未来的融资中与新的投资人达成任何更优惠的投资条件,本轮投资人均有权自动取得该等优惠条件。这可能会对公司未来的融资造成一些影响。因为公司在未来进行的融资价格基本会高于前轮的融资价格,所以未来的投资者要求更优惠的投资条件,自然在情理之中。而前轮的投资者则会认为,虽然前轮的投资价格低,但是投资风险更高,所以要求更有利的条件也具有一定的合理性。因此,一旦投资者获得最优惠条款,目标公司在后续轮融资过程的谈判中就需要在各投资者中协调和平衡各方的利益。

除了上文介绍的概括性最优惠条款外,有时投资者、创始股东和目标公司也会寻求更为温和的优惠条款,比如,将最优惠条款适用于特别的优先权之中,比如约定在对赌条款和反稀释权方面,某一轮投资拥有最优惠权利,或者针对某一优先权约定不同的优先权顺序,如在触发"优先清算权"时,约定某一轮投资人较其他投资人拥有更优先的分配权等。

8.“知情权”里的大文章

股东知情权，是股东享有的基本权利之一。投资者在投资后一般仅持有目标公司的少数股东权益，不会直接参与公司日常经营管理，所以知情权对于投资者掌握公司的经营情况，管理投资后事项、维护投资权益具有重要意义。

知情权是股东的法定权利，《公司法》中可以找到相应的规定：

《中华人民共和国公司法》(2018年修正)

第三十三条　股东有权查阅、复制公司章程、股东会会议记录、董事会会议决议、监事会会议决议和财务会计报告。股东可以要求查阅公司会计账簿。股东要求查阅公司会计账簿的，应当向公司提出书面请求，说明目的。公司有合理根据认为股东查阅会计账簿有不正当目的，可能损害公司合法利益的，可以拒绝提供查阅，并应当自股东提出书面请求之日起十五日内书面答复股东并说明理由。公司拒绝提供查阅的，股东可以请求人民法院要求公司提供查阅。

第九十七条　股东有权查阅公司章程、股东名册、公司债券存根、股东大会会议记录、董事会会议决议、监事会会议决议、财务会计报告，对公司的经营提出建议或者质询。

上述第三十三条、第九十七条的规定，分别是针对有限公司的股东知情权和股份公司的股东知情权。细究一下，这两类公司的法定股东知情权在内容上还是有细微差异的，其中列举的股份公司的知情权范围较有限公司略少一些，有限公司的股东知情权中，还允许“复制”相关资料，而股份公司的股东知情权行使并不包含“复制”行为。

虽然《公司法》中对于股东知情权已有规定，但是对于知情权的信息边界、行使的方式、程序的规定过于原则性，对于投资人而言，为了避免未来在实际履行过程中出现争议，投资人仍然会要求在投资协议中对于知情权进行更为细致的约定，以尽可能最大限度地保护自身的权益。通常投资者知情权会包括：要求目标公司提供信息的范围、时间、方式，甚至会要求对目标公司的审计权。

《公司法》中列举的法定知情权的范围包括了公司的会计账簿、公司章程、三会会议资料、股东名册，股东如要查阅《公司法》列举范围之外的公司信息，比如查阅某一份业务合同的信息，根据司法判例通常是无法得到支持的。但在投资机构通常要求的知情权范围中，还会囊括其他临时性的重要信息，如目标公司的重大诉讼、处罚，重大投融资、担保等事项。所以投资机构有权享有的知情权范围，包括了《公司法》规定的法定范围，以及投资协议中约定的信息范围。虽然不同的投资机构会有不同的要求，但是无论如何，知情权的行使应当以不干扰公司的正常经营为底线。

另外，关于投资机构的审计权，这也属于公司和股东意思自治的范畴。如果投资协议中没有约定，股东主张"审计权"是没有法律依据的，因为审计权并不是知情权的当然延伸。对公司进行审计，意味着投资机构可以委托第三方专业的审计机构接触与编制财务报表相关的所有信息以及审计所需的其他信息，审计师在获取审计证据时可以不受限制地接触其认为必要的内部人员和其他相关人员，审计的过程会使相关股东接触更多公司商业秘密，也会对公司的日常经营造成一定负担。因此，公司在与投资机构协商审计权时，应当对此进行必要的限制，如：约定在必要的情形下（如有证据证明公司提供的财务资料不实）投资者才有权对公司实施审计，约定投资者对公司进行审计的决策程序，或者对审计机构的选择、审计的频率加以限定。

第五节 对赌失败了，公司及创始人该如何应对？

"对赌协议"，又称估值调整协议，是指投资人与融资方在达成股权性融资协议时，为解决交易双方对目标公司未来发展的不确定性、信息不对称以及代理成本而设计的对未来目标公司的估值进行调整的协议。对赌协议一般包含股权回购、金钱补偿、股份调整等内容。

以作者的观察，创始人在融资的时候，都会有意无意地被自己的豪迈胆魄感染，变得有点过于自信。有太多的对赌，最后都成了一地鸡毛。

事物最终都会呈现它本来的面目。

对赌失败了，灰头土脸的创始人还得打起精神来应付投资人的追责甚至诉讼。

那么，从法律角度来看，要怎么做呢？

一、合同效力问题

对赌条款，尤其是回购条款，对投资人来说有保底效果，旱涝保收，这一点不符合股东共担风险的特点。合同效力上，是不是可以想点办法呢？

以目前情况来看，是越来越难了。

1. 业绩对赌系各方当事人真实意思表示，且不违反国家法律、行政法规的禁止性规定

最高人民法院在(2014)民二终字第111号民事判决书中认定：案涉两份协议系典型的商事合同，《补充协议》系对《投资协议书》的补充约定，两者系同一天达成，共同完整地构成了各方当事人的意思表示。《补充协议》中有关两种情形下被投资方股东应当回购股份的承诺清晰而明确，是当事人在《投资协议书》外特别设立的保护投资人利益的条款，属于缔约过程中当事人对投资合作商业风险的安排。该条款与《投资协议书》中的相关股权奖励条款相对应，系各方当事人的真实意思表示。此外，案涉协议关于在一定条件下被投资方股东回购股份的内容不违反国家法律、行政法规的禁止性规定，不存在《中华人民共和国合同法》第五十二条所规定的有关合同无效的情形。诉争协议系各方当事人专为此次交易自愿达成的一致约定，并非单方预先拟定或者反复使用，不属于我国《合同法》所规定的格式合同或者格式条款，不存在显失公平的问题。蓝泽桥、湖北天峡公司提出回购股份的条款属于格式条款、有违公平原则的上诉理由缺乏事实与法律依据，不能成立。

2. 应从鼓励交易、尊重意思自治和维护公共利益等角度对业绩对赌进行评判

上海市第一中级人民法院在(2014)沪一中民四(商)终字第730号民事判决书中认定：该条款模式目前普遍发生于投资方与被投公司的股东、实际控制人之间，机制设计的初衷是为了高效促成交易、良性引导被投公司的经营管理、降低投资风险，且对于双方交易起到一定的担保功能，同时还隐含有一定程度对于被投公司估值调整的期权，业内将该条款称之为“对赌条款”。由于“对赌条款”在内容上亦隐含有非正义性的保底性质，容易与现行法律规定的合同无效情形相混淆，且无对应的法律条文予以规范，故人民法院在对此法律行为进行适度评判时，应当遵循以下原则：(1)鼓励交易；(2)尊重当事人意思自治；(3)维护公共利

益;(4)保障商事交易的过程正义,以此来确定"对赌条款"的法律效力。

3. 投资方与目标公司订立的"对赌协议"在不存在法定无效事由的情况下,应当支持有效

2019 年 11 月 8 日,最高人民法院发布《全国法院民商事审判工作会议纪要》,认为:对于投资方与目标公司的股东或者实际控制人订立的"对赌协议",如无其他无效事由,认定有效并支持实际履行,实践中并无争议。但投资方与目标公司订立的"对赌协议"是否有效以及能否实际履行,存在争议。对此,应当把握如下处理规则:投资方与目标公司订立的"对赌协议"在不存在法定无效事由的情况下,目标公司仅以存在股权回购或者金钱补偿约定为由,主张"对赌协议"无效的,人民法院不予支持,但投资方主张实际履行的,人民法院应当审查是否符合公司法关于"股东不得抽逃出资"及股份回购的强制性规定,判决是否支持其诉讼请求。

二、对赌主体问题

《中华人民共和国最高人民法院公报》2014 年第 8 期的(2012)民提字第 11 号民事判决书中,最高人民法院认定:海富公司作为企业法人,向世恒公司投资后与迪亚公司合资经营,故世恒公司为合资企业。世恒公司、海富公司、迪亚公司、陆某在《增资协议书》中约定,如果世恒公司实际净利润低于 3 000 万元,则海富公司有权从世恒公司处获得补偿,并约定了计算公式。这一约定使得海富公司的投资可以取得相对固定的收益,该收益脱离了世恒公司的经营业绩,损害了公司利益和公司债权人利益,一审法院、二审法院认定《增资协议书》中的这部分条款无效是正确的。但是,在《增资协议书》中,迪亚公司对于海富公司的补偿承诺并不损害公司及公司债权人的利益,不违反法律法规的禁止性规定,是当事人的真实意思表示,是有效的。

这个判例的规则是,与股东签署的对赌有效,与目标公司签署的对赌是无效的。

但最高法院作出的(2016)最高法民再 128 号"强某延与曹某波等股权转让纠纷再审案"中,最高法院将被投公司为其实际控制人与投资人签署的对赌协议提供连带担保责任认定为有效。

把直接回购改头换面变成担保责任,马甲起到了作用。

但无论如何，作为目标公司股东或实际控制人，主体方面的文章就别做了——你就是最佳责任主体。

三、合同履行问题

如前所述，依据2019年最高法院会议纪要，与目标公司的对赌并不会被直接认定无效，但是投资人请求回购或补偿，也不一定会获得法院支持，具体规则如下：

《全国法院民商事审判工作会议纪要》："投资方请求目标公司回购股权的，人民法院应当依据《公司法》第35条关于'股东不得抽逃出资'或者第142条关于股份回购的强制性规定进行审查。经审查，目标公司未完成减资程序的，人民法院应当驳回其诉讼请求。

投资方请求目标公司承担金钱补偿义务的，人民法院应当依据《公司法》第35条关于'股东不得抽逃出资'和第166条关于利润分配的强制性规定进行审查。经审查，目标公司没有利润或者虽有利润但不足以补偿投资方的，人民法院应当驳回或者部分支持其诉讼请求。今后目标公司有利润时，投资方还可以依据该事实另行提起诉讼。"

简单来说，对赌条款有效，但是是否可以履行，要看情况，目标公司未完成减资的，不得回购；公司无可分配利润的，不得进行金钱补偿。

四、对赌条件是否成就问题

司法实践中，关于对赌条件是否成就，也是一个很有争议的问题。

打过官司的人都知道，把一件大家都心知肚明的事情，以证据的形式转化为法律上可以认定的事实，有时候是很有难度的。

投资协议通常将业绩对赌后果设置为三类：现金补偿、股权补偿和股权回购。触发条件则包括净利润或营业收入目标、上市目标等，是否上市无可争议，但是对于净利润和营业收入甚至是日活量等的判定，则有太多文章可做。

另外还有一个数据结论人为拖延的问题，所以有经验的投资人会在投资协议中约定"任一会计年度结束后3个月无法提供标准无保留意见的审计报告则触发回购"。

五、责任归属问题

另外即使对赌条件成就，也有责任归属问题。作者的一个客户，在公司经营不善时，心急的投资人为了将公司账上仅有的几百万元保住，直接将网银U盾夺走，防止公司付款。但是这一措施也救了创始人的命，账户无法付款，无法支付工资，员工集体离职了，责任归属顿时逆转。

如果创始股东能提供证据证明因投资人的过度干预，业绩承诺失去了履行基础，投资人的权利主张也会处于被动局面。人民法院和仲裁机构通常会将“创始股东能否正常掌控被投公司经营权”作为审视对赌责任承担的关键因素。如果创始股东因投资人的“插手”而丧失经营权，或在经营管理过程中受到投资人的严重干扰，再让其对业绩承诺承担责任显然不公。这些因素对被投公司及创始股东责任承担与否及大小将产生直接影响。

六、诉讼时效问题

《民法总则》第一百八十八条将诉讼时效从两年调整为三年：“向人民法院请求保护民事权利的诉讼时效期间为三年。法律另有规定的，依照其规定。诉讼时效期间自权利人知道或者应当知道权利受到损害以及义务人之日起计算。”《民法典》延续了该规定，投资人在业绩对赌失败后要求被投公司或者创始股东承担责任，也同样受到前述法定诉讼时效的限制。

如果一个投资案例对赌失败而又久拖不决，最后诉讼时可以看看是否超过诉讼时效。

不得不说，中国还是有不少欠专业的投资人的，包括在法律上会犯低级错误，碰上这种钱多人傻的“真正的”天使，要善于运用法律赋予的每一件武器。

第六节　“差异化表决权”——捍卫控制权的硬核武器

曾经有不少客户问我，为了防止公司在多轮融资后创始股东的股权过度稀释，丧失对公司的控制力，是否可以在股权安排中设置“AB股”？看来，随着阿里巴巴、京东这些互联网大咖陆续在美国上市，“AB 股”可谓声名鹊起，在创业者们的眼中无疑是捍卫自己控制权的硬核武器。这一节中让我们一起聊聊“AB”股。

“AB 股”又被称为“双重股权结构”，现如今在不同的地方也有不同的称谓，比如在香港证券市场叫作“不同表决权”，在内地资本市场也有个标准称谓叫“表决权差异安排”。这一制度的出现可以追溯至 20 世纪 20 年代的美国，美国的证券市场最早在 20 世纪 80 年代便已允许“双重股权结构”的企业上市。

所谓“双重股权制度”，简而言之就是同股不同权。在这一股权构架下，公司可以发行两种不同类型的股份，一类股遵循“一股一权”的原则，即每股拥有一票表决权，另一类股则是一股多权，即每股拥有多票表决权（“特别表决权”）。特别表决权股的持有者一般是公司的创始人或管理层股东。所以，双重股权结构实质上是一种通过额外表决权增加部分股东对公司的控制权，以维持与“资本”所代表的权利之间的一种平衡。但与此同时，也有不少反对的声音提出，“双重股权安排”容易被创始股东利用而损害投资者的利益，而且控制权过度集中也不利于公司治理，使公司沦为“一言堂”。所以，双重股权结构在很长一段时间里，没有被其他资本市场广泛采纳。香港曾在 20 世纪七八十年代采用过同股不同权制度，但是出于种种原因又被弃用，直至 2018 年，联交所重新修订了《新主板上市规则》，重新为“同股不同权制度”打开一扇门。而此前，阿里巴巴正是因为这一制度而与香港资本市场擦肩而过。

据统计，近 15 年来在美国上市的大型科技公司绝大多数都采取了双重股权结构，包括谷歌（Google）、脸书（Facebook）等知名企业，也包括中概股中的阿里巴巴、京东、百度等。

京东的 IPO 申请文件显示，创始人（同时为公司董事长兼 CEO）刘强东虽然仅持有该公司 20％的股权，但因其拥有 20 份投票权的特别表决权股票而控制了京东 80％以上的表决权，从而牢牢掌控了公司的控制权，足见刘强东本人对公司举足轻重的影响力。脸书和谷歌等美国本土的大型科技公司更是将双重股权结构运用得得心应手。脸书的创始人马克・扎克伯格不仅持有含特别表决权的 B 类股份，还通过“表决权代理协议”取得其他 B 类股东向他授权的 B 类股份表决权，使得扎克伯格拥有公司超过 50％以上的表决权。

虽然双重股权结构在理论上还是颇多争议，但是对大型科技企业而言无疑有着超强吸引力。所以我国在 2019 年推出科创板的同时，也一并将双重股权结构引入了本土资本市场，随着创业板注册制改革的跟进，创业板也允许符合条件的差异化表决权公司上市。需要明确的是，目前只有科创板、创业板允许符合条件的表决权差异安排的公司上市，主板的大门尚未向这些公司开放。

然而，即使是科创板和创业板，对于适用这一制度的拟上市公司也规定了相当的门槛。对于表决权差异安排的企业申请上市，科创板、创业板主要有如下条件：

> ➢ 发行人在首次公开发行并上市前不具有表决权差异安排的，不得在首次公开发行并上市后以任何方式设置此类安排。[《上海证券交易所科创板股票上市规则》(以下简称"《科创板上市规则》")第四章"内部治理"第五节"表决权差异安排"4.5.2、《深圳证券交易所创业板股票上市规则》(以下简称"《创业板上市规则》")第四章"内部治理"第四节"表决权差异安排"4.4.1]

科创板、创业板对拟上市企业设置差异化表决权时间的要求保持一致，只允许企业在上市前设置差异化表决安排，一旦上市后不得变更为双重股权架构型企业。

> ➢ 发行人具有表决权差异安排的，市值及财务指标应当至少符合下列标准中的一项：(一)预计市值不低于人民币100亿元；(二)预计市值不低于人民币50亿元，且最近一年营业收入不低于人民币5亿元。(《科创板上市规则》第二章"股票上市与交易"第一节"首次公开发行股票的上市"2.1.4)
>
> ➢ 发行人具有表决权差异安排的，市值及财务指标应当至少符合下列标准中的一项：(一)预计市值不低于人民币100亿元，且最近一年净利润为正；(二)预计市值不低于人民币50亿元，最近一年净利润为正且营业收入不低于5亿元。(《创业板上市规则》第二章"股票及其衍生品种上市和交易"第一节"首次公开发行的股票上市"2.1.4)

此条规定比较扎心，科创板、创业板对设置差异化表决安排的企业的市值、营业收入均作出了明确要求，创业板在此基础上还进一步排除了最近一年未盈利的企业。可以看出，表决权差异安排仍是为规模较大的科技型企业量身定制的制度，将很多中小型科创企业拦在了高墙外。

➢ 持有特别表决权股份的股东应当为对上市公司发展或者业务增长等作出重大贡献，并且在公司上市前及上市后持续担任公司董事的人员或者该等人员实际控制的持股主体。

持有特别表决权股份的股东在上市公司中拥有权益的股份合计应当达到公司全部已发行有表决权股份10%以上。(《科创板上市规则》第四章“内部治理”第五节“表决权差异安排”4.5.3、《创业板上市规则》第四章“内部治理”第四节“表决权差异安排”4.4.3)

此条对于持有特别表决权股份的股东身份进行了特别限制，必须为公司的实际控制人或核心股东，且必须持续担任公司董事职务。

➢ 每份特别表决权股份的表决权数量应当相同，且不得超过每份普通股份的表决权数量的10倍。(《科创板上市规则》第四章“内部治理”第五节“表决权差异安排”4.5.3、《创业板上市规则》第四章“内部治理”第四节“表决权差异安排”4.4.4)

特别表决权股份对应表决权数量存在限制，如果倍数过高，会扩大特别表决权股东的控制权边界，过度削弱投资者的权利。

➢ 上市公司股票在本所上市后，除同比例配股、转增股本情形外，不得在境内外发行特别表决权股份，不得提高特别表决权比例。(《科创板上市规则》第四章“内部治理”第五节“表决权差异安排”4.5.6、《创业板上市规则》第四章“内部治理”第四节“表决权差异安排”4.4.5)

本条意味着“特别表决权”这一在股东表决权利上的“不平等”制度在公司上市后不得进一步扩大。

➢ 上市公司应当保证普通表决权比例不低于10%；单独或者合计持有公司10%以上已发行有表决权股份的股东有权提议召开临时股东大会；单独或者合计持有公司3%以上已发行有表决权股份的股东有权提出股东大

会议案。(《科创板上市规则》第四章“内部治理”第五节“表决权差异安排”4.5.7、《创业板上市规则》第四章“内部治理”第四节“表决权差异安排”4.4.6)

普通表决权股东的持股比例不能过低,应当至少允许其有足够的表决权召集股东大会以及向股东大会提出议案。这也是行使股东权利的“底线”。

➢ 特别表决权股份不得在二级市场进行交易,但可以按照本所有关规定进行转让。《科创板上市规则》第四章“内部治理”第五节“表决权差异安排”4.5.8、《创业板上市规则》第四章“内部治理”第四节“表决权差异安排”4.4.7)

“特别表决权”股份的设置是为了保障核心股东的控制力,而不是为了让核心股东取得财产性收益,所谓“鱼和熊掌不可兼得”。所以,特别表决权股份是不可在二级市场变现的。

此外,科创板、创业板还对特别表决权股份在行使表决权时的限制、如何转换为普通股份、信息披露要求以及相关的监督措施进行了更为细致的规定,两者规定大体保持一致。可见,为了吸引更多优质的创新科技企业和创业企业上市,科创板、创业板对于表决权差异安排的规定一方面体现了注册制下上市制度的包容性,同时也最大程度考虑了投资者的利益。当然,这一制度的门槛并不“亲民”,能够适用到这一制度的企业,也意味着它或已成为行业内的翘楚了。

对表决权差异安排,新三板在2020年初进行的一系列制度改革中也引入了表决权差异安排,允许在新三板挂牌的科技创新公司发行拥有特别表决权股份。但是,要求同样有点让人望而却步。

《全国中小企业股份转让系统挂牌公司治理指引第3号
——表决权差异安排》

第五条　科技创新公司可以按照法律法规、部门规章、业务规则的规定,发行拥有特别表决权股份。主办券商应当对挂牌公司是否属于科技创新公司发表专项意见。

第六条　挂牌公司设置表决权差异安排,还应当符合下列财务条件之一：

（一）市值不低于6亿元，最近2个会计年度经审计的净利润均不低于1500万元，加权平均净资产收益率平均不低于8%，或者最近1个会计年度经审计的净利润不低于2500万元，且最近1年加权平均净资产收益率不低于8%。

（二）市值不低于6亿元，最近2个会计年度经审计的营业收入平均不低于1亿元，且最近1个会计年度经审计的营业收入增长率不低于30%；最近1年经营活动现金流量净额为正。

（三）市值不低于8亿元，最近1个会计年度经审计的营业收入不低于2亿元，最近2个会计年度合计研发投入占合计营业收入的比例不低于8%。

（四）市值不低于15亿元，最近2个会计年度研发投入累计不低于5000万元。

第七节 如何选择投资人？

选择什么样的投资人？这对于创业者而言近乎是个灵魂拷问。因为一旦接受了投资人的投资，投资人会跟随着创业者和企业一起走过一段并不短暂的路程，过程中可能会有顺境，也可能遇到逆流，起起伏伏在所难免。如果遇上的是良人，投资人一路相扶相助，企业也能迅速发展，回馈资本，双方相得益彰。如果遇人不淑，坊间流传的各种不欢而散、相爱相杀、落井下石的故事，可能下一个主角就是你。

但是这世间有百媚千红，怎样才能确认到对的眼神？纵观林林总总的投资人，有的声名在外如雷贯耳，有的腰缠万贯财大气粗，有的自称创业导师颇具明星气质，有的默默无闻却能相谈甚欢。于是我们需要厘清一个判断的方法。

正如投资人会对企业进行全方位的尽职调查一样，创业者也需要对投资人进行反向的“尽职调查”，并且从这个反向“尽职调查”中获取自己想要的信息，作为决策的依据。我把这个调查分为三个层面，分别是对投资行业的了解、对投资机构的了解以及对投资项目负责人的了解。

1. 了解投资行业

股权投资机构从类型上划分，包括并购基金、产业基金、风险投资基金等。

其中：

（1）并购基金的投资对象一般为成熟期的企业，已经具有一定规模、有稳定的现金流，与其他股权投资基金显著不同的是，并购基金一般以取得目标公司的控制权为目标，且会深度参与公司的经营管理。

（2）产业投资基金/战略投资基金，是指投资方向集中在某一战略领域的基金，通常依托于具有产业背景的出资人，产业资本更倾向于通过产业逻辑取得产业利润而非单纯追求资本增值收益，如谋求产业链的延伸或与被投资企业实现战略协同。

（3）风险投资基金主要投资于具有一定技术创新特色的科技型创业企业，一般通过投资持有目标公司的少数股东权益。风险投资基金不谋求公司的控制权，不直接参与目标公司的经营管理，后续通过目标公司上市、并购等方式退出并取得投资收益。风险投资机构是创业企业需要寻找的“目标”投资群体。

当然，以上只是从投资机构的投资偏好、投资目的、运营模式上做的概括划分，事实上目前投资领域的很多机构的运作方式可能会更具灵活性，不会过于单纯和局限。

从投资轮次来看，如果将目标公司从设立、初创期到成熟期的时间轴进行划分，不同的投资机构也会有不同的投资阶段偏好。

（1）“种子轮”，顾名思义指的是创业公司刚刚设立之时，“种子”刚刚种到土壤之中，还没来得及灌溉施肥，此时公司尚未形成具体的产品和服务，没有成型的商业模式，有些甚至连公司也没有设立完成，创业者仅仅形成了项目概念，搭建起创业团队。种子轮的投资人需要有着对创业者的高度信任，加之所需的投资额不会特别大，因此主要是在创业者的亲朋好友之间“内部消化”，鲜有专业的投资机构介入。另外，也会有一些专业的投资人对种子项目感兴趣，但主要是以个人投资的方式参与创业项目。

（2）“天使轮”时，公司通常已经搭建完成了创业团队，产品或者服务也初具模型，但尚未成熟。此时，公司可能有了进一步的商业规划，但仍未形成清晰的商业模式，创始人七拼八凑投入的资本金也差不多花完了，这时候天使投资人就可以闪亮登场了。由于这一阶段公司还未形成清晰的商业模式，所以投资人会格外关注公司的创业团队，包括教育背景、过往履历，甚至性格秉性。天使投资人一般也是以专业的个人投资人出现，有的是科班出身专业投资三十年，也有一些曾经是知名的企业家，功成身退后做起天使投资来也是游刃有余。

(3) A 轮、B 轮，这个阶段中，公司基本拥有了具有核心竞争优势的产品，形成了逻辑清晰、可以验证的商业模式和盈利模式，逐步积累了稳定客户，直至公司的品牌在业内建立起一定知名度。但此时，公司的现金流可能依旧为负，财务上仍然处于亏损状态。这个阶段中，融资的目标投资人是专业的 VC(Venture Capital)机构。VC 的中文含义即"风险资本"，意味着这些基金具有追逐高风险、高成长性的特点，会关注公司的长期盈利能力和成长性、商业模式的可持续性。红杉资本、IDG 中国、软银赛富等都是国内知名的 VC 机构。

(4) 到了 C 轮及以后，公司进入了成熟期，公司已经有拥有了稳固且持续增长的市场，盈利规模不断扩大，拥有领先的行业地位。公司目标可能是在 1～3 年内完成上市或者证券化。这一阶段的投资会以 PE(Private Equity)为主角，甚至会有不少机构在公司提交上市申请之前进行投资，也就是 Pre - IPO 轮，从而快速实现投资收益。PE 机构在投资时会更加关注公司的财务状况、财务数据、现金流状况，验证公司上市的预期和可行性。

关于每一轮的融资金额，根据项目的类型不同会有比较大的差异。以 A 轮融资举例，比较普通的项目在 A 轮时的融资额度可能也就是千万人民币的级别，而大型项目则可能是几何倍数的增加。比如，滴滴在 2012 年获得了金沙江创投 A 轮融资 300 万美元。而蚂蚁金服在 2015 年完成的 A 轮融资总额超过 18 亿美元。

另外，以上分类是传统意义上的投资阶段分类，投资行业本身也在不断地变化中。如今的投资领域中，不同投资阶段的界限也在逐步模糊。比如，以往专注于 VC 阶段的机构为了缩短投资回报的周期，开始涉足 PE 投资领域，部分知名 PE 机构为了更早地介入新型行业，也开始研究投资早期项目。

从投资的币种来分，主要有人民币基金和美元基金。创业者可能会觉得，不管黑猫白猫，能抓老鼠就行，管他人民币还是美元，只要能揣兜里的都是钱。其实不然。美元基金一般不会投资在中国境内上市的目标公司，反之亦然。所以，选择投资的币种，某种程度上就是选择了上市的路径，是以境内 A 股为目标，还是定位于境外的资本市场。因为境内外资本市场的差异，美元基金和人民币基金的投资逻辑、投资偏好也不尽相同。人民币基金注重目标公司的利润规模和持续增长性，由于境内一二级资本市场的价差，只要项目可以在中国境内上市或者被上市公司收购，基金便能以较高的溢价退出从而实现投资收益。美元基金注重目标公司的行业及行业地位，因为在美国的资本市场往往只有行业龙头能够取得好的市值表现，行业前三以外的在二级市场投资人眼中是鲜有投资价值的。所以，创业者应当结合公司的具体情况，分析论证公司的发展路径，提前做好规划。如果决定以境外上市为目标、拿美元基金，则需要提前作出相应的安排，搭建红筹架构或 VIE 架构。一旦公司架构确定了之后，后续再调整架构会损失大量的资金成本和时间成本。

2. 了解投资机构

对投资行业有了整体认识后，第二步需要对所接洽的投资机构（或者投资人）来个排查摸底。尽可能获取更多的关于投资机构的信息来帮助自己作出判断和决策。

1）了解投资机构的基本情况、投资偏好

了解投资机构所投项目的轮次、投资偏好、投资币种、每一轮投资的大致金额是否与公司匹配，如果公司在发展的初创期，却去找一家投资 Pre－IPO 的机构显然是缘木求鱼，如果公司从事的是智能制造行业，那么消费类的基金对公司而言也是门不当户不对。基金设立的时间、期限、募资规模以及目前剩余可投资的资金规模都是需要了解的基本情况。有的基金规模看似很大，但是可能可投的资金已经所剩无几，坐听投资人滔滔不绝、口若悬河地聊着该基金管理着多大规模的资金，到头来可能也跟你没有任何关系，如果基金还有 3 年就要到期清算，创始人自己扳扳手指掂量着 3 年内公司约莫也不一定够上 IPO 的门槛，那就得留个心眼。万一公司到了上市的关键节点，基金又要闹着退出，那会是一件很头疼的事。

2）投资人对公司的估值

这一点毋庸我多言，谈下个好的投资价格也就是好的估值是所有创业者梦寐以求的。很多创业者，尤其是对资本市场了解有限的创业者在最初开始融资时，对自己的公司到底应如何估值，心里并没有一本清晰的账，与投资人谈判的时候免不了一来二去地反复试探。诚然每个创业者的谈判策略和风格不尽相同，但其实创业者也大可先发制人，直接向投资人询问其对公司的估值范围和估值方式。即使双方没有谈拢最终价格，创业者也可从中多方了解专业的投资机构对公司的总体价值判断，也为下一次的谈判长点经验值。

3）投资条款、打款速度和条件

前文也已提及，投资条款需要与估值结合起来做综合判断。很多情况下，投资人也会将投资条款和估值结合起来谈判。与此同时，打款速度和条件也是需要特别关注的。尤其是项目早期尚未形成稳定现金流的时候，融资的窗口期对公司而言就是一场生死时速。而不同的投资人都有自己的管理流程，从项目立项、尽调、决策到打款会经历各种繁文缛节的考验，投资决策的风格也大相径庭，有的保守有的激进，不排除会发生在折腾了几轮尽职调查后项目在投资决策委员会上遭遇否决的悲剧。从这个角度说，个人投资人的投资程序要比机构简便高效得多，且更具有确定性。所以创业者在和投资人谈判之初，应当与该投资人对项目的各个时间节点作出明确的要求，以免在磨磨唧唧的投资流程中被耽误成明日黄花。

4）投资后管理的方式

项目投资完成后，投资人会以怎样的方式和创始人、和公司保持关联？是放飞自我还是对公司严格把控，是事无巨细样样过问，还是抓大放小？这些不同的投资后管理风格并无对错之分，但是要和创始人之间形成默契。股东之间气场相合的，才能走得更长更远。

关于投后管理，还需要了解投资人是否可以给创始人带来资源，如果单纯地提供资金支持，那对于创始人来说一位业界知名投资人和一个小学毕业的煤老板也没有太大区别，但是论及其他附加资源，两者不可相提并论。专业的投资人会与创业者交流企业管理的战略、对行业的见解、对公司后续轮次的融资提出建议，甚至为创业者联络、推荐各种行业资源。如果遇到这样的投资人，对创业者而言确实是很大的缘分。如果没有，也不要悲伤，因为这是正常状态，只要在公司正常经营过程中不添乱那也是可以接受的。此外，也有投资人在前期洽谈时为了获取投资机会和谈判条件而明示、暗示自己可以提供各种附加值，这时候也需要创始人有清醒的判断。抱着满怀的希望又降低了估值最后发现投资人也就推了两个被投公司创始人的微信过来，这样的事例也并不鲜见，遇上了也大可不必委屈，说到底“附加值”永远都是锦上添花，自己的路还得自己走。

5）过往投资业绩

了解投资人过往的投资业绩，一方面有助于判断其投资风格、偏好、目前运作的情况，从而验证这一机构的可靠性，以及是否与创业者相匹配。此外，如果该机构在类似行业中有成功的投资经验，那对创业者而言可能是获得宝贵经验的良机。但是（不要嫌我转折太多），如果对方是个小基金，已经投资了同行业的公司，那创业者就得更为谨慎。小规模的基金很少在同行业投资两家有竞争关系的公司，只有大基金才可能在看准的行业中并且在早期项目中投资一家以上的公司。而且，很多公司在接受投资时，都会要求投资人承诺不再投资有竞争关系的企业。如果创业者发现一家并不怎样知名的投资机构已经在行业内投资了一家类似目标公司，那么请调转车头，浪费几杯咖啡钱事小，错过了融资窗口期可就要追悔莫及了。而且，没有人可以保证所有的投资人都是心怀着善意而来的，对于信誉存疑又有同业投资项目的机构，创始人在提供尽职调查信息的时候还需要格外留神，以免泄露了公司的商业秘密。

3. 了解投资项目负责人

此处的“投资项目负责人”，指的是代表投资机构与创业者进行接洽、谈判、主导完成投资交易的人。他可能是一名普通的投资经理，可能是投资总监，也可能是投资机构的合伙人。在有些投资机构中，投资项目的主办人会继续参与后续的投资后管理，有些机构则将两者分开。对投资人员的了解，是帮助创业者选择投资者的第三个层面。

1）了解投资项目负责人的投资经历

一般而言，一名专业的投资项目负责人会专注于一两个投资领域。深耕于特定的行业，会让投资人员对这一行业有深入的研究，有助于判断目标公司的投资价值、投资风险，同时，在行业内也会积累更多的资源。创业者不妨与投资人员多交流，了解他对行业的见解、对公司的优劣势判断、了解他在行业中已投资项目的经验，同行业上下游的资源，等等，说不定就能聊出惺惺相惜的感觉。

2）了解投资项目负责人在投资机构中的角色

通过投资项目负责人，创业者还可以了解投资机构的一些情况，以及投资人员在这次投资项目中的角色和作用。是不是投资人员在基金中的地位越“位高权重”就越靠谱呢？也不尽然。关键还是要把握投资人员推动本次投资项目的动力和能力。投资经理对行业和项目的理解不一定逊于合伙人，相反，因为长期在一线深耕，可能对于项目投资价值更具有敏感性、把握得更为精准。所以，这样的投资人员一旦发现有价值的投资项目，一定会发掘出亮点，并且在投决会上大力推荐。有些创业者会觉得，和投资机构谈，必须得是合伙人甚至是投决会委员，当然必须承认投决会委员手握着关键的投票权，但是不要忘了，决策的依据最终还是公司的投资价值，如何逻辑清晰地在投决会上把公司的投资价值展示出来并说服投决会，才是重中之重。

3）了解其他背景情况

如果投资项目负责人在完成投资后继续为公司提供投资后管理服务，意味着这个投资人员将伴随着公司和创业者相当长的时间。投资机构对被投公司的管理方式，还得通过他来具体实施。所以不妨对投资人员提前做个全方位的了解，他的人品、能力，甚至价值理念，是否能够支持着双方在未来不怎么确定的发展道路上互相理解、互相尊重、互相帮扶。

当然，每个创始人自身的立场、偏好、价值取向各异，在选择投资人的时候也会作出不同的价值排序。无论如何，如果创始人对以上这三个层面的问题能有所把握，相信在投资人选择这个问题上能够获得一些启发。

第八节　估值越高越好吗？——悬在头顶的双刃剑

估值高，意味着在融入同等金额资金的条件下，创始人稀释的股权会相对较少，从另一个角度看，也意味着创始人手中的股权会“更值钱”。但估值是把双刃剑，并不是越高越好，而是需要结合投资条件做综合判断。高的估值一般会伴随着更严苛的约束条件，可能会捆绑着公司和创业者走向一条并不健康的发展道路。尤其是当投资协议中约定了对赌条款和反稀释条款时，创业者更应当审慎对待高估值。此时，估值越高，意味着创始人需要承担更大的对赌风险。要知道“对赌”可不是盲目乐观地赌，需要创始人对企业的发展作出理性客观的判断。企业在发展的道路上不可能一直一帆风顺，如果一味追求高估值，一旦对赌失败，很可能多年辛辛苦苦的积累一夜之间被打回原形。

反稀释条款对于高估值企业而言，更是悬在创业者头顶的一把利剑。如果受到反稀释条款的约束，创业者只能随着估值的车轮滚滚向前，不能倒车回档。估值越高，则公司下一轮融资就越艰难。如果无法维持高估值或者持续实现估值的增长，创始人很可能被迫放弃下一轮融资。这对很多需要持续靠外部融资发展壮大的创业企业而言是非常致命的。所以，除非创业者已经融到了足以支撑到公司上市的资金，否则不要过度透支对公司的经营预期。

投资金额同样也是企业融资中的核心问题。对创业者而言，简单的理解投资金额当然是多多益善。谁也不会嫌口袋里的钱多。但是不要忘了，融资规模越大，创始人被稀释的股权也越多。如果公司在初创期就稀释大量股权，很可能在后续轮的融资中逐步丧失对公司的控股地位。对于计划上市的企业而言，如果在 IPO 前创始人丧失了控制权，可能会因为公司控制权的变化而影响上市，此外，如果公司成功实现了IPO，如果创始人手中握有的控制权比例过低，一旦市场上出现恶意收购者，创始人很可能难以抵挡。所以，为自己的公司做好每一轮的融资计划安排，保持公司健康有序地发展才是上策。

第九节 Pre－IPO融资的避坑指南

Pre－IPO轮融资，是公司在提交上市申请之前，或预计启动上市申请时引入投资人对公司进行投资，投资人在公司上市完成后从公开资本市场抛售股票实现退出。Pre－IPO轮融资时公司已经具备相当的盈利规模，对投资人而言，此时对公司进行投资风险较为可控、投资回报周期较短，所以Pre－IPO的市场可以说是很多投资人的必争之地，买卖双方的供求关系发生了质的变化，而且不仅仅是专业的投资机构紧盯着Pre－IPO的机会，很多非专业的投资机构，甚至是创始人的“亲友团”也会恨不得能分上一杯羹。正因如此，公司在上市前进行融资是上市审核过程中尤为关注的事项，在创始人、投资人津津乐道于Pre－IPO投资的时候，有很多双眼睛正冷冷地看着这一场“突击入股”的精装大戏。没错，对上市审核和监管部门而言，这就是一不留神容易让公司踩雷的“突击入股”。

根据当前的境内上市审核标准，在公司上市前引入新股东，中介机构需要对此进行全面核查，包括：引入新股东的背景和原因、新股东的基本情况、入股的价格及定价依据，新股东与公司其他股东、董事、监事、高级管理人员、中介机构的关联关系等。如新股东为法人，需要披露法人股东的股权结构及实际控制人；如为合伙企业，应披露合伙企业的基本情况及普通合伙人的基本信息；如新股东为自然人，应披露其个人基本信息。这些规定是不是读起来已经让人两眼发花，心中升起了个巨大的问号：我只不过要引入个新股东，至于这么复杂吗？事实上，“突击入股”时常与“利益输送”关联在一起，这就是为什么在上市过程中审核机构（也许还包括上市前后的各类媒体）会带着放大镜来审视这个过程的原因。为了提前替创业者们排雷，以下归纳了上市前引入投资人（或者本节中我们称之为“新股东”）应当关注的问题。

一、不是所有人都能成为股东

1. 股东资格问题

股东也有所谓的"资格"问题吗？答案是肯定的。并不是所有的人都可以成为公司股东，对于准备申请 IPO 的公司而言，临近上市时引入的股东尤其需要注意。如果公司引入了不具备股东资格的主体入股，不仅对股东自身会带来麻烦，也会给公司带来困扰。所以，公司在引入新股东之前就应审查股东资格，一旦投资完成，生米已成熟饭，想要再行调整就相当费时费力了。股东资格受限的人员中，有些是法律明文禁止的，有些是有条件禁止的，主要包括以下几类：

1）公务员、党政机关干部

根据《中华人民共和国公务员法(2018 年修正)》第五十九条第(十六)项规定：公务员必须遵守纪律，不得有下列行为，"违反有关规定从事或者参与营利性活动，在企业或者其他营利性组织中兼任职务"。在非上市公司中持股即属于法条中所述的"参与盈利性活动"，因此，国家公务员不可以对公司进行投资成为股东。

与此同时，根据《公务员法》，部分具有公共事务管理职能的事业单位的工作人员(工勤人员除外)也是参照《公务员法》管理的，所以该等人员同样不具备股东适格性。

如果有人问："我当年创业艰辛时，有位老领导对我们企业很支持。现在老领导退休了，能不能给他一个投资机会成为公司股东呢？"答案是：一言难尽。根据《公务员法》第一百零七条第一款规定：公务员辞去公职或者退休的，原系领导成员、县处级以上领导职务的公务员在离职 3 年内，其他公务员在离职 2 年内，不得到与原工作业务直接相关的企业或者其他营利性组织任职，不得从事与原工作业务直接相关的营利性活动。根据《中共中央办公厅　国务院办公厅　关于县以上党和国家机关退(离)休干部经商办企业问题的若干规定》：县以上党和国家机关退(离)休干部，不得兴办商业性企业，不得到这类企业任职。所以，公务员如果离职或退休的，首先看其是否为县级以上党和国家领导干部，如果是，则不能实施投资行为，如果不是，还需要看他的原任职单位和被投资企业从事的业务是否具有相关性，如果不具有相关性，则可以对该企业进行投资，否则还需要经过 2 年或 3 年的"等待期"。

根据《关于严禁党政机关和党政干部经商、办企业的决定》和《关于进一步制止党政机关和党政干部经商、办企业的规定》：党政机关，包括各级党委机关和国家权力机关、行政机关、审判机关、检察机关以及隶属这些机关编制序列的事业单位的干部、职工，一律不准经商、办企业。

此外，领导干部的子女、配偶经商、办企业也有诸多限制，这些限制性规定散见于前述两个文件《关于严禁党政机关和党政干部经商、办企业的决定》和《关于进一步制止党政机关和党政干部经商、办企业的规定》，以及《关于省、地两级党委、政府主要领导干部配偶、子女个人经商办企业的具体规定（试行）》（中纪发〔2001〕2号）、《关于"不准在领导干部管辖的业务范围内个人从事可能与公共利益发生冲突的经商办企业活动"的解释》（中纪发〔2000〕4号）等文件中。同时，各部委对其领导干部的配偶、子女都有一定程度上禁止投资的相关性规定。

2）现役军人

根据《中国人民解放军内务条令（试行）》第一百零五条规定："军人不得经商，不得从事本职以外的其他职业和网络营销、传销、有偿中介活动，不得参与以营利为目的的文艺演出、商业广告、企业形象代言和教学活动，不得利用工作时间和办公设备从事证券期货交易、购买彩票，不得擅自提供军人肖像用于制作商品。"因此，现役军人不可以对公司进行投资，成为公司股东。

3）国有企业领导

根据《国有企业领导人员廉洁从业若干规定》第五条规定："企业领导人员应当忠实履行职责。不得有利用职权谋取私利以及损害本企业利益的下列行为：（一）个人从事营利性经营活动和有偿中介活动，或者在本企业的同类经营企业、关联企业和与本企业有业务关系的企业投资入股。"因此，国有企业领导人员不能投资那些从事与其任职单位经营同类业务的公司。

如果拟上市公司和国有企业存在业务往来或者互为关联方，则根据《国有企业领导人员廉洁从业若干规定》第六条规定，该国有企业领导人员的配偶、子女同样不得在拟上市公司持股。

如果国有企业领导人员退休，则根据《国有企业领导人员廉洁从业若干规定》第六条规定：国有企业领导人员离职或者退休后三年内，其不得在与原任职企业有业务关系的私营企业、外资企业和中介机构担任职务、投资入股，或者在上述企业或者机构从事、代理与原任职企业经营业务相关的经营活动。

4）高校领导干部

高校尤其是中央各部委的直属高校在大家心目中是学术地位的象征，如果能吸引高校背景的股东入股，对于拟上市公司尤其是提升公司的科技形象而言无疑是锦上添花。然而，高校和高校人员同样涉及股东适格性的问题。《教育部关于积极发展、规范管理高校科技产业的指导意见》（教技发〔2005〕2号）第七条规定，部属高校除对高校资产公司进行投资外，不得再以事业单位法人的身份对外进行投资。《直属高校党员领导干部廉洁自律“十不准”》第六条的规定，直属高校党员领导干部不准以本人或者借他人名义经商、办企业。不过这里的限制的是“直属高校”的“领导干部”，换言之如果不属于学校领导干部，或者是地方所属高校各类人员，则不受此限制。

2. 中介机构能不能持股

为公司提供IPO服务的各类中介机构中，仅券商直投有资格从事股权投资。券商直投是指证券公司下属从事直接股权投资的机构，可以对非公开发行的公司自有或募集资金进行股权投资。券商直投自2007年开始试点以来，因为具备天然的信息优势、资源优势而一直被认为是含着金汤匙出生的。如今，我们可以在很多上市公司的招股说明书中看到券商直投的身影。但是，如果拟上市公司引入的券商直投和保荐机构系出同门，也就是通常说的“保荐＋直投”模式，则很可能又会触碰到监管的禁忌。所谓“保荐＋直投”模式，是指券商的直投业务突击入股自己保荐的拟上市公司，券商除了获得保荐费用外还能获取股价溢价的回报。这一模式因为容易滋生违规行为、使保荐机构丧失独立性而受到严格监管。

根据中国证监会2016年12月30日发布的《证券公司私募投资基金子公司管理规范》第十六条规定，证券公司担任拟上市企业首次公开发行股票的辅导机构、财务顾问、保荐机构、主承销商或担任拟挂牌企业股票挂牌并公开转让的主办券商的，应当按照签订有关协议或者实质开展相关业务两个时点孰早的原则，在该时点后私募基金子公司及其下设基金管理机构管理的私募基金不得对该企业进行投资。《证券公司另类投资子公司管理规范》第十七条同样规定了，证券公司担任拟上市企业首次公开发行股票的辅导机构、财务顾问、保荐机构、主承销商或担任拟挂牌企业股票挂牌并公开转让的主办券商的，应当按照签订有关协议或者实质开展相关业务两个时点孰早的原则，在该时点后另类子公司不得对该企业进行投资。

简而言之，如果公司已经聘请了保荐机构为公司提供上市服务，或者虽然未签订协议，但是保荐机构已经开展业务了，那公司后续在引入投资机构时，不能再引入保荐机构下属的投资机构对公司进行股权投资。但是,如果公司之前就接受了券商下属投资机构的投资,后续再聘请该券商为公司进行上市保荐,且接受投资和聘请保荐之间没有直接关联,则是符合监管要求的。

除了券商下属投资机构可以有条件地在拟上市公司持股外,为公司上市提供其他服务的律师事务所、会计师事务所因各自行业的执业规范,不得在企业持股。如《律师事务所管理办法》就明确规定了,律师事务所不得从事与法律服务无关的其他经营性活动。

3. 供应商和客户能不能持股

公司的发展离不开上下游企业的支持,为了进一步加强与上下游企业的合作,公司在上市前引入供应商或者客户作为股东,在创始人的眼中或许是个不错的选择。一方面,从经营角度而言,这样的安排很符合商业逻辑,可以形成双赢的合作关系。另一方面,也可能存在拟上市企业的上游或下游企业中,有比较强势的供应商或客户,在公司上市前"主动要求"入股拟上市公司,形成战略合作关系。事实上,我们也确实可以看到很多完成 IPO 的公司接受了有固定合作关系的供应商或客户的投资,但偶尔也会看到由于供应商或客户的入股而被审核部门拒之门外的案例。所以到底能不能接受上下游企业的投资呢?这个问题要从两方面来考量,一是入股的比例,二是公司与该供应商或客户的交易量有多大。

供应商或客户的持股比例,涉及是否会形成与拟上市公司之间的关联关系。如果持股比例较大,则这个供应商或客户会因为股权关系被贴上一个新的标签——关联方(根据 IPO 的相关规则,持股比例超过 5%的股东会被认定为关联方),随之而来的是利益输送的嫌疑。相应地,其与拟上市公司之间发生的业务往来也就显得不再那么单纯,会被认定为关联交易。关联交易本身不必然成为公司上市的障碍,但如果关联交易的公允性存疑,或者当公司与这些关联客户、供应商之间的业务量达到相当高的比例,可能会对公司业务独立性产生重大的影响。所以,引入供应商或客户入股并非完全不可行,但是需要根据公司与该供应商或客户之间的交易情况综合判断,尤其是需要控制好入股的比例。

二、把握时机的重要性

如果创始人计划进行 Pre-IPO 融资的,应当根据上市申请计划提前做好融资规划。如果以增资方式引入投资人的,根据《首发业务若干问题解答(一)》的规定,“最近一年末资产负债表日后增资扩股引入新股东的,申报前须增加一期审计”。也就是说,如果上市申报是以最近一年的年末为财务数据截止日的(也就是通常所说的“申报基准日”),那么 Pre - IPO 融资应当在此截止日前完成,否则需要增加一期的审计(在 IPO 申报中,增加“一期”意味着基准日延后三个月),所以如果不及早规划,可能差之数日,便要错过好几个月,算上时间成本,这个买卖可能会有些不值当。当然从这一条规定来解读,如果公司的上市申报不是以年末的财务数据作为截止日,则不存在这一问题。另外,如果公司在基准日后以股权转让的方式引入新股东,则也不需要增加一期审计。但无论以哪种方式引入新股东,在上市材料申报递交后都不能再进行了。

建议创始人及早规划 Pre - IPO 融资的另一个原因,是《首发业务若干问题解答(一)》还规定了上市前突击入股的股东需要延长上市后股份锁定期的要求。对于一般的投资者而言,在公司上市后 12 个月届满后,就可以实现股份解锁了。但出于打击利用“突击入股”迅速套利扰乱资本市场的行为,《首发业务若干问题解答(一)》对于在公司临近上市时才在股东名单中出现的新面孔提出了更为严格的锁定期要求——申报前 6 个月内进行增资扩股的,新增股份的持有人应当承诺:新增股份自发行人完成增资扩股工商变更登记手续之日起锁定 3 年。在申报前 6 个月内从控股股东或实际控制人处受让的股份,应比照控股股东或实际控制人所持股份进行锁定(也就是 36 个月)。证监会于 2021 年 2 月 5 日发布的《监管规则适用指引——关于申请首发上市企业股东信息披露》,则对“突击入股”的股东锁定期提出了更为严苛的要求:规定“发行人提交申请前 12 个月内新增股东的,……应当承诺所持新增股份自取得之日起 36 个月内不得转让”。股份锁定期限因为直接关系到投资人的退出时点,进而影响投资收益的计算,因此对投资人而言是投资决策中需要考虑的重要因素。

所以,一方面公司在越临近上市时估值会越高,引入投资人的成功率也越大,另一方面如果融资时点过晚,也可能会造成延误 IPO 申报或者导致投资人被延长股份锁定期,建议创始人提前规划为好。

三、增资还是转股

公司在上市前引入新股东的方式,可以是通过增资的方式,也可以通过股权转让的方式,如果临近上市申报的,应避免通过债转股的方式进行融资,如果转股的期限过长，可能会影响公司的上市申报。

增资或股权转让的选择没有绝对优劣，需要公司和创始人根据自身情况选择实施。如果通过增资的方式引入新股东，增资款项会直接流入拟上市公司，可以支持公司经营，同时公司的财务数据也会相应发生变化，如资产负债率会降低，净资产收益率也会相应降低。另外，如果上市前发生融资金额较大的，还需要结合 IPO 发行的方案以及募集资金投资项目综合考虑。如果通过股权转让的方式引入新股东，则需要考虑是否存在公司股权转让的限制，比如：公司为了符合上市要求，在近期实施了股份改制（即从有限责任公司变更为股份公司），则根据《公司法》的规定，公司股份在一年内是不得转让的。另外，如果转让方是创始人个人，则还会涉及税收的问题，上市审核时也会对股权转让价款的去向予以关注。

四、向不适宜的条款说“不”

投资条款我们在前文有过详细的介绍，有些投资交易中惯常使用的保护投资权益的条款，对于申请成为公众公司的被投资企业而言不能适用，比如公司与投资人之间的对赌条款，投资人的特别优先权，这些都不符合上市公司的治理规则，会导致其他公众投资人处于不公平地位，因此在上市前进行的融资应当避免接受这些条款。

此外，在公司临近上市申报时，还要格外注意保护公司的商业秘密，在投资人对公司进行尽职调查过程中，要谨慎对外提供公司的信息资料，避免有恶意磋商侵害公司利益的情况出现。

公司在上市前进行融资可能会出于不同的目的，有的是希望引入战略投资人，在公司上市过程中和上市后帮助提升公司整体形象，有的是希望投资人为公司的经营和上市提供支持和帮助，有的是为了在上市前踩个油门加速业务拓展、缓解资金压力。所以公司应当从自身的实际情况出发，综合考虑、提前规划。

第十节 什么是红筹架构？

前文曾经提及，如果创始人想要拿美元基金的投资，需要先搭建境外上市的架构，对于大多数创业企业而言，红筹架构和 VIE 架构的模式是境外上市的主流方向。换言之，如果想要引入美元基金的投资，创始人需要先将自己的公司设立为红筹架构或者 VIE 架构。

所谓“红筹企业”，是指注册地在境外、主要经营活动在境内的企业。红筹架构，指的是股东通过在境外设立离岸公司，将境内开展主营业务公司的资产（或股权）注入或转移至境外公司，从而实现境外控股公司海外上市融资目的的架构。一般有两种不同方式实现境内实体公司的资产注入或转移至境外控股公司，一种是普通的红筹架构，即由境外控股公司直接持有境内实体公司的控股股权，通过持股的方式实施控制，即“股权控制模式”，另一种则是普通架构的“进阶版”，通过一系列协议安排使得境外控股公司实质上控制境内实体公司，境内的实体公司仍然保持境内的股权结构，也就是通常所称的“VIE 模式”。

（1）红筹架构之股权控制模式。

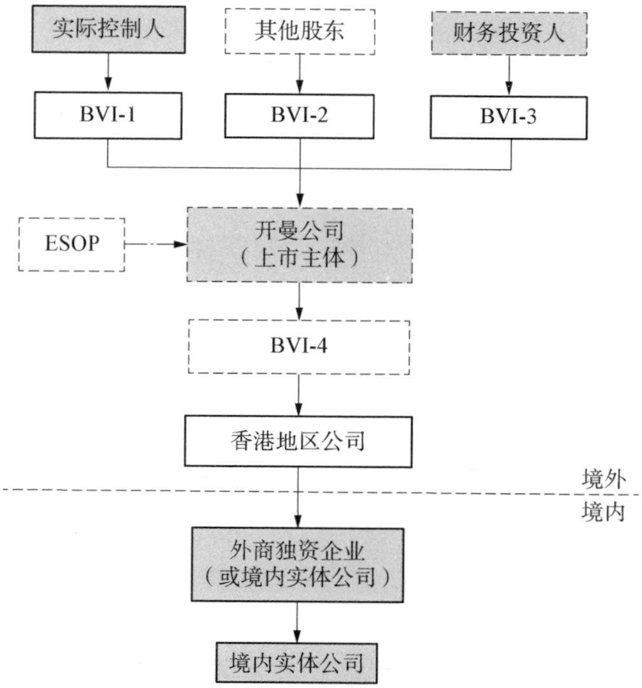

图 5.1　红筹架构之股权控制模式

（2）红筹架构之协议控制模式(VIE 模式)。

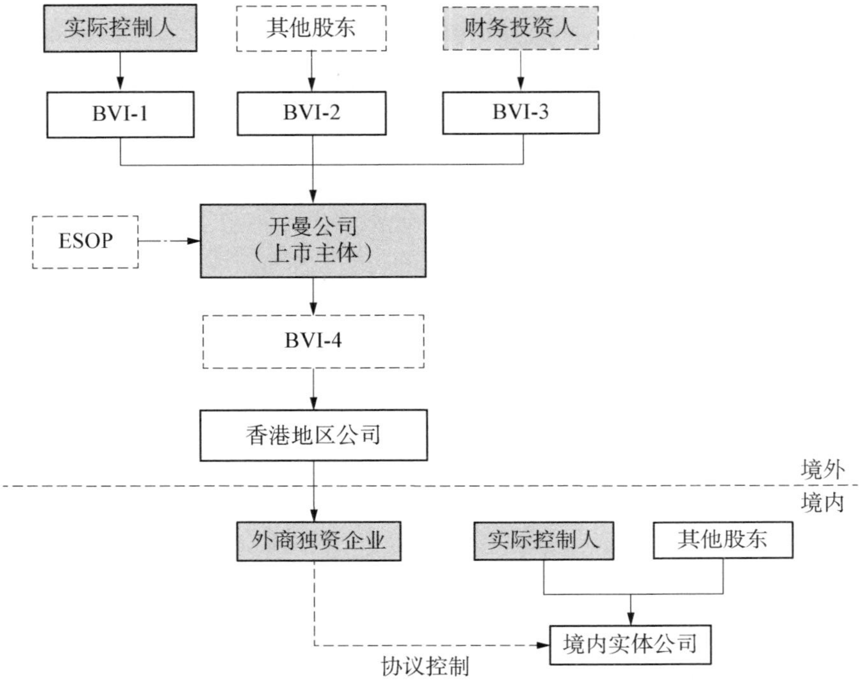

图 5.2　红筹架构之协议控制模式(VIE 模式)

本节列示了两个比较典型的红筹架构图示。对比一下两个图示可以看出，在红筹架构的股权控制模式和 VIE 模式中，境外部分的架构是一致的，不同的是境内实体公司的架构，在股权控制模式下，境内实体公司由境外上市主体或是通过境外上市主体设立的“外商独资企业”(也就是通常所称的“WFOE”)直接或间接持股，而 VIE 模式下，境内实体公司的股权结构仍保持不变，与 WFOE 之间通过控制协议相连接。

1. 红筹境外架构的设立

1）上市主体注册地的选择

红筹架构下的上市主体都是直接在境外资本市场公开发行股票并且接受募集资金的主体，均为境外设立的离岸公司，开曼群岛是大多数境外上市主体的首选地，当然并不是唯一选择。比如，如果想在香港上市，还可以选择百慕大或者直接在香港注册上市主体。但开曼的离岸公司兼具了监管的灵活性、便捷性，法律体系完善，税收政策“友好”等诸多优势，更为重要的是，相对于其他的“避税天堂”，开曼公司的治理和监管规范性更高，因此主流的资本市场如美国纽约证券交易所，纳斯达克、香港联合交易所有限公司、新加坡证券交易所等都能接受开曼注册的公司上市。这也是为什么百度、阿里巴巴、京东、世纪佳缘、奇虎360、新浪、腾讯都把上市主体的注册地设在开曼的原因。

2）BVI持股公司

BVI，英属维尔京群岛（The British Virgin Islands），在地图上可能要用放大镜才能看清其庐山真面目，但是在资本市场上它是大名鼎鼎的避税天堂。在红筹架构中，一般会搭建数个BVI公司作为持股平台。BVI公司的特点是注册程序灵活方便、税收减免，股东信息的保密性非常好，可以在上市时适当减少股东信息披露。但正是由于BVI公司的透明度不高，以及过于宽松的公司监管要求（比如相较于开曼公司，BVI公司每年只需要做财务审核，而不需要做纳税申报），使得一些境外资本市场上不接受BVI公司作为上市主体。

在红筹架构的最上层可以看到，上市主体的股东一般都会通过BVI公司来间接持有上市主体的股份，并且各股东通常会设立独立的BVI公司来持股。这一安排主要是利用了BVI公司的特点，是出于未来处置上市公司股份的便捷性、股东信息保密性以及从税收成本角度的考虑。每个BVI公司指向不同的最终权益持有人，可以实现各股东未来处置上市公司股权的灵活性，处置股权的收益也可以留存在BVI公司层面。此外，BVI持股公司还可以衔接离岸信托架构，实现更为灵活、保密性更高的股权安排。

需要指出的是，这里还涉及境内法律监管的问题。根据《国家外汇管理局关于境内居民通过特殊目的公司境外投融资及返程投资外汇管理有关问题的通知》（汇发〔2014〕37号，以下简称“37号文”），国家外汇管理局对境内居民在境外设立特殊目的公司实行登记管理。境内居民在出资设立境外特殊目的公司，以及境外特殊目的公司发生股东、名称、经营期限等基本信息变更，或发生境内居民个人增资、减资、股权转让等重要事项变更后，都需要到外汇局办理境外投资外汇登记手续。如果股东通过BVI公司间接持股，则很多变更可以在BVI公司层面进行，为减少因直接持股导致的频繁履行登记程序预留了更为便捷的操作空间。

图示中的“BVI-4”是上市主体和境内实体公司之间设立的一个持股公司，用虚线框标出，代表这个持股主体非必须存在，在有些架构中这一层BVI公司会有一席之地，另一些则没有。设立这一层 BVI 主体主要目的是，当实体公司业务发生变化，上市主体可通过出售 BVI 公司股权的方式将原有业务整体转让，同时享受 BVI 公司的税收待遇。如果直接转让下层香港公司股权，在香港会产生印花税的成本，但转让 BVI 公司则无此项税收成本。

3）设立香港地区公司

在上市主体和境内实体公司之间还有一层架构是香港地区公司，这一层架构的设立同样是出于税收的考虑。如果中国境内企业向其他未签订税收协定的境外公司（包括开曼公司、BVI 公司）直接分配股息红利，需要缴纳 10％的预提所得税。根据《内地和香港特别行政区关于对所得避免双重征税和防止偷漏税的安排》，对于香港地区居民企业取得的来源于内地的股息所得，可以申请享受预提所得税税率为 5％的协定优惠税收待遇。但是近年来，税务部门对香港地区公司申请享受协定待遇的审批日趋严格，不仅要求申请人注册地在香港地区，还应当符合在香港地区有实质性经营活动、对香港地区公司能实施有效的管理决策等诸多条件，并且需要所属地的主管税务部门开具其符合条件的证明文件。因此单纯为避税目的而设立的“导管”公司，很可能因实质上不符合要求而无法适用内地香港税收协议项下的税收优惠政策。但无论如何，基于香港地区这一法域的特殊性，很多公司还是会选择在红筹架构中搭建香港地区公司，为未来享受内地和香港地区之间的协定优惠政策预留一个空间。

4）需要履行的审批程序

设立境外部门的架构主要履行的审批是依据国家外汇管理局于 2014 年 7 月发布的“37 号文”。37 号文的发布，使得曾经适用了 10 年的《国家外汇管理局关于境内居民通过境外特殊目的公司融资及返程投资外汇管理有关问题的通知》（汇发〔2005〕75 号）退出了历史舞台，但是该文件中已确立的监管理念在 37 号文中仍一以贯之。

37 号文第一条规定：本通知所称“特殊目的公司”，是指境内居民（含境内机构和境内居民个人）以投融资为目的，以其合法持有的境内企业资产或权益，或者以其合法持有的境外资产或权益，在境外直接设立或间接控制的境外企业。

第三条规定：境内居民以境内外合法资产或权益向特殊目的公司出资前，应向外汇局申请办理境外投资外汇登记手续。境内居民以境内合法资产或权益出资的，应向注册地外汇局或者境内企业资产或权益所在地外汇局申请办理登记；境内居民以境外合法资产或权益出资的，应向注册地外汇局或者户籍所在地外汇局申请办理登记。

实践中，设立红筹境外架构的主体，一般都是境内实体公司股东的“原班人马”，大多数情况下，属于37号文中所说的“境内居民”。因此，这些“境内居民”在境外设立一连串离岸公司前，需要按照37号文的规定办理境外投资的外汇登记手续。

在《国家外汇管理局关于进一步简化和改进直接投资外汇管理政策的通知》（汇发〔2015〕13号）实施后，直接投资的外汇登记都由各地银行办理和监管。实际操作中，不同地区的银行对于37号文下的外汇登记所需文件资料的要求不尽相同，银行工作人员对于外汇登记业务的熟悉程度和操作经验也有所差异。建议在启动境外架构搭建之前，选择经验较为丰富的银行提前进行沟通，将有助于提高办理37号文登记的成功率和效率。

2. 红筹境内架构之股权控制模式

在股权控制模式下完成红筹架构的境内部分搭建则难度更大，需要综合考虑法规的限制、资金的流转、税收成本，等等。

首先法规的限制就是第一道门槛。2006年8月8日由商务部、国务院国有资产监督管理委员会、国家税务总局、国家工商行政管理总局、中国证券监督管理委员会、国家外汇管理局联合发布的《关于外国投资者并购境内企业的规定》（商务部令2006年第10号）让很多想要搭建红筹架构的企业一筹莫展。这个法规在2009年6月由商务部重新修订并发布（商务部令2009年第6号），但仍然被大家习惯性地称为10号文。

10号文主要规定了外国投资者购买境内公司股东的股权或认购境内公司增资，使境内公司变更设立为外商投资企业所需履行的程序和规范性要求。其中最具杀伤力的条款是关于“关联并购”的规定。

10号文第十一条规定：境内公司、企业或自然人以其在境外合法设立或控制的公司名义并购与其有关联关系的境内的公司，应报商务部审批。

红筹架构中，在对境内企业进行重组时，要将境内实体公司股权注入境外上市主体内（也就是通过股权重组方式由境外上市主体或者其设立的WFOE持有境内实体公司100%股权）。由于境外上市主体和境内实体公司实际上是处于同一实际控制人的控制下，因此境外上市主体和境内实体公司之间存在关联关系，所以将境内实体公司股权重组装入境外上市主体的过程也就是属于10号文中所说的“关联并购”，需要适用第十一条的规定向商务部申报审批。而商务部在《外商投资准入管理指引手册》(商资服字〔2008〕530号)对于关联并购的受理范围又规定了“目前受理范围仅限于境外公司为上市公司，或经批准在境外设立且已实际运行并以利润返程投资的”。所以虽然这一并购程序看似“有法可依”，实际上自10号文实施至今，能够根据此条规定取得商务部审批的企业可以说是寥寥无几。

此外，10号文还对“特殊目的公司”(指中国境内公司或自然人为实现以其实际拥有的境内公司权益在境外上市而直接或间接控制的境外公司，即境外上市主体)并购境内公司规定了一系列繁复的程序和时限要求，如：境内公司在取得并购审批后，取得的批注证书需要加注“境外特殊目的公司持股，自营业执照颁发之日起1年内有效”；境内公司取得批准证书后，需要向登记管理机关、外汇管理机关办理变更登记，由登记管理机关、外汇管理机关分别向其颁发加注“自颁发之日起14个月内有效”字样的外商投资企业营业执照和外汇登记证。境内公司应自特殊目的公司完成境外上市之日起30日内，向商务部报告境外上市情况和融资收入调回计划，并申请换发无加注的外商投资企业批准证书。也就是说，如果在规定的时限内没有完成境外上市，那原先取得的批准证书、营业执照都将失效。耗费了大量人力物力，最终可能竹篮打水，这样的风险对于大多数企业而言是“不能承受之重”。2009年世纪佳缘境外上市案例中，其在中国境内开展实体业务的两大子公司未能如期取得国家外汇管理局审批的外汇登记证，由此导致外商投资企业批准证书也失效。

于是，如何避绕10号文的监管成了红筹之路上需要突破的关键课题。虽然10号文中明确规定了“当事人不得以外商投资企业境内投资或其他方式规避前述要求”，但实践中仍有很多企业采用不同的路径完成了红筹架构的搭建并且最终成功在境外上市。主要的路径有以下三种。

1）变更国籍

10号文中规定的“特殊目的公司”的定义，是指“境内自然人”控制的境外公司，“关联并购”也是指“境内自然人”通过境外设立的公司并购境内关联企业。如果行为人非“境内自然人”，则这些规定适用的基本前提就不存在了。

于是，就有创始人通过变更国籍的方式规避10号文的适用。当然，国籍不是说变就能变的，通常需要经过一段时间的等待(除非你愿意接受某些可能从未耳闻的以快速移民为产业的国家)，所以如果在制定红筹架构时才开始考虑这一问题，可能会付出较长的时间成本。另一种替代方案是，由一个拥有境外身份的第三方先予参与架构的设立，待创始人变更国籍后，再由创始人向该第三人收购全部股权。但这一过程中需要对第三人持股期间的法律风险和道德风险严格把控。

实践中也有案例是由创始人的直系亲属变更国籍，因为创始人是境内实体公司的主要经营者，所以变更国籍可能会带来诸多不便。如 2016 年在香港联交所上市的南方能源，采用了由配偶变更国籍并搭建了离岸信托架构进行持股，基于信托安排的灵活性，既实现了由创始人家族成为上市公司资产的最终受益人，也确保了创始人对公司的控制权。

2）“两步走”法则

“两步走”法则的路径是基于商务部《外商投资准入管理指引手册》的一条规定。

根据《外商投资准入管理指引手册》第五部分“下放或委托审批的有关说明”第五条第(一)款“并购适用对象”的规定：已设立的外商投资企业中方向外方转让股权，不参照并购规定。不论中外方之间是否存在关联关系，也不论外方是原有股东还是新进投资者。并购的标的公司只包括内资企业。但股份公司中方转让股权的，必须以持有该部分股权 1 年以上。

也就是说，只要被并购的境内公司是“外商投资企业”(注意“外商投资企业”包括“中外合资企业”)，则不需要适用 10 号文第十一条关于关联并购提交商务部审批的规定。这一条款无疑又为创业者们指明了方向。如果先将境内实体公司变更为中外合资企业，后续再将公司全部股权转让给境外上市主体，只要办理普通的中外合资企业股权变更程序即可。这就是“两步走”法则的基本套路。

“两步走”方案中，第一步一般先由无关联关系的境外投资者通过股权转让或增资的方式持有境内实体公司的少量股权，将境内实体公司变更为中外合资企业，第二步再由实际控制人控制的境外上市主体收购境内实体公司的剩余股权。需要注意的是，“两步走”方案中的第一步仍需要适用 10 号文的规定，只是不需要履行 10 号文中“关联并购”的审批程序，但是法规中其他一般性规程，包括第一步并购的定价依据、价款支付期限等仍然需要遵循，比如：

《关于外国投资者并购境内企业的规定》

第十四条　并购当事人应以资产评估机构对拟转让的股权价值或拟出售资产的评估结果作为确定交易价格的依据。

第十六条　外国投资者并购境内企业设立外商投资企业，外国投资者应自外商投资企业营业执照颁发之日起3个月内向转让股权的股东，或出售资产的境内企业支付全部对价。

但主管部门对于红筹架构的监管态度并非一成不变，近期以来，部分地区的商务主管部门开始收紧对"关联并购"的审核尺度，对"两步走"方案提出了更为严格的审核标准，包括要求在变更设立中外合资企业中的外国投资者入股比例提高、第一步（即境内实体公司变更为中外合资企业）与第二步（即将中外合资企业变更为境外上市主体直接或间接的全资子公司）之间的时间间隔至少为半年以上，同时还要求外国投资者应与境内实体公司存在业务关联性等。

3）通过 WFOE 间接收购

这一方案中，先由无关联关系的境外第三方（可以是境外投资人）完成境外架构的搭建以及在境内设立第一层外商独资企业（WFOE）。随后由该无关联第三方将境外架构的控制权转让给创始人，同时，境内实体公司的股权由 WFOE 通过增资及股权转让的方式实现全资持股。如果有合适的 WFOE 壳公司，创始人也可以直接通过在境外收购 WFOE 控制权的方式实现这一路径。通过这一系列操作，最终境内实体公司成为 WFOE 的境内再投资企业。根据商务部、国家工商行政管理局《关于外商投资企业境内投资的暂行规定（2015 年修正）》，外商投资企业在鼓励类或允许类领域投资设立公司，直接向所在地公司登记机关办理登记手续即可，无须向商务部门提出申请。

但是，10 号文中明确规定了"当事人不得以外商投资企业境内投资或其他方式规避前述要求"。所以，这一方案只能说是"强行"绕开了审批，而并没有绕开 10 号文的监管和适用，仍然存在一定的法律风险。

以上是实践中较为常见的搭建红筹架构的路径，事实上红筹架构的搭建远比我们现在纸上谈兵要复杂得多，不仅需要考虑法规的限制，还涉及税收筹划、资金流转等问题，并且方案中的每一步都可能环环相扣、牵一发而动全身，因此需要各个中介机构通力合作，从每个公司的实际情况出发而量身定制出最佳方案。

3. VIE 架构

1) 什么是 VIE 架构

VIE,英文全称为 Variable Interest Entities,直译过来的意思是“可变利益实体”,用更为通俗的方式表达,就是“协议控制”,具体指某个企业虽然拥有可实现的经济利益,但该企业本身对此经济利益并无完全的控制权,能实际控制该经济利益的实体另有其人,这个实际的受益人需要将拥有此经济利益的企业纳入合并范围。最早使用 VIE 架构的是当年在美国上市的新浪,所以 VIE 模式旧称“新浪模式”。随着 VIE 模式被越来越广泛地应用,这一模式在实践中逐步完善。

与传统的红筹股权控制模式不同,在典型的“VIE”架构中(如图 5.2 所示),境外的上市主体并不直接或间接收购境内实体公司(即“VIE 实体”)的股权,而是通过境内设立的外商独资企业(WFOE)与境内的实体公司签订一系列协议从而达到实际控制的目的,这些协议安排主要包括:

(1) 控制 VIE 实体的股权:禁止 VIE 实体股权交易、将 VIE 实体股权质押给 WFOE、赋予 WFOE 获得 VIE 实体股权的唯一购买权。

(2) 控制 VIE 实体的经营管理权:由境外上市主体向 VIE 实体委派核心管理层、将 VIE 实体的股东表决权委托给 WFOE 行使。

(3) 控制 VIE 实体的重要资产:将 VIE 实体核心资产转移至 WFOE,再由 WFOE 授权 VIE 实体使用该资产。

具体而言,这一系列协议一般包括:独家业务合作协议、技术支持合同、战略咨询服务合同、有形资产租赁合同、知识产权许可合同、投票权代理协议、独家购买权协议、财务支持协议、股权质押协议等。在一揽子协议安排下,境外上市主体通过 WFOE 为境内实体公司提供排他性的咨询、管理和技术支持等服务,从而以收取“服务费”的方式获得境内实体的大部分经济利益,同时,还通过合同或协议安排境外特殊目的公司取得境内经营实体全部股权的优先购买权、质押权、投票表决权、经营控制权,总而言之,通过各种手段实现境外上市主体对境内实体公司的实际控制。

2) 为什么要选择 VIE 架构

VIE 架构和红筹股权控制架构的根本区别在于境内实体公司与境外上市公司在股权上没有关联,而是通过契约建立联系,之所以 VIE 架构在目前境外上市中被普遍运用,是因为它通过协议安排避绕了相关的政策监管(虽然实质上 VIE 架构的合法性一直是存疑的)。

（1）外商投资产业政策。

在红筹架构的股权控制模式下，境外上市主体将直接或者通过 WFOE 持有境内实体公司 100%股权，因此境内实体公司在公司性质上为外商投资企业或者“外商投资企业的境内再投资企业”，这两类企业从事的业务都需要遵循我国的外商投资产业政策。2018 年 7 月前，我国的外商投资产业按目录划分为鼓励类、允许类、限制类、禁止类。2018 年 7 月之后，外商投资产业的准入开始实行负面清单管理。无论哪种监管方式下，对于“敏感行业”，如电信、教育、文化、医疗等产业，外商投资产业政策均规定了不同程度的准入要求。如果境内实体公司从事的经营涉及此类行业，则会因受限于外商投资行业准入要求而无法成为境外上市主体的子公司或孙公司。而很多寻求境外上市的公司恰恰会涉及此类行业，VIE 架构因其可以保持境内实体公司的股权结构不变，使得这类公司得以避开了外商投资产业的准入限制。

（2）行业许可政策。

除了外商投资产业准入外，很多行业还会涉及行政许可。比较典型的如增值电信业务许可（ICP 许可），这是很多从事互联网相关行业所必须取得的行业许可。在 2015 年 6 月工业和信息化部出台《关于放开在线数据处理与交易处理业务（经营类电子商务）外资股比限制的通告》之前，电商类企业要取得 ICP 许可，外资占比不能高于 55%。所以很长一段时间内，红筹架构股权控制模式下的境内实体公司是无法取得 ICP 许可的。即使在工信部完全放开电商类企业申请 ICP 许可的外资比例限制后，对于外资企业申请 ICP 许可仍有很多其他的门槛要求。实践当中，外资企业要取得 ICP 许可的难度和内资企业相比不可同日而语。类似的还包括从事互联网视听节目服务所需的《信息网络传播视听节目许可证》、通过信息网络向公众提供出版物服务所需的《网络出版服务许可证》等。这一问题在近年来蓬勃发展的数字新媒体（TMT）产业相关企业中尤为突出，所以为了不影响公司经营，保留内资股权结构成了这些企业的首要诉求。

（3）10 号文的关联并购审查。

虽然我们在前文介绍了红筹架构的搭建方式，但现实当中，绝大多数企业在初创之时并不会“未卜先知”地搭建红筹架构，而是会在作出境外上市决定后，将公司从境内架构调整成为符合境外上市要求的红筹架构。前文已经提及的 10 号文中关于“关联并购”的规定成为以重组方式搭建红筹架构过程中很难逾越的障碍。而 VIE 架构的运用因无须实施“关联并购”的步骤，让这一问题得以迎刃而解。

当然,10 号文一直强调了不得以任何方式规避法规。通过 VIE 架构的方式形成协议控制在实质上亦属于“规避行为”,但至少这一模式让企业避免了与法规的正面冲突,况且实践中也还未出现 VIE 架构的合法性被监管部门明确否定的案例。尤其是在中国 TMT 产业的蓬勃发展的大背景下,VIE 架构使得大批创新型企业引入境外股权基金并成功上市,这对于我国 TMT 产业的发展无疑是巨大的推动,因此,监管部门也没有对 VIE 架构报以明显的否定态度。

3) VIE 架构存在的风险

VIE 架构虽然在实践中被广泛运用,但它也有自身的弊端和风险:

首先,VIE 架构下境内实体公司和境外上市公司之间是依靠“契约”连接的,既然是契约就必然会存在违约风险,也就是境内实体公司会存在违反协议义务的风险。而境外上市公司并没有实体经营业务,一旦境内实体公司发生违约,导致上市公司无法合并利润,会直接使上市公司和股东的利益遭受根本性的损害。

其次,中国法律和监管部门的政策变化,会对 VIE 架构产生一定的法律风险。VIE 架构实质上是为了应对现行法规监管的“权变操作”,其合法性一定程度上还是建立在相关政府部门的监管态度上的。一旦国家监管部门收紧相应的监管政策,可能会对采取 VIE 结构的公司造成影响。

最后,VIE 结构公司涉及大量的关联交易以及避税安排,存在潜在的税收风险。无论是境内实体公司使用上市主体的募集资金,还是将利润支付至上市主体,都需要依靠关联交易进行,这将不可避免地产生税收风险。

第十一节 红筹架构下还能获得人民币投资吗?

资本市场的风起云涌有时很让人捉摸不透,常常是风口转到了,转眼间某个行业便成为资本竞相追逐的对象,连企业自己都猝不及防。如果公司已经完成了红筹架构的搭建,又有境内基金抛来橄榄枝,公司是否只能“还君明珠双泪垂”,或是尚有两全法,可以境内境外皆不误?在这一节我们来探讨一下红筹架构下取得人民币投资的可行性。

在 2017 年之前,人民币基金有机会通过境外直接投资(ODI)审批实现境外投资。根据商务部《境外投资管理办法》(商务部令 2014 年第 3 号)、国家发改委

《企业境外投资管理办法》(中华人民共和国国家发展和改革委员会令第11号),境内企业在履行商务主管部门、发改部门的核准或备案程序,并按照境外直接投资外汇业务的规定办理登记手续后,可以以境内资金购汇汇出实施境外投资。总体而言,通过ODI审批实施境外投资的流程较为复杂,审批周期和结果也会受到监管政策的影响具有较大不确定性。

2017年1月26日,国家外汇管理局发布了《关于进一步推进外汇管理改革完善真实合规性审核的通知》(汇发〔2017〕3号),明确规定对资金出境要加强真实、合规性审查。2017年8月18日,国务院发布了《国务院办公厅转发国家发展改革委商务部人民银行外交部关于进一步引导和规范境外投资方向指导意见的通知》(国办发〔2017〕74号),明确将境外投资项目进行分类管理,进一步规范企业境外投资方向。在此背景下,人民币基金通过ODI审批投资"红筹"企业的难度也相应增加。此外,虽然红筹企业的控制权架构在境外,但企业的经营实体仍然在境内,所以很多企业也开始探索更为高效便捷的资金融通方式。

1. 境内投资+境外期权模式

人民币基金按目标公司的估值向境内实体公司进行投资并持有股权,同时境外上市主体向人民币基金授予期权,约定当人民币基金完成ODI审批实现资金出境后,人民币基金即可行使期权,从而直接持有境外上市主体的股权。行权后,人民币基金必须同时将境内实体公司的股权全部转让给境外公司,在此之前,人民币基金作为投资人的特殊权利可以在境内实体公司层面通过签署股东协议的方式予以体现。

这一结构安排既保障了人民币基金投资人的权益,又为日后公司在境内外实施重组保留了一定的灵活性。如果公司未来在境外上市,人民币基金在获得ODI批准的前提下可以通过行权持有上市主体的股权,在境外资本市场退出。如公司未来调整战略在境内上市,则人民币基金只需放弃行权,保留境内实体公司股权,可谓进可攻退可守。

2. 内保外贷模式

在人民币基金完成ODI的商务部门和发改委审批,但因外汇监管政策原因暂时无法将投资款购汇汇出的情况下,人民币基金可以先予在境外设立一家特殊目的公司(不实缴投资款的SPV)。由SPV通过人民币基金内保外贷的方式在境外取得贷款。SPV将其取得的贷款投资入股境外上市主体并持有股权,人民币基金在取得境外投资外汇登记后将投资款汇出,归还SPV贷款。

此外，如人民币基金没有完成ODI审批，由人民币基金通过内保外贷使境外上市主体取得一笔境外贷款，同时境外上市主体向人民币基金授予期权，在人民币基金取得ODI审批后，人民币基金将投资款汇出境外并投入境外上市主体，境外上市主体归还境外贷款，同时人民币基金行权取得境外上市主体的股权。

需要指出的是，在金融监管日趋严格的情况下，办理内保外贷的难度也随之增加，而且这一模式下发生的境外贷款会额外增加投资成本。人民币基金在实现资金出境前均没有在境内或境外公司层面持有股权，对基金而言风险也较大。

3. 境内借款+境外期权模式

在这种模式下，人民币基金先在境内以借款方式将资金提供给红筹架构下的境内实体公司，同时境外上市主体向人民币基金授予期权。境内人民币基金在完成ODI审批后，境内实体公司将资金返还给人民币基金，由人民币基金购汇汇出支付给境外上市主体，完成投资价款的支付义务并成为境外上市主体的股东。

这一模式与模式一有相似之处，不同点在于，人民币基金不持有境内实体公司的股权，而是以贷款方式将资金提供给境内实体，对应可转换的是境外上市主体的股权(即境外上市主体的期权)。与模式二的不同点在于，人民币基金直接在境内提供债权，避免了在境内产生贷款成本。然而难度在于人民币基金在行权时，需要境内实体公司先偿还贷款，人民币基金才能换汇出境，这对境内实体公司的资金流也会产生影响。

第十二节　红筹架构如何落回境内?

随着国内资本市场发展日趋成熟，也有不少已经搭建了红筹架构并且引入了境外投资人的企业想要回归境内资本市场，甚至有一些已经在境外上市的中概股，不惜花费大量的成本，从境外证券市场私有化后回归A股。虽然科创板推出及创业板注册制改革落地后，给红筹企业带着境外架构申报科创板和创业板开了一盏绿灯，但因为门槛较高，大多数红筹企业仍然望尘莫及。所以想要回归境内资本市场，还得拆除红筹架构。

1. 红筹架构之股权控制模式的架构拆除

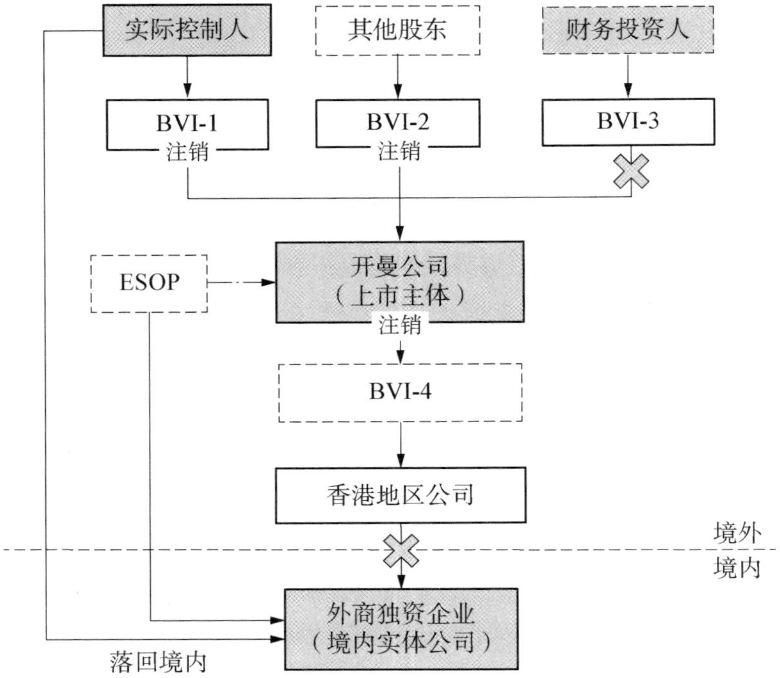

图 5.3 红筹架构之股权控制模式的架构拆除

注：为了更加简单明了，我们直接讨论红筹架构下的外商独资企业（WFOE）即为境内实体公司的情况。

股权控制模式下的红筹架构拆除，核心是需要让境内实体公司的控制权落回境内，也就是实际控制人回到境内持股，这是目前境内资本市场对红筹回归的要求（如果实际控制人是境外国籍的，则不必费此周折，保留境外架构即可）。所以简单地说，拆除红筹架构的目标就是通过 WFOE 的股权变更使实际控制人在境内持有 WFOE 的股权。但红筹架构拆除的实际操作远非如此简单，还需要考虑境外投资人的诉求、股权重组的税收成本、资金流转等问题。

调整 WFOE 的股权结构，主要有两种方式：股权转让方式和增资方式。其中股权转让方式拆除红筹架构，是指实际控制人（也可以是实际控制人控制的境内实体）按照其实际持有的 WFOE 的权益比例受让香港地区公司所持 WFOE 的股权。增资方式拆除红筹架构，是指实际控制人对 WFOE 增资，通过增资摊薄香港地区公司持有的 WFOE 的股权比例。如有必要，还可以在增资后再次通过股权转让的方式进一步调整 WFOE 的股权比例。

两种方式如何权衡利弊？需要考虑以下因素。

1）境外投资人的诉求

如果境外投资人需要退出，而实际控制人在境外没有回购投资人股权的资金，这种情况下需要考虑在境内通过股权转让的方式将 WFOE 的股权转让价款支付至香港地区公司，再由香港地区公司通过境外上市主体向投资人回购股权，实现投资人在境外的退出。

如果投资人希望保留股权，则可以继续通过境外架构保留其在 WFOE 中的权益。还有一种情况，投资人希望将权益转移至境内的基金持股。此种情形下，可以由投资人的境内关联基金按照既定的权益比例受让 WFOE 的部分股权，再由香港地区公司将取得的股权转让款支付给投资人的境外基金实现退出。

2）税收成本

股权转让方式下，会发生预提所得税的税收成本。根据《企业所得税法》规定，在中国境内未设立机构、场所的，或者虽设立机构、场所但取得的所得与其所设机构、场所没有实际联系的非居民企业，取得的来源于中国境内的所得须在中国缴纳 10%的预提所得税。如果先通过增资稀释 WFOE 的股权，则增资时一般不会涉及税收成本，后续如果再通过股权转让方式调整股权，涉及的税收成本会大大降低。

在股权转让方式下，还涉及转让定价的问题。实践中，有直接按 WFOE 估值定价、也有按注册资本出资额定价，甚至也会看到按 0 元或 1 元的名义价格转让股权的案例。需要指出的是，即使按照较低的价格确定股转让对价，税务部门仍然会以公允价值调整应纳所得额。所以在考虑股权转让定价问题时，核心问题还是考虑在境外需要多少资金用于支付境外投资人退出的股份对价。此外，因为股权转让价款涉及资金向境外支付，如果转让价格远远高于公允价值，也可能在资金出境的审批时遇到困难。

3）可用于流转的资金

假如 WFOE 的注册资本已经很大，则通过增资的方式稀释 WFOE 股权需要投入大量的资金才能实现控制权落回。在股权转让方式下，资金流转的金额可以通过转让定价来掌握，尤其如果境外投资人无须退出，则可以直接压低股权转让价格减少资金的跨境流动，当然正如前文所述，股权转让过程中的税收成本并不会因此减少。

4）其他需要关注的问题

（1）关于特殊目的公司的处理。

WFOE 的股权调整完成后，实际控制人原在境外设立的离岸公司和特殊目的公司已无存在的必要性，应当适时注销。注销过程中如果有收益的，实际控制人还应当在境内进行所得税纳税申报。

（2）关于外汇登记。

根据 37 号文的规定，红筹架构拆除后，如果实际控制人不再持有特殊目的公司，或者特殊目的公司的返程投资变更为内资企业的，都需要办理外汇注销手续。如果红筹架构形成的时间较早，可能会存在红筹架构设立和存续过程中不符合外汇登记规定的情形。例如 37 号文规定，除了境内自然人境外设立特殊目的公司及返程投资行为应办理 37 号文的初始登记手续外，境外特殊目的公司历次融资行为和股权转让行为、境外特殊目的公司以及 WFOE 进行分红时都需要履行外汇登记手续。如果在外汇登记事宜上存在不完全合规的情形，在最终注销外汇登记前还需要与主管部门进行沟通并予以补正。

（3）关于股权激励。

很多红筹架构搭建时，公司会在境外上市主体预留 ESOP（员工期权池），且可能相当一部分期权已发放给员工。红筹架构拆除后，该等激励计划在境外无法继续执行，需要相应注销并转移至境内主体。为确保员工权益得到保障，应当由境内实体重新根据境内法规制定股权激励计划，履行必要的法律程序，并重新与员工签订股权激励相关法律文件，以适当形式将员工股权激励落地在境内实体公司。

（4）关于境外投资人退出所涉税收。

根据《企业所得税法》以及《国家税务总局关于非居民企业间接转让财产企业所得税若干问题的公告》（国家税务总局公告 2015 年第 7 号）的规定，非居民企业应当就其来源于中国境内的所得缴纳企业所得税。红筹架构拆除过程中，如果境外投资人在境外实现退出的，可能会被认定为间接转让来源于中国境内财产所得，而需要在中国境内申报纳税。

2. VIE 模式的架构拆除

VIE 模式的架构拆除与红筹股权控制模式类似，不同之处在于如何解除境内实体公司与 WFOE 之间的控制协议以及处理 WFOE 和境内实体公司之间的关系。在设计 VIE 拆除方案时，需要事先考虑以下几个核心问题：

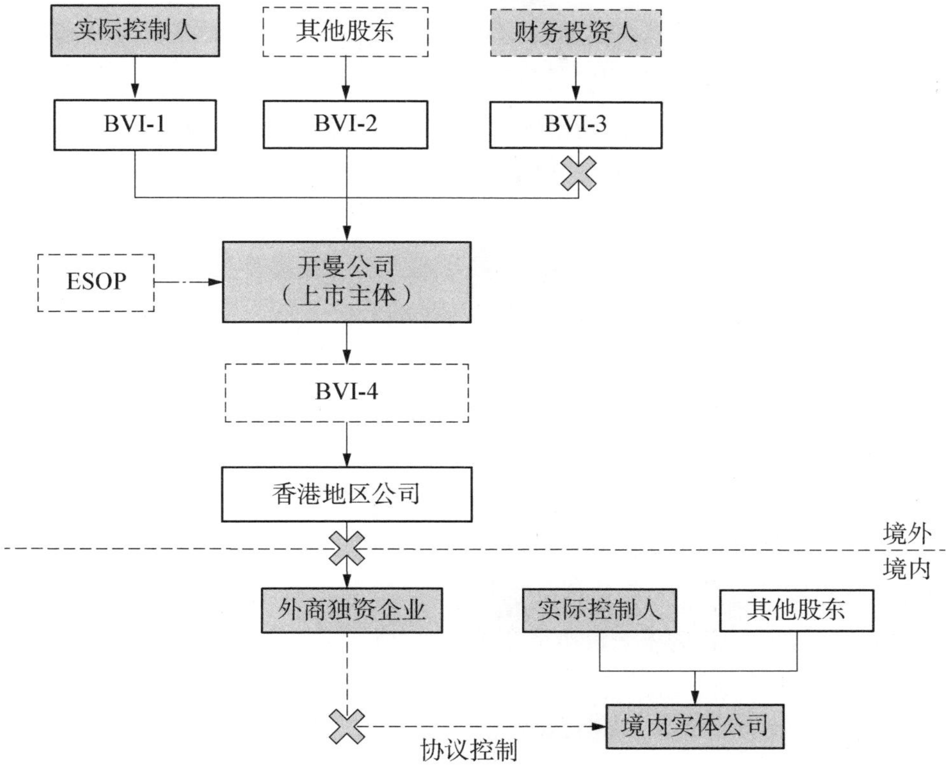

图 5.4　VIE 模式的架构拆除

（1）实际控制人是否为境内身份，是否需要将控制权落回境内。

（2）境外股东是否需要退出。

（3）未来拟实施资本运作的主体如何选择。

（4）境内实体公司的主营业务是否受外资准入和行业许可的限制。

（5）控制协议的履行情况如何。

据此，VIE 架构也可以组合出不同的拆除方式。其中常用的方式主要有以下几种：

（1）以境内实体公司作为未来资本运作的主体，在境外投资机构需要退出、且境外上市主体有现金流的情况下，直接由境外上市主体在境外回购原境外投资者股份，境外投资者实现退出。境内架构中，解除境内实体公司与 WFOE 的 VIE 协议，实际控制人注销 WFOE 和境外一系列特殊目的公司。

（2）以境内实体公司作为未来资本运作的主体，在境外投资机构需要退出但没有境外现金流的情况下，由实际控制人或其在境内引入的投资人对境内实体公司进行增资。增资后境内实体公司以股权转让的方式向香港地区公司收购WFOE的股权，股权转让的对价支付至香港地区公司，再由香港地区公司通过境外上市主体在境外回购原境外投资者的股份，境外投资者实现退出。境内架构中，同样是解除境内实体公司与WFOE的VIE协议，实际控制人注销WFOE和境外一系列特殊目的公司。

（3）以境内实体公司作为未来资本运作的主体，在境外投资机构需要退出，但实际控制人（无论在境内还是境外）没有足够资金的情况下，由境内投资者通过股权转让的方式收购WFOE公司股权，股权转让对价支付至香港地区公司用于在境外回购境外投资股份。同时，境内投资者以较低价格增资境内实体公司（相当于境内投资人支付的股权转让对价及增资对价合计为投资总对价）或者由投资人将WFOE股权按境内实体公司的估值作价投入至境内实体公司。剩余部分同样是解除境内实体公司与WFOE的VIE协议，实际控制人注销境外一系列特殊目的公司。

（4）以WFOE作为未来资本运作的主体，境外投资机构保留在WFOE的权益，实际控制人将境外所持的WFOE权益从境外落回至境内（方法与股权控制模式下的红筹架构拆除相类似），WFOE公司收购境内实体公司的资产或股份。同时解除VIE协议。

以上只是列举了若干种常见的VIE架构拆除方案，正如前文所说的，VIE架构拆除根据WFOE和境内实体公司两者的关系、资产规模、收入和利润转移情况的不同，境内实体的持牌需求（是否适宜保留外资结构）、资金来源、税收安排等可以衍生出不同的方案。

总之，红筹架构的拆除比搭建可能更为复杂，公司体量越大则架构重组的难度越大，当然这也是各类中介机构齐心协力、体现其价值的核心所在了。

第六章　新三板挂牌

第一节　新三板有哪些新政出台?

2019年10月25日，是新三板发展历史上具有标志意义的一天，相信这一天以后会被经常提到。

这一天，证监会召开新闻发布会，发言人常德鹏发布两项内容，一是修改某项证券期货规定征求意见，二是证监会启动全面深化新三板改革。

同日，证监会官网的要闻栏目发布了标题为《证监会启动全面深化新三板改革》的文章。

这篇要闻，拉开了新三板新政在之后的几十天内密集发布的序幕。

这篇要闻，全景式概括了新三板新政的5大内容。

> 按照新三板改革的总体思路，证监会将重点推进以下改革措施：
>
> 一是优化发行融资制度，按照挂牌公司不同发展阶段需求，构建多元化发行机制，改进现有定向发行制度，允许符合条件的创新层企业向不特定合格投资者公开发行股票；
>
> 二是完善市场分层，设立精选层，配套形成交易、投资者适当性、信息披露、监督管理等差异化制度体系，引入公募基金等长期资金，增强新三板服务功能；
>
> 三是建立挂牌公司转板上市机制，在精选层挂牌一定期限，且符合交易所上市条件和相关规定的企业，可以直接转板上市；
>
> 四是加强监督管理，实施分类监管，研究提高违法成本，切实提升挂牌公司质量；

五是健全市场退出机制，完善摘牌制度，推动市场出清，促进形成良性的市场进退生态，切实保护投资者合法权益。

下面我们将这5个方面的改革措施中，企业家最为关注的新政要点，依次介绍一下。

一、合格投资人标准降低，范围扩大

简单来说，新政规定，实收资本100万元人民币以上的公司或合伙企业，证券和资产账户内资产100万元以上并具有2年以上金融相关投资、工作、任职经历的自然人，可以参与新三板顶层——精选层股票的发行和交易。

《全国中小企业股份转让系统投资者适当性管理办法》

（2019年12月27日）

第四条　投资者申请参与精选层股票发行和交易应当符合下列条件：

（一）实收资本或实收股本总额100万元人民币以上的法人机构；

（二）实缴出资总额100万元人民币以上的合伙企业；

（三）申请权限开通前10个交易日，本人名下证券账户和资金账户内的资产日均人民币100万元以上（不含该投资者通过融资融券融入的资金和证券），且具有本办法第七条规定的投资经历、工作经历或任职经历的自然人投资者。

第七条　自然人投资者参与挂牌公司股票发行和交易的，应当具有2年以上证券、基金、期货投资经历，或者具有2年以上金融产品设计、投资、风险管理及相关工作经历，或者具有《证券期货投资者适当性管理办法》第八条第一款第一项规定的证券公司、期货公司、基金管理公司及其子公司、商业银行、保险公司、信托公司、财务公司，以及经行业协会备案或者登记的证券公司子公司、期货公司子公司、私募基金管理人等金融机构的高级管理人员任职经历。

参与创新层和基础层股票发行、交易的投资者应当符合的条件，在以上基础上，分别调整为150万元、200万元。

而新政之前，投资新三板的不管是公司、合伙企业还是自然人，以上要求的金额标准都是500万元以上，才算是合格投资人。

除了标准降低以外，还引入了公募基金等长期资金。我们可以对比一下新政前后对此类机构投资者规定的变化。

《全国中小企业股份转让系统投资者适当性管理办法》

（2019年12月27日）

第八条 《证券期货投资者适当性管理办法》第八条第一款第二项、第三项规定的证券公司资产管理产品、基金管理公司及其子公司产品、期货公司资产管理产品、银行理财产品、保险产品、信托产品、经行业协会备案的私募基金等理财产品，社会保障基金、企业年金等养老金，慈善基金等社会公益基金，合格境外机构投资者（QFII）、人民币合格境外机构投资者（RQFII）等机构投资者，可以申请参与挂牌公司股票发行和交易。

《全国中小企业股份转让系统投资者适当性管理细则(试行)》

（2013年2月8日）

第四条 集合信托计划、证券投资基金、银行理财产品、证券公司资产管理计划，以及由金融机构或者相关监管部门认可的其他机构管理的金融产品或资产，可以申请参与挂牌公司股票公开转让。

可以看到，新的投资者适当性规定大大拓展了机构投资者的种类，引入公募基金、QFII、RQFII等机构投资者，出现了很多拥有海量资金的投资巨无霸。

一直以来，新三板较缺乏流动性。新政出台后，预计随着这些新的连大带小的投资主体入场，新三板市场交易可能会升温。

二、市场进一步分层，增加精选层

截至2019年9月底，新三板累计有13 219家企业挂牌。作者查看官网统计，2020年3月9日当日，挂牌企业仍有8 803家。

新三板在短短数年内，挂牌企业达到万余家，说明了新三板的低门槛、大开口，相关文件称之为“包容性”，换一种说法就是良莠不齐。

2019年底，全国股转公司董事长谢庚在《中国金融》发表文章，称目前新三板净利润大于3 000万元的公司，约占市场总体的10%，具备较强的外部融资需求和能力；净利润在1 000万元至3 000万元之间的公司，占比约为20%，此类公司成长性显著，近三年营收复合增长率约为20%；净利润1 000万元以下的微利和亏损公司，占比约为70%。

以上可见，新三板既有学霸，也有学渣。

新三板企业间的规模和需求差异巨大，市场内部结构的分化与升级要求新三板的制度供给不断跟进，于是进一步分层应运而生。

2016年5月27日，股转公司发布《全国中小企业股份转让系统挂牌公司分层管理办法(试行)》，新三板第一次分层，分为基础层和创新层。

2019年12月27日，股权公司发布《全国中小企业股份转让系统分层管理办法》，进行第二次分层。这次增加了精选层。

分层是为了适应不同规模不同发展现状的挂牌公司，针对性地实施差异化的制度安排，在投资者适当性标准、股票交易方式、发行融资制度、公司治理和信息披露等方面作出不同的安排和监督管理要求。

如前所述，精选层的合格投资人资金要求为100万元，较之前500万元大大降低了；实施连续竞价交易方式；可以向不特定对象公开发行股票，因此媒体经常讲是小IPO；当然，在公司治理和信息披露方面也有更高的要求。

符合条件的公司可以在挂牌之日直接进入创新层。而进入精选层，则需要首先在全国股转系统连续挂牌满12个月，其次属于创新层挂牌公司(但并不要求以创新层的身份保持12个月)，最后就是符合精选层的财务标准等如下条件。

《全国中小企业股份转让系统分层管理办法》

(2019年12月27日)

挂牌公司申请公开发行并进入精选层时，应当符合下列条件之一：

(一)市值不低于2亿元，最近两年净利润均不低于1500万元且加权平均净资产收益率平均不低于8%，或者最近一年净利润不低于2 500万元且加权平均净资产收益率不低于8%；

(二)市值不低于4亿元，最近两年营业收入平均不低于1亿元，且最近一年营业收入增长率不低于30%，最近一年经营活动产生的现金流量净额为正；

（三）市值不低于 8 亿元，最近一年营业收入不低于 2 亿元，最近两年研发投入合计占最近两年营业收入合计比例不低于 8%；

（四）市值不低于 15 亿元，最近两年研发投入合计不低于 5000 万元。

前款所称市值是指以挂牌公司向不特定合格投资者公开发行（以下简称公开发行）价格计算的股票市值。

挂牌公司完成公开发行并进入精选层时，除应当符合本办法第十五条规定条件外，还应当符合下列条件：

（一）最近一年期末净资产不低于 5000 万元；

（二）公开发行的股份不少于 100 万股，发行对象不少于 100 人；

（三）公开发行后，公司股本总额不少于 3000 万元；

（四）公开发行后，公司股东人数不少于 200 人，公众股东持股比例不低于公司股本总额的 25%；公司股本总额超过 4 亿元的，公众股东持股比例不低于公司股本总额的 10%；

（五）中国证监会和全国股转公司规定的其他条件。

综合以上条件，可以看出精选层也有包容性，各个发展阶段和特征的公司都有机会。要么你是家赚钱的公司，要么你还不赚钱但是营收较多、增长很快也行，如果你既不赚钱增长也不快，但是市值很高、研发投入很高也行。此外，除了这些择一满足的条件外，还必须有一定的公众性，毕竟需要公开发行股票。

挂牌公司所属市场层级实行定期调整和即时调整机制。定期调整一般是因为财务数据不符合本层要求，即时调整一般是因为其他条件不再符合。层级进入和调整由全国股转公司挂牌委员会审议，形成审议意见，全国股转公司结合挂牌委员会的审议意见，作出决定（按规定免于挂牌委员会审议的事项除外）。

三、向不特定合格投资者公开发行股票

本次分层改革前的新三板企业增发股票只能面向特定对象进行定向发行，而不能向不特定对象进行公开发行。定向发行和公开发行有什么区别呢？定向发行就像你的股票只能卖给熟人，公开发行，则是你的股票可以卖给场内所有不认识的合格投资人。

符合什么条件可以公开发行股票呢？证监会规定给出了以下基本要求。

《非上市公众公司监督管理办法》（2019年修正）

第五十五条　公司申请公开发行，应当符合以下条件：

（一）具备健全且运行良好的组织机构；

（二）具有持续盈利能力，财务状况良好，最近3年财务会计文件无虚假记载；

（三）依法规范经营，最近3年内，公司及其控股股东、实际控制人不存在贪污、贿赂、侵占财产、挪用财产或者破坏社会主义市场经济秩序的刑事犯罪，不存在欺诈发行、重大信息披露违法或者其他涉及国家安全、公共安全、生态安全、生产安全、公众健康安全等领域的重大违法行为，最近12个月内未受到中国证监会行政处罚。

但是，光满足这些条件就可以吗？其实还不够。按照股转公司的如下规定，发行人应当为在全国股转系统连续挂牌满12个月的创新层挂牌公司。基础层挂牌公司没有机会公开发行。以现有规定可见，挂牌公司向不特定合格投资者公开发行股票，发行完成后股票应在全国股转系统精选层挂牌，因此，公开发行还需要满足精选层条件。

《全国中小企业股份转让系统股票向不特定合格投资者公开发行并在精选层挂牌规则（试行）》

第二条　挂牌公司（以下称发行人）向不特定合格投资者公开发行股票，发行完成后股票在全国股转系统精选层挂牌（以下简称股票在精选层挂牌），适用本规则。

第十一条　发行人应当为在全国股转系统连续挂牌满十二个月的创新层挂牌公司。

第十二条　发行人申请股票公开发行并在精选层挂牌应当符合《公众公司办法》规定的公开发行股票的相关要求和《全国中小企业股份转让系统分层管理办法》规定的精选层市值、财务条件等要求，且不存在《分层管理办法》规定的不得进入精选层的情形。

第三十六条　发行承销过程中，出现预计发行后无法符合进入精选层条件或其他中止发行情形的，发行人和主承销商应当中止发行。

依据股转公司的规定，公开发行的程序大致如下：

发行人董事会决议公开发行方案→股东大会批准→制作申请文件→保荐机构保荐并提交→股转公司自律审查（问询、检查）→挂牌委员会审议→股转公司出具自律监管意见→证监会核准→提交发行与承销方案→投资者申购→提交发行结果报告、验资报告→保荐机构出具精选层挂牌推荐书（含发行结果）→精选层挂牌。

如公开发行失败，发行人在原市场层级，即创新层继续挂牌。

四、转板上市

转板上市的机制，其实在新三板一开始推出时就有设计的。2013 年 12 月 13 日出台的《国务院关于全国中小企业股份转让系统有关问题的决定》中规定：

"二、建立不同层次市场间的有机联系

在全国股份转让系统挂牌的公司，达到股票上市条件的，可以直接向证券交易所申请上市交易。"

但实际上，转板上市在国务院上述决定之后并没有可操作的细则出台，实际情况是向上通道并没有打通。新三板企业业绩再好，要想在深交所、上交所上市，只能从新三板摘牌，重新启动 IPO 申请。

2019 年 10 月 25 日，证监会官网发布的《证监会启动全面深化新三板改革》文章中，就转板上市的表述如下：

"建立挂牌公司转板上市机制，在精选层挂牌一定期限，且符合交易所上市条件和相关规定的企业，可以直接转板上市，充分发挥新三板市场承上启下的作用，实现多层次资本市场互联互通。"

2019 年 12 月 27 日，《全国中小企业股份转让系统分层管理办法》发布，其中第九条规定："符合中国证监会、证券交易所和全国股转公司有关规定的精选层挂牌公司，可以直接向证券交易所申请上市交易。"

2020 年 2 月 6 日，股转公司总经理徐明在《金融时报》撰文，其中就转板问题进行了如下说明：

本次改革将允许在精选层挂牌满一年，符合《证券法》上市条件和交易所相关规定的企业，可以不再走传统的首次公开发行并上市（IPO）的路径，直接向交易所申请转板上市。转板上市制度的推出，为中小企业增加了一条上市可选路径。同时，由于转板上市是存量股份上市，不存在历史上一级市场受二级市场影响的情形，市场预期会更加明确；企业在转板完成前不必因转板上市工作而摘牌、暂停资本运作，不必重复信息披露，可节约上市成本，有利于主业发展。转板上市与IPO的区别在于公开发行阶段的不同，上市标准基本一致，不会造成监管套利。转板上市的企业，其规范性、经营质量经过了市场检验，有助于提高上市公司整体质量，提振投资者信心，有利于整个资本市场的长期健康发展。转板上市是给企业的一个选择题，不是必选题，转板上市制度不会影响新三板独立市场地位。

2020年6月3日，证监会发布《中国证监会关于全国中小企业股份转让系统挂牌公司转板上市的指导意见》，其中规定“（二）转板上市条件。申请转板上市的企业应当为新三板精选层挂牌公司，且在精选层连续挂牌一年以上。挂牌公司转板上市的，应当符合转入板块的上市条件。转板上市条件应当与首次公开发行并上市的条件保持基本一致，交易所可以根据监管需要提出差异化要求。（三）转板上市程序。转板上市属于股票交易场所的变更，不涉及股票公开发行，依法无需经中国证监会核准或注册，由上交所、深交所依据上市规则进行审核并作出决定。转板上市程序主要包括：企业履行内部决策程序后提出转板上市申请，交易所审核并作出是否同意上市的决定，企业在新三板终止挂牌并在上交所或深交所上市交易”。

五、定向发行制度优化

新政取消了单次定向发行新增股东不得超35人的限制；优化募集资金监管要求，允许企业在验资后使用募集资金，提高资金使用效率；此外，还引入自办发行机制，完善授权发行机制，降低企业融资成本。

六、交易制度优化

精选层实施连续竞价交易，最低申报数量设置为100股，取消最小交易单元，引入市价订单，满足公开发行后的流动性需求；创新层、基础层集合竞价撮合频次调高5倍；同时保留做市商制度，以提高市场价格发现效率，便利投融资对接。

七、强调信息披露

与市场层次定位相匹配，优化差异化的信息披露监管要求，精选层公司信息披露要求与上市公司趋同；创新层公司信息披露要求在原有基础上适度降低；基础层信息披露突出客观描述和风险揭示。

以上是新三板新政的主要内容，还有大量的配套措施，已经出台或正待出台。期待新三板新政能带来春风，催生繁荣昌盛的新新三板。

第二节　新三板挂牌有什么好处？

新三板从 2013 年开始起步，经历了 2015、2016 年的狂飙突进，进入 2018、2019 年的萧条冷清，似乎到了再不改革就要薪尽灰冷的境地，然后市场迎来了 2019 年 10 月 25 日。这一天，证监会发布了《启动全面深化新三板改革》一文，拉开了新三板改革序幕。之后密集出台了精选层、公开发行、投资者标准降低、转板上市等改革措施或计划，让人们似乎看到云霄飞车的又一个触底升腾。

新三板的“夏天”来了吗？新三板从此走上稳定发展的康庄大道了吗？作者曾对此抱有谨慎的乐观态度，现在看起来还是过于乐观。

但是，对中小企业来讲，这仍可能是一个可以借力大肆发展的机会。必须密切观察，甚至领券入场。

那么，入场新三板，有什么好处吗？

一、融资作用

新三板出台的初衷，就是为了解决发展中的中小企业的融资问题。

《国务院关于全国中小企业股份转让系统有关问题的决定》

（国发〔2013〕49 号）

为更好地发挥金融对经济结构调整和转型升级的支持作用，进一步拓展民间投资渠道，充分发挥全国中小企业股份转让系统的功能，缓解中小微企业融资难，按照党的十八大、十八届三中全会关于多层次资本市场发展的精神……

当然，实际情况是，新三板的融资功能并不理想，流动性稀缺。新三板平台——全国股转公司董事长谢庚2019年撰文承认，在直接融资方面，2013年以来，新三板累计融资额近5 000亿元，而沪深市场2018年全年的股票融资金额就达1万亿元。

根据公开数据，2015年以来，每年都有2 000多家企业实现了融资，占比20%左右。融资的平均市盈率20～30倍。

随着新三板改革推进，增加精选层、推出公开发行、降低投资者标准等，市场可能将再次迎来新热点，以及热钱。据证监会相关人员介绍，在新三板原来的投资者门槛500万元标准下，市场仅有二十几万合格投资者，而新规规定精选层合格投资者门槛降为100万元，据测算，约有合格投资者170万人；创新层合格投资者门槛降为150万元，据测算，约有合格投资者110万人；基础层合格投资者门槛降为200万元，据测算，约有合格投资者80万人。总体而言，合格投资者人数比原来提升了一个数量级。而且增加了各类大体量的机构入市，在一系列政策的刺激和有效运行下，未来新三板会不会像A股、房市一样，成为海量民间资金的蓄水池呢？值得期待。

新三板流动性如能改善，则其融资功能就会发挥应有作用。企业可以通过股票定向发行、债券发行等方式融资，无成本或低成本地在新三板市场上吸取巨量企业发展资金。如能公开发行股票进入精选层，则融资功能更为显著，精选层公开发行被称为“小IPO”，未来或可媲美IPO也未可知。

企业融到资，就可以放开了手脚做大事，投产、研发自不在话下，甚至在竞争不过对手时，直接将其收购！这不是吹牛，是实实在在发生的案例。

融资作用发挥以后，会有更多优秀的公司进场追逐资金，接着会吸引更多的资金进场追逐优秀公司，市场最终形成良性循环后，VC/PE等投资基金也会聚焦于新三板寻找他们的投资目标。

二、套现作用

前述融资作用，是公司以增资方式或发债取得市场资金，资金最终进入公司账户，支持企业发展。总之，都是公司的事情。

而套现作用是创始股东或其他股东的事情。新三板挂牌后，公司股票可以在市场公开转让，以做市方式或竞价方式随时转让，随买随卖。前述市场良性循环建立后，市场会有大量投资人，会有巨量资金囤积，公司的估值也会水涨船高，市盈率会增加，因此，挂牌公司股东、创始人可以在市场上以一个较高价格转让部分股份，将创业红利阶段性套现。而不用再像以往一样只能以公司净利润分红取得股东收入（甚至以其他不合规的方式占有公司资金承担风险隐患），或等着上市，或被上市公司并购，才能套现，实现财富自由。

套现作用可以让创业者阶段性享受成长红利，还方便创始人创业中途下车，把公司带上新三板后，就转让公司股份和控制权，提前享受人生。不是等猪长成了才能卖，猪仔就可以卖。

三、定价作用

股票在公开市场上连续交易，就让公司的股票有了市场价格。一旦有了价格，棋就活了，就有文章可做了。

首先，公司对高管骨干进行股权激励，有了一个明确的市场价格可以参考，可以更方便地进行股权期权的激励安排，可以让限制性股票、股票增值权等以给定时间的市场价格为前提的股权激励方式有办法施行。可以让股权激励对象在付出自己的才干、精力后，很方便地变现。总之，股票有了市场价格，股权激励会更方便，更有效。

其次，股票有了市场价格和流动性后，公司可以以股票进行质押，申请银行贷款，大家知道，具有即时价格的、随时可以变现的股票，一般情况下银行不会砸在手里，因此更容易接受这种质押标的并提供贷款。

当然，有了市场价格，股权融资也就更方便，交易成本更低，机会更多。

四、增信作用

公司挂牌毕竟要经过券商、会计师、律师的核查、规范，要付出较大成本，要经过股转公司的自律审查，甚至证监会核准，而且敢于按照要求进行信息披露，公布定期及临时报告，没有一定实力和前景、没有志向、经营不够规范的公司，是不敢问鼎新三板，也通不过审查的，另外即使成功挂了牌，作为一个优等生班里的差生，也得不到什么，不划算。因此，挂了牌的公司，就像进了重点高中的学生，学习还是过关的。

挂牌后，公司取得证券简称和代码，不时公布信披报告，也会更多得到媒体关注和报道，提升企业形象。

一个有身份、有信用的人可以得到更多信任和合作，而且交易成本、信任成本会更低，这就是公司挂牌后大致会产生的效果。穿过新三板这道筛子后，公司在人才招聘、业务拓展、政府支持、银行信贷等方面，都会享有一定优势或便利。

五、规范作用

从新三板挂牌开始，中介机构会协助企业进行必要的财务与法律规范，建立三会一层及相关规则，建立担保、投资、同业竞争、关联交易等规则，有利于降低企业运营风险，改善公司治理，也有利于企业后续 IPO 上市。

就像中国入世后，接受世界贸易组织（WTO）的规则，同时也有利于自身市场环境的建设，增强自身竞争力，道理是大致一样的。

六、转板上市

早在 2013 年，国务院的相关文件就提出了新三板挂牌公司符合条件可以直接转板上市。

《国务院关于全国中小企业股份转让系统有关问题的决定》

（国发〔2013〕49 号）

二、建立不同层次市场间的有机联系。在全国股份转让系统挂牌的公司，达到股票上市条件的，可以直接向证券交易所申请上市交易。

但是之后这个规定一直没有落地。现在，终于要落下来了。

转板上市跟直接 IPO 有什么不同呢？

区别如表 6.1 所示：

表 6.1　IPO 上市与转板上市的区别

	IPO 上市	转板上市
主　体	挂牌公司或者未挂牌公司	新三板精选层挂牌公司
性　质	增量股发行并上市	存量股交易场所变更
条　件	发行条件及上市条件	转入板块上市条件
审　核	需经证监会核准或注册	交易所进行审核并作出决定

对于转板上市而言，如果不公开发行股票，只是存量股票的交易场所变更，只要符合转入板块上市条件，交易所进行审核并作出决定即可（如公开发行，仍然要在证监会履行 IPO 的注册程序）。

当然，转板上市的制度目的是为新三板培育壮大的精选层企业打通资本市场持续发展的通道，而不是在 IPO 之外另外建立一条“快车道”。利用转板上市占 IPO 的便宜，看上去也不大可能。

七、税收优惠

2019 年 7 月，财政部、税务总局、证监会三部门联合发布公告，明确规定，个人持有挂牌公司的股票，持股期限在 1 个月以上至 1 年（含 1 年）的，其股息红利所得暂减按 50%计入应纳税所得额，持股期限超过 1 年的，对股息红利所得暂免征收个人所得税。

对于作为公司创始股东甚至股权激励对象的股东，持股期限都会超过一年，分红免征个人所得税（税率 20%），可以节省一笔可观的税费。

《财政部　税务总局　证监会关于继续实施全国中小企业股份转让系统挂牌公司股息红利差别化个人所得税政策的公告》

（财政部　税务总局　证监会公告 2019 年第 78 号）

一、个人持有挂牌公司的股票，持股期限超过 1 年的，对股息红利所得暂免征收个人所得税。

个人持有挂牌公司的股票，持股期限在 1 个月以内（含 1 个月）的，其股息红利所得全额计入应纳税所得额；持股期限在 1 个月以上至 1 年（含 1 年）的，其股息红利所得暂减按 50%计入应纳税所得额；上述所得统一适用

20%的税率计征个人所得税。

十、本公告自2019年7月1日起至2024年6月30日止执行。

第三节 新三板挂牌成本费用有多少?

新三板自2019年10月25日开启改革后,出台了增加精选层、公开发行(小IPO)、降低投资者门槛等一系列新政。新三板料将重新进入企业主和投资者的视线,重新进入决策考量。

考量的重点,当然就是成本收益分析。上文我们介绍了挂牌的好处,本文我们讲解一下挂牌的成本费用问题。

挂牌费用和成本,主要包括三部分,支付给中介机构的费用、支付给股转公司的费用和隐形规范成本。下面分别说明。

一、支付给中介机构的费用

企业挂牌时,必须聘请主办券商、律师事务所、会计师事务所三大中介机构提供服务,挂牌前辅导、改制、制作各类文件、申请、登记挂牌、信息披露,等等,都需要三家机构通力合作。另外可能还需要资产评估事务所进行资产评估。

以上费用总计约180～200万元,其中律师费用约30万～40万元,会计师费用约40万～50万元,其余为券商费用,是大头。当然,就像其他商品的价格一样,高的可能高得令人吃惊,低的可能低得让人想不明白。上面讲的只是大致的行情,主要的影响因素有:企业所在地区市场价格,企业的规范程度、规模以及中介机构的品牌差异,等等。

以上费用是挂牌时支付的一次性费用。

企业挂牌后,还要继续聘请三大中介机构提供服务,券商需要持续督导,费用每年15万～20万元,会计师需要对定期报告进行审计,费用大约在每年20万元,律师需要对很多报告内容出具法律意见书,等等,费用一般每年10万元左右。

以上费用是每年都需要承担的费用。

二、支付给股转公司的费用

企业挂牌时，还需要向股转公司一次性支付挂牌初费，以及每年向股转公司支付挂牌年费。

初费和年费依据股本总额计算，以公司总股本 2 000 万股为例计算，初费 3 万元，年费 2 万元。具体费用标准如表 6.2 所示：

表 6.2　全国股转公司收费项目表

	收费项目	收费标准(元)	收费依据	备注
1	挂牌初费	总股本 2 000 万股(含)以下，30 000 元； 总股本 2 000～5 000 万股(含)，50 000 元； 总股本 5 000 万～1 亿股(含)，80 000 元； 总股本 1 亿股以上，100 000 元	《关于全国中小企业股份转让系统有限责任公司有关收费事宜的通知》(股转系统公告〔2013〕7 号) 《关于暂免征收民族自治地区挂牌公司挂牌费用的公告》(股转系统公告〔2015〕30 号) 《关于暂免征收贫困地区挂牌公司挂牌初费的公告》(股转系统公告〔2017〕30 号)	1. 自 2015 年 1 月 1 日起暂免征收注册地在内蒙古、广西、西藏、宁夏和新疆 5 个民族自治地区的挂牌公司挂牌初费； 2. 自 2017 年 1 月 1 日起暂免征收注册在贫困地区的挂牌公司的挂牌初费； 3. 两网公司及退市公司股票暂免征收
2	挂牌年费	总股本 2 000 万股(含)以下，20 000 元； 总股本 2 000～5 000 万股(含)，30 000 元； 总股本 5 000 万～1 亿股(含)，40 000 元； 总股本 1 亿股以上，50 000 元	《关于全国中小企业股份转让系统有限责任公司有关收费事宜的通知》(股转系统公告〔2013〕7 号) 《关于暂免征收民族自治地区挂牌公司挂牌费用的公告》(股转系统公告〔2015〕30 号)	1. 自 2015 年 1 月 1 日起暂免征收注册地在内蒙古、广西、西藏、宁夏和新疆 5 个民族自治地区的挂牌公司挂牌年费； 2. 两网公司及退市公司股票暂免征收

三、隐性规范成本

企业挂牌的条件之一是合法合规经营。而一般企业总会或多或少存在一些不合规的经营行为：

（1）比如消防问题，未进行备案验收、无消防设备设施，需要事后申请，需要置备、整改。

（2）比如环保问题，无排污许可证、排污不达标、无环保设施、未取得环评批复，需要规范和整改。

（3）比如税务问题，应税业务未申报纳税，收入确认、成本费用列支等不符合税法规定导致少缴税款，关联交易定价明显偏低导致少缴税款，需要补缴税款。

（4）比如社保公积金问题，部分员工未缴社保或仅按照最低标准缴纳社保，未缴公积金。

（5）比如产品质量问题，不符合国家标准或行业标准，需要改善。

以上这些问题，有的是红线，不可逾越，必须整改，有的需要适度整改，需要真实披露，可以带病挂牌。但无论如何，为了达到合规要求，公司或多或少都需要对违规行为进行规范或补救，不可避免地，这会产生成本。这个成本多大，只能说因“企”而异，不能一概而论。有的成本轻微，有的达到惊人的地步，只能望而却步。

第四节　新三板基础层挂牌的 28 个条件

第二次分层后的新三板分为三个层级，精选层、创新层、基础层，基础层处于最下层，门槛最低。

公司要先登堂入室，挂牌基础层，需要什么条件呢？

有几方面的条件，以下分别叙述。为了方便创业者理解，作者对其中条件进行了适当排序整理，复杂概念进行一些简单解释说明，对基本不会碰到的问题进行了删减。

一、主体资格适格(依法设立，存续满两年)

1. 关于依法设立

（1）公司设立程序合法合规。

① 国有企业需提供国资监管机构股权设置批复文件。股东中含有政府引导型股权投资基金的，需要提供基金的有效投资决策文件。

② 外商投资企业须提供商务委出具的设立批复或备案文件。

（2）股东出资合法合规。

① 非货币财产出资的，应当评估作价，办理完毕财产权转移手续。动产办理转移交接手续，不动产或无形资产办理产权人变更登记。

② 注册资本缴足，不可认缴，不存在出资不实情形。

③ 以国有资产出资的，应遵守有关国有资产评估的规定。

（3）有限公司按要求改制为股份公司。

改制时应以改制基准日经审计的净资产额为依据折合为股份有限公司股本。整体变更不应改变历史成本计价原则，不应根据资产评估结果进行账务调整，公司申报财务报表最近一期截止日不得早于股份有限公司成立日。也就是说，股份公司成立日应当包含于申报财务报表期限内。

改制的目的就是把有限公司的人合性改为股份公司的资合性，一系列规则的变化有利于股份发行，有利于可能作为投资者的中小股东的保护。

2. 关于存续两年

公司已存续两个完整的会计年度。

比如 2018 年 3 月设立，到 2020 年 3 月时，只能算一个完整的会计年度。为什么要完整的两个会计年度呢？因为要确定持续经营能力，要计算年度营业收入。

有限公司改制为股份公司时，存续时间从有限公司成立之日起计算。

二、可持续经营（业务明确，具有持续经营能力）

1. 关于业务明确

业务明确，能够清晰阐述业务、产品及其用途、商业模式。能清晰说明你是做什么业务的。

2. 关于持续经营

（1）业务具有相应关键资源要素并具有投入处理产出能力。

公司可以经营一种或多种业务，但每种业务应具有相应的关键资源要素，这些要素组成应具有投入、处理和产出能力，能够与商业合同、收入或成本费用等相匹配。

什么叫关键资源要素呢？简单来说，就是完成公司业务所需要的若干项关键资源。一般包括如下内容：产品或服务所使用的主要技术、主要无形资产、主要生产设备等重要固定资产、员工、业务许可资格或资质、特许经营权等。

公司拥有这些资源要素，形成了一个经营闭环，在这个循环中产出了产品或服务。为什么要求与商业合同等匹配？为了使得可持续经营能力可举证、可识别。

（2）公司业务在报告期内有持续的营运记录。

营运记录包括现金流量、营业收入、交易客户、研发费用支出等。公司应在每一个会计期间内形成持续营运记录，不能仅存在偶发性交易或事项。

（3）符合以下财务数据要求（新三板基础层挂牌仅有的数据要求）：

① 最近两个完整会计年度的营业收入累计不低于1 000万元；因研发周期较长导致营业收入少于1 000万元时也可以，但最近一期末净资产不少于3 000万元。

② 报告期末股本不少于500万元。

③ 报告期末每股净资产不低于1元/股。

为方便记忆，以上要求可以简单总结为“1－3－5”，即1 000万两年，1元/股，3 000万元净资产，500万元总股本。

以上数据可见，新三板对财务数据的要求确实很低，三个指标（营业额、总股本、净资产）都是百万级，三个数据，都在500万元以上就行，不是太小微的初创企业就能够达到。而且，没有净利润要求，亏损也可以上。

（4）公司可以持续经营，不存在以下情形：

① 解散、破产或重整。

②《中国注册会计师审计准则第1324号——持续经营》应用指南中列举的相关事项或情况，导致公司持续经营能力存在重大不确定性。

《〈中国注册会计师审计准则第1324号——持续经营〉应用指南》（2017年修订）摘录

以下是单独或汇总起来可能导致对被审计单位持续经营能力产生重大疑虑的事项或情况的示例。这些示例并不能涵盖所有事项或情况，也不意味着存在其中一个或多个项目就一定表明存在重大不确定性。

财务方面：

（1）净资产为负或营运资金出现负数；

（2）定期借款即将到期，但预期不能展期或偿还，或过度依赖短期借款为长期资产筹资；

（3）存在债权人撤销财务支持的迹象；

（4）历史财务报表或预测性财务报表表明经营活动产生的现金流量净额为负数；

（5）关键财务比率不佳；

（6）发生重大经营亏损或用以产生现金流量的资产的价值出现大幅下跌；

（7）拖欠或停止发放股利；

（8）在到期日无法偿还债务；

（9）无法履行借款合同的条款；

（10）与供应商由赊购变为货到付款；

（11）无法获得开发必要的新产品或进行其他必要的投资所需的资金。

经营方面：

（1）管理层计划清算被审计单位或终止运营；

（2）关键管理人员离职且无人替代；

（3）失去主要市场、关键客户、特许权、执照或主要供应商；

（4）出现用工困难问题；

（5）重要供应短缺；

（6）出现非常成功的竞争者。

其他方面：

（1）违反有关资本或其他法定或监管要求，例如对金融机构的偿债能力或流动性要求；

（2）未决诉讼或监管程序，可能导致其无法支付索赔金额；

（3）法律法规或政府政策的变化预期会产生不利影响；

（4）对发生的灾害未购买保险或保额不足。

三、合法合规经营（公司治理机制健全，合法规范经营）

1. 关于治理健全

（1）公司建立了“三会一层”（股东大会、董事会、监事会和高级管理层）。

（2）按照《非上市公众公司监管指引第3号——章程必备条款》等规定制定了公司章程、“三会一层”运行规则、投资者关系管理制度、关联交易管理制度等，建立全面完整的公司治理制度。

（3）董事、监事、高级管理人员具备《公司法》规定的任职资格，最近24个月内未受到中国证监会行政处罚或采取禁入措施，或者被股转公司认定不适合担任挂牌公司董事、监事、高级管理人员；未因涉嫌犯罪被司法机关立案侦查或者涉嫌违法违规被中国证监会立案调查尚无明确结论意见。

（4）公司有关联交易的，依法依规履行审议程序，保证交易公平、公允。

（5）控股股东、实际控制人及其关联方存在占用公司资金、资产、资源情形的，在申请挂牌前已归还或规范（完成交付或权属变更登记）。资金资源占用情形包括：从公司拆借资金；由公司代垫费用、代偿债务；由公司承担担保责任而形成债权；无偿使用公司的土地房产、设备动产等资产；无偿使用公司的劳务等人力资源；在没有商品和服务对价情况下其他使用公司的资金、资产或资源的行为。

2. 关于业务合规

（1）公司及其控股股东、实际控制人、下属子公司（下属子公司是指公司的全资、控股子公司或通过其他方式纳入合并报表的公司）经营行为合法、合规，不存在重大违法违规行为。具体指最近24个月内没有：

① 涉嫌犯罪被司法机关立案侦查，尚无明确结论意见。

② 受到刑事处罚。

③ 重大违法违规情形的行政处罚（凡被行政处罚的实施机关给予没收违法所得、没收非法财物以上行政处罚的行为，属于重大违法违规情形，但处罚机关依法认定不属于的除外；被行政处罚的实施机关给予罚款的行为，除主办券商和律师能依法合理说明或处罚机关认定该行为不属于重大违法违规行为的外，都视为重大违法违规情形）。

以上控股股东和实际控制人如为个人，则与公司经营无关的行政处罚，不受此限。

（2）公司及下属子公司（注意，此处未包括公司控股股东及实际控制人）业务如需要主管部门审批，取得相应的资质、许可或特许经营权等。

（3）公司及其法定代表人、控股股东、实际控制人、董事、监事、高级管理人员、下属子公司，在申请挂牌时不存在被列为失信联合惩戒对象的情形。包括失信被执行人、工商管理失信、税务失信、社保失信，等等。

（4）公司及下属子公司业务符合国家产业政策以及环保、质量、安全等要求。

公司及下属子公司所属行业为重污染行业的，根据相关规定应办理建设项目环评批复、环保验收、排污许可证以及配置污染处理设施的，应在申请挂牌前办理完毕；不属于重污染行业的，但根据相关规定必须办理排污许可证和配置污染处理设施的，应在申请挂牌前办理完毕。

3. 关于财务合规

（1）公司及下属子公司设有独立财务部门，能够独立开展会计核算、作出财务决策。不可使用代理记账或共用财务部门。

（2）公司及下属子公司的财务会计制度及内控制度健全，符合会计法律法规规范。

（3）报告期内的公司财务报表在所有重大方面公允地反映公司的财务状况、经营成果和现金流量，财务报表及附注不得存在虚假记载、重大遗漏以及误导性陈述。公司财务报表由会计师事务所出具标准无保留意见的审计报告。财务报表被出具带强调事项段的无保留审计意见的，应全文披露审计报告正文以及董事会、监事会和注册会计师对强调事项的详细说明，处理情况，影响是否重大，影响是否已经消除、纠正。

四、股权明晰合规（股权明晰，股票发行和转让行为合法合规）

1. 关于股权明晰

（1）股权明晰，股东特别是控股股东、实际控制人及其关联股东或实际支配的股东的股份不存在权属争议或潜在纠纷。

（2）不存在法律法规规定不适宜担任股东的股东。比如公务员、军人等特殊身份人持股。

（3）申请挂牌前存在国有股权转让的，应遵守评估等国资管理规定。外商投资企业申请挂牌前有股权转让的，应遵守商务部门的规定。

2. 关于合法发行

（1）不存在最近 3 年擅自公开或者变相公开发行证券的行为。

（2）曾入驻上股交等各地区域股权市场的，新三板挂牌前应在区域股权市场停牌或摘牌。

五、主办券商推荐并持续督导

关于券商推荐：

（1）公司与主办券商签署了《推荐挂牌并持续督导协议》。

（2）主办券商完成尽职调查和内核程序，并出具推荐报告。由主办券商对公司符合挂牌条件进行背书。

本节内容依据《全国中小企业股份转让系统股票挂牌条件适用基本标准指引》(股转系统公告〔2020〕151号)等规则整理而成。可以帮助创业者了解基础层挂牌条件的大致内容。实际上，每条规范里面都有大量文章需要做，比如合法合规经营方面，可能包含社保、公积金、消防、土地房屋性质、税务等问题，公司治理方面，可能包括关联交易、同业竞争等复杂问题，需要实践中具体解决。后文中我们将逐步探讨。

第五节 新三板创新层挂牌的条件是什么？什么情况下会被调出？

创新层属于新三板的中间层，跟下面的基础层、上面的精选层之间都存在相互流动的通道。精选层和基础层有没有通道跳过创新层直接流动呢？答案是，精选层可以直接跌落基础层，但基础层不能跳级到精选层。不过，企业可以跳级上创新层，跃过基础层。

那么，进入创新层的条件是什么？什么情况下又会被移出创新层？

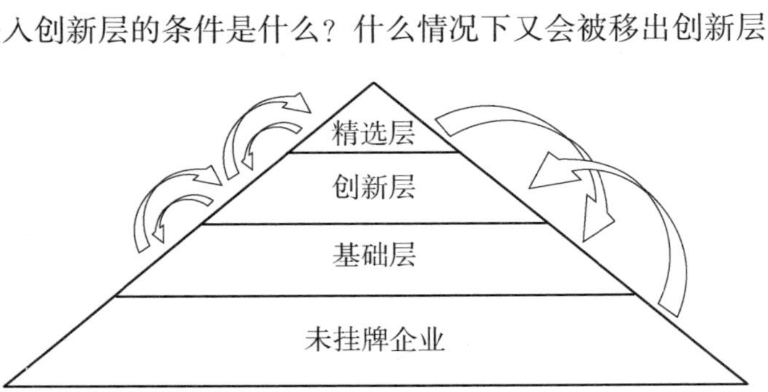

图6.1 企业跳级

一、进入创新层条件

前面讲过，升入创新层有两个通道，一个是未挂牌企业越过基础层直接跳级到创新层，一个是基础层升一级进创新层。我们先看下从基础层升入需要哪些条件：

（1）公司挂牌以来完成过定向发行股票（含优先股），且发行融资金额累计不低于 1 000 万元。

我的理解，市场分层的目的是希望把好公司挑出来，给带上袖标，给与优惠政策奖励，实现挂牌市场的优胜劣汰。问题是怎么选呢？必须参考市场的意见。一个公司进行过 1 000 万元以上的定向发行，说明有限市场对这家公司有一定程度的认可，说明其股票具有一定的活跃度。

（2）符合全国股转系统基础层投资者适当性条件的合格投资者人数不少于 50 人。

除了发行金额之外，投资者人数也是一个市场认可的参考指标，可以反映一个公司的受欢迎程度。另外，进入创新层就有机会公开发行股份并进入精选层，所以公司股份也要具有一定程度的公众性。

需要注意的是，这里的合格投资者是基础层条件的投资者，即需要满足 200 万元资产的要求。这个可以从逻辑上来理解，作为创新层进入的条件，进行认定时公司还不属于创新层，因此只能接受基础层投资者。

（3）最近一年期末净资产不为负值。

挂牌基础层的净资产要求是 500 万元以上，所以这个不为负值的要求还是比较宽松的。

（4）公司治理健全，制定并披露股东大会、董事会和监事会制度、对外投资管理制度、对外担保管理制度、关联交易管理制度、投资者关系管理制度、利润分配管理制度和承诺管理制度；设立董事会秘书，且其已取得全国股转系统挂牌公司董事会秘书任职资格。

创新层是公开发行股票的过渡阶段，因此必须做好公司治理和披露，保护好作为中小股东的投资者的权益，为以后公开发行做制度准备。

（5）满足以下财务指标之一：

① 最近两年净利润均不低于 1000 万元，最近两年加权平均净资产收益率平

均不低于8%，股本总额不少于2 000万元。

② 最近两年营业收入平均不低于6 000万元，且持续增长，年均复合增长率不低于50%，股本总额不少于2 000万元。

③ 最近有成交的60个做市或者集合竞价交易日的平均市值不低于6亿元，股本总额不少于5 000万元；采取做市交易方式的，做市商家数不少于6家。

可见，进入创新层条件适应了不同公司的不同发展状况，或者公司是一个已经实现一定规模的稳定盈利的公司，或者没有盈利但是实现一定规模营收且增长很快的公司，或者可以没有盈利也没有很快增长，但是估值较高，得到市场认可的公司。

下面我们看一下升入创新层的另一个通道，即未挂牌企业越过基础层直接跳级到创新层。毫无疑问，进入创新层需要满足前文讲到的基础层进入条件，除此之外，公司还需要满足的条件，与以上基础层升入创新层的条件是一致的。只是为适应程序的不同在规则方面作了相应的调整，比如把“公司挂牌以来完成过定向发行股票”改为“完成挂牌同时定向发行股票”；“最近有成交的60个做市或者集合竞价交易日的平均市值不低于6亿元，股本总额不少于5 000万元；采取做市交易方式的，做市商家数不少于6家”改为“在挂牌时即采取做市交易方式，完成挂牌同时定向发行股票后，公司股票市值不低于6亿元，股本总额不少于5 000万元，做市商家数不少于6家，且做市商做市库存股均通过本次定向发行取得”（以上所称市值是指以定向发行价格计算的股票市值）。具体数据要求上并没有任何变化。

此外，进入创新层还有一个向下通道，就此从精选层跌落。挂牌公司因故被调出精选层，符合创新层条件的，进入创新层；不符合的，进入基础层。

二、不得进入创新层情形

公司存在以下情形之一的，即使符合前述所有条件，也不得进入创新层，具体包括最近12个月内或层级调整期间：

（1）挂牌公司或其控股股东、实际控制人存在贪污、贿赂、侵占财产、挪用财产或者破坏社会主义市场经济秩序的刑事犯罪；存在欺诈发行、重大信息披露违法或者其他涉及国家安全、公共安全、生态安全、生产安全、公众健康安全等领域的重大违法行为。

可以看出，规定的出发点是为了保护投资者利益和公众利益。前面列举的几项刑事犯罪都是故意损害公司利益的犯罪，同时也损害了作为中小股东的投资者的利益，后面则涉及公共利益。

(2) 挂牌公司或其控股股东、实际控制人、董事、监事、高级管理人员被中国证监会及其派出机构采取行政处罚，或因证券市场违法违规行为受到全国股转公司等自律监管机构公开谴责。

既然是新三板里的优等生，就要模范遵守“学校和班级”的纪律，违纪的不要。

(3) 挂牌公司或其控股股东、实际控制人、董事、监事、高级管理人员因涉嫌犯罪正被司法机关立案侦查或涉嫌违法违规正被中国证监会及其派出机构立案调查，尚未有明确结论意见。

这一条还是比较严厉的，董监高被立案侦查，并没有限于与公司经营相关，即使完全因为个人行为，比如酒后驾驶或寻衅滋事，都会影响企业升入创新层，这一条企业容易受牵连，选择董事、监事、高级管理人员一定要慎重，挂牌企业宣传工作也要做好。

(4) 挂牌公司或其控股股东、实际控制人被列入失信被执行人名单且情形尚未消除。

好公司应该是讲信用的公司，被诉后败诉，还赖着不付钱，要么是守法意识太差，要么是资金状况太差。控股股东、实际控制人有这样的问题也不行，根不正。

(5) 未按照全国股转公司规定在每个会计年度结束之日起 4 个月内编制并披露年度报告，或者未在每个会计年度的上半年结束之日起 2 个月内编制并披露半年度报告。

新三板改革，加强信息披露是重要思路之一，企业不能如期披露定期信息，反映出的治理和合规问题不会小，不能妥善保护投资者知情权和利益。

(6) 最近两年财务会计报告被会计师事务所出具非标准审计意见的审计报告；仅根据《全国中小企业股份转让系统分层管理办法》第十一条第二项规定标准进入创新层的，最近三年财务会计报告被会计师事务所出具非标准审计意见的审计报告。

审计报告分为两大类：一种是标准无保留意见审计报告；另一种是非标准意见审计报告(简称非标意见)。前者表明会计师认为财务报表质量合格；而后者表示会计师认为财务报表质量不合格。非标准审计报告是指带强调事项段或其他事项段的审计报告和非无保留意见的审计报告。“非标”意见通常以 4 种形式出现，带强调事项段的无保留意见、保留意见、否定意见和无法表示意见。

挂牌创新层需要符合相关的财务数据条件，出具了非标意见，说明财务报表质量不合格，数据不可靠。无法认定是否符合创新层条件。

三、移出创新层情形

全国股转公司对挂牌公司所属市场层级实行定期调出和即时调出。

1. 定期调出

创新层挂牌公司出现下列情形之一的，会被定期调出创新层，进入基础层：

(1) 最近两年净利润均为负值，且营业收入均低于 3 000 万元，或者最近一年净利润为负值，且营业收入低于 1 000 万元，依据前述市值标准进入创新层的除外（公司股票市值不低于 6 亿元，股本总额不少于 5 000 万元，做市商家数不少于 6 家）。

(2) 最近一年期末净资产为负值。

(3) 最近一年财务会计报告被会计师事务所出具否定意见或无法表示意见的审计报告。

我们可以看出，定期调出都是因为净利润、净资产等财务数据或财务报告方面的问题。调出标准还是比较宽松的，一家公司状况与入层时相比已经非常糟糕了，才会被调出创新层。

2. 即时调出

创新层挂牌公司出现下列情形之一的，全国股转公司即时将其调出创新层，进入基础层：

(1) 连续 60 个交易日，符合全国股转系统创新层投资者适当性条件的合格投资者人数均少于 50 人。

(2) 连续 60 个交易日，股票每日收盘价均低于每股面值。

(3) 未按照全国股转公司规定在每个会计年度结束之日起 4 个月内编制并披露年度报告，或者未在每个会计年度的上半年结束之日起 2 个月内编制并披露半年度报告。

(4) 挂牌公司进层后，最近 24 个月内因不同事项受到中国证监会及其派出机构行政处罚或全国股转公司公开谴责的次数累计达到 2 次，或者受到刑事处罚。

（5）因更正年度报告导致进层时不符合所属市场层级进入条件，或者符合定期调出情形。

（6）不符合所属市场层级进入条件，但依据虚假材料进入的。

（7）根据前述 6 亿元市值标准（公司股票市值不低于 6 亿元，股本总额不少于 5 000 万元，做市商家数不少于 6 家）进入创新层的挂牌公司，连续 60 个交易日，股票交易市值均低于 2 亿元的。

总结以上内容，即时调出的情形包括公众股东人数、股价、延期披露、处罚、报告更正、虚假材料、市值标准等 7 个方面不再符合创新层挂牌条件。

四、层级调整程序

1．即时调整

公司出现即时调出情形的，全国股转公司自相应情形认定之日起 5 个交易日内启动层级调整工作。自调出之日起 12 个月内，不得再次进入原市场层级。

2．定期调整

全国股转公司于每年 4 月 30 日启动挂牌公司所属市场层级定期调整工作：

（1）创新层挂牌公司出现定期调出情形的，将其调出创新层。

（2）基础层挂牌公司符合创新层进入条件的，经申请调入创新层。

全国股转公司进行挂牌公司所属市场层级的定期调整前，在全国股转系统官网公示拟进行层级调整的挂牌公司名单。挂牌公司在名单公示后的 5 个交易日内，可以层级调整所依据的事实认定有误为由申请异议。全国股转公司根据异议核实情况对名单进行调整。

3．调整决定机构

挂牌公司的层级进入和调整由全国股转公司挂牌委员会审议，并形成审议意见。全国股转公司结合挂牌委员会的审议意见，作出决定。创新层调入调出事项适用简易程序审议。

挂牌公司对全国股转公司作出的层级进入和调整决定存在异议的，可以按照全国股转公司有关规定申请复核。

第六节 新三板精选层的进入条件是什么？ 程序是什么？什么情况下会被调出？

公司符合什么条件就可以进入新三板的精选层？什么情况不得进入？什么情况会被调出？本文总结《全国中小企业股份转让系统分层管理办法》及配套文件，整理如下。

一、新三板精选层的进入条件

（1）在全国股转系统连续挂牌满12个月的创新层挂牌公司。

公司品质再好，也不能直接进精选层，只能先进入新三板，从基础层或创新层起步，挂牌满12个月，在新三板规则下积累了相关的数据，在信息披露等方面的表现有所呈现，才有条件进入精选层。我的理解，这个类似于新员工的入职试用期。

另外，还有个地方容易引起歧义，需要说明：并不要求以创新层公司的身份保持12个月以上，申请进入精选层时属于创新层即可。

（2）最近一年期末净资产不低于5000万元。

精选层可以公开发行股票，因此被称为小IPO，为保持市场稳定，挂牌精选层必须有一定的规模体量。

（3）公开发行的股份不少于100万股，发行对象不少于100人。

精选层股票进行连续竞价交易，需要交易的活跃度，因此需要一定规模的公众股东。

（4）公开发行后，公司股本总额不少于3000万元。

（5）公开发行后，公司股东人数不少于200人，公众股东持股比例不低于公司股本总额的25%；公司股本总额超过4亿元的，公众股东持股比例不低于公司股本总额的10%。

《全国中小企业股份转让系统分层管理办法》

公众股东是指除以下股东之外的挂牌公司股东：

（一）持有公司10%以上股份的股东及其一致行动人；

（二）公司董事、监事、高级管理人员及其关系密切的家庭成员，公司董事、监事、高级管理人员直接或间接控制的法人或者其他组织。关系密切的家庭成员，包括配偶、子女及其配偶、父母及配偶的父母、兄弟姐妹及其配偶、配偶的兄弟姐妹、子女配偶的父母。

(6) 公司财务数据方面，符合下列条件之一：

① 市值不低于2亿元，最近两年净利润均不低于1 500万元且加权平均净资产收益率平均不低于8%，或者最近一年净利润不低于2 500万元且加权平均净资产收益率不低于8%。

② 市值不低于4亿元，最近两年营业收入平均不低于1亿元，且最近一年营业收入增长率不低于30%，最近一年经营活动产生的现金流量净额为正。

③ 市值不低于8亿元，最近一年营业收入不低于2亿元，最近两年研发投入合计占最近两年营业收入合计比例不低于8%。

④ 市值不低于15亿元，最近两年研发投入合计不低于5 000万元。

以上所称市值是指公开发行价格计算的股票市值。

二、不得进入精选层的情形

有下列情形之一的，挂牌公司不得进入精选层：

(1) 挂牌公司或其控股股东、实际控制人最近三年内存在贪污、贿赂、侵占财产、挪用财产或者破坏社会主义市场经济秩序的刑事犯罪；存在欺诈发行、重大信息披露违法或者其他涉及国家安全、公共安全、生态安全、生产安全、公众健康安全等领域的重大违法行为。

(2) 挂牌公司或其控股股东、实际控制人、董事、监事、高级管理人员最近12个月内被中国证监会及其派出机构采取行政处罚，或因证券市场违法违规行为受到全国股转公司等自律监管机构公开谴责。

(3) 挂牌公司或其控股股东、实际控制人、董事、监事、高级管理人员因涉嫌犯罪正被司法机关立案侦查或涉嫌违法违规正被中国证监会及其派出机构立案调查，尚未有明确结论意见。

(4) 挂牌公司或其控股股东、实际控制人被列入失信被执行人名单且情形尚未消除。

(5) 未按照全国股转公司规定在每个会计年度结束之日起4个月内编制并披露年度报告,或者未在每个会计年度的上半年结束之日起2个月内编制并披露半年度报告。

(6) 最近三年财务会计报告被会计师事务所出具非标准审计意见的审计报告。

(7) 中国证监会和全国股转公司规定的,对挂牌公司经营稳定性、直接面向市场独立持续经营的能力具有重大不利影响,或者存在挂牌公司利益受到损害等其他情形。

此外,公司存在违规对外担保、资金占用或者其他权益被控股股东、实际控制人严重损害情形的,应当在相关情形已经解除或者消除影响后申请股票公开发行并在精选层挂牌。

公司具有表决权差异安排的,该安排应当平稳运行至少一个完整会计年度,且相关信息披露和公司治理符合有关规定,才可以申请挂牌精选层。

三、调出精选层的情形

1. 定期调出

精选层挂牌公司出现下列情形之一的,定期调出精选层:

(1) 最近两年净利润均为负值,且营业收入均低于5000万元,或者最近一年净利润为负值,且营业收入低于3000万元,仅根据相关市值规定(市值不低于15亿元,最近两年研发投入合计不低于5000万元)进入精选层的挂牌公司除外。

(2) 最近一年期末净资产为负值。

(3) 最近一年财务会计报告被会计师事务所出具否定意见或无法表示意见的审计报告。

可以看到,定期调出的财务数据标准远低于进入精选层时的标准,新三板允许公司进入精选层后出现较大起伏波动,只有公司出现极大滑坡,已经亏得不成样子了才会被定期调出。

2. 即时调出

出现下列情形之一的,即时调出精选层:

(1) 连续60个交易日,股票每日收盘价均低于每股面值。

(2) 未按照全国股转公司规定在每个会计年度结束之日起4个月内编制并

披露年度报告，或者未在每个会计年度的上半年结束之日起 2 个月内编制并披露半年度报告。

（3）挂牌公司进层后，最近 24 个月内因不同事项受到中国证监会及其派出机构行政处罚或全国股转公司公开谴责的次数累计达到 2 次，或者受到刑事处罚。

（4）不符合所属市场层级进入条件，但依据虚假材料进入的。

（5）连续 60 个交易日，公众股东持股比例均低于公司股本总额的 25%；公司股本总额超过 4 亿元的，连续 60 个交易日，公众股东持股比例均低于公司股本总额的 10%。

（6）连续 60 个交易日，股东人数均少于 200 人。

（7）因更正年度报告导致进层时不符合精选层进入条件，或者出现应定期调出精选层情形。

（8）仅根据相关市值规定（市值不低于 15 亿元，最近两年研发投入合计不低于 5 000 万元）进入精选层的挂牌公司，连续 60 个交易日，股票交易市值均低于 5 亿元的。

四、精选层挂牌程序

精选层挂牌首先要公开发行，发行成功则进入精选层，如公开发行失败，则在原市场层级，即创新层继续挂牌。

程序简述如下：

（1）提交阶段：

公司董事会决议公开发行方案→股东大会批准→制作申请文件→保荐机构保荐并提交

（2）审核阶段：

股转公司自律审查（问询、检查）→挂牌委员会审议→股转公司出具自律监管意见→证监会核准

（3）发行阶段：

提交发行与承销方案→投资者申购→提交发行结果报告、验资报告

（4）挂牌阶段：

保荐机构出具精选层挂牌推荐书（含发行结果）→精选层挂牌

以上可见，公司申请股票在精选层挂牌，应当由股转公司自律审查，挂牌委

审议，之后报中国证监会履行发行核准程序。

挂牌公司应当聘请其主办券商担任保荐机构，主办券商不具有保荐机构资格的，公司应当聘请其具有保荐机构资格的子公司担任保荐机构。

挂牌公司应当聘请具有证券承销业务资格的主办券商或其子公司作为承销机构。

主承销商可以由公司保荐机构担任，也可以由公司保荐机构与其他承销机构共同担任。

第七节 新三板挂牌时的消防问题如何解决？

公司挂牌新三板时，对有些企业来说，会碰到一些难啃的骨头，成为挂牌的主要难点。消防问题就是其中之一，可能成为挂牌的障碍，或起码是需要整改、披露的问题。

一、挂牌条件中关于消防的规定是什么

新三板挂牌条件规则中，没有直接提到"消防"二字，但跟消防有关的规定有两处，一是持续经营，二是合法合规经营。

"持续经营"要求公司不存在对持续经营能力产生重大影响的事项或情况；"合法合规经营"要求公司及相关关联主体最近两年内没有因重大违法违规行为受到罚款等行政处罚，要求公司经营业务符合环保、质量、安全等要求（消防属于安全范畴）。

《全国中小企业股份转让系统股票挂牌条件适用基本标准指引》

持续经营能力，是指公司在可预见的将来，有能力按照既定目标持续经营下去。

公司存在以下情形之一的，应认定为不符合持续经营能力要求：

3. 存在其他对公司持续经营能力产生重大影响的事项或情况。

合法合规经营，是指公司及其控股股东、实际控制人、下属子公司（下属子公司是指公司的全资、控股子公司或通过其他方式纳入合并报表的公司

或其他法人，下同）须依法开展经营活动，经营行为合法、合规，不存在重大违法违规行为。

1. 公司及下属子公司的重大违法违规行为是指公司及下属子公司最近24个月内因违犯国家法律、行政法规、规章的行为，受到刑事处罚或适用重大违法违规情形的行政处罚。

（1）行政处罚是指经济管理部门对涉及公司经营活动的违法违规行为给予的行政处罚。

（2）重大违法违规情形是指，凡被行政处罚的实施机关给予没收违法所得、没收非法财物以上行政处罚的行为，属于重大违法违规情形，但处罚机关依法认定不属于的除外；被行政处罚的实施机关给予罚款的行为，除主办券商和律师能依法合理说明或处罚机关认定该行为不属于重大违法违规行为的外，都视为重大违法违规情形。

5. 公司及下属子公司业务须遵守法律、行政法规和规章的规定，符合国家产业政策以及环保、质量、安全等要求。

《消防法》规定，未经消防验收、验收不合格擅自投入使用，或经备案的建设工程抽查不合格等情形下，住房和城乡建设部门（注意机构改革后不再是公安消防）可以责令其停产停业，这个可以理解为对持续经营能力产生影响。所以会成为挂牌时被关注的问题。

《消防法》共有9条规定14处提到罚款，罚款金额包括3万元以上30万元以下、5 000元以上5万元以下、500元以下等，如发生罚款很可能构成重大违法违规经营，也会成为挂牌时需要关注的问题。

《中华人民共和国消防法》（2019年修订）

第五十八条　违反本法规定，有下列行为之一的，由住房和城乡建设主管部门、消防救援机构按照各自职权责令停止施工、停止使用或者停产停业，并处三万元以上三十万元以下罚款：

（一）依法应当进行消防设计审查的建设工程，未经依法审查或者审查不合格，擅自施工的；

（二）依法应当进行消防验收的建设工程，未经消防验收或者消防验收不合格，擅自投入使用的；

（三）本法第十三条规定的其他建设工程验收后经依法抽查不合格，不停止使用的；

（四）公众聚集场所未经消防安全检查或者经检查不符合消防安全要求，擅自投入使用、营业的。

建设单位未依照本法规定在验收后报住房和城乡建设主管部门备案的，由住房和城乡建设主管部门责令改正，处五千元以下罚款。

第六十一条　生产、储存、经营易燃易爆危险品的场所与居住场所设置在同一建筑物内，或者未与居住场所保持安全距离的，责令停产停业，并处五千元以上五万元以下罚款。

生产、储存、经营其他物品的场所与居住场所设置在同一建筑物内，不符合消防技术标准的，依照前款规定处罚。

二、消防法规有哪些基本规定，如何监管？

没有仔细了解消防法规的人，脑子里会有一些模糊概念，诸如消防验收、备案、检查，等等，本节从框架上先做一梳理。

对于任何新建、扩建、改建的建筑工程、装修工程，消防法规是分层管理的。分为两层。

第一层是特殊建设工程，比如面积大于10 000平方米的宾馆、饭店、商场，面积大于2 500平方米的健身休闲场馆、制造企业加工车间，易燃易爆危险物品相关工厂仓库等，都是特殊建设工程。

特殊在哪里呢？规模面积大、人员流动大、人员密度高、危险性高。普通小微企业一般不太会够得到这一层。

此类特殊建设工程建设前需要进行消防设计审查，竣工后向消防设计审查验收机关申请消防验收。

《建设工程消防设计审查验收管理暂行规定》

（2020年4月1日）

第三章　特殊建设工程的消防设计审查

第十四条　具有下列情形之一的建设工程是特殊建设工程：

（一）总建筑面积大于二万平方米的体育场馆、会堂，公共展览馆、博物馆的展示厅；

（二）总建筑面积大于一万五千平方米的民用机场航站楼、客运车站候车室、客运码头候船厅；

（三）总建筑面积大于一万平方米的宾馆、饭店、商场、市场；

（四）总建筑面积大于二千五百平方米的影剧院，公共图书馆的阅览室，营业性室内健身、休闲场馆，医院的门诊楼，大学的教学楼、图书馆、食堂，劳动密集型企业的生产加工车间，寺庙、教堂；

（五）总建筑面积大于一千平方米的托儿所、幼儿园的儿童用房，儿童游乐厅等室内儿童活动场所，养老院、福利院，医院、疗养院的病房楼，中小学校的教学楼、图书馆、食堂，学校的集体宿舍，劳动密集型企业的员工集体宿舍；

（六）总建筑面积大于五百平方米的歌舞厅、录像厅、放映厅、卡拉OK厅、夜总会、游艺厅、桑拿浴室、网吧、酒吧，具有娱乐功能的餐馆、茶馆、咖啡厅；

（七）国家工程建设消防技术标准规定的一类高层住宅建筑；

（八）城市轨道交通、隧道工程，大型发电、变配电工程；

（九）生产、储存、装卸易燃易爆危险物品的工厂、仓库和专用车站、码头，易燃易爆气体和液体的充装站、供应站、调压站；

（十）国家机关办公楼、电力调度楼、电信楼、邮政楼、防灾指挥调度楼、广播电视楼、档案楼；

（十一）设有本条第一项至第六项所列情形的建设工程；

（十二）本条第十项、第十一项规定以外的单体建筑面积大于四万平方米或者建筑高度超过五十米的公共建筑。

第十五条 对特殊建设工程实行消防设计审查制度。

特殊建设工程未经消防设计审查或者审查不合格的，建设单位、施工单位不得施工。

第二十六条 对特殊建设工程实行消防验收制度。

特殊建设工程竣工验收后，建设单位应当向消防设计审查验收主管部门申请消防验收；未经消防验收或者消防验收不合格的，禁止投入使用。

我们再说第二层，第二层就是除了第一层以外的其他建设装修工程。企业一般涉及的就是这一层。这一层的要求是工程竣工验收合格后 5 个工作日内，向消防审查验收机关进行消防备案。

《建设工程消防设计审查验收管理暂行规定》

（2020 年 4 月 1 日）

第三十四条　其他建设工程竣工验收合格之日起五个工作日内，建设单位应当报消防设计审查验收主管部门备案。

我们还需要特别说明下第一层和第二层的区别。因为乍看起来好像没什么特别的不同。

对于第一层，特殊建设工程，相关规定的标题是“特殊建设工程的消防验收”，规定要求施工前申请消防设计审查，提交建设工程消防设计审查申请表和消防设计文件，审查机关应当出具书面审查意见，即合格意见或不合格意见。建设工程竣工后，建设单位应当向消防设计审查机关申请消防验收。提交消防设施的工程竣工图纸、工程竣工验收报告。消防设计审查机关应当组织消防验收。出具消防验收合格意见或不合格意见。

对于第二层，普通工程，规定的标题是“消防设计、备案与抽查”，规定需要提交消防设计图纸，在工程竣工向住建部门进行消防备案。提交工程消防验收备案表、有关消防设施的工程竣工图纸、竣工验收报告。备案材料齐全的，出具备案凭证；材料不齐全或者不符合法定形式的，一次性告知需要补正的全部内容。就是说，消防机关不组织验收，只看材料，进行形式审查，材料齐全即予备案。

另外，备案机关会在已经备案的建设工程中，随机确定检查对象进行抽查，抽检不合格的，书面通知建设单位。建设单位收到通知后，应当停止使用建设工程，组织整改后向消防验收备案机关申请复查。

此外，两层监管之外，还有一个开业前安全检查的外挂。

宾馆、饭店、商场等公众聚集场所在投入使用、营业前，还应申请消防安全检查。

《中华人民共和国消防法》（2019 年修订）

第十五条　公众聚集场所在投入使用、营业前，建设单位或者使用单位应当向场所所在地的县级以上地方人民政府消防救援机构申请消防安全检查。

第七十三条 公众聚集场所，是指宾馆、饭店、商场、集贸市场、客运车站候车室、客运码头候船厅、民用机场航站楼、体育场馆、会堂以及公共娱乐场所等。

《消防监督检查规定》

（2012年11月01日）

第八条 依照《建设工程消防监督管理规定》不需要进行竣工验收消防备案的公众聚集场所申请消防安全检查的，还应当提交场所室内装修消防设计施工图、消防产品质量合格证明文件，以及装修材料防火性能符合消防技术标准的证明文件、出厂合格证。

三、什么构成消防违规，如何处罚？

依据《消防法》规定，以下行为是处罚最重的消防违规行为，可以处以责令停止施工、停止使用或者停产停业，并处3万元以上30万元以下罚款，此类行为很可能会被认定为重大违法违规：

（1）应当进行消防设计审查的建设工程，未经审查或者审查不合格，擅自施工。

（2）应当进行消防验收的建设工程，未经消防验收或者消防验收不合格，擅自投入使用。

（3）建设工程验收后经依法抽查不合格，不停止使用的。

（4）公众聚集场所未经消防安全检查或者经检查不符合消防安全要求，擅自投入使用、营业的。

对于前述应当进行消防备案的第二层建设工程，建设单位没有在验收后报住房和城乡建设主管部门备案的，责令改正，处5000元以下罚款。

依据《消防法》的规定，消防设施、器材设置不符合国家标准、未保持完好有效的，或者损坏、挪用、擅自拆除、停用消防设施、器材等事后增加消防危险的类似行为，将被责令改正，处5000元以上5万元以下罚款，也有可能被认定为重大违规。

四、新三板挂牌时应当如何处理消防问题?

如前所述,消防问题涉及新三板挂牌要求的内容有三点:

(1) 不能影响公司持续经营能力。

(2) 最近两年内没有因重大违法违规受到罚款等行政处罚。

(3) 公司符合消防安全要求。

针对以上三点,公司挂牌时的应对方式也有几个方面:

(1) 合规整改。

“公司所使用的场所需要办理消防验收、消防备案或进行消防安全检查的,应当在申报前办理完毕;若存在在建工程,则应当按照建设进程完成相应消防验收或消防备案手续。”这是股转公司对挂牌公司申请材料进行反馈时会经常提到的一句话。所以,不管是建设工程需要验收、备案还是需要安全检查,都力争在申报前办理完毕。并提供相关证明文件说明。

(2) 充分披露说明。

因特殊原因无法办理验收备案的,必须进行详细充分的披露,说明理由,例如某个挂牌案例的补充意见内容:“但因为整个园区还没办理工程整体竣工验收,本次装修也未按规定办理施工许可证,经与目前消防主管单位咨询,不单独就其装修事项办理消防备案”。另外还需要说明后续进行规范或解决的计划。例如某案例中补充意见说明:“因公司生产经营的特点,车间、库房具有较强的替代性,随时可以寻找新的场地,不会对生产经营造成重大影响。为此,公司已在寻找可以替换用于办公的合规场所”。

(3) 相关部门出具符合消防要求的证明文件。

例如某个挂牌案例中,当地新城规划建设局出具书面意见:“你单位正在使用的建筑单体,经核查,该工程基本达到了消防设计要求,符合国家工程建筑消防技术标准的规定。”“公司存在装饰装修活动应当办理消防备案手续但未办理的情形。但该公司制定了《消防安全管理制度》《突发火灾应急准备与响应预案》等消防制度,置备了消防栓、灭火器、消防标识等必备的消防设备设施,符合法律、法规关于消防安全的要求,无消防安全事故,该公司可以使用该办公场所办公。”

(4) 相关部门出具最近 2 年内无消防安全处罚记录或处罚不属于重大违法

违规情形的证明。

例如某挂牌案例中当地公安消防大队出具证明："经消防监督管理系统查询，该公司无消防处罚记录。"住房和城乡建设局出具证明："证明公司在经营过程中，没有涉及任何与房屋租赁有关的处罚记录，不存在正在被房产行政主管部门立案调查的情形。"另一案例中十堰市茅箭区应急管理局出具《说明》："我单位自 2017 年 1 月 1 日至出具说明之日，未接到公司发生一般及以上生产安全事故的报告，也无受到安全生产行政处罚的记录。"

(5) 公司控股股东、实际控制人出具承诺。

控股股东、实际控制人兜底承诺是解决几乎所有合规问题的万金油，挂牌审查的底层逻辑是保护作为小股东的投资人利益不受损失，所以控股股东承诺有任何违规行为致使公司遭受罚款或损失的，由控股股东承担相关损失，以便公司利益不受影响，投资人利益不受影响。例如某挂牌企业的补充法律意见书披露，"实际控制人督促公司整改不动产使用的消防瑕疵，若因报告期内公司不规范经营导致公司受到处罚或者要求补缴税费等任何经济损失，承诺将全额补偿公司损失。"

第八节　新三板挂牌公司环保问题如何解决？

环保问题是公司新三板挂牌的重要核查事项、硬指标。符合环保要求是挂牌条件之一。挂牌规则明确提到公司需要符合环保要求，应办理环评批复、环保验收、排污许可、配置污染处理设施并在挂牌前办理完毕。

《全国中小企业股份转让系统股票挂牌条件适用基本标准指引》

5. 公司及下属子公司业务须遵守法律、行政法规和规章的规定，符合国家产业政策以及环保、质量、安全等要求。

公司及下属子公司所属行业为重污染行业的，根据相关规定应办理建设项目环评批复、环保验收、排污许可证以及配置污染处理设施的，应在申请挂牌前办理完毕；不属于重污染行业的，但根据相关规定必须办理排污许可证和配置污染处理设施的，应在申请挂牌前办理完毕。

2017年10月，习近平总书记在十九大报告中提出：要坚决打好防范化解重大风险、精准脱贫、污染防治的三大攻坚战。污染防治是一项政治任务。可想而知，环保核查在挂牌或上市审核中的分量轻重。

一、什么行业属于重污染行业

重污染行业指冶金、化工、石化、煤炭、火电、建材、造纸、酿造、制药、发酵、纺织、制革和采矿业，另有规定明确包括火力发电、钢铁、水泥、电解铝行业。

毫无疑问，重污染行业的企业，平时本来就是环保监管的重点，这样的企业如计划新三板挂牌，也会是股转公司瞪大眼睛核查的焦点，环保合规方面不容有失。

二、企业在环保方面需要做到什么

一个监管机构眼里的环保满分的挂牌公司，应当符合哪些要求呢？主要包括如下内容：新、改、扩建项目完成“环境影响评价”、做到“三同时”及验收、依法领取排污许可证、排污达到排放标准、工业固体废物和危险废物全部安全处置，等等。

下面我们择其要点介绍。

（一）环境影响评价

建设项目应当进行环境影响评价，根据对环境的影响程度，分别编制三类文件，分别是环境影响报告书、环境影响报告表和环境影响登记表，分别针对有重大环境影响的、可能造成轻度环境影响的和对环境影响很小的情况。

《中华人民共和国环境影响评价法》（2018年修正）

第十六条　国家根据建设项目对环境的影响程度，对建设项目的环境影响评价实行分类管理。

建设单位应当按照下列规定组织编制环境影响报告书、环境影响报告表或者填报环境影响登记表（以下统称环境影响评价文件）：

（一）可能造成重大环境影响的，应当编制环境影响报告书，对产生的环境影响进行全面评价；

（二）可能造成轻度环境影响的，应当编制环境影响报告表，对产生的环境影响进行分析或者专项评价；

（三）对环境影响很小、不需要进行环境影响评价的，应当填报环境影响登记表。

那么怎么分别是重大环境影响、还是轻度影响或很小影响呢？按照国家编制的分类表格《建设项目环境影响评价分类管理名录》，按图索骥即可找到。

《中华人民共和国环境影响评价法》(2018年修正)

第十六条 建设项目的环境影响评价分类管理名录，由国务院生态环境主管部门制定并公布。

《建设项目环境影响评价分类管理名录》(2021年版)

第二条 根据建设项目特征和所在区域的环境敏感程度，综合考虑建设项目可能对环境产生的影响，对建设项目的环境影响评价实行分类管理。

比如说，加工制造方便面，不论规模或工艺如何，都不属于“重大环境影响”，都不需要编制环境影响报告书，如果是手工制作或单纯分装的，则为“影响很小”，需要填报环境影响登记表，除此之外其他的，属于“轻度影响”，需要编制环境影响报告表。

再比如服装制造，有湿法印花、染色、水洗工艺的，属于重大影响，需要编制报告书，新建年加工100万件及以上的，属于轻度影响，需要编制报告表，其他的，属于较小影响，只需要填报登记表。

表6.3 《建设项目环境影响评价分类管理名录》表格节录

项目类别＼环评类别		报告书	报告表	登记表	本栏目环境敏感区含义
一、畜牧业					
1	畜禽养殖场、养殖小区	年出栏生猪5000头(其他畜禽种类折合猪的养殖规模)及以上，涉及环境敏感区的	/	其他	第三条(一)中的全部区域；第三条(三)中的全部区域

续 表

环评类别 项目类别		报告书	报告表	登记表	本栏目环境敏感区含义
二、农副食品加工业					
2	粮食及饲料加工	有发酵工艺的	其他	/	
3	植物油加工	/	除单纯分装和调和外的	单纯分装或调和的	
4	制糖、糖制品加工	原糖生产	其他	/	
5	屠宰	年屠宰生猪10万头、肉牛1万头、肉羊15万只、禽类1000万只及以上	其他	/	
6	肉禽类加工	/	年加工2万吨及以上	其他	
7	水产品加工	/	鱼油提取及制品制造；年加工10万吨及以上的；涉及环境敏感区的	其他	第三条(一)中的全部区域；第三条(二)中的全部区域
8	淀粉、淀粉糖	含发酵工艺的	其他 (单纯分装除外)	单纯分装的	

（二）开工前审批或备案

前述应编制环境影响报告书、报告表的建设项目，在开工前，应当将两表报请环境部门审批，否则不得开工。

应当填报环境影响登记表的建设项目，不需要审批，但应当报请备案。

《建设项目环境保护管理条例》（2017年修订）

第九条　依法应当编制环境影响报告书、环境影响报告表的建设项目，建设单位应当在开工建设前将环境影响报告书、环境影响报告表报有审批权的环境保护行政主管部门审批；建设项目的环境影响评价文件未依法经审批部门审查或者审查后未予批准的，建设单位不得开工建设。依法应当填报环境影响登记表的建设项目，建设单位应当按照国务院环境保护行政主管部门的规定将环境影响登记表报建设项目所在地县级环境保护行政主管部门备案。

环境保护行政主管部门应当开展环境影响评价文件网上审批、备案和信息公开。

（三）环保配套设施“三同时”及验收

依据环保评价文件，建设项目需要配套建设的环境保护设施，必须与主体工程同时设计、同时施工、同时投产使用。这就是股转公司反馈意见里经常提到的“三同时”。

《建设项目环境保护管理条例》（2017年修订）

第十五条　建设项目需要配套建设的环境保护设施，必须与主体工程同时设计、同时施工、同时投产使用。

应当编制环境影响报告书、报告表的建设项目，在竣工后，还应当对配套的环保设施进行验收，编制验收报告。并向社会公开验收报告。未经验收或者验收不合格的，不得投产、使用。建设项目竣工后可以开工生产的，还应当再次进行环境影响后评价。

《建设项目环境保护管理条例》（2017年修订）

第十七条　编制环境影响报告书、环境影响报告表的建设项目竣工后，建设单位应当按照国务院环境保护行政主管部门规定的标准和程序，对配套建设的环境保护设施进行验收，编制验收报告。

建设单位在环境保护设施验收过程中，应当如实查验、监测、记载建设项目环境保护设施的建设和调试情况，不得弄虚作假。

除按照国家规定需要保密的情形外，建设单位应当依法向社会公开验收报告。

第十九条　编制环境影响报告书、环境影响报告表的建设项目，其配套建设的环境保护设施经验收合格，方可投入生产或者使用；未经验收或者验收不合格的，不得投入生产或者使用。

前款规定的建设项目投入生产或者使用后，应当按照国务院环境保护行政主管部门的规定开展环境影响后评价。

（四）排污许可

单位生产经营中涉及排污，是不是都必须取得排污许可证？

不是的。按照规定，实行排污许可管理的企事业单位生产经营中排放污染物，才需要取得排污许可证，并按照许可证上的要求排放，这样的企业没有许可证的，不得排放。

《中华人民共和国环境保护法》（2014 年修订）

第四十五条　国家依照法律规定实行排污许可管理制度。

实行排污许可管理的企业事业单位和其他生产经营者应当按照排污许可证的要求排放污染物；未取得排污许可证的，不得排放污染物。

那么，什么单位是"实行排污许可管理的企业事业单位"？

这就要提到一个重要文件，《固定污染源排污许可分类管理名录》，截至目前，最新一版名录是 2019 年 12 月 20 日生态环境部令第 11 号发布的 2019 版。按照规定，纳入这个名录管理范围的单位就需要申请并取得排污许可证；未纳入的，暂不需申请排污许可证。

《排污许可管理办法（试行）》

（2018 年 1 月 10 日）

第三条　环境保护部依法制定并公布固定污染源排污许可分类管理名录，明确纳入排污许可管理的范围和申领时限。

纳入固定污染源排污许可分类管理名录的企业事业单位和其他生产经营者（以下简称排污单位）应当按照规定的时限申请并取得排污许可证；未纳入固定污染源排污许可分类管理名录的排污单位，暂不需申请排污许可证。

依据排污分类管理名录的规定，根据排污单位污染物产生量、排放量、对环境的影响程度等因素，将排污单位分三类管理，分别是"重点管理""简化管理"和"登记管理"。"重点管理"和"简化管理"类需要取得排污许可证，而"登记管理"类不需要排污许可证，只需要在全国排污许可证管理信息平台填报排污登记表。

《固定污染源排污许可分类管理名录》(2019年版)

第二条　国家根据排放污染物的企业事业单位和其他生产经营者(以下简称排污单位)污染物产生量、排放量、对环境的影响程度等因素，实行排污许可重点管理、简化管理和登记管理。

对污染物产生量、排放量或者对环境的影响程度较大的排污单位，实行排污许可重点管理；对污染物产生量、排放量和对环境的影响程度较小的排污单位，实行排污许可简化管理。对污染物产生量、排放量和对环境的影响程度很小的排污单位，实行排污登记管理。

实行登记管理的排污单位，不需要申请取得排污许可证，应当在全国排污许可证管理信息平台填报排污登记表，登记基本信息、污染物排放去向、执行的污染物排放标准以及采取的污染防治措施等信息。

下面我们介绍一下这个排污分类管理名录。名录依据《国民经济行业分类》(GB/T 4754－2017)划分行业类别。分别规定了各行业中“重点管理”“简化管理”和“登记管理”的标准。例如，屠宰及肉类加工行业，年屠宰生猪10万头及以上的，就属于重点管理类，年屠宰生猪2万头及以上10万头以下的，就属于简化管理类，这两类都需要排污许可证，其他的属于登记管理类，不需要排污许可证。

表6.4　《固定污染源排污许可分类管理名录》表格节录

序号	行业类别	重点管理	简化管理	登记管理
十七、造纸和纸制品业22				
36	纸浆制造221	全部	/	/
37	造纸222	机制纸及纸板制造2221、手工纸制造2222	有工业废水和废气排放的加工纸制造2223	除简化管理外的加工纸制造2223＊
38	纸制品制造223	/	有工业废水或者废气排放的	其他＊
十八、印刷和记录媒介复制业23				
39	印刷231	纳入重点排污单位名录的	除重点管理以外的年使用80吨及以上溶剂型油墨、涂料或者10吨及以上溶剂型稀释剂的包装装潢印刷	其他＊

续 表

序号	行业类别	重点管理	简化管理	登记管理
40	装订及印刷相关服务 232，记录媒介复制 233	涉及通用工序重点管理的	涉及通用工序简化管理的	其他 *
十九、文教、工美、体育和娱乐用品制造业 24				
41	文教办公用品制造 241，乐器制造 242，工艺美术及礼仪用品制造 243，体育用品制造 244，玩具制造 245，游艺题材及娱乐用品制造 246	涉及通用工序重点管理的	涉及通用工序简化管理的	其他 *

这里需要说明的是，属于重点管理类的行业和企业，跟大家经常听到的“重点排污单位”是个什么关系呢？

重点排污单位是根据这个名录分类及各地实际环境容量、排放总量控制等情况，由当地环保部门确定到具体单位的结果。环保部门每年 3 月底前确定本行政区域内重点排污单位名录，并在网站、报刊等媒介上公布。

《企业事业单位环境信息公开办法》

（2015 年 01 月 01 日）

第七条　设区的市级人民政府环境保护主管部门应当于每年 3 月底前确定本行政区域内重点排污单位名录，并通过政府网站、报刊、广播、电视等便于公众知晓的方式公布。

环境保护主管部门确定重点排污单位名录时，应当综合考虑本行政区域的环境容量、重点污染物排放总量控制指标的要求，以及企业事业单位排放污染物的种类、数量和浓度等因素。

三、环保违规会有什么处罚

（一）环境影响报批或备案违规

建设项目未报批环评报告书或报告表而开工建设的，环境部门可以责令停止，处以项目总投资额1%～5%罚款。注意，这是个依据总投资额按比例“提成”的处罚规定，而不是定额处罚，比如1亿元投资额的项目，可以最高处罚500万元。

《中华人民共和国环境影响评价法》（2018年修正）

第三十一条　建设单位未依法报批建设项目环境影响报告书、报告表，或者未依照本法第二十四条的规定重新报批或者报请重新审核环境影响报告书、报告表，擅自开工建设的，由县级以上生态环境主管部门责令停止建设，根据违法情节和危害后果，处建设项目总投资额百分之一以上百分之五以下的罚款，并可以责令恢复原状；对建设单位直接负责的主管人员和其他直接责任人员，依法给予行政处分。

建设项目环境影响报告书、报告表未经批准或者未经原审批部门重新审核同意，建设单位擅自开工建设的，依照前款的规定处罚、处分。

建设项目未备案环境影响登记表的，环境部门可以责令备案，处以5万元以下罚款。

《中华人民共和国环境影响评价法》（2018年修正）

建设单位未依法备案建设项目环境影响登记表的，由县级以上生态环境主管部门责令备案，处五万元以下的罚款。

（二）“三同时”及验收规定违规

建设项目设计时未落实环保措施同时设计的，处5万元以上20万元以下的罚款；逾期不改正的，处20万元以上100万元以下的罚款。

建设项目施工建设时未同时建设环保设施的，处20万元以上100万元以下的罚款。

建设项目投产使用时环保设施未同时完成或尚未验收的，处20万元以上200万元以下的罚款。

建设单位未依法公开环境保护设施验收报告的，处5万元以上20万元以下的罚款。

可以看到，以上任何一项处罚，即使按照最低标准处罚，都可以构成“重大违法违规情形的行政处罚”，都会成为挂牌的实质性障碍。由此可见，意图走向资本市场的公司，千万不能在环保问题上犯大错误。

《建设项目环境保护管理条例》（2017年修订）

第二十二条　违反本条例规定，建设单位编制建设项目初步设计未落实防治环境污染和生态破坏的措施以及环境保护设施投资概算，未将环境保护设施建设纳入施工合同，或者未依法开展环境影响后评价的，由建设项目所在地县级以上环境保护行政主管部门责令限期改正，处5万元以上20万元以下的罚款；逾期不改正的，处20万元以上100万元以下的罚款。

违反本条例规定，建设单位在项目建设过程中未同时组织实施环境影响报告书、环境影响报告表及其审批部门审批决定中提出的环境保护对策措施的，由建设项目所在地县级以上环境保护行政主管部门责令限期改正，处20万元以上100万元以下的罚款；逾期不改正的，责令停止建设。

第二十三条　违反本条例规定，需要配套建设的环境保护设施未建成、未经验收或者验收不合格，建设项目即投入生产或者使用，或者在环境保护设施验收中弄虚作假的，由县级以上环境保护行政主管部门责令限期改正，处20万元以上100万元以下的罚款；逾期不改正的，处100万元以上200万元以下的罚款；对直接负责的主管人员和其他责任人员，处5万元以上20万元以下的罚款；造成重大环境污染或者生态破坏的，责令停止生产或者使用，或者报经有批准权的人民政府批准，责令关闭。

违反本条例规定，建设单位未依法向社会公开环境保护设施验收报告的，由县级以上环境保护行政主管部门责令公开，处5万元以上20万元以下的罚款，并予以公告。

（三）排污许可违规

纳入排污许可管理的单位，无排污许可证、许可证过期、许可证被撤销后仍排污的，处10万～100万元的罚款，情节严重的可责令停业关闭。

《排污许可管理办法（试行）》

（2018年1月10日）

第五十七条　排污单位存在以下无排污许可证排放污染物情形的，由县级以上环境保护主管部门依据《中华人民共和国大气污染防治法》《中华人民共和国水污染防治法》的规定，责令改正或者责令限制生产、停产整治，并处十万元以上一百万元以下的罚款；情节严重的，报经有批准权的人民政府批准，责令停业、关闭：

（一）依法应当申请排污许可证但未申请，或者申请后未取得排污许可证排放污染物的；

（二）排污许可证有效期限届满后未申请延续排污许可证，或者延续申请未经核发环保部门许可仍排放污染物的；

（三）被依法撤销排污许可证后仍排放污染物的；

（四）法律法规规定的其他情形。

取得排污许可证的单位，超标排放、偷排、篡改伪造数据、逃避监管的，处10万～100万元的罚款，情节严重的可责令停业关闭。

《排污许可管理办法（试行）》

（2018年1月10日）

第五十八条　排污单位存在以下违反排污许可证行为的，由县级以上环境保护主管部门依据《中华人民共和国环境保护法》《中华人民共和国大气污染防治法》《中华人民共和国水污染防治法》的规定，责令改正或者责令限制生产、停产整治，并处十万元以上一百万元以下的罚款；情节严重的，报经有批准权的人民政府批准，责令停业、关闭：

（一）超过排放标准或者超过重点大气污染物、重点水污染物排放总量控制指标排放水污染物、大气污染物的；

（二）通过偷排、篡改或者伪造监测数据、以逃避现场检查为目的的临时停产、非紧急情况下开启应急排放通道、不正常运行大气污染防治设施等逃避监管的方式排放大气污染物的；

（三）利用渗井、渗坑、裂隙、溶洞，私设暗管，篡改、伪造监测数据，或者不正常运行水污染防治设施等逃避监管的方式排放水污染物的。

以上同样可见，一旦处罚，下限10万元，即使按此标准处罚，都可以构成“重大违法违规情形的行政处罚”，都会成为挂牌的实质性障碍。

四、挂牌公司如何处理环保问题

如前所述，挂牌公司环保问题是监管核查的重中之重。也是股转公司经常反馈的问题。股权公司的反馈焦点主要集中在环境影响评价、“三同时”、排污许可、排污标准等问题上。

挂牌公司如何解决环保问题，达到规则要求并成功挂牌呢？

（一）仔细核查不合规事项并及时整改

公司及中介机构应当充分核查公司新、改、扩建设项目需要办理的环评种类，核查环评是否取得批复、环保设施是否验收、排污许可证是否齐备、是否过期或即将过期、排污是否达标、配置的污染处理设施是否运转正常、工业固体废物和危险废物是否安全处置，如有违规的，应当尽量争取整改，并在申请挂牌前办理完毕。

（二）非重污染行业应充分核实说明

股转公司规定的挂牌条件，将公司分为重污染行业和非重污染行业，进行区别对待。如果公司不属于重污染行业，挂牌时应当充分核查说明。比如作者经办的某纸制品企业，产品原料为纸品，但并不生产纸张，不符合相关规定“重污染行业指冶金、化工、石化、煤炭、火电、建材、造纸”的表述，因此挂牌时的法律意见书进行了充分的说明，“公司所处行业不属于重污染行业。根据国家统计局《国民经济行业分类》（GB/T 4754－2011）及《挂牌公司管理型行业分类指引》规定，公司属于‘造纸和纸制品业（分类代码为C22）’中的‘纸制品制造（分类代码为C223）’。参照《关于印发〈上市公司环保核查行业分类管理名录〉的通知》（环办函〔2008〕373号）等规定，公司所处行业不属于《上市公司环保核查行业分类管理名录》中的重污染行业”。

（三）未合规事项真实披露

如某挂牌成功案例中，法律意见书披露“报告期内，公司存在未办理完成环评验收手续即开展生产经营的行为，根据《建设项目环境保护管理条例》第二十八条规定‘违反本条例规定，建设项目需要配套建设的环境保护设施未建成、未经验收或者经验收不合格，主体工程正式投入生产或者使用的，由审批该建设项目环境影响报告书、环境影响报告表或者环境影响登记表的环境保护行政主管部门责令停止生产或者使用，可以处10万元以下的罚款。'公司存在被行政主管部门处罚的风险”。

（四）未合规事项提出整改计划

如作者经办的某挂牌成功案例中，法律意见书披露“截至本法律意见书出具之日，公司已通过纸质包装箱及纸质陈列架生产项目的环评验收；××子公司已停止金属陈列道具、亚克力陈列道具的生产活动，委托符合环保要求的厂商加工供货。并正积极补办环评相关手续”。另一挂牌公司的案例中，法律意见书披露：“子公司的已建设完成项目已经办理完毕环保验收手续或正在办理环保验收手续过程中，并将按各地环保部门的要求申请办理排污许可证。”“公司积极对接主管部门要求组织环评报批并已取得新型总泵助力器生产线技改项目验收。同时，公司根据2019年度的实际产量与销量情况，与浙江环耀环境建设有限公司签署了《技术咨询合同》，委托其编制环评报告，以尽快推动上述项目的审批及后续工作。”

（五）环保部门出具无违规处罚的证明

如某挂牌企业的反馈意见回复披露：“报告期内，公司存在超规模生产而未及时履行环评手续的情形。2019年12月12日，公司取得嘉兴市生态环境局秀洲分局的证明文件，其证明：经查，嘉兴×××公司自2017年1月1日以来未受到过我局行政处罚。”

（六）控股股东或其他股东兜底承诺

如作者经办的某成功挂牌企业的反馈意见回复披露：公司全体股东于2016年4月出具《环保事项承诺函》，承诺内容如下：“截至本函出具之日，公司已通过陈列架生产项目的环评验收；且公司已不再开展金属陈列道具、亚克力陈列道具生产活动；公司的生产经营活动符合国家环境保护相关法律法规的要求。自2014年1月1日起至今无环境污染事故或环境违法行为不良记录，未受过环境保护主管部门处罚，若公司因环保问题受到任何行政处罚或被提起环境污染民事赔偿诉讼而给公司造成经济损失，公司全体股东自愿按照持股比例承担相应责任。”

以上几节讲到的，都是新三板挂牌常见的难点问题，解决思路其实都大同小异。其他问题相对比较简单，本书就不再赘述了。

第七章　IPO 上市

第一节　什么是多层次资本市场？

本章开篇，我们先来了解一下境内资本市场的概况。经过多年的探索和实践，我国的多层次股权市场体系已经初具规模。"多层次资本市场"由沪深主板（原深交所中小板已于 2021 年 4 月 6 日与主板合并）、科创板、创业板、新三板、区域性股权市场、柜台市场组成，为不同规模、不同行业、处于不同发展阶段的企业提供融资渠道。

1. 主板

上海证券交易所主板上市、深圳证券交易所主板（包括合并前的中小板）上市适用的是同一套标准，也称为一板市场。主板是最早设立的证券市场，是证券发行、上市及交易的主要场所，也是我国资本市场中最重要的组成部分，很大程度上能够反映经济发展状况，有"国民经济晴雨表"之称。主板市场对发行人的营业期限、股本大小、盈利水平、最低市值等方面的要求标准较高，上市企业多为大型成熟企业，具有较大的资本规模以及稳定的盈利能力。

2. 科创板、创业板

上海证券交易所科创板和深圳证券交易所创业板构成了我国资本市场的第二层级，两者适用不同的制度体系和上市标准。

科创板，是由国家主席习近平于 2018 年 11 月 5 日在首届中国国际进口博览会开幕式上宣布设立，是独立于现有主板市场的新设板块，并率先在该板块内进行注册制试点，可以说是资本市场的一个里程碑，肩负着以科技创新推动经济高质量发展的使命。科创板的上市对象以科技创新企业为主体，对于符合国家战

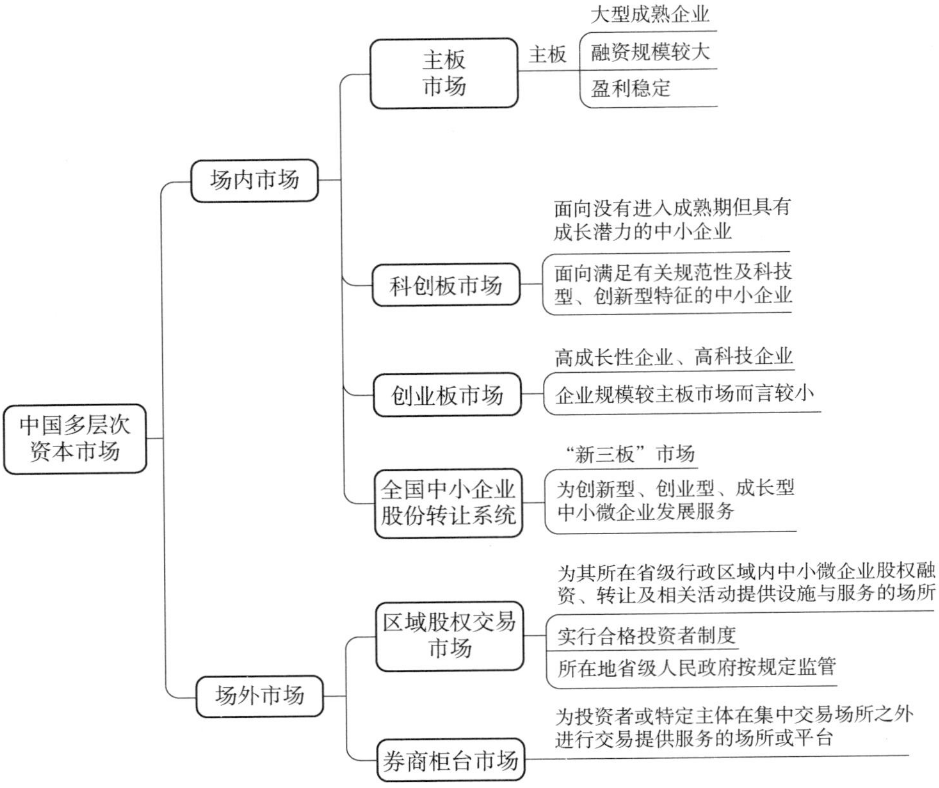

图 7.1 境内资本市场的概况

略、拥有核心技术的高成长企业将优先支持。与主板不同的是,科创板的上市标准多元化,更具有制度包容性,尚未盈利的公司、红筹企业、表决权差异企业符合条件的都可以申请在科创板上市。科创板的投资者准入、交易制度也有其自身的特色。

创业板,2010 年推出的创业板,旨在为暂时达不到在主板上市条件的中小企业和新兴企业,提供融资和证券交易的平台,其目的主要是扶持中小企业,尤其是高成长性企业。创业板是对主板市场的重要补充,在创业板市场上市的公司大多从事科技含量较高的业务,相较于处于成熟期的企业,创业板面向的企业具有较高的成长性,但往往成立时间较短规模较小。因此,创业板上市的门槛较主板略低、风险更大、监管也更加严格。2020 年 4 月 27 日,中央全面深化改革委员会审议通过了《创业板改革并试点注册制总体实施方案》,创业板试点注册制改革正式启动,并于 2020 年 6 月落地实施,创业板注册制的规则总体沿袭和借鉴了科创板试点注册制的核心制度安排,具有创新性、包容性、成长性。

3. 新三板及柜台市场

新三板,全称为“全国中小企业股份转让系统”,交易所位于北京,这个全称确实有点拗口,所以大多数人都约定俗成地称之为“新三板”,源出于原股权代办转让系统内的退市企业和老系统的挂牌公司。“新三板”2006 年起在中关村科技园区非上市股份公司试点,2012 年,扩大试点区域,至 2013 年 12 月 31 日起面向全国接收企业挂牌申请。新三板的定位主要是为创新型、创业型、成长型中小微企业发展服务,企业规模更小,很多甚至尚未形成稳定的盈利模式。因此新三板在准入条件上更为宽松。因为投资风险更高,新三板实行了较为严格的投资者适当性制度,以机构投资者为主。证监会 2019 年 10 月 25 日宣布,将从优化发行融资制度、完善市场分层等方面对新三板进行全面改革。改革后将新三板进行分层,包括基础层、创新层和精选层,允许符合条件的创新层企业向不特定合格投资者公开发行股票(业内称为“小 IPO”)。同时推出精选层转板机制,符合条件的精选层挂牌企业可以直接转板到 A 股上市。

4. 区域性股权交易市场

属于场外市场的组成部分,也称“四板”市场,是为特定区域内的企业提供股权、债券的转让和融资服务的私募市场,一般以省级为单位,由省级人民政府监管。目前全国已设立十几家股权交易市场,初具规模的区域股权市场有天津、上海、武汉、重庆等地。四板市场的主要功能为股权托管、挂牌交易,建立中小微企业直接融资渠道,通过培育孵化,为更高层次资本市场输送上市后备资源,对于促进企业特别是中小微企业股权交易和融资,鼓励科技创新和激活民间资本,加强对实体经济薄弱环节的支持,具有积极作用。

第二节　上市到底为哪般?

有一次,我参加一个拟上市公司的中介协调会。会议上,我们中介机构和企业主要负责人对公司上市过程中面临的问题展开了热烈的讨论。正当大家都在忙不迭地集思广益、出谋划策的时候,一位股东突然问了一句:我们为什么要上市?话音刚落,现场气氛瞬间凝结,我们几个中介机构内心略带崩溃地对望了几眼，又不约而同地把目光转向董事长。这个问题，创始人们难道不是应该在董事长办公室里一起描绘宏伟蓝图时便一锤定音，又或者在股东会议上，经过几轮唇枪舌剑，最终达成战略统一吗？在中介协调会上抛出这个灵魂拷问，就好比粮草兵马已经上了前线，突然指挥官被问了一句"这一仗为什么要打?"这么严肃的问题，还是应当做个专题进行探讨。

1．显而易见的好处

1）上市可以打通企业的融资渠道

资金永远是企业发展需要考虑的首要因素，而上市最直接的优势就是为企业融资打开一扇新的大门。企业通过上市筹集资金属于股权融资，是直接融资行为，相比银行贷款这种间接融资方式，股权融资具有更明显的优势，一来对于中小企业或轻资产企业而言，直接融资的难度相对低一些，再者融入资金的使用成本也更低。这不仅仅是针对首发上市的募集，公司在完成 IPO 后，还可以在资本市场上通过增发、配股、发行可转债、公司债等多种方式实现持续融资，企业的抗风险能力也随之增强。

2）增强公司知名度、增强公司信誉

上市可以大大提升公司形象和知名度、扩大公司的影响力，增强公司的信誉与竞争力。想象一下在某个业务交流会上，当你带着谦卑的微笑递出一张名片，上面赫然印着一排六位的证券代码，对方接过后立刻从漫不经心切换到点头微笑模式，此时还必须跟着寒暄一下：哦，你们就是某某公司，以显示自己并不孤陋寡闻。别人的开场白洋洋洒洒：我们有如何突出的商业模式、如何傲人的经营业绩、如何精英的核心团队。而你的开场白则简洁明了：我们是上市公司。所以"上市公司"的头衔给企业增加了一份信用背书，在公司开展经营业务过程中，更容易取得合作方的信任。不仅如此，很多上市公司在申请银行的间接融资时也更为便捷。

3）规范公司治理

上市过程能够推动公司完善内部控制，规范公司治理，建立一整套公司管理制度。很多客户都跟我表达过，上市后的一大收获，就是提升了公司的管理水平，使得公司治理更为规范和高效。公司的内控和管理是业务发展的桩基，桩基如果不稳，随着公司规模的扩展则风险也在提高。但许多时候，完善公司治理在没有外力推动下很难施行，借着上市的过程，公司能够逐步建立和规范治理结构，为公司未来的发展打下更为扎实的基础。

5）吸引优秀人才

每次说到员工激励就会想起葛优的那句经典台词：21 世纪什么最贵？人才！公司上市后可以吸引更多优秀的人才，这不仅仅是因为上市公司有更强的资金实力支付人才薪酬，还因为上市公司有更多的股权工具实施员工激励计划。通过员工股权激励计划可以最大程度地调动员工积极性，吸纳和留住优秀人才，让员工和公司共同受益。

6）通过资本运作实现扩张

上市公司可以用股份（或者有股权性质的债券）作为支付手段进行兼并收购实现扩张，上市公司股票价格有较为充裕的流动性因而有着市场公允价值，这是换股并购的一个较重要的基础。多样化的支付手段使上市公司并购时可以进行更为灵活的交易安排，提高并购的成功率。尤其是在资本市场较为活跃的时候，上市公司股票价格的流动性及资本市场的高估值是打动卖方的重要条件，未来的股票价值可以给卖方带来高于预期的收益，而上市公司也无须为所购资产花费大量的现金支出，交易双方皆大欢喜。

7）为股东创造财富

公司上市能为股东创造财富，这一点毋庸多言。看看国内外各大财富榜，企业家拥有的上市公司股票价值是据以“打榜”的重要数据来源。上市后，借助公开市场的评价机制可以发现企业股票的价值，股票在资本市场的流动性是股东收获投资回报最为有效的途径。

2. 不可忽略的成本

天下没有免费的午餐。在享受上市给企业带来的种种优势之余，自然也会伴随着相应的“成本”。当然此处的“成本”并非仅指金钱上的支出。

1）上市成本

上市需要花多少钱？这是企业在决策上市前需要充分考虑的问题，成本和收益之间的博弈永远都不会过时，更何况上市对大多数企业而言，是个“奢侈品”。这笔账在列入预算之前，肯定要先盘算盘算。上市的成本包括直接成本和间接成本，直接成本包括上市过程中的中介机构费用、发行和上市费用等，间接成本因企业而异，包括税收成本、合规成本等。

2）直接成本

上市的中介机构费用是上市直接成本中最重要的组成部分。企业上市必需的合作中介包括券商（保荐和承销机构）、会计师事务所、资产评估机构、律师事务所、财经公关机构等。中介费用的高低一般以市场行情为基础,也取决于合作双方的谈判结果。企业基本情况、业务复杂程度、融资规模大小、中介机构的品牌都是影响中介机构费用的因素。中介机构费用中包括保荐费、承销费、律师费、审计费、评估费、财经公关费等。其中权重最大的是根据募集资金金额的比例收取的承销费,但这部分费用在上市成功后收取的。直接成本中的发行和上市费则是由交易所按公开标准收取的,这部分费用相对于其他直接成本而言几乎可以忽略不计,既然已经买入了豪宅,就不要再考虑物业费的问题了。

3）税收成本

上市过程中的税收成本可能也是一笔不小的开支,但不同的企业之间会有较大差异,税收成本主要由以下几部分构成:

一是前期业务重组、股权重组过程中发生税收成本。相当一部分企业在上市前需要对拟上市的业务、资产等进行重组,以满足上市要求。还有一些需要在上市前对企业的股权进行调整,无论是资产重组还是股权调整,都会涉及税务问题。不同的企业会有不同的情况和诉求,产生的税收成本自然也大相径庭,同一个企业基于不同的重组方案也可能会导致不同的税务后果,所以在这一问题上,专业的中介机构可能可以为企业带来增值服务。

再者是有限责任公司在改制设立为股份公司的过程中,可能会涉及税收成本(我们会在后续章节述及股份改制问题时详细探讨)。另外,各地为了鼓励企业上市,也会针对股改所涉税务问题出台一些延缓缴纳的优惠政策。

此外,还有合规经营发生的税收成本。很多企业在未考虑上市问题时,更倾向于将节税放在优先考虑的顺位,为了减少税收成本,各种操作猛如虎。不合规的避税手段对于拟上市企业而言自然是会致命的。有不少企业因此而耽误了上市的最佳窗口期,也有企业为了争取时机冒着风险咬牙补上了巨额税款(当然这么做也不一定能上市成功)。所以,作为上市的中介机构,在与拟上市企业交流时,会首先提示税务问题,无论企业是否上市,活得健康才能走的长远。

4）其他合规成本

上市对公司的合规性要求比较严格,而规范往往是需要付出相应成本的。一方面,公司在上市过程中,为了满足 IPO 的各项条件,需要支出一定的成本。对很多非上市企业而言成本控制要优先于规范运作,对拟上市公司则进行任何的操作都需要考虑合规性,比如社保和公积金缴纳问题、员工工资奖金发放的问题,等等,都需要在完全规范的操作层面实施。另一方面,公司在上市后也需要接受监管部门的持续监管，保持规范运作，因而合规成本必然会高于非上市企业。当然，我并不认为合规成本是上市需要付出的“额外”成本，对于一家谋求持续、健康发展的企业而言，合法合规的运营成本本就是必要支出。

相信绝大多数企业，尤其是中小企业对于成本是相当敏感的，针对上述提及的上市成本，尤其是税收成本和合规成本，我的建议是尽早做好上市筹划，做好政策的研究分析与咨询，特别要关注审核部门的审核要求。很多企业为了短期内进行所谓的节税，实则为后续规范埋下了坑，未来很有可能需要付出更大的规范成本（包括时间成本），可以说得不偿失，所以注重规范企业的日常运作也是相当重要的。此外，在上市过程中找到专业中介团队，在上市筹划论证分析时更加充分地发现影响企业上市的因素、全面评估上市成本，在可行的范围内为企业订制、设计最低成本的上市方案。

5）控制权的风险

2015年万科控制权之争给广大的吃瓜群众进行了一次生动的普法教育，与此同时很多上市企业都纷纷修订公司章程，加入了反恶意收购条款。事实上，资本市场的控制权争夺战的情况时有发生，尤其是对于一些上市后股权相对较为分散的公司，冷不丁地被突然冒出的“野蛮人”叩击大门也是有可能的，这需要上市公司和实际控制人提前预设好防范机制。

6）信息透明

上市公司需要根据监管要求履行严格的信息披露义务，包括公司的运营信息、财务信息和一些重要事项决策都需要及时、准确地公之于众，保证全体股东全面、平等地获取公司信息、了解公司经营情况，作出准确的投资决策。近年来，关于信息披露违法的监管日趋严格，涉及虚假信息披露的集体诉讼案件也已屡见不鲜。

7）社会责任

企业上市后就成为真正的公众公司，会拥有社会公众股东，在经营决策过程中，需要考虑和保护中小投资的利益，接受更加严格的监督，承担更大的社会责任。

3. 它真的适合你吗

上市也并非适合所有企业，有一些企业因为自身或者行业原因并不适合上市，在进行上市决策前，企业应当提前做好自我评估。

1）落后、淘汰产业

符合国家产业政策是拟上市企业的基本行业要求，翻开国家发改委最新发布的《产业结构调整指导目录》看一下，如果属于限制类、淘汰类的行业，那可能接下来需要思考的是如何转型或产业升级而非上市的问题。

2）受国家宏观政策调控的行业

有些行业虽不受限制，看着也挺挣钱，但因为法律、政策对相关业务有特别制约，也将受到限制，典型的如房地产行业。

证监会于2015年1月16日发布了《证监会调整上市公司再融资、并购重组涉及房地产业务监管政策》，明确指出“根据国务院《关于坚决遏制部分城市房价过快上涨的通知》（国发〔2010〕10号文）和2013年《关于继续做好房地产市场调控工作的通知》的规定，对存在闲置土地、炒地以及捂盘惜售、哄抬房价等违法违规行为的房地产开发企业，将暂停上市、再融资和重大资产重组，我会坚决贯彻执行国务院文件规定”。虽然文中所描述的是存在“违法违规行为的房地产开发企业”，但实际上所有的房地产企业在目前的政策下都无法通过境内上市的审核。这也是为什么很多国内的房地产企业纷纷转向了香港上市。

3）受到行业内政策的限制

这类行业包括某些业务不具有市场化特性的企业，或者具有一定社会公益属性，不适合完全以营利为目标的行业，如部分依托国家资源的旅游业、民办幼儿园等。

对于依托国家自然资源或文化资源投资兴建的游览参观点实现的收入，不属于“市场化经营”取得的收入，因而也被拦在了IPO大门之外。

国家发展改革委、财政部、国土资源部等于2008年4月9日发布的《关于整顿和规范游览参观点门票价格的通知》（发改价格〔2008〕905号）第四条规定：自本通知发布之日起，对依托国家资源的世界遗产、风景名胜区、自然保护区、森林公园、文物保护单位和景区内宗教活动场所等游览参观点，不得以门票经营权、景点开发经营权打包上市。对于非依托国家自然资源和文化资源、由商业性投资兴建的人造景观的收入则不在此限制范围。

幼儿园是国民教育体系的重要组成，虽然在政策层面，民办幼儿园已经明确未来可以登记成为营利性或者非营利性，但因其关系到重大民生问题，具有很强的公益属性，如其上市可能会因为过度“逐利”而舍弃公共利益，因此国家出台了法规，禁止民办幼儿园上市或者被上市公司收购。

中共中央、国务院2018年11月7日发布的《关于学前教育深化改革规范发展的若干意见》第二十四条规定：“民办园一律不准单独或作为一部分资产打包上市。上市公司不得通过股票市场融资投资营利性幼儿园，不得通过发行股份或支付现金等方式购买营利性幼儿园资产。”

4）具有很强保密属性的企业

部分企业的产品内容，受到祖传秘方、商业秘密等条件的约束，出于严格的保密原因不能向公众公开，或者某些行业必须遵从法定的保密义务，如某些军工类高级别保密企业，鉴于企业上市后各种披露机制，这样的企业也不适合上市。

5）行业整体规范性差

某些行业整体规范性程度比较差，企业的合规成本高，一旦需要根据上市要求全面规范，则严重挤压公司的利润边际；有些行业存在一些“潜规则”，一旦公开披露上市信息，经受不起各方的质疑（尤其是来自媒体和竞争对手的竞相“爆料”），还有些新兴行业，由于法规的制定滞后于行业的发展，导致业务模式的合规性存在一定的不确定性，这些企业的上市都需要谨慎考量。

第三节 境内还是境外？ 这是个问题

在进行上市决策时，选择上市地通常是一个重要事项。选择在境内A股市场上市还是选择在境外证券市场上市，往往成为企业一个艰难的抉择。中国企业在境内外上市公司的此消彼长，很大程度上受到境内资本市场审核政策变化的影响，比如前些年A股的IPO审核停摆时，很多境内企业纷纷选择赴境外上市，随着国内A股IPO审核制度的改革，科创板的推出以及创业板注册制改革，不少原先锚定境外上市的企业又重新衡量上市地的问题。那么境内外上市有哪些差异和优劣呢？

1. 境内外上市的模式有哪些

1）境内上市

企业在境内上市可以选择上海证券交易所或深圳证券交易所，并且有主板、创业板、科创板等不同板块可以选择，以满足不同发展阶段、不同类型的企业的各种融资需求。

2）境外上市

中国企业境外上市地主要有：香港主板、香港创业板、美国纽约证券交易所、美国纳斯达克、新加坡证券交易所、伦敦证券交易所、法兰克福证券交易所、韩国证券期货交易所等，境外上市可采取直接上市或红筹股模式。

（1）境外直接上市。

境外直接上市即直接以国内公司的名义向国外证券主管部门申请发行的登

记注册，并发行股票（或他衍生金融工具），向当地证券交易所申请挂牌上市交易，即H股（香港）、N股（纽约）、S股（新加坡）等，境外直接上市需取得中国证监会的行政许可核准，方可向境外证券交易所申请上市。因此，目前采用境外直接上市的企业数量相对较少。

（2）红筹模式。

红筹是指注册地在境外、主要经营活动在境内的企业。红筹上市，指的是股东通过在境外设立离岸公司，将境内开展主营业务公司的资产（或股权）注入或转移至境外公司，从而实现境外控股公司海外上市融资目的。

2. 境内外上市的优势权衡

1）市盈率

融资功能和财富效应是公司IPO的核心考量因素。从这两点来看，境内资本市场目前具有较大的优势，无论是发行市盈率，还是股票在二级市场的市盈率，通常都比境外资本市场更为吸引人。在发行核准制的规则下，虽然IPO发行有23倍市盈率上限的标准，几乎所有企业都是“顶格”发行，不过在上市后的几个交易日内还是走出更让人激动的行情。在发行注册制的规则下，很多科创板企业的市盈率更是屡创新高。高市盈率意味着上市公司可以从市场上募集更多的资金，同时股东的财富效应也更为显著。

境内企业在境外上市则获得的认同度较低，很多企业尤其是偏传统行业的企业价值无法得到市场认可。低估值也导致了一些境外上市的企业不惜代价实施私有化，重新回归A股。

2）上市成本

境内上市的成本较低。不管是上市申请过程中的保荐费、律师费、审计费，还是发行承销费，境外上市都远高于境内IPO，甚至达到境内上市的2～3倍。

此外，境外上市后的维护费用也高于境内A股上市公司，境内上市后的年度审计费用、交易所的上市费用远远低于境外市场。而且，在境外市场上市后，还需要在上市地聘请信息披露联络人、财务总监、独立董事等，支付较大固定成本。

并且，境内上市的规范成本要普遍高于境外上市。由于境外上市的门槛略低，有些企业在申请境外上市前的规范程度要低于境内上市企业。

3）上市成功率

境外资本市场经过长期的发展，成熟度高、市场化程度高，因此境外上市的周期短、程序便捷，由于政策和规则的透明度高，门槛低，条件更为灵活，因此上市的确定性高、可预期性强。这也是境外上市的最核心优势之一。

境内资本市场的发行审核制度是让很多企业望而生畏的，在核准制的发行制度下，审核周期长、不确定性大，整个IPO过程动辄三五年，甚至有些企业为此耗费十年光阴，其艰辛波折上市，仿佛是经历了九九八十一难后才求得真经。并且，境内IPO经常受到法规政策以外的因素影响，审核口径也多有变化，所以上市成功率的走势也经常飘忽不定。

不过，境内资本市场近两年也一直在推进市场化改革，尤其是科创板的推出，将审核制度由核准制转向注册制，制度更为包容、灵活，审核周期也有了明确的预期。随着创业板注册制的推行，A股其他板块的注册制改革可期，境内上市的可预期性会大大增加。

4）政策导向

境外上市会受到法规政策的制约。如果企业选择境外直接上市，需要中国证监会的行政许可核准，这对于普通民营企业境外上市而言绝非易事。如果采用红筹模式上市，则在重组过程中会受到《关于外国投资者并购境内企业的规定》《国家外汇管理局关于境内居民通过特殊目的公司境外投融资及返程投资外汇管理有关问题的通知》的限制（关于红筹架构的搭建和相关法规的适用可以参见本书第五章“股权融资”）。此外，受限于外汇管制的法规，企业境外上市融得的资金返程投资需要外汇管理机关审批调回境内，使用时涉及结汇问题，手续繁琐，而企业境内上市则无此虞。

此外，境内上市企业也会受到政策的限制，正如我们在前文“不适合上市的企业”中所讲述的，部分行业的企业受政策限制无法在境内上市，如房地产企业，则此类企业通常会选择境外上市。

5）法律和监管体系

境外市场法律环境完善、成熟度高、监管严格，从监管机构到中介机构、市场投资者形成了一个良好而完善的市场约束机制，客观上有利于公司建立完善的治理结构和内控机制，帮助企业成长。

但硬币的另一面是，有些境内企业由于不熟悉境外的法制和监管环境，招致法律风险。这一点在美国资本市场尤为明显，一旦引发诉讼或监管调查，往往会给企业带来重大打击。

6）文化制度

企业对境内的文化背景、制度体系更为熟悉，语言沟通不存在任何障碍，这对境内上市的企业而言是理所应当的，甚至不会加以考虑的问题。但对境外上市而言，文化和语言的隔阂可能会导致沟通效率降低，不利于企业与投资者沟通，也不利于企业上市之后和监管部门、媒体、股东的沟通，导致企业无法准确、高效地向市场传递企业价值的信息。

7）广告效应

境内上市将大大提高公司在国内的知名度和企业形象。这一广告效应对于产品服务主要面向国内市场的企业来说尤为明显，在境内上市可以更好地开展国内业务，增加客户信任度。

而企业在境外上市往往向市场或客户传递更为"国际化"的公司战略，能够扩大企业品牌在海外（特别是上市地）的影响力，有利于企业打开国际市场。从这一点而言，企业在境外、境外上市各有优势，核心是公司的市场和战略定位。

总而言之，境内、境外上市都具有各自的优势，从企业的角度来看，应根据自身的行业特点、市场定位、发展战略、文化背景等方面来进行选择，积极听取专家和中介机构的专业意见，作出理性选择。

第四节 A股上市不同板块如何选择？

公司应当选择哪个板块申请A股上市，这也是让很多创始人纠结的问题。基于境内上市各个板块的不同特性、差异化的上市审核标准，拟上市公司应当结合公司所处行业、成长阶段、经营规模等给自己做个初步定位。

表7.1 拟上市公司的初步定位

<table>
<tr><th>条 件</th><th>主 板</th><th>创业板</th><th>科创板</th></tr>
<tr><td>主体资格</td><td>依法设立且有效存续的股份有限公司。发行人自股份有限公司成立后，持续经营时间应当在3年以上，但经国务院批准的除外</td><td colspan="2">发行人是依法设立且持续经营3年以上的股份有限公司。符合相关规定的红筹企业，可以申请发行股票或存托凭证并在科创板上市。
提示：科创板及创业板放宽了对发行人注册地的要求，允许在境外注册、主要经营活动在境内、且符合创新企业境内发行股票或存托凭证相关要求的红筹企业申请上市，这点与主板发行条件存在重大创新和突破之处</td></tr>
</table>

续　表

条　件	主　板	创业板	科创板
主营业务定位	无特殊要求	主要服务成长型创新创业企业，支持传统产业与新技术、新产业、新业态、新模式深度融合	重点推荐属于新一代信息技术、高端装备、新材料、新能源、节能环保以及生物医药等六大类领域的科技创新企业
经营稳定性	最近三年内：董事、高级管理人员未发生重大变化，主营业务未发生变更，实际控制人未发生变更	最近两年内主营业务和董事、高级管理人员均没有发生重大不利变化，实际控制人未发生变更	最近两年内董事、高级管理人员及核心技术人员均没有发生重大不利变化，主营业务未发生变更，实际控制人未发生变更
财务指标	应同时符合下列标准： (1) 最近3个会计年度，净利润均为正数且累计＞3 000万元； (2) 最近3个会计年度，经营活动产生的现金流量净额累计＞5 000万元；或者最近3个会计年度营业收入累计＞3亿元	多套组合指标可选[注 1]	多套组合指标可选[注 2]
	报告期末不存在未弥补亏损	允许存在未弥补亏损	
审核方式	核准制，审核时限受在审企业数量影响	注册制，审核时限明确	
投资者准入	无	开通前20个交易日账户资产日均不低于人民币10万元；参与证券交易24个月以上	开通前20个交易日账户资产日均不低于人民币50万元；参与证券交易24个月以上
涨跌幅限制	涨跌幅限制：10%新股上市首日，连续竞价阶段、开市期间停牌阶段和收盘集合竞价阶段，有效申报价格不得高于发行价格的144%	涨跌幅限制：20% 首发上市的股票，上市后的前5个交易日不设涨跌幅限制	
平均市盈率[注 3]	14.52（沪市主板）/33.94（中小板）	58.4	90.86

注 1：创业板财务指标有多套组合指标可选，具体如下：

针对一般企业（共五套上市标准，符合其一即可）：

(1) 标准一：净利润。
最近两年净利润均为正，且累计净利润≥5 000 万元。
(2) 标准二：市值＋净利润＋营业收入。
预计市值≥10 亿元，最近一年净利润为正且营业收入≥1 亿元。
(3) 标准三：市值＋营业收入。
预计市值≥50 亿元，且最近一年营业收入≥3 亿元。
针对红筹企业(共两套上市标准，符合其一即可)：
(1) 红筹标准一：市值＋净利润＋营业收入。
尚未在境外上市的红筹企业，且预计市值≥100 亿元，且最近一年净利润为正。
(2) 红筹标准二：市值＋净利润＋营业收入。
尚未在境外上市的红筹企业，且预计市值≥50 亿元，且最近一年净利润为正且最近一年营业收入≥5 亿元。
针对存在表决权差异安排的企业(共两套上市标准，符合其一即可)：
(1) 标准一：市值。
预计市值≥100 亿元，且最近一年净利润为正。
(2) 标准二：市值＋收入。
预计市值≥50 亿元，且最近一年净利润为正，且最近一年营业收入≥5 亿元。
注 2：科创板财务指标有多套组合指标可选，具体如下：
针对一般科创企业(共五套上市标准，符合其一即可)：
(1) 一般标准一：市值＋盈利。
市值：预计市值≥10 亿元。
盈利：最近 2 年净利润均为正且累计净利润≥5 000 万元，或者最近一年净利润为正且营业收入≥1 亿元。
(2) 一般标准二：市值＋收入＋研发投入占比。
预计市值≥15 亿元，最近一年营业收入≥2 亿元，且最近三年累计研发投入占最近三年累计营业收入的比例≥15%。
(3) 一般标准三：市值＋收入＋经营活动现金流量。
预计市值≥20 亿元，最近一年营业收入≥3 亿元，且最近三年经营活动产生的现金流量净额累计≥1 亿元。
(4) 一般标准四：市值＋收入。
预计市值≥30 亿元，且最近一年营业收入≥3 亿元。
(5) 一般标准五：市值＋技术优势。
预计市值≥40 亿元，主要业务或产品需经国家有关部门批准，市场空间大，目前已取得阶段性成果。医药行业企业需至少有一项核心产品获准开展二期临床试验，其他符合科创板定位的企业需具备明显的技术优势并满足相应条件。
针对红筹企业(共四套上市标准，符合其一即可)：
(1) 红筹标准一：已境外上市＋市值。
已在境外上市的大型红筹企业，市值≥2 000 亿元。
(2) 红筹标准二：尚未在境外上市＋市值＋收入。
尚未在境外上市的红筹企业，且预计市值≥200 亿元，且最近一年营业收入≥30 亿元。
(3) 红筹标准三：尚未在境外上市＋市值＋其他优势。
尚未在境外上市的红筹企业，且预计市值≥100 亿元，且营业收入快速增长，拥有自主研发、国际领先技术，同行业竞争中处于相对优势地位。
(4) 红筹标准四：尚未在境外上市＋市值＋收入＋其他优势。
尚未在境外上市的红筹企业，且预计市值≥50 亿元，且最近一年营业收入≥5 亿元，且营业收入快速增长，拥有自主研发、国际领先技术，同行业竞争中处于相对优势地位。
针对存在表决权差异安排的企业(共两套上市标准，符合其一即可)：
(1) 标准一：市值。
预计市值≥100 亿元。
(2) 标准二：市值＋收入。
预计市值≥50 亿元，且最近一年营业收入≥5 亿元。
注 3：上市平均市盈率的数据统计时间为 2020 年 9 月 30 日。

简单汇总一下，一般而言公司在考虑板块选择时，第一步可以考虑所处行业，如果是偏传统产业的，以主板为主，属于科技含量较高的、科技型创新型的行业，以创业板或科创板为主来定位。第二步考虑公司发展阶段，如果偏传统行业，公司已经处于成熟期、稳定期，体量规模较大的，可以考虑主板，体量规模相对较小、在行业中还有一定上升空间的，则可以考虑中小板（现已并入深交所主板）；创业板和科创板均已经试行注册制，两者的审核周期都比较明确（法律规定为6个月），审核过程的透明度更高，并且有不同组合的财务指标可以适用于不同规模、阶段的企业，灵活宽容，但科创板对于企业所处行业和公司的科技创新能力要求更高，如企业在科技创新能力上尚不足以定位在科创板，但相较传统行业也具备一定优势和成长预期，则可以考虑创业板。另外，在目前的上市审核制度和模式下，各个板块的审核通畅性、时间预期，甚至当前的审核口径制度，都可能是在考虑板块选择时需要衡量的问题。

从股票发行的角度看，科创板和创业板的发行更为市场化，取消了发行市盈率"天花板"，把更多的定价权交给市场，主板在目前的审核发行规则下仍然存在发行市盈率上限的潜规则。当然，与发行规则相对的是，各个板块的投资者准入不同，因此投资者数量、投资者的类型构成也有差异。

另外，境内上市的各个板块之间也并不是有绝对严格的界限之分，需要公司和中介机构，尤其是保荐机构在对企业充分了解的基础上共同加以分析判断。随着我国资本市场改革的不断深入，公司在上市选择中的价值排序也可能发生新的变化，比如，在如今的核准＋注册双轨并行的情形下，企业更多地从审核角度考虑上市路径，于是审核期限、审核政策的确定性的排序可能占了先机，大多数企业的内心独白是：只要能尽快完成上市就大功告成。如果未来全面推行注册制，则企业在面临上市板块选择时，对各个板块不同的市盈率、交易规则、甚至监管规则都会加以权衡。

关于科创板的定位：

什么样的企业适合申报科创板？事实上要达到科创板的要求，符合科创板的发行上市条件是不够的，还需要符合科创板的定位。"科创板"顾名思义就是"科技创新"。科创板在资本市场的亮相可以说是自带宏韬伟略的气势，这一点在《科创板首次公开发行股票注册管理办法》的规定中就可以读出：

> 第三条　发行人申请首次公开发行股票并在科创板上市，应当符合科

创板定位,面向世界科技前沿、面向经济主战场、面向国家重大需求。优先支持符合国家战略,拥有关键核心技术,科技创新能力突出,主要依靠核心技术开展生产经营,具有稳定的商业模式,市场认可度高,社会形象良好,具有较强成长性的企业。

在对上述事项进行审核判断时,将关注发行人是否符合科创板定位。发行人应当对其是否符合科创板定位进行审慎评估,保荐机构应当就发行人是否符合科创板定位进行专业判断。

在科创板的首发上市审核过程中,对于发行人是否符合科创板的定位也是审核的重要内容之一。不仅发行人需要对此进行自我评估,保荐机构也需要出具专项意见,作出专业判断。科创板注册管理办法发布之后,上交所在科创板股票发行上市审核问答中有对科创板定位的具体把握作出了更为详细的解释:

发行人进行自我评估时,应当尊重科技创新规律、资本市场规律和企业发展规律,并结合自身和行业科技创新实际情况,准确理解、把握科创板定位,重点考虑以下因素:

1. 所处行业及其技术发展趋势与国家战略的匹配程度;

2. 企业拥有的核心技术在境内与境外发展水平中所处的位置;

3. 核心竞争力及其科技创新水平的具体表征,如获得的专业资质和重要奖项、核心技术人员的科研能力、科研资金的投入情况、取得的研发进展及其成果等;

4. 保持技术不断创新的机制、技术储备及技术创新的具体安排;

5. 依靠核心技术开展生产经营的实际情况等。

除此之外,为了进一步明确科创属性的内涵和外延,证监会、上交所又陆续发布了《科创属性评价指引(试行)》(以下简称《指引》)、《科创板企业发行上市申报及推荐暂行规定》(以下简称《暂行规定》),提出了科创属性具体的评价指标体系,并且提出了一系列量化标准,使审核规则更为清晰。

根据《指引》和《暂行规定》的要求,申报科创板的企业,应当属于新一代信息技术领域、高端装备领域、新材料领域、新能源领域、节能环保领域、生物医药领域等的高新技术产业和战略性新兴产业。

此外，符合相关行业领域企业，还需要在研发投入、知识产权、增长率方面同时满足下列 4 项指标：

（1）最近 3 年研发投入占营业收入比例 5%以上，或最近 3 年研发投入金额累计在 6 000 万元以上。

（2）研发人员占当年员工总数的比例不低于 10%。

（3）形成主营业务收入的发明专利（含国防专利）5 项以上。

（4）最近 3 年营业收入复合增长率达到 20%，或最近一年营业收入金额达到 3 亿元。

采用《上海证券交易所科创板股票发行上市审核规则》中第（五）款规定的上市标准申报科创板的企业可不适用第（4）项标准中关于“营业收入”的规定，软件行业不适用第（3）项指标的要求，研发投入占比应在 10%以上。

如果没有达到上述的量化指标，则需要在科技成果领域有更大的突破，才可以符合科创板上市申请：

（1）发行人拥有的核心技术经国家主管部门认定具有国际领先、引领作用或者对于国家战略具有重大意义。

（2）发行人作为主要参与单位或者发行人的核心技术人员作为主要参与人员，获得国家科技进步奖、国家自然科学奖、国家技术发明奖，并将相关技术运用于公司主营业务。

（3）发行人独立或者牵头承担与主营业务和核心技术相关的“国家重大科技专项”项目。

（4）发行人依靠核心技术形成的主要产品（服务），属于国家鼓励、支持和推动的关键设备、关键产品、关键零部件、关键材料等，并实现了进口替代。

（5）形成核心技术和主营业务收入的发明专利（含国防专利）合计 50 项以上。

《暂行规定》同时明确，科创属性暂未达到指标要求但短期内能够达标的发行人，如经谨慎客观评估认为自身符合科创板定位的，也可以先行提出科创板发行上市申请，但需要进行相对严格的评估、核查和审核。审核中，上交所将就发行人的科创属性向科创板科技创新咨询委员会履行正式咨询程序，并参照所形成的专家意见作出审核判断。上述安排为主要依靠核心技术开展生产经营、科创属性短期内能够达到评价指标要求的企业，及时利用科创板做大做强预留了必要空间。

《指引》和《暂行规定》的发布，使科创板定位的认定更为直接而简便，有助于明确发行人申报科创板的心理预期，也有助于增强科创板定位把握的可操作性。

第五节 路径选择——IPO还是借壳？

除了IPO之外，股票上市还有一种途径，就是通过重组方式实现上市（也称“借壳上市”）。重组上市是指企业通过重组的方式把资产注入一家已上市公司，并取得该上市公司的控制权，利用其上市公司地位，使注入资产得以间接上市。重组上市的操作方式花样繁多，方案通常会根据交易双方的特点、利益诉求而“量身定制”，但万变不离其宗的是，需要重组方（上市方）取得上市公司控制权并将需要证券化的业务注入上市公司。重组上市主要适用的法规是《上市公司重大资产重组管理办法》（以下简称《重组办法》）。

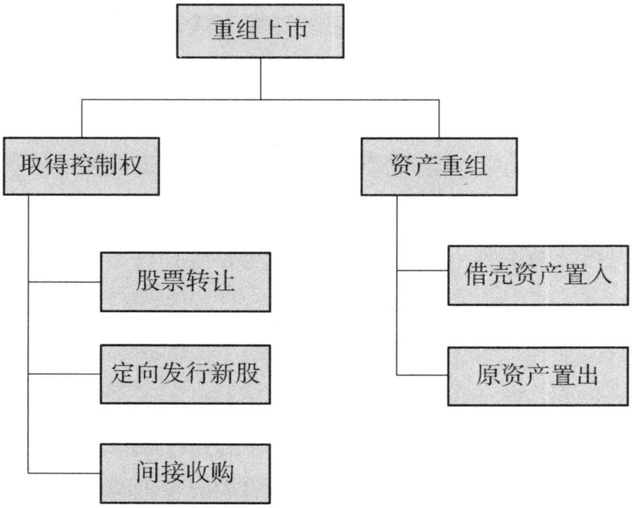

图7.2 重组上市的路径

那么对于需要上市的公司而言，IPO还是借壳？这看似是个问题。不过，很多选择看似艰难，实则是对其本质雾里看花的结果，当我们拨开迷雾之后，这个抉择其实也就不再艰难了。我们先从上市条件、上市周期、成本等核心要素将IPO和重组上市作个比较。

表 7.2 IPO 和重组上市的比较

比较项目	IPO	重 组
操作模式	拟上市主体直接向证券发行上市审核部门申请股票发行和上市	通过上市公司收购或资产重组取得上市公司控制权，其后 36 个月内向上市公司注入资产的收入、净资产、总资产规模达到上市公司控制权变更前相应财务指标的 100%，或者存在《重组办法》其他规定的情形，则构成“重组上市”
上市条件/合规性要求	符合首发管理办法和上市规则规定的条件，合规性要求较高	根据《重组办法》的规定，重组上市的标的资产应当符合 IPO 的条件；但总体而言，对于标的资产的合规性要求低于 IPO
上市周期	科创板、创业板有明确的审限预期，其他版块的审核周期受限于在审企业数量、审核政策等因素影响，据统计，2015 年至今，科创板以外的 A 股 IPO 审核周期平均在 2 年以上（期间受到过暂停审核的影响），加上申报期需要进行的业务重组、规范和辅导期，通常企业完成 IPO 需要 3～5 年时间	重组上市的时间成本较低，视方案不同则完成时间也会相应变化，如果采取一次注入资产同时取得控制权的方式，就审核期限而言通常不超过 12 个月
上市成本	IPO 成本主要包括规范成本和中介机构费用。其中：规范成本因企业而异，中介机构费用在公司完成发行上市前的支出较为有限，绝大部分为承销费用，在企业上市成功后，以募集资金的一定比例予以支付	重组上市的成本主要包括买壳成本（壳费）和中介机构费用。其中：壳资源的成本相当昂贵，至少以数亿计。此外，重组上市也会存在一定的规范成本，以及标的资产因注入上市公司导致股权稀释而产生的间接成本
募集资金	根据 IPO 发行制度公开发行并募集资金，股票发行比例为 25%或 10%（股本 4 亿元以上），除科创板、创业板外，发行市盈率有上限要求	重组过程中可以进行配套募集资金，适用《重组办法》及上市后公司再融资的相关规定

虽然现在根据目前的监管态度，重组上市的审核条件仍然较为严格，要求注入资产符合 IPO 的发行条件，但整体上重组上市对标的资产的合规性要求较 IPO 低，部分原因是目前 IPO 上市企业的实际上市门槛比首发管理办法要求的发行条件要高得多，而重组上市仅要求达到首发上市的门槛即可。另外，重组上市需要花费的时间成本也较低，预期较为明确，相对于 IPO 而言，重组上市的审核风险较低，但交易达成的商业风险较大。最为关键的是，重组上市的成本高昂，想要顺利实现重组上市，标的资产必须有相当的盈利规模。因此，重组上市更适合利润规模较大（如果年度净利润在亿元以下，建议直接绕道），但整体规范

性程度较弱，或者对上市期限要求较为迫切的企业。事实上，能够契合这样条件的企业数量十分有限，这也是为什么从历史数据来看，通过 IPO 上市的企业数量要远远大于重组上市的企业。

第六节 上市过程中会涉及哪些机构?

企业在上市过程中会和哪些主体发生交集？在企业上市过程中，除了自己这个主角外，其他的主体会扮演怎样的角色？让我看一下这份演职人员表。

1. 中介机构

中介机构是企业上市过程中介入时间最早、与企业关系最为紧密的参与者，中介机构会伴随企业完成整个上市的过程。上市的中介机构主要包括券商、律师事务所、会计师事务所。

1）券商

我们常说的上市券商，包括保荐机构和承销机构，其中保荐机构的角色是对企业进行上市辅导、协助企业进行上市申请并通过审核，承销机构的职责是在股票发行过程中，向投资者销售股票。对于大多数中小型企业上市来说，保荐机构和承销机构为同一家。

券商是企业上市过程中最为重要的中介机构，是企业改制上市过程中的总设计师、各中介机构的总协调人，其主要工作包括：协助企业编制招股说明书、协调其他中介机构出具申请上市所需的其他文件，对拟上市企业进行辅导、向审核部门申报上市申请并进行沟通，审核通过后向投资者推荐发行股票。所以券商在企业上市过程中的重要性程度是首屈一指的，当然收取的费用也是最高的。

2）律师事务所

律师事务所负责解决企业上市过程中的有关法律问题，协助出具上市方案，指导企业解决相关法律问题、进行规范运作以符合上市要求，在上市申报和审核过程中，出具上市所需的法律意见书、律师工作报告以及其他法律文件等。

3）会计师事务所

具备证券从业资格的会计师事务所在企业上市过程中负责协助企业完善财务管理、会计核算和内控制度，就改制上市过程中的财务、税务问题提供专业意见，协助申报材料制作，出具审计报告和验资报告等文件。

2. 证券监管机构

证券监管机构主要包括中国证监会和各地证监局。

中国证监会主要负责拟订在境内发行股票并上市的规则、实施细则，在核准制的审核制度下，对企业发行股票的申请进行核准，在注册制的审核制度下，对企业发行股票的申请进行注册，在企业股票发行后监管其发行上市及上市后的市场行为。

各地证监局是中国证监会的派出机构，主要承担对企业改制上市辅导的备案和验收(取得证监局辅导验收同意是企业正式申报上市申请的前置条件)，此外，证监局还负责辖区内公司上市后的监管工作，依法查处监管范围的违法违规案件，很多资本市场上“臭名昭著”的造假案，即是当地证监局在日常监管过程中发现并立案稽查的。

3. 证券交易所

证券交易所主要负责依照证券法律、行政法规制定上市规则、证券交易规则、会员管理规则和其他有关规则；在核准制的审核制度下，证券交易所在证监会核准股票发行后，负责办理股票上市事宜，在注册制的审核制度下，股票发行和上市由证券交易所直接审核。此外，证券交易所还负责证券的暂停上市、恢复上市或者终止上市的事务，对证券交易实行实时监控，对上市公司及相关信息披露义务人披露信息进行持续监管，督促其依法及时、准确地披露信息。

4. 地方政府

在上市过程中，企业可能还会需要所属地方政府及相关部门协调解决相关问题，例如，如果企业历史沿革中曾经发生涉及国有、集体的股权变动存在瑕疵，则需要相关的主管部门进行确认，又或者企业在上市申报期内经营活动中发生违法违规事项，则需要相关主管部门出具认定意见等。

第七节 了解一下上市的基本流程

企业改制上市主要分为五个阶段：

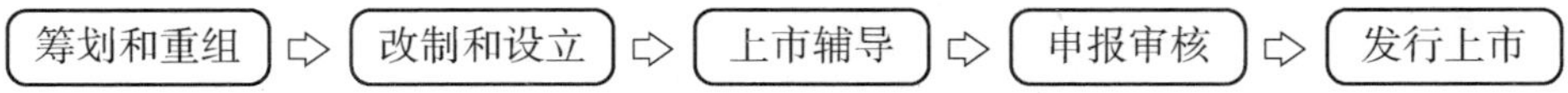

图 7.3 上市的五个阶段

1. 第一阶段：筹划和重组

企业上市是一项复杂的系统工程，需要经过前期论证和组织实施。很多介绍 IPO 的文章中会将“改制重组”列为上市的第一步，但我觉得 IPO 作为如此复杂的一项工作，必须要可行性分析及方案制定先行。这一阶段的主要工作包括了对企业上市进行可行性分析，制定上市方案，根据上市方案进行资产、业务和股权重组，如此才能为第二阶段进行改制设立做好准备。

上市的可行性分析是这一项工作开展的第一个步骤，公司是否应当上市、在哪个市场或板块上市、上市的路径选择，都是需要进行考量的。在不同的市场上市，企业应完成的工作、风险、收益可能都会有所差异。只有经过企业的综合评估，才能确保企业在成本和风险可控的情况下进行正确的操作。对于企业而言，要组织发动大量人员，调动各方面的力量和资源进行工作，也是要付出代价的，所谓开弓没有回头箭。因此为了保证上市的成功，企业首先应对上市问题作出全面研究、审慎判断，再全面启动上市的工作。

上市方案的制定会涉及包括财务、税收、法律、公司治理、历史沿革等方面的各种复杂问题，并且很多问题在后期处理的难度是相当大的。除非公司内部已有对上市流程较为熟悉的人员，否则作者建议公司在这个阶段聘请中介机构对公司进行全面、详尽的尽职调查，协助公司对上市进行先期的可行性分析、为公司量身定制适合的上市方案。

上市的可行性分析并制定规划蓝图，既是战略也是战术，一方面需要公司结合自身发展情况、行业情况以及各种外部环境的变化趋势，充分权衡上市的利弊得失，制定好公司的战略规划；另一方面，也需要有切实可行的上市方案，指引企业依照设定的计划一步一步达成上市的目标。

从技术角度讲，在这一阶段，公司需要划重点完成的事项包括：评估自身是否符合上市条件，或者说需要达到上市条件还需要做哪些工作；选择适当的上市主体；划定上市的业务和资产范围；其中需要关注的问题我们在后文会展开讨论。

从时间安排上而言，上市的筹划和重组需要花费的时间在不同的企业之间会有很大的差异，有的企业在发展初期就已经形成了清晰的业务架构和股权架构，可能不需要花费太多的时间进行梳理，有的则在经营过程中发展出了较为庞杂的业务体系，大量的关联企业，甚至有些企业因为难以彻底解决的历史原因需要重新设立主体开始运营，也就意味着需要花费更多的时间、成本来完成重组的工作。

2. 第二阶段：改制及设立股份公司

上市流程的第二个阶段是改制设立股份公司。从组织形式来讲，上市的主体必须是“股份公司”，而大多数企业在设立时，选择的是“有限公司”组织形式。这里所说的“有限公司”“股份公司”只是基于《公司法》的规定，对两种组织形式的公司约定俗成的称呼，逻辑上并不严谨，因为“股份公司”也同样具有股东有限责任的特点。

“有限公司”和“股份公司”在设立方式、组织架构、公司治理、股权转让方式、规范化程度等方面均有不同。最为显著的区别是，“有限公司”的权益总额不作等额划分，也没有“总股本”的概念，公司股东所持有的股权是通过所认缴的出资额比例来表示，股东以其缴纳的出资额比例享有股东权利和承担责任；而“股份公司”的全部资本分为数额较小、每一股金额相等的股份，股东的表决权按所持股份数计算，每股有一票表决权。

上市公司的组织形式必须是“股份公司”，所以在上市流程中，很重要的一步就是将拟上市公司的组织形式从“有限公司”变更为“股份公司”。当然，也有少数拟上市公司从设立时即采用了“股份公司”的形式，这种情况下就可以直接跳过本步骤了。

从“有限公司”改制为“股份公司”的流程经过《公司法》的历次修订而发生了很多变迁。10 年前，改制设立“股份公司”还需要省级人民政府的批准，整个改制程序可能需要花费 6 个月的时间，股份公司设立的门槛也较高。如今，在经历了数次《公司法》修订后，改制设立股份公司不再是一项繁复的工程，如果时间安排合理，在 3 个月内取得股份公司的营业执照是完全可行的。这也充分体现了《公司法》对构建公司以营业自由为核心的规则体系的立法理念，给予了公司组织形式转变的灵活空间。

3. 第三阶段：上市辅导

股票发行辅导制度是指拟上市公司在申报 IPO 材料之前，应当聘请保荐机构对公司进行上市辅导，辅导内容包括对拟上市公司的董事、监事、高级管理人员、主要股东（系指持有 5%以上股份的股东和实际控制人）进行系统的法规知识、证券市场知识培训，使其全面掌握发行上市、规范运作等方面的有关法律法规和规则，知悉信息披露和履行承诺等方面的责任和义务，树立进入证券市场的诚信意识、自律意识和法制意识。

进入辅导期意味着拟上市公司已经完成了重组和改制程序，公司已经全面地规范化运营，公司的董事、监事、高级管理人员、重要股东业已熟知成为上市公司所需要的规则和责任义务，公司无论从“硬件”还是“软件”上都具备了进入证券市场的基本条件。

在拟上市公司具备进入辅导的条件后，公司聘请的保荐机构将协助公司准备相应的辅导材料，报送公司所在地的证监局备案，备案后公司的辅导信息会在证监局的网站上进行公示。其间，公司需要会同保荐机构向证监局报告辅导工作的进展、辅导对象将接受中介机构的授课并参加证监局组织的书面考试、在正式申报 IPO 申请材料之前经证监局验收通过。

上市辅导制度从 2000 年建立以来，已经施行了 20 年，其间也经历了一些变革。在《首次公开发行股票辅导工作办法》实施期间，公司上市辅导的期限不少于一年，也就是说公司需要花更多的时间来进行上市前的准备工作。现行的辅导制度已经取消了这一规定，上市辅导不再有强制的期限要求了，因为进入辅导期后，中介机构会开展 IPO 申报材料的制作工作，所以一般而言，辅导期会有 3～6 个月左右的时间。

4. 第四阶段：申报和审核

这一阶段包含了 IPO 申请材料的准备，以及申报后审核机构对申报材料的审核流程。

IPO 申报材料的准备是个系统性工程，需要公司会同保荐机构，协调公司各个部门以及其他中介机构共同配合完成。其间，公司需要和保荐机构共同制定初步发行方案、确定募集资金投资项目的安排、完成招股说明书的编撰；公司聘请的申报会计师需要完成报告期内公司经营成果的审计工作并出具审计报告；公司聘请的律师的主要任务是撰写和出具律师工作报告和法律意见书。以上只是对申报核心工作的罗列，事实上，公司和中介机构在这一阶段还需要完成很多其他事项，比如供应商、客户的走访核查、外部证明文件的取得、募投项目的各类审批，等等，因为过于繁琐不在此一一列举了。总而言之，IPO 申报文件的制作永远是“时间紧、任务重”，需要各个机构和公司通力配合完成。IPO 材料制作一般需要 3～6 个月时间，当然这一期间有很大一部分是与上市辅导期间重合的。

IPO 申请的审核可能是企业最关心的问题之一了，在目前国内资本市场的上市制度下，决定企业能否上市成功就此一役了。可能随着未来资本市场的深入改革，企业上市的重点会逐步转向股票发行，但至少从当前来看，审核环节还是整个 IPO 的重中之重。

目前国内IPO审核实行的是“核准制”和“注册制”双轨并行的制度，两种审核制度下的审核流程也有所差异：

（1）核准制下的审核流程。

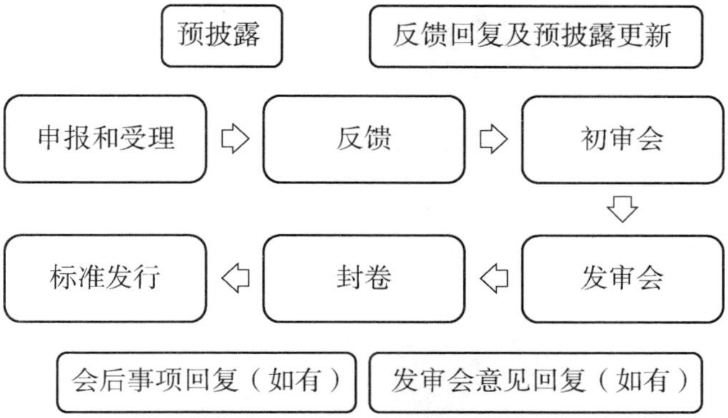

图7.4 核准制下的审核流程

① 申报和受理。

发行人应当按照中国证监会的有关规定制作申请文件，由保荐人保荐并向中国证监会申报。中国证监会受理部门收到申请文件后，在5个工作日内作出是否受理的决定。发行监管部在正式受理后即按程序安排预先披露，并将申请文件分发至相关监管处室，相关监管处室根据发行人的行业、回避的有关要求等情况确定审核人员。

② 反馈。

证监会的相关监管处室的审核人员审阅上市申请文件后，从非财务和财务两个角度撰写审核报告，提交反馈会讨论。反馈会主要讨论初步审核中关注的主要问题，确定需要发行人补充披露以及中介机构进一步核查说明的问题，形成书面意见后反馈给保荐机构。保荐机构收到反馈意见后，组织发行人及相关中介机构按照要求进行回复。

发行人及保荐机构需要在收到书面反馈后1个月内提交书面回复意见，确有困难的，可以申请延期，延期原则上不超过2个月。

审核过程中如发生或发现应予披露的事项，发行人及其中介机构应及时报告发行监管部并补充、修改相关材料。发行人对反馈意见已按要求回复后，将安排预先披露更新。

③ 初审会。

初审工作结束后，将形成初审报告（初稿）提交初审会讨论。初审会由审核人员汇报发行人的基本情况、初步审核中发现的主要问题及反馈意见回复情况。根据初审会讨论情况，审核人员修改、完善初审报告。初审报告是发行监管部初审工作的总结，履行内部程序后与申请材料一并提交发审会。

初审会讨论决定提交发审会审核的，发行监管部在初审会结束后出具初审报告，并书面告知保荐机构需要进一步说明的事项以及做好上发审会的准备工作。初审会讨论后认为发行人尚有需要进一步披露和说明的重大问题、暂不提交发审会审核的，将再次发出书面反馈意见。

④ 发审会。

发审委制度是 IPO 审核制下的发行审核中的专家决策机制。发审委委员由中国证监会的专业人员和中国证监会外部有关专家组成，由中国证监会聘任。发审会以记名投票方式对首发申请进行表决，会前需撰写工作底稿，会议全程录音。

发审会召开 5 天前中国证监会发布会议公告，公布发审会审核的发行人名单、会议时间、参会发审委委员名单等。IPO 发审会由审核人员向委员报告审核情况，并就有关问题提供说明，委员发表审核意见，发行人代表和保荐代表人各 2 名到会陈述和接受询问，聆询时间约 40 分钟，聆询结束后由委员投票表决。发审会认为发行人有需要进一步披露和说明问题的，形成书面审核意见后告知保荐机构。

⑤ 封卷。

发行人的首发申请通过发审会审核后，需要进行封卷工作，即将申请文件原件重新归类后存档备查。封卷工作在按要求回复发审委意见后进行。如没有发审委意见需要回复，则在通过发审会审核后即进行封卷。

⑥ 会后事项。

会后事项是指发行人首发申请通过发审会审核后，招股说明书刊登前发生的可能影响本次发行上市及对投资者作出投资决策有重大影响的应予披露的事项。发生会后事项的需要履行会后事项程序，发行人及其中介机构应按规定提交会后事项材料。审核人员按要求及时提出处理意见。如申请文件没有封卷，则会后事项与封卷可同时进行。

⑦ 核准发行。

中国证监会依照法定条件对发行人的发行申请作出予以核准或者不予核准

的决定，并出具相关文件。自中国证监会核准发行之日起，发行人应在6个月内发行股票；超过6个月未发行的，核准文件失效，须重新经中国证监会核准后方可发行。此外，发行申请核准后、股票发行结束前，发行人发生重大事项的，应当暂缓或者暂停发行，并及时报告中国证监会，同时履行信息披露义务。影响发行条件的，应当重新履行核准程序。股票发行申请未获核准的，自中国证监会作出不予核准决定之日起6个月后，发行人可再次提出股票发行申请。

证监会核准发行前，发行人及保荐机构应及时报送发行承销方案。封卷并履行内部程序后，证监会将进行核准批文的下发工作。发行人领取核准发行批文后，无重大会后事项或已履行完会后事项程序的，可按相关规定启动招股说明书刊登工作。

（2）注册制下的审核流程。

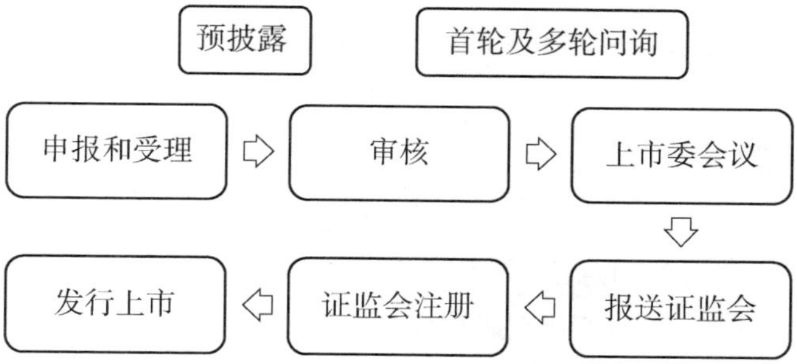

图7.5　注册制下的审核流程

① 申报受理。

注册制下的审核流程和核准制最大的不同点在于，注册制下的发行审核由交易所负责。在注册制的审核流程下，发行人通过保荐人以电子文档形式向交易所提交发行上市申请文件，交易所在收到发行上市申请文件后5个工作日内作出是否予以受理的决定。申请文件受理的，发行人于受理当日预先披露招股说明书及相关文件。

② 审核。

注册制下的审核方式与核准制下的方式大同小异，主要区别在于，注册制下的审核时限明确、过程更为透明。此外，考虑到科创板行业特征明显，交易所对科创板申报企业实施分行业审核，结合发行人的具体行业特征和行业主要风险，进行有针对性的审核。

交易所审核机构自受理之日起20个工作日内发出审核问询，发行人及保荐人应及时、逐项回复交易所问询。审核问询可进行多轮。审核机构认为不需要进一步问询的，将出具审核报告提交上市委员会。

交易所的审核时限为3个月，发行人及其保荐人、其他中介机构回复问询的时间不计算在内，回复问询的时限也为3个月。

③ 上市委会议。

交易所的股票上市委员会召开会议对审核机构出具的审核报告及发行人上市申请文件进行审议，与会委员就审核机构提出的初步审核意见，提出审议意见。上市委员会可以要求对发行人代表及其保荐人进行现场问询。上市委每次审议会议由五名委员参加，法律、会计专家至少各一名。上市委员会通过合议、以少数服从多数的原则形成同意或者不同意发行上市的审议意见。

交易所因不同意发行人股票公开发行并上市，作出终止发行上市审核决定，自决定作出之日起6个月后，发行人可以再次提出公开发行股票并上市申请。

④ 报送证监会。

上市委会议后，交易所结合上市委审议意见，出具同意或不同意发行上市的审核意见。审核意见为同意的，将审核意见、相关审核资料和发行人的发行上市申请文件报送中国证监会履行注册程序。中国证监会认为存在需要进一步说明或者落实事项的，可以要求交易所进一步问询。审核意见为不同意的，交易所将作出终止发行上市审核的决定。

⑤ 证监会注册。

中国证监会在收到注册材料后20个工作日内对发行人的注册申请作出同意或者不予注册的决定。发行人根据要求补充、修改注册申请文件，以及中国证监会要求保荐人、证券服务机构等对有关事项进行核查的时间不计算在内。

中国证监会作出不予注册决定的，自决定作出之日起6个月后，发行人可以再次提出公开发行股票并上市申请。

⑥ 发行上市。

中国证监会同意注册的决定自作出之日起1年内有效，发行人应当按照规定在注册决定有效期内发行股票，发行时点由发行人自主选择。

5. 第五阶段：发行与上市

这一阶段包括发行环节和上市环节，发行环节即向投资者推荐、销售股票，上市环节系指股票发行、认购完成后，在证券交易所挂牌上市，我们通常说的“敲锣”“敲钟”即指股票正式上市这一刻。

（1）发行。

① 询价。

首次公开发行股票，应当通过向特定机构投资者（以下简称“询价对象”）询价的方式确定股票发行价格。发行人及其主承销商应当在刊登股票招股意向书和发行公告后向询价对象进行推介和询价，并通过互联网向公众投资者进行推介，以及通过初步询价确定发行价格区间，在发行价格区间内通过累计投标询价确定发行价格。

② 路演。

路演是在主承销商的安排和协助下，由发行人面对投资者公开进行的、旨在让投资者更好地了解发行人，进而决定是否进行认购的过程。通常在路演结束后，发行人和主承销商便可大致判断公司股票的市场需求情况。

在正式路演之前，发行人和主承销商还可以进行预路演。预路演是指由主承销商的销售人员和分析员去拜访一些特定的投资者，通常为大型的专业机构投资者，对他们进行广泛的市场调查，听取投资者对于发行价格的意见及看法，了解市场的整体需求，并据此确定一个价格区间的过程。

（2）上市。

发行人股票发行完毕后，应及时向交易所提出上市申请，并需要提交上市申请书、发行验资报告、上市公告书、法律意见书及其他相应申请文件。证券交易所在收到发行人提交的全部上市申请文件后 7 个交易日内，对申请文件进行审查，作出是否同意上市的决定并通知发行人。发行人在收到上市通知后，将与交易所签订上市协议书，以明确相互间的权利和义务。申请上市的股票将根据交易所的安排和上市公告书披露的上市日期挂牌交易。如此，整个上市流程宣告全部完成，公司也可以迈入一个崭新的发展阶段。

企业在境内上市到底需要多少时间？这个问题是所有企业都会关心的，但确实也很难准确回答，因为上市过程中，会遇到各种“计划不如变化”的情况，导致上市推进进度晚于预期。假设在理想状态下，企业用于上市筹划、重组、改制和申报材料的制作至少需要 12 个月，其后进入审核期。在不同的审核制度下，审核所需的时间也有所不同，注册制下的审核周期较为明确，原则上为6个月，核准制下的审核周期受外部环境、政策的影响较大，在一切顺利的条件下，为12至18个月。审核过后的发行程序为1～2个月。由此，对于主板企业来说，企业一般从开始筹划上市到挂牌敲钟，历经3年艰苦卓绝的奋斗是较为普遍的，如果选择注册制下的科创板和创业板，时间周期会因审核周期的缩短而大幅减少。

第八节　筹划和重组阶段需要注意什么？

一、制定上市重组方案

制定上市重组方案的目的是划定拟上市的业务和资产范围，选择适当的上市主体，并通过重组的方式将拟上市的业务和资产纳入上市主体，以符合IPO的相关要求。

（一）IPO的基本要求

重组需要以满足IPO的条件为基础，因此制定重组方案，首先要了解IPO的基本要求。虽然不同的上市板块对于首发上市的条件有所差异（这一点我们在前文探讨不同上市板块的选择时曾述及），但是基础性的条件大同小异。这些基础性的条件可以大致分为四大类：

1. 主体资格要求

表7.3　主体资格要求

首发上市的具体要求	说明
依法设立且合法存续的股份有限公司。	—
持续经营时间应当在3年以上。	—
股权清晰，控股股东和受控股股东、实际控制人支配的股东持有的股份不存在权属纠纷。	科创板、创业板和主板对于股权清晰要求的表述略有不同。

2. 独立性及持续经营能力要求

表 7.4　独立性及持续经营能力要求

首发上市的具体要求	说　明
资产完整，业务、人员、财务、机构独立。	—
与控股股东、实际控制人及其控制的其他企业间不存在同业竞争。	科创板、创业板和主板对于“同业竞争”要求的表述略有不同。
不存在严重影响独立性或者显失公平的关联交易。	科创板、创业板和主板对于“关联交易”要求的表述略有不同。
主要资产不存在重大权属纠纷。	科创板的要求中还包括发行人的核心技术。
不存在重大偿债风险，不存在影响持续经营的重大担保、诉讼、仲裁等或有事项。	—
不存在经营环境已经或者将要发生重大变化等对持续经营/盈利能力有重大不利影响的事项。	科创板、创业板要求“持续经营能力”，主板要求“持续盈利能力”。
最近 3 年(主板)或 2 年(创业板/科创板)内主营业务和董事、高级管理人员没有发生重大变化。	主板的要求为 3 年，创业板、科创板的要求为 2 年。
最近 3 年(主板)或 2 年(创业板/科创板)实际控制人没有发生变更。	主板的要求为 3 年，创业板、科创板的要求为 2 年。

3. 规范性要求

表 7.5　规范性要求

首发上市的具体要求	说　明
依法建立健全股东大会、董事会、监事会、独立董事、董事会秘书、董事会专门委员会制度，相关机构和人员能够依法履行职责。	—
发行人生产经营符合法律、行政法规的规定，符合国家产业政策。	—
最近 36 个月内发行人及控股股东、实际控制人不存相关刑事犯罪或相关重大违法行为。	不同板块对刑事犯罪和重大违法行为的具体内容略有差异。
董事、监事和高级管理人员不存在最近 3 年内受到中国证监会行政处罚，或者因涉嫌犯罪被司法机关立案侦查或者涉嫌违法违规被中国证监会立案调查，尚未有明确结论意见等情形。	科创板的要求还包括核心技术人员。
内部控制制度健全且被有效执行，能够合理保证公司财务报告的可靠性、生产经营的合法性、营运的效率与效果，并由注册会计师出具无保留结论的内部控制鉴证报告。	—

续 表

首发上市的具体要求	说 明
会计基础工作规范，财务报表的编制符合企业会计准则和相关会计制度的规定，在所有重大方面公允地反映了发行人的财务状况、经营成果和现金流量，并由注册会计师出具无保留意见的审计报告。	—

4. 财务指标

主板、创业板、科创板对于发行人的财务指标要求差异比较大，在本章第四节“A 股上不同板块如何选择?”中已具体列举，此处不再展开。

（二）上市重组方案的总体思路

制定上市重组方案的总体思路是通过对拟上市公司现有架构的法律分析和论证，找出适合上市的产业、板块和资产，并通过选择适当的上市主体进行有益整合，使之符合上市要求。重组方案制定的基本思路为：

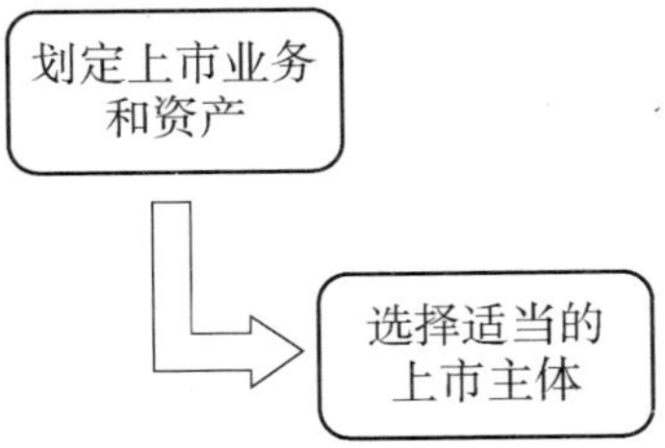

图 7.6 重组方案制定的基本思路

1. 划定上市的业务和资产范围

划定拟上市的业务和资产范围，这个问题对于某些企业而言，简直不能成为一个问题，因为这类企业在经营发展过程中，自然形成了经营一种主营业务的模式，不需要根据首发上市的要求在将业务和资产进行重组。这类企业不仅可以省去大量的重组时间，还节省了不少重组成本。相比之下，另一些企业可能就复杂得多。这类企业在发展过程中，逐渐形成和衍生出了不同的业务种类，这些业务和资产可能分散在实际控制人控制的不同企业中（我们暂且将实际控制人控制的所有企业集合称为“集团”），并且不同的企业之间存在各种互相交叉的资产、业务和交易。对于这类企业而言，划定重组范围就是个技术活了。

在划定拟上市资产和业务范围时，应当遵循以下原则。

1）主业突出

根据公司未来发展规划，选择核心竞争优势突出、盈利能力较强的业务板块划定为拟上市业务范围，将与主营业务相关的资产全部纳入拟上市主体。与主营业务无关的业务和资产剥离，进一步提升拟上市主体的盈利能力。

“主业突出”并没有明确的定义，目前A股的所有板块涉及的IPO发行条件中，已经不存在“主营业务”界定的量化标准，也没对拟上市公司经营业务的种类数量作出明文规定。创业板注册制改革之前，曾经要求拟上市公司“主要经营一种业务”，也曾经针对这一发行条件出台过审核标准，但创业板注册制改革实施后，这一条件已从发行条件中删除。但是从近些年的案例来看，公司在申请IPO时从事两种风马牛不相及的业务几乎不存在，即使存在从事看似不同种类的业务，也还会重点着墨论述业务之间的关联性。

2）具备独立完整的业务体系和持续经营能力

划定拟上市资产和业务范围的第二大原则，是应当确保在完成重组后可以实现“五独立”、拟上市范围内的业务和资产完整，且具备持续经营能力，不存在大量的、影响独立性的关联交易，拟上市主体的控股股东和实际控制人不得经营同拟上市主体相同或相似的业务，亦即不存在同业竞争的情形。

第一，关于“五独立”。

“五独立”是上市过程中经常会提及的一个“上市术语”，“五独立”是指业务、资产、人员、机构、财务的独立，即拟上市主体体系内的业务、资产、人员、机构、财务与主要股东、实际控制人及其控制的其他企业完全分开，具有面向市场自主经营的能力。

其一，业务独立性的具体要求。

（1）拥有生产经营所需的场所、生产设备，拥有独立的原材料采购渠道和销售渠道，拥有独立于其他第三方的决策机构和经营管理人员。

（2）具有完整的业务体系，具有开展生产经营所必备的资产。

（3）能够自主开展业务，主营产品及项目的研发、生产、销售等均独立于控股股东、实际控制人及其控制的其他企业，不存在对控股股东、实际控制人及其控制的其他企业的业务依赖关系。

（4）与控股股东、实际控制人及其控制的其他企业之间不存在对发行人构成重大不利影响的同业竞争，不存在严重影响独立性或者显失公平的关联交易。

其二，资产独立性的具体要求。

（1）拥有独立于控股股东、实际控制人及其控制的其他企业的生产系统、辅助生产系统和配套设施。

（2）对其资产均拥有完整的所有权，与控股股东、实际控制人及其控制的其他企业在资产产权上有明确的界定与划分。

（3）对其拥有的主要资产，包括机器设备、不动产、知识产权等已经取得独立有效权属证书或者权属证明文件。

（4）生产经营所使用的场地为租赁取得的，应当确保租赁的合法性和稳定性。

其三，人员独立性的具体要求。

（1）公司的高管及核心人员，包括总经理、副总经理、财务总监、董事会秘书以及财务人员等应当专职在公司工作，并在公司领取薪酬，不得在控股股东、实际控制人及其控制的其他企业处担任除董事、监事以外的其他职务（即不能担任具体的执行和管理职务），也不能在其他企业领取薪酬。

（2）公司的董事、监事、高级管理人员的人选产生要符合公司治理的要求，不能受到控股股东或实际控制人的干预。

其四，机构独立性的具体要求。

（1）根据上市公司治理的要求设立股东大会、董事会和监事会等决策及监督机构。

（2）公司设立的内部管理机构与控股股东、实际控制人及其控制的其他企业完全分开，发行人的经营和行政管理（包括劳动、人事及工资管理等）完全独立于控股股东、实际控制人及其控制的其他企业，办公机构和生产经营场所与控股股东、实际控制人及其控制的其他企业分开，不存在混合经营、合署办公的情况。

（3）公司内部管理机构能够依据公司治理的要求行使各自的职权，不存在被控股股东、实际控制人干预的情形。

其五，财务独立性的具体要求。

（1）设有独立的财务部门和独立的财务会计人员，拟上市公司的财务人员应当由公司独立拥有，不能混用，比如，财务人员不能同时为上市公司和控股股东或者其他关联公司做账。

（2）拥有独立的财务核算体系，能够独立进行财务决策，且具有完整规范的财务会计制度和财务管理制度，如资金的使用、财务预算的制定应当由公司自主决策，不能被控股股东、实际控制人干预。

（3）拥有独立的银行账户，不能与控股股东、实际控制人存在大量、频繁的资金往来，公司的资金、资产不得被股东或关联方占用。

总而言之，“五独立”要求拟上市公司体系内有完整独立的产供销体系，直接面向市场，自主经营，独立承担责任和风险，不依赖于关联方，尤其是拟上市主体的控股股东和实际控制人。

第二，关于同业竞争和关联交易。

避免同业竞争和减少关联交易是重组方案中需要重点考量的问题，也是很多企业上市过程中的重点和难点问题，所以我们会在后续章节中展开进行专题讨论。

3）控制重组成本和风险

制定重组方案的第三个原则是从成本和风险角度进行考量，应当选择操作更简便、成本更低的方案，尽可能减少重组对公司经营的影响。有不少企业在制定方案时缺少细节考虑，或者预期过于乐观，导致重组操作到一半无法继续推进，比如，突然发现遗漏了某项税收成本的测算，或者某一项核心资质无法转移，导致影响业务开展，类似情况一旦发生会对企业造成极大的负面影响。因此，针对重组过程可能发生的税收成本、资金流转成本以及重组对公司业务经营的影响程度，公司需要在重组前预先评估可行性，对重组的成本和风险进行有效控制。

其他需要考虑的问题：

第一，部分拟上市资产来源于上市公司。

随着上市公司的日渐增多，上市公司与非上市公司之间的资产处置和交易行为也日益增加。实践中，可能会发生拟纳入上市范围的部分资产来源于上市公司，可能是上市公司置出或者向上市公司购买取得，这里的“资产”还包括从上市公司取得的公司股权。这就相当于，这部分资产曾经在上市公司体内运营，现在又将再次纳入上市范围。此类资产再次纳入上市范围时，需要被特别予以关注：

（1）发行人需要说明取得此类资产的背景、交易过程、作价依据等，由于这些资产的特殊来源，需要关注取得资产时，是否履行了决策程序、审批程序与上市公司信息披露义务，资产取得的过程是否合法合规，包括是否符合上市公司章程和证监会、证券交易所的有关规定，是否存在争议或潜在纠纷。

（2）需要关注取得资产的过程，是否可能存在损害上市公司利益的情形，比如，发行人的董事、监事和高级管理人员是否在上市公司曾经担任职务，是否存在违反竞业禁止义务的情形，在取得此类资产过程中，是否通过有特殊关系的人员对交易不正当地施加了影响。

（3）资产转让完成后，发行人及其关联方与上市公司之间是否就上述转让资产存在纠纷或诉讼。

（4）发行人及其关联方的董事、监事、高级管理人员以及上市公司在转让上述资产时是否存在损害上市公司及其中小投资者合法利益的情形。

（5）需要关注发行人来自上市公司的资产置入发行人的时间，在发行人资产中的占比情况，对发行人生产经营的作用。如果取得的时间很近，且占拟上市整体资产的比重又很大，资产的形态、资产的运营方式和成果与其在原上市公司体内无太大出入，则相当于这部分资产“重复上市”，自然是不被鼓励的。

第二，境内上市公司分拆子公司上市。

还有一种比较特殊的情况，是关于已经上市的公司分拆子公司上市，也就是拟纳入上市范围的业务和资产，其控制人是一家已经上市的公司，即我们通常所称的“分拆上市”。

随着资本市场发展，部分已经上市的公司采取多元化经营战略，涉足新的产业或行业，为实现业务聚焦与不同业务的均衡发展，于是将其部分业务分拆出来独立上市的诉求便应运而生。但是，分拆上市自提出以来一直是存在很大的争议，所以在很长时间内都没有正式的规则出台，仅有原则性规定和审核口径，并且实践中的操作性也不强。对于拟分拆上市的公司，肯定需要从严把握，如果分拆后对原上市公司影响过大，搞垮一个上市公司，然后再换个马甲上市来圈钱，显然不符合资本市场的基本理念。

2019年1月，经党中央、国务院批准的《关于在上海证券交易所设立科创板并试点注册制的实施意见》明确：“达到一定规模的上市公司，可以依法分拆其业务独立、符合条件的子公司在科创板上市。”上市公司分拆子公司到科创板上市有了原则性规定。至2019年12月12日，证监会发布《上市公司分拆所属子公司境内上市试点若干规定》（以下简称“《分拆上市规定》”），对上市公司分拆子公司境内上市作出了详细规定。一方面，《分拆上市规定》明确了分拆条件，为保障上市公司分拆后具备独立上市地位，要求被分拆的上市公司具备一定的盈利能力和规范运作水平，分拆后母公司与子公司符合证监会、证券交易所关于独立性的基本规定。另一方面,《分拆上市规定》规范了分拆流程,上市公司分拆应及时披露信息,并经董事会、股东大会审议通过,子公司发行上市须履行首发上市或重组上市的相关程序。其中,分拆上市基本条件从财务指标、规范运作、独立性等多个维度进行了设置,具体包括:

(1) 上市公司股票上市已满 3 年。此项规定意在避免上市后立即分拆对上市公司带来不利影响、侵害股东利益。

(2) 上市公司最近 3 个会计年度连续盈利,且最近 3 个会计年度扣除按权益享有的拟分拆所属子公司的净利润后,归属上市公司股东的净利润累计不低于 6 亿元人民币。

本条为核心条款,是划定分拆上市门槛的重要规定,并延续了中国证监会一贯的严格控制分拆上市的监管思路。在《分拆上市规定》的征求意见稿中,本条的利润要求曾经为 10 亿元,正式稿颁布后,虽然对拟分拆上市公司的利润规模要求有所降低,但仍然将大部分 A 股上市公司隔离在外。显然,分拆上市的规则主要适用于盈利能力强且业务板块差异明显的集团化公司,即使完成分拆上市,也可以保持原被分拆公司的独立上市地位,减少造壳、炒壳行为。

(3) 上市公司最近 1 个会计年度合并报表中按权益享有的拟分拆所属子公司的净利润不得超过上市公司合并报表净利润的 50%;上市公司最近 1 个会计年度合并报表中按权益享有的拟分拆所属子公司净资产不得超过上市公司合并报表净资产的 30%。

(4) 规范性要求。上市公司不存在资金、资产被控股股东、实际控制人及其关联方占用的情形,或其他损害公司利益的重大关联交易。上市公司及其控股股东、实际控制人最近 36 个月内未受到过中国证监会的行政处罚;上市公司及其控股股东、实际控制人最近 12 个月内未受到过证券交易所的公开谴责。上市公司最近一年及一期财务会计报告被注册会计师出具无保留意见审计报告。

(5) 上市公司最近 3 个会计年度内发行股份及募集资金投向的业务和资产,不得作为拟分拆所属子公司的主要业务和资产,但拟分拆所属子公司最近 3 个会计年度使用募集资金合计不超过其净资产 10%的除外;上市公司最近 3 个会计年度内通过重大资产重组购买的业务和资产,不得作为拟分拆所属子公司的主要业务和资产。所属子公司主要从事金融业务的,上市公司不得分拆该子公司上市。

简而言之，不鼓励已经享受上市红利后，短期内又实施分拆上市，抢占市场资源，这对其他的经济实体有所不公。

（6）上市公司董事、高级管理人员及其关联方持有拟分拆所属子公司的股份，合计不得超过所属子公司分拆上市前总股本的10%；上市公司拟分拆所属子公司董事、高级管理人员及其关联方持有拟分拆所属子公司的股份，合计不得超过所属子公司分拆上市前总股本的30%。

这一规定限制了董事、高级管理人员在分拆上市公司的持股比例，目的是减少董事、高管通过盲目拆分上市而谋取利益的可能性。

（7）本次分拆有利于上市公司突出主业、增强独立性。本次分拆后，上市公司与拟分拆所属子公司均符合中国证监会、证券交易所关于同业竞争、关联交易的监管要求，且资产、财务、机构方面相互独立，高级管理人员、财务人员不存在交叉任职，独立性方面不存在其他严重缺陷。

另外需要明确的是，《分拆上市规定》不仅仅适用于境内上市公司分拆子公司在科创板上市，对于分拆于其他A股各板块上市也同样适用。但总体而言，监管机构对于分拆上市设定了比较高的门槛，如果不能符合分拆上市的条件，还是需要通过其他的方式来设计上市路径。

2. 选择适当的上市主体

上市主体是指发行股票并在证券交易所挂牌上市的主体，上市主体是整个拟上市业务体系的核心，上市主体确定后，其他的资产重组、业务重组和股权重组都围绕着上市主体展开，也就是将划定的其他拟上市业务和资产，通过转让、置换等方式纳入上市主体或者以上市公司的子公司、分公司的形式存在。

很多时候企业在经营过程中，会存在实际控制人控制的集团中多个主体从事类似的经营业务的情形，有的可能是出于功能细分的考虑，有的出于税务筹划的目的，有的可能是基于其他利益平衡的需求，因此在制定重组方案时需要选择合适的主体作为上市主体。如何作出最优的选择，也是有一定的规律可循的。

（1）符合持续经营时限的要求。

上市主体需要持续经营时间应当在3年以上（具体掌握为36个月），这是IPO对于上市企业主体资格的要求。所以如果某个经营主体设立时间不满3年，则可以直接用排除法一票否决。另外，如果是计划申报主板的企业，上市主体在整体变更为股份公司之前不能存在未弥补亏损，否则根据证监会的要求，需要在完成整体变更的工商登记后运行满36个月才能申请IPO。

(2) 历史沿革清晰。

上市主体应当股权清晰，不存在与股权相关的纠纷或争议。这也是IPO对于上市企业的主体资格要求之一。股权代持、交叉持股等可能引发权属争议、权属不明的情况都属于不能踩跨的"红线"。如果某个主体存在实质性的股权争议，尤其是涉及公司控股权的，则作为上市主体要相当谨慎。当然，非实质性的股权问题也可以通过代持解除、确权等方式进行纠正和规范，但同时也会产生其他的时间和财务成本。

(3) 合规性最佳、业务最完整。

选择业务最为完整的主体，意味着其他重组的操作会相对简化，相应成本也会较低，重组的便捷性、可操作性也会增强。选择合规性最佳的主体也是出于类似的考量，规范化运营程度比较高的主体，未来需要支出的合规成本也相对更低。

(4) 住所地。

公司的住所地也是需要考量的指标之一。拟上市主体确定后，意味着所有的政策、资源都会集中到这一上市主体，而其他的实体只能作为未来上市公司架构下的子公司，甚至分公司，存在感不可等量齐观。一方面，不同的地区对于拟上市企业有着不同的扶持政策，包括补贴政策、税收政策，或者协调相关的主管部门在上市过程中给予便捷的服务，甚至一些较为偏远的经济落后地区会有"绿色通道"，作为扶持企业上市的优惠条件。有些企业在极具诱惑性的优惠政策下甚至萌生出迁址的想法，当然迁址的想法因为欠缺实操性通常会被中介机构扼杀在萌芽中，但是如果企业本身有政策扶持区域的经营实体的，则完全可以纳入上市主体的选择范围。另一方面，不同的地区集群优势也有着很大差异，如果从上市公司未来人才吸引和储备的角度考虑，则首选需要考虑经济发达、高端人才聚集的地区。

1) 控股型公司能否作为上市主体

控股型公司，是指本公司自身没有实质性的经营业务，公司单体报表上没有经营性的收入、利润，其收入、利润主要依赖于合并报表。

首先要明确的是，在《证券法》以及证监会、交易所颁布的与发行上市相关的规则中，并没有限制控股型公司作为上市主体，所以，控股型公司作为上市主体是没有法律障碍的。

上市公司的经营业绩和盈利能力,是基于合并报表范围来考量的,也就是说,将上市公司主体本身以及其合并范围内的子公司作为一个整体来看待。所以,上市公司的收入、利润主要来源于子公司并不影响发行条件,事实上,我们也可以找到一些已经上市的案例,证明这种模式已经被审核部门所认可。但是,由于这种架构仍然具有一定的特殊性,所以需要特别关注以下事项:

第一,子公司分红制度的保障。

由于上市公司本身没有太多实体经营,因此上市公司的收益来源主要依靠子公司经营所得并向母公司分红。如果没有通过制度化的分红保障,则子公司有再多的经营成果,对上市公司而言也只是"纸面收益",没有实实在在的收益流入,更遑论保障上市公司投资者的回报了。所以此类上市架构需要制定子公司的财务管理制度和公司章程中规定的分红条款,从制度上保证发行人未来具备持续稳定的现金分红能力。

第二,子公司的规范治理及上市主体对子公司的控制力。

由于主要经营集中在子公司,意味着主营业务的经营管理并非直接的、必然地由上市公司主体的董事、监事、高级管理人员来参与,如果母公司对子公司的控制力减弱,则上市公司本身的利益就无法得到有效保障。所以在公司治理方面,控股型的公司需要从制度上保证对子公司的控制力,无论是董事、监事、高级管理人员的委任、日常经营决策、规范运作、生产组织、研发投入,还是采购销售、质量控制和财务管理等,都应当尽可能直接体现上市主体的意志。

第三,采用控股型上市架构的合理性。

虽然控股型架构的上市没有法律障碍,但这种架构毕竟有其特殊性,容易被恶意利用,损害上市公司和投资人的利益。所以发行人在上市审核过程中,需要对采用此种架构上市的合理性作出解释,比如由于行业特点或者自身的业务特点,需要根据区域分布来开展经营活动,无法将业务集中在某个实体中。

2) 外资企业能否作为上市主体

外资企业整体变更设立为外商投资股份公司后,与其他内资股份公司一样,作为上市主体没有法律障碍。自 2020 年 1 月 1 日《外商投资法》施行后,原《外商投资企业法》《中外合资经营企业法》以及《商务部关于设立外商投资股份有限公司若干问题的暂行规定》等法律法规均已失效,外资企业改制为股份公司所需的程序、条件和一般内资企业没有实质差异,二十余年的差别化规则已经成为历史。

但是关于外资企业上市的问题，还有几点需要关注：

第一，控股股东位于境外。

当拟上市公司的控制权为境外架构并且设置了层次复杂的持股架构，由于适用不同的法律体系，且境外架构的透明度较低，因此，拟上市公司需要：

(1) 解释设置此类架构的原因、合法性及合理性。

(2) 论证控股股东持股的真实性、控股股东持有的股权是否权属清晰，是否存在委托持股、信托持股的情况，是否与其他第三方之间存在影响控股权的约定，股东的出资来源是否合法。

(3) 如果控股股东向上追溯的实际控制人为境内自然人的，在设立的持股架构合规的前提下，虽然目前从成文规则上看没有要求控制权落回境内，但是考虑到境外架构的透明度低，从监管角度出发仍然会倾向于将控制权落回境内。

第二，关于"假外资"的问题。

有很多企业虽然顶着"外资企业"的帽子，但是股东向上追溯后，实际出资人为境内自然人。由于外资企业原先能享受优于内资企业的税收待遇，或者创始人出于其他经营目的的考虑，因此有一些境内自然人在创立企业时，会通过设立境外公司并返程投资设立外资企业，也就是通常说的"假外资"。"假外资"最受挑战的是创始人原先投资设立境外公司并且返程投资持股外资企业的过程，是否违反我国外汇管理规定。而关于境内身份的自然人实施境外投资并返程投资问题涉及的外汇管理规定，曾经发生过数次更迭，并且在实践中，不同地区的主管部门在适用时掌握的口径和尺度也不尽相同。

与境内自然人境外投资及返程投资外汇管理相关的现行有效的法规是《国家外汇管理局关于境内居民通过特殊目的公司境外投融资及返程投资外汇管理有关问题的通知》(汇发〔2014〕37 号)。参照 37 号文的规定：

《国家外汇管理局关于境内居民通过特殊目的公司境外投融资及返程投资外汇管理有关问题的通知》

境内居民以境内外合法资产或权益向特殊目的公司出资前，应向外汇局申请办理境外投资外汇登记手续。

"特殊目的公司"，是指境内居民(含境内机构和境内居民个人)以投融资为目的，以其合法持有的境内企业资产或权益，或者以其合法持有的境外资产或权益，在境外直接设立或间接控制的境外企业。

> “返程投资”，是指境内居民直接或间接通过特殊目的公司对境内开展的直接投资活动，即通过新设、并购等方式在境内设立外商投资企业或项目(以下简称外商投资企业)，并取得所有权、控制权、经营管理权等权益的行为。

此外，37 号文还规定了相应的处罚措施：

境内居民或其直接、间接控制的境内企业通过虚假或构造交易汇出资金用于特殊目的公司，外汇局根据《中华人民共和国外汇管理条例》第三十九条进行处罚，即“有违反规定将境内外汇转移境外，或者以欺骗手段将境内资本转移境外等逃汇行为的，由外汇管理机关责令限期调回外汇，处逃汇金额 30%以下的罚款；情节严重的，处逃汇金额 30%以上等值以下的罚款；构成犯罪的，依法追究刑事责任”。

境内居民未按规定办理相关外汇登记、未如实披露返程投资企业实际控制人信息、存在虚假承诺等行为，外汇局根据《中华人民共和国外汇管理条例》第四十八条第(五)项进行处罚，即“由外汇管理机关责令改正，给予警告，对机构可以处 30 万元以下的罚款，对个人可以处 5 万元以下的罚款”。

在境内居民未按规定办理相关外汇登记、未如实披露返程投资企业实际控制人信息或虚假承诺的情况下，若发生资金流出，外汇局根据《中华人民共和国外汇管理条例》第三十九条进行处罚(法条原文同上)；若发生资金流入或结汇，根据《中华人民共和国外汇管理条例》第四十一条进行处罚，即“违反规定将外汇汇入境内的，由外汇管理机关责令改正，处违法金额 30%以下的罚款；情节严重的，处违法金额 30%以上等值以下的罚款”。

也就是说，根据现行有效的法规，境内自然人通过设立境外公司又返程投资持有境内外资企业的股权，需要根据 37 号文办理外汇登记手续。如果拟上市公司的股东在出资时，已经办理了外汇登记手续，则这一持股架构具备了“合法身份”，如果没有办理相关手续，则该境内自然人股东可能面临较大的法律风险，因此需要结合公司的具体情况制定规范措施。在考虑对策的时候，需要首先区分拟上市公司的控制权是否在境外：

(1) 办理外汇补登记手续。当然，如前文所述，各地对于外汇补登记手续的掌握不尽相同，是否能够予以补办具有不确定性。

(2) 相关股东获取境外身份。由于 37 号文针对的是境内居民，因此在部分案例中，股东通过获取境外身份的方式避开 37 号文的适用。

(3) 将股东权益落回境内，并取得外汇主管部门的不处罚证明。如果无法通过合法化的方式持有境外架构，则股东需要将境外架构调整回境内。

(4) “假外资”如果涉及控制权在境外的，仍然需要同时参考前述“控股股东位于境外”问题来处理。

第三，关于“红筹”企业境内上市。

对于已经搭建了“红筹”架构的企业，在科创板推出后，也为这些企业开辟了一条直接上市的路径。根据《上海证券交易所科创板股票上市规则》的规定，符合《国务院办公厅转发证监会关于开展创新企业境内发行股票或存托凭证试点若干意见的通知》(国办发〔2018〕21号)相关规定的红筹企业，可以申请发行股票或存托凭证并在科创板上市。同样的规定在创业板注册制实施后，也同样适用于创业板。(关于红筹架构的具体法律问题，本书第五章“股权融资”章节中已有更为详尽的探讨，此处不再赘述)但是红筹架构直接在境内科创板上市有着很高的门槛，也非大多数中小型的红筹企业所能企及：

(1) 对于已上市的红筹企业，《国务院办公厅转发证监会关于开展创新企业境内发行股票或存托凭证试点若干意见的通知》要求“市值不低于2 000亿元人民币”方能在境内发行股票或存托凭证。

(2) 对于未上市的红筹企业，申请科创板IPO的要求为：

《上海证券交易所科创板股票上市规则》

营业收入快速增长，拥有自主研发、国际领先技术，同行业竞争中处于相对优势地位的尚未在境外上市红筹企业，申请在科创板上市的，市值及财务指标应当至少符合下列标准之一：

(一) 预计市值不低于100亿元；

(二) 预计市值不低于50亿元，且最近一年营业收入不低于5亿元。

(3) 对于未上市的红筹企业，申请创业板IPO的要求为：

《深圳证券交易所创业板股票上市规则》

营业收入快速增长，拥有自主研发、国际领先技术，同行业竞争中处于相对优势地位的尚未在境外上市红筹企业，申请在创业板上市的，市值及财务指标应当至少符合下列标准之一：

（一）预计市值不低于人民币100亿元，且最近一年净利润为正；

（二）预计市值不低于人民币50亿元，最近一年净利润为正且营业收入不低于5亿元。

前款所称营业收入快速增长，指符合下列标准之一：

（一）最近一年营业收入不低于5亿元，最近三年营业收入复合增长率10%以上；

（二）最近一年营业收入低于5亿元的，最近三年营业收入复合增长率20%以上；

（三）受行业周期性波动等因素影响，行业整体出于下行周期的，发行人最近三年营业收入复合增长率高于同行业可比公司同期平均增长水平。

如果拟上市公司无法达到这一规模，或者其业务经营决定了公司不适合在科创板、创业板上市的，则需要考虑拆除红筹架构（拆除红筹架构的方式同样在本书第五章“股权融资”章节中已有更为详尽的探讨，此处不再赘述）

3）新设上市主体的可行性

有时我们在与企业探讨上市方案的时候，企业由于担心过往的“历史包袱”，而提出新设上市主体的建议，希望通过新设上市主体轻装启程，一劳永逸地解决企业在历史发展过程中的所谓“硬伤”。

实际上，新设主体的难度往往比想象更艰难。新设主体后，需要将原经营主体的资产、业务、人员等全部转移至新主体，这一过程往往耗费大量的时间和成本，尤其是对于涉及特殊资质许可或者下游客户需要准入的企业，更换经营主体更是需要慎之又慎。由于操作过程复杂、周期长，在实施过程中还可能会发生损失业务机会、引发纠纷。

在面对企业的历史问题时，很多情况下可以采用“时间换空间”的方式解决。大多数的IPO发行条件，除了历史沿革问题（比如股权问题）以外，诸如财务问题、重大处罚和诉讼问题、合规性问题等，一般都以报告期为期限来考量。涉及此类问题的解决，大可不必用新设主体来作为解药，因为待新设主体及业务转移全部完成并步入正轨后，原先所谓的“硬伤”可能也已在报告期外了。

如果企业所谓的“硬伤”是历史沿革中发生的、无法通过时间来解决，则需要综合权衡一下各种利弊。因为很有可能即使新设主体，也无法彻底回避历史上的问题，又或者可能会引发导致新的问题发生。总之，从历史经验来说，新设主体的方案无论从时间、经济、效率的角度来看，都不是上策，应当审慎采用。

二、实施重组

重组的实施，是在既定的重组方案的原则下，通过对拟上市资产、负债、业务、股权等相关要素的调整，包括：将拟上市资产、负债、业务纳入上市主体，以及对拟上市主体的股权进行重组，使重组后的拟上市主体满足上市条件。

（一）重组的实施主要方式

1. 股权重组

股权重组，指通过对拟上市公司的股权以及关联公司的股权作出的转让、收购、增资、减资、置换等一系列方式，达到业务、资产和股权调整的目的。

（1）对于拟上市公司下属全资、控股子公司与关联公司之间的股权的调整，以提高拟上市业务资产的经营效率、优化资产质量为目标，尽可能提高拟上市主体纳入其主体范围内的下属子公司的控制权比例。

（2）对于拟上市主体本身的股权重组，在调整时应当考虑实际控制人对拟上市主体的持股方式、控制权比例，平衡控制权和优化公司治理架构之间的关系，同时考虑对员工的股权激励问题。

股权重组的方式又包括了股权转让和收购、增资和减资，以及股权置换。前两者不需要着太多笔墨，在实践中已经多有运用。关于股权置换，其实也是股权重组中可以时常被提及的一种交易方式，与我们通常说的“股权出资”“换股并购”是同一个概念。

关于股权出资：

股权出资，是指投资人以其持有的在中国境内设立的有限责任公司或者股份有限公司的股权作为出资，投资于境内其他有限责任公司或者股份有限公司。股权出资实际上是股东将其持有的其他公司的股权转让给目标公司所有，使得目标公司成为该公司的新股东，同时作为出资对价，目标公司向出资股东增发股权或者股份。

需要明确的是，用于出资的股权必须为在中国境内设立的公司股权，并且不存在质押或者被限制转让的情形。相较于股权转让和货币出资，股权置换的交易方式有其不同之处：

(1) 既实现了资产(股权)购买,又无须支付现金对价。对于现金流比较紧张的企业,这是一个比较合适的交易方式,可以将拟上市资产转移至上市主体,同时由于以目标公司的股权/股份作为对价,所以能够减少现金流的流转。

(2) 税收后果。任何交易都需要考虑税收后果,股权置换的税收后果与股权转让有所不同。

具体而言:如果出资股东为法人,则根据《财政部　国家税务总局关于企业重组业务企业所得税处理若干问题的通知》(财税〔2009〕59 号)、《财政部　国家税务总局关于促进企业重组有关企业所得税处理问题的通知》(财税〔2014〕109 号)的规定,该次交易可以适用特殊税务处理,即对交易中股权支付暂不确认有关资产的转让所得或损失。

如出资股东为个人,则根据《财政部　国家税务总局关于个人非货币性资产投资有关个人所得税政策的通知》(财税〔2015〕41 号)的规定,对于出资的股权"应按评估后的公允价值确认非货币性资产转让收入",但是如果一次性缴税有困难的,可合理确定分期缴纳计划并报主管税务机关备案后,自发生上述应税行为之日起不超过 5 个公历年度内(含)分期缴纳个人所得税。

2. 资产重组

在进行业务重组的过程中,有时不需要将集团内某个企业整体纳入或置出上市主体范围,只需要保留、置入部分有效的经营性资产,或者将部分与上市无关的、不产生效益的资产剥离出上市主体。此种情况下,不需要进行股权交易,而是针对某一部分的资产进行收购、让渡、划转或者置换。

需要注意的是,虽然在部分资产收购中,拟上市主体购买的并非为具有独立法人资格的企业股权,但如果相关资产实质上构成了"一项业务",也就是拟购买的某些生产经营活动或资产的组合,具有投入、加工处理过程和产出能力,能够独立计算其成本费用或所产生的收入,则在进行交易时,包括在交易定价、财务处理时,仍需要按照"业务合并"的方式来进行相应的交易处理。

3. 债务重组

债务重组是指债务人与债权人达成的协议对债务作出有益于拟上市公司的非现金清偿方式的处理,如变更偿债条件、资产债务剥离、债转股等。

由于很多企业以集团化的方式进行运作,集团内部往往形成大量的交易和往来,加之在上市重组中也会因重组交易发生对价支付或资金流转,因此债务重组往往也需要伴随着重组方案同时予以考虑。

4. 公司合并和分立

公司合并是指由两家或以上的公司依照法定的程序和条件合并成一家公司，合并各方的债权债务由合并后的公司完全承受，它是公司主体变更的一种法律制度。公司合并分为吸收合并和新设合并两种，其中吸收合并是指一家公司吞并了另一家或者多家公司，只有吸收方公司保持存续，其余被吸收的公司的法人资格注销。新设合并则是指所有参加合并的公司的法人资格均告消灭，而成立一家新的公司。

公司分立是指一家公司依照法定的程序和条件，在清偿外债或者对债务作出债权人认可的安排之后分成两家或者多家公司的法律制度。公司分立有派生分立和新设分立两种，其中派生分立是指被分立的公司保持存续，并从其分离部分财产成立新的公司的形式；新设分立是指被分立的公司不复存在，在其财产基础上成立两家或者多家公司的分立形式。

公司合并和分立的特别之处在于，在合并、分立交易完成后，交易后的主体与交易前的主体在债权债务上仍会产生连接。公司合并时，合并各方的债权、债务，应当由合并后存续的公司或者新设的公司承继。公司分立后，由分立各方按照公司决议规定的份额分割公司财产，并按照公司分立前与债权人达成的清偿协议承担债务。若公司在分立时没有与债权人达成清偿协议的，由分立后的公司对分立前的债务承担连带责任，以保障交易安全和债权人的合法权益。因此，在上市重组中，对于拟上市主体发生合并、分立的，需要格外关注相关债权、债务的处置情况，以免发生纠纷。

（二）重组实施过程中需要关注的问题

1. 履行适当的程序

重组是一系列复杂的交易行为，为保障交易的合法合规性，避免在重组后留下潜在纠纷和隐患，所有的交易行为应当履行完整的程序，包括重组范围内各企业内部的决策程序，以及必要的外部审批、备案、登记以及通知和公告程序。比如，某些资产的转移需要履行过户登记手续、负债的转移需要取得债权人的同意，如果涉及企业合并、分立和减资的，还需要履行公告程序，等等。只有履行了全部法定程序后，才能保证整个重组行为合法合规，避免发生潜在的纠纷和法律风险。

2. 重组过程涉及的关联交易

由于拟上市企业的业务、资产重组主要是在同一实际控制人控制的集团内部进行资产和业务重组，重组过程中涉及大量的拟上市主体和关联方之间的关联交易。因此，无论是股权重组还是资产重组，都需要以公允价格作价。一般情况下，需要先对重组的资产、股权进行审计或者评估，并按相应的审计、评估值为定价依据。

3. 重组涉及的税务问题

重组的税务问题是制定重组方案中需要考虑的重要因素，作者曾经遇到过一些企业由于先期考虑不周，在重组实施过程中因为税收问题而“卡壳”，导致进退维谷的尴尬场面。

不同交易方式下，产生的税收后果可能是截然不同的。此处的“税收后果”，包括了与税收问题相关的各个方面，包括交易涉及的税种、税率，纳税义务发生的时点、是否有税收优惠政策或者特殊税务处理等等。

比如，在股权转让的交易方式下，通常涉及的税种即所得税，在资产交易（虽然股权也是一种“资产”，但为方便表述和区分，此处的“资产”即为股权以外的其他资产）、企业合并分立的交易中，除了所得税外，还需要考虑增值税，如交易中涉及不动产，则还需要考虑土地增值税、契税等税种。

即便是看似简单的股权转让交易，根据交易双方的主体资格类型不同、对价支付方式不同，相应的税收后果也不尽相同。例如，股权转让的转让方为境内自然人的，则通常需要就股权转让的收益部分缴纳20%的个人所得税，在交易完成后即应当申报纳税。并且，如果股权转让的作价明显偏低，税务部门有权“核定”股权转让的收入[详见下文《股权转让所得个人所得税管理办法（试行）》的规定]。所以想要通过降低交易价格减少税收成本的做法很可能只是交易双方的一厢情愿。如股权转让的转让方为境内法人，则转让方需要就收益部分按照该法人的适用所得税税率进行征缴，并在年度的企业所得税申报时进行清缴。但是，如果股权转让的对价支付手段主要为股权支付而非现金支付（如前文中“股权出资”章节中所探讨的“股权出资”行为，即为“以股权作为对价支付手段”），则在符合《财政部　国家税务总局关于企业重组业务企业所得税处理若干问题的通知》（财税〔2009〕59号，以下简称59号文）、《财政部　国家税务总局关于促进企业重组有关企业所得税处理问题的通知》（财税〔2014〕109号，以下简称109号文）所规定的条件下，可以适用特殊税务处理。

在资产交易、合并与分立的模式下，涉及的税收后果可能更为复杂，除了需要考虑的税种更多以外，还会涉及各种特殊税收政策、税收减免的适用问题。比如资产交易中，如果交易的对价支付手段也是股权，则同样可以适用59号文、109号文的特殊税务处理的规定。再比如，资产交易中涉及的不动产、土地使用权转让，如果符合将实物资产以及与其相关联的债权、负债和劳动力一并转让的形式，则根据《财政部　国家税务总局关于全面推开营业税改征增值税试点的通知》（财税〔2016〕36号）的规定，可以不征收增值税。对于资产重组中涉及房地产转让相关土地增值税、契税，国家为支持企业改制重组，陆续出台过相应的增值税、契税的减免政策，但是需要注意的是，这些政策通常以"通知"或"公告"的形式发布，时效较短，在适用时还需要予以关注。例如现行有效的《财政部　税务总局关于继续实施企业改制重组有关土地增值税政策的公告》（财政部　税务总局公告2021年第21号）、《财政部　税务总局关于继续执行企业事业单位改制重组有关契税政策的公告》（财政部　税务总局公告2021年第17号），其执行期间均为自2021年1月1日起至2023年12月31日执行。

《股权转让所得个人所得税管理办法（试行）》

（国家税务总局公告2014年第67号）

第七条　股权转让收入是指转让方因股权转让而获得的现金、实物、有价证券和其他形式的经济利益。

第十一条　符合下列情形之一的，主管税务机关可以核定股权转让收入：

（一）申报的股权转让收入明显偏低且无正当理由的；

（二）未按照规定期限办理纳税申报，经税务机关责令限期申报，逾期仍不申报的；

（三）转让方无法提供或拒不提供股权转让收入的有关资料；

（四）其他应核定股权转让收入的情形。

《财政部　国家税务总局关于企业重组业务企业所得税处理若干问题的通知》

（财税〔2009〕59号）

五、企业重组同时符合下列条件的，适用特殊性税务处理规定：

（二）股权收购，收购企业购买的股权不低于被收购企业全部股权的75%，且收购企业在该股权收购发生时的股权支付金额不低于其交易支付总额的85%，可以选择按以下规定处理：

1. 被收购企业的股东取得收购企业股权的计税基础,以被收购股权的原有计税基础确定。

2. 收购企业取得被收购企业股权的计税基础,以被收购股权的原有计税基础确定。

3. 收购企业、被收购企业的原有各项资产和负债的计税基础和其他相关所得税事项保持不变。

(三)资产收购,受让企业收购的资产不低于转让企业全部资产的75%,且受让企业在该资产收购发生时的股权支付金额不低于其交易支付总额的85%,可以选择按以下规定处理:

1. 转让企业取得受让企业股权的计税基础,以被转让资产的原有计税基础确定。

2. 受让企业取得转让企业资产的计税基础,以被转让资产的原有计税基础确定。

《财政部　国家税务总局关于促进企业重组有关企业所得税处理问题的通知》

(财税〔2014〕109号)

一、关于股权收购

将《财政部国家税务总局关于企业重组业务企业所得税处理若干问题的通知》(财税〔2009〕59号)第六条第(二)项中有关"股权收购,收购企业购买的股权不低于被收购企业全部股权的75%"规定调整为"股权收购,收购企业购买的股权不低于被收购企业全部股权的50%"。

二、关于资产收购

将财税〔2009〕59号文件第六条第(三)项中有关"资产收购,受让企业收购的资产不低于转让企业全部资产的75%"规定调整为"资产收购,受让企业收购的资产不低于转让企业全部资产的50%"。

三、关于股权、资产划转

对100%直接控制的居民企业之间,以及受同一或相同多家居民企业100%直接控制的居民企业之间按账面净值划转股权或资产,凡具有合理商业目的、不以减少、免除或者推迟缴纳税款为主要目的,股权或资产划转后连续12个月内不改变被划转股权或资产原来实质性经营活动,且划出方企业和划入方企业均未在会计上确认损益的,可以选择按以下规定进行特殊性税务处理：

1. 划出方企业和划入方企业均不确认所得。

2. 划入方企业取得被划转股权或资产的计税基础，以被划转股权或资产的原账面净值确定。

3. 划入方企业取得的被划转资产，应按其原账面净值计算折旧扣除。

《财政部　国家税务总局关于全面推开营业税改征增值税试点的通知》

（财税〔2016〕36号）

附件2：营业税改征增值税试点有关事项的规定

（二）不征收增值税项目。

5. 在资产重组过程中，通过合并、分立、出售、置换等方式，将全部或者部分实物资产以及与其相关联的债权、负债和劳动力一并转让给其他单位和个人，其中涉及的不动产、土地使用权转让行为。

《财政部　税务总局关于继续实施企业改制重组有关土地增值税政策的公告》

（财政部　税务总局公告2021年第21号）

四、单位、个人在改制重组时以房地产作价入股进行投资，对其将房地产转移、变更到被投资的企业，暂不征土地增值税。

《财政部　税务总局关于继续执行企业事业单位改制重组有关契税政策的公告》

（财政部　税务总局公告2021年第17号）

六、资产划转

同一投资主体内部所属企业之间土地、房屋权属的划转，包括母公司与其全资子公司之间，同一公司所属全资子公司之间，同一自然人与其设立的个人独资企业、一人有限公司之间土地、房屋权属的划转，免征契税。

母公司以土地、房屋权属向其全资子公司增资，视同划转，免征契税。

作者在撰写本章节内容时，小心翼翼地用了诸如“一般”“通常”之类用词，并且引用了很多法规原文，原因很简单，正如我在前文所言，税收问题很重要，也极其复杂。虽然援引了很多法规，但是这些法规条款的适用仍然会受限于很多条件，并且也有不少“例外”的情形。所以说重组过程中的税务问题，必须根据企业的具体情况，有针对性地悉心规划、周全考虑，才能找到最佳的方式。

4. 重组后发行人的业务是否发生重大变化

无论是主板还是创业板、科创板，对于拟上市公司在申报 IPO 之前主营业务是否发生重大变化都有规定，其中主板要求发行人最近 3 年主营业务未发生重大变化，创业板及科创板要求最近 2 年未发生重大变化。因此，拟上市公司在重组过程中，是否会触及“业务发生重大变化”这一发行条件，同样需要纳入考虑的范围。

现有的 IPO 审核要求对于拟上市公司主营业务发生重大变化的界定，区分了“同一控制下”的重组，和“非同一控制下”的重组两种情况加以区别判断。

1）“同一控制下”的重组

顾名思义就是重组的交易属同一实际控制人控制的资产或股权，换言之，此类重组发生在同一控制人控制的集团内部，也是本章节中主要探讨的、最常见的重组方式。由于此类重组的目的主要是为实现主营业务整体上市，对同一公司控制权人下与发行人相同、类似或者相关的业务进行重组整合，有利于避免同业竞争、减少关联交易、优化公司治理、确保规范运作，对于提高上市公司质量具有积极作用，并且，此类重组本就在同一控制人的运营管理之下，具有相当的稳定性，因此，对于此类的重组触发“重大变化”的界定较为宽松，认定是否属于“重大变化”需要从两个角度来判断：

(1) 被重组方应当自报告期期初起即与发行人受同一公司控制权人控制，如果被重组方是在报告期内新设立的，应当自成立之日即与发行人受同一公司控制权人控制。也就是说，如果被重组的业务是由实际控制人从第三方收购而来，再转而投入拟上市主体，则不能适用“同一控制下”的业务重组的标准。

(2) 被重组进入发行人的业务与发行人重组前的业务具有相关性（相同、类似行业或同一产业链的上下游）。如果被重组的业务与拟上市公司原有业务不具有相关性，则同样会触及“业务发生重大变更”的发行条件。

此外，还需要注意的是，虽然符合上述两项条件规定的“同一控制下”重组，但如果重组的资产、业务规模过大，仍然可能影响上市申报的进度：

根据《〈首次公开发行股票并上市管理办法〉第十二条发行人最近 3 年内主营业务没有发生重大变化的适用意见——证券期货法律适用意见第 3 号》（以下简称《适用意见第 3 号》）：

> 被重组方重组前一个会计年度末的资产总额或前一个会计年度的营业收入或利润总额达到或超过重组前发行人相应项目100%的，为便于投资者了解重组后的整体运营情况，发行人重组后运行一个会计年度后方可申请发行。

如果在确定上市主体时，选择集团内部业务、资产规模较小的主体作为拟上市主体，甚至选择无实际业务的控股型公司作为拟上市主体，则可能会发生因重组规模过大而需要运行一个完整会计年度后才能进行IPO申报。当然，《适用意见第3号》的上述规定是将“重组前一个会计年度末”的资产总额、营业收入和利润总额作为比较的基准，实践中也可以通过将资产分次、跨年度注入来降低重组的规模，避免触发上述条款的适用。此外，从IPO的实务经验上讲，拟上市公司在重组完成后，还需要完成其他如改制、规范、辅导、申报材料制作等工作，所需时间跨度一般也会超过一个会计年度，因此，实践中这一条款即使触发，也不会对公司IPO的进度造成太多实质性的影响。

2）“非同一控制下”重组

相较于“同一控制下”重组，“非同一控制下”的重组的待遇则全然不同。拟上市主体在报告期内收购第三方的资产和业务，有些是出于外延式业务发展的考虑，也不乏一些企业是因为自身业务规模差强人意，出于“拼凑业务”捆绑上市的目的进行的收购和重组。此类重组在审核中自然会被严防死守。

判断“非同一控制下”的重组是否会触及业务重大变更，仍然需要从以下几个方面着手：

（1）重组新增业务与发行人重组前的业务是否具有高度相关性，如同一行业、类似技术产品、上下游产业链等。

（2）业务重组行为对实际控制人控制权掌控能力的影响。一方面，从第三方收购而来的业务和资产通常需要经过整合，需要考虑实际控制人对该业务、资产的运营管理和掌控能力；另一方面，如果重组和收购通过和拟上市主体换股的方式进行交易，则拟上市公司实际控制人所持有的股权比例会相应降低，拟上市主体的控制权也会随之减弱，由此带来的对于拟上市主体的影响需要特别加以分析和判断。

（3）被合并方占发行人重组前资产总额、资产净额、营业收入或利润总额的比例，业务重组行为对发行人主营业务变化的影响程度等。这某种程度也是沿袭了“同一控制下”重组规模的判断标准，将重组规模从资产总额、资产净额、收入和利润这几个指标予以量化。

基于以上几个分析角度，实务中通常按以下原则判断非同一控制下业务重组行为是否会引起发行人主营业务发生重大变化：

（1）对于重组新增业务与发行人重组前业务具有高度相关性的，被重组方重组前一个会计年度末的资产总额、资产净额或前一个会计年度的营业收入或利润总额，达到或超过重组前发行人相应项目100%，则视为发行人主营业务发生重大变化。

（2）对于重组新增业务与发行人重组前业务不具有高度相关性的，被重组方重组前一个会计年度末的资产总额、资产净额或前一个会计年度的营业收入或利润总额，达到或超过重组前发行人相应项目50%，则视为发行人主营业务发生重大变化。

可见，业务是否具有相关性，对于是否触及业务重大变更产生很大的影响，业务具有相关性的，一般而言相应的重组对拟上市主体的业务发展是具有比较大的助推作用的，因此对触发业务重大变更的量化标准尺度也略宽，而假如重组业务的相关性较小，则发行人实施这一重组行为从业务发展逻辑上的必要性不足，因此对于触发业务变更的财务量化指标也更为苛刻。

此外，与“同一控制下”业务重组颇为类似，对于重组新增业务与发行人重组前业务具有高度相关性的，被重组方重组前一个会计年度末的资产总额、资产净额或前一个会计年度的营业收入或利润总额达到或超过重组前发行人相应项目50%，但未达到100%的，通常不视为发行人主营业务发生重大变化，但为了便于投资者了解重组后的整体运营情况，原则上发行人重组后运行满12个月后方可申请发行。但对于这一运行期的要求实质也无须过于担忧，理由我们在前文探讨“同一控制下”重组时已有述及。

（三）关于上市主体的股权重组

上市主体的股权重组（或者说股权调整）也是前期重组工作中的重要环节。一方面，上市条件中对于拟上市公司本身的股权清晰、控制权稳定以及股权设置的合规性有着明确要求，可能需要通过股权调整的方式来进行梳理和规范，另一方面，很多拟上市公司需要通过股权架构的设置、调整和分配对未来作出安排，以更好地实现公司和股东利益最大化。

拟上市主体的股权调整的基本目标是满足上市条件的相关要求、保持和加强实控人对公司的控制权，兼顾公司未来上市后的发展需求。

从上市合规性的角度出发，拟上市公司需要厘清股权权属，清理不合适股东、解除股权代持，确保拟上市公司股权清晰。关于股权梳理和规范的内容我们留待后续规范性要求的章节讨论。此处我们重点探讨一下关于稳定控制权和设置合理股权架构的问题。

1. 关于稳定控制权的问题

无论是主板，还是创业板、科创板，对于发行人的控制权稳定都有明确的规定，对于主板而言，要求最近三年控制权不发生变更，创业板、科创板的要求是最近两年不发生变更。此外，对于控制权稳定的诉求，不仅仅是合规性的要求，同时也是上市公司实际控制人本身保持对上市公司控制力的核心需求。由于拟上市公司在IPO准备过程中，可能需要进行家族内股权分配、股权融资、股权激励等事宜，所以拟上市公司会以股权作为重要的支付手段实现相应的目的，加之上市后公开发行股份募集资金，整个上市过程会对实际控制人的股权形成较多稀释，因此需要通过一系列的安排加强实际控制人的股权控制权。增加股权控制权的方式有很多种，总体而言，包括通过设置股权架构安排，通过协议安排以及通过设置不同表决权股三种路径。

我们先来假设有个实际控制人A，他经历了九死一生的创业历程，终于向着公司上市迈出了关键性的一步。但是在创业过程中，由于公司经营发展的融资需求，此时他持有的拟上市公司股权比例已经稀释到了30%。当第一大股东所持的表决权低于30%时，其对股东会的决策事项就无法产生决定性影响，如果其他股东的股权分布不那么分散，其他股东很容易联合并挑战第一大股东的控制地位。公司上市后，实际控制人的持股比例进一步降低，上市公司被恶意收购的风险也会大大增加。那我们应该如何应对呢？

（1）通过架构安排增加控制权。

增加股权控制权的核心是增加可以支配的表决权。通过设置合理的间接持股架构，可以在有限的持股权益比例条件下，帮助实际控制人增加可实际支配的表决权比例。我们基于上述的假定案例，看一下这三幅股权架构图：

在图7.7中，实际控制人A持有的拟上市公司股权比例为30%，这个表决权比例对股东会的影响力难以支撑实际控制人的控制权，如果其他股东表决权联合也很容易挑战实际控制人的控股地位。公司上市后，还需要向公众投资者公开发行25%的股份(如果公司股本超过4亿元,则需发行10%),因此上市完成后,实际控制人的持股比例会降低至22.5%(如公司股本4亿元以上,则稀释至27%)。

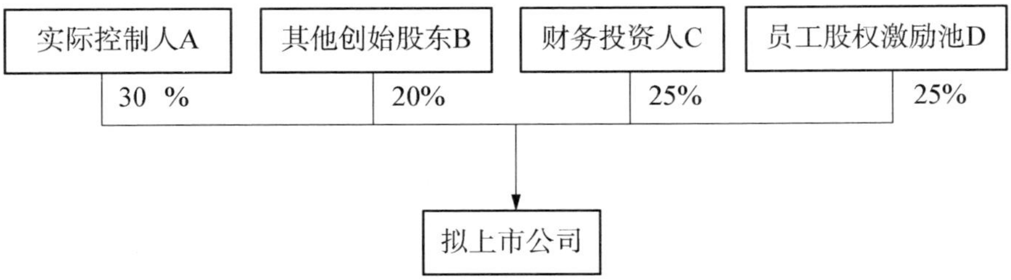

图7.7 股权架构图1

图7.8中,实际控制人搭建了一个间接持股的架构,将其他创始股东的股权"捆绑"在一个控股平台中,实际控制人A持有控股公司60%股权,其他创始股东B持有控股公司40%股权。在这一安排下,虽然实际控制人持有的拟上市公司实际权益比例仍为30%(即控股公司持有的50%×60%),但由于实际控制人A可以对控股公司实施绝对控制,进而可以支配控股公司持有的拟上市公司表决权,如此一来,实际控制人可以控制的表决权变增加为50%。

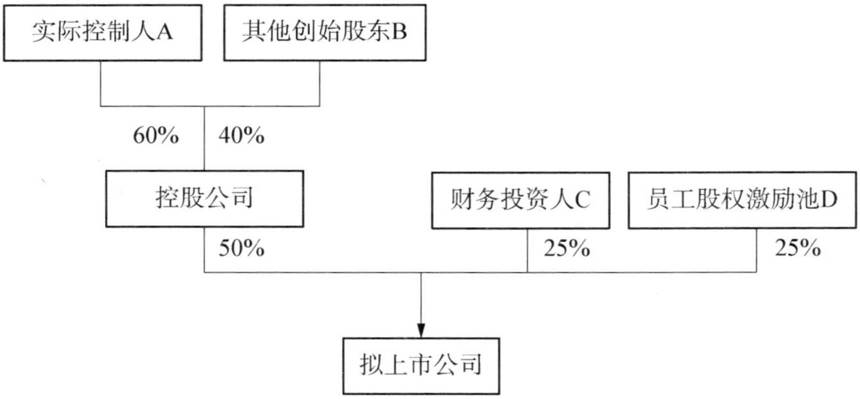

图7.8 股权架构图2

图7.9是通过有限合伙企业的特点作出的控制权安排。有限合伙企业是由普通合伙人(GP)和有限合伙人(LP)组成的合伙企业,其中普通合伙人对合伙企业债务承担无限连带责任,有限合伙人以其认缴的出资额为限对合伙企业债务

承担责任。与公司制的同股同权不同，有限合伙企业实现了企业管理权和出资人权益的分离，有限合伙人不参与企业的日常经营，普通合伙人对有限合伙企业有充分的管理权和控制权。因此，普通合伙人可以以非常少量的出资，实施对合伙企业的控制权。回到我们说的案例当中，如果拟上市公司通过有限合伙企业作为员工激励的持股平台，实际控制人A在合伙企业中作为GP，激励员工作为LP，则实际控制人可以实施对有限合伙企业的控制，进而控制有限合伙企业持有的拟上市公司25%表决权。如此一来，实际控制人A可以控制的拟上市公司的表决权达到了75%，足以稳固实际控制人的控股地位。

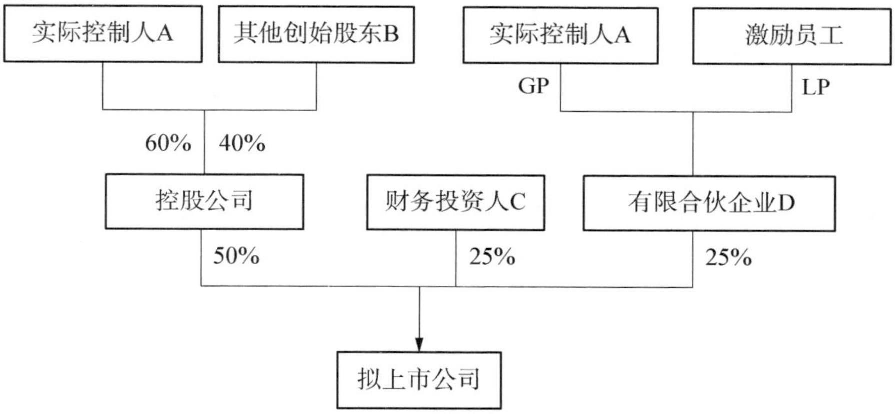

图7.9　股权架构图3

（2）通过协议安排增加控制权。

在公司股权相对较为分散的情形下，为保证发行人股权和治理结构的稳定，还可以通过由实际控制人与其他相关股东签订一致行动协议的方式，增强实际控制人对公司的控制权。一致行动协议约定的核心内容为相关股东保持对公司决策的一致性，或者在协议股东行使股东权利时与实际控制人保持一致，或者直接由相关股东将股东权利委托给实际控制人行使。据此，实际控制人通过协议安排实际取得了对其他协议股东所持公司表决权的控制力，扩大了其所能够支配的公司股东表决权数量。

（3）通过设置差异化表决权。

设置差异化表决权安排，也是增强实际控制人对公司控制力的手段之一。“差异化表决权”实质即为同股不同权，是指公司可以发行两种不同类型的股份，一类股遵循“一股一权”的原则，及每股拥有一票表决权，另一类股则是一股多权，即每股拥有多票表决权。差异化表决权实施的具体方式，我们在“股权融资”章节中已有涉及，此处不再赘述。差异化表决权的设置会记载于公司章程，因此比纯粹是协议安排要更为稳定，但同时也需要遵循一定的规范性要求。另外，存在差异化表决权的公司目前只被科创板、创业板所接受，并且有相当的门槛，所以对于没有衔着“金汤匙”的企业而言，差异化表决权的运用仍需谨慎。

2. 关于股权架构设置的问题

除了控制权问题外，还有个问题恐怕也是让很多实际控制人颇感困扰的，就是控股权的架构应该如何设置，说得更为直白一些，实际控制人采用直接持股的方式更好，还是间接持股的方式更好呢?

如果从资本的角度考虑，通过控股公司来持有上市公司股份，会更具有灵活性的优势。比如，控股公司可以用上市公司的股份作为担保物，取得条件更为优惠的融资，便于实际控制人实施其他的产业运作。有些资本市场的融资产品，也只能针对控股股东为法人主体的上市公司，如上市公司的可交换公司债券这种融资工具，就是由上市公司法人股东通过抵押其持有的上市公司股票给托管机构进而发行的公司债券，债券的持有人可以在将来的某个时期内，按照债券发行时约定的条件用持有的债券直接换取发债人质押的上市公司股权。又如，如果需要出售上市公司的股权(尤其是在出售上市公司控股权的情况下)，通过控股平台持股的方式显然比直接持股更加具有灵活性。

两种持股方式产生的税收后果也完全不同，通过个人直接持股，公司在上市后个人取得上市公司分红，或者转让(包括通过二级市场减持)上市公司的股票，适用个人所得税的相关规定；通过控股平台持股，则取得上市公司分红或转让上市公司股票适用企业所得税的相关规定：

(1) 就分红涉及的所得税而言，如果以控股公司持股，则根据《企业所得税法》的规定，一般不需要缴纳企业所得税。

(2) 如果以个人直接持股，则在股票限售期届满之前的个人所得税税率为10%，限售期满之后的个人所得税实施差别化税收政策，即自解禁日起计算，持股期限超过1年的，股息红利所得暂免征收个人所得税；持股期限在1个月以内的，其股息红利所得按20%全额计缴；持股期限在1个月以上至1年的，按10%计缴。

《中华人民共和国企业所得税法》

第二十六条 企业的下列收入为免税收入：

（二）符合条件的居民企业之间的股息、红利等权益性投资收益。

《财政部 国家税务总局 证监会关于实施上市公司股息红利差别化个人所得税政策有关问题的通知》

（财税〔2012〕85号）

一、个人从公开发行和转让市场取得的上市公司股票，持股期限在1个月以内（含1个月）的，其股息红利所得全额计入应纳税所得额；持股期限在1个月以上至1年（含1年）的，暂减按50%计入应纳税所得额；持股期限超过1年的，暂减按25%计入应纳税所得额。上述所得统一适用20%的税率计征个人所得税。

四、对个人持有的上市公司限售股，解禁后取得的股息红利，按照本通知规定计算纳税，持股时间自解禁日起计算；解禁前取得的股息红利继续暂减按50%计入应纳税所得额，适用20%的税率计征个人所得税。

如果需要通过转让或者从公开市场减持上市公司股票的，在控股公司持股的情况下，转让方为企业法人，转让所得收益纳入控股公司的应纳所得额，按公司适用的所得税税率计征计较。在个人直接持股的情况下，转让方为个人，转让所得按20%缴纳个人所得税，如果不能确定股票原值（成本）的，则按转让收入的15%确定股票原值，计算出的收益部分（即转让收入的85%）按20%缴纳个人所得税，即实际税负为转让收入的17%。

《财政部 国家税务总局 证监会关于个人转让上市公司限售股所得征收个人所得税有关问题的通知》

（财税〔2009〕167号）

三、个人转让限售股，以每次限售股转让收入，减除股票原值和合理税费后的余额，为应纳税所得额。即：

应纳税所得额＝限售股转让收入－（限售股原值＋合理税费）

应纳税额＝应纳税所得额×20%

本通知所称的限售股转让收入，是指转让限售股股票实际取得的收入。限售股原值，是指限售股买入时的买入价及按照规定缴纳的有关费用。合理税费，是指转让限售股过程中发生的印花税、佣金、过户费等与交易相关的税费。

如果纳税人未能提供完整、真实的限售股原值凭证的，不能准确计算限售股原值的，主管税务机关一律按限售股转让收入的15%核定限售股原值及合理税费。

一般而言，当实际控制人在上市公司之外还有其他产业，或者未来上市后有意向实施更多的资本运作，可以优先考虑设立控股公司进行持股。否则，直接持股是一种更为简单、清晰明了的方式。实践中，我们在很多上市公司的案例中看到的采用折中的方式，通过控股平台进行间接持股，同时又以个人名义直接持有一部分权益。总之，直接持股和间接后持股对拟上市公司的实际控制人而言各有利弊，并无绝对的优劣，对于具体的每一个项目而言，可针对公司的情况找到最佳的方案。

3. 控股股东能否为有限合伙企业

我们大致探讨了一下直接持股和间接持股的差异，那么接下来的问题是，能否通过有限合伙企业来控股？因为有限合伙企业“似乎”兼具了平台运作的灵活性和税收的灵活性，是否会是一个最佳方案？

从规则的角度讲，有限合伙企业成为拟上市主体的控股股东不存在法律障碍。事实上，我们也可以从公开渠道查询到有限合伙企业为控股股东的IPO案例，但是截至目前来看案例数量很少。由于有限合伙企业的组织形式与有限公司不同，其实际控制人的认定不似有限公司清晰明了，因此在IPO审核过程中，对于有限合伙企业作为控股东的实际控制人认定、控制权的稳定性都会重点关注。从《合伙企业法》的规定来看，有限合伙企业的执行事务合伙人负责合伙企业的日常经营，有限合伙人不参与企业日常经营决策，因而通常将有限合伙企业的执行事务合伙人作为实际控制人。但是，在一些重要事项上，《合伙企业法》也规定了需要全体合伙人一致同意或者全体合伙人会议一人一票过半数通过。也就是说，在决定合伙企业的重要事项时，执行事务合伙人或者持有合伙企业多数财产份额的有限合伙人，可能都无法对重要事项的决议产生决定影响。而上市公司的实际控制人认定需要更为谨慎和严谨。因此，在有限合伙企业作为控股股东时，还需要通过合伙协议或者其他协议安排，使得合伙企业的实际控制权更为明确和稳定。

另外，由于有限合伙企业具有更高的意思自治性，合伙人之间可以通过合伙协议的约定对合伙企业的经营、收益方式等作出灵活安排，理论上可通过协议作出特殊利益安排，不利于监管部门对上市公司的监管。这也同样需要通过更为清晰明确的约定，来打消审核中可能对此产生的质疑。

总体而言，利用有限合伙企业作为拟上市公司的控股股东会增加IPO申请的难度和不确定性，因此实践中被采用的案例仍然有限。毕竟在目前的审核制度下，增加审核的确定性和成功率，是大多数IPO企业最优先考虑的问题。

第九节 如何改制为股份公司？

无论是主板的首次公开发行并上市管理办法，还是科创板、创业板的注册管理办法，都规定了申请IPO的发行人必须是依法设立且持续经营3年以上的股份有限公司，也就是发行人的组织形式必须为"股份公司"。

除了一小部分企业在设立时即采用"股份公司"的组织形式外，绝大多数企业在设立之初，为了更高效的经营管理，会采用"有限公司"的组织形式。因此在申请IPO前，需要将"有限公司"整体变更为"股份公司"。由于直接发起设立"股份公司"的程序较为简单，且实践中数量也较少，因此本节中我们主要讨论"有限公司"整体变更设立为"股份公司"的问题。

有限公司整体变更为股份公司，是指在公司的股权结构、主营业务、资产负债等方面维持同一主体不变，将有限公司整体以组织形式变更的方式改制设立为股份公司，将公司的净资产额相应折合为股份公司的股本总额。整体变更完成后，公司的组织形式由"有限公司"变更为"股份公司"，在公司治理方面适用《公司法》中"股份公司"的规定，但公司与改制之前仍然是同一个持续经营的主体。

1. 股份公司和有限公司的主要区别

如果是非法律专业人士，很可能对"股份公司"和"有限公司"的内涵并不熟稔，只是凭着直觉认为"股份公司"更为"高大上"一些。我们在本章第七节"了解一下上市的基本流程"中曾经简单提及过，所谓"有限公司""股份公司"只是对两种组织形式的公司约定俗成的称呼，逻辑上并不严谨， "股份公司"也是股东以出资额为限对公司承担有限责任的一类公司，这一点与"有限公司"相同，只是实践中为了方便称呼，强行将“股份公司”和“有限公司”的称谓赋予这两类公司。“股份公司”和“有限公司”两者之间，既有共性，也存在差异之处。

总体而言，股份公司是一种典型的资合公司，公司的信用完全建立在资本的基础上，股东人数更多、公众性更强。有限责任公司一般规模较小，是人合性与资合性的结合，更加保护股东之间的信任关系，在公司治理方面则更为灵活。

具体而言，股份公司和有限公司差异表现在以下几个方面：

（1）股权表现形式：有限公司的股权，其权益总额不作等额划分，股东的股权是通过所认缴的出资额比例来表示，股东所持有的表决权以其出资额比例计算；股份公司的全部资本分为数额较小、每一股金额相等的股份，股东的表决权按其所持股份数量计算，每股有一票表决权。

（2）募资方式：有限公司只能由股东投入资本，不能向社会公开募集资金，也不能发行股票；股份公司除了可以向特定对象募集资金外，在成为公众公司后还可以向社会公开筹集资金。

（3）股东人数：有限公司的股东不得多于50人，也可以设立一人有限公司，充分体现了有限公司的人合性；股份公司的发起人至少为2人，在成为公众公司之前，股东人数不得超过200人，在成为公众公司之后，股东人数则没有上限。

（4）公司治理：有限公司的公司治理结构比较简单、灵活，除了《公司法》中的法定要求外，很多事项均可由股东通过章程进行约定，可以不设董事会、监事会，如果设立董事会的，则董事人数为3～13人；股份公司对公司治理的要求更高，必须设立有董事会、监事会，董事会人数可以为5～19人，还需要定期召开股东大会，需要遵守更为严格的治理规范。

（5）股权转让方式：有限公司的股东之间可以相互转让出资额，如果向股东以外的人转让出资，必须经过半数股东同意，并且公司其他股东在同等条件下享有优先受让权，所以有限公司的股权的流动性差，这也是有限公司人合性的体现；股份公司的股份如果没有法定的限售条件，股份转让则不受限制，公司的其他股东也不享有优先受让权，因此股份的流动性更高。

2. 整体变更设立股份公司的条件

有限公司整体变更设立为股份公司，在《公司法》中有明确的法律依据：

《中华人民共和国公司法》

第九条　有限责任公司变更为股份有限公司，应当符合本法规定的股份有限公司的条件。股份有限公司变更为有限责任公司,应当符合本法规定的有限责任公司的条件。

有限责任公司变更为股份有限公司的,或者股份有限公司变更为有限责任公司的,公司变更前的债权、债务由变更后的公司承继。

第九十五条 有限责任公司变更为股份有限公司时,折合的实收股本总额不得高于公司净资产额。有限责任公司变更为股份有限公司,为增加资本公开发行股份时,应当依法办理。

根据《公司法》的规定,整体变更设立股份公司需要符合以下条件:

(1) 发起人符合法定人数,应当由2人以上200人以下为发起人,其中须有半数以上在中国境内有住所。

(2) 有符合公司章程规定的全体发起人认购的股本总额,现行有效的《公司法》不再设置股份公司最低注册资本的限制。

(3) 股份发行、筹办事项符合法律规定。

(4) 发起人制订公司章程并经创立大会通过。

(5) 有公司名称,建立符合股份有限公司要求的组织机构。

(6) 有公司住所。

3. 整体变更设立股份公司的流程

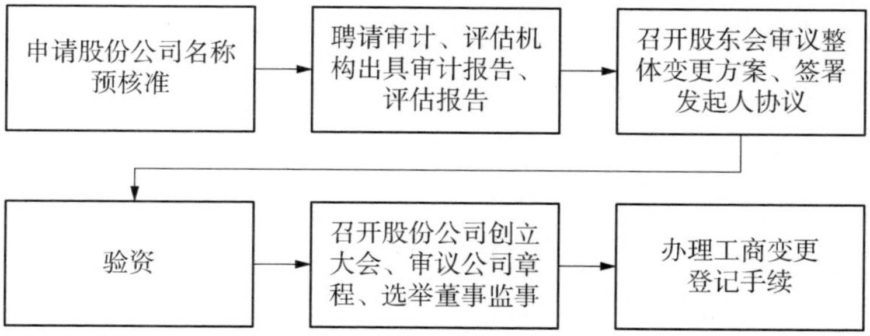

图7.10 整体变更设立股份公司的流程

整体变更设立股份公司的流程一般为2~3个月,拟上市公司可以根据IPO申报的计划选择适当的时点完成股份公司设立的程序。

4. 关于折合实收股本的问题

根据《公司法》的规定,有限责任公司变更为股份有限公司时,折合的实收股本总额不得高于公司净资产额。一般而言，折股后的股份公司股本总额会在原有限公司实收资本与净资产额之间，折股后的净资产额与股本总额尚有差额的，则差额部分全部计入股份公司的资本公积。

举例而言：比如拟上市公司（有限公司）的注册资本为 2 000 万元，净资产为 1 亿元，其中：未分配利润和盈余公积合计为 4 000 万元，资本公积为 4 000 万元。整体变更为股份有限公司的时候，股本增加至 4 000 万元，则净资产与股本的差额部分 6 000 万元，均转为资本公积。

那么问题来了，该条规定中所说的“净资产额”，是指经审计的账面净资产额，还是经评估的净资产额呢？

从法律层面来看，无论是依据“审计值”折股或者“评估值”折股都没有违反规则。但如果是拟上市公司进行整体变更，则两者会导致对公司“持续经营时间”的不同认定。对申请 IPO 的公司而言，持续经营时间在三年以上是一项基本的条件。而此处的“三年”的起算日是股份公司成立日，还是原有限公司成立日，根据不同的折股方案也会产生不同的后果。

根据《首发业务若干问题解答》的规定，有限责任公司按原账面净资产折股整体变更为股份有限公司的，持续经营时间可以从有限责任公司成立之日起计算。如有限公司以经评估的净资产折股设立股份公司，视同新设股份公司，业绩不可连续计算。也就是说，有限公司按照审计净资产折股，持续经营时间可以从有限公司设立时连续计算。如果不是按照经审计后账面净资产折股，而是按照评估结果对账面价值进行了调整，则会引起账面净资产的变动，成立日期不能持续计算，而是从股份公司设立的时期开始重新计算持续经营时间。所以，如果想要适用业绩连续计算的规则，则必须按照经审计的净资产进行折股，如果按照经评估的净资产折股，则需要在股份公司设立完成后运行三年方能申报 IPO。

另一个与折股相关的问题，是关于整体变更时有限公司账面还存在未弥补亏损的情况：部分公司在经营发展的初期发生较大金额的累计亏损，在整体变更时未弥补亏损在账面仍然存在，或者整体变更时不存在未弥补亏损，但因会计差错更正追溯调整报表而致使整体变更时存在未弥补亏损。由于主板的 IPO 发行条件中，规定了发行人最近一期末的净资产“不存在未弥补亏损”。如果整体变更时，有限公司还存在未弥补亏损，根据折股的规则，公司在变更设立为股份公司后，公司账面“未分配利润”中的亏损额就会被“填平”，显然有规避发行条件之嫌。因此，证监会在《发行监管问答——关于首发企业整体变更设立股份有限公司时存在未弥补亏损事项的监管要求》中明确指出了，存在上述情形的发行人应当自完成整体变更的工商登记后运行满 36 个月，也就是持续经营期间需要从股份公司成立后开始起算。

然而，考虑到科技创新企业和创业板企业的特殊性，证监会在规则制定时也为科创板和创业板申报企业留了一扇窗，允许整体变更时存在未弥补亏损的企业在股改后的经营期限连续计算。与主板不同的是，科创板、创业板的发行条件中，也没有将发行人最近一期“不存在未弥补亏损”作为其发行条件，为科创板、创业板企业带着“未弥补亏损”进行股改做了法规衔接。尽管如此，出于对投资者保护的目的，整体变更时存在未弥补亏损的企业需要履行更为严格的信息披露义务，需要从产品、资金状况、业务拓展、人才引进、团队稳定、研发投入等多个维度充分论证和揭示风险，并且针对这一问题制定投资者保护的具体措施。

5. 关于整体变更的税收成本

有限公司整体变更股份公司的税收成本，主要指股东的所得税，不考虑拟上市公司本身的税收成本。因为虽然整体变更后，公司的组织形式从有限公司跨越到了股份公司，但是从法律角度看仍然是同一个存续的法人实体，所以一般不会额外发生税收成本。另外，在一些有权部门发布的法规中，也对企业改制重组中不缴纳特定税种作出了明确规定，如《财政部　税务总局关于继续实施企业改制重组有关土地增值税政策的通知》(财税〔2018〕57 号)中明确规定了“有限责任公司(股份有限公司)整体改制为股份有限公司(有限责任公司)，对改制前的企业将国有土地使用权、地上的建筑物及其附着物(以下称房地产)转移、变更到改制后的企业，暂不征土地增值税”。《财政部　税务总局关于继续支持企业事业单位改制重组有关契税政策的通知》(财税〔2018〕17 号)中明确规定了“有限责任公司变更为股份有限公司，股份有限公司变更为有限责任公司，原企业投资主体存续并在改制(变更)后的公司中所持股权(股份)比例超过 75%，且改制(变更)后公司承继原企业权利、义务的，对改制(变更)后公司承受原企业土地、房屋权属，免征契税”。

从拟上市公司的股东或发起人层面看，如果整体变更时公司的股东为自然人的，则在制定改制方案时需要考虑个人所得税问题。因为有限公司以净资产折股整体变更，相当于有限公司的股东以公司净资产认购股份公司发行的股份，股份所对应的股本总额即为净资产中计入实收资本的部分，净资产高于实收资本的溢价部分(我们假设公司在股份改制时的净资产高于公司实收资本,这也是实践中遇到的绝大多数情况)则需要计入股份公司的资本公积。折股方案中,可能会涉及以公司未分配利润、盈余公积、资本公积转增股本,以及未分配利润和盈余公积转入资本公积。

还是以前文的例子来讲,拟上市公司自然人股东持股比例为40%,公司注册资本为2000万元,净资产为1亿元,其中:未分配利润和盈余公积合计为4000万元,资本公积为4000万元。整体变更为股份有限公司的折股方案中,股本增加至4000万元,则净资产与股本的差额部分6000万元,均转为资本公积。有限公司的注册资本为2000万元,意味着以公司的未分配利润和盈余公积2000万元转增了资本,未分配利润和盈余公积的剩余2000万元则一并转入资本公积。

这一方案中,转增股本的2000万元未分配利润和盈余公积视同利润分配,自然人股东需要按20%缴纳个人所得税。所以,在这个案例中,股改方案涉及的个人所得税为:

$$(4000-2000)\times 40\% \times 20\% = 160(\text{万元})$$

还有一种情况为资本公积转增股本,这一情况在经过多轮融资的企业,尤其是科技型企业中较为常见。这类企业由于股东投入的资本溢价所产生的资本公积金额较大,而累积未分配利润和盈余公积可能相对较少,所以在折股中,可能会涉及资本公积转增股本的情况。

还是以上文例子来讲,拟上市公司自然人股东持股比例为40%,公司注册资本为2000万元,净资产为1亿元,其中:未分配利润和盈余公积合计为2000万元,资本公积为6000万元。整体变更为股份有限公司的折股方案中,股本增加至6000万元。此时股本2000万元,意味着以公司的未分配利润和盈余公积2000万元转增了股本,同时,6000万元资本公积中的2000万元亦转入股本。

资本公积转增股本是否需要缴纳个人所得税,以往存在较多争议,实践中各地执行的标准也不一致。至2015年10月,《财政部　国家税务总局关于将国家自主创新示范区有关税收试点政策推广到全国范围实施的通知》(财税〔2015〕116号)规定:“自2016年1月1日起,全国范围内的中小高新技术企业以未分配利润、盈余公积、资本公积向个人股东转增股本时,个人股东一次缴纳个人所得税确有困难的,可根据实际情况自行制定分期缴税计划,在不超过5个公历年度内(含)分期缴纳,并将有关资料报主管税务机关备案。”该文件虽然没有直接规定资本公积转增股本需要缴纳个人所得税，但是从行文中可以间接读到这个税收分期缴纳的优惠政策，是以“资本公积转增股本需要缴纳个人所得税”为假设前提的。总之，现在我们可以大体得出的结论是，目前在公司股改折股中资本公积转增股本的部分，需要按20%缴纳个人所得税(计算方式与未分配利润和盈余公积转增股本相同，在此不赘述)，符合条件的，可以申请分期缴纳。

然而，这还不是全部。在上文第一个例子的最后，我们提到了“未分配利润和盈余公积转入资本公积”的问题。这一过程是否会涉及个人所得税，在实践中的理解就差异更大了，由于缺乏明确的法规依据，各个税收主管部门的理解和掌握也不一致。有观点认为这一过程实质为股东将未分配利润和盈余公积分配后再行投入股份公司，应当缴纳个人所得税；也有观点认为未分配利润转入资本公积，不影响股东权益变动暂不征税，待以后转入股本时再征税。由于这一问题并无明确法规依据，因此目前在IPO审核中未被置于聚光灯下细究，只是由股份改制企业根据各自的主管部门的认定来执行。

另外，如果拟上市公司的股东/发起人为企业法人的，由于企业法人之间的利润分配不缴纳企业所得税，因此在折股方案中无须特别考虑所得税问题。

第十节 如何达到发行上市的条件?

本章节中我们将围绕IPO的发行条件和审核要求对公司在申请IPO过程中需要关注的具体问题展开讨论。

正如我们在“关于上市筹划和重组需要关注的问题”一节中提到的，目前申请境内主板、创业板、科创板上市分别适用不同的法规，其中规定的发行条件对各个板块而言有相同之处，同时也存在一些差异。此外，在探讨IPO发行条件时，也不可避免需要结合审核部门的具体审核口径，因为IPO的发行条件也就寥寥一二十条，尤其是科创板、创业板的注册管理办法中规定的发行条件仅有四条，所以在这些既定的发行条件的框架下，了解具体的适用以及审核中具体把握的尺度，具有更重要的现实意义。当然，从另一方面来讲，审核的尺度不似法规般固定，也会随着资本市场的发展而发生一些变化。

一、关于股权和实际控制人的相关问题

境内上市的发行条件中，都要求发行人的股权清晰，尤其是控股股东、实际控制人持有的发行人股份不能存在重大权属纠纷。有些拟上市公司经历较长的发展阶段，股权演变过程相当复杂，如果股权变更过程不规范，或者存在潜在纠纷，可能在上市过程中需要花费不少气力解决股权问题。

（一）股权代持为什么是红线

拟上市公司不能存在股权代持，因为股权代持极容易引发纠纷，所以拟上市公司的股权中如果存在股权代持的，需要及时解除代持。

公司在成长的过程中可能根据发展需要引入不同股东，出于各种原因，有些股东可能会选择成为隐名股东，委托其他人代为持有公司股权，也就是我们通常所说的股权代持。之所以股权代持必须解除，是因为这样的股权安排存在潜在的纠纷和风险，而且很有可能的是，当事股东在进行代持安排时，对代持的风险并没有引起足够的重视。即使暂且抛开上市规范性的要求，股权代持的风险仍然需要被给予充分关注。

1. 股权代持的法律风险

股权代持对于代持人和被代持人都存在一定的法律风险。对于被代持人（隐名股东）而言，首先，股权代持协议存在无效的风险，这主要与代持的目的相关。事实上，很多股权代持的安排是出于规避法律的目的而进行的，比如一些不符合股东身份资格的人，需要通过代持规避法律法规对于特殊身份主体对外投资的限制性规定。根据《民法典》的规定，违反法律、行政法规的强制性规定，会导致合同无效的结果。

代持安排即使不存在法定无效的情形，在股权权属问题上仍然可能存在无法确权的风险。根据《最高人民法院关于适用〈中华人民共和国公司法〉若干问题的规定（三）》第二十二条规定："当事人之间对股权归属发生争议，一方请求人民法院确认其享有股权的，应当证明以下事实之一：已经依法向公司出资或者认缴出资，且不违反法律法规强制性规定；已经受让或者以其他形式继受公司股权，且不违反法律法规强制性规定"。第二十四条第三款规定："实际出资人未经公司其他股东半数以上同意，请求公司变更股东、签发出资证明书、记载于股东

名册、记载于公司章程并办理公司登记机关登记的，人民法院不予支持。”所以，如果在股权代持安排实施中没有遵循或者没有证据表明遵循了法定程序，比如代持安排没有其他股东过半数同意，则隐名股东仍会存在无法登记为公司股东的风险。

对于隐名股东而言的另一个现实风险，是代持股权在法律上被视为代持人的名义资产，无法与代持人的实际资产相“隔离”，进而基于代持人自身的债务问题、财产分割问题甚至继承问题，使代持股权卷入复杂的纠纷之中。

从代持人（显名股东）的角度说，代持股权对于显名股东同样存在法律风险。比较典型的如实际股东不履行出资义务，而显名股东作为工商登记信息中登记的股东，就会面临被公司其他股东或债权人要求履行出资义务的风险。

如果显名股东除了代为持有公司权益之外，还担任实际股东担任公司的董事、监事、高级管理人员职务，甚至登记为公司的法定代表人，则董事、监事、高级管理人员任职过程中的职务风险，甚至公司经营中的违法风险都可能需要显名股东承担。

2. 股权代持对 IPO 的影响

拟上市公司如果存在股权代持，必须在申报 IPO 之前彻底清理。除了解除代持之外，在 IPO 审核过程中为了证明代持的合规性还需要对代持的原因、合理性做进一步解释并提供足够的证据支持，从而确保股东之间没有争议和纠纷。

如果实际控制人的股权存在代持情形，则更加需要严格把握。一方面，如果实际控制人的股权代持解除后，公司登记的实际控制人发生变更，则会影响 IPO 的申报时间，因为主板的上市要求实际控制人 3 年不发生变更，创业板、科创板对此的要求是 2 年。另一方面，以实际控制人为“隐名股东”为由认定公司实际控制人没有发生变更是不会被审核接受的。

3. 股权代持解除的难点问题

（1）显名股东不予配合。

解除代持股权手续需要显名股东配合签署法律文件，办理股权权属的变更登记手续，此外中介机构还需要对显名股东就代持事宜做专项的核查。如果显名股东在过程中不予配合，则代持解除就很难推进，这对企业来讲会是非常棘手的问题。如果涉及的股权权益比例较大，可能需要通过诉讼确权的方式的来解决这个问题，毋庸置疑这将耗费大量的时间成本。

(2) 税收成本。

如果代持双方愿意以协议方式解除股权代持,在实践操作中一般都通过股权转让的方式办理股权权属变更手续。如果显名股东为自然人,则该次股权变更很可能被要求按照一般的股权转让行为缴纳所得税。税务部门通常不会接受以“代持还原”作为缓交或减免税负的理由。

(3) 隐名股东人数众多。

隐名股东人数众多是很多拟上市公司存在股权代持的原因,很多情况下是公司针对员工发行股权,或者实施股权激励,为了减少登记股东的人数,便于公司管理而采取代持股权的方式。由于有限公司、股份公司的股东人数均有上限,所以解除股权代持需要根据实际股东的情况和公司的需求设计合理的方案,比如通过设立持股平台进行持股等方式,使调整后的股权结构既符合 IPO 的条件,又能满足公司的实际需求。

(二) 股东人数太多怎么办

拟上市公司如果股东人数众多,需要区分不同的情况来进行合规处理。

1. 自然人股东人数众多

很多公司在发展过程中形成了众多自然人股东持股的情形,存在这种情况的主要原因是公司曾经向员工募集股权,或者实施了多轮股权激励计划,等等。

如果公司历史上存在数量较多的自然人股东,应当确保自然人股东入股符合当时有效的法律法规,入股、出资、退股的过程都履行了必要的程序并且有相应的支持证据。涉及曾经存在股权代持的,则需要妥善解决代持,还原股权的真实情况。另外,中介机构还需要抽取一定的比例对自然人股东进行访谈,以确保股权的真实性、合法性。

这一过程可以说是相当的复杂、琐碎,需要公司和中介机构一起花费大量的精力参与其中,也比较容易将潜在的纠纷引爆为实际纠纷,这也是很多公司的大股东最为担心的问题。不过,我在这里也要奉上一碗“鸡汤”,股权的问题在公司发展到一定阶段后,可能会演变成制约公司发展的绊脚石。虽然解决这些问题确实需要决心和努力,但是如果不直面应对,可能公司上市就变得遥遥无期,而公司也将带着这一问题磕磕绊绊地往下走。事实上,我们可以看到很多历史沿革极为复杂的上市公司,经过公司和中介机构的共同努力后顺利解决了股权问题,迎来了敲钟的时刻。

2. 存在工会持股或职工持股会

拟上市公司历史沿革中存在工会持股或者职工持股会的，主要发生在经历过国有企业或集体企业改制的公司中。由于工会和职工持股会的股东资格存在法律障碍，所以在上市过程中也需要将工会或职工持股会进行清理，将股权还原至实际的权益持有人，还原过程中关注的要点和前文自然人股东股权梳理的过程相仿，此处不再赘述。

3. 股东人数超过200人

根据《公司法》的规定，“设立股份有限公司，应当有二人以上二百人以下为发起人”。《证券法》第九条规定，“有下列情形之一的，为公开发行……（二）向特定对象发行证券累计超过二百人，但依法实施员工持股计划的员工人数不计算在内”。也就是说，除非是上市公司或者非上市公众公司（新三板公司），其他的股份公司的股东不得超过200人，如果超过200人，则为“公开发行”，而非经中国证监会的注册，任何单位和个人不得公开发行证券。所以，如果股东人数超过200人，显然是违反了《公司法》和《证券法》的强制性规定。

股东人数超200人的问题，曾经是IPO过程中的无解难题。对于一小部分“超限”不多的企业，或可通过一部分股东转让退出来予以解决，更多的企业只能面对资本市场而望洋兴叹。不过，这一问题随着中国证监会在2013年12月26日发布《股东人数超过200人的未上市股份有限公司申请行政许可有关问题的审核指引》（以下简称“《指引》”）重新找到希望。对于股东人数已经超过200人的未上市股份有限公司（以下简称200人公司），符合《指引》规定的，可以在取得证监会的核准后，申请公开发行并在证券交易所上市。

《指引》中罗列的200人公司申请行政许可的合规性要求主要包括：

（1）公司依法设立且合法存续。

200人公司的设立、增资等行为不违反当时法律明确的禁止性规定，目前处于合法存续状态。存在不规范情形的，应当经过规范整改，并经当地省级人民政府确认。公司在股份形成及转让过程中不存在虚假陈述、出资不实、股权管理混乱等情形，不存在重大诉讼、纠纷以及重大风险隐患。

（2）股权清晰。

200人公司的股权清晰，是指股权形成真实、有效，权属清晰及股权结构清晰。具体要求包括：

① 股权权属明确。200人公司应当设置股东名册并进行有序管理，股东、公

司及相关方对股份归属、股份数量及持股比例无异议。股权结构中存在工会或职工持股会代持、委托持股、信托持股以及通过“持股平台”间接持股等情形的，应当按照《指引》的相关规定进行规范。

② 股东与公司之间、股东之间、股东与第三方之间不存在重大股份权属争议、纠纷或潜在纠纷。

③ 股东出资行为真实，不存在重大法律瑕疵，或者相关行为已经得到有效规范，不存在风险隐患。申请行政许可的200人公司应当对股份进行确权，通过公证、律师见证等方式明确股份的权属。申请公开发行并在证券交易所上市的，经过确权的股份数量应当达到股份总数的90%以上(含90%)。未确权的部分应当设立股份托管账户，专户管理，并明确披露有关责任的承担主体。

(3) 经营规范。

200人公司持续规范经营，不存在资不抵债或者明显缺乏清偿能力等破产风险的情形。

(4) 公司治理与信息披露制度健全。

上述条件中比较关键的点是，如果200人公司在设立、增资时存在不合规的情形，需要省级人民政府对此予以确认，另外，公司90%以上比例的股权，需要重新进行权属确认。这些要求对于公司而言仍然是一项挑战。不过，至少这个《指引》给200人公司指明一条通向资本市场的道路。

4. 对赌协议

很多企业在发展过程中都会引入外部投资人，并且公司、创始股东与投资人之间会进行股权对赌的约定。对赌协议也是引发拟上市公司股权纠纷的一大隐患，并且如果公司上市时对赌约定仍未解除，则可能会对上市后的股份权属产生影响。所以根据IPO的审核要求，对赌协议需要在公司上市前进行规范处理，原则上需要在IPO申报前解除或终止对赌协议，但同时满足以下要求的可以不清理：一是发行人不作为对赌协议当事人；二是对赌协议不存在可能导致公司控制权变化的约定；三是对赌协议不与市值挂钩；四是对赌协议不存在严重影响发行人持续经营能力或者其他严重影响投资者权益的情形。

关于对赌协议的具体内容和分析我们在第五章“股权融资”章节中进行了详细探讨，此处不再赘述。

（三）关于实际控制人的认定——永远对等的权利与义务

控制权是指能够对股东大会的决议产生重大影响或者能够实际支配公司行为的权力，这一权力来源于对公司的直接或者间接的股权投资关系。除了股权关系外，在判断控制权时还需要结合对董事会的影响情况、对董事和高级管理人员的提名及任免情况、公司的董事和高管任职情况等进行综合判断。实际控制人则是拥有公司控制权的主体。为了保障公司的经营稳定和持续经营能力，IPO发行条件规定了主板公司的实际控制人3年不能变更，创业板、科创板的公司实际控制人2年不能变更。通过公司控制权的稳定，可以判断公司是否具有持续发展、持续盈利的能力，以便投资者在对公司的持续发展和盈利能力拥有较为明确预期的情况下作出投资决策。由于公司控制权往往能够决定和实质影响公司的经营方针、决策和经营管理层的任免，所以一旦公司控制权发生变化，公司的经营方针和决策、组织机构运作及业务运营等都可能发生重大变化，给发行人的持续发展和持续盈利能力带来重大不确定性。

实际控制人一方面对上市公司的行为能产生重大影响，但另一方面，也承担着比其他股东更多的责任，比如更长的股份锁定期限、严格的减持规则、竞业限制的义务、合规性要求等，实际控制人行为也受到监管部门更严格的监管。

实际控制人的认定最核心的判断标准是持股比例。根据IPO的审核标准，发行人股权较为分散但存在单一股东控制比例达到30%的情形的，若无相反的证据，原则上应将该股东认定为控股股东或实际控制人。

实际控制人判断标准看似简单，事实上，很多公司在发展中形成了比较复杂的股权架构和管理架构，这也势必会影响对公司实际控制人的认定。除了单一的实际控制人之外，还可能存在共同控制甚至无实际控制人的情形。

1. 共同控制

共同控制的情况一般出现在公司的核心股东股权比例相当（比如联合创始人在创立企业时约定各自持有相同比例的股权）并且都在公司担任重要职务时，单一的控制人无法对公司实施控制。

根据证监会发布的《〈首次公开发行股票并上市管理办法〉第十二条“实际控制人没有发生变更”的理解和适用——证券期货法律适用意见第1号》（以下简称《适用意见1号》），共同控制应当符合以下条件：

（1）每人都必须直接持有公司股份和/或者间接支配公司股份的表决权。

（2）发行人公司治理结构健全、运行良好，多人共同拥有公司控制权的情况不影响发行人的规范运作。

（3）多人共同拥有公司控制权的情况，一般应当通过公司章程、协议或者其他安排予以明确，有关章程、协议及安排必须合法有效、权利义务清晰、责任明确，该情况在最近3年内且在首发后的可预期期限内是稳定、有效存在的，共同拥有公司控制权的多人没有出现重大变更。

（4）如果发行人最近3年内持有、实际支配公司股份表决权比例最高的人发生变化，且变化前后的股东不属于同一实际控制人，视为公司控制权发生变更。

通常情况，共同控制人之间需要签订共同控制协议或者一致行动协议，对各方行使共同控制权的程序、方式、权利义务等作出约定。但是，通过一致行动协议主张共同控制的，无合理理由的（如第一大股东为纯财务投资人），一般不能排除第一大股东为共同控制人。

2. 无实际控制人

有些拟上市公司因为经过多轮融资，导致股权较为分散不存在能够实际支配公司股份表决权超过30%的股东，股东之间也无一致行动协议，任何一名股东单独无法对股东大会施加重大影响，单个董事、高级管理人员无法支配公司的经营决策。此种情形下，可能认定拟上市公司不存在实际控制人。

根据《适用意见1号》，发行人不存在实际控制人的，如果符合以下情形，可视为公司控制权没有发生变更：

（1）发行人的股权及控制结构、经营管理层和主营业务在首发前3年内没有发生重大变化。

（2）发行人的股权及控制结构不影响公司治理有效性。

（3）能够提供证据充分证明。

（4）相关股东采取股份锁定等有利于公司股权及控制结构稳定措施的，发行审核部门可将该等情形作为判断公司控制权没有发生变更的重要因素。

无实际控制人的公司，其稳定性必然比其他公司更弱，所以在论述公司控制权没有变更时更为复杂。从审核的角度来看，没有实际控制人的上市公司在监管上也存在难度，所以对于无实际控制认定的审核一般都比较严格，尤其是对于可以规避实际控制人认定的情况，在审核中也进行了明确，比如第一大股东持股接近30%，其他股东比例不高且较为分散，公司认定无实际控制人的，需要中介机构发表专项意见。

此外，公司虽然无实际控制人，但从经营和股权稳定性的角度，仍然需要对主要股东比照实际控制人进行股份锁定，审核实践中，要求发行人的股东按持股比例从高到低依次承诺其所持股份自上市之日起锁定36个月，直至锁定股份的总数不低于发行前股份总数的51%。但如果股东为发行人的员工持股计划的持股平台，或者锁股范围内的股东持股比例已低于5%，或者符合创业投资基金股东要求的持股股东，可以排除适用。

（四）警惕股权纠纷

我们在前文探讨了股权架构的设置、股权脉络梳理的问题，目的是为了解决拟上市企业潜在的股权纠纷隐患。但如果拟上市公司已经发生了纠纷，或者股东持有的股权资产因为其他债务被设定质押，或者因为其他纠纷被冻结，对上市申报会产生怎样的影响？

首先要明确的是，拟上市公司的股权涉及纠纷会对上市审核产生较大影响，影响的程度需要区分不同情况来看。

如果实际控制人的股权涉及权属纠纷的，应当在确认权属后再进行IPO申报，如果实际控制人的股权被质押、冻结的，需要根据具体的情况，分析发生质押、冻结的背景和原因、相关债务的情况、债权人的情况、实际控制人的财务状况和清偿能力，分析是否存在股份被强制处分的可能性、是否存在影响发行人控制权稳定的情形等。对于被冻结或诉讼纠纷的股权达到一定比例或被质押的股权达到一定比例且实际控制人明显不具备清偿能力，导致发行人控制权存在不确定性的，会对IPO产生实质影响。

对于发行人的董事、监事及高级管理人员或者其他股东所持股份发生被质押、冻结或发生诉讼纠纷等情形的，原则上不会成为IPO的障碍，但仍需要将所涉纠纷的具体情况作出披露，并提示风险。

二、放大镜里的关联交易

关联交易是经济活动中普遍存在的经济现象，从公司经营的角度上讲，关联交易基于交易双方的信任关系可以节约交易成本、提高交易效率，也便于公司搭建和优化商业模式。不过从IPO的角度而言,关联交易的存在虽然不是IPO的实质性障碍,但是一直被置于聚光灯下高度关注。因为关联交易很容易被利用操控利润、粉饰报表甚至财务造假,所以关联交易的审核一直是审核部门对发行人IPO申请审查的重中之重。

(一)关联方的认定

上市公司的关联方范围,主要规定在《公司法》、上市规则以及《企业会计准则》中。这几个规则中关于关联方的认定有重合之处,也存在细微差异。对于上市公司而言,会以"并集"的方式网罗所有的关联方,进行全面的核查和披露。

1.《公司法》中关联关系的定义

《公司法》对于关联关系的定义是几个规则中最为简单,也是范围最小:

《中华人民共和国公司法》

第二百一十六条 本法下列用语的含义:

(四)关联关系,是指公司控股股东、实际控制人、董事、监事、高级管理人员与其直接或者间接控制的企业之间的关系,以及可能导致公司利益转移的其他关系。但是,国家控股的企业之间不仅因为同受国家控股而具有关联关系。

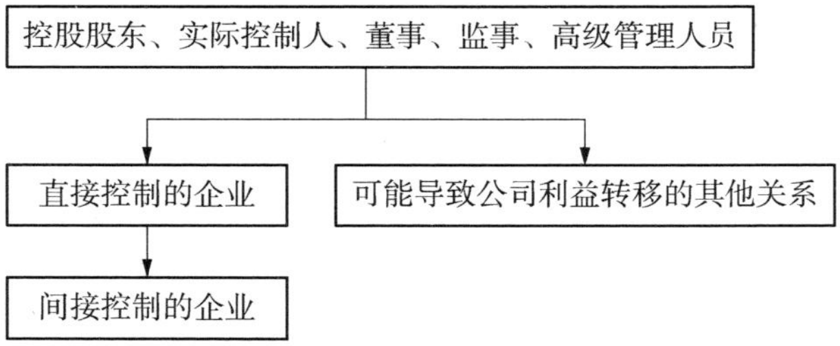

图7.11 关联关系的定义

2. 上市规则中关联方的范围

上交所主板、科创板以及深交所创业板分别制定了各自的上市规则,各个规则中关于关联方的定义有细微差别,但总体上是一致的:

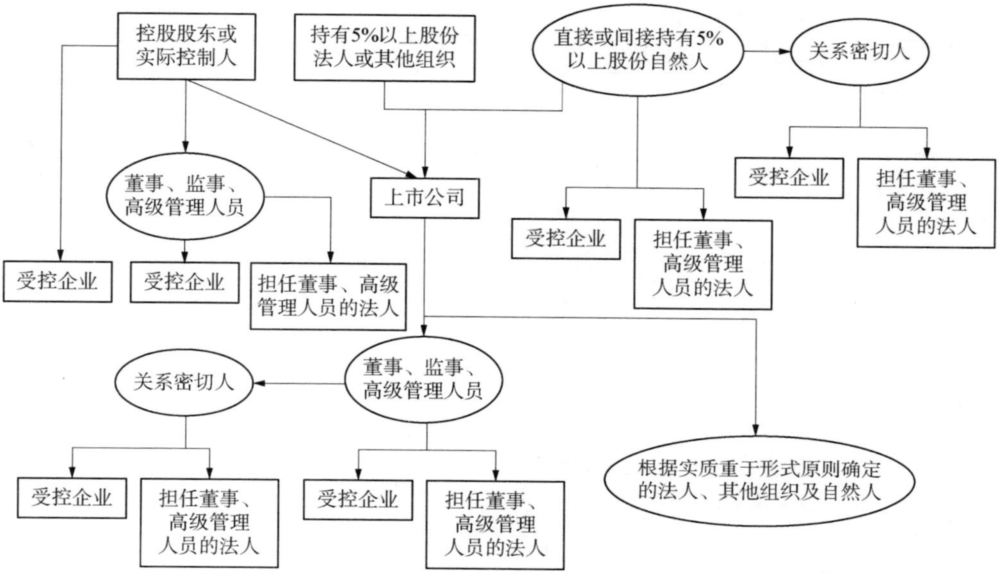

图7.12　上市规则中关联方的范围

上表中的"关系密切人"即上市规则中所称的"关系密切的家庭成员"，具体包括：

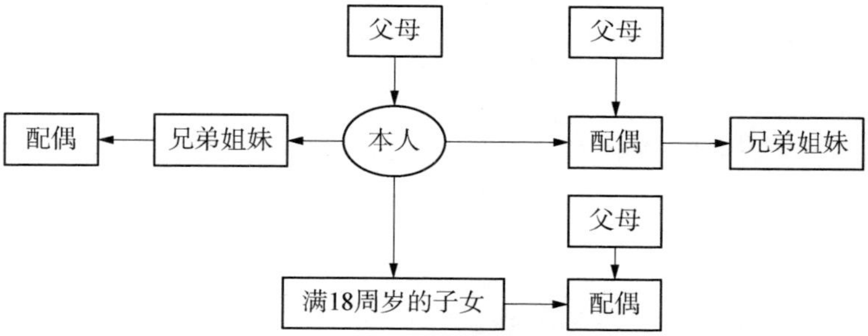

图7.13　关系密切的家庭成员

3.《企业会计准则》中关联方的范围

《企业会计准则》是从会计角度认定关联方，因此其对关联方认定的方式、表述方式与《公司法》和上市规则存在差异：

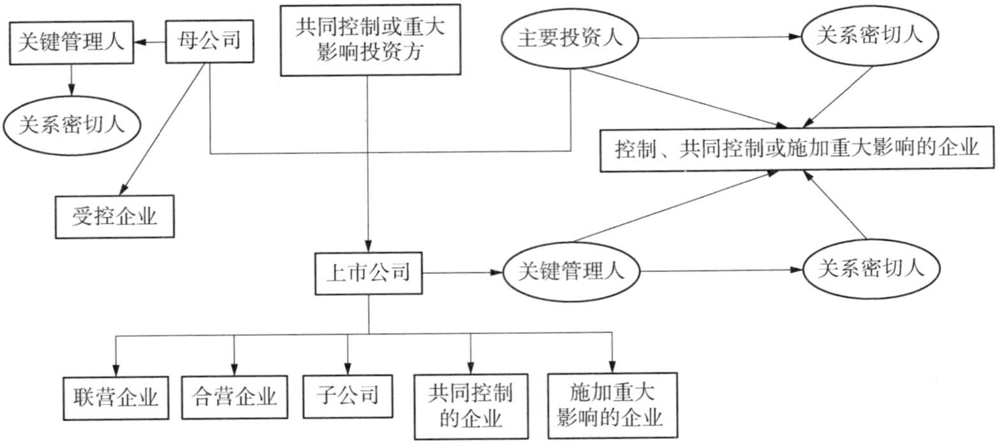

图 7.14 《企业会计准则》中关联方的范围

（二）关联交易的类型

关联交易的类型包括各类与公司日常经营相关的，或者日常经营以外的交易：

（1）与日常经营相关的原材料采购、商品销售、提供或者接受劳务，此类关联交易通常具有持续性的特征。

（2）资产转让、受让交易，包括关联方之间的股权转让、房地产转让等。

（3）资金拆借，包括公司的资金被关联方占用，或者关联方向公司提供资金支持等。

（4）与关联方共同投资，比如公司与实际控制人一起投资设立一家子公司。

（5）担保，包括公司为关联方提供担保，但更多情况下表现为关联方为公司的债务提供担保。

（6）租入或租出资产，如向关联方租赁厂房用于生产经营活动。

（7）签订许可使用协议，如通过许可方式使用关联方名下的商标、专利。

（8）赠与或受赠资产。

（9）其他通过约定可能引致资源或者义务转移的事项。

（三）关联交易的审核要点

1. 信息披露

拟上市公司的关联方应当完整地在申报材料中披露，关联交易的具体情况根据规则需要按重要性原则适当披露。事实上,“重要性原则”是个难以把握的尺度,绝大多数公司会遵循谨慎性原则,事无巨细地披露全部关联交易。

2. 关联交易的公允性

关联交易定价的公允性是判断是否存在利益输送的关键指标,如果关联交易的定价偏离公允价格,则拟上市公司就会有操控利润的空间。所以,在对关联交易进行分析论证时,论述交易价格公允性是非常重要的。关联交易的定价依据主要以市场价格为基础,比如对比同种商品在同一时期同一地域内与关联方之间发生的交易价格与非关联方的交易价格是否是相同或相近;关联方与其他方之间的同类产品价格与关联交易价格之间的关系;市场上可查询的公开价格是否与关联交易价格相近;同期市场上同类商品的毛利率水平是否与关联交易的毛利率水平相当等。除此之外,还要考虑条款是否有失公平,例如账期、运输和仓储、退换货等交易条件是否在关联方与非关联方之间存在较大差异,价格因素以外的交易条件也可能导致关联交易的利益倾斜。

3. 关联交易的必要性

关联交易的必要性同样也是拟上市公司需要合理解释的问题。尽可能避免和减少关联交易,是上市公司对关联交易规范化的基本要求,从更深层次的角度来讲,如果公司发生大量缺乏必要性的关联交易,则公司实施关联交易的“动机”也会受到质疑。一般而言,必要的关联交易包括公司为了整合优质资源,降低采购成本、增加销售收入而发生关联交易,或者为了突出主业将经营活动中的一部分辅助性环节如物流运输、包装等交由关联方实施,再比如实际控制人为拟上市公司的银行融资提供担保等,在现实中都是具有必要性的关联交易。与之相反,缺乏必要性的关联交易主要体现为与主营业务不相关的资金拆借、为了平衡某些关联方的利益而发生的零星采购、销售行为等。缺乏必要性的关联交易,应当在IPO申报前即予以规范和清理。

4. 是否存在影响独立性的关联交易

虽然关联交易本身不是上市的障碍性问题,但是如果关联交易影响了拟上市公司的独立性,则会导致障碍性影响,因为“独立性”是IPO的发行条件之一。此类关联交易通常考量的是拟上市公司与实际控制人(及其控制的其他企业)之间的交易行为。一般而言,如果是日常经营中持续性的经常性关联交易则对独立性的影响较大,如果经常性关联交易的金额占比较大,则可能造成拟上市公司独立性的实质性缺陷。比如实际控制人与发行人之间关联交易对应的收入、成本费用或利润总额占发行人相应指标的比例较高(如达到30%),可能导致拟上市公司对实际控制人的关联交易产生依赖,则其独立性会受到很大质疑。此外,根据目前的审核标准,如果资产独立性存在问题的,比如与实际控制人共用商标,向实际控制人租赁生产厂房、办公场所等,都构成独立性缺陷,如果不予以规范,则会构成发行障碍。

5. 关联交易的决策程序

关联交易应当履行适当的程序。公司应当就关联交易决策程序建立起完善的内控体系并且遵照执行,达到一定标准的关联交易应当履行董事会或股东大会的决策程序,相关的关联董事、关联股东也应当根据要求回避表决。关联交易决策程序的正当性是衡量公司内控治理有效性的指标之一,也是公司在上市后发生的关联交易不致损害公司或其他股东利益的有力保障。

(四) 关联交易非关联化

之所以把关联交易非关联方单独列出来,是因为这是很多拟上市公司容易进入的误区。有些拟上市公司出于担心关联交易对审核造成不利影响,或者直接为了粉饰报表的目的,将关联交易穿上马甲,"包装"为非关联交易,以达到规避审核的目的。关联交易非关联化通常有两种表现形式,其一为将关联方"非关联化",比如将关联方的股权转让给表面上不存在关联关系,但实际可以控制的第三方,继而与该"解除关联关系"的实体进行交易。另一种是"曲线交易"即通常说的间接关联交易,通过一家不存在关联关系的实体进行过手交易,其实质仍为两个关联方之间发生的交易。事实上,企图通过关联交易非关联化的方式来规避披露关联交易通常是徒劳的,在目前的尽职调查标准下,想要完全隐藏关联交易是极度困难的,一旦在审核过程中被发现存在故意隐瞒的情形,不但本次发行审核过不了关,也会影响未来的再次申报。而正常的关联交易如果能够通过规范化,满足我们前文所说的要求,并不会导致IPO折戟。所以与其冒着风险投机取巧,不如脚踏实地稳扎稳打。

三、为何同业竞争是禁区

同业竞争的问题,也是IPO中探讨得比较多的话题。同业竞争是指公司与相关方从事的业务相同或近似,双方构成或可能构成直接或间接的竞争关系。

如果竞争方从事与上市公司相同或相似业务，一方面会导致与上市公司之间的利益冲突，影响公司的独立性；另一方面，容易出现通过竞争方转移上市公司利益，损害公司和投资人的利益的情况。

与关联交易不同的是，同业竞争一直是IPO的禁忌区域，虽然科创板和创业板的《注册管理办法》中将相关的发行条件表述为不存在“对发行人构成重大不利影响的同业竞争”，并且在其后发布的相关发行上市审核问答中又做了进一步阐释，用量化的方式对少量同业竞争的情况放松了一定的标准，但是鲜有实际案例，大多数申报企业也不会去试探监管底线。

（一）同业竞争的竞争主体范围

IPO中的同业竞争，是指拟上市公司（发行人）与发行人的控股股东（或实际控制人）及其近亲属全资或控股的企业之间的同业竞争。现行的上市法规中，主板对于同业竞争的要求与科创板、创业板稍有不同：

《首次公开发行股票并上市管理办法》

发行人应当在招股说明书中披露已达到发行监管对公司独立性的基本要求。

《公开发行证券的公司信息披露内容与格式准则第1号——招股说明书（2015年修订）》/公开发行证券的公司信息披露内容与格式准则第28号——创业板公司招股说明书（2015年修订）

发行人应披露已达到发行监管对公司独立性的下列基本要求：

（五）业务独立方面。发行人的业务独立于控股股东、实际控制人及其控制的其他企业，与控股股东、实际控制人及其控制的其他企业间不存在同业竞争或者显失公平的关联交易。

《科创板首次公开发行股票注册管理办法（试行）》/
《创业板首次公开发行股票注册管理办法（试行）》

第十二条　发行人业务完整，具有直接面向市场独立持续经营的能力：

（一）资产完整，业务及人员、财务、机构独立，与控股股东、实际控制人及其控制的其他企业间不存在对发行人构成重大不利影响的同业竞争，不存在严重影响独立性或者显失公平的关联交易。

所以，构成同业竞争的范围包括发行人的控股股东、实际控制人及其近亲属。此处的近亲属，包括实际控制人及其配偶的直系亲属（包括父母、子女），以及直系亲属以外的其他近亲属（即兄弟姐妹、祖父母、外祖父母、孙子女、外孙子女）。但是直系亲属和非直系近亲属的同业竞争在认定标准上存在一定差异。如果是直系亲属存在竞争关系的，应直接认定为构成同业竞争。如果是其他非直系近亲属与发行人存在竞争关系的，原则上认定为构成同业竞争，但如果能够充分证明该企业与发行人在历史沿革、资产、人员、业务、技术、财务等方面基本独立且报告期内较少与发行人发生交易或资金往来，销售渠道、主要客户及供应商较少重叠的可以不认定为实质同业竞争。

此外，竞争方的范围并不是“僵化”地框定在这些范围中，有些亲属虽然从亲缘关系上看并没有被囊括在近亲属范围内，但是与实际控制人的关系异常密切，也需要从严把握。另外，如果想通过解除婚姻关系的方式规避同业竞争（假离婚的思路也没有仅仅被用在购置房产方面），可能只是一厢情愿的美好幻想，对于同业竞争的审核，需要从“实质重于形式”的角度来判断。

此外，如果发行人存在数个自然人共同控制的情况，则每一位控制人都需要遵循避免同业竞争的要求。

（二）同业竞争的影响分析

同业竞争的影响主要从以下几个角度分析论证。

1．主营业务角度

从产品或服务的种类、形式、价格、定位、功能、商标商号、核心技术等角度对双方的产品或服务存在相同或相似的程度进行分析比较，分析论证双方主营业务产品或服务的互相可替代性。

2．销售区域分析

从产品的属性、功能、行业特征、行业准入等角度对双方提供的产品或服务所覆盖的或可以覆盖的区域范围进行对比分析，是否存在区域重叠现象，以及是否存在利益冲突或者互相让渡商业机会的情形。

3．目标群体角度

从产品或服务所针对的目标群体角度进行分析，可从目标客户所处的行业、细分领域，或者目标使用群体的性别、年龄、收入水平等方面的差异进行对比分析，分析双方的目标客户或者目标使用群体的相同或相似程度，判断竞争双方的产品在目标客户、目标使用群体之间的相互可替代性。

4. 客户及供应商分析

对双方主要客户及供应商进行对比分析，是否存在重要客户、销售渠道或供应商重合的情况，如果存在客户、销售渠道或供应商重合，则要具体分析竞争双方与该等客户、销售渠道或供应商发生合作的时间及其原因，分析是否存在通过隐性方式输送利益或分摊成本的情况。

5. 历史沿革、资产、人员的关系

从双方的历史沿革的发展过程、资产、人员、技术的关系、业务往来情况，分析竞争主体是否彼此独立发展而来，资产、人员和技术的关联性，以及是否能保持独立性。

总之，对于同业竞争的分析，目的是论证发行人与潜在竞争者之间是否存在利益冲突、是否影响发行人的独立性，以及是否发生或可能发生利益输送的情况。但是所有的分析论证必须秉持着谨慎性的原则，比如，不能简单以产品销售地域不同、产品的档次不同等认定不构成“同业竞争”。

科创板和创业板，其对同业竞争法定要求会略有不同，没有像主板“一刀切”，而是适当放宽了标准。根据科创板、创业板的发行上市审核问答的内容，竞争方的同类收入或毛利占发行人该类业务收入或毛利的比例达30%以上的，如无充分相反证据，原则上应认定为构成重大不利影响。换言之，如果相应的收入、毛利比例未达30%，还是可以符合科创板、创业板的发行条件的。

（三）同业竞争的解决方式

如果发行人与实际控制人之间确实存在同业竞争，则需要在申报IPO之前进行规范。解决同业竞争的措施通常有以下几种。

1. 收购

以收购方式，将相竞争的业务纳入拟上市公司。通过重组方式将该部分与上市公司的业务具有相同性质的资产整合进入拟上市公司，收购方式可以参考本章第八节“筹划和重组阶段需要注意什么?”中所述内容，可以是股权收购，也可以采用资产收购。将竞争性业务纳入拟上市公司是目前解决上市公司同业竞争问题最为常见也是最彻底的解决方式。

2. 剥离

对于部分确实不适合纳入拟上市主体的业务，比如资产和盈利能力差、规范性程度低的业务，可以考虑将竞争性的业务转让给无关联关系的第三方，使其不再受实际控制人或其近亲属的控制。通过转让方式解决同业竞争问题的，需要确保转让行为的真实性、有效性，审核中也会对转让的作价、受让方的相关情况、业务转让后该竞争主体的经营情况以及与发行人之间是否还存在其他关联等问题予以关注。

3. 停止同类经营

停止竞争主体的竞争性业务，变更企业的经营业务范围或者办理注销手续。此种方式下，仍然需要关注公司注销时，与原经营业务相关的资产、人员的去向，避免利用经营性资产“另起炉灶”的情况。

除此之外，实际控制人还需要在IPO申报时作出书面承诺，在公司上市后亦不会经营与上市公司同类的业务。

虽然我们可以通过公开渠道查询到已上市的公司在解决同业竞争方面的案例，但是每个项目的具体情况皆有所不同，个别案例的审核通过不一定具有代表性和可复制性，仅有借鉴意义。同业竞争由于容易被利用实施利益转移而损害广大投资人的利益，在IPO的审核中一直是严格把握的，所以在同业竞争的认定和解决问题上需要审慎为之。

四、独立性和持续经营能力——企业好不好，到底谁知道

（一）资产完整性

有些拟上市公司由于经济、效率或者其他客观原因需要通过租赁或者授权许可的方式使用资产。通常情况下，如果租赁和许可行为合法有效，不会对公司的正常生产经营产生重大不利影响，也不会导致IPO的障碍。但是如果存在以下两种情况，则需要审慎判断：

一是向实际控制人租赁或授权使用资产，尤其是生产型企业，其生产经营所必需的主要厂房、机器设备等固定资产系向实际控制人租赁使用，会对发行人的独立性产生重大影响。

二是发行人的核心商标、专利、主要技术等无形资产是通过授权许可的方式使用的，则会影响发行人的持续经营能力。

所以判断租赁或授权使用相关资产的影响，需要从资产用途、对发行人的重

要程度、未投入发行人的原因、租赁或授权使用费用的公允性、是否能确保发行人长期使用、今后的处置方案等方面分析论证是否对发行人资产完整和独立性构成重大不利影响。

（二）客户集中

客户集中也是影响发行人持续经营能力的重大问题，如发行人向某个单一大客户销售收入或利润贡献占比超过50%，一般会被认为存在客户集中的问题，表明发行人对该单一大客户存在重大依赖，可能会对发行人的持续经营能力构成重大不利影响。

对于客户依赖是否会构成IPO的障碍，主要关注该客户的稳定性和业务持续性，是否存在重大不确定性风险，在此基础上合理判断。比如，部分行业存在特殊性，客户集中度高是行业的普遍现象的，则可以认为具有一定的合理性。如电力、电网、电信、石油、银行、军工等行业及其上下游，可能普遍存在这一情况，可以结合同行业公司的情况加以对比论证。另外，发行人与客户的合作关系也是考量该客户稳定性和业务可持续性的重点，比如，发行人与该客户的业务合作是否具有一定的历史基础，是否采用公开、公平的手段或方式独立获取业务，交易定价原则和公允性等。再者，如果单一大客户是具有行业领导地位、透明度较高且经营状况良好的，比如央企、全球知名企业等，这也是一个重要加分项，如果单一大客户是不知名的、透明度较低的企业，报告期内发行人新增的客户，甚至是发行人的关联方，那基本做好打道回府的准备就是了。

（三）持续经营能力

发行人具有持续经营能力是发行条件之一，也是判断起来较为复杂的一个问题。持续经营能力主要针对发行人从事的业务，涉及发行人自身的情况、发行人所处行业的情况以及上下游的情况，甚至国家政策的变化、经济环境的影响等。持续经营能力曾经是IPO企业被否的“重灾区”，因为没有特别清晰的判断边界，所以曾经在IPO审核中扮演了“篮筐”的角色，很多说不清、道不明的问题都被扔在这个篮筐里，最后变作一张不予核准的决定。

从审核的角度而言，希望更多质量好、盈利能力强的企业能够在资本市场上直接融资，从而给投资者带来更多的投资回报，保护投资人的利益。盈利能力弱的企业抗风险能力差，经不起推敲折腾，更有甚者在登陆资本市场后便无心经营主业，专业搞“资本运作”，反正玩儿砸了还可以卖壳离场，这也是监管所不愿看到的。所以对于持续经营能力较弱的企业，监管部门一直持有审慎的态度。

随着IPO审核理念的变化，证监会也在很多场合多次表明，把与业务相关的内容更多地交给市场去判断，对于以往审核尺度不太清晰的持续经营能力问题，也给出了更为清晰的界定。根据监管部门的相关审核问答，发行人是否存在影响持续经营能力的情形，主要从以下几个方面判断：

（1）发行人所处行业受国家政策限制或国际贸易条件影响存在重大不利变化风险；比如出口型企业，可能会因为进口国的反倾销政策或者贸易政策受影响。

（2）发行人所处行业出现周期性衰退、产能过剩、市场容量骤减、增长停滞等情况；对于某些周期性较强的行业需要特别关注这一情形。

（3）发行人所处行业准入门槛低、竞争激烈，相比竞争者，发行人在技术、资金、规模效应方面等不具有明显优势。

（4）发行人所处行业上下游供求关系发生重大变化，导致原材料采购价格或产品售价出现重大不利变化。

（5）发行人因业务转型的负面影响导致营业收入、毛利率、成本费用及盈利水平出现重大不利变化，且最近一期经营业绩尚未出现明显好转趋势。

（6）发行人重要客户本身发生重大不利变化，进而对发行人业务的稳定性和持续性产生重大不利影响。

（7）发行人由于工艺过时、产品落后、技术更迭、研发失败等原因导致市场占有率持续下降、重要资产或主要生产线出现重大减值风险、主要业务停滞或萎缩。

（8）发行人多项业务数据和财务指标呈现恶化趋势，短期内没有好转迹象。

（9）对发行人业务经营或收入实现有重大影响的商标、专利、专有技术以及特许经营权等重要资产或技术存在重大纠纷或诉讼，已经或者未来将对发行人财务状况或经营成果产生重大影响。

（10）其他明显影响或丧失持续经营能力的情形。

当然，持续经营能力的判断是综合考量多方因素的过程，并不意味着只要出现上述情况就一定会导致IPO失利。很多情况下，只要没有重大不利影响，发行人还是可以通过合理解释以及充分的风险披露来应对。相信在注册制改革全面实施后，对于经营能力的判断还会逐步弱化，毕竟属于市场的，还应该交还给市场。

五、要业绩，也要规范

规范运作包括拟上市公司的生产经营需要符合法律法规的规定，需要建立健全完善的公司治理架构并且能够有效运行，囊括了拟上市公司的各方面的经营行为，同时实际控制人、董事、监事、高级管理人员的合规行为也要纳入考察范围。

（一）发行人、实际控制人和董事、监事、高级管理人员的合规要求

（1）针对发行人的守法经营内容主要包括：

①经营过程中违反行政管理的规定：最近3年不存在违反工商、税收、土地、环保、海关以及其他法律、行政法规，受到行政处罚，且情节严重的情形。

②违反证券法律：最近3年不存在擅自公开或者变相公开发行证券的情形、不存在欺诈发行或重大信息披露违法的行为。

③犯罪行为：最近3年不存在破坏社会主义市场经济秩序相关的刑事犯罪以及经济类犯罪，如贪污、贿赂、侵占财产、挪用财产等。

④其他重大违法行为：最近3年不存在涉及国家安全、公共安全、生态安全、生产安全、公众健康安全等领域的重大违法行为。

（2）针对实际控制人的合规性要求主要包括：

①违反证券法律：最近3年不存在欺诈发行或重大信息披露违法的行为。

②犯罪行为：最近3年不存在破坏社会主义市场经济秩序相关的刑事犯罪以及经济类犯罪，如贪污、贿赂、侵占财产、挪用财产等。

③其他重大违法行为：最近3年不存在涉及国家安全、公共安全、生态安全、生产安全、公众健康安全等领域的重大违法行为。

（3）针对董事、监事和高级管理人员的合规性要求主要包括：

① 最近3年内未受到中国证监会行政处罚。

② 因涉嫌犯罪被司法机关立案侦查或者涉嫌违法违规被中国证监会立案调查，尚未有明确结论意见。

③ 被中国证监会采取证券市场禁入措施尚在禁入期的（主板）。

④ 最近12个月内受到证券交易所公开谴责（主板）。

发行人和实际控制人的规范性要求中都提到了“破坏社会主义市场经济秩序”的刑事犯罪，这是指一类罪名，主要是在经济活动中发生的犯罪行为，包括生

产、销售伪劣商品罪，破坏金融管理秩序罪，金融诈骗罪，侵犯知识产权罪，等等。

（二）“重大违法行为”的认定标准

在发行人、实际控制人的合规性要求中，都提到了“重大违法行为”的概念。公司在日常的经营活动中，受到主管部门的处罚也并不鲜见，一般的违法行为并不构成 IPO 的障碍，一旦发生“重大违法行为”则触及了发行条件。那么“重大违法行为”到底如何判定呢？目前的审核标准中，有如下的判定依据：

（1）“重大违法行为”是指发行人及其控股股东、实际控制人违反国家法律、行政法规，受到刑事处罚或情节严重行政处罚的行为。

（2）存在贪污、贿赂、侵占财产、挪用财产或者破坏社会主义市场经济秩序等刑事犯罪，原则上应认定为重大违法行为。

（3）被处以罚款以上行政处罚的违法行为，原则上认定为重大违法，但是符合以下条件的除外：①违法行为显著轻微、罚款数额较小；②相关处罚依据未认定该行为属于情节严重；③有权机关证明该行为不属于重大违法。但违法行为导致严重环境污染、重大人员伤亡、社会影响恶劣等并被处以罚款以上行政处罚的，不适用上述情形。

（4）发行人合并报表范围内的各级子公司，若对发行人主营业务收入或净利润不具有重要影响（占比不超过 5%），其违法行为可不视为发行人本身存在相关情形，但其违法行为导致严重环境污染、重大人员伤亡或社会影响恶劣的除外。

（5）最近 3 年重大违法行为的起算时点，从刑罚执行完毕或行政处罚执行完毕之日起计算。

（三）内控的合规性

IPO 的发行条件要求发行人内部控制制度健全且被有效执行，虽然是简单概括的一句话，但相信这条简单的规定让很多企业都体会到了“知易行难”的道理。公司从创设开始一路迈向资本市场，也是一个从“野蛮生长”蜕变成“有序发展”的过程。我曾碰到不少企业家跟我提到，决心让企业 IPO 的原因之一，就是想突破制约公司发展的管理瓶颈，倒逼企业实现全方位的规范治理，当然这个过程一点也不容易，想要从以往的惯性模式摆脱出来建立符合上市要求的治理体系，需要毅力、决断力和执行力。

规范的内控治理涉及公司运营的各个方面，有一些典型的行为可能经常被忽略，但是IPO审核中却有特别的要求，监管部门在相关的首发审核问答中也做了列举。

1. 转贷

转贷是指为满足贷款银行受托支付要求，在无真实业务支持情况下，通过供应商等取得银行贷款或为客户提供银行贷款资金走账通道。转贷行为其实在公司的银行融资过程中是较为常见的操作方式，很多时候也是为了"应付"银行发放贷款的规则要求而行的"权宜之计"。但是转贷行为有悖于真实的商业实质，也不符合金融监管的规定，所以需要在上市前进行规范。

另外，如果公司与受托支付的交易对方之间确实存在采购交易，并且累计采购金额和贷款总金额基本匹配，则即使每一笔的采购货款支付与银行受托支付的金额不完全匹配，也可不视为"转贷"行为。

2. 票据融资

票据融资是指向关联方或供应商开具无真实交易背景的商业票据，通过票据贴现后获取银行融资，这也是很多企业在常规融资渠道不畅的时候会使用的方式。与"转贷"行为类似，票据融资不符合票据管理的规定，也需要在上市前清理规范。

3. 资金拆借

资金拆借是指与关联方或第三方直接进行资金拆借，包括拆入和拆出。公司与其他方发生日常经营以外的资金往来拆借，可能引发法律风险，应当通过建立有效的内控制度进行管理，避免损害公司和投资人的利益。

4. 第三方收款

第三方收款是指销售过程中通过发行人的关联方或第三方代收货款，第三方收款在跨境交易中较为常见。根据IPO审核的要求，内销业务通常不应通过关联方或第三方代收货款，外销业务如因外部特殊原因确有必要通过关联方或第三方代收货款的，应当有充分、合理的证据，比如签订代收协议，或者以书面方式指示收款。

5. 第三方回款

第三方回款通常是指发行人收到的销售回款的支付方（如银行汇款的汇款方、银行承兑汇票或商业承兑汇票的出票方式或背书转让方）与签订销售合同的交易对方不一致的情况。第三方回款可能会因为法律关系错位导致法律风险，同时也会影响公司收入确认的真实性。

如果公司的销售存在第三方回款，通常情况下应考虑是否符合以下条件：(1)与自身经营模式相关，符合行业经营特点，具有必要性和合理性，例如：①客户为个体工商户或自然人，其通过家庭约定由直系亲属代为支付货款；②客户为自然人控制的企业，该企业的法定代表人、实际控制人代为支付货款；③客户所属集团通过集团财务公司或指定相关公司代客户统一对外付款；④政府采购项目指定财政部门或专门部门统一付款；⑤通过应收账款保理、供应链物流等合规方式或渠道完成付款；⑥境外客户指定付款；(2)第三方回款的付款方不能是发行人的关联方；(3)第三方回款与相关销售收入勾稽一致，具有可验证性，不影响销售循环内部控制有效性的认定；(4)第三方回款的金额及比例处于合理可控范围。

对于不符合上述各项条件的第三方回款，公司应当在IPO申报之前及时进行规范。

6. 现金交易

现金交易主要发生在面对个人客户的零售企业、农业企业等，由于其行业特点或经营模式等原因，其销售或采购环节存在一定比例的现金交易。

企业在正常经营活动中发生的现金销售或现金采购，如果同时符合以下条件，则可以认为是符合内控治理的要求：(1)现金交易情形符合行业经营特点或经营模式(如线下商业零售、向农户采购、日常零散产品销售或采购支出等)；(2)现金交易的客户或供应商不是公司的关联方；(3)现金交易具有可验证性，且不影响发行人内部控制有效性；(4)现金交易比例及其变动情况整体处于合理范围内，近三年一期一般不超过同行业平均水平或与类似公司不存在重大差异(如能获取可比数据)；(5)现金管理制度与业务模式匹配且执行有效，如企业与个人消费者发生的商业零售、门票服务等现金收入通常能够在当日或次日缴存公司开户银行，企业与单位机构发生的现金交易仅限于必要的零星小额收支，现金收支业务应账账一致、账款一致。

在电子支付还没有大规模应用的时候，现金收款对于拟上市的农业企业、零售企业而言是一个世纪难题，随着电子支付的普及，这个问题也就迎刃而解。在这里有必要顺便向改变我们生活的科技巨头表达一下敬意。

7. 其他内控合规行为

其他内控合规行为是包括利用个人账户对外收付款项、出借公司账户为他人收付款项等，这些都需要及时予以纠正，并且在得到规范并运行一定的期限后再申报IPO。

总之，拟上市公司在上市前需要建立、完善并严格实施相关财务内部控制制度，保护中小投资者的合法权益。拟上市公司在报告期期初阶段作为非公众公司，在财务内控方面可能存在的不规范情形，应当通过中介机构上市辅导完成整改或纠正和相关内控制度建设，以符合上市公司的内控治理要求。

六、钱不能随意花——募集资金项目该如何考量

募集资金投资项目是发行人通过首次公开发行所募集的资金投产的项目，通常被简称为“募投项目”。虽然IPO的发行条件中并没有关于募投项目的规定，但是在以往的IPO被否案例中，也曾出现过不少将募投项目列为不予核准的原因之一。当然随着IPO审核理念的逐步转变，相信未来因为募投项目而被拦在资本市场之外的情形会越来越少，但是募投项目作为公司上市后募集资金的使用方向，决定着公司未来的盈利能力，所以在IPO审核中一直会是被关注的因素之一。

发行人如何使用募集资金，从本质上讲应该是发行人自己的商业判断，但是由于资金来源于市场上的公开募集，从保护投资者的角度，审核部门仍然会从募投项目的实施合规性、必要性、合理性等角度进行判断。所以在IPO申报前，需要提前规划好合理的募投项目。

（一）募投项目的计划规模

在核准制的审核方式下，股票发行预设了23倍市盈率的上限，加之首次公开发行的比例也基本固定在25%（公司股本总额超过4亿元的，公开发行的比例不低于10%），因此公司发行完成后可以募集的资金金额能够得到比较清晰的预估值。募集资金的规划也大致按照这一预估值进行匡算。

目前科创板和试行注册制改革后的创业板的股票发行价格规则取消了上限标准，但在公司上市标准中，有相应的市值标准，募集资金的规模在确定发行比例后也可以基本确定。所以科创板和试行注册制后的创业板IPO募集资金可以由预计市值来确定募集资金的大致规模。

发行人在规划募投项目时，拟投资金额一般与预估的募集资金相匹配。如果募投项目的投资规模大于实际募集资金金额的，对于缺口部分的资金来源，发

行人需要提前在IPO申请文件中明确。此外，在注册制的市场化发行制度下，实际募集资金金额也可能超过预算金额，此时会产生超募资金，超募资金的使用需要严格依照上市监管规定实施。

（二）募投项目的规划时间

制定合理的募投项目，需要经过可行性研究、公司董事会或股东大会决策，并且办理项目的立项、环境评价等合规性手续，如涉及特殊行业的，需要办理相应的行政许可，涉及建设项目的，还需要通过招拍挂程序取得土地使用权。如果规划得过早，可能无法衔接上IPO募集的资金（尤其是在核准制下，审核周期难以预计），如果规划得过晚，可能无法履行完所有的合规性手续，因而影响IPO的申报。一般情况下，拟上市公司会在申报前4～6个月内着手办理募投项目的各项手续。

（三）募投项目的类型

募投项目的类型可以包括扩大现有产品产能、新产品开发生产、增加固定资产投资和研发支出、改进技术或管理、合资经营或合作经营、向其他企业增资或收购其他企业股份、收购资产、偿还债务以及拓展市场营销、补充营运资金等。

需要注意的是，虽然审核中允许将收购作为募投项目的类型，但实践中以募集资金实施收购的案例很少，因为条件较为苛刻，需要对被收购方进行审计和评估，还需要等待IPO审核，在一般的并购商业逻辑下很难达成。

（四）募投项目的设置要求

1. 符合公司发展战略和主营方向

发行人的募投项目应与公司的发展目标一致，有助于公司实现其自身的发展战略并且专注于公司主营业务方向，避免导致经营模式、产品结构变化的募投项目，也不建议进行跨行业投资。对于科创板而言，募投项目还需要同时符合科创板的定位，投向于科技创领域。

2. 符合国家产业政策

募集资金投资项目应当符合国家产业政策，应当投资于国家重点鼓励发展的产业、产品和技术，不能投资于国家明确限制或禁止的领域、产品或技术工艺等。

3．合规性要求

募投项目应当符合国家投资政策、土地政策、环保政策，应当依法取得投资项目的相关审批。涉及特殊行业前置许可的，比如医药行业涉及新药研发生产的，应当已经取得相应的行政许可和认证注册手续。近年来，有不少企业将生产基地向境外转移，因此可能会有募投项目在境外实施的情况。对此，需要提前取得商务部门、发改部门对于境外投资项目的审批，并且需要论证境外投资项目符合项目实施地的法律规定。

4．不会产生同业竞争

募投项目实施后，不会产生同业竞争或者对发行人的独立性产生不利影响，比如发行人以募集资金与实际控制人共同投资项目，是不符合募投项目要求的。

总之，募投项目的设置应当具有确定性、合规性、合理性，需要结合行业、市场前景、产品技术含量，以及与公司现有实际管理能力、销售能力的匹配等方面进行规划。

第八章　合同风险和诉讼

第一节　仅有法定代表人签字未盖公章的合同有效吗?

仅有法定代表人签字,但是未盖公章的合同有效吗?

答案是,有效!

法定代表人,顾名思义,法定的代表人,因其法定,所以不需要授权委托,直接签字,可以代表公司。这也不是我说的,咱们看下最高法院大法官的分析。

《中华人民共和国民法典》第三十二条规定:"当事人采用合同书形式订立合同的,自当事人均签字、盖章或者按指印时合同成立。在签名、盖章或者按指印之前,当事人一方已经履行主要义务,对方接受时,该合同成立。"因此,当事人签字或盖章即表明要约与承诺的完成,当事人对合同书所证明的合同内容予以认可,双方就合同的权利义务达成合意,其直接法律效力即为确定合同的成立。在我国,自然人姓名章的使用在订立合同时尚不普遍,自然人从事法律行为主要通过签名的形式进行。而法人或其他组织作为拟制主体,不具备自然人的物理特征,无法进行自然人所进行的签字,因此,法人或其他组织同意订立合同的意思表示通过盖章予以确定。公章即是法人或其他组织的标志,法人或其他组织的盖章即等同于法人或其他组织的意思表示,具备和自然人签字一样的法律效力。

《中华人民共和国民法典》第六十一条规定:"依照法律或者法人章程的规定,代表法人从事民事活动的负责人,为法人的法定代表人。"据此,可以认定,法人的法定代表人和其他组织的负责人的签字可代表单位或其他组织的意思表示，具备和盖章同等的法律效力。[1]

但是，也不能说法定代表人签字可以直接等同于公章。比如：

在一些公司内斗的纠纷中，有人掌握了公章，有人登记为法定代表人，掌握公章的一方起诉对方，要求出资、要求赔偿等，对方以登记法定代表人的身份签署撤诉状要求撤诉，法院可能以公章为准认定为公司的真实意思表达。

另外，公司法定代表人是由自然人担任，但是作为公司法定代表人的自然人在生活中具有多重身份，他所实施的行为既可能是个人行为，也可能是公司的代表行为。如果一种行为被认定为个人行为，则该行为的法律后果必然由其个人承担，与公司无关。

第二节　法定代表人签订合同对外借款，公司需要负责吗？

前几天碰到一个纠纷，一位老板为了规避风险，找自己的姐夫做公司法定代表人。后来两家闹起了矛盾，姐夫就不愿意继续做了，要求变更，这位老板死活不肯。铁了心要让姐夫给公司背黑锅。

其实这位老板知其一不知其二，算盘有点打错。殊不知，公司也可能背姐夫的黑锅。比如，法定代表人签订合同对外借款，公司需要负责吗？答案是：法定代表人以个人名义借款用于个人事务的，与公司无关，公司不需要承担责任；法定代表人以公司名义借款的，不管用于企业还是个人事务，公司均需要承担还款责任。

这里所谓以公司名义，就是借款人处写上公司名称，然后个人再签个字，完事。让公司背锅，就是这么简单。

凭什么呢？咱们从法律角度细细道来。

公司作为法律拟制的人（法人），毕竟不同于有血有肉的自然人，其意思的表达终究要依赖于自然人。所以法律设置了法定代表人这么个角色，让企业在社会经济生活中的活动通过法定代表人来表达、实施。

所以，一般而言，法定代表人的行为就是企业的行为。

---

① 以上内容参考江必新，何东宁，等著：《最高人民法院指导性案例裁判规则理解与适用·公司卷二》，中国法制出版社 2016 年版。

但是法定代表人具有双重身份，一是作为自然人，二是作为企业的法定代表人。在借贷关系中，既可以作为自然人进行借贷，也可以代表企业进行借贷，在此情况下，如何区分所欠债务是个人债务，还是企业的债务呢？

如果以自然人个人名义借款用于个人事务的，当然由其个人来偿还，无论从事实上还是法律上都是没有问题的。

如果所借款项用于企业或者企业同意还款的情形下，是否还由其个人来偿还？应当分不同情况进行讨论：

（1）企业法定代表人以个人名义借款，但企业同意还款的，此种情形下应予允许企业还款。

（2）企业法定代表人以个人名义借款，但所借款项用于企业的，从理论上讲，法定代表人的行为应当认定为职务行为，由于是以个人名义签订合同，按照合同相对性原则，企业法定代表人仍然应当作为合同一方，其对债权人的责任不能免除，应与企业一起承担连带责任。

（3）法定代表人以企业名义借款却用于个人生活和消费的情形。此种情形下，不能突破合同相对性原理，仍应列企业法人为当事人。对于企业法定代表人的上述行为，可以参照《公司法》第二十条第三款有关法人人格否认的理论和规定，属于滥用企业法人独立地位，逃避债务，严重侵害企业债权人利益。可以根据当事人的申请，将法定代表人追加为共同被告或者第三人。

（4）借贷双方串通的情形。企业法定代表人虽以企业名义签订借款合同，企业成为合同一方，但出借人知道或者应当知道法定代表人为其本人借款，或者双方恶意串通，损害企业合法权益，企业法定代表人是以名义上的职务行为达到个人目的，其本人的责任不能免除，应当由其本人承担民事责任。

但是恶意串通的事实，显然需要公司来举证证明，否则只能将对方视为善意第三人，公司仍然摆脱不了还款的责任。①

通过以上分析，大家知道，让一个人做公司的法定代表人，等同于给了他一张经过公证的授权委托书，他的签字等同于公司盖章。他可以随时让公司背锅。所以，法定代表人最好由大股东自己担任，绝对不能让不是特别可靠的人挂名法定代表人。

---

① 以上结论主要参考江必新，何东宁，等著：《最高人民法院指导性案例裁判规则理解与适用·公司卷二》，中国法制出版社 2016 年版。

相关规定如下，供参考：

《中华人民共和国民法典》

第六十一条　依照法律或者法人章程的规定，代表法人从事民事活动的负责人，为法人的法定代表人。

法定代表人以法人名义从事的民事活动，其法律后果由法人承受。

法人章程或者法人权力机构对法定代表人代表权的限制，不得对抗善意相对人。

第六十二条　法定代表人因执行职务造成他人损害的，由法人承担民事责任。

法人承担民事责任后，依照法律或者法人章程的规定，可以向有过错的法定代表人追偿。

《最高人民法院关于审理民间借贷案件适用法律若干问题的规定》

第二十二条　法人的法定代表人或者非法人组织的负责人以单位名义与出借人签订民间借贷合同，有证据证明所借款项系法定代表人或者负责人个人使用，出借人请求将法定代表人或者负责人列为共同被告或者第三人的，人民法院应予准许。

法人的法定代表人或者非法人组织的负责人以个人名义与出借人订立民间借贷合同，所借款项用于单位生产经营，出借人请求单位与个人共同承担责任的，人民法院应予支持。

相关案例参考

董某诉被告江西富华工业瓷有限公司债务纠纷案

案情简介：1998 年，瓷业公司董事长兼总经理邓某向董某出具 10 万元的借条，该借条系用瓷业公司抬头的信笺纸书写，只有邓某签名，未加盖瓷业公司公章。此前，邓某长期代表瓷业公司与董某进行业务往来。

法院认为：案涉借条虽只有邓某个人签名，未加盖瓷业公司公章，但借据系用印有瓷业公司抬头的信笺纸书写而成，邓某又系瓷业公司法定代表人和总经理，长期代表瓷业公司与董某进行业务联系，故尽管借据内容未写明借款人是邓某个人还是瓷业公司，董某亦有理由相信邓某借款行为系代表瓷业公司的职务行为，其以瓷业公司为被告主张还款并无不当。本案一审判决支持了董某对该笔借款的债权主张，瓷业公司未提起上诉，却在申请再审时对该笔债务予以否认，系违反诚实信用原则行为，故对瓷业公司关于该笔借款系邓某个人债务的主张不予支持。

实务要点：企业法人法定代表人向债权人出具个人签名的借据，虽未加盖单位公章，但债权人有理由相信该法定代表人系代表企业法人的职务行为的，该企业法人应对该债务承担偿还责任。

案例索引：最高人民法院(2012)民申字第861号董某诉被告江西富华工业瓷有限公司债务纠纷案民事裁定书(审判长陈宜芳，代理审判员刘小飞、潘杰)，载《人民法院案例选》2014年第1辑。

第三节 签署合同有哪些常见失误，如何完善？[①]

经过研究大量合同纠纷案例，作者发现，相当多的纠纷在合同签订时就埋下了伏笔，合同成了诱发纠纷生长的适宜土壤。也有相当多的纠纷，虽然不是合同的缺陷引发的，但如果当初合同签订得足够完善，“丑话说在了前头”，纠纷是不会发生的，合同没能起到抑制纠纷的作用。相似的合同缺陷往往导致相似的纠纷。

合同是双方对未来合作事项的安排，一方付出某种代价换取对方的特定行为，达到双方利益最大化。合同签订的目的是确保双方对未来的安排能如期实行，实现预期的利益。发生纠纷甚至诉讼，无疑会使一方或双方的合同目的搁浅甚至落空。

本文通过分析合同纠纷的典型案例，揭示什么样的合同问题会引起纠纷、导致诉讼，以作前车之鉴，避免合同疏漏的一再发生。

---

① 本文曾发表于《法庭内外》2007年第4期，摘录时有所删节。

一、合同约定不周全

相关案例参考

2001 年 2 月，原、被告达成协议，由原告向被告提供乳胶漆和美砂漆。但未约定单价。在履约过程中，双方对单价发生争议，交涉未果，诉至法院。原告认为其供应给被告的美砂漆每公斤 10 元。其与被告在 2000 年也曾发生过业务往来，当时确定的价格为每公斤 10 元，货款双方已经结算完毕。被告则认为双方达成口头约定，产品价格为市场最低价，当时美砂漆的市场价格为每公斤 2.20 元。原告提供了上海市建筑材料行业协会出具的价格证明，被告则提供了上海市化学建材行业协会办公室出具的价格证明。

一审法院认为：从证明的主体、证明内容以及证明的时间分析，上海市建筑材料行业协会证明的价格较上海市化学建材行业协会证明的价格更具证明力，故法院予以采信。

被告不服提起上诉，二审法院就所涉建材在 2001 年 2 月期间上海地区的市场价格，走访了上海市建设工程定额管理总站。该站提供的 2 月《上海工程造价信息》册中载明，美砂漆每公斤价格为 6.31 元。二审法院认为：双方对系争货物的价款约定不明确，应当按照合同成立时履行地同类产品的市场平均价格执行。被上诉人主张的价格，与当时合同成立地的上海市场平均市场价基本相符。故维持原判。

案例索引：见上海市第二中级人民法院网址 http://www.shezfy.com/spyj/ztyj.aspx。

以上就是问题合同诱导纠纷发生的案例，签订合同不约定价格，发生纠纷很正常。

理想的合同应像一个完成一系列动作的计算机程序指令一样，完整、具体而精确，具备了完成动作的所有信息，不需要再补充输入，就能执行到一切结束；应像一件产品的 BOM 表(零件表)一样，组装起来就是一件成品，一个螺丝都不缺。合同应尽量将双方需执行的动作细化到不可再分解。

合同是对未来事项的安排，许多人却不把时间、地点甚至内容写在这张安排表上,使安排成了一个意向。在经济生活中常见到合同签订后又签了一个又一个的补充协议。这经常就是合同存在缺陷的信号。双方能妥善协商的,就是补充协议,协商不成的,就成了纠纷。

合同约定不周全其实跟当事人的意识有关系,没有觉得合同是很重要的事。其实企业经营中的一切重大经济事件都是通过合同安排完成的。合同是经济生活中各方利益的集中交织之地,集中安排之地。然而很多人签合同像写便条一样随意,直到有了教训那一天。意识问题是一个法律之外的问题,但却比合同中的任何法律问题更重要!

二、合同约定不可行

相关案例参考

世熙传媒公司为制作《面罩》节目,与博昭伟业公司签订协议,约定由博昭伟业承接节目样片的舞美设计制作及搭景。制作完成后,世熙传媒未提异议。实际拍摄过程中,世熙传媒认为制作的三扇道具门不符合节目要求,遂自行更换了三扇门。

后节目《面罩》被停播。世熙传媒以舞美设计及制作未达到要求,造成部分受访当事人信息暴露为由,拒付承揽费。博昭伟业起诉要求支付。

法院经审理认为,合同中约定的验收标准仅为承揽方博昭伟业承接的《面罩》样片的舞美设计及制作保证达到定作方世熙传媒认可的效果图效果,未约定检验期间。博昭伟业完成舞美设计制作和布景工作后,世熙传媒在节目拍摄前并未对博昭伟业交付的工作成果提出异议,应视为其认可博昭伟业交付的工作。世熙传媒接受该工作成果后,不管其是否完全使用,均应当按照合同约定在录制第二天付清剩余的7000元,逾期支付即构成违约。

上述纠纷发生的关键所在,就是合同约定的验收标准,没有可操作性。“一方完成的工作要保证达到对方认可的效果”,效果是一种主观评价,认可也没有具体标准,这样的验收标准,如何执行?

合同的约定应该是客观的、具体的。履行义务是不是符合要求,任何一个人都能明确判断的，而不是主观的、两可的、似是而非的，每个人都可以有不同看法，又都不能说别人是错的。这样的合同约定，会给当事人双方留下扯不清的争执。

许多买方签合同喜欢用主观标准或模糊标准，感觉掌握了主动，行与不行自己说了算。看上去对自己很有利。问题是，发生纠纷时法院是否认可这样的标准。一是这样约定违反公平原则，一方的主观判断不能决定对方违约与否，否则要不要履行义务只凭个人意愿了，二是即使约定了主观标准，仍然存在一个合理的客观标准供法官选择，三是即使使用主观标准，也不是由自己判断，而应由法官判断。

因此，与其利用自己的优势地位约定一个主观的标准，不如约定一个能确保达到自己合同目的的具体客观的可操作的标准，将履行合同的不确定性消除为零。

三、合同约定不精确

相关案例参考

2004 年 11 月，上海辉瑶包装公司与中国电信集团黄页信息公司签订合同，约定在 2005 年《大黄页》上刊登企业广告。辉瑶包装公司支付了广告费 22 470 元。次月底，黄页信息公司将印有“您的广告在刊登时的清晰度及色彩可能与本清样略有差异”等文字的“广告确认版”交辉瑶包装公司盖章进行了确认。后来广告刊登在《大黄页》上，色彩与“广告确认版”上的存在一定的差异。辉瑶包装公司认为黄页信息公司错登了其广告色彩，提起诉讼，要求赔偿。

上海市第二中级人民法院作出终审判决，认为：《大黄页》上刊载广告的色彩与“广告确认版”上的色彩确有差异。虽然黄页信息公司对色彩之差异履行了告知义务，但该色彩之差异属在履行合同中的瑕疵，因此，被告应承担相应的赔偿责任。鉴于广告的主要内容均符合要求，色彩之差异对其基本信息的传递作用不产生实质性的影响，据此，应按照广告费 22 470 元的 10％计算赔偿额由黄页信息公司赔偿。

以上纠纷发生的起因并不在于合同的约定，而是客观存在的问题。但是，如果合同约定得足够完善，该纠纷仍然是可以避免的。黄页信息公司作为专业的黄页印刷发行单位，面对的客户何止千万，印刷存在色彩偏差也不是个别事件，因此，完全可以用专业的物理学上的工具（比如色度、色差等）去定义偏差的范围，而不是用模糊的“略有偏差”的用语，致使实际偏差的范围是不是在合同约定的范围内难以确认。试想，如果本案中合同对色彩偏差有精确的专业术语的约定，原告在起诉时是不是要考虑一下，合同约定的这个偏差范围到底有多大啊？实际有没有超过这个范围？要不要先去鉴定一下？其诉讼选择将变得更慎重。也可能双方鉴定以后，有没有违约已经很清楚，不用打官司了（当然实践中还有其他考虑，假如此类纠纷极少发生，而增加关于色度的约定又使签约难度增加，两相权衡后放弃精确约定的另当别论）。

合同约定不精确，就会使双方对履行事实的判断产生分歧，双方谁也说不清楚又觉得没有理由让步时，就只好请法官去判定了。

四、合同形式有瑕疵

相关案例参考

北京美伊房地产经纪公司于2005年4月与北京中大恒基房地产经纪公司的职员孙某达成口头协议，孙某为美伊公司书写便条一张，内容是“中大恒基以肆拾肆万伍仟元将西直门大钱市胡同1号1103室房屋订给美伊地产，中大恒基不再另行出售，五月一日法定假日过后配合美伊公司方客户办理过户手续”。美伊公司于当日交给孙某4.5万元定金，由中大恒基公司开出收款收据。假期过后，因房主不同意此交易价格，中大恒基公司未与美伊公司办理房屋过户手续。双方为此发生纠纷并诉至法院。

中大恒基公司认为，其公司职员孙某在无房主委托和其授权的情况下，将其本人承租的房屋，以中大恒基公司的名义给美伊公司书写便条并收取美伊公司的定金，该行为与公司无关。

北京市第一中级人民法院审理后认为，孙某作为中大恒基公司的业务员具有对外开展业务的职责，其在与美伊公司商谈房屋订购事宜时是以中大恒基公司的名义进行的，且孙某向美伊公司收取买房定金后将该款交给中大恒基公司后，中大恒基公司开具了收款收据，故应认定中大恒基公司对孙某与美伊公司达成的买卖合同的认可。中大恒基公司未履行订房协议，构成违约。

以上纠纷发生的原因，是双方对合同是否生效存在不同的认识。合同并没有经双方签字盖章，而是由一方的业务员签字并由公司出具收款收据。这种情况下是否可以认为合同已生效，在实践中是存在分歧的。同样的情形，法院判决合同不生效的案例也是有的。究竟合同是否生效并不是这里要讨论的。这个案例的意义在于，纠纷或诉讼往往因为合同的瑕疵而起，合同形式存在瑕疵使双方对合同的生效与否产生不同的判断，使一方对自己有无责任履行义务没有把握，在这种情况下，对一个理性的经济人来说，最好的选择就是先违约再说，大不了输了官司再继续履行不迟。

合同形式存在瑕疵使合同的效力产生疑问时，不履行义务更有利的一方更倾向于抓住这个漏洞，这种是否承担违约责任的不确定性正是违约的极大诱因。

五、合同用语存歧义

相关案例参考

1997 年 5 月，大同云岗实业总公司与大同福泰实业有限公司签订商场租赁协议，约定福泰公司承租东方广场三楼，经营男女四季服装、休闲装、精品时装、皮装。出租方保证不允许任何楼层经营同样的产品。后福泰公司发现广场二层经营商品有重复，遂拒付租金。云岗实业认为，合同约定的含义是禁止其他楼层经营与福泰公司同样的、同一品牌的服装，福泰公司则认为，类别重复既是违反约定。后案件上诉到最高人民法院。

就此纠纷，最高法院吴庆宝法官在《合同权益疑难案件判定解说》一书中分析道：服装依分类标准的不同有多种分法，从用途可分为礼服、休闲装、职业装、运动装;从材料可分为丝绸服装、化纤服装、棉麻服装、皮装;从季节可分为春、夏、秋、冬四季服装;从款式上可分为西装、中山装、中式便装等。而时装是个很不确切的概念,不同的语境下有不同的含义。

回过头来看合同的约定,所谓"四季服装、休闲装、精品时装、皮装"是从不同的标准进行的分类,概念相互重叠,其中四季服装其实已囊括了所有的服装类别。而合同后一句"不允许经营同样商品"更是将合同条款的含义混乱到令人难以琢磨。从表述的上下文看,其含义似乎是出租方可以允许其他楼层经营列举服装以外的其他服装,可是事实上合同中的列举已经穷尽了服装的所有种类,使以上的理解不可能实行。反过来如果条款的含义是其他楼层不能经营任何服装的话,合同里又没有必要列举服装的种类,也不会写"不允许任何楼层经营同样的产品",而应直接说不允许任何楼层经营服装,才符合一般的表达习惯。"同样的产品"可以理解为所有服装,也可以理解为同类服装,也可以理解为同一品牌的服装,或同一款式的服装,等等。

合同的约定可以任意发挥,发生纠纷并不是意外的事。

六、未考虑异常情况

相关案例参考

2003年,上海某租赁公司委托北京某律师事务所上海分所代理其与成都一家公司的债务执行。合同约定,案件执行过程中如收回了现金,就按照回收款总额的20%支付代理费;如收回的是股权、实物或其他权益,则按折算价的17%支付代理费。在案件执行中,成都法院查封了债务人985万余股发起人股份并进行拍卖。租赁公司作为竞买人之一,以1 500余万元竞拍成交。后双方对该按20%还是17%支付代理费发生争议,诉至法院。

上海市第二中级人民法院审理后认为,成都法院查封了债务人公司的股份,在这一执行程序中租赁公司是申请执行人。此后租赁公司以竞买人身份参与竞拍的行为与法院执行无关。根据执行程序,竞买人应向拍卖行支付股权价款,再由拍卖行通过法院将价款交付给申请执行人。本案中租赁公司的身份是申请执行人，所回收的是现金而非股权，至于该公司以竞买人的身份所取得的股权是本案以外的另一层关系，因此租赁公司应当按照到位现金的20％支付代理费。

本案例中，作者认为，法院即使判决按17％支付代理费亦无不可，毕竟租赁公司最终拿到的是股权而已，租赁公司参与竞拍可以理解为执行过程中的一个环节而不是执行之外，如果没有参加竞拍则拍卖是否成功也未可知。

这个案件的借鉴意义在于，合同签订后履行过程中，经常会出现一些异常情况，签约时应当尽可能充分预测并对出现后的处理作出约定，否则发生纠纷的可能性是很大的。异常情况往往游离于约定或法律规定的边缘地带，如何认定处理往往连法官都犹豫不决，难下定论，当事人也容易发生争执。

合同里约定到异常情况的处理是一个较高的要求，但在一些重量级的合作中或异常情况影响重大时确有考虑的必要。比如台风发生是一个异常情况，对农林、户外类合作影响重大，相关合作中就应约定到。

七、缺乏证据意识

签订合同时要考虑它的证据价值。从某种意义上讲，合同是为了打官司而签订的。试问合同签订后，什么时候才会对合同字斟句酌地仔细研究，反复推敲呢？诉讼时！连签合同时都没有这样认真过。

因此，签订合同时也要有证据意识。比如：

（1）约定双方就合作进行沟通的具体方式，如为邮件方式则写清邮件地址，这样一方发送订单、样稿、规格标准、进行确认等内容时就会为将来可能发生的纠纷准备书面文本，不会因为是公共邮箱而无法证明属于对方所有。

（2）约定双方的地址等具体联系方式，并约定“如有变化应当书面告知对方，否则对方以原地址发出后视为收到”，避免无法证明已经通知送达。

（3）约定卖方送货后的验收期限，约定“验收期届满，如一方未提异议，视为合格”。

（4）如在签约时一方已经付款、交货，完成一定工作，则直接将相关事项在合同里进行确认，起到类似收条、签收单的效果。

总结以上案例内容，其实纠纷发生的共同原因是：合同的约定没有妥善排除合作中的不确定性，这种不确定性会演化为双方的分歧，导致纠纷发生；这种不确定性会滋生双方认识上的差异，对诉讼的结果产生不同判断，并因此诱发诉讼。

发生纠纷是经济运行中出现的故障和病变，会使合同目的搁浅落空。诉诸法院，更是一种成本高昂代价极大的解决方式，可能会使双赢的合作变成双输。因此，签订合同时，必须抱有足够的谨慎和重视，努力避免纠纷和诉讼的发生。

第四节 签约时，签字盖章要注意什么坑？

前段时间打个官司，客户辛辛苦苦搬了 3 年砖，结果对方不给钱。最后一起诉，章是私刻的。而送货单上签字的人，也不是公司的员工。

费了九牛二虎之力，才证明签字人是公司间接雇用的人。

签字盖章不谨慎，3 年差点白忙活。

1. 签字同时需要再摁手印吗

按照法律规定和民商事惯例，签署合同不需要摁指印。当然摁上了也不碍事，并且如果摁了手印，可以不必签字，视同签字。

《中华人民共和国民法典》

第四百九十条　当事人采用合同书形式订立合同的，自当事人均签名、盖章或者按指印时合同成立。在签名、盖章或者按指印之前，当事人一方已经履行主要义务，对方接受时，该合同成立。

但是作者仍然建议您，重要合同还是摁个指印比较保险。

签字还不保险吗？是的。

本律师代理过的一起案件，当事人 4 人加一位见证人，酒席间轮流签字，签好一件合同，各存一份。事后其中一位违约，其他 3 位就起诉。照理白纸黑字规定很清楚，官司没什么好打的。但是出乎意料的是，被告主张合同是伪造的，自己没有在这些合同上签过字，并且当庭申请鉴定。作者很是疑惑，庭后跟 3 位当事人核实，所谓 5 人一起吃饭当场签约，是不是记忆误差。3 位都说事实确凿，并且细节清晰，互相印证。但是这个案子被告又没有什么理由以鉴定来拖时间。律师推敲再三，不得其解。后来鉴定结果出来，结论是检材太少，无法鉴定。鉴定人员解释说，合同上签名字迹笔画太少且很潦草，因此无法判断。

作者代理的另一个案子，也涉及笔迹鉴定，鉴定结论是非本人签署，这个跟作者依据经验形成的判断相悖，就要求鉴定人员出庭说明，结果鉴定人员解释他的判断依据是所谓笔画顺序、笔画相对位置、用力程度等非常表面的特征。这跟老百姓说的“看着不像”有什么本质区别啊。大家知道，做笔迹鉴定时，需要提供本人亲笔签字做比对样品，当然会有很多有心机的人刻意变化书写习惯。作者自此对笔迹鉴定产生了深深的怀疑，甚至觉得很多社会规则的运行只是建立在一个普遍的想象之上，并没有坚实的基础。

还有一个神奇的案例，被告在一份文件上签了一个很潦草的花式签名，事后推翻，说自己签的是“不同意”三个字，仔细辨认，还真是。

所以说，为防万一，咱们签署的重要合同还是摁个指印比较保险，鉴定技术的可靠程度不好说，再摁个手印，让对方彻底死了这条心。

2. 盖章同时需要再签字吗

是的，强烈建议。因为假章太多了。

作者知道的一个案例，3 年来公司用的都是假章。为啥呢？真章弄丢了。丢章的是总经理。总经理嫌烦，也怕同僚责怪，就地刻了个假章，既没有公告作废，也没有声张，就当没事发生过，然后居然也没闹出什么事情来。

也有单位两个章，总部一个，分公司一个，方便！或者工商备案一个，故意私刻一个。不想诚实履行的合同，就盖那个假的。

那么，怎么预防呢？

要求对方盖章同时，必须签字，并且签字人最好是公司的高管以上，法定代表人更好，并且保留其身份证复印件。当然了，如果再摁个手印，就双保险了。

因为如果章是假章，但是有签字，而签字人又是公司法定代表人或高管，起码是公司在职员工，那么可以构成表见代理，我们有理由相信这个章是真章，换句话说，即使章是假的，也不影响合同效力。

以下规定，供大家研读参考。

《中华人民共和国民法典》

第一百七十一条　行为人没有代理权、超越代理权或者代理权终止后，仍然实施代理行为，未经被代理人追认的，对被代理人不发生效力。

《全国法院民商事审判工作会议纪要》

41.【盖章行为的法律效力】司法实践中，有些公司有意刻制两套甚至多套公章，有的法定代表人或者代理人甚至私刻公章，订立合同时恶意加盖非备案的公章或者假公章，发生纠纷后法人以加盖的是假公章为由否定合同效力的情形并不鲜见。人民法院在审理案件时，应当主要审查签约人于盖章之时有无代表权或者代理权，从而根据代表或者代理的相关规则来确定合同的效力。

法定代表人或者其授权之人在合同上加盖法人公章的行为，表明其是以法人名义签订合同，除《公司法》第16条等法律对其职权有特别规定的情形外，应当由法人承担相应的法律后果。法人以法定代表人事后已无代表权、加盖的是假章、所盖之章与备案公章不一致等为由否定合同效力的，人民法院不予支持。

代理人以被代理人名义签订合同，要取得合法授权。代理人取得合法授权后，以被代理人名义签订的合同，应当由被代理人承担责任。被代理人以代理人事后已无代理权、加盖的是假章、所盖之章与备案公章不一致等为由否定合同效力的，人民法院不予支持。

第五节 签约时应注意什么税务问题?

以下最高法院公报案例认为，我国税收管理方面的法律、法规对于各种税收的征收均明确规定了纳税义务人，但是并未禁止纳税义务人与合同相对人约定由合同相对人或者第三人缴纳税款，即对于实际由谁缴纳税款并未作出强制性或禁止性规定。因此，当事人在合同中约定由纳税义务人以外的人承担转让土地使用权税费的，并不违反相关法律、法规的强制性规定，应认定为合法有效。

相关案例参考

山西嘉和泰房地产开发有限公司与太原重型机械(集团)有限公司土地使用权转让合同纠纷案

最高法院认为，虽然我国税收管理方面的法律法规对于各种税收的征收均明确规定了纳税义务人，但是并未禁止纳税义务人与合同相对人约定由合同相对人或第三人缴纳税款。税法对于税种、税率、税额的规定是强制性的，而对于实际由谁缴纳税款没有作出强制性或禁止性规定。故《补充协议》关于税费负担的约定并不违反税收管理方面的法律法规的规定，属合法有效协议。嘉和泰公司关于《协议书》签订时，所转让的土地属划拨地，太重公司就税费负担的约定违反税法的强制性规定，均属无效协议的主张，没有法律依据，不予支持。

案例索引：摘自《中华人民共和国最高人民法院公报》2008 年第 3 期。

大家知道，在一个有政府存在的商业环境中(这是没法逃避的)，任何交易都涉及税负的问题，交易一定要考虑税负承担，并且进行明确约定。包括几个方面的问题：

(1) 货款或服务的价格是含税价还是未税价。如未明确约定，则推定为含税价。因为销货方收款同时开具发票，本是合同的附随义务，不是有约定开票才需要开票。开票义务属于销货方，纳税义务也属于销货方，销货方不能默认将纳税义务转嫁给购货方。

(2) 签署合同及履行时应当考虑代扣代缴义务。在有些关系中，纳税义务人是一方，而另一方负责代扣代缴。比如劳动关系中，劳动者缴纳个人所得税，但单位负责代扣代缴。比如转让股权，所得税纳税义务人为出让方，但扣缴义务人是支付所得的一方，即受让方。如未按期代扣代缴，税务机关有权责令缴纳，加收万分之五每日的滞纳金。应扣未扣的，税务局可以处以应收税款 50%至 3 倍的罚款。

《中华人民共和国税收征收管理法》

第三十二条　纳税人未按照规定期限缴纳税款的，扣缴义务人未按照规定期限解缴税款的，税务机关除责令限期缴纳外，从滞纳税款之日起，按日加收滞纳税款万分之五的滞纳金。

第六十九条　扣缴义务人应扣未扣、应收而不收税款的，由税务机关向纳税人追缴税款，对扣缴义务人处应扣未扣、应收未收税款百分之五十以上三倍以下的罚款。

(3) 设计交易架构时应当考虑和核算税负成本。任何交易都涉及税负问题，而不同的交易结构的税负成本是不同的。必须核算在不同交易结构下的税负成本总额的差异。律师执业过程中偶尔会碰到这样的问题，一个看似完美的交易，核算税负成本后发现实际上是不可履行的。如果签署合同之后才发现这一问题就很悲剧，因为税负分担的不平衡，很可能就是否继续履行发生纠纷。

第六节　控制坏账的 15 个要点

一笔坏账十笔补。坏账吃掉的，不是营业额，而是净利润。我朋友经营一个企业 4 年，风生水起，结果被一笔坏账拖垮倒闭。很多企业主，用九分努力开拓业务，却用一分努力控制风险，吃亏是迟早的事。

坏账原因有哪些？不外三个，第一，发生纠纷后，我方无法证明债权而败诉；第二，债务人实力不济，无力还款或破产；第三，债务人有资产但找不到财产线索，无法强制执行。针对以上三个原因，总结控制坏账的三方面共 15 个要点如下。

一、如何避免败诉

(1) 业务合作的过程，也是保存凭证的过程。债权产生时，必须有书面资料的记载，增加业务合作中的书面往来。一切口头承认在诉讼时都等于 0。

(2) 催讨债务的过程，也是补充凭证的过程。要在关系恶化前，以对账表、还款协议等形式固定债权债务关系。催款的重要目的是为将来的诉讼做准备。

(3) 要注意证据形式的问题，公章、合同章、财务章盖章，或法人代表、被授权人签字是最有效的证据；公司高管、经办人签字是较优质的证据，而录音、短信、EMAIL、传真、复印、证人证言证明效力依次下降，需要以多取胜，风险大增。盖章最好要求同时签名，以防范假公章。

（4）收账发生异常，及早知会律师或法务协同处理。诉讼取胜的关键在诉讼前，不在诉讼中。

（5）呆账注意3年诉讼时效问题，应在届满3年内进行催讨，并保留催讨的书面证据。

二、如何避免履行失败

（1）债权到期后，制度性地定期催讨，持续保持对债务人的压力。拖款愈久，风险愈大，成功率越低。

（2）决不姑息拖款行为，拖款后立即采取合理而激烈的反应。最宽容的债主最后才得到偿付。

（3）要求每一个与债务人接触的员工有义务了解债务人的最新状况和异常动向，鼓励与债务人的财务等人员建立私交以获取即时信息。

（4）要求业务人员定期汇报客户状况。

（5）得知债务人财务恶化时采取断然措施，以物抵债、取回发货、折价支付、冻结账户等。

（6）初始合作时建立对债务人实力信息、财产信息的收集、评估、存档制度，对实力较小的债务人加强信用额度控制和异常情况的监控。

（7）对方实力小、风险大的合作争取设置抵押或保证人担保。

三、如何避免债权执行失败

（1）合作中注意收集债务人的财产信息，如固定资产、对外投资、车辆、银行账号、仓库地址等。

（2）诉讼前进行财产保全（实力较强无逃废债务可能的除外），查封扣押财产、冻结账号，以防判决前债务人转移资产或关闭。

（3）对往返不便、司法环境不良的边远省份的债务人，除签约时约定本地管辖外，还应在履约中加强风险控制，降低授信额度、缩短账期。

以上三方面的控制，在具体实施中需要形成制度，落实到文本和流程，责任到人，才能产生实际效果。

第七节 防范合同风险的25项提示[①]

一、订立合同时的注意事项

1. 无合同不交易

经济形势变化导致部分企业不能正常履约时，少数企业会利用企业之间合同手续上的欠缺逃避违约责任。完备的书面合同对于保证交易安全乃至维系与客户之间的长久关系十分重要。建议您尽可能与客户签署一式多份的书面合同，保持多份合同内容的完全一致并妥善保存。

2. 有动作必留痕

妥善保管对于证明双方之间合同具体内容具有证明力的下述资料：与合同签订和履行相关的发票、送货凭证、汇款凭证、验收记录，在磋商和履行过程中形成的电子邮件、传真、信函等资料。在合同履行过程中双方变更合作约定，包括数量、价款、交货、付款期限的，也要留下书面凭证。

3. 慎用善用公章

建议您完善有关公章保管、使用的制度，杜绝盗盖偷盖等可能严重危及企业利益的行为。在签署多页合同时加盖骑缝章并紧邻合同书最末一行文字签字盖章（章上添字可以鉴定出来），防止少数缺乏商业道德的客户采取换页、添加等方法改变合同内容侵害您的权益。

4. 慎用授权文书

企业业务人员对外签约时需要授权。建议您在有关介绍信、授权委托书、合同等文件上尽可能明确详细地列举授权范围，以避免不必要的争议。业务完成后建议您尽快收回尚未使用的介绍信、授权委托书、合同等文件。

---

① 该部分内容由作者整理自江苏高院报告，为方便阅读，做了一些归纳、解释和删节，这部分内容是作者从司法实践出发，以法官视角、裁判者的角度来理解相关问题并整理出来的，有很强的指导价值。

5. 离职通知相关客户

企业业务人员离开您的企业后，建议您在与其办理交接手续的同时，向该业务人员负责联系的客户发送书面通知，告知客户业务人员离职情况，以免被适用表见代理规则（客户有理由相信员工可以代表您公司，从而需要对离职员工行为负责）。

6. 撤销问题合同注意时效

如果您认为客户在与您签署合同过程中存在欺诈、胁迫行为的，或者您事后发现签署合同时对合同内容有重大误解，或者您认为合同权利义务安排显失公平的，您可以请求法院撤销合同。但是务必自知道或者应当知道撤销事由之日起一年内行使撤销权，否则您将失去请求法院撤销合同的权利。当然，您在撤销权行使期限内提出的请求是否能得到法院支持还将取决于您所举证据是否充分。

7. 注意定金条款

您在签订合同时可能为了确保合同履行而要求对方交付定金，由于“定金”具有特定法律含义，请您务必注明“定金”字样。您如果使用了“订金”“保证金”等字样并且在合同中没有明确表述一旦对方违约将不予返还、一旦己方违约将双倍返还的内容，则不具有定金效力，法院将无法将其作为定金看待。

8. 保证条款要明确

如果您的业务需要对方提供保证担保的，在与相关客户签署保证合同时请务必表述由保证人为债务的履行提供保证担保的明确意思，避免使用由对方“负责解决”“负责协调”等含义模糊的表述，否则法院将无法认定保证合同成立。

9. 注意保证性质

您也可能为了业务需要向他人提供保证担保。无论您是债权人还是保证人，建议您在签署保证合同时写明保证期间起止点。如果没有明确约定，法律将视保证期间为主债务履行期届满之日起六个月。虽然选择“连带保证”还是“一般保证”取决于您与客户之间的谈判磋商，但保证合同中务必写明“连带保证”或者“一般保证”字样。如果没有明确约定，法院将认为是一般保证。

10. 注意保证时效

如果您是债权人，采取“一般保证”方式的保证合同所担保的债务到期后没有偿还的，请务必在保证期间内向债务人和保证人提起诉讼或者仲裁。采取“连带保证"方式的保证合同担保的债务到期后没有偿还的，请务必在保证期间内以可以证明的有效方式向保证人明确要求其立即履行担保义务。如果您没有在保证期间内行使您的权利，保证人将免除对您的担保责任。

11. 抵押经登记才有效

如果您的业务需要对方提供抵押担保的，建议您在签署抵押合同时立即与您的客户到有关登记机关办理登记手续。仅有抵押合同而没有办理登记手续将可能使您的权益丧失实现的基础。不必要的拖延和耽搁将可能使您的权利劣后于在您之前办理登记手续的其他企业。如果您的客户在签署抵押合同后拖延、拒绝协助您办理抵押登记手续的，建议您尽快向法院起诉请求法院帮助您强制办理登记手续。

12. 质押要转移占有

如果您的业务需要对方提供质押担保的，建议您在签署合同时立即与您的客户办理质押担保物或者权利凭证的交接手续。仅仅签署质押合同而没有实际占有质押物的，法院将无法保护您实现质押权的请求。

二、合同履行过程中的注意事项

1. 企业换人不影响合同

企业和客户之间订立的合同如果不存在违反法律、行政法规的强制性规定、违背公序良俗等情形，即为受法律保护的有效合同，双方有义务严格遵循约定，全面履行合同。无论是单位改变名称、企业股权易手，还是法定代表人、负责人、经办人变更，都不能成为不履行合同的理由，这也是维系您和企业商业信誉的重要保证。

2. 市场变化，解约须慎重

经济形势的变化往往导致货物市场价格发生剧烈波动。建议您不要轻易选择主动违约、解除合同或者提起诉讼等方式解决，与您的客户平等协商、寻找双方都能接受的解决方案更加有利于减少损失。即便是在诉讼程序之中，接受法院主持下的调解将也更加有助于企业利益的保护。不主动寻求和解，一味等待裁决不一定最符合您的利益。

3. 付款方式须可靠

当您在确定付款方式时，无论您是付款方还是收款方，除了金额较小的交易外，请尽量通过银行结算，现金结算涉及经办人签收，签收效力上可能会给您带来不必要的麻烦。

4．验收异议及时提

购进货物是企业经营的日常业务，请您注意及时验收货物，发现货物不符合合同约定的，请务必在合同约定的期限内尽快以书面方式向对方明确提出异议。不必要的拖延耽搁，将可能被推定为合格，导致您丧失索赔权。

5．商业秘密要保护

您在磋商、履行合同过程中，经常不可避免地接触到交易伙伴的商业信息甚至是商业秘密，请在磋商、履行合同乃至履行完毕后务必不要泄露或者使用这些信息，否则将可能承担相应责任。

6．合理行使不安抗辩权

在合同履行过程中，如果您有确切证据证明对方经营状况严重恶化、转移财产或者抽逃资金以逃避债务、丧失商业信誉、有丧失或者可能丧失履行债务能力的其他情形的，您可以及时通知对方中止履行您依照合同约定应当先履行的义务，等待对方提供适当担保。中止履行后，对方在合理期限内未恢复履行能力并且未提供适当担保的，您可以解除合同。不可直接解除合同或拒绝履行，否则将承担违约责任。

7．解除异议及时提

一旦您的客户通知您解除合同而您对此存在异议，如果合同中约定了异议期限，请您务必在约定期限内向对方以书面方式提出。您如果在约定期限届满后才提出异议并向法院起诉，法院将无法支持。

8．对方违约也须及时止损

如果您的客户违约，不管是什么理由，您都应该及时采取措施，防止损失扩大，由此产生的合理费用将由违约方承担。如果您消极对待、放任损失的扩大，对于扩大的损失法院将无法予以保护、要求违约方赔偿。

9．诉讼时效内必须有动作

客户拖欠货款现象在企业经营过程中时有发生，请您注意法律关于诉讼时效的规定，向法院请求保护民事权利的诉讼时效期间一般为三年。您也可能出于维系与客户关系等因素不愿意在三年内采取提起诉讼、仲裁等激烈措施，为了保护您的权利不至于因为时间流逝而丧失，您可以在诉讼时效期间届满前以向对方发送信件或者数据电文等可以证明您主张权利的有效方式进行处理。您的信件中务必要有催请尽快支付拖欠货款的内容。

三、涉外贸易交往中应注意的事项

1. 关注相关国家风险状况

在选择交易对象时，建议您要认真分析研究相关国家风险状况，比如中国出口信用保险公司最新发布的《国家风险分析报告》，适时追踪贸易相关国家或地区的风险水平，尽量不要与高风险国家交易对象发生业务往来。

2. 妥善使用贸易术语

在签订国际货物买卖合同时，建议您要注意选用恰当的贸易术语，进口货物宜选用 FCA 或 FOB，出口货物宜选用 CIF 或 CIP。

3. 选择适用中国法律

在选择法律适用时，为防止法律风险的不可预知性，建议您尽量选择适用我国法律或我国参加的国际条约。

4. 选择适当结算方式

在选择进口业务结算方式时，要注意结算风险的控制。建议您一般应选用信用证(L/C)方式，但尽量不要选用风险较高的可转让或可撤销信用证；对于客户信用等级较高的，可以选用跟单托收(D/P)的方式；客户的信用等级非常高的，可以选用汇票托收(D/A)或是汇付(T/T)方式。在出口业务中选择信用证(L/C)方式结算的，要注意防止信用证欺诈的发生，如存在伪造单据、以次充好或故意交付无价值货物等情形的，建议您及时向人民法院申请止付令，以防损失产生。

第八节 公司被告了，不签文书、不去开庭行吗？

被告了，我该怎么办？

人这一生啊，很像竹子是不是？被各种通知书分成一截一截的。比方说，入学通知书、录取通知书、录用通知书、解雇通知书，还比方，开庭通知书。

有些让人惊喜，有些让人惊慌。

下面咱们来说说接到了开庭通知书后，该怎么办。

不签文书、不去开庭行吗?

有些单位面对诉讼,采取鸵鸟政策,就当世界上什么也没有发生。或者可以叫“三不政策”,不签收,不答复,不出庭。什么也不做。

这种做法可行吗?可行!在官司百分百必输无疑的情况下。

反正不管做什么,结果都一样,那就索性什么也不做。

可是,你不找专家把把脉,你不去出庭搞清楚状况,你怎么知道官司必输无疑呢?举个例子,即使一个天经地义欠债还钱的纠纷,原告也可能眼巴巴地败诉,比如出现以下情形之一:

(1)过了诉讼时效。

(2)证据原件缺失(关键证据只有复印件的,法院很难支持)。

(3)主张的法律关系错误(借款按照投资款主张)。

(4)诉讼主体错误(打钱的人跟原告不是同一人)。

(5)双方往来关系复杂、账务不清,等等。

即使什么情况都没有,出庭应诉还可以有个调解机会。原告没准出于尽快回款、减少讼累的目的而让步打折。

所以,官司上门了,三不原则不可取。打官司就像踢足球。足球是圆的,什么都可能发生。诉讼也是一样,不确定性常有。意外也是经常发生的。

另外,即使你不签字,也可以公告送达;即使你不出庭,也可以缺席判决。请相信,我们国家的司法系统,不会在这个问题上拿你没办法的。

《中华人民共和国民事诉讼法》(2017 年修正)

第九十二条　受送达人下落不明,或者用本节规定的其他方式无法送达的,公告送达。自发出公告之日起,经过六十日,即视为送达。

公告送达,应当在案卷中记明原因和经过。

第一百四十四条　被告经传票传唤,无正当理由拒不到庭的,或者未经法庭许可中途退庭的,可以缺席判决。

当然,如果你就想用公告送达多拖个 60 天,那也行。咱就不签。可是想拖时间有的是办法,管辖异议、延期举证、鉴定、评估、回避、上诉,等等,有的是办法拖,不在乎这 60 天。

缺席判决的效果,相当于你出了庭,但是一个字没说,一份证据没交,完全没有抗辩。即使对方现场惊现巨大漏洞，你也得错过。可惜。

第九节 被起诉后输了官司，不管行吗？

2019年7月14日，中央全面依法治国委员会下发了第一号文件——《关于加强综合治理从源头切实解决执行难问题的意见》（中法委发〔2019〕1号），部署解决执行问题。而这个“中央全面依法治国委员会”，主任就是习近平总书记。

可见执行问题，不仅仅是司法操作层面的事，也关系到顶层设计。

这几年，国家一直在加强司法执行力度，疏通法律运行的堰塞湖。从限制高消费到限制消费、从失信被执行人到联合惩戒黑名单，最近还开始研究个人破产制度。而且各地方还有各种花式创新，比如对失信被执行人在闹市广场的大屏幕滚动播放、手机彩铃的老赖提醒、高速上的电子眼监控识别，等等。可以这么说，执行的紧箍咒越来越紧了。

老赖败诉后有钱而不执行，可能会面临窘境，生产生活都会受到严重影响。

咱们具体说说执行程序，判决书生效后，原告方可以向法院申请强制执行，然后法院会通知你限期履行，并提供财产清单。如未履行，全国任一银行有存款的，可以直接划转；有设备房屋车辆等资产的，司法拍卖，有些地方法院在淘宝上拍，人气很旺，效果喜人。执行同时，还会限制你非生产生活必要的消费（不仅仅是高消费），提供财产不实或有能力履行拒不履行的，列入失信被执行人名单。

具体限制哪些消费呢，咱们看法条的列举。

《最高人民法院关于限制被执行人高消费及有关消费的若干规定》（2015年修正）

第三条　被执行人为自然人的，被采取限制消费措施后，不得有以下高消费及非生活和工作必需的消费行为：

（一）乘坐交通工具时，选择飞机、列车软卧、轮船二等以上舱位；

（二）在星级以上宾馆、酒店、夜总会、高尔夫球场等场所进行高消费；

（三）购买不动产或者新建、扩建、高档装修房屋；

（四）租赁高档写字楼、宾馆、公寓等场所办公；

（五）购买非经营必需车辆；

（六）旅游、度假；

（七）子女就读高收费私立学校；

（八）支付高额保费购买保险理财产品；

（九）乘坐G字头动车组列车全部座位、其他动车组列车一等以上（注：法律规定的以上以下，都包含本数）座位等其他非生活和工作必需的消费行为。

被执行人为单位的，被采取限制消费措施后，被执行人及其法定代表人、主要负责人、影响债务履行的直接责任人员、实际控制人不得实施前款规定的行为。因私消费以个人财产实施前款规定行为的，可以向执行法院提出申请。执行法院审查属实的，应予准许。

这里特别提示，对单位也可以限制消费，限制消费后，被执行人的法定代表人、主要负责人、影响债务履行的直接责任人员、实际控制人不得实施上面的消费行为。因私消费，需要向法院申请。

如果被执行人或其法定代表人等违反了前面的限制消费规定，后果如何呢？

拘留、罚款，严重的判刑。

《最高人民法院关于限制被执行人高消费及有关消费的若干规定》（2015年修正）

第十一条　被执行人违反限制消费令进行消费的行为属于拒不履行人民法院已经发生法律效力的判决、裁定的行为，经查证属实的，依照《中华人民共和国民事诉讼法》第一百一十一条的规定，予以拘留、罚款；情节严重，构成犯罪的，追究其刑事责任。

《中华人民共和国刑法》

第三百一十三条　【拒不执行判决、裁定罪】对人民法院的判决、裁定有能力执行而拒不执行，情节严重的，处三年以下有期徒刑、拘役或者罚金；情节特别严重的，处三年以上七年以下有期徒刑，并处罚金。

单位犯前款罪的，对单位判处罚金，并对其直接负责的主管人员和其他直接责任人员，依照前款的规定处罚。

可以说，执行高压之下，可能生活在农村足不出户的低保老人，可以不受影响，其他人，尤其有钱人，还是很受影响的。

所以，与其败诉后逃避执行，不如现在认真应对。

第十节 公司起诉或应诉，谁可以出庭？

企业起诉他人或被告了，谁可以出庭应诉呢？有四类人。

（1）法定代表人，属于单位纠纷中的当事人，委托书都不需要，可以直接上。

（2）单位员工，需要提供社保缴费证明等材料说明劳动关系，排除冒充员工的无证执业者。

（3）律师。

（4）持执业证的基层法律工作者，需要提供诉讼当事人一方注册于执业者所在机构辖区内的证明材料。

法律上另外规定了一类——所在社区、社会团体推荐的人——可以作为诉讼代理人，规定很苛刻，实践中很罕见，不提。

《中华人民共和国民事诉讼法》（2017 年修正）

第四十八条　公民、法人和其他组织可以作为民事诉讼的当事人。

法人由其法定代表人进行诉讼。其他组织由其主要负责人进行诉讼。

第五十八条　当事人、法定代理人可以委托一至二人作为诉讼代理人。

下列人员可以被委托为诉讼代理人：

（一）律师、基层法律服务工作者；

（二）当事人的近亲属或者工作人员；

（三）当事人所在社区、单位以及有关社会团体推荐的公民。

《最高人民法院关于适用〈中华人民共和国民事诉讼法〉的解释》

第八十八条　诉讼代理人除根据民事诉讼法第五十九条规定提交授权委托书外，还应当按照下列规定向人民法院提交相关材料：

（一）律师应当提交律师执业证、律师事务所证明材料；

（二）基层法律服务工作者应当提交法律服务工作者执业证、基层法律服务所出具的介绍信以及当事人一方位于本辖区内的证明材料；

（四）当事人的工作人员应当提交身份证件和与当事人有合法劳动人事关系的证明材料。

个人被告了，谁可以出庭应诉呢？也是四类人：自己、律师、持执业证的基层法律工作者、近亲属。这里的近亲属，指夫妻、直系血亲、三代以内旁系血亲等，并且需要提供证据证明。

《最高人民法院关于适用〈中华人民共和国民事诉讼法〉的解释》

第八十五条　根据民事诉讼法第五十八条第二款第二项规定，与当事人有夫妻、直系血亲、三代以内旁系血亲、近姻亲关系以及其他有抚养、赡养关系的亲属，可以当事人近亲属的名义作为诉讼代理人。

除了以上列举外，其他人没有资格出庭应诉。

第十一节　公司被告了，该不该请律师？

一个社会的法制越健全，关于律师的负面段子越多。一是律师太活跃了，二是律师太贵了。

律师收费那么贵，理由是什么？到底为当事人提供了什么？

其实无非三项：(1)时间；(2)专业；(3)技能。

一、时间

所谓时间，就是这个案子当事人自己也能去，但是总要花时间。当事人付费就是为了购买他人的时间。只是，同样一个案子，律师花的时间要比当事人少，律师更高效，存在比较优势。

什么原因呢？我们可以称为行业背景，也就是知道“大门朝哪开”。

举个例子，比如说，一件事情要跟法官沟通，你可能几十个电话都找不到法官，但是律师知道什么时候电话能打通，知道还可以用 12368 平台呼叫；比如说，去立案，有些法院的立案庭并不在法院本部，例如上海的徐汇区人民法院、普陀区人民法院，不知道就要走冤枉路。这些信息，完全算不上什么专业，也不是知识，但是能让你少花时间。

二、专业

当事人花钱还购买了什么？购买了专业。诉讼是个规则系统，其中包含了很多的专业知识。继续举例：

（1）诉讼规则。

比如立案程序、庭审程序、回避、管辖、开庭和举证延期、举证和证据交换、鉴定、上诉、再审、证据保全、调查令、财产保全、先予执行、刑民交叉等规则，这是要处理一个案子，还没有打开档案袋，就需要先了解掌握的东西。

（2）法律规定。

任何一个案件都涉及相关的法律规定。法律是统治阶级意志的体现，也是社会情理的总结。但是还是有很多法律规则超出了普通老百姓朴素的观念和想象。

比如说时效，超过时效，再有理也得败诉。以前劳动纠纷的仲裁时效是 2 个月，后来改为一年，以前民事纠纷的时效是 2 年，后来改成 3 年。时效曾经短到让老百姓诧异，引起很多问题和不公，然后做了调整。

比如说不签劳动合同支付双倍工资，也是让很多企业主觉得委屈的规定，单位鼓励信任文化，一分钱工资没少付，一分社保没少交，怎么不签合同要罚付双倍工资？

比如说大额借条无支付凭证法院不支持。如果你借给对方 50 万元，但是没有银行转账凭证，而是现金交付，大概率法院不会支持你，认为借条不作数，也能把一部分人冤枉死。

比如说，你起诉要求确认股东资格，照理这是你跟股东之间的事，但你必须告公司，而不是把其他股东作为被告，否则法院就会驳回你。

比如说，法院要求你选择案由是侵权还是违约，然后选择对了案子就能赢，选择错了案子就得输，这个也是让普通当事人无法理解的事情。

总体来说，法律规定需要在所有合理的价值取向里做一个选择，这就会牺牲别的价值；需要在所有合理但冲突的利益诉求里做一个选择，这就会牺牲某一方利益；法律作为一个普适规则，需要追求普遍性的公正，这就会牺牲某个个案公正。

总之，法律作为一个规则系统，真不是没有专业背景的普通老百姓可以驾驭的。

三、技能

同样的案情，为什么有的律师可以打赢，而有的律师会输呢？输赢的分界线在哪里？

这个我们要从判决书的生成说起。诉讼最终是由法官判决的，法官也需要按照规则判案。法官判决一个案件的输赢，依据是什么呢？

是事实、法律、情理。

这里的每一样，都是律师的舞台。

1．事实

其实法官不可能看到事实，法官看到的事实，只是客观事实在事后留下的片段和痕迹。而这些片段和痕迹都是人为制作、人为提供，而且是双方有取舍地提供的。

也就是说，菜是法官炒的，但并不是想炒什么炒什么，因为料是律师配的。

律师提供了番茄和蛋，不出意外的话，法官会炒出番茄炒蛋。

律师的功夫，是要知道，怎么构建事实梗概；什么是关键事实，什么是次要事实，需要提供什么证据来证明一个关键事实，要给法官提供什么证据；然后要怎么清晰呈现、有效说明。要怎么化繁为简，不要在细枝末节上纠缠，模糊重点。

诸如此类，不一而足。

2．法律

我们知道几乎每一个宗教都有不同分支、教派，佛教的禅、律、净、密等各宗，伊斯兰教的逊尼派和什叶派，等等，同一部经书，可以有不同理解。法律也是一样，语言和思维面对纷繁复杂的现实世界，还是有点捉襟见肘的。所以面对一个具体事件，应该适用哪一条法律，怎么理解法律，都值得推敲，很费思量。律师推敲得有理有据，就是帮了法官的忙，可以有效影响法官，让法官认同你的。

3．情理

举个例子，单位把一个违章操作的员工开除了，这就主要不是一个法律问题，法律规定的末梢到严重违纪为止，但什么才算严重违纪，法律没有明确，鞭长莫及。这是一个情理问题。

你可以说单位小题大做，罚大于过，任性解雇，侵犯了员工劳动就业的权利；你也可以说单位防微杜渐，严厉处罚才能有效预防工伤，其实是对员工生命健康的敬畏和爱护，有利于构建和谐劳动关系。

两方面的理由都有道理，就看谁说得更打动人。

律师在这些方面的功夫，是在长期的办案经验、教训上总结、反思、提高、训练得来的，匠人的匠心，并不是一眼就能看得出来、学得会的。

回到上面的问题，该不该请律师，我的建议是：

如果你觉得案子过于简单，杀鸡焉用牛刀，而且你的时间成本不高，那就自己来。但是确实会很费劲、很费时间。律师一天能搞定的事，你可能得三天。但是你觉得三天的成本还是划算的，那就自己上。

不过呢，几乎没有一件案子是“过于简单”的，如果“过于简单”到必输或必赢，其实这个官司十有八九打不起来。绝大多数案件，还是建议聘请专业人士，你回想一下你第一次骑自行车，第一天上班，你就知道你是怎么把一件简单的事情搞砸的了。

有了官司自己打，这就像出了故障自己修车，生了病自己吃药，甚至自己开刀动手术一样。那些自作聪明又一知半解的人经常犯这样的错误，然后把自己坑死。

第十二节 公司被告了，应诉要注意什么？

碰上了官司，也有人经过各种权衡，决定不请律师了，自己搞。

但是还是想咨询下律师，自己出庭有什么需要注意的呢？

好吧，律师没法指导你怎么打赢官司，只能指导你怎么去应诉，几个要点如下。

一、注意举证通知书

收到开庭传票同时或之前，你会收到一份举证通知书，有的写明举证期限在开庭前，有的直接写了几月几日，你要注意在这个截止日期前把证据整理好，寄出去。逾期提交的，法院可能会拒绝采纳该证据。

《最高人民法院关于适用〈中华人民共和国民事诉讼法〉的解释》

第一百零二条　当事人因故意或者重大过失逾期提供的证据，人民法院不予采纳。但该证据与案件基本事实有关的，人民法院应当采纳，并依照民事诉讼法第六十五条、第一百一十五条第一款的规定予以训诫、罚款。

当事人非因故意或者重大过失逾期提供的证据，人民法院应当采纳，并对当事人予以训诫。

二、整理证据清单

你提交的证据，一定要按照逻辑顺序整理出一份证据清单，编好号，标好页码，写好名称，写好要证明的内容。这件事情很重要。

为什么重要呢？

因为你的案子在你眼里是头等大事，可是法官面前摊着几十个这样的案子。法官经常每年要审理 200 多案件，几乎一个工作日一件。所以法官在你的案子里只能分配有限的时间。

谁能更清晰有效地说明己方的事实和观点，谁就能占据法官大脑里安排给这个案子的有限内存。你要争取让你讲的事实和观点，成为法官想到这个案子时的第一个闪现的念头。

证据清单，就是把你的证据，给法官做了一个索引，省得法官看完证据再费心思总结提炼。你可以把法官想象成一位证据消费者，适合懒人用的傻瓜式产品总是受欢迎的。

三、注意证据形式

你所提交的证据，要按照被告人数提供复印件，并且另外复印一份给法院。但是庭审时，书证必须提供原件；如果是录音录像，应当提供可以现场播放的设备；如果是微信短信聊天记录，还应当将手机带上，供现场展示核实；如果是邮件往来，还应该带上笔记本电脑，用于展示；如果是非常重要的证据，还应当提前对微信、邮件、网页页面进行证据公证，增强效力。如果己方有证人出庭作证，应当在举证期限届满前提出申请。证人如果没有出庭作证，只写了证人证言，效力约等于0。

《最高人民法院关于适用〈中华人民共和国民事诉讼法〉的解释》

第一百一十七条　当事人申请证人出庭作证的，应当在举证期限届满前提出。

四、掌握法律规定

这个对亲自操刀上庭的门外汉来说，也是一个很有挑战的事情，咱们就拿最简单的欠债还钱来说，就有很多规则不是你根据常情常理就能想得到的，举几个例子：

(1) 你手里有借条就够了吗?

(2) 被告毫无保留地承认欠款，法院就一定会判决还款吗?

(3) 第三人在借据上签了字，会承担担保责任吗?

(4) 没有约定利息，还能算利息吗?

(5) 借款后数年未还，肯定已过诉讼时效了吗?

好了，咱们下面揭晓答案。值得说明的是，这里的答案不是确定不变的，也要看具体案情：

(1) 你手里有借条就够了吗?

小额借款，可以凭借条认定，大额借条需要综合认定，要有转账凭证等证据佐证。

《最高人民法院关于审理民间借贷案件适用法律若干问题的规定》

第十五条　原告仅依据借据、收据、欠条等债权凭证提起民间借贷诉讼，……被告抗辩借贷行为尚未实际发生并能作出合理说明的，人民法院应当结合借贷金额、款项交付、当事人的经济能力、当地或者当事人之间的交易方式、交易习惯、当事人财产变动情况以及证人证言等事实和因素，综合判断查证借贷事实是否发生。

(2) 被告毫无保留地承认欠款，法院就一定会判决还款吗？

也不一定。法官还是要审查事实，法官发现有严重疑问的，也可能判决驳回。

为什么原被告都确认不讳的事情，法院就不判呢？不要想当然，社会很复杂，有大量为了转移资产逃废债务的虚假诉讼。

《最高人民法院关于审理民间借贷案件适用法律若干问题的规定》

第十九条　人民法院审理民间借贷纠纷案件时发现有下列情形，应当严格审查借贷发生的原因、时间、地点、款项来源、交付方式、款项流向以及借贷双方的关系、经济状况等事实，综合判断是否属于虚假民事诉讼：

（一）出借人明显不具备出借能力；

（二）出借人起诉所依据的事实和理由明显不符合常理；

（三）出借人不能提交债权凭证或者提交的债权凭证存在伪造的可能；

（四）当事人双方在一定期间内多次参加民间借贷诉讼；

（五）当事人一方或者双方无正当理由拒不到庭参加诉讼，委托代理人对借贷事实陈述不清或者陈述前后矛盾；

（六）当事人双方对借贷事实的发生没有任何争议或者诉辩明显不符合常理；

（七）借款人的配偶或合伙人、案外人的其他债权人提出有事实依据的异议；

（八）当事人在其他纠纷中存在低价转让财产的情形；

（九）当事人不正当放弃权利；

（十）其他可能存在虚假民间借贷诉讼的情形。

第二十条　经查明属于虚假民间借贷诉讼，原告申请撤诉的，人民法院不予准许，并应当根据民事诉讼法第一百一十二条之规定，判决驳回其请求。

(3) 第三人在借据上签了字，会承担担保责任吗？

一般不会。除非写明了承担保证责任，或者以“保证人”名义签名。

《最高人民法院关于审理民间借贷案件适用法律若干问题的规定》

第二十条　他人在借据、收据、欠条等债权凭证或者借款合同上签名或者盖章，但是未表明其保证人身份或者承担保证责任，或者通过其他事实不能推定其为保证人，出借人请求其承担保证责任的，人民法院不予支持。

(4) 没有约定利息，还能算利息吗?

不能算。视为无息借款。但是逾期支付可以算。

《最高人民法院关于审理民间借贷案件适用法律若干问题的规定》

第二十四条　借贷双方没有约定利息，出借人主张支付利息的，人民法院不予支持。

(5) 借款后数年未还，肯定已过诉讼时效了吗?

如果借条上没写还款日期，则可以按照出借人要求还款的最后期限开始起算时效。而不是按照出借日期起算时效。所以，时效可以掌握在自己手里。

《最高人民法院关于审理民事案件适用诉讼时效制度若干问题的规定》

第六条　未约定履行期限的合同，依照合同法第六十一条、第六十二条的规定，可以确定履行期限的，诉讼时效期间从履行期限届满之日起计算；不能确定履行期限的，诉讼时效期间从债权人要求债务人履行义务的宽限期届满之日起计算，但债务人在债权人第一次向其主张权利之时明确表示不履行义务的，诉讼时效期间从债务人明确表示不履行义务之日起计算。

打官司不懂法律，就像上了战场丢了枪。而某一个具体案子涉及的法律规范，并不会人为地集中在一部法律规定里，可能散落在法律、法规、规章、司法解释，甚至公报案例的裁判理由里。

怎么能把这些规定规范找全，这个律师就没法教你了，自求多福吧。提供几个可行的操作建议：

(1) 花大量时间用在案子上，时间越多，积累的信息越多。

(2) 最好申请开通一个法律数据库，网上信息太多太杂，百度上搜出来的很多法规都是过期失效的。

（3）登录中国裁判文书网，查找类似案例，了解法官判决理由和依据，按图索骥查法律。

（4）查找的信息也要列表、整理，不断归纳思考总结，得到有效关键词，否则很快会迷失在信息的汪洋里。

五、有效的呈现

前面提到，法官分配给你这个案子的时间有限。法官面前同时摆着十几个甚至几十个案子，所以要争夺法官的注意力和记忆力。你必须用最高效、清晰、有力的方式说明你的主张和理由。

这需要一些呈现技巧。

比如，对于复杂事实，按照时间轴画一个事件图，关键事件高亮显示，就是一个不错的办法。

比如，对于对方的观点，逐一书面反驳的同时，可以将对方观点及我方反驳列表或图示，一览无余。

比如，将你的观点用彩色和图画的方式总结说明，让法官面对的黑白文字世界突然出现一抹亮色。

比如，对对方的观点进行归谬，顺着对方逻辑归纳出一个荒谬可笑的结论。

比如，将我方观点提炼成就像广告语一样的一句话。观点鲜明而醒目。设计一些独特的表达方式，让人一听难忘，印象深刻。王嵘律师在做马加爵杀人案被害人代理律师时，面对辩方提出马加爵是一时激愤杀人的观点，当场回应：所谓一时激愤，是指连续的 4 个 24 小时吗？功夫在庭外，事后王律师回忆，这句话也是提前想好的，准备工作充分而已。

总之，所有你在工作及生活中能有效影响说服别人的技巧方式，法庭上都可以使用或变通使用。这个说起来太博大精深，即使老律师如我，也走在永恒的探索提升之路上。

诉讼小白，请加油，祝好运！

第九章　竞业限制和商业秘密保护

第一节　什么是竞业限制协议，应当与哪些人签署？

竞业限制协议，按照法律的定义，就是单位与员工约定，在解除或者终止劳动合同后，在不得超过两年的竞业限制期限内按月给予劳动者竞业限制补偿，而劳动者不得到与本单位生产或者经营同类产品、从事同类业务的有竞争关系的其他用人单位工作，或者自己开业生产或者经营同类产品、从事同类业务的协议。

《中华人民共和国劳动合同法》（2012年修正）

第二十三条　用人单位与劳动者可以在劳动合同中约定保守用人单位的商业秘密和与知识产权相关的保密事项。

对负有保密义务的劳动者，用人单位可以在劳动合同或者保密协议中与劳动者约定竞业限制条款，并约定在解除或者终止劳动合同后，在竞业限制期限内按月给予劳动者经济补偿。劳动者违反竞业限制约定的，应当按照约定向用人单位支付违约金。

第二十四条　竞业限制的人员限于用人单位的高级管理人员、高级技术人员和其他负有保密义务的人员。竞业限制的范围、地域、期限由用人单位与劳动者约定，竞业限制的约定不得违反法律、法规的规定。

在解除或者终止劳动合同后，前款规定的人员到与本单位生产或者经营同类产品、从事同类业务的有竞争关系的其他用人单位，或者自己开业生产或者经营同类产品、从事同类业务的竞业限制期限，不得超过二年。

按照规定，单位可以在劳动合同中约定竞业限制条款，也可以约定单独的竞业限制协议。

鉴于竞业限制义务是对员工离职后自由择业权利的限制，所以单位需要付出一定代价，就是必须按月支付竞业限制补偿金。如未明确约定补偿金额，法院会判决按照在职时正常平均工资的30%计发。这也是竞业限制补偿的普遍标准。当然单位也可以约定低于该标准的补偿金。不过，虽然法律没有将竞业限制补偿金标准和员工违约承担的违约金数额直接挂钩，但是，如果员工离职后违反了竞业限制义务，需要承担的违约金也会相应地变少。

对很多单位来说，离职后继续承担工资1/3左右的竞业限制成本，也是个不小的负担。因此建议只对公司的高管人员及掌握了商业秘密的人员进行竞业限制的约束。《劳动合同法》也规定"竞业限制的人员限于用人单位的高级管理人员、高级技术人员和其他负有保密义务的人员"。

不过，需要提示的是，尽管法律规定了签署竞业限制协议的人员范围，但是，在作者的工作实践中，并没有一个案子的法院会审核签署协议的人员是否符合这个要求。因为"负有保密义务的人员"是个太过宽泛、无法清晰鉴定的范围，同时需要支付竞业限制补偿金的前提限制了单位没有动机无端扩大竞业范围。

第二节　竞业限制没有约定补偿金，协议是否有效？如何确定补偿金额？

《最高人民法院关于审理劳动争议案件适用法律若干问题的解释(一)》第三十六条规定："当事人在劳动合同或者保密协议中约定了竞业限制，但未约定解除或者终止劳动合同后给予劳动者经济补偿，劳动者履行了竞业限制义务，要求用人单位按照劳动者在劳动合同解除或者终止前十二个月平均工资的30%按月支付经济补偿的，人民法院应予支持。"

因此，答案是：有效的。

司法实践中，一份合同的性质并不以合同标题而定，带有竞业限制条款的任何协议，都有可能被认定为劳动合同的附件或保密协议，并且，不管约定得多么笼统，只要带有"竞业限制"几个字眼，都完全有可能被认定形成竞业限制的约定，产生相应权利义务。

所以，我们可以大致得出一个有点惊人的结论，就是，只要在与劳动者签订的协议中带有“竞业限制”的字眼，将来用人单位都有可能支付最多2年的总工资的30%的竞业限制补偿。

就这个结论给用人单位的提示是，尽快清理合同或任何协议文本中关于竞业限制的表述，除非单位对该员工确实有竞业限制要求。否则员工离职后可能会在两年内的任何一天，手拿一份带有竞业限制条款的合同文本，声称自己已经履行了义务，未到竞争单位就职，要求单位按原工资30%支付补偿。

以上规定还有一个疑问是，合同没有约定补偿金，对单位仍有约束力，那么，对员工是否也有约束力呢？规定并没有提及对员工的约束力。从法理的角度讲，一份约定或者是有效的，或者是无效的。不应该对一方是有效的，而对对方却是无效的。

《上海市高级人民法院关于适用〈劳动合同法〉若干问题的意见》（沪高法〔2009〕73号）的规定体现了相同的法理思路，劳动合同当事人仅约定劳动者应当履行竞业限制义务，但未约定是否向劳动者支付补偿金，或者虽约定向劳动者支付补偿金但未明确约定具体支付标准的，基于当事人就竞业限制有一致的意思表示，可以认为竞业限制条款对双方仍有约束力。补偿金数额不明的，双方可以继续就补偿金的标准进行协商；协商不能达成一致的，用人单位应当按照劳动者此前正常工资的20%～50%支付。协商不能达成一致的，限制期最长不得超过两年。

第三节 因一方过错解除劳动合同后，竞业限制约定如何处理？

《最高人民法院关于审理劳动争议案件适用法律若干问题的解释（一）》第三十七条规定：“当事人在劳动合同或者保密协议中约定了竞业限制和经济补偿，当事人解除劳动合同时，除另有约定外，用人单位要求劳动者履行竞业限制义务，或者劳动者履行了竞业限制义务后要求用人单位支付经济补偿的，人民法院应予支持。”

根据以上规定，竞业限制协议的效力，与合同解除或终止的原因无关，即使单位存在过错，如不支付工资、不缴社保，造成员工提出“被迫解除”的，员工仍然受竞业限制协议的约束。当然，员工因过错而被辞退，也不影响竞业限制协议的继续履行。

值得提示的是，以上规定有一个“约定优先”的条款，即当事人另有约定的，以约定为准。这个条款，我们可以善加利用和注意：

(1) 公司(尤其是科技型公司)可以选择在员工入职时，无差别地签署竞业限制协议，同时约定，员工离职时，单位有权通知员工是否需要履行竞业限制协议，也就是说，单位可以在员工离职时单方面决定履行或解除这份竞业协议。这样，单位可以根据员工在单位任职时掌握商业秘密等情况，评估该员工入职竞争单位对公司的影响，决定是否要求竞业限制，合理控制风险和成本。

(2) 单位在与员工签署解除合同协议书时，在有竞业限制协议并且单位希望履行该协议的情况下，应避免在解除协议书中出现类似“一切关系了结，再无任何权利义务关系”的措辞，以免造成误解。

第四节　约定竞业限制后单位没有支付补偿金如何处理？

《最高人民法院关于审理劳动争议案件适用法律若干问题的解释(一)》第三十八条规定：“当事人在劳动合同或者保密协议中约定了竞业限制和经济补偿，劳动合同解除或者终止后，因用人单位的原因导致三个月未支付经济补偿，劳动者请求解除竞业限制约定的，人民法院应予支持。”

以上规定的直观理解，就是离职后单位欠付补偿金达 3 个月的，员工有权解除约定，不再受竞业限制约束。同时，该规定还隐含了以下内容：

(1) 不给钱也生效。竞业限制协议自签订即生效，并不以单位支付补偿为生效条件。

(2) 不给钱也约束。劳动关系结束后，即使单位未及时支付经济补偿，员工仍应受竞业限制约束。

(3) 不声明不解除。单位未支付补偿金达 3 个月或以上，赋予员工合同解除权。员工有权选择解除，也有权选择继续履行。只有在员工明确表达解除合同的意思表示后，竞业限制协议才告解除。员工未明确提出解除的，协议仍有效，双方仍应继续履行。

(4) 解除前不免责。员工解除约定的，解除前的补偿金是否仍应支付？该规定并未明确提及。从法理的角度分析，仍应支付。一是解除合同不同于合同无效，合同无效为自始无效，而解除合同不溯及既往，解除前的合同仍有约束力。二是解除前员工可能已履行协议3个月，即未到竞争单位就职，对员工已履行的部分，单位却不支付对价，是不公平的。

关于以上规定，还有一个小问题是，员工离职后的2年竞业限制期内，单位在任意一段时间内欠付达3个月，员工是否都可解除？个人认为，离职后即拖欠3个月，跟中间拖欠3个月，性质上并无二致。允许员工在单位头3个月拖欠时解除，但不允许其之后的连续3个月拖欠时解除，不管从逻辑上还是法理上都找不到依据。

第五节 竞业限制违约金数额如何确定？

违约金是竞业限制协议的要点，几乎是实现签约目的的唯一手段。但法律法规对违约金标准没有任何规定，也没有任何较为权威的文件规定可供参考。《中华人民共和国民法典》规定："约定的违约金低于造成的损失的，人民法院或者仲裁机构可以根据当事人的请求予以增加；约定的违约金过分高于造成的损失的，人民法院或者仲裁机构可以根据当事人的请求予以适当减少。"因此，一般合同的违约金参照可能造成的损失而确定。但在竞业限制合同中，员工违约而造成原单位的损失很难估量，无法准确计算。造成大家在确定违约金数额时无所适从。这里只能简单介绍两个案例供大家参考，了解法院裁判尺度和思路：

（1）在佘某某与纽福克斯公司劳动合同纠纷一案中，公司在员工在职期间每月支付了800元竞业限制补偿金，后员工离职后到竞争单位就业，公司起诉要求按照合同约定支付10万元违约金。员工承认有违竞业限制协议，但期限很短，情节轻微，且主动退出了竞争公司的经营，纽福克斯公司主张的违约金过高。法院经审理认为，佘某某担任股东时间的长短以及在此期间公司销售金额的大小与佘某某因违约行为可能造成纽福克斯公司损失的大小不存在必然的对应性，佘某某也未提供证据证明其违约行为所造成的公司损失远远低于违约金，故对于佘某某的主张，不予采纳。最后判决员工应付违约金10万元。

（2）在米其林公司诉钱某劳动合同纠纷一案中，双方签署竞业限制协议约定，如果钱某离职，两年内不得到中国境内与米其林公司有竞争关系的其他用人单位任职，公司将支付钱某相应数额的保密、不竞争竞业限制补偿金。如果钱某违反约定，则应返还已经收取的补偿金，并按约定补偿金总额的 3 倍支付违约金。钱某辞职后，米其林公司书面通知要求其遵守竞业限制义务，公司将在两年内按月支付共计 6.45 万元补偿金。从 2010 年 6 月至 2011 年 6 月，米其林公司支付补偿金共计 3.49 万元。之后米其林公司发现，钱某一辞职就与另一家橡胶公司签订劳动合同，遂向法院起诉，要求钱某返还已经支付的 3.49 万元补偿金，另支付违约金 19.35 万元。后长宁区法院判决，钱某应返还公司竞业限制补偿金 3.49 万元，并支付违约金 10.48 万元。

在如下案例中，法院判决认定员工支付违约金为每月补偿金的 50 倍，应付总补偿金的 2 倍多。而前面两个案件中，违约金分别为每月补偿金的 100 多倍、48 倍，应付总补偿金的 2～4 倍。在此建议将违约金设置为应付总补偿金的 5 倍以上。

相关案例参考

周 A 于 2007 年 7 月进入空气公司工作，担任区域销售主管。双方签订保密及竞业禁止协议书，约定："当空气公司认为需要时，可要求周 A 从离职后的一段时间内不参与任何与甲方业务相竞争的活动。公司将向员工支付竞业限制经济补偿，补偿相等于员工离职前 12 个月平均工资的 30%，如员工违反竞业限制约定的，应支付相等于公司向员工支付的竞业限制经济补偿 10 倍的惩罚性违约金"。

2010 年 3 月，员工离职后，公司发出通知，载明公司决定对周 A 执行竞业禁止。时间为 2 年。每月补偿金 2 891 元。

2011 年 6 月，空气公司提起仲裁，要求周 A 继续履行竞业禁止协议书约定的竞业限制义务，并支付 2010 年 3 月至裁决生效之日的违约金，暂计 375 830 元。

庭审中，公司为证明周 A 违反竞业限制义务，提供了两组证据，一是"周 B"的名片及公证书。名片抬头为：金宏公司大宗气体销售部经理周 B。公证书内容为金宏公司网站网页内容，证明金宏公司业务与空气公司竞争。二是 2010 年 12 月 29 日制作的两段录像，内容为空气公司暗访金宏公司，由周 B 作为金宏公司销售经理接待了暗访人员，并就金宏公司相关业务、销售气体方案作了说明和介绍，并带领暗访人员参观了厂区。周 A 认可录像中的"周

B”即其本人，但对于录像来源的合法性有异议，表示其与金宏公司相识十余年，被拍摄视频当天只是应朋友之邀临时帮忙。

此外，空气公司还提供了周A妻子的身份信息、上海某气体公司营业执照复印件，证明周A妻子系某公司的股东，该公司与空气公司有竞争关系，周A可能参与了该公司的经营活动。

后仲裁裁决周A违反竞业限制，须支付违约金144 550元。

双方均不服，提起诉讼。

法院经审理后认为，周A认为录像拍摄手段不合法，但该录像并未涉及相关人员隐私，亦并未侵害周A权利，因而有效。录像拍摄的2010年12月29日，周A处于应当履行竞业限制义务期间，但周A以化名的形式为与空气公司存有竞争关系的公司工作，其行为已明显违反竞业限制约定。另空气公司虽主张周A参与其妻子作为股东的某气体公司的经营活动，也存有违反竞业限制的行为，但缺乏相应证据，法院亦不予采信。

关于违约金的数额，周A提出该违约金约定过高，请求法院调整违约金，法院根据公平、诚实信用原则，根据当事人的实际损失、过错程度等综合因素，参照2011年1月1日周A离开金宏公司前空气公司已支付给周A的竞业限制经济补偿金28 910元的数额，酌情确定周A支付违约金144 550元（注：已付额5倍）。

案例索引：摘编自2012沪二中民三民终字第22号判决书。

第六节　竞业限制补偿金能否包含在工资中发放，单位能否无条件解除竞业限制协议？

最高法院民一庭负责人就“《最高人民法院关于审理劳动争议案件适用法律若干问题的解释（四）》答记者问”中讲：“竞业限制经济补偿金不能包含在工资中，只能在劳动关系结束后，在竞业限制期限内按月给予劳动者。”

这也是《劳动合同法》的规定（《劳动合同法》第二十三条规定，对负有保密义务的劳动者，用人单位可以在劳动合同或者保密协议中与劳动者约定竞业限制条款，并约定在解除或者终止劳动合同后，在竞业限制期限内按月给予劳动者经济补偿)。因此,在职期间所支付的竞业限制补偿,被判实际属于工资报酬的可能性很大。但实践做法也有不确定性。上海劳动仲裁委员会相关文件就曾明确"用人单位在劳动者在职期间给付的,一般不认可其效力;用人单位在劳动者离职时一次性给付的,一般也不认可其效力。但当事人有明确约定,且名目清晰、金额合理的,可以认定其效力"。

为避免风险,建议单位还是在离职后按月支付。

离职后,用人单位是否可以无条件解除竞业限制协议?

《最高人民法院关于审理劳动争议案件适用法律若干问题的解释(一)》第三十九条规定,"在竞业限制期限内,用人单位请求解除竞业限制协议的,人民法院应予支持。在解除竞业限制协议时,劳动者请求用人单位额外支付劳动者三个月的竞业限制经济补偿的,人民法院应予支持。"

从以上规定的内容看,单位可以在限制期内的任意时间通知解除,就是说,单位享有无条件的解除权,类似于员工在劳动合同期内的解除权。并且单位解除竞业限制协议不需要提前通知。

竞业限制作为一种对劳动者自主择业权利的限制,属于单位的约定权利,单位当然可以处分这种权利,放弃对员工的限制,只是要多支付 3 个月的补偿金作为对员工的额外补偿。这样的规定有利于平衡双方权利义务关系,最大化双方的整体利益。

第七节　员工有哪些规避竞业义务的手段?公司应如何取证员工违约?

签署了竞业协议的员工离职后,从事竞争业务或就职于竞争单位,基本都会以各种各样的方式隐藏自己的行踪或增加原单位取证难度。

以作者以往办理业务的经验,员工通常会采用如下一些手段规避承担违约责任:

(1) 原单位延迟支付竞业限制补偿金超过 3 个月时依法及时发函解除协议。

(2) 切断与原单位、原同事等相关人员的联系。

(3) 设立公司时由他人代持股权,安排他人担任法人代表、董事、监事。

(4) 劳动及社保关系建立于不存在真实合作关系的外包或派遣公司。

（5）劳动及社保关系建立于朋友等他人公司。

（6）更换手机微信邮箱等联系方式，以免被追踪或被取证。

（7）对外用假名笔名。

（8）本人幕后操盘，业务联系均由合伙人或属下执行。

（9）家庭远程办公。

员工离职后从事了竞争业务，公司要追究其违约责任，应当先行举证证明员工存在竞业行为。如何证明呢？

作者根据以往实践经验，总结出以下常见途径或方式，这些途径有些是为了证明员工就职情况，有些是为了证明就职公司与本公司存在竞争情况：

（1）邀请与离职前员工熟识的在职员工以短信或微信方式聊天，询问前员工目前就业情况，争取对方透露公司名称，将聊天记录保存。

（2）查询离职员工微信朋友圈发布信息，了解是否包含就职公司信息或业务信息。

（3）假借粉丝、客户名义用电话、微信、邮件等方式联系前员工，要求提供服务报价。

（4）掌握新公司信息，直接拨打公司电话要求转接前员工并录音，录音过程公证。

（5）在上下班时段到嫌疑目标公司门口拍照或录像以证实前员工就业情况。

（6）以销售人员的身份拜访嫌疑目标公司人员，建立渠道，了解掌握其员工信息。

（7）邀请关系良好的客户单位与前员工联系业务，掌握前员工就职情况，并要求前员工前往商谈业务，过程中要求填写会客单、录音。

（8）申请法院开具调查令赴其就职单位所在地社保中心查询社保缴纳记录（此途径需要立案以后才有可能，立案前以其他途径提供初步证据）。

（9）查询启信宝、企查查、中基协、证监会等平台了解前员工注册公司、就业情况。

（10）登录嫌疑目标公司网页主页及微信公众平台查询其业务范围和客户展示，并进行公证。

（11）请关系良好的客户人员提供嫌疑公司参与业务竞标的竞标文件或业务合同。

（12）以客户身份获得嫌疑公司的公司宣传册或产品册。

（13）掌握嫌疑公司以任何渠道和形式发布的商业广告。

以上（1）至（9）项目的为证明前员工工作去向、就职于某家单位，（10）至（13）项目的为证明该公司与原单位存在竞争关系。

另外，在签署竞业限制协议时，就在协议内要求员工离职后应当定期报告自己的所在单位和从事业务，并且提供相关工资记录、劳动合同、社保记录等证明。这样约定的好处是：

（1）可以从员工提供文件中找到疑点，作为调查线索或证据佐证。

（2）实际从事竞争业务的员工可能会拒绝提供，这可以作为单位需要启动进一步调查的信号。

（3）员工离职后拒绝提供的，可以作为单位拒付之后竞业限制补偿金的理由，同时在此情况下仍然要求员工承担竞业限制义务。

第八节　什么是商业秘密？　如何保护？

现代企业有一个显而易见的发展趋势，就是资产无形化。一个租来的办公空间里面，坐着百十号人，没什么值钱的设备，更没有厂房，可是这间公司可以值几十亿元。最重要的资产，都是无形的。商业秘密，就是这样一种无形资产。

作为一种无形资产，看不见摸不着，商业秘密的保护本身是比较困难的，并且商业秘密又不像商标、著作权、专利一样，是一种可以经过国家机构登记确认、公示的资产，所以商业秘密的保护更加困难。

非常重要的资产，保护起来又比较困难，所以我们不得不扎好藩篱，多加看护。

一、什么是商业秘密

商业秘密这个词，不能望文生义，并不是商业领域的秘密信息都属于商业秘密。起码法律不这么认为。

法律上认定一项信息属于商业秘密，必须符合以下条件：

（1）不为公众所知悉的技术信息和经营信息。

（2）能为权利人带来经济利益，具有实用性。

(3)权利人对其采用了保密措施。

《中华人民共和国反不正当竞争法》(2019年修正)

第九条　本法所称的商业秘密,是指不为公众所知悉、具有商业价值并经权利人采取相应保密措施的技术信息、经营信息等商业信息。

所谓不为公众所知悉,并不是所有人都不知道,是自己独有的或独创的、只有自己知道的信息,而是指该信息是不能从公开渠道直接获取的。不能在网上直接搜索到、不能在报纸期刊直接查看到,没有进入公知领域。

《最高人民法院关于审理不正当竞争民事案件应用法律若干问题的解释》

第九条　有关信息不为其所属领域的相关人员普遍知悉和容易获得,应当认定为反不正当竞争法第十条第三款规定的"不为公众所知悉"。

具有下列情形之一的,可以认定有关信息不构成不为公众所知悉:

(一)该信息为其所属技术或者经济领域的人的一般常识或者行业惯例;

(二)该信息仅涉及产品的尺寸、结构、材料、部件的简单组合等内容,进入市场后相关公众通过观察产品即可直接获得;

(三)该信息已经在公开出版物或者其他媒体上公开披露;

(四)该信息已通过公开的报告会、展览等方式公开;

(五)该信息从其他公开渠道可以获得;

(六)该信息无需付出一定的代价而容易获得。

所谓能为权利人带来经济利益、具有实用性,或者具有商业价值,是指该信息具有确定的可应用性,能为权利人带来现实的或者潜在的经济利益或者竞争优势。

所谓采取保密措施,是指权利人对信息做了一定"标记",让相关人员知晓该信息属于商业秘密,应当给予保护。这就像给保密信息立了一块牌子,"有电危险"。标记的方式,包括订立保密协议,建立保密制度及采取其他合理的保密措施,比如在相关文件标记"保密"或"机密"。

也就是说,认定商业秘密的条件,不完全是由秘密信息的自身特点决定的,权利人是否采取保密措施，也是认定商业秘密的必要条件。就好比说，在选美比赛中，你要自己挂个牌子，写上“美女”两字，才能被认定为美女。

这个规定看似不合理，实际上是合理的。法律关系本质上是人与人之间的关系，商业秘密本质上是一种不进行登记的无形财产权利，你要求别人保护你的财产，不得侵犯，你需要先告知别人这是你的财产，否则我怎么知道这是你的财产，而不是公共信息呢？

《国家工商行政管理局关于禁止侵犯商业秘密行为的若干规定》（1998 年修正）

第二条　本规定所称商业秘密，是指不为公众所知悉、能为权利人带来经济利益、具有实用性并经权利人采取保密措施的技术信息和经营信息。

本规定所称不为公众所知悉，是指该信息是不能从公开渠道直接获取的。

本规定所称能为权利人带来经济利益、具有实用性，是指该信息具有确定的可应用性，能为权利人带来现实的或者潜在的经济利益或者竞争优势。

本规定所称权利人采取保密措施，包括订立保密协议，建立保密制度及采取其他合理的保密措施。

以上讲了商业秘密的定义，下面我们看范畴。哪些信息可以被认定商业秘密呢？法规的列举包括设计、程序、产品配方、制作工艺、制作方法、管理诀窍、客户名单、货源情报、产销策略、招投标中的标底及标书内容等信息。

《国家工商行政管理局关于禁止侵犯商业秘密行为的若干规定》（1998 年修正）

本规定所称技术信息和经营信息，包括设计、程序、产品配方、制作工艺、制作方法、管理诀窍、客户名单、货源情报、产销策略、招投标中的标底及标书内容等信息。

这里我们展开来详细讲一下一种经常发生纠纷的商业秘密信息——客户名单。

按照最高法院司法解释，商业秘密中的客户名单，不限于客户清单，凡是在公知信息中无法直接获取的客户信息，比如某个保持长期稳定交易的特定客户的相关信息，如产品规格需求、历史交易价格、决策人及其联系方式，等等，都属于商业秘密。

由此可知，认定商业秘密的关键，不应拘泥于概念列举，而是依据法律要件，只要公开渠道不能直接获得，而又有经济价值的信息，都可以被认定商业秘密。

《最高人民法院关于审理不正当竞争民事案件应用法律若干问题的解释》

第十三条　商业秘密中的客户名单，一般是指客户的名称、地址、联系方式以及交易的习惯、意向、内容等构成的区别于相关公知信息的特殊客户信息，包括汇集众多客户的客户名册，以及保持长期稳定交易关系的特定客户。

客户基于对职工个人的信赖而与职工所在单位进行市场交易，该职工离职后，能够证明客户自愿选择与自己或者其新单位进行市场交易的，应当认定没有采用不正当手段，但职工与原单位另有约定的除外。

由上可知，除了商业上没有用的，没必要保护的信息外，凡是具有商业价值的信息，你都可以考虑使用法律上的商业秘密规则来保护。

简言之，商业秘密的法律规则，我们不可不知，不可不用。

二、如何保护商业秘密

那么怎么保护商业秘密呢？建议如下：

（1）与所有股东、合作伙伴、员工签署保密协议。

采取保密措施具有双重意义，首先是保护商业秘密的手段，同时也是认定信息构成商业秘密的要件。而签署保密协议，就是一种保密措施。

所以保护商业秘密最基本的手段，就是签署保密协议。建议公司与股东、合作伙伴、员工签署的任何合同里都附带保密协议条款，而且建议与股东、员工签署特别的保密协议。

无论保密条款还是特别的保密协议，都要约定商业秘密的范围，以及违反协议的违约责任。在签署保密协议的问题上，还有几个要点需要提示：

第一，跟员工签署保密协议需要支付保密费或赔偿金吗？

答：不需要。保密协议不同于竞业限制协议，竞业限制协议是对员工离职后的合法的自由择业权进行限制，所以单位需要给与补偿，可以理解为单位付费买断了员工的权利，而商业秘密本身是单位的无形资产，单位拥有财产权，员工本来就不得擅自使用、不得侵犯，不存在对员工权利限制的问题，所以不需要付费。同理，跟员工外的其他主体签署保密协议，也不需要因此而付费。

第二，跟员工签署保密协议后员工违约，可以约定违约金或要求赔偿吗？

答：约定违约金不可以。只有在员工违反服务期协议和竞业协议这两种情况下，才可以与员工约定违约金，其他情形下的违约金条款都是无效的。

但是可以与员工约定违反保密义务的赔偿金。

《中华人民共和国劳动法》（2018年修正）

第一百零二条　劳动者违反本法规定的条件解除劳动合同或者违反劳动合同中约定的保密事项，对用人单位造成经济损失的，应当依法承担赔偿责任。

为了增加约定条款的可执行性，应当参照法规条款详细约定损失赔偿的计算方法，具体计算方式后面提及。

第三，保密的期限多久，有限制吗？

答：保密义务没有期限限制，只要还属于商业秘密，它就属于单位财产，他人就不得侵犯。财产权本来就没有期限限制。除非商业秘密因为社会科技和信息的发展，已经进入公知领域，不再属于商业秘密了，那么相关人员也就没有保密义务了。这里也做个说明，你拥有一份商业秘密的同时，别人也可以以自己的途径而拥有同样的商业秘密，大家各自行使所有权，但是当别人把自己的商业秘密公开时，商业秘密也就不再是商业秘密，你的权利也就作废了。这里没有侵权的问题，只有失效的问题。

这个无期限保密义务的概念，跟大家头脑中关于合同都有期限的常识不符，所以为了强调，建议在保密协议里约定保密义务的永久性，或者约定保密义务为合同签署后若干年，比如5年或10年。

第四，哪些对外合作中容易形成泄密？

答：在涉及商业秘密相关的业务咨询、谈判、技术评审、成果鉴定、合作开发、技术转让、股权融资、外部审计、尽职调查等活动中，容易形成泄密。

美剧《硅谷》是一部创业剧，主人公、公司创始人是个技术天才，但是公司总是处在资金即刻用光马上关门的窘境中。有一次碰上一个投资人愿意投资，技术天才在见面会上详细说明了公司的技术优势，讲起技术来立刻沉浸其中，神采奕奕，根本停不下来，结果没想到对方竟然是披着投资人外衣的竞争对手，而且实力雄厚，以这种非常手段得到关键信息后马上推出了竞争产品。

所以公司在涉及自己商业秘密的合作中，必须有保密意识，并且可以在合作签约前的谈判阶段，先行签署保密协议。不管合作是否达成，都要负责保密。

第五，与员工签署的保密与竞业限制协议，竞业限制条款无效时保密条款还有约束力吗？

答：《中华人民共和国民法典》第一百五十六条明确规定，民事法律行为部分无效，不影响其他部分效力的，其他部分仍然有效。鉴于竞业限制协议中的竞业限制条款和保密条款相互独立，没有必然的逻辑联系，竞业限制条款的效力将不影响保密条款的效力。即使单位因未支付竞业限制补偿金而致使竞业限制条款没有约束力，只要保密条款本身不存在效力瑕疵，该保密条款仍然是有效的、可执行的。

（2）建立保密制度。

建立保密制度也有双重意义，既是保密措施，又是信息认定构成商业秘密的前提条件。当然，任何制度都是对内有效，单位保密制度只能约束雇员，无法约束合作者。

确保每位雇员的员工手册中包含“保密制度”，并以签署声明作为入职的前提条件，即声明他们已经阅读、知晓并将遵守该等保密政策；尽可能地要求所有雇员在知悉任何公司保密信息前签署书面声明。尚未签订声明的，应在知悉后补充签署。

为了同时能约束到股东，可以将保密制度摘要写于公司章程内。

保密制度一般来讲，包括以下内容：

① 商业秘密定义和识别制度，即哪些信息属于商业秘密，以何种方式标记一份资料信息属于商业秘密，各公司都可以根据自己的技术和经营情况自行列举哪些信息属于本公司的商业秘密。

《中央企业商业秘密保护暂行规定》

第十条　中央企业依法确定本企业商业秘密的保护范围，主要包括：战略规划、管理方法、商业模式、改制上市、并购重组、产权交易、财务信息、投融资决策、产购销策略、资源储备、客户信息、招投标事项等经营信息；设计、程序、产品配方、制作工艺、制作方法、技术诀窍等技术信息。

② 信息分级制度,即商业秘密是否有不同级别,比如绝密、机密、秘密级别。

③ 接触限制制度,限制保密信息的接触人员,保密信息只允许什么层级的人员接触。

④ 使用限制制度,不允许披露给无关人员,不允许以长期可保存的方式披露,不允许将存储设备带出工作场所,不允许将保密信息保存在私人邮箱、私人U盘等非公司所有的载体内,单位保密信息文档应当设置密码,访问或使用时应当留痕可追溯等,对商业秘密载体的制作、收发、传递、使用、保存、销毁等过程实施控制,确保秘密载体安全。

⑤ 职责分工制度,保密制度的制定、执行由谁负责。

⑥ 违反惩戒制度,明确声明雇员不当使用或披露保密信息,构成终止雇佣合同的正当理由,并将追究其相应的法律责任包括可能的刑事责任,等等。

(3) 与骨干人员签署竞业限制协议。

有些商业秘密保存于人的头脑中,比如商业秘密中的"管理诀窍",如何定义或描述单位的什么内容属于管理诀窍,又如何知道别人运用了这个诀窍,如何取证别人构成侵犯呢?实践中是个很难的事情。

所以,对于掌握了公司各类商业秘密的单位骨干人员,建议签署保密协议之外,另外签署在职期间及离职之后的竞业协议,禁止其在离职后2年的范围内,任职于有竞争业务的单位。让其掌握的信息失去用武之地。当然,离职后的竞业限制部分,单位需要付出代价,一般是在职期间工资的30%左右。

(4) 对公司的保密政策进行定期培训。

就公司的保密制度及违反保密义务的法律责任,包括刑事责任,定期进行培训强调。法律培训部分可以外聘律师进行,律师以专家身份,有充足和生动的素材可以展示违反保密义务的相关责任规定条文和刑事判例,相信对员工是一个印象比较深刻的警示。

(5) 员工离职妥善安排。

在雇员离职后立刻终止其访问电子信息的权限,或者,根据公司的电脑使用政策,追溯雇员访问的电子信息的情况,了解是否存在异常;与离职雇员进行离职面谈,提示保密义务,提醒雇员其在与公司的雇佣关系结束后仍对公司的商业秘密承担保密业务;进行离职交接,确保他们没有将公司不愿披露的保密信息带走、无法带到新的工作岗位。法律允许在办理完毕离职交接后再结算支付工资及补偿金，因此，趁单位还握有筹码的时候，妥善处理，控制商业秘密泄露风险。

第九节　什么行为属于侵犯商业秘密？　应当承担什么责任？

一、什么样的行为属于侵犯商业秘密

是否只有与公司签署了保密协议的员工或合作者才会构成侵犯商业秘密呢？

前面讲了，商业秘密是一种无形资产，也就是属于公司的财产。我们可以简单地把商业秘密看成一件财物，就可以更加方便地理解。以下行为构成侵犯商业秘密：

（1）员工违规披露（向他人公开）、擅自使用或允许他人使用其因职务而掌握的公司商业秘密。

（2）公司合作方违反约定，披露、擅自使用或允许他人使用其因合作而掌握的公司商业秘密。

（3）权利人之外的任何人以盗窃、胁迫等非法方式获取商业秘密，或披露、使用、允许他人使用以非法方式获取的商业秘密。也就是说，商业秘密的侵权人不限于公司的职工或合作者，任何人以非法方式获取、使用他人的商业秘密，都构成侵权。

（4）第三人明知或应知存在以上情形之一，仍然获取、使用、披露他人商业秘密的。比如，公司员工离职后应聘到新单位，新单位明明知道或理应知道其员工掌握的信息属于原单位的商业秘密，却仍然获取、使用的，新单位也构成侵权。原单位可以起诉该离职员工，将新单位列为共同被告。

《国家工商行政管理局关于禁止侵犯商业秘密行为的若干规定》（1998年修正）

第三条　禁止下列侵犯商业秘密行为：

（一）以盗窃、利诱、胁迫或者其他不正当手段获取权利人的商业秘密；

（二）披露、使用或者允许他人使用以前项手段获取的权利人的商业秘密；

（三）与权利人有业务关系的单位和个人违反合同约定或者违反权利人

保守商业秘密的要求，披露、使用或者允许他人使用其所掌握的权利人的商业秘密；

（四）权利人的职工违反合同约定或者违反权利人保守商业秘密的要求，披露、使用或者允许他人使用其所掌握的权利人的商业秘密。

第三人明知或者应知前款所列违法行为，获取、使用或者披露他人的商业秘密，视为侵犯商业秘密。

《中华人民共和国刑法》

第二百一十九条　有下列侵犯商业秘密行为之一，给商业秘密的权利人造成重大损失的，处三年以下有期徒刑或者拘役，并处或者单处罚金；造成特别严重后果的，处三年以上七年以下有期徒刑，并处罚金：

（一）以盗窃、利诱、胁迫或者其他不正当手段获取权利人的商业秘密的；

（二）披露、使用或者允许他人使用以前项手段获取的权利人的商业秘密的；

（三）违反约定或者违反权利人有关保守商业秘密的要求，披露、使用或者允许他人使用其所掌握的商业秘密的。

明知或者应知前款所列行为，获取、使用或者披露他人的商业秘密的，以侵犯商业秘密论。

二、侵权人应当承担什么责任

构成侵犯他人商业秘密，侵权人应当承担什么责任呢？

1. 刑事责任

侵犯商业秘密最严重的，是刑事责任——侵犯商业秘密罪。

依据刑法相关规定，如果侵犯商业秘密的行为给权利人造成损失数额在50万元以上，或因侵犯商业秘密而获利50万元以上，或造成被侵权人破产等情形，将构成犯罪，承担刑事责任。可以看出，这个追究的起刑点还是比较低的。

《中华人民共和国刑法》

第二百一十九条　有下列侵犯商业秘密行为之一，给商业秘密的权利人造成重大损失的，处三年以下有期徒刑或者拘役，并处或者单处罚金；造成特别严重后果的，处三年以上七年以下有期徒刑，并处罚金：

（一）以盗窃、利诱、胁迫或者其他不正当手段获取权利人的商业秘密的；

（二）披露、使用或者允许他人使用以前项手段获取的权利人的商业秘密的；

（三）违反约定或者违反权利人有关保守商业秘密的要求，披露、使用或者允许他人使用其所掌握的商业秘密的。

《最高人民检察院　公安部关于印发〈最高人民检察院公安部关于公安机关管辖的刑事案件立案追诉标准的规定(二)〉的通知》

第七十三条　[侵犯商业秘密案（刑法第二百一十九条）]侵犯商业秘密，涉嫌下列情形之一的，应予立案追诉：

（一）给商业秘密权利人造成损失数额在五十万元以上的；

（二）因侵犯商业秘密违法所得数额在五十万元以上的；

（三）致使商业秘密权利人破产的；

（四）其他给商业秘密权利人造成重大损失的情形。

华为就发生过多起员工侵犯商业秘密而被判刑的案例。

相关案例参考

华为三青年工程师被判侵犯商业秘密罪

1997年5月，王某骏、刘某被华为公司聘用，1999年，秦某军被华为公司聘用。3人均曾任职硬件工程师，并参与了华为公司光网络设备的研发工作。在职时，他们也分别与华为公司签订了《员工聘用协议书》和《员工保密合同书》，承诺除履行华为公司职务需要外，未经该公司书面同意，不以任何方式向第三方泄露该公司技术秘密或其他商业秘密，也不在履行职务之外使用这些秘密信息。

2001年8月至同年9月间，刘某、秦某军、王某骏分别以个人求学或家庭原因为由，先后申请辞职，离开了华为公司。3人辞职时，均与华为公司签订了《离职员工承诺书》，承诺不带走从华为公司获取的任何保密资料，未经华为公司书面同意不得向任何单位和个人透露该公司的商业秘密，不擅自使用华为公司商业秘密或利用华为公司商业秘密从事经营活动，自离职之日起1年内不在与华为公司存在竞争关系的企业工作。

2001年7月，尚在华为公司工作的王某骏、刘某就与贝尔公司在深圳市、上海市等地进行商谈合作开发生产盒式2.5G光网络设备事宜。同年11月7日，王某骏、刘某各出资人民币25万元，在上海市成立了沪科公司，并聘用了秦某军等20多名原在华为公司从事光网络技术研发的技术人员进入沪科公司工作。同年11月8日沪科公司与贝尔公司达成协议：由沪科公司提供盒式2.5G的光网络设备技术，贝尔公司则每月向沪科公司提供研发费用人民币588 010元，并负责组织生产及销售；产品利润由沪科公司与贝尔公司三七分成。

深圳市南山区人民法院认定3人构成侵犯商业秘密罪，其中王某骏和刘某为主犯，各判处有期徒刑3年，并各处罚金5万元，秦某军为从犯，判处其有期徒刑2年，并处罚金3万元。已被冻结的沪科公司账户内款项责令退赔给华为公司（退赔金额以588.01万元为限）。后3人不服，均上诉，二审维持原判。

案例索引：2004年12月9日《中国青年报》。

因泄露华为公司商业秘密而被判坐牢的人确实不少，情形各不相同。也有人因为向华为公司泄密而获刑3年。

相关案例参考

向华为泄密中兴员工获刑3年

被告人常某系中兴公司应标法国电信项目组的成员，在中兴公司进入法国电信项目第一阶段名单后，被告人常健通过电子邮箱向竞标对手华为公司的员工杨某发送了5份记载中兴公司内部经营战略和产品规划的文档，后中兴公司未中标。经鉴定，上述5份文档的必要开发成本为763.12万元。

法院经审理后认为，被告人常某构成侵犯商业秘密罪，依法判处有期徒刑3年，并处罚金12万元。

案例索引：2012年4月24日《广州日报》。

二、民事赔偿责任

不管是权利人的职工还是合作方，或者是无关的其他人，凡是认定构成侵权的，都需要承担民事赔偿责任。按照规定，赔偿数额按照权利人因被侵权所受到的实际损失确定；实际损失难以确定的，按照侵权人因侵权所获得的利益确定。赔偿数额还应当包括权利人为制止侵权行为所支付的合理开支。包括调查费、鉴定费、律师费、公证费，等等。

权利人的损失、侵权人获得的利益均难以确定时，怎么办呢？是不是无法举证就不用赔偿呢？不是。人民法院可以根据商业秘密的类型、侵权行为的性质和情节等因素，酌情确定给予1万元以上100万元以下的赔偿。

因侵权行为导致商业秘密被公开，商业秘密被永久破坏，即不再构成商业秘密的，则前面的算法都不合理了，应当根据该项商业秘密的商业价值确定损害赔偿额。商业秘密的商业价值，根据其研究开发成本、实施该项商业秘密的收益、可得利益、可保持竞争优势的时间等因素确定。

《最高人民法院关于审理不正当竞争民事案件应用法律若干问题的解释》

第十七条　确定反不正当竞争法第十条规定的侵犯商业秘密行为的损害赔偿额，可以参照确定侵犯专利权的损害赔偿额的方法进行。

因侵权行为导致商业秘密已为公众所知悉的，应当根据该项商业秘密的商业价值确定损害赔偿额。商业秘密的商业价值，根据其研究开发成本、实施该项商业秘密的收益、可得利益、可保持竞争优势的时间等因素确定。

《中华人民和国专利法》

第六十五条　侵犯专利权的赔偿数额按照权利人因被侵权所受到的实际损失确定；实际损失难以确定的，可以按照侵权人因侵权所获得的利益确定。权利人的损失或者侵权人获得的利益难以确定的，参照该专利许可使用费的倍数合理确定。赔偿数额还应当包括权利人为制止侵权行为所支付的合理开支。

权利人的损失、侵权人获得的利益和专利许可使用费均难以确定的，人民法院可以根据专利权的类型、侵权行为的性质和情节等因素，确定给予一万元以上一百万元以下的赔偿。

第十节　商业秘密被侵犯如何维权？

发现商业秘密可能被侵犯或已经被侵犯，该如何维权呢？

1. 取证，最重要的工作是取证

取证包括几方面内容，一是需要证明己方信息属于商业秘密，符合商业秘密构成要件，二是对方信息与己方商业秘密实质相同，三是对方采取了不正当行为，四是损失金额或对方获益金额。

《最高人民法院关于审理不正当竞争民事案件应用法律若干问题的解释》

第十四条　当事人指称他人侵犯其商业秘密的，应当对其拥有的商业秘密符合法定条件、对方当事人的信息与其商业秘密相同或者实质相同以及对方当事人采取不正当手段的事实负举证责任。其中，商业秘密符合法定条件的证据，包括商业秘密的载体、具体内容、商业价值和对该项商业秘密所采取的具体保密措施等。

证据保全是搜集证据的重要方法，在证据有可能灭失或者以后难以取得的情况下，原告可以向法院申请证据保全，法院可以要求申请人提供担保。担保数额根据保全对象的价值以及保全可能给被申请人带来的财产损失等因素决定。

证据保全通常能有效地收集证据，因为被诉侵权方一般不会收到提前通知，并被要求当场提供相关文件和证据。在执行证据保全的过程中，法院可以询问被告、要求提供文件、提取侵权产品样本、检验厂址等。经法院许可，在证据保全过程中搜集的证据在后续的诉讼程序中均可被采用。

作者在一家单位做法务的时候，曾经有个欠款纠纷，对方证据严重缺失。有一天被法院突然上门扣留了财务电脑，接着收到了原告诉状，电脑里面的数据一应俱全，当场失去还手之力。手段之辣，效果之好，时隔 20 余年，仍然记忆犹新。

为了防止证据保全被滥用，在签发证据保全令之前，法院可能会要求申请人提供初步证据，证明被告正在进行，或明显滥用了原告的商业秘密。

有个争议的问题是钓鱼取证的效力问题。即假装侵权方的客户等合作方，上门谈判、看样、签约等等，或者假装客户，猫在公证处的电话前沟通订单技术细节，同步录音公证。司法上是不是认可呢？这在学术上是个有争议的问题，但是在作者参与的案件实践中，法院都采纳了这类证据的效力。随着中国经济转型升级和保护知识产权的需要，这类证据的效力问题应该越来越不用担心。

2. 确定商业秘密侵权人

商业秘密侵权行为涉及几个主体，可能包括获得方、泄露方、使用方，这些环节可能都存在侵权行为，即侵权主体可能不止一方，需要根据掌握的证据研究确定。

在常见的员工离职后应聘到新单位的商业秘密纠纷中，若要追究新雇主侵权责任，即需证明新雇主明知或应知其新雇员所有的保密信息来自其原雇主的商业秘密，且该新雇员披露商业秘密的行为可能违反保密义务，但仍使用此类商业秘密。“明知”通常可通过书面证据或其他证据方式加以证明，而“应知”指新雇主有合理理由知道其新雇员有不当侵犯前雇主商业秘密的行为，这是个主观判断，还是比较难证明的。因此，在知悉商业秘密的雇员辞职后加入竞争公司时，公司可以以书面方式通知新雇主此雇员具有持续保守商业秘密的义务。

该书面通知应该包括对新雇员保密义务（例如，保密协议）的详细解释。该通知可以作为告知程序，用来证明新雇主应当知晓新雇员知悉原公司的商业秘密。如果新雇主不当使用该雇员违反保密义务所披露的商业秘密，公司则可以起诉新雇主也侵犯了自己的商业秘密。根据现行的司法实践，原公司可以不正当竞争为由对原雇员和/或新雇主提起侵权诉讼。

3. 选择合理的维权途径

要选择合适的商业秘密保护途径。商业秘密权利人应在行政救济、民事诉讼、刑事诉讼中依据情况选择最适合的保护途径。

值得提示的是，在追究对方责任时，还需要排除被告的反向工程抗辩理由。鉴于反向工程是法定的抗辩理由，被告通常在诉讼中将涉案秘密系其通过反向工程所获取作为抗辩理由。原告应通过质证、证据与案件的关联性、该技术完成的时间等方式排除被告的该理由，必要时还可申请司法鉴定。应当注意：根据司法解释的相关规定，如果原告能够证明被告以不正当手段已知悉涉案商业秘密，其反向工程的抗辩理由便不能成立。

《最高人民法院关于审理不正当竞争民事案件应用法律若干问题的解释》

第十二条　通过自行开发研制或者反向工程等方式获得的商业秘密，

不认定为反不正当竞争法第十条第(一)、(二)项规定的侵犯商业秘密行为。

前款所称"反向工程",是指通过技术手段对从公开渠道取得的产品进行拆卸、测绘、分析等而获得该产品的有关技术信息。当事人以不正当手段知悉了他人的商业秘密之后,又以反向工程为由主张获取行为合法的,不予支持。

以下为起诉要求侵权人承担赔偿责任的相关案例,供参考。

相关案例参考

案例一

北京中科大洋科技发展股份有限公司诉陈某苏、成都索贝数码科技股份有限公司不正当竞争纠纷案

被告陈某苏(以下简称"陈")与原告北京中科大洋科技发展股份有限公司(以下简称"大洋")于2002年1月1日签订了无固定期限劳动合同,担任大洋的董事、副总经理,并有权接触原告的商业秘密(包括技术秘密、定价系统、渠道政策、客户名单等)。大洋的公司章程明确规定,董事和股东在任职期间及离职两年内不得与公司同业竞争。陈书面同意了离职两年内不得与公司同业竞争之规定。然而,2003年初,陈向大洋辞职并入职成都索贝数码科技股份有限公司(以下简称"索贝")——大洋的主要竞争者。基于以下理由,原告状告陈和索贝:(1)陈没能遵守公司章程与书面同意书中关于竞业限制之规定,其行为给原告造成了重大的经济损失,并影响了其商业信誉;(2)索贝明知陈对原告负有保密义务且尚在竞业限制期限内,仍聘用陈作为副总裁。因此,索贝同样构成了对大洋商业秘密的侵犯,应作为共同侵权人承担责任。

法院判定,陈作为大洋的前高级管理人员和董事,违背了公司章程和书面同意书中关于竞业限制的规定,为原告带来了巨大损失,构成了商业秘密侵权,应承担责任。法院查明,索贝明知或应知陈与大洋签订了竞业限制协议(因为与公司董事和高级管理人员签订竞业限制协议是行业惯例)。虽然索贝辩称陈与大洋的竞业限制协议无效、对陈没有约束力,但辩称无法成立,

因为非经无效或撤销的竞业限制协议对各方都具有拘束力。因此,法院判决陈和索贝侵犯原告的商业秘密,应承担连带责任。

案例二

上海富日实业有限公司诉黄某瑜、
上海萨亚菲纺织品有限公司侵犯商业秘密纠纷案

原告上海富日实业有限公司(以下简称"富日")系由被告黄某瑜(以下简称"黄")与案外人管某于1996年投资设立,被告黄出资人民币40万元,持股40%,公司经营范围含服装、针纺织品的加工制造、销售等。公司设立后,被告黄在公司担任监事、副总经理等职,参与公司的经营管理。2002年4月30日,富日通过股东会决议,同意被告黄退出公司并辞去相关职务。2002年4月间,被告黄与案外人刘某宏投资组建了被告上海萨亚菲纺织品有限公司(以下简称"萨菲亚"),其经营范围包括纺织品、服装的制作、销售等。

2000年初,富日与案外人"森林株式会社"发生持续交易,而在萨菲亚公司设立后,案外人"森林株式会社"基于对黄的信任,与其建立了业务关系。富日公司章程第三十七条规定,董事、监事、总经理依照法律规定或者经股东会同意外,不得泄露公司秘密。黄与富日签订的劳动合同第十一条约定劳动者在解除合同后5年内不得与公司客户有业务联系,但将公司客户明确限定为合同解除前公司已有往来的客户,而该合同在1998年11月7日到期后并未续签。富日于2010年起诉黄泄露并使用其商业秘密,与萨菲亚构成共同侵权。

一审法院和二审法院判定:富日未能证明客户名单构成《反不正当竞争法》下的商业秘密,且其劳动合同条款属于单纯的竞业限制规定,并未明确保密责任和商业秘密保护范围,不构成《反不正当竞争法》所规定的保密措施。因此,认定被告黄和萨菲亚未侵犯富日的商业秘密,驳回了其诉讼请求。最高人民法院的再审判决维持了一、二审法院的判决。

第十一节 企业知识产权保护的10个注意事项

以下内容由作者整理自江苏高院报告,为方便阅读,做了一些归纳、解释和删节。作者是从法官视角、裁判者的角度理解相关问题的，整理出的注意事项有很强的指导价值。

1．研发立项先检索

您的企业在产品研发立项前，请务必注意对已有信息进行充分检索。否则一旦出现您的企业自主研发的成果可能早已是公知信息或早已由他人申请知识产权保护的情况，企业将遭受不必要的人力和资金损失。

2．研发过程注意保护

您的企业在产品研发过程中，由于研发尚未完成，尚不能申请专利保护，因此请您特别注意对商业秘密的保护，以避免他人利用你的研究成果抢先完成产品研发，抢先申请专利。在产品研发完成后，请您及时通过申请专利或采取保密措施进行商业秘密保护，否则将可能导致企业的技术被公开，或被他人抢先申请专利，造成损失。同时，根据不同产品的特点，建议您可以同时考虑采取专利、商标、著作权、知名商品特有包装、装潢等方式进行全方位的知识产权保护。

3．生产过程注意保护

您的企业在生产过程中，请注意对涉及商业秘密的技术信息资料以及生产流程加以物理隔离，以防因保密意识不强，任凭他人参观、拍照、摄像而因此遭受不必要的损失。委托他人加工时，企业的一些商业秘密必然会让对方知晓，请注意与对方签订保密协议加以约束。

4．合作过程注意保护

您的企业在技术研发过程中可能会与他人开展合作，请务必注意在相关合作合同中对知识产权的权属及各方的权利、义务作出明确无误的约定。权属约定不明的疏忽往往十分致命，常常导致企业期望取得的专利技术、商业秘密或者该专利、商业秘密的独占许可不能获得，企业不能因此获得竞争优势。通过转让、许可等取得知识产权时，请务必注意审查转让人、许可使用人的权属证明文件，以防转让人或许可使用人并不是真正的权利人，或者权利已过期。

5．及时注册商标

您的企业在培育商业标识过程中，请注意及时进行商标注册，否则不能取得商标专用权，他人使用相同的商业标识不构成侵权，以避免您投入大量人力、物力、资金培育的商业标识轻松为他人所使用。

6．合理注册商标

您的企业在申请注册商标时，应当尽量避免使用地名、产品通用名称等作为商标的文字。商标的设计应当具有显著性特征且便于识别，臆造性文字是比较好的选择。同时您在申请注册商标或登记企业字号前，请务必注意对在先商标注册信息以及同行业企业字号进行充分检索，应充分注意避免权利冲突，切忌“傍名牌”。否则极有可能侵犯他人在先权利，或落入他人驰名商标跨类保护的范围，企业不仅会遭受损失，还可能会面临权利人的索赔，或面临停止侵权特别是停止字号的使用。

7. 贴牌加工注意知识产权

您的企业如果是贴牌加工企业，在承接外来加工客户订单时，请务必注意对订单项下加工产品的知识产权合法性进行必要审查，否则可能导致加工、生产侵犯他人专利或注册商标专用权的产品，给企业造成损失。

8. 及时登记著作权

您的企业应当注意对软件、文字、图片、图案、花型等作品著作权的保护，作品完成后应及时到版权部门进行著作权登记。所形成的电子文档，应当尽量运用电子数据认证、加盖时间戳等现代网络技术手段加以固定，作为完成作品时间的证据。

9. 避免侵犯著作权

您的企业应当注意对他人著作权的尊重，避免在您的产品上以及产品说明书、广告宣传册、企业网站上，使用他人享有著作权的产品图片、文字说明等内容。同时，在印制产品说明书、广告宣传册等企业宣传资料时，请务必注明印刷发行日期、印刷单位等信息，这些信息既可以作为您进行著作权维权的证据，也可以作为您进行不侵权抗辩的证据。文化创意企业还应注意在创作过程中，对他人作品的合理使用，以避免侵权。网络服务企业还应注意避免侵犯他人网络信息传播权，不要擅自提供在线影视、音乐作品的播放、下载服务等。

10. 建立知识产权档案

建议您在必要情况下尽可能建立知识产权档案，对知识产权的研发记录权利证书、缴费记录、知识产权合同，对方提供的权利证明文件、著作权原始载体等资料注意保存；您从其他企业购买产品时，应尽量要求对方在出具发票、送货单时注明产品型号等信息，以便在进行维权诉讼或者面临他人侵权指控时能提供足够的证据。

第十章　劳动用工风险控制

第一节　企业劳动用工的15个注意事项

以下内容由作者整理自江苏高院报告，为方便阅读，作了一些归纳、解释和删节。作者是从法官视角、裁判者的角度理解相关问题的，整理出的注意事项有很强的指导价值。

1. 避免大幅度裁员

经济环境变化形势下，企业生产经营遭遇一些困难十分正常。建议您不要轻易进行大幅度裁员，这不仅可以防止因裁员较多所带来的法律风险，避免伤害留用员工的企业归属感而影响企业长远发展，更是您和您的企业所需要承担的社会责任（作者注：要读出法院文章背后的含义，要了解，在社会经济形势困难的局面下，大幅度裁员已经不仅仅是个法律问题了）。

2. 规章制度讨论公示

企业规章制度的制定、修改必须遵循《劳动合同法》的民主程序，必须向劳动者公示，内容必须符合法律规定。如果您忽略这一点，规章制度将不能作为企业用工管理的依据，企业还会面临职工随时要求解除劳动合同并提出经济补偿的风险。建议您注意保留职代会或者全体职工讨论、协商规章制度的书面证据。保留员工手册签收记录、规章制度培训签到记录、规章制度考试试卷等方法都是证明您的企业公示规章制度的良好证据。

3. 先订合同后用工

请您务必树立先订合同后用工的观念，最迟必须在用工之日起一个月内订立劳动合同；劳动合同终止后劳动者仍在用人单位继续工作的，也应当在一个月内订立合同。劳动者拒不签订劳动合同的，请保留向劳动者送达要求签订合同通知书等相关证据，以避免劳动者不愿与企业签订书面劳动合同又事后要求企业支付双倍工资的风险。

4. 员工意愿签订固定期时保留证据

劳动者符合订立无固定期限劳动合同情形的，请尊重劳动者选择，按其意愿订立无固定期限劳动合同。在订立合同时可书面征询劳动者意见，若其要求订立固定期限劳动合同的，用人单位应保留劳动者同意的书面证据，避免事后劳动者反悔，以应订而未订无固定期限劳动合同为由要求用人单位支付两倍工资。

5. 服务期协议要留费用凭证

企业对劳动者进行专业技术培训，特别是出国研修，应当签订专项培训合同，明确双方权利和义务，减少人才流失对企业的影响；同时，请您注意保留培训费用方面的相关证据，以避免发生争议时的举证困难。

6. 合理使用竞业限制保护

高级管理人员、高级技术人员和其他负有保密义务的人员是企业的宝贵财富。为了避免出现他们在离职后到其他用人单位或自己开办公司从事竞业限制业务，造成您的企业客户流失、知识产权被侵害、生产经营受损的局面，您可以与他们约定保守商业秘密和与知识产权相关的保密事项，并同时签订竞业限制条款，明确竞业限制的范围、地域和期限。但请务必注意竞业限制期限不得超过两年，同时在解除或终止劳动合同后，在竞业限制期限内应按月给予劳动者经济补偿。

7. 善用综合计时和不定时

企业安排劳动者加班加点工作的，应支付加班工资。对由于工作性质、工作岗位的特点需要实行不定时工作制和综合计算工时工作制的劳动者，建议您及时申请劳动行政部门依法审批。同时注意保留经劳动者确认的考勤记录，以免在对加班事实发生争议时出现举证困难。

8. 放弃年休留凭证

安排职工年休假是企业的义务。如果企业安排职工休年休假，但职工不愿休假的，建议您以书面形式通知职工休假，并要求职工以书面方式对是否休假、何时休假予以确认，以避免发生争议时举证不能。

9. 警惕员工提“被迫解除”

依法及时为劳动者缴纳社会保险费是企业的义务，请您务必遵守。否则企业将可能面临劳动者以此为由要求解除劳动合同并要求经济补偿的更大风险和成本。

10. 单方调整必须慎重

企业与劳动者变更劳动合同约定的工作岗位、工资报酬等内容时，建议您务必通过书面劳动合同、工资单、岗位变化通知书等书面形式将变更内容予以文字记载，并经劳动者确认，以免发生纠纷时带来举证困难。

11. 规章设定调岗调薪条件

企业可以依据规章制度的规定或与劳动者的约定调整其工作岗位或薪酬。建议您在企业的规章制度或劳动合同中，对工作岗位、劳动报酬变更的情形作出规定或约定，以便发生争议时对调整劳动者工作岗位和工资报酬的合法性和合理性能承担举证责任。

12. 明确界定录用条件

企业在试用期内对劳动者有单方解除权，为确保您正确行使权利，建议您把好招聘关，明确界定录用条件并通过发送聘用函、在劳动合同中约定、在规章制度中规定等方式向劳动者公示录用条件。在试用期内做好考核工作，对不符合录用条件的劳动者及时解除合同，否则过了试用期将需要支付较高的辞退成本。

13. 明确严重违纪、量化重大损害情形

企业在劳动者严重违反规章制度等情况下有单方解除权，为确保您正确行使权利，建议您在企业的规章制度或员工手册中对严重违纪、重大损害等情形作出明确量化的规定，同时注意保留职工严重违纪、对企业造成重大损害、严重影响的事实依据，以便发生争议时举证。

14. 解雇须有法定理由

企业与劳动者解除劳动合同或劳动合同终止时，应按照法律规定的情形及程序解除或终止，并应当依法及时向劳动者支付经济补偿，请您注意遵守该项义务，否则将面临加付50％至100％、甚至二倍经济补偿金的惩罚的风险。

15. 员工辞职应规范

劳动者单方解除劳动合同是法律赋予的权利，企业应依法保障其辞职自由，但也应注意规范其辞职行为。建议您注意保留劳动者提交的辞职书等书面证据，以证明劳动者是否依法行使了合同解除权。另外，单位解除、单位提出并协商解除的情况下，单位都应支付经济补偿金，保留辞职书可以避免解除原因不明而使单位背上支付经济补偿金的义务。对劳动者违反诚实信用原则，在劳动合同约定期限届满前或约定工作任务完成前解除劳动合同，给企业造成损失的，您可以主张劳动者赔偿直接经济损失。

第二节 创始人应该知道的关键劳动法律规定

企业用工的最大规则是什么？不是市场规则，不是管理规则，是法律！这个常识是很多企业吃过大亏才弄明白的。大家慢慢发现，我国的劳动法律很严苛、很倾斜、极其刚性、用市场规则无法理解。企业负责人如果不懂《劳动法》，《劳动法》迟早会给你上课。有些课的“学费”很昂贵。《劳动法》，了解了掌握了，就是一扇门，不了解，就是一堵墙。那么，哪些规定是企业负责人必须掌握的？简述如下。

一、不签合同要付双倍工资

这个规定是用法理或普遍常识很难理解的，签约本是双方的行为，而不是一方的义务；不签约行为本身也不会损害员工利益。但是，不容分说，法律就是这么规定的，只能照做。否则后果相当严重，入职一年内不签合同，要从第二个月起支付双倍工资，超过一年不签，形成无固定期劳动合同。

如果企业负责人发现本公司员工未签合同，可以直接将人事经理撤职，甚至解雇。是否全员签约，这是衡量人事负责人称职与否的基本标准。

二、调岗降薪要有理由

一支队伍奖罚分明，才能有战斗力。可是如果单位不能降薪降职，还怎么“罚”？其实，法律并不是排除降职降薪，只是要求有依有据。所谓依据，就是单位要说明员工不能胜任原工作，或客观情况发生变化原合同无法履行。鉴于降职降薪的调整可能引起纠纷，单位的理由还必须物化为证据，主要指书面材料。如果没有理由或有理由而没有证据，后果是，员工可以要求补发工资、恢复原岗位，或提出“被迫离职”，要求单位支付经济补偿。

三、随意解雇后果很严重

除非出现法律规定的几种情形，单位不可以在合同到期前解雇员工。如果没有法定的理由而解雇，或有理由但没有证据证明，后果是，或者支付双倍经济补偿，或者恢复劳动关系并支付仲裁诉讼期间的工资，这个期间最长可能是12个月，工资标准按正常工作的工资计。有时赔钱倒成了小问题，最麻烦的是炒掉的员工去而复返，单位必须接受！

很多企业负责人在要求人事“把他给我干掉”“叫他走人”时，发现人事很不给力，这不是人事无能，倒可能是他比较负责。违法解除，法律风险和管理风险实在太高了。企业负责人一定要了解法律，了解解雇的风险，尊重法律，跟人事良好沟通，研究清楚解雇一个人的理由和证据，把握大小，风险几何，有无其他方案。

四、无固定期合同并不可怕

很多单位将正式职工统统转为派遣工，或对常年培养的熟练工忍痛割爱不予续约，目的只有一个，规避无固定期限劳动合同。其实无固定期限劳动合同并没有那么可怕，无固定期合同的员工流出单位的通道还是存在的。试问单位在什么情况下希望员工退出公司？无非两方面，员工本人的原因，态度不好业绩不佳，或单位的原因，缩编、调整、搬迁、撤并，两方面的原因在法律上都能找到依据来解除合同。无固定期合同并不意味着负责到老。另外，随着派遣用工的收紧，无固定期限合同是大势所趋，只有适应，无法逃避。

五、员工可以无条件辞职

单位不能随意解雇员工，但是员工却可以无条件辞职，只要提前一个月通知单位即可。这就是《劳动法》的倾斜保护之一。如果员工没有提前一个月通知，说走就走怎么办？法律的规定是，赔偿损失。问题是，员工没有提前通知，能造成单位什么样的损失？单位又如何举证？实践中都相当难。所以，关键岗位上，单位趁早做好员工随时离职的准备，别指望能约束住什么。倾斜保护就是这么无奈。

六、对员工约定违约金有限制

单位只有在两种情况下可以约定员工承担违约金，一是出资培训员工并签订了服务期协议，员工服务未满就离职，可以要求就培训费按比例返还；二是签订了竞业限制协议，员工离职后有违反的，可要求支付违约金。除此之外，就员工违约金的任何约定一律无效。可以看出，《劳动法》并没有打算拿劳动合同去真正约束员工。但同时，法律对要单位承担违约金的约定却没有任何限制，只要有约定，就是有效的，单位就需要承担。

七、竞业限制成本很高

单位为了约束员工离职后跳槽到竞争对手工作，或自办有竞争业务的企业，往往大规模地约定竞业限制条款，甚至全员覆盖。这样做风险相当大。《最高人民法院关于审理劳动争议案件适用法律若干问题的解释（一）》第三十六条规定："当事人在劳动合同或者保密协议中约定了竞业限制，但未约定解除或者终止劳动合同后给予劳动者经济补偿，劳动者履行了竞业限制义务，要求用人单位按照劳动者在劳动合同解除或者终止前十二个月平均工资的30％按月支付经济补偿的，人民法院应予支持。"因此，对于非关键岗位员工，单位如果没有准备支付竞业限制补偿金，就不要在双方签署的文件中出现"竞业限制"几个字眼，否则补偿责任将不期而至。

八、保密协议不需付费

竞业限制成本很高，但单位与员工签署保密协议则不需要付费。这是因为，理论上，商业秘密属于单位固有财产，员工本来就不得侵犯，单位不需要为员工履行法定义务而额外承担费用。可惜的事，员工违反保密约定，单位只能要求赔偿损失，而不能要求支付违约金。因此效果大打折扣。

以上是企业负责人所必须掌握的《劳动合同法》基本规定。不了解这些规定，仅仅按照自己的逻辑进行用工管理，一则可能处处被动，二则可能把劳资关系搞得鸡犬不宁。

第三节　单位应在劳动合同中设置什么条款以保护自身权益？

相关案例参考

神飞公司招聘陈某为业务员。双方签订了劳动合同，试用期3个月。试用期将满时，公司出具了一份解除合同通知。写明因陈某在试用期内一份订单都没有完成，且工作态度散漫，从未按照公司要求例行记录客户拜访情况，所以陈某不符合录用条件，公司有权解除合同且不补偿任何费用。陈某不服，提起仲裁，仲裁经审理认为，根据相关法律规定，劳动者在试用期内被证明不符合录用条件的，用人单位可以解除劳动合同，但单位应当提供该岗位的录用条件及劳动者不符合该录用条件的证据。本案中，公司并未以书面形式明确试用期成交订单为录用考核条件，也没有书面要求记录客户拜访情况。而订单的完成受市场行情、产品质量、服务承诺、交易价格等多方面影响，未成交订单不能直接推定属于不符合录用条件，故裁决解除合同违法。

本案是一起典型的因操作不善导致败诉的案件，解除所欠缺的完全不是实际情形和理由，而是文字化的规则要求，试想，如果劳动合同有关于业绩的考核指标和工作记录的要求，解除合同当无疑问。

劳动合同并不完全是双方意思自治的结果，劳动合同的各项内容基本都有法律的强制性规定，并且有些连具体标准都是法定的，比如社会保险、休息休假、经济补偿、违约责任，等等，合同双方几乎没有协商余地。有的民法学家甚至不把劳动合同作为合同来看待。

然而，劳动合同里还是有一些自留地的，如合同期限、劳动报酬、工作内容和地点等。这些双方可协商的部分，是单位需要认真处理的地方。为了更好维护单位利益，应当在劳动合同中设置以下条款。

1. 录用条件的约定

值得提示的是，录用条件不一定是客观的或数据性的标准，主观标准在司法实践中也是被接受的，如沟通能力，工作态度，主管或其他部门的评价等。另外，合同约定的录用条件应当与试用期满时的考核项目相对应，不能考核衡量的录用条件是没有意义的。

2. 岗位职责和要求的约定

员工有严重失职或不能胜任工作的情况，单位可以解雇或调岗。劳动合同法加重了违法解除的责任，单位以严重失职等理由解除合同但又不能有效证明相关事实的，视同违法解除，后果是解除无效、恢复劳动关系或双倍经济补偿。因此解除合同必须倍加慎重和严谨。如果合同里具体约定到岗位的职责和工作要求、考核指标、考核程序，则单位在证明员工有失职行为或不能胜任工作的情况时，会更有依据，把握更大。

3. 薪资奖金调整的约定

《劳动合同法》规定变更合同内容需要双方协商一致并以书面方式进行(《劳动合同法》第三十五条规定，用人单位与劳动者协商一致，可以变更劳动合同约定的内容。变更劳动合同，应当采用书面形式)。因此调整薪资并不完全是单位单方说了算。除非有法定理由，否则降低薪资需要员工同意，至少是口头同意。这在一定程度上限制了单位的用工管理自由。必须作必要的制度安排才能达到奖优罚劣的目的。

具体方法有：

(1) 劳动合同约定薪资的计算方式，而不是固定不变的薪资标准。

(2) 合同约定薪资变更的条件和变更幅度，把变更合同转换为履行合同的行为。

(3) 增加浮动奖金的比例，奖金可以根据公司效益或个人绩效等指标评定。可以定期评定或在必要时启动临时评定。

公司降低员工薪资，无非是要在公司效益不佳的时候削减成本，或员工表现不佳时给以惩戒。以上目的都可以上述正当合法的手段实现。

4. 薪资随岗位调整的约定

以合法理由调整岗位时是否可以同时调整薪资？法律并没有明确规定。两方面的意见都有，认为可以的理由是同工同酬，认为不可以的理由是变更合同需要协商一致确定。无论如何，这是个法律规定的模糊地带，劳动合同可以进行适当填补。合同可以约定，单位在合理调整员工岗位时，有权相应地调整薪资，其薪资标准按照新岗位标准执行。

5. 对规章制度的确认

鉴于规章制度必须公示或告知劳动者方才对劳动者有效，并且需要有证据证明曾经告知，因此必须设置一种有效的流程保证每个员工都看到和了解了规章制度并能对此予以证明。在劳动合同中设置相应条款，是一种有效和方便的告知、保留证据的办法。但最好在合同末尾签署栏的下方特别注记，并由劳动者另行签名，以免员工在发生纠纷时主张合同为单位格式条款，单位没有特别提示，并且拒绝修改，自己未曾多看等，从而影响该确认的效力。

6. 员工违法解除合同赔偿损失的约定

一般情况下，员工离职需要提前一个月通知单位。实践中员工不辞而别或“即辞即别”的情况时有发生，法律又规定单位不得随意约定违约金，那么如何规定员工不依法提前一个月通知就离职的违法行为呢？约定赔偿办法！

法律规定员工违法解除合同的需要承担赔偿责任(《劳动合同法》第九十条规定，劳动者违反本法规定解除劳动合同……给用人单位造成损失的，应当承担赔偿责任)。该条规定在实践中较难落实，单位很难举证造成的损失金额，并且员工离职后经常不知去向，无法追究赔偿责任。可行的做法是在合同里约定损失的计算方法，如员工离职后安排其他人加班处理其岗位事务所发生的加班费、临时紧急招用新员工发生的额外费用如猎头费用、工作未完好交接造成的业务损失，都可以约定具体的计算方式，并约定损失赔偿可以在薪资中扣除。

员工不辞而别时单位依此方式计算赔偿并暂扣薪资的，应当是合情合理的做法，被司法支持的可能性非常大。相反如果合同未做约定，只是简单地扣除员工当月薪资，此种行为并没有充分的法律依据，被判支付的风险较大。

7. 保护商业秘密的约定

签订保密协议，单位不需要因此付费(《劳动合同法》第二十三条规定，用人单位与劳动者可以在劳动合同中约定保守用人单位的商业秘密和与知识产权相关的保密事项)。签订保密条款的用处包括，依《反不正当竞争法》规定，认定某项信息为商业秘密的要件之一是“经权利人采取保密措施”，最高法院的相关解释规定，签订保密协议的，应当认定为权利人采取了保密措施[《最高人民法院关于审理不正当竞争民事案件应用法律若干问题的解释》第十一条规定，具有下列情形之一，在正常情况下足以防止涉密信息泄漏的，应当认定权利人采取了保密措施：(五)签订保密协议]。因此，签订协议有利于认定构成商业秘密。

实际操作中，可以在合同里约定单位商业秘密的范围，如工艺图纸或客户名单，另外约定员工违反约定泄露或使用商业秘密的，如何承担赔偿责任，单位损失的计算办法。

8. 竞业禁止的约定

劳动合同法规定双方可约定在员工离职后不得到与本单位经营同类业务的有竞争关系的其他用人单位，或者自己开业经营同类业务，这就是竞业限制条款。那么，如果员工在职期间有上述行为如何处理？《劳动合同法》下员工可以建立双重劳动关系，员工在职期间从事竞业业务并不是天然违法的。按照《公司法》的规定，只有公司董事和高级管理人员才有竞业禁止（注意与竞业限制的区别）的法定义务[《公司法》第一百四十八条规定，董事、高级管理人员不得有下列行为：（五）未经股东会或者股东大会同意，利用职务便利为自己或者他人谋取属于公司的商业机会，自营或者为他人经营与所任职公司同类的业务；（八）违反对公司忠实义务的其他行为。董事、高级管理人员违反前款规定所得的收入应当归公司所有]，因此以上问题是单位面临的一个实实在在的问题。

解决的办法是在劳动合同里约定，员工在职期间不得自营或者为他人经营与单位同类的业务，否则应当赔偿由此给单位造成的损失，或所得的收入归单位所有。这样的规定有一定的法律依据，应当是有效的（《劳动合同法》第九十条规定，劳动者违反本法规定解除劳动合同，或者违反劳动合同中约定的保密义务或者竞业限制，给用人单位造成损失的，应当承担赔偿责任）。

9. 通讯地址的约定

劳动合同履行过程中，单位偶尔需要向员工发送书面通知，比如要求签订合同的通知、续签通知、解雇通知、禁止双重关系的通知等。以上书面文书具有实质性的法律意义，能不能证明单位曾经通知过，关乎责任的有无，诉讼的胜败。当员工不肯签收上述通知时，应当进行邮寄或快递。因此，员工联系地址应当要求其在合同里书面写明，省却将来需要证明通知确已有效送达本人的麻烦。

另外，还可要求员工提供其个人电子邮件和手机号码，以便重要文件多渠道发送。并可要求以上讯息如有更改应当及时书面通知单位，未通知更改的，寄送原址视为送达。

第四节 企业的规章制度应当如何完善？

企业主很辛苦，要应付市场、客户、工商税务、投资人，还有劳动者。

制定好企业的规章制度，比如员工手册，就是很好的战前准备。可以说，在律师眼里，员工手册，就是为打官司制定的。做好规章制度，可以极大增加胜算。给大家介绍两个很能说明规章制度重要性的案例。

相关案例参考

案例一

两颗苹果引发的纠纷

小张、小王都是十几年前就进入某饭店工作的老员工，小张是迎宾，小王是总机接待，都与该饭店签订了无固定期限的劳动合同。2012 年 2 月 14 日，有员工举报两人在 12 日凌晨 2 点进入饭店厨房偷拿物品。该饭店的管理层查看监控录像后进行调查，两人觉得问题不大，坦率地承认进厨房拿了两个苹果吃，并且写了书面说明。

饭店认为，小张、小王未按规定走员工通道、偷窃饭店的物品等，根据《员工手册》“有偷窃或贪污饭店、客人、员工的物品、钱物等行为的，作解除劳动合同辞退处理”的规定，与两人解除了劳动合同。

小张、小王觉得委屈，吃个苹果也要开除啊？不服！于是分别经仲裁后向法院起诉，要求判令该饭店恢复劳动关系。庭审中主张，自己在当班期间因感饥饿，路经厨房时进去拿了两个苹果充饥，而苹果价值较低，不构成偷窃，该饭店《员工手册》有“私自使用客用设施和物品，吃喝饭店食品饮料的，记违纪过失 4 分”的规定，自己的行为更符合“私自吃喝”的规定，该饭店任意解释规章制度，直接以原告“偷窃”作出违纪辞退处理，处罚明显过重。

该饭店则认为：员工手册相关文件对有关“偷吃”与“偷窃”的规定有详细解释：“吃喝饭店食品饮料”是指餐厅服务员、厨师利用工作便利，私自吃喝饭店食品饮料；“偷窃或贪污饭店、客人、员工的物品、钱物等行为”是指秘密窃取他人钱物的行为。

对偷窃饭店以及客人、员工财产物品行为实行零容忍制度是饭店行业的惯例，因此与两原告解除合同是符合法律规定的。

案例二

一块猕猴桃引发的纠纷

2011 年 5 月 11 日下午，某食品加工公司裱花车间操作工王某工作时随手拿起一小片裱花蛋糕用的猕猴桃就吃，不想被新来的副经理发现。副经理当场就给予了批评，还把王某叫到办公室写下了事件陈述。公司扣除其当月考核奖 250 元。

王某本以为事情就过去了，5 月 30 日，公司向其面送了离职报批单，以王某“偷吃公司物品”为由，解除与他的劳动合同。

公司员工手册第 13 条规定：“利用工作之便索取回扣，对他人行贿或接收贿赂、侵占公司资金、挪用公司资金、盗窃公司物品或私人钱物等行为的，依情节轻重扣考核分 61～100 分，解除劳动合同或终止劳动合同。”

公司对员工类似行为作出过培训，包括“不能在车间吃东西”，但公司在培训中没有明确如果违反这一条会导致的后果。

王某不服，申请仲裁，要求公司支付违法解除劳动合同赔偿金。

裁判结果

1. 苹果纠纷

法院经审理认为：该饭店对有关“偷吃”与“偷窃”条款的解释合理，符合该饭店作为涉外场所对员工的基本要求。

小张、小王任职于该饭店迎宾、总机接待员岗位，其工作范围、内容并不涉及饭店厨房相关工作，属于非厨房工作人员，但两人无视相关规定，随意使用非员工通道，尤其于深夜进入厨房擅取食品一节，其故意程度严重。

若恣意纵容与厨房工作无涉人员任意进出厨房，且不论进出人员是否持有健康证，饭店的食品安全将难以保障。

小张、小王虽然只是“偷窃”两个苹果，但物品贵贱并不改变行为本身的性质。

该饭店为提升饭店品质、提高管理水平制定严格的规章制度属于依法行使管理权，决定解除与小张、小王的劳动合同应该支持，因此作出驳回上诉、维持原判的终审判决。

2. 猕猴桃纠纷

仲裁委审理后认为：公司员工手册规定中，能与王某吃猕猴桃的行为相对应的应该只有“盗窃公司物品”。显然，王某吃一小片猕猴桃难以与“盗窃公司物品”画等号，而且本案中，公司已经针对王某这一行为作出了扣除当月考核奖250元的处罚。此外，公司作为食品生产企业对员工类似行为应当明确要求，加强管理。从培训记录的内容看，王某在职期间的确接受过“不能在车间吃东西”的培训，但公司在培训中并没有明确告知王某如果违反这一条会导致的后果。

王某的行为虽有不当，但尚不构成严重违反公司规章制度，公司解除与王某劳动合同的行为缺乏依据，公司应当向王某支付违法解除劳动合同赔偿金。

以上两个案例，情节大致相当，都有员工书写的情况说明，事实基本无争议；员工都自认情节轻微，不过就是私自吃了点单位水果的事儿；都涉及食品安全。为什么结果会相反呢？我想主要有以下三方面区别。

一、规章制度的严密性

苹果案中，单位规定“有偷窃或贪污饭店、客人、员工的物品、钱物等行为的，作解除劳动合同辞退处理”，猕猴桃案中，单位规定“盗窃公司物品……解除劳动合同”。这两条规定的文字使用并未将两案的区别拉开。有区别的地方是，苹果案中对“偷吃”和“偷窃”有细化的解释说明，而猕猴桃案中并未对何为“盗窃公司物品”进行解释。这一区别导致苹果案法官认为“单位对‘偷吃’与‘偷窃’条款解释合理”，物品虽小仍不改其行为性质，而猕猴桃案中仲裁认为“吃一小片猕猴桃难以与‘盗窃公司物品’画等号”。

苹果案中，单位规定“有偷窃……作解除劳动合同辞退处理”，惩罚措施明确具体，而猕猴桃案中，单位规定“盗窃公司物品……依情节轻重扣考核分61～100分，解除劳动合同或终止劳动合同”，此处情节轻重固然给单位处理留出了余地，但同时也给法官审判留下了巨大空间，给案件胜败留下了巨大风险。相当于把决定权大部分让渡给法官。

此外，猕猴桃案中，单位就“不能在车间吃东西”作出过培训，可惜没有规定如果吃了如何处理，致使这一培训反倒成了规章制度的缺失表现，成了判决单位败诉的可靠理由。

二、规章制度的合理性

苹果案中，法官认定解雇合法，事实上包括了维护食品安全、提升酒店品质等价值考虑，判决结果积极回应了单位关于酒店行业惯例、对偷窃行为“零容忍”等主张，这些主张使单位解雇处理有了更高更重要的价值依托，变得较为合情合理，员工的就业需求让位于价值更大的食品安全和酒店品质管理。

而猕猴桃案中，单位就食品安全等抽象理由并未提出任何主张，案件陷入就事论事的不利局面，案件沦为“一小片猕猴桃”的纠纷，而不是一个关乎食品安全的纠纷，关乎产品品质管理的纠纷。为了“一小片猕猴桃”，当然不可以牺牲员工的就业权利。

当然，我们也没有看到苹果案中的规章制度就此价值问题有何阐述，只是单位庭审中提出了主张，但是，可以想见，如果规章制度对单位所珍视的价值和核心利益进行阐释，解释清楚哪些行为会被予以处罚，以及这样做的理由，那么这种有言在先的说明提示会使解雇行为更具合理性，更加无可争议。

三、执行规章的程序性

规章制度的执行过程对案件的影响也相当大。在苹果案中，公司人事管理者曾将处理建议呈送总经理，并在作出决定后抄送工会，这种程序上的严谨不仅增加解雇的合法性，也会无形中增加单位决定结果的慎重和规范感觉。而猕猴桃案中，员工发生偷吃行为后，公司扣除当月考核奖 250 元，然后又做解雇处理，会给人一过两罚或自相矛盾的感觉（除非单位的规章制度对此有合理明确的规定，让人了解这是可以同时并存的）。另外，员工 5 月 11 日出现违纪行为，公司直到 5 月 30 日才面送离职报批单，对于一个被认为严重违纪需要解雇处理的行为，这个决定似乎过于拖沓和迟疑。

因此，解雇处理在程序上的表现，也是相当重要的因素，它代表了这种处理是不是合乎逻辑、是不是规范和慎重。

相信从两个案例的对比上，大家已经看出来该如何做好一份员工手册了。

以上这些区别，我认为是导致两案结果差异的主要原因。值得大家警戒。当然，苹果案中，单位的规章制度也有不完善的地方，例如，法官最终裁决的主要理由是，小张、小王行为的严重性事实上并非在于“偷窃”，而是使用非员工通道、进入非本人工作区域的厨房（类似串岗）、危害食品安全，这些行为在规章制度中无一规定，饭店只好牵强地使用“偷窃”的条文。也就是说，饭店规章制度并未将饭店最核心的利益体现出来并进行直接和有效的保护。这也是大多单位规章制度存在的深层次问题。

第五节 员工手册如何规定才方便解雇不适合在企业工作的员工？①

《劳动合同法》收紧了员工流出用人单位的渠道，如单位终止劳动合同时支付经济补偿金的规定、两个固定期合同后建立无固定期合同的规定、违法解除终止合同双倍经济补偿的规定，等等，这些规定的目的是“促进劳动者的就业稳定”，但企业却希望建立能进能出的、“充满生机和活力”的、灵活的用工制度，以适应激烈的市场竞争。

如何在法律规定内淘汰落后、削减冗员、促进组织肌体的新陈代谢，是企业用工面临的较大挑战。规章制度可以在其中发挥重大作用。

规章制度可以理解为在企业内部施行的“法律”，发生纠纷时可以作为法院判案依据。[《最高人民法院关于审理劳动争议案件适用法律若干问题的解释（一）》第五十条规定，用人单位根据劳动合同法第四条规定，通过民主程序制定的规章制度，不违反国家法律、行政法规及政策规定，并已向劳动者公示的，可以作为确定双方权利义务的依据。]但很多企业的规章制度形同摆设，发生纠纷后寻寻觅觅也找不到一条可用的规定。如何挖掘规章制度的潜力，使其在企业“精兵简政”的过程中发挥应有的作用呢？下面对此进行论述。

---

① 本节内容曾发表于《中国人力资源开发》2009年第4期，原标题为《规章制度中的解雇机制构建》，本书收录时有所删节。

一、规章制度在试用期内解除合同上的构建

《劳动合同法》第三十九条规定，“劳动者有下列情形之一的，用人单位可以解除劳动合同：（一）在试用期间被证明不符合录用条件的”。

试用期本是一个双方相互了解相互选择的期限[《关于贯彻执行〈中华人民共和国劳动法〉若干问题的意见》（劳部发〔1995〕309号）第十九条规定，试用期是用人单位和劳动者为相互了解、选择而约定的不超过六个月的考察期]。企业需要选择那些适应自己文化符合自己要求的员工，才能组成一个有战斗力的团队，在商场竞争中搏击厮杀。但适应、符合与否，不是看看简历面谈几次就可以确定的。了解需要时间。因此就有了试用期的规定。

但试用期不能被滥用，让试用期成为短期工或打零工一样的“随用随叫”期。因此法律同时要加以限制，只有试用期内“被证明不符合录用条件”的，才可以解除合同。但这样一限制，又让很多企业不知所措，试用期成了“无用”期，试用期内发现不合适的，解除起来困难重重。“试用”设置的初衷似乎被瓦解一空。但这并不都是法律限制的问题，而是企业制度设计不够完善的问题。

不完善之处，在于首先没有事先明确的录用条件，也没有试用期内考核其是否符合条件的制度流程，没有考核，当然也就没法证明了。

很多单位规章制度没有事先明确的录用条件，认为即使考察一段时间后发现新员工不合适，也都是主观感觉和判断，难以量化甚至无法言表，无法证明，因此不会被认可。笔者认为这是对法律规定的“录用条件”的误解。

法律有规定录用条件必须是客观标准吗？法律有排除符合录用条件与否采取主观判断吗？

没有！

事实上采取主观判断也是合情合理和必然的。试用期的本意就是要考察这个员工将来能否胜任这个岗位，能否适应企业的文化和氛围，能否组成一个协调配合的团队，这取决于这个员工的能力、意愿、态度和个性，而对这些方面的判断也只能是主观判断，本来就没有客观的衡量标准。人不是机器设备，很难进行性质的检测和数据的测量。因此，主观判断不仅是可以接受的，而且是必需的。

在上海劳动保障网 www.12333sh.gov.cn 公布的某试用期内解除合同的案例中，员工认为“公司提供的考评考核资料大多是各部门的主观意见”，仲裁委则

认为“试用期是劳动者在用人单位展示自己工作能力的阶段……而沟通协调的能力是无法用客观的标准加以衡量的”，最后支持了单位主要以主观考核评价解除员工合同的行为。

因此，企业完全可以根据各岗位的需求侧重将其录用条件划分为工作能力、工作意愿、工作态度等主观条件，然后对各条件细分，比如对销售等外向型岗位可将工作能力细分为表达能力、人际交往能力、适应压力能力、解决冲突能力等，并对各个细分的条件提出相应的标准要求，显然这些标准也是主观的标准，比如较强、中等或几分。

当然录用条件也不排除像业绩要求、工作效率等较客观的要求，如果能将主观标准转换成客观标准来考核那当然争议更少。

接下来要做的就是规定在试用期满前对这些标准进行考核。主观标准也是可以考核的，可以让试用期员工的同事、主管、下级甚至客户等工作相关人对其进行评价、评分，然后可以规定某岗位的某一标准有 1/3 人员评价在较好以下的，或评分低于总分的 2/3 以下的视为不符合录用条件。甚至可以规定其主管具有一票否决权，只要主管一人评分在 70 分以下的视为不符合录用条件。考评结果为不符合录用条件、需解除合同的，务必保留考评的书面资料，因为解除合同的条件之一是“被证明不符合录用条件”，如果届时发生纠纷而不能证明，则会适用《劳动合同法》第四十八条的规定，解除无效或双倍支付经济补偿了。

另外，如果每个新员工都进行兴师动众的烦琐考评，操作起来不太可行，尤其是对员工众多流动频繁的企业。对此，规章制度也可以规定，是否进行考核可以由主管决定，对表现出色的新员工可以不进行考核直接转正，对主管认为表现不佳的员工则启动考评程序决定取舍。这样的规定并不违法，如果规定出台的程序合法，公示充分，发生纠纷时应当会被司法认可的。

总之，以不符合录用条件解除合同，被支持的关键是有约在先和合情合理。有事先明确的规章制度，合理的条件要求和考核程序，司法部门没有理由不予认可。

二、规章制度在严重违纪解除合同上的构建

《劳动合同法》第三十九条规定，“劳动者有下列情形之一的，用人单位可以解除劳动合同：……（二）严重违反用人单位的规章制度的”。违纪解除的案例一

般都争议较大，具体操作上，单位如果要以劳动者严重违纪为由解除合同的话，还需要确保发生争议能打得赢官司，如果解除合同的决定不被仲裁、法院支持，则又会适用劳动合同法第四十八条的规定，解除无效或双倍支付经济补偿了。

违纪解除能被仲裁或法院支持，需要具备几个条件：

(1) 违纪事实有证据证明(《最高人民法院关于审理劳动争议案件适用法律若干问题的解释(一)》第四十四条规定，因用人单位作出的开除、除名、辞退、解除劳动合同、减少劳动报酬、计算劳动者工作年限等决定而发生的劳动争议，用人单位负举证责任)。

(2) 违纪情形有规章制度条款规定。发生了严重过错事实，但规章制度没有相应规定，包括没有列举涵盖该类行为，或没有规定相应后果，则解除合同仍然是无法可依。

(3) 规章制度产生程序合法。一个规章制度必须经过讨论、提案、协商、公示后才是有效的，才可以作为判案依据。

(4) 规章制度内容合法。内容合法指其规定不违反法律规定，并且具有合理性。

规章制度怎样设置，才能保证单位可以合法有效、较少风险地解除违纪员工的合同，这需要结合上述条件来逐一考察，具体如下：

第一，规章制度设置违纪行为的取证程序。员工发生违纪行为，必须以可存档可重现的方式保留相应的证据。最有效的证据是有员工签字确认的证据。保留的方式包括两种，一是即时取证，如迟到早退的书面打卡记录，卡片上的员工姓名由本人签名；员工对违纪行为的情况说明、保证书或检讨书；公司对违纪行为的处罚公告；以电子邮件或快递方式发送的警告信；现场监控录像、摄像；现场目击者证词等。二是定期取证，如月度考核表中对违纪情形的记载、月度例会中违纪情形的记录、员工述职报告中处罚情况的说明等。以上所有取证材料中，取得员工的书面确认都是最关键的事情。规章制度不仅要有实体性的奖惩规定，还要有程序性的处理规定。就像民法必须有民事诉讼法来配合实施一样。但一般企业规章制度里程序性的规定都太少了。

第二，规章制度详尽列举违纪情形和相应后果。规章制度应规定什么样的行为属于严重违纪，其后果是可以解除合同。实践中经常有员工发生严重过错，但规章制度找不到相应规定的尴尬。最严密的办法是首先将严重违纪行为进行定义，其次将违纪情形概括为几类，如破坏公司秩序、违背组织伦理、危害财产安全、损害公司声誉等，再在每种类别里列举具体情形，最后在每种类型里还设置兜底性条款，如“其他扰乱公司秩序的行为”。这样，在过错行为没有具体列举的情况下，可以适用兜底条款，兜底条款也不适用时，可以引用定义条款。此外，规章制度还应设置累加式惩戒制度，即一般违纪的累加可构成严重违纪，可以解除合同。否则，规章制度将对那些大错不犯、小错不断的员工无计可施。这样的规定一般在司法实践中还是会被采纳的。

第三，规章制度应确保其内容合法有效。内容合法的第一个条件是不违反法律的规定。比如“周六固定加班”的规定，有强迫劳动的性质，应属无效。还有“经理层以上无加班费”的规定，违反薪资支付的法律规定，无效。还有比如“员工必须服从工作调整，不得异议”“不得与同事谈恋爱，否则解除合同”，等等，都属无效。

值得注意的是，违纪解除规定的合理性也是其有效的前提条件。这一点是很多相关论述都未曾提及的。比如，公司规定“公司内吸烟属于严重违纪，一经发现解除合同”，这样的规定不具有合理性，在实践中一般不会被支持。但也有被支持的案例，如一员工诉某涂料厂劳动纠纷案中，法院认定“作为一个重点消防企业，这一规章制度(抽烟即开除)合理合法，工厂也在生产区多处标示严禁吸烟、严禁明火的标志……故工厂按这一规章制度，以严重违纪为由作出开除决定并不违法”[①]，支持的原因仍然是合理性。合理性之所以作为规定有效性的判断依据之一，是因为法律对“严重违反用人单位的规章制度”中的“严重”未曾定义，事实上也无法定义，企业实际状况形形色色，千差万别，只能根据具体情形人为判断违纪是否严重，解除合同的惩罚是否合理。这里就会产生一个矛盾，如果规章制度规定过严，则解除合同发生纠纷后有被认定无效的风险，认定无效意味着解除违法，《劳动合同法》第四十八条规定的后果不期而至。如有的单位规定三次迟到为严重违纪可以解雇，真的据此解雇的话风险也很大；如果规定过宽，则无法有效彻底地处理违纪员工问题。如有的单位规定一年内旷工 15 天开除，假如他旷了 14 天那就得继续忍受。对于这个问题，解决的办法一是累加惩戒，小错积累视为大错；二是普通标准，即采取企业间惯常的普遍的标准；三是关注判例，当地的司法判例基本上代表了仲裁或法院的操作口径，具有相对一致性，并

① 案例见上海市总工会网站 http://61.129.65.35/renda/node6797/node6808/userobject1ai1291185.html。

可作为后案裁判的参考依据。

三、规章制度在失职解除合同上的构建

《劳动合同法》第三十九条规定，“劳动者有下列情形之一的，用人单位可以解除劳动合同：……（三）严重失职，营私舞弊，给用人单位造成重大损害的”。《劳动部办公厅关于印发〈关于《劳动法》若干条文的说明〉的通知》（劳办发〔1994〕289 号）规定：“本条（《劳动法》第二十五条）中的‘重大损害’由企业内部规章来规定。因为企业类型各有不同，对重大损害的界定也千差万别，故不便对重大损害作统一解释。若由此发生劳动争议，可以通过劳动争议仲裁委员会对其规章规定的重大损害进行认定。”因此，单位的规章制度有权对“重大损害”进行定义。虽然最终仍须仲裁进行认定，但可以判断，只要单位对重大损失的定义不是过于偏颇，基本都是有效的。单位不应该放弃这个权利。如果规章未作规定的话，损失是否重大只好由仲裁去判断，这将增加纠纷的不确定性和风险，使单位据此解除合同时缩手缩脚。

此外，单位还应将“严重失职”的情形进行定义和列举。以便在员工发生相应行为时“有法可依”。

违纪是不应为而为的过失行为，失职是应为而不为的过失行为，两者具有相关性，因此，关于失职解除的规章制度制定要点，可以参考以上违纪一节。

四、规章制度在不能胜任解除合同上的构建

《劳动合同法》第四十条规定，“有下列情形之一的，用人单位提前三十日以书面形式通知劳动者本人或者额外支付劳动者一个月工资后，可以解除劳动合同：……（二）劳动者不能胜任工作，经过培训或者调整工作岗位，仍不能胜任工作的”。

适用该条解除合同的关键点是如何证明员工不能胜任工作。所谓不能胜任是指不能完成工作定额、不能达到岗位目标或不能符合岗位要求。不能胜任是一个对比的结果，实际业绩表现达不到目标要求的才是不能胜任。因此，证明不能胜任工作，第一需要有事先明确的工作定额、岗位目标或要求，第二需要有员工实际业绩表现的证据。

事先明确的岗位目标要求可以由规章制度直接规定，也可以由规章制度规定其产生的程序，如年终签署下年的责任状、协议确定业绩指标等。

公司还需要在规章制度里设置程序将业绩表现以书面化的形式反映出来，如业绩统计表、考评结果表等，以便与目标要求进行比对，有比对才有结论。

但有些岗位是无法进行定量考核的，如行政、文员、接待等，不像销售员或计件工之类有明确的业绩数额，其工作过程中几乎不会产生任何数据性的信息，无法进行结果的对比，此类岗位如何证明不能胜任工作呢？办法就是主观评价。例如，对一个接待的岗位，其岗位要求只能是热情、礼貌、耐心、端庄等主观要求，能否胜任也只能进行主观评价。如果在规章制度里设置了完整而公平的评价程序，如对相关人员进行态度和满意度的问卷调查、投诉记录打分，以此进行评价得出不能符合要求，进而以不能胜任工作为由调岗培训等，是完全合理的，发生纠纷后仲裁没有理由不予支持。

在证明不能胜任的问题上，也可以引进末位淘汰，即规章制度规定，在定期考评中排于末位的人员，视为不能胜任本岗位，依目前的司法实践，虽然考核排名末位就直接淘汰出本企业是违法的，但淘汰出本岗位则会被支持，排名末位可进行培训或调岗，新岗位仍然排于末位的，可以解除合同。

另外，不能胜任是指员工已做本职工作但不符合要求，失职则是根本没有做，失职的性质要比不能胜任更严重，但假如失职但不严重或未造成公司损失，够不上解除合同的，也可以考虑以“不能胜任工作”作调岗或培训，仍然不能胜任的，则依法也可以解除合同了。

五、规章制度在制定程序上的要求

依据《劳动合同法》第四条的规定，用人单位在制定、修改直接涉及劳动者切身利益的规章制度时，应当“经职工代表大会或者全体职工讨论，提出方案和意见，与工会或者职工代表平等协商确定”，并且应当将规章制度“公示，或者告知劳动者”。

为了使员工手册在产生程序上符合法定条件，以应对最苛刻的仲裁员或法官，具体操作上，建议采取的步骤是：

（1）首先选举职工代表（如无），保留选举材料。

（2）召开职工代表大会，保留召开大会的通知或公告，或保留召开大会时的签到表。

(3) 将规章制度文本交职工代表大会讨论,保留讨论的会议记录。

(4) 请职工代表提出方案或意见,保留其意见文本。

(5) 对方案或意见进行协商,保留协商的会议记录,如前所述,协商不能达成一致的,记录协商时各自发表的意见应当也是可以的。

(6) 确定最后文本,将其公示,或告知每位员工。公示、告知的方法包括在公告栏张贴、公司内网上发布、发邮件到每位员工、规章制度文本签收或培训记录签名。

不过在司法实践中,员工手册经员工本人签收,即为成立,对员工具有约束力。初创期的中小企业可以从简,只保留员工签收记录即可。

吐故纳新是单位保持组织肌体健康活力的必要手段,但解雇的过程又极易发生纠纷,尤其是过失性解雇,并且单位的败诉率很高。必须充分利用单位规章制度这一内部"立法",不断完善其解雇流程和条件规定,并且完善其本身的制定程序,使其真正成为内部解雇的准则和发生纠纷后的判案依据。

第六节 如何设计薪酬制度以控制用工成本?

相关案例参考

宋小姐应聘到某公司担任销售工作,公司的《员工手册》与《绩效评估与考核管理办法》中规定,年终奖根据公司本年度的盈利状况和员工的个人贡献大小发放。2006年,公司因部门亏损原因,决定对于该部门的销售及主管人员均不发放年终奖。宋小姐不服仲裁,诉至法院,要求公司支付她年终奖。

公司辩称,奖金的发放属于公司内部决定事项,公司有自主考核、分配奖金的权力,且双方在劳动合同中也未约定公司必须发放年终奖。公司同时认为她的业绩考核不合格,也可拒发年终奖。

法院经审理认为,公司有权根据企业经营收支状况自主决定年终奖是否发放和发放标准。宋小姐所在的公司称其根据经营状况,对宋小姐所在的部门所有人员未评发2006年年终奖,此举并不违反相关法律规定。宋小姐并未提供部门其他员工已领取年终奖的证据,所以公司未对宋小姐发放年终奖并无不当。并且，宋小姐未提交年终奖可不附条件必须发放的证据，她本人也表示知道年终奖需要经过考核。公司因宋小姐所在的部门亏损严重，而对该部门均不发放奖金应属其自主权力范围。最后法院驳回了宋小姐的诉讼请求。

本案中，法院支持了单位不发年终奖的行为，实践中，也有很多案例是单位被判支付年终奖。付与不付间，关键区别是什么？是单位关于年终奖支付的规定，即年终奖支付是不是有条件的，有的话，条件是什么，程序是什么，数额如何确定等。

单位的薪酬制度对用工成本的影响，远不止年终奖这一项，薪资制度的方方面面都有文章可做。在不降低员工收入、不损害员工满意度的情况下，优化薪酬制度，可以降低单位总的用工成本，方法列举如下。

一、用报销额度代替津贴补贴

很多单位的工资分项里，有几项叫住房补贴、电话补贴、交通补贴、餐费补贴（或津贴），每月固定发放一定金额，也有的单位不列在工资表里，而每月另行发放。从法律上，这些补贴津贴都视为工资[《关于工资总额组成的规定》（一九九〇年一月一日国家统计局令第一号）第四条规定，工资总额由下列六个部分组成：（一）计时工资；（二）计件工资；（三）奖金；（四）津贴和补贴；（五）加班加点工资；（六）特殊情况下支付的工资]，也就是说，这些津贴补贴在计算社会保险缴费基数、计算加班费基数、计算个人所得税、计算经济补偿金、赔偿金时，都应算入。

有些人提出争辩说，工资总额里的津贴补贴，特指《关于工资总额组成的规定若干具体范围的解释》里的高空津贴、井下津贴、流动施工津贴、野外工作津贴、价格补贴等，不包括交通、通讯等补贴。那好，我们找一个说得更明白的规定，《财政部关于企业加强职工福利费财务管理的通知》（财企〔2009〕242 号）直接说："企业为职工提供的交通、住房、通讯待遇，已经实行货币化改革的，按月按标准发放或支付的住房补贴、交通补贴或者车改补贴、通讯补贴，应当纳入职工工资总额"。[《人力资源和社会保障部关于企业工资总额管理有关口径问题的函》（人社厅函〔2010〕51 号）进一步列举，将按月按标准发放或支付给职工的住房补贴、交通补贴或者车改补贴、通讯补贴以及节日补助、按月发放的午餐费补贴等统一纳入职工工资总额管理。]

所以,通讯、交通等补贴计入工资,不应再有争议,而计入工资的后果,大家都明白,它们会成为计算很多费用的基数。

怎样在不损害员工利益、不减少员工实际收入,又不违法的前提下,降低单位成本呢?答案是报销。

有的公司规章制度规定,员工因业务而支出的手机费用、交通费用,都可以凭票报销,根据岗位不同,规定不同的报销额度,即报销限额。在法律上,费用报销不属于工资,属于公司业务费用,如同差旅费报销一样。

即使像住房补贴、餐费补贴这些不是必然因为单位业务而支出的费用,也可以采用报销的形式,设置相应的额度。因为员工需要提供发票,填报财务报销单据,也不属于工资项目。

这里需要提示的是,原本没有支付任何津贴补贴的单位,进行制度变更,在原来的工资总额里分出一块,进行报销操作,以降低工资总额的,最好跟员工签订变更原工资水平的协议,否则可能构成克扣工资。

二、购房购车借款

单位提供员工购房购车借款,也是一个在不降低员工待遇的情况下降低用工成本的办法,因为借款属于民事关系,不属于工资构成。但这一办法的适用有前提条件。因为借款一般是要还的,员工很难将其视为收入的一部分。

在为了鼓励员工长期服务而准备支付履约奖励金时,可考虑采取以上方式。约定借款给员工,在服务满5年后,免除还款义务,未满5年而离职时,则需要全额返还。

履约奖励金在发放时,会被视为奖金,成为工资的一部分。但借款给员工,则仍视为民间借贷,为民事关系,当然也存在被认定事实上属工资的可能性。

购房购车借款可以一次性支付,也可以按月支付,按月支付并由员工偿付车贷房贷每月按揭贷款,也是合情合理的做法。

三、规定年终奖条件

奖金本来有浮动的性质,是跟员工绩效和表现挂钩的,甚至因单位的效益好坏而变动。但仍然有单位在年终奖的纠纷中，被判支付。究其原因，一般包括以下情形：(1)在劳动合同里规定了对单位不利的内容，如直接在合同里约定年终奖支付金额，或合同里约定支付 13 薪、14 薪等；(2)规章制度里约定了年终奖支付考核标准，结果未经考核就取消支付；(3)历年均按照固定标准支付年终奖，或当年按照固定标准支付其他人年终奖，但取消某员工的奖金发放，又无具体理由。

因此，不管实际操作如何，建议在相关文件里体现年终奖的浮动性，避免无条件支付的规定，规定了凭考核结果发放的，就应依照规定进行考核，避免"有法不依"，陷入被动。

值得一提的是，员工工作不满一整年，是否必须发放年终奖？这个问题完全依据单位规章制度而定，单位规定年终奖支付条件必须为工作满整年的，实践中基本都认定有效。如果单位无任何规定，则发生纠纷后有可能被判依工作时间按比例发放。

四、规定离职后提成支付办法

销售员离职时，尚未达到支付条件的销售提成如何处理？也是一个单位规定可以发挥控制成本作用的地方。我们知道，离职之后发的钱，对员工的激励或满意度的贡献几乎是零，离职后可以不受损失地全额领提成，甚至会让员工更轻松地作出离职决定。所以，在这一部分控制成本很有必要。建议公司薪酬制度规定，离职时尚未满足支付条件的，离职后提成不再发放，或者规定在离职后回款完成的情况下，提成减半发放。这样的规定也有一定合理性，离职后客户势必需要转给其他销售员负责，跟催回款及解决客诉、售后服务也有一定工作量，甚至有返还货款的风险，因此离职员工即使签单完成交易，仍有一部分工作没有完成，不能取得或全额取得销售提成的规定一般会被认定有效。

五、规定加班需要事先审批

泡加班是很多单位的顽疾。为什么泡呢？因为有加班费。泡加班现象降低了工作效率，扭曲了激励机制，增加了单位成本，有害无利。

如何解决呢？

单位可以在规章制度里规定，员工加班必须事先提交申请，经书面、邮件或系统内审批，否则不得加班。这样规定的本意，不在审核加班，而在限制加班费。

存在类似规定的单位发生的加班费争议案例中，法院基本都要求员工提供加班经审批的证据，否则即使提供实际加班时数的证据，也因为缺乏程序性的审批文件，而被否定计发加班费。

控制用工成本除了薪酬制度的设计，还有很多文章可做，比如利用特殊工时制、非全日制用工、完善解雇流程、采用兼职等，希望在以后的文章中跟大家探讨。

第七节　解剖一个案例看企业如何改善劳动用工操作

一、案情背景介绍

相关案例参考

2010 年 7 月 26 日，王某与某会计师事务所的法定代表人李某签订了《员工试用协议》，约定试用工资为 3 000 元，油补 1 000 元，饭补 300 元。试用期不超过 3 个月，试用期满经过考核合格，根据员工为客户提供服务质量、本人工作业绩重新核定工资。王某担任职务为行政经理，负责为李某接送、办事、送礼等。

7 月 29 日下午，王某与李某因单位业务开展和个人职业发展产生分歧并导致激烈肢体冲突，单位主张此后王某未再回公司上班，王某否认。诉讼中单位提供打卡考勤记录，显示 30 日起再无打卡记录。

8 月 12 日，会计师事务所以试用期内无故旷工，不符合录用条件为由对王某作出了除名决定，同时扣发王某当月工资和期末奖金等。该除名决定上有手写“王”字，单位主张为王某书写，王否认。后经司法鉴定非王某手书。

2011 年 1 月 29 日，王某向单位索要入职以来的工资，与李某再次发生冲突，被李某拉扯衣服。王某报警，此后王再未到单位。2 月初，王某提起仲裁，要求支付 2010 年 7 月 26 日至 2011 年 1 月底工资。后起诉至法院。

二、问题总结

案例介绍到这里，大家应该明白，最后发生诉讼，几乎是单位一手推动的。单位的用工操作，存在一系列的问题。判决的结果我们且暂缓介绍，建议读者回头重新浏览案情，找出单位操作存在哪些问题点。然后再往下与作者总结的问题一一对照。

1. 问题一

单位的法定代表人李某与王某签订协议。

从法律上讲，法定代表人确实有权代表单位签署协议，并且不需要单位的特别授权，但是这样操作仍然存在一定风险，一是将来有可能被认为法定代表人并非代表单位签署协议，即单位与员工没有签订完成劳动合同，从而承担双倍工资，二是员工对将来发生纠纷的结果产生对其有利的预判，致使纠纷更容易发生。

2. 问题二

签署《员工试用协议》。

《劳动合同法》明确规定，劳动合同期限不足3个月的不能约定试用期；劳动合同只约定试用期的，试用期不成立，视为正式合同期（《劳动合同法》第十九条规定，以完成一定工作任务为期限的劳动合同或者劳动合同期限不满三个月的，不得约定试用期。试用期包含在劳动合同期限内。劳动合同仅约定试用期的，试用期不成立，该期限为劳动合同期限）。所以对法律无知的结果就是，以为增加了自己的操作空间，实际上限制了自己的操作空间。将自己置于非常不利的境地。

3. 问题三

7月29日后员工未上班后的处理。

本案中单位主张员工29日之后未来单位上班，但仅提供了打卡记录作为证明，这是存在风险的。因为29日之后马上就是下个月，中间可能还有周末，将来发生纠纷有可能被认为员工有上班但是下个月的打卡记录单位故意不提供，所以妥善的做法是发函通知员工上班，或发函就员工旷工事实进行陈述并警告或记过，从而对员工未来上班的事实进行补证。

4. 问题四

8月12日除名。

如果我们不考虑管理上的原因，单位想除名的话，29日员工与法定代表人发生激烈肢体冲突时就足以当场直接除名，即使以旷工的理由除名，一般也不需要等到旷工近半个月之后。另外除名是已经废止的《企业职工奖惩条例》里的概念，是国有企业处理员工的一种措施，非国有企业并不适用，因此除名在表述上很不规范。

5. 问题五

除名理由。

本案中单位的除名理由是员工旷工，不符合录用条件。首先这种表述可能被认定为自相矛盾，其次本案中双方并不存在试用期。以试用期不符合录用条件来除名先天不合法。

6. 问题六

除名决定未有效送达。

解雇通知有效送达是非常重要的事，通知送达之日是单位解除权行使、生效的日期，也是用人单位法定义务截止的日期。如果不能证明有效送达，则解除不生效，法定义务不终止。本案中如果员工不签收则可以快递送达，保留凭单，如果员工签收，则应要求签署全名，一个王字笔画太少，届时可能无法鉴定或者鉴定容易出错。

7. 问题七

工资分文未付。

不管后面发生了什么，至少7月份29日前的3天里员工是正常上班的，单位无论如何应该及时支付这3天的工资。没有支付构成明显的违法，并且这个明显的违法和不公道的作为，也会促使员工下决心起诉维权。

三、判决结果介绍

本案仲裁委员会支持了员工部分主张，员工不服提起诉讼，后法院判决认为：单位在王某离职后，未及时履行合法、完备的解除劳动关系手续，因此法律上双方在7月30日后仍然存续劳动关系，又因王某未实际到岗，因此单位应当支付至劳动关系实际终结之日的基本生活费。本案中，王某所要工资截止日是2011年1月30日，故单位应支付2010年7月29日至2011年1月30日的基本生活费。单位应支付王某2010年7月26日至同月29日上午工资483元，2010年7月29日下午至2011年1月30日期间生活费4 228元。

值得提醒的是，本案中法院判决支付基本生活费到1月底，只是因为员工起诉要求的截止期是 1 月底，也就是说，如果员工要求支付更长期间的基本生活费，法院也会支持。这个就是通知不能送达的严重后果，好在本案中员工没有正常上班的事实为法院所确认，否则单位应支付的是正常工资。

这个案例展现出来的单位用工操作的问题很有代表性，值得每个人事工作者借鉴。总结来讲，一是对法律无知或漠视法律，以直接违法的方式，搬起石头砸自己的脚；二是没有风险意识，操作不考虑法律的后果，看不出任何规避风险和避免败诉的努力；三是没有证据意识，对自己有利的事情不积极形成和保留证据，发生纠纷可能没法证明，吃哑巴亏；四是操作随意，没有深入和通盘的考量，经不起推敲，甚至在情理上都站不住脚。至于应对方法，简单而复杂：(1)改进态度；(2)掌握法律；(3)改善流程。

第八节　解聘总经理，需要什么法定程序和条件?

解聘总经理涉及《公司法》及《劳动法》两个层面的问题。在《公司法》的层面上，解聘总经理需要董事会作出决议，如果董事会决议程序违反章程规定且总经理同时也是股东，则其可以以股东身份起诉撤销决议，但此时法院只审查：会议召集程序、表决方式是否违反法律、行政法规或者公司章程，以及决议内容是否违反公司章程，而不审查决议所依据的事实是否属实，理由是否成立。也就是说，董事会可以无条件地撤销总经理的总经理职务。

如果总经理不属于股东，则无权以股东身份提起撤销决议之诉，只能以劳动者身份提起仲裁。

在《劳动法》层面上，解雇总经理(解除劳动关系)需要存在严重违纪、营私舞弊等过错，或不能胜任工作、客观情况变化合同无法履行等法定情形，否则属于违法解除，作为劳动者的总经理可以提出劳动仲裁和诉讼，要求恢复劳动关系。公司即使有撤销总经理职务的董事会决议，并且合法有效，如没有以上劳动法上的法定情形，公司也不得直接解雇，只能调岗，也就是说，可以撤销职务，但是不能直接解除劳动关系。

相关案例参考

李某军诉上海佳动力环保科技有限公司公司决议撤销纠纷案

法院裁判认为：根据《公司法》第二十二条第二款的规定，董事会决议可撤销的事由包括：第一，召集程序违反法律、行政法规或公司章程；第二，表决方式违反法律、行政法规或公司章程；第三，决议内容违反公司章程。从召集程序看，佳动力公司于2009年7月18日召开的董事会由董事长葛某乐召集，3位董事均出席董事会，该次董事会的召集程序未违反法律、行政法规或公司章程的规定。从表决方式看，根据佳动力公司章程规定，对所议事项作出的决定应由占全体股东2/3以上的董事表决通过方才有效，上述董事会决议由3位股东（兼董事）中的2名表决通过，故在表决方式上未违反法律、行政法规或公司章程的规定。从决议内容看，佳动力公司章程规定董事会有权解聘公司经理，董事会决议内容中关于总经理李某军不经董事会同意私自动用公司资金在二级市场炒股，造成巨大损失的陈述，仅是董事会解聘李某军总经理职务的原因，而解聘李某军总经理职务的决议内容本身并不违反公司章程。

董事会决议解聘李某军总经理职务的原因如果不存在，并不导致董事会决议撤销。首先，公司法尊重公司自治，公司内部法律关系原则上由公司自治机制调整，司法机关原则上不介入公司内部事务；其次，佳动力公司的章程中未对董事会解聘公司经理的职权作出限制，并未规定董事会解聘公司经理必须要有一定原因，该章程内容未违反公司法的强制性规定，应认定有效，因此佳动力公司董事会可以行使公司章程赋予的权力作出解聘公司经理的决定。故法院应当尊重公司自治，无须审查佳动力公司董事会解聘公司经理的原因是否存在，即无须审查决议所依据的事实是否属实，理由是否成立。综上，原告李某军请求撤销董事会决议的诉讼请求不成立，依法予以驳回。

案例索引：最高人民法院指导案例10号，最高人民法院审判委员会讨论通过，2012年9月18日发布。

相关法规：

《中华人民共和国公司法》

第二十二条　公司股东会或者股东大会、董事会的决议内容违反法律、行政法规的无效。

股东会或者股东大会、董事会的会议召集程序、表决方式违反法律、行政法规或者公司章程，或者决议内容违反公司章程的，股东可以自决议作出之日起六十日内，请求人民法院撤销。

第四十六条　董事会对股东会负责，行使下列职权：

（九）决定聘任或者解聘公司经理及其报酬事项，并根据经理的提名决定聘任或者解聘公司副经理、财务负责人及其报酬事项；

第九节　招聘女职工需要了解的问题

在职场，妇女能顶半边天。由于生理的差异，以及妇女承担了更多人类繁衍的责任，法律要对这半边天施以更多的保护。这些对女职工的法律保护，掌握起来并不容易，经常被用工管理者误解。本节整理了对女职工特别保护的常见疑问及相应法规依据，望能清除大家脑海中的雾霾。

一、女职工怀孕后，到底享受哪些待遇

在法律上，劳动者是弱势群体，女职工是弱势群体里的弱势群体，而正在承担繁衍责任的女职工则是最弱势的弱势群体，特别保护是必须的。妇女一怀孕，随即而来的法律保护包括以下几方面，这种保护要持续到哺乳期结束，也就是婴儿满一周岁为止。

1. 工资保持

单位不得因妇女怀孕、生育等原因，降低其工资（《女职工劳动保护特别规定》（国务院令第 619 号，2012 年 4 月 18 日施行）第五条规定，用人单位不得因女职工怀孕、生育、哺乳降低其工资、予以辞退、与其解除劳动或者聘用合同）。

如果女职工因怀孕而无法完成正常工作量，达不到以前业绩标准，是否可以降薪？笔者认为，也不可以。首先，如果只是在保持原来的工作量和业绩的情况下不降低工资，则这种特别保护并无必要，员工怀孕但没有对工作造成任何影响，本来降薪就没有理由，何须特别保护？其次，怀孕妇女具有法定的休息权、产检权，这是必然影响工作的，法律又规定产检期间视为上班，就是要求按正常工

作付薪。

2. 解雇保护

单位单方解雇员工分为三种情况，过失性解雇、非过失解雇和裁员。

按照《劳动合同法》的规定，单位是不可以以非员工过失的原因解雇三期员工的，即员工存在医疗期满不能从事原工作和单位另行安排的工作、员工不能胜任工作、客观情况变化致使原合同无法履行等情况下，公司不得解雇三期女员工，也不得对三期女职工裁员［《女职工劳动保护特别规定》第五条规定，用人单位不得因女职工怀孕、生育、哺乳降低其工资、予以辞退、与其解除劳动或者聘用合同。《劳动合同法》第四十二条规定，劳动者有下列情形之一的，用人单位不得依照本法第四十条、第四十一条的规定解除劳动合同：（四）女职工在孕期、产期、哺乳期的］。

3. 终止顺延

劳动合同到期时，员工处于三期内，如何处理？不可终止，合同顺延（《劳动合同法》第四十五条规定，劳动合同期满，有本法第四十二条规定情形之一的，劳动合同应当续延至相应的情形消失时终止）。顺延到什么时候？有些人理解，处于孕期的，顺延到孕期结束，处于产期的，顺延到产期结束。这个理解是错误的。事实上，不管处于三期中的哪一期，都要顺延到哺乳期结束。这是因为，第一，从法条的字面意思理解，“相应的情形”消失中的相应情形，包括“女职工在孕期、产期、哺乳期的”情形，这是法律列举的情形之一，“女职工在孕期、产期、哺乳期的”这种情形消失，只能理解成任何一种情况都不再存在，也就是，连最后的哺乳期都已结束；第二，如果只顺延到三期之一，例如孕期内合同到期的只顺延到孕期结束，即在孕妇即将进入产假时合同终止，不合情理也不符合立法目的。

当然，这一规定有可能被过度使用，假如员工在合同即将到期时选择怀孕，她可以成功地把合同人为延长——22 个月，十月怀胎加小孩一周岁内。这将产生另一个问题，员工在工龄届满 9 年时合同到期，然后以怀孕而顺延，这一顺延致使工龄超过 10 年，员工是否有权要求签订无固定期限合同？上海高院的意见是，因合同顺延而造成工龄满 10 年的，无权因此要求签订无固定期合同，而北京高院的意见则认可此时已满足签订无固定期合同条件，是否人为原因造成顺延，在所不问。

以上为三期员工都享有的劳动法保护，除此之外，三期员工各有法律特殊保护。

4. 孕期劳动保护

劳动保护包括,对从事容易引起流产早产的工作或在有医疗机构证明的情况下,减轻工作量和合理调岗,对孕期妇女不得安排加班,对7个月以上孕妇不得安排上夜班(《女职工劳动保护特别规定》第六条规定,女职工在孕期不能适应原劳动的,用人单位应当根据医疗机构的证明,予以减轻劳动量或者安排其他能够适应的劳动。对怀孕7个月以上的女职工,用人单位不得延长劳动时间或者安排夜班劳动,并应当在劳动时间内安排一定的休息时间。《上海市女职工劳动保护办法》第十一条规定,对妊娠期的女职工,不应延长其劳动时间;对从事频繁弯腰、攀高、下蹲、抬举、搬运等容易引起流产、早产的工作,或者经区、县级以上医疗机构证明不宜从事原工作的,应暂时调做其他适当工作或酌情减轻工作量)。

5. 法定产检

怀孕女职工孕期产检的,不可视为病假或事假,要按正常出勤计算,也就是说,要正常支付报酬(《女职工劳动保护特别规定》第六条规定,怀孕女职工在劳动时间内进行产前检查,所需时间计入劳动时间)。

6. 工间休息

怀孕7个月以上的女职工,每天工间休息一小时,当然,工资也需要照付,否则工间休息没有太大意义,保护变成了剥夺[《女职工劳动保护特别规定》第六条规定,对怀孕7个月以上的女职工,用人单位不得延长劳动时间或者安排夜班劳动,并应当在劳动时间内安排一定的休息时间。《上海市女职工劳动保护办法》第十二条规定,女职工妊娠7个月以上(按28周计算),应给予每天工间休息一小时,不得安排夜班劳动]。

7. 产假休息

怀孕职工享有产假,这是女职工的法定假,没有批准不批准的问题。多数情况下,产假时长128天(因为目前大多数妇女都属于晚育,已婚妇女生育第一个子女时,年满24周岁的,为晚育)。如遇多胞胎、难产的,则每一种情形下多休15天,此外,流产也有产假15天或42天产假[《上海市人民政府关于贯彻实施〈女职工劳动保护特别规定〉调整本市女职工生育保险待遇有关规定的通知》(沪府发〔2013〕5号)规定,(一)本市女职工生育享受98天产假,其中产前可以休假15天;难产的,增加产假15天;生育多胞胎的,每多生育1个婴儿,增加产假15天;

符合计划生育晚育条件的，增加晚育假 30 天。（二）本市女职工怀孕未满 4 个月流产的，享受产假 15 天；怀孕满 4 个月流产的，享受产假 42 天]。

8. 产假工资

当然，产假的最大保护不在于可以休息，休息是天经地义的，最大保护是休息同时正常领薪，不得降低。仔细斟酌上海市政府相关规定，可以合理得出的结论是，如果职工按照单位上年度职工平均工资领取的生育津贴低于本人以往正常工资水平的，差额部分还要由单位补足。[《上海市人民政府关于贯彻实施〈女职工劳动保护特别规定〉调整本市女职工生育保险待遇有关规定的通知》规定，本市女职工符合计划生育规定生育或者流产的，按照以下规定享受生育生活津贴：（一）参加本市城镇生育保险的女职工生育或者流产的，其生育生活津贴按照女职工所在用人单位上年度职工月平均工资除以 30 天再乘以应享受的产假天数计发，所需资金由本市城镇生育保险基金支付。（二）本市女职工享受的生育生活津贴低于本人产假前工资标准的，按照《中华人民共和国妇女权益保障法》第二十七条第一款和《女职工劳动保护特别规定》第五条执行。（三）未参加本市城镇生育保险的女职工生育或者流产的，其生育生活津贴按照女职工产假前工资标准和应享受的产假天数计发，所需资金由用人单位支付]。

9. 医疗费用报销

产期女职工的另一个保护是，生育发生的医疗费用，由生育保险支付，未缴纳过生育保险的，单位报销（《女职工劳动保护特别规定》第八条规定，女职工生育或者流产的医疗费用，按照生育保险规定的项目和标准，对已经参加生育保险的，由生育保险基金支付；对未参加生育保险的，由用人单位支付）。

10. 哺乳期劳动保护

哺乳期内女职工不得安排加班和夜班（《女职工劳动保护特别规定》第九条规定，对哺乳未满 1 周岁婴儿的女职工，用人单位不得延长劳动时间或者安排夜班劳动）。

11. 法定授乳

哺乳期内女职工，每天有一小时哺乳时间，也就是说，可以合法地迟到早退一小时。不消说，这一小时，当然也是正常付薪的（《女职工劳动保护特别规定》第九条规定，用人单位应当在每天的劳动时间内为哺乳期女职工安排 1 小时哺乳时间；女职工生育多胞胎的，每多哺乳 1 个婴儿每天增加 1 小时哺乳时间。《上海市女职工劳动保护办法》第十五条规定，婴儿满一周岁后，经区、县级以上医疗保健机构确诊为体弱儿的，可适当延长女职工授乳时间，但最多不超过 6 个月。授乳时间及在本单位内授乳往返时间，应算作劳动时间）。

二、怀孕员工严重违纪是否可以解除合同

很多单位或女职工认为，一怀孕，员工就披上了金钟罩，戴上了免死金牌，单位无法解除了。其实不是。“三期”内，单位仍可以以过失性辞退的理由解雇员工，也就是说，在员工存在严重违纪、营私舞弊、严重影响本职的双重劳动关系、欺诈、犯罪等情况下，即使怀孕仍可解除，甚至，在员工试用期内被证明不符合录用条件时，也可以无视怀孕事实而解除合同[《劳动合同法》第四十二条规定，劳动者有下列情形之一的，用人单位不得依照本法第四十条、第四十一条的规定解除劳动合同：（四）女职工在孕期、产期、哺乳期的。第三十九条规定，劳动者有下列情形之一的，用人单位可以解除劳动合同：（一）在试用期间被证明不符合录用条件的；（二）严重违反用人单位的规章制度的；（三）严重失职，营私舞弊，给用人单位造成重大损害的；（四）劳动者同时与其他用人单位建立劳动关系，对完成本单位的工作任务造成严重影响，或者经用人单位提出，拒不改正的；（五）因本法第二十六条第一款第一项规定的情形致使劳动合同无效的；（六）被依法追究刑事责任的]。

实践中，有些员工一入职就筹划怀孕，一怀孕就如释重负地通知单位，以为高枕无忧了。殊不知，此时怀孕对单位解除合同没有任何影响，除非没约定试用期或试用期已过。

三、员工请产前假、哺乳假如何处理？可否拒绝

很多国有单位，因为福利一贯优厚，员工也逐渐养成小姐脾气，任何可能听说过的好处都不肯落下。例如，有些员工强硬地要求请产前假、哺乳假，令单位人事很头疼。其实，法律的规定是，对这两项待遇由单位酌情考虑，可以批准，也可以不准，只是，在批准的情况下，应付工资为正常工资的 80%[《上海市女职工劳动保护办法》第十二条规定，女职工妊娠七个月以上（按二十八周计算），应给予每天工间休息一小时，不得安排夜班劳动。如工作许可，经本人申请，单位批准，可请产前假两个半月。第十六条规定，女职工生育后，若有困难且工作许可，

由本人提出申请，经单位批准，可请哺乳假六个半月。第十八条规定，女职工在产假期间的工资照发。按本规定享受的产前假和哺乳假的工资按本人原工资的百分之八十发给。单位增加工资时，女职工按规定享受的产前假、产假、哺乳假、应作出勤对待]。

四、违反计划生育，是否享受产假待遇

员工违反计划生育，产假是否还可以享受？答案是，产假有，但无产假待遇。也就是说，产假可以请，这是个基本人权问题，总不能要求生产的员工正常上班，但不能要求支付产假工资，实践中一般按照病假处理[《上海市人口与计划生育条例》第四十一条规定，对违反本条例规定生育子女的公民，除征收社会抚养费外，给予以下处理：(一)分娩的住院费和医药费自理，不享受生育保险待遇和产假期间的工资待遇]。

五、未婚先孕是否享受生育保险待遇

未婚先孕、未婚生育是否可以享受产假等三期待遇？很多人认为，未婚生育不一定违反计划生育，计划生育主要是个生育时间要求，而不是结不结婚的要求，因此，未婚先孕仍有机会享受女职工“三期”待遇。事实上，在法律规范上，未婚先孕本身属于计划外生育，是违反计划生育的[《计划外生育费管理办法》第二条规定，对计划外生育者(含超计划生育、非婚生育、非法定婚龄生育、不够间隔时间生育者等)依照规定征收计划外生育费]，因此，未婚先孕、未婚生育不能享受女职工生育津贴、产假工资待遇。那么，是否可以享受其他“三期”待遇？似乎法无明文规定。个人认为，经济性待遇可免，可不给产假工资、不给报销医疗费，生理性待遇仍应享受，如不得安排加班、夜班，给予产假、给予产检、授乳时间。法律保护无权享受，如解雇保护、终止顺延等不能享受。

六、女职工向单位隐瞒婚育实情，是否可以解雇

上海市第二中级人民法院等几个法院的判例认为，女职工婚育情况属于个人隐私，不属于单位知情权范围，员工没有义务向单位如实陈述。并且，如果任

由单位解雇在婚育问题上做过不实陈述的女职工，将侵害育龄女职工的就业权益，造成其就业困难，这会产生不良社会效果。因此，员工隐瞒或陈述虚假婚育信息的，尽管属于不诚信的行为，但不构成欺诈，单位不可因此解除合同。

第十一章　解散、清算和注销

第一节　起诉请求解散公司需要什么条件？司法上如何把握？

股东斗争是公司经营中最常见的戏码，落败的一方（往往是小股东）有时不甘失败，干脆拼个鱼死网破，拉着公司"同归于尽"。

怎么个"于尽"法呢？其中之一，就是起诉解散公司。

公司法规定，公司经营管理发生严重困难，继续存续会使股东利益受到重大损失，通过其他途径不能解决的，持有公司全部股东表决权 10%以上的股东，可以请求人民法院解散公司。

下面我们站在落败而又不甘的弱势股东一边，仔细研究下，起诉解散公司，该怎么做。[①]

一、关于解散公司的法律规范

《中华人民共和国公司法》

第一百八十二条　公司经营管理发生严重困难，继续存续会使股东利益受到重大损失，通过其他途径不能解决的，持有公司全部股东表决权百分之十以上的股东，可以请求人民法院解散公司。

---

① 如下内容，摘录自作者为某客户写的法律意见。为隐私计，作了适当处理，内容有点艰涩。

《最高人民法院关于适用〈中华人民共和国公司法〉若干问题的规定（二）》（2020年修正）

第一条　单独或者合计持有公司全部股东表决权百分之十以上的股东，以下列事由之一提起解散公司诉讼，并符合公司法第一百八十二条规定的，人民法院应予受理：

（一）公司持续两年以上无法召开股东会或者股东大会，公司经营管理发生严重困难的；

（二）股东表决时无法达到法定或者公司章程规定的比例，持续两年以上不能做出有效的股东会或者股东大会决议，公司经营管理发生严重困难的；

（三）公司董事长期冲突，且无法通过股东会或者股东大会解决，公司经营管理发生严重困难的；

（四）经营管理发生其他严重困难，公司继续存续会使股东利益受到重大损失的情形。

股东以知情权、利润分配请求权等权益受到损害，或者公司亏损、财产不足以偿还全部债务，以及公司被吊销企业法人营业执照未进行清算等为由，提起解散公司诉讼的，人民法院不予受理。

第三条　股东提起解散公司诉讼时，向人民法院申请财产保全或者证据保全的，在股东提供担保且不影响公司正常经营的情形下，人民法院可予以保全。

第四条　股东提起解散公司诉讼应当以公司为被告。

原告以其他股东为被告一并提起诉讼的，人民法院应当告知原告将其他股东变更为第三人；原告坚持不予变更的，人民法院应当驳回原告对其他股东的起诉。

原告提起解散公司诉讼应当告知其他股东，或者由人民法院通知其参加诉讼。其他股东或者有关利害关系人申请以共同原告或者第三人身份参加诉讼的，人民法院应予准许。

第六条　人民法院关于解散公司诉讼作出的判决，对公司全体股东具有法律约束力。

人民法院判决驳回解散公司诉讼请求后，提起该诉讼的股东或者其他股东又以同一事实和理由提起解散公司诉讼的，人民法院不予受理。

二、相关判例中对解散公司条件的掌握

（一）对“公司经营管理发生严重困难”的理解

从几个相关判例，可以理解法律上对公司经营管理发生严重困难是怎么认定的：

(1)“判断公司的经营管理是否出现严重困难，应当从公司的股东会、董事会或执行董事及监事会或监事的运行现状进行综合分析。其侧重点在于公司管理方面存有严重内部障碍。单纯的公司经营困难，而非治理结构上的根本性冲突，如公司经营亏损、资金周转不畅等都不是股东可以提起强制解散公司诉请的理由。相反，如果公司内部运行机制失灵，治理结构出现根本性障碍，即使公司目前仍处于盈利状态，也不影响股东依照公司法第一百八十二条的规定，提起强制解散诉讼。公司本身是否处于盈利状况并非判断公司经营管理是否出现严重困难的必要条件”(最高人民法院指导性案例8号“林某清诉常熟市凯莱实业有限公司、戴某明公司解散纠纷案”)。

(2)“公司经营管理严重困难包括两种情况：一是公司权力运行发生严重困难，股东会、董事会等权力机构和管理机构无法正常运行，无法对公司的任何事项作出任何决议，即公司僵局情形；二是公司的业务经营发生严重困难，公司经营不善、严重亏损。如公司仅业务经营发生严重困难，不存在权力运行严重困难的，根据《若干问题规定二》第一条第二款的规定，不符合《公司法》第一百八十三条的解散公司条件”[最高人民法院(2011)民四终字第29号仕丰公司与富钧公司解散纠纷案]。

(3)“至于嘉禾公司上诉主张公司的经营状况良好、经营管理正常、楼盘销售顺利、发展形势稳健，不存在经营管理困难的问题，首先，公司的经营状况、盈利与否，并不是判断公司解散案件的必要条件和衡量标准；其次，嘉禾公司所举的公司媒体宣传情况和销售业绩突出的证据，仅能反映嘉禾公司的经营处于盈利状态，并不能证明公司股东会机制运行顺畅，不存在僵局情形，反而能够表明公司在运行状况良好、楼盘持续热销的情况下从未向公司股东童朝分配过任何利润，从而必然会导致童朝的股东利益受到重大损失”[内蒙古自治区高级人民法院(2013)内商终字第86号“通辽市嘉禾房地产开发有限公司与童朝公司解散纠

纷案”]。

（二）对“继续存续会使公司股东利益受到重大损失”的理解

该要件本身无法外化为客观具体的标准，因此会由法官结合个案情况，并综合考虑分歧原因、存续时间、化解可能性等因素后进行判断。以下列举几种法院认定的情况：

（1）“富钧公司僵局形成后，公司经营即陷入非常态模式，在永利公司单方经营管理期间，富钧公司业务虽然没有停顿，但持续亏损，没有盈利年度，公司经营能力和偿债责任能力显著减弱，股东权益已大幅减损至不足实收资本的二分之一。”（前述仕丰与富钧案）

（2）“公司董事长瞿某明擅自以公司名义高息借巨款不入公司账，并擅自以公司作担保人对外高息借巨款，致使公司背负巨额债务，进一步损害了公司其他股东的利益。唯有解散公司，才能避免公司股东利益受到更为严重的损害。”[湖南省高级人民法院（2014）湘高法民再终字第71号“瞿某明、周某加等与王某斌、王某碧等公司解散纠纷案”]

（三）对“通过其他途径不能解决”的理解

所谓的“其他途径”一般包括股权转让、召开临时股东大会、司法或第三方调解等，但是否确实不能通过其他途径解决由法院在个案中具体判定，同样无客观标准。

（1）“将调解等其他救济手段设置为司法解散的前置程序，是因为司法解散将导致公司主体资格的消灭，且具有不可回复性，处理不当可能导致社会资源浪费。但是，立法对此所抱有的精神态度不等同于前置程序可以久拖不决。对于那些已经陷入严重经营管理困难的公司，在通过其他多种方法仍然无法化解纠纷时，只能通过司法解散公司这一股东退出机制来打破僵局；否则，过于冗长的前置程序可能使得公司司法解散机制形同虚设。”（前述最高人民法院指导性案例8号）

（2）公司僵局并不必然导致公司解散。司法应审慎介入公司事务，凡有其他途径能够维持公司存续的，不应轻易解散公司。但同时，“当公司陷入持续性僵局，穷尽其他途径仍无法化解，且公司不具备继续经营条件，继续存续会使股东利益受到重大损失的，法院可以根据公司法第一百八十三条的规定，判决解散公

司”。(前述仕丰与富钧案)

(3)“不是所有的公司僵局都不可逆转和化解，人民法院在处理涉及公司僵局相关的争议问题时，应力促当事人通过协商等途径解决纠纷，司法判决解散公司只能是竭尽其他途径后的最后一个司法救济途径。鉴于目前中国科技开发院将可能接手处理公司僵局的情形、太湖公司的大股东广州公司已开始清产核资，并考虑到太湖公司成立的相关背景情况，太湖公司目前出现的公司僵局问题尚不属于……通过其他途径不能解决的情形。”[浙江省高级人民法院(2009)浙商终字第 59 号“湖州太湖地效翼船有限公司等诉浙江湖州环太湖集团有限公司解散纠纷案”]

(4)“公司法没有确立解决公司僵局的其他替代性救济措施，现宏信公司的持续性僵局已经穷尽其他途径仍未能化解，如维系宏信公司，股东权益只会在僵持中逐渐耗竭。相较而言，解散宏信公司能为双方股东提供退出机制，避免股东利益受到不可挽回的重大损失。”(前述瞿某明案)

(四) 对原告方持股须占 10%以上的理解

对持股比例的要求是为了防止股东滥用诉权。实务中遇到的问题在于原告股东出资瑕疵时是否应对其诉权进行限制，目前，法院对这一股权比例要求主要采取的是形式审查标准。

(1) 法院根据大东公司起诉时主张的事由及在工商部门备案的公司章程记载的股东出资份额，认为大东公司提起本案诉讼符合法律规定的提起解散公司诉讼的形式要件并无不当。[最高人民法院(2013)民申字第 1297 号民事裁定书]

(2) 缴纳出资是股东依法应当向公司履行的义务，具备股东资格是履行出资义务的前提，反之，未履行出资义务不应当影响股东资格。请求人民法院解散公司是股东对公司僵局穷尽公司内部的救济手段后，请求司法救济的最后解决方式，该项诉权不应受到出资瑕疵的影响，否则任由公司僵局状态持续下去，则会导致公司股东利益受到重大损失。[山东省高级人民法院(2008)鲁民四终字第 128 号“滨州华康达服装有限公司等与华纺股份有限公司公司解散纠纷案”]

（五）是否须考虑原告方的过错

“公司能否解散取决于公司是否存在僵局以及是否符合《公司法》第一百八十三条规定的实质条件，而不取决于公司僵局产生的原因和责任。《公司法》第一百八十三条没有限制过错方股东解散公司，因此即使一方股东对公司僵局的产生具有过错，其仍然有权依据该条规定，请求解散公司。本案中仕丰公司提出解散富钧公司的背景情况为，富钧公司已陷入公司僵局并由永利公司单方经营管理长达七年，仕丰公司持有60%的股份，其行使请求司法解散公司的诉权，符合《公司法》第一百八十三条的规定，不属于滥用权利、恶意诉讼的情形。至于仕丰公司委派的董事张博钦，是否存在违反董事竞业禁止义务的过错行为、应否承担赔偿富钧公司损失的民事责任，由富钧公司通过另案解决，与本案无涉”。（前述仕丰与富钧案）

（六）司务中的难点：小股东请求解散公司

在股东持股比例较低（无法对决议享有一票否决权）的情况下，可能会出现公司股东会虽正常召开，但均由大股东一方自主决定的现象，使得小股东地位形同虚设。但如小股东起诉请求解散公司，法院可能会以起诉方股权比例过低而不足以形成事实上僵局为由，驳回诉讼请求。例如，最高人民法院在审理“依不拉音·毛拉、艾力江·毛拉与阿瓦提县新世纪运输有限责任公司、买合木提·热依木、斯拉木·斯拉依、艾斯卡尔·莫明公司解散纠纷申请再审一案[载《立案工作指导(2011年第4辑总第31辑)》]”中认为：新世纪公司注册资金50万元，依不拉音·毛拉、艾力江·毛拉与阿瓦二人的股权仅为15万元，不足1/3，不足以形成僵局。由于公司僵局是解散公司的重要前提，而最高人民法院认为新世纪公司的股权结构决定了依不拉音·毛拉、艾力江·毛拉与阿瓦在公司中的地位，难以形成公司僵局。目前新世纪公司名下80余辆车挂靠经营，承担着当地的客运任务，强制解散该公司，不但会损害公司股东利益，还将影响当地客运市场秩序，导致社会资源的浪费。因此未支持依不拉音·毛拉、艾力江·毛拉与阿瓦要求解散新世纪公司的诉求。

在此情况下，如小股东无法通过其他途径解决纠纷，又不符合异议股份回购请求权的条件，其权益可能无法得到正常保护。

第二节 解散、清算和注销的程序是什么?

千里搭长棚,没有不散的宴席。

公司也一样。

而且大部分新设公司,散的速度跟宴席一样快。

哪些情况下,公司会解散呢?可想而知,大部分是经营亏损开不下去了。也有一些其他原因。

《中华人民共和国公司法》(2018年修正)

第一百八十条　公司因下列原因解散:

(一)公司章程规定的营业期限届满或者公司章程规定的其他解散事由出现;

(二)股东会或者股东大会决议解散;

(三)因公司合并或者分立需要解散;

(四)依法被吊销营业执照、责令关闭或者被撤销;

(五)人民法院依照本法第一百八十二条的规定予以解散。

除了开不下去,还有公司合并分立、被工商部门吊销营业执照、被责令关闭,也需要解散。

虽然各有各的解散理由,但是解散程序基本都是一样的。

一、成立清算组

解散事由出现后,就要进行清算。公司应当在解散事由出现之日起15日内成立清算组,之后才能开始清算。有限责任公司的清算组由股东组成。

《中华人民共和国公司法》(2018年修正)

第一百八十三条　公司因本法第一百八十条第(一)项、第(二)项、第(四)项、第(五)项规定而解散的,应当在解散事由出现之日起十五日内成立清算组,开始清算。有限责任公司的清算组由股东组成,股份有限公司的清算组由董事或者股东大会确定的人员组成。逾期不成立清算组进行清算的，债权人可以申请人民法院指定有关人员组成清算组进行清算。人民法院应当受理该申请，并及时组织清算组进行清算。

清算组是不是必须是全体股东呢？以如下规定的逻辑看，不是的。部分股东也可以组成清算组。

《最高人民法院关于适用〈中华人民共和国公司法〉若干问题的规定（二）》（2020年修正）

第二十三条　有限责任公司的股东、股份有限公司连续一百八十日以上单独或者合计持有公司百分之一以上股份的股东，依据公司法第一百五十一条第三款的规定，以清算组成员有前款所述行为为由向人民法院提起诉讼的，人民法院应予受理。

公司已经清算完毕注销，上述股东参照公司法第一百五十一条第三款的规定，直接以清算组成员为被告、其他股东为第三人向人民法院提起诉讼的，人民法院应予受理。

清算组有清理债权债务的权利，也有很大的责任和风险，这部分我们后面再讲。

清算组应当自成立之日起10日内将清算组成员、清算组负责人名单向公司登记机关备案。

《中华人民共和国公司登记管理条例》（2016年修订）

第四十一条　公司解散，依法应当清算的，清算组应当自成立之日起10日内将清算组成员、清算组负责人名单向公司登记机关备案。

二、通知并公告债权人

清算组应当编制资产负债表，并自成立之日起10日内通知债权人，且于60日内在报纸上公告。接受债权人申报债权。注意，通知和公告缺一不可，不可互相取代。清算组未进行以上通知或公告程序的，债权人可以起诉清算组成员赔偿因此造成的债权人损失。

《最高人民法院关于适用〈中华人民共和国公司法〉若干问题的规定（二）》（2020 年修正）

第十一条　公司清算时，清算组应当按照公司法第一百八十五条的规定，将公司解散清算事宜书面通知全体已知债权人，并根据公司规模和营业地域范围在全国或者公司注册登记地省级有影响的报纸上进行公告。

清算组未按照前款规定履行通知和公告义务，导致债权人未及时申报债权而未获清偿，债权人主张清算组成员对因此造成的损失承担赔偿责任的，人民法院应依法予以支持。

清算组在债权人申报债权期间，不得进行单独清偿。申报期间多长呢？自清算组成立后最长 105 天内(60＋45)。为什么不得清偿？预防债权申报后发现公司资不抵债，则需要进入破产清算，按比例统一清偿。

《中华人民共和国公司法》（2018 年修正）

第一百八十五条　清算组应当自成立之日起十日内通知债权人，并于六十日内在报纸上公告。债权人应当自接到通知书之日起三十日内，未接到通知书的自公告之日起四十五日内，向清算组申报其债权。

债权人申报债权，应当说明债权的有关事项，并提供证明材料。清算组应当对债权进行登记。

在申报债权期间，清算组不得对债权人进行清偿。

三、清理公司财产和负债，制定清算方案

公告和申报债权结束，清算组应当制定清算方案，报股东会确认。确认形式当为形成股东会决议。

《中华人民共和国公司法》（2018 年修正）

第一百八十六条　清算组在清理公司财产、编制资产负债表和财产清单后，应当制定清算方案，并报股东会、股东大会或者人民法院确认。

清算方案未经股东会确认就执行的，公司、股东或者债权人可以主张清算组成员承担赔偿责任。

《最高人民法院关于适用〈中华人民共和国公司法〉若干问题的规定（二）》（2020年修正）

第十五条 公司自行清算的，清算方案应当报股东会或者股东大会决议确认；人民法院组织清算的，清算方案应当报人民法院确认。未经确认的清算方案，清算组不得执行。

执行未经确认的清算方案给公司或者债权人造成损失，公司、股东或者债权人主张清算组成员承担赔偿责任的，人民法院应依法予以支持。

四、了结债权债务和未了业务，清缴税款，分配财产

清算组就整理明确后的公司债权、债务，进行清收和清偿，债务包括应付货款、贷款、工资、经济补偿金等等，还要了结未了业务，清缴税款，之后还有剩余财产的再在股东间进行分配。

因此，清偿应付账款的优先顺序是：(1)支付清算费用；(2)职工的工资、社会保险费用和法定补偿金；(3)缴纳所欠税款；(4)清偿公司债务；(5)分配剩余财产给股东。

《中华人民共和国公司法》（2018年修正）

第一百八十六条 （第二款） 公司财产在分别支付清算费用、职工的工资、社会保险费用和法定补偿金，缴纳所欠税款，清偿公司债务后的剩余财产，有限责任公司按照股东的出资比例分配，股份有限公司按照股东持有的股份比例分配。

清算期间，公司存续，但不得开展与清算无关的经营活动。公司财产在未依照前款规定清偿前，不得分配给股东。

在清理债权债务或了结未了业务时与合作对方发生争议的，还可以以公司名义进行诉讼，清算组负责人代表公司参加诉讼。这也是清理债权债务可能采取的手段之一。

《最高人民法院关于适用〈中华人民共和国公司法〉若干问题的规定（二）》（2020年修正）

第十条　公司依法清算结束并办理注销登记前，有关公司的民事诉讼，应当以公司的名义进行。

公司成立清算组的，由清算组负责人代表公司参加诉讼；尚未成立清算组的，由原法定代表人代表公司参加诉讼。

其实前述通知和公告债权人也是清理债权债务的步骤之一，实质上包含在本条流程中。

《中华人民共和国公司法》（2018年修正）

第一百八十四条　清算组在清算期间行使下列职权：

（一）清理公司财产，分别编制资产负债表和财产清单；

（二）通知、公告债权人；

（三）处理与清算有关的公司未了结的业务；

（四）清缴所欠税款以及清算过程中产生的税款；

（五）清理债权、债务；

（六）处理公司清偿债务后的剩余财产；

（七）代表公司参与民事诉讼活动。

五、编制清算报告，申请注销登记

以上债权债务、业务、税款等清理完毕，剩余财产分配完毕之后，清算组应当制作清算报告，由股东会确认，同时将清算报告、公告样张、营业执照等文书提交工商部门，申请注销登记。

《中华人民共和国公司法》（2018年修正）

第一百八十八条　公司清算结束后，清算组应当制作清算报告，报股东会、股东大会或者人民法院确认，并报送公司登记机关，申请注销公司登记，公告公司终止。

《中华人民共和国公司登记管理条例》(2016年修订)

第四十三条 公司申请注销登记,应当提交下列文件:

(一)公司清算组负责人签署的注销登记申请书;

(二)人民法院的破产裁定、解散裁判文书,公司依照《公司法》作出的决议或者决定,行政机关责令关闭或者公司被撤销的文件;

(三)股东会、股东大会、一人有限责任公司的股东、外商投资的公司董事会或者人民法院、公司批准机关备案、确认的清算报告;

(四)《企业法人营业执照》;

(五)法律、行政法规规定应当提交的其他文件。

以上流程中,有些并不存在绝对的先后顺序(读者可能也已经注意到了,本文引用法条条款顺序也不是由先而后的),但以上这些步骤都是一个完整的清算注销流程必须经过的步骤。

第三节 吊销和注销有什么区别?

很多人分不清吊销和注销有什么区别。这里也给大家说明一下。

简单来说,注销就是公司死了,就像人死了一样,法人主体不复存在。

而吊销,是吊销营业执照,就是公司被剥夺了经营资格,就像律师被剥夺了律师执照,人还活着,只是不能从事律师业务了。吊销之后公司不可再经营业务,但是主体尚在。可以做什么呢?接下来只有一条路,清算注销。

吊销(营业执照)是注销的原因之一,而注销是吊销的唯一出路。但是也有很多公司经吊销后,未及时注销,在工商登记的基本信息里,就会显示“吊销未注销”。

《中华人民共和国公司法》(2018年修正)

第一百八十条 公司因下列原因解散:

(四)依法被吊销营业执照、责令关闭或者被撤销;

因为公司注销之后,法人主体不复存在,所以不能做原告,也不能做被告,公司仍有未了事务的,由清算组成员或股东负责。

但是公司吊销之后，法人主体尚在，可以做原告，也可以做被告。这是因为吊销之后仍需要清理债权债务，以便进行注销，而诉讼是清理债权债务发生争议后经常需要采用的途径。

《最高人民法院关于企业法人营业执照被吊销后，其民事诉讼地位如何确定的复函》

（法经〔2000〕24号）

吊销企业法人营业执照，是工商行政管理机关依据国家工商行政法规对违法的企业法人作出的一种行政处罚。企业法人被吊销营业执照后，应当依法进行清算，清算程序结束并办理工商注销登记后，该企业法人才归于消灭。因此，企业法人被吊销营业执照后至被注销登记前，该企业法人仍应视为存续，可以自己的名义进行诉讼活动。如果该企业法人组成人员下落不明，无法通知参加诉讼，债权人以被吊销营业执照企业的开办单位为被告起诉的，人民法院也应予以准许。该开办单位对被吊销营业执照的企业法人，如果不存在投资不足或者转移资产逃避债务情形的，仅应作为企业清算人参加诉讼，承担清算责任。

第四节 公司停业不清算、注销有什么问题？

有很多公司经营亏损，开不下去了，但也不办理解散、清算、注销手续，公司就一直在那里挂着。成了没人管的僵尸公司。

这样做可以吗，有什么风险和后果吗？

一、赔偿责任或连带清偿责任

公司长期不经营，工商部门可以吊销营业执照。

《中华人民共和国公司法》（2018年修正）

第二百一十一条　公司成立后无正当理由超过六个月未开业的，或者开业后自行停业连续六个月以上的，可以由公司登记机关吊销营业执照。

而一旦吊销，公司就必须进入解散、清算程序。

《中华人民共和国公司法》（2018年修正）

第一百八十条 公司因下列原因解散：

（四）依法被吊销营业执照、责令关闭或者被撤销；

第一百八十三条 公司因本法第一百八十条第（一）项、第（二）项、第（四）项、第（五）项规定而解散的，应当在解散事由出现之日起十五日内成立清算组，开始清算。

公司如果未及时进行清算，导致公司财产贬值、流失、毁损或者灭失，公司债权人可以要求公司的股东在造成损失范围内对公司债务承担赔偿责任，股东因怠于履行清算义务，导致公司主要财产、账册、重要文件等灭失，无法进行清算的，债权人可以要求股东对公司债务承担连带清偿责任。

也就是说，如果公司解散后或被吊销后没有及时清算，股东可能背上本来属于公司的债务。

《最高人民法院关于适用〈中华人民共和国公司法〉若干问题的规定（二）》（2020年修正）

第十八条 有限责任公司的股东、股份有限公司的董事和控股股东未在法定期限内成立清算组开始清算，导致公司财产贬值、流失、毁损或者灭失，债权人主张其在造成损失范围内对公司债务承担赔偿责任的，人民法院应依法予以支持。

有限责任公司的股东、股份有限公司的董事和控股股东因怠于履行义务，导致公司主要财产、账册、重要文件等灭失，无法进行清算，债权人主张其对公司债务承担连带清偿责任的，人民法院应依法予以支持。

上述情形系实际控制人原因造成，债权人主张实际控制人对公司债务承担相应民事责任的，人民法院应依法予以支持。

二、3年内不得担任其他企业的法定代表人、负责人

公司停业后，没有按期公示年度报告的，或者通过登记的经营场所无法联系

的，会被列入经营异常名录。被列入经营异常名录届满3年仍未履行相关义务的，会被列入严重违法失信企业名单。

《企业经营异常名录管理暂行办法》

（2014年8月19日　国家工商行政管理总局令第68号）

第四条　县级以上工商行政管理部门应当将有下列情形之一的企业列入经营异常名录：

（一）未按照《企业信息公示暂行条例》第八条规定的期限公示年度报告的；

（二）未在工商行政管理部门依照《企业信息公示暂行条例》第十条规定责令的期限内公示有关企业信息的；

（三）公示企业信息隐瞒真实情况、弄虚作假的；

（四）通过登记的住所或者经营场所无法联系的。

《严重违法失信企业名单管理暂行办法》

（国家工商行政管理总局令第83号）

第五条企业有下列情形之一的，由县级以上工商行政管理部门列入严重违法失信企业名单管理：

（一）被列入经营异常名录届满3年仍未履行相关义务的；

列入严重违法失信名单后，企业的法定代表人、负责人，3年内不得担任其他企业的法定代表人、负责人。

《严重违法失信企业名单管理暂行办法》

（国家工商行政管理总局令第83号）

第十三条　各级工商行政管理部门对被列入严重违法失信企业名单的企业实施下列管理：

（一）列为重点监督管理对象；

（二）依照本办法第五条第一款第（一）项规定被列入严重违法失信企业名单的企业的法定代表人、负责人，3年内不得担任其他企业的法定代表人、负责人。

如上规定可见，公司停业而不清算注销，事情并不会“不了了之”，而只是挂在了那里，但又无法长久地挂在那里，总有一天还是要处理，拖延的后果可能是被吊销，不及时清算股东可能要承担赔偿责任。或者被列入黑名单，连累法定代表人或者负责人。

总之，公司停业不去注销，并不是个妥当的办法，哪方面看都不划算。

第五节 注销后公司对外债权如何处理？

公司注销后，还有债权没有收回，怎么办呢？

理论上，公司注销前要清算，清理债权债务，清算完毕才可以注销。但是现实是复杂多样的，因为种种原因，比如股东签署承诺而注销，注销时债权未到期，或者注销时未发现未了债权，注销之后才发现等等，造成注销之后，仍有债权尚未清收。

可是公司注销后，法人主体已经灭失，无法以本公司名义主张债权了，怎么办呢？可以起诉吗？起诉的话，谁可以做原告呢？

这个问题，法律上没有答案。

但是实务中纠纷很多，因此法院必须裁判。我们看一下上海市高级人民法院实务中如何处理。

《关于公司被依法注销后其享有的财产权益应如何处理的若干问题的解答》

一、公司办理注销登记后，股东发现公司在清算中遗漏债权或其他财产权益，股东能否对相关债务人或义务人主张权利？

根据《中华人民共和国公司法》相关规定，公司解散后，股东应当对公司进行清算，清算完毕并办理注销登记后，公司归于消灭。由于经合法清算后的公司剩余财产，由股东依法进行分配后归股东所有，因此，股东在公司注销后，发现公司对外尚有债权或其他财产权益的，可以自己的名义依法提起诉讼，主张权利。

上海高院的司法意见是，公司注销后，债权不会当然失效，股东可以继续向公司债务人主张权利。股东可以直接自己做原告。当然，最后的判决也会是债务人直接向股东履行。

虽然这个意见是上海高院的意见，但是其中包含的法理是一样的，其他地区的纠纷应当也是同样结果。作者也碰到过一个公司注销后股东将公司债权转让给他人的案例，法院认可该转让协议的效力。其实背后的逻辑是一样的，只有认可股东对公司债权享有权利，才有权转让。

这里面还有一个问题，就是公司债权应属于全体股东所有，应由股东按照股份比例分配，那么股东直接起诉债务人时，是不是必须所有股东一致起诉，共同做原告才可以立案受理呢？

不是的。

按照上海高院的意见，任何一位股东都可以起诉，其他股东可以决定是否主张自己的权利或何时主张。其他股东正好也同时起诉的，可以合并审理。

这个是考虑到现实中的难度和合理性，不能因为个别股东不配合而影响其他股东维护权益。

《关于公司被依法注销后其享有的
财产权益应如何处理的若干问题的解答》

二、股东对外主张原公司的债权或财产权益时，是否应由全体股东作为共同原告提起诉讼？

鉴于股东主张原公司对外享有的债权或财产权益，与股东之间就公司剩余财产进行分配属于不同的法律关系，因此，除非原公司全体股东愿意作为共同原告提起诉讼外，法院一般无需追加全体股东作为共同原告提起诉讼。如多个股东就同一笔债权或财产权益分别提起诉讼，法院可合并审理。

第六节 注销后公司对外债务如何处理？

公司注销后，对外仍有债务未清偿，该如何处理？债权人是否可以起诉，可以的话应以谁为被告，谁应承担责任？

按照规定，公司注销前应当进行清算，清理债权债务，清理债务时应当通知和公告债权人，债权人可以申报债权，之后获得清偿。公司资产不足偿还债务的，应当进入破产程序。

但是现实中，有种种原因造成公司债务在公司注销后仍未被清偿，比如公司清算时故意不通知债权人，或者地址错误无法送达，或者就债务是否成立存在争议，等等。

那么该如何处理呢？

这个问题，我们首先应该知道一个原则，就是公司自行进行的清算注销不能产生债务免除的效果。公司之间的债务，只有经过破产程序，才可以免除。如果公司只要进行了清算注销，债务就会自然免除消灭，那么他人债权将无法保障，商业交易将存在巨大风险，经济就不会活跃发展。也就是说，公司自行清算注销的前提，是债务都得到了清偿，如果债务无法完全被清偿，那么就是资不抵债，应当进入破产程序。

《关于公司被依法注销后其享有的财产权益应如何处理的若干问题的解答》

四、公司在未向债权人足额清偿债务的情形下注销后，股东取得公司在清算中遗漏的债权或财产权益，公司债权人能否要求获得利益的股东在所获财产利益的范围内清偿债务？

根据公司法规定，公司解散应当进行清算。在清算过程中发现公司财产不足以清偿债务的，应当依法向法院申请宣告破产。因此，股东自行对公司清算完毕应当以公司全部债务清偿完毕为条件。股东自行对公司进行的清算不具有债务免除的效果。因此，公司在未足额清偿债务的情况下注销，股东又在公司注销后获得公司债权或财产权益，债权人有权要求获益股东在所获财产利益的范围内清偿公司债务。

五、股东未经合法清算注销公司后，又以自己名义主张公司对外债权或财产权益，应如何处理？

根据公司法规定，股东自行对公司进行的清算不具有免除公司债务的功能。如果股东未经合法清算而注销公司，导致公司债权人利益受到损失的，应当对公司债权人承担相应的民事责任。

以上分析的结论是，即使公司注销，债务也不会消灭，债权人有权继续主张。但如果公司是完全按照正常合规的程序清算，及时通知了债权人，但债权人因自身过错未进行申报，而错失清偿机会呢？

我们认为，在此情况下，应当视为债权人放弃债权，不能在公司注销后再行主张。否则也不利于市场主体顺利出清、及时了结债权债务。以下最高法院司法解释的意见，以及北京高院的司法意见，可以间接证实这一点。

《最高人民法院关于适用〈中华人民共和国公司法〉若干问题的规定（二）》（2020年修正）

第十三条　债权人在规定的期限内未申报债权，在公司清算程序终结前补充申报的，清算组应予登记。

公司清算程序终结，是指清算报告经股东会、股东大会或者人民法院确认完毕。

第十四条　债权人补充申报的债权，可以在公司尚未分配财产中依法清偿。公司尚未分配财产不能全额清偿，债权人主张股东以其在剩余财产分配中已经取得的财产予以清偿的，人民法院应予支持；但债权人因重大过错未在规定期限内申报债权的除外。

债权人或者清算组，以公司尚未分配财产和股东在剩余财产分配中已经取得的财产，不能全额清偿补充申报的债权为由，向人民法院提出破产清算申请的，人民法院不予受理。

《北京市高级人民法院关于企业下落不明、歇业、撤销、被吊销营业执照、注销后诉讼主体及民事责任承担若干问题的处理意见(试行)》

三十八、企业债权债务经合法清算程序清理完毕，债权人未在清算期间申报，而丧失受偿权利的，清算主体不承担责任。

现在我们回头再说，如果债权人不存在自身原因接到通知而未申报债权的问题，那么在公司注销后，向谁主张权利？应当起诉谁？谁来承担责任？

责任主体如下所示。

一、清算组成员

清算组成员在清算时，有违反法律法规或章程规定造成公司债权人损失的，应当赔偿损失。清算时未通知债权人造成债权人没有机会申报债权的，或清算报告里没有将合法债权列入其中的，显然属于违反规定的操作，所以债权人可以直接起诉清算组成员，也就是公司股东或部分股东。

《最高人民法院关于适用〈中华人民共和国公司法〉若干问题的规定（二）》（2020年修正）

第二十三条　清算组成员从事清算事务时，违反法律、行政法规或者公司章程给公司或者债权人造成损失，公司或者债权人主张其承担赔偿责任的，人民法院应依法予以支持。

二、清算时承诺结清的人员

公司注销时，工商部门一般会要求清算组就公司债权债务已经了结进行承诺，承诺内容包括如有未了债务，由本人承担责任。债权人以此起诉作出承诺的人，在法律上情理上都没有问题。

《最高人民法院关于适用〈中华人民共和国公司法〉若干问题的规定（二）》（2020年修正）

第二十条（第二款）　公司未经依法清算即办理注销登记，股东或者第三人在公司登记机关办理注销登记时承诺对公司债务承担责任，债权人主张其对公司债务承担相应民事责任的，人民法院应依法予以支持。

《北京市高级人民法院关于企业下落不明、歇业、撤销、被吊销营业执照、注销后诉讼主体及民事责任承担若干问题的处理意见(试行)》

三十八、清算主体在工商登记管理机关注销企业登记时，承诺对企业遗留的债权债务负责的，或表示企业的债权债务已清理完毕而实际并未清理的，清算主体应对债权人承担清偿责任。

三、未依法清算时的有限公司股东、股份公司董事、控股股东、控制人

公司解散或吊销后未及时成立清算组进行清算导致财产流失贬损、导致账册文件灭失无法清算、以虚假清算报告骗取注销、未经清算即注销，均属违法，有前述情形之一，那么公司债权人可以起诉有限公司的股东、股份有限公司的董事和控股股东、实际控制人承担赔偿责任或清偿责任。

《最高人民法院关于适用〈中华人民共和国公司法〉若干问题的规定（二）》（2020年修正）

第十八条　有限责任公司的股东、股份有限公司的董事和控股股东未在法定期限内成立清算组开始清算，导致公司财产贬值、流失、毁损或者灭失，债权人主张其在造成损失范围内对公司债务承担赔偿责任的，人民法院应依法予以支持。

有限责任公司的股东、股份有限公司的董事和控股股东因怠于履行义务，导致公司主要财产、账册、重要文件等灭失，无法进行清算，债权人主张其对公司债务承担连带清偿责任的，人民法院应依法予以支持。

上述情形系实际控制人原因造成，债权人主张实际控制人对公司债务承担相应民事责任的，人民法院应依法予以支持。

第十九条　有限责任公司的股东、股份有限公司的董事和控股股东，以及公司的实际控制人在公司解散后，恶意处置公司财产给债权人造成损失，或者未经依法清算，以虚假的清算报告骗取公司登记机关办理法人注销登记，债权人主张其对公司债务承担相应赔偿责任的，人民法院应依法予以支持。

第二十条　公司解散应当在依法清算完毕后，申请办理注销登记。公司未经清算即办理注销登记，导致公司无法进行清算，债权人主张有限责任公司的股东、股份有限公司的董事和控股股东，以及公司的实际控制人对公司债务承担清偿责任的，人民法院应依法予以支持。

以上主体，都是公司注销但债务未了时，债权人可以起诉追究责任的人员。

实践中，债权人也可以将所有人员作为共同被告进行起诉，最终谁来承担责任，由法院根据实际证据情况定夺，也不失为一个简单有效的办法。一次性解决，以免起诉主体错误或出现漏网之鱼。

《北京市高级人民法院关于企业下落不明、歇业、撤销、被吊销营业执照、注销后诉讼主体及民事责任承担若干问题的处理意见(试行)》

二十四、企业被注销登记时，清算主体或第三人在工商管理部门承诺企业注销登记后遗留的债权债务由其负责的，债权人可以做出承诺的清算主体或第三人为被告，要求其承担清偿责任。

二十五、企业未经清算即被注销登记，第三人在工商管理部门的注销登记中承诺偿债，债权人既可以对清算主体或承诺偿债人择一而诉，要求其承担清偿责任；也可以二者为共同被告要求二者承担共同清偿责任。

第七节 简易注销条件和程序是怎样的？是否推荐企业选择这一程序？

2016 年 12 月，工商总局推出企业简易注销政策，目的是让有退出需求、债务关系清晰的企业快捷便利地退出市场，重新整合资源。提升市场退出效率，降低市场主体退出成本。

下面我们从几个方面来介绍一下简易注销制度。

一、适用条件

简易注销适用于领取营业执照后未开展经营活动、申请注销登记前未发生债权债务或已将债权债务清算完结的有限责任公司、非公司企业法人、个人独资企业、合伙企业。由其自主选择适用一般注销程序或简易注销程序。

企业有下列情形之一的，不适用简易注销程序：

(1) 涉及国家规定实施准入特别管理措施的外商投资企业。

(2) 被列入企业经营异常名录或严重违法失信企业名单的。

（3）存在股权（投资权益）被冻结、出质或动产抵押等情形（抵押未撤销，说明债权债务尚未了结）。

（4）有正在被立案调查或采取行政强制、司法协助、被予以行政处罚等情形的。

（5）企业所属的非法人分支机构未办理注销登记的。

（6）曾被终止简易注销程序的。

（7）法律、行政法规或者国务院决定规定在注销登记前需经批准的。

（8）不适用企业简易注销登记的其他情形。

二、简易注销流程

（1）通过国家企业信用信息公示系统《简易注销公告》专栏主动公告拟申请简易注销登记及全体投资人承诺等信息，公告期为45日。

（2）登记机关通过国家企业信用信息公示系统将企业拟申请简易注销登记的相关信息推送至同级税务、人力资源和社会保障等部门，涉及外商投资企业的还要推送至同级商务主管部门。公告期内，有关利害关系人及相关政府部门可以提出异议并简要陈述理由。公告期满后，企业方可向企业登记机关提出简易注销登记申请。

（3）企业提交申请材料：全体投资人签署的包含全体投资人决定企业解散注销、组织并完成清算工作等内容的《全体投资人承诺书》（见附件）、《申请书》《指定代表或者共同委托代理人授权委托书》、营业执照正、副本即可。不再提交清算报告、投资人决议、清税证明、清算组备案证明、刊登公告的报纸样张等材料。

（4）登记机关在收到申请后，对申请材料进行形式审查，对于公告期内被提出异议的企业，登记机关应当在3个工作日内依法作出不予简易注销登记的决定；对于公告期内未被提出异议的企业，登记机关应当在3个工作日内依法作出准予简易注销登记的决定。[①]

① 以上内容，整理自《工商总局关于全面推进企业简易注销登记改革的指导意见》（工商企注字〔2016〕253号）。

附：

全体投资人承诺书

现向登记机关申请________（企业名称）的简易注销登记，并郑重承诺：

本企业申请注销登记前未发生债权债务/已将债权债务清算完结，不存在未结清清算费用、职工工资、社会保险费用、法定补偿金和未交清的应缴纳税款及其他未了结事务，清算工作已全面完结。

本企业承诺申请注销登记时不存在以下情形：涉及国家规定实施准入特别管理措施的外商投资企业；被列入企业经营异常名录或严重违法失信企业名单的；存在股权（投资权益）被冻结、出质或动产抵押等情形；有正在被立案调查或采取行政强制、司法协助、被予以行政处罚等情形的；企业所属的非法人分支机构未办理注销登记的；曾被终止简易注销程序的；法律、行政法规或者国务院决定规定在注销登记前需经批准的；不适用企业简易注销登记的其他情形。

本企业全体投资人对以上承诺的真实性负责，如果违法失信，则由全体投资人承担相应的法律后果和责任，并自愿接受相关行政执法部门的约束和惩戒。

三、是否推荐选择

如前文所述，公司指望通过清算注销程序规避债务是行不通的，除非债权人收到申报通知后怠于申报债权，否则即使公司注销，债权人仍然有权利追究清算组成员、股东的赔偿或清偿责任。所以简易注销与普通注销只有执行效率和成本的区别。

而显然简易注销的效率更高、成本更低，因此对于债权债务关系确实简单的企业，优先推荐简易注销。

对于债权债务复杂的企业，还是普通注销比较合理，简易注销并不能节省时间，只是把公司的复杂的债权债务处理问题在注销后转移给了清算组或股东而已。对于资不抵债可能需要破产的企业，更应当进行普通注销，因为必要时还可以转为破产清算，使无法得到的清偿的债务可以通过破产程序而免除，真正实现股东的有限责任。简易注销程序中依据投资人必须作出的承诺，债权人可以直接起诉股东，而不必管公司是不是资不抵债。